Opção de Compra
ou Venda de Ações

Opção de Compra ou Venda de Ações

NATUREZA JURÍDICA E TUTELA EXECUTIVA JUDICIAL

2018

Felipe Campana Padin Iglesias

OPÇÃO DE COMPRA OU VENDA DE AÇÕES
NATUREZA JURÍDICA E TUTELA EXECUTIVA JUDICIAL
© Almedina, 2018
Autor: Felipe Campana Padin Iglesias
DIAGRAMAÇÃO: Almedina
DESIGN DE CAPA: FBA
ISBN: 9788584932719

Dados Internacionais de Catalogação na Publicação (CIP)
(Câmara Brasileira do Livro, SP, Brasil)

Iglesias, Felipe Campana Padin
Opção de compra ou venda de ações : natureza
jurídica e tutela executiva judicial / Felipe Campana
Padin Iglesias. -- São Paulo : Almedina, 2018.

Bibliografia.
ISBN 978-85-8493-271-9

1. Compra e venda de ações 2. Contrato de opção
3. Relações jurídicas 4. Sociedade anônima
5. Sociedades comerciais 6. Tutela jurisdicional I.
Título.

18-13292   CDU-347.725

Índices para catálogo sistemático:

1. Ações : Compra ou venda : Relação jurídica optativa : Direito comercial 347.725

Este livro segue as regras do novo Acordo Ortográfico da Língua Portuguesa (1990).

Todos os direitos reservados. Nenhuma parte deste livro, protegido por copyright, pode ser reproduzida, armazenada ou transmitida de alguma forma ou por algum meio, seja eletrônico ou mecânico, inclusive fotocópia, gravação ou qualquer sistema de armazenagem de informações, sem a permissão expressa e por escrito da editora.

Julho, 2018

EDITORA: Almedina Brasil
Rua José Maria Lisboa, 860, Conj.131 e 132, Jardim Paulista | 01423-001 São Paulo | Brasil
editora@almedina.com.br
www.almedina.com.br

SUMÁRIO

PARTE 1 – INTRODUÇÃO, FUNÇÃO ECONÔMICA
E NATUREZA JURÍDICA DA OPÇÃO
DE COMPRA OU VENDA   9

1. Introdução   11
  1.1 Plano da Obra e Delimitação do Escopo . . . .
  1.2 Breves Notas Históricas e Evolução em Direito Comparado
    e Nacional   23
  1.3 Precisões Terminológicas   32
    1.3.1 Diversas acepções atribuídas ao termo "opções"   32
    1.3.2 Uniformização da terminologia   36
  1.4 Legislação Comparada   43
    1.4.1 No Brasil. Ausência de previsão legal específica   44
    1.4.2 Outros países   44

2. Função Econômica e Dimensão Prática   51
  2.1 Função Econômica   51
    2.1.1 A gestão dos riscos e alocação eficiente de recursos   63
    2.1.2 Instrumentalidade. Preparação do contrato principal.
    Possível Especulação   66
  2.2 Dimensão Prática   72

3. Definição, Principais Características e Modalidades   79
  3.1 Definições   82
  3.2 Exemplos e Casos Práticos Envolvendo Opções de Compra ou Venda
    – Visualização Prática das Principais Características   90
  3.3. Modalidades   93

OPÇÃO DE COMPRA OU VENDA DE AÇÕES

4. Natureza Jurídica do Negócio Outorgativo
de Opção de Compra ou Venda 95
4.1 Apresentação da Divergência de Conceitos 95
4.1.1 Fundamentos da divergência e teorias existentes 97
4.2 Análise das Teorias Existentes 101
4.2.1 Opção como manifestação unilateral da vontade 101
4.2.1.1 Proposta Irrevogável 102
4.2.1.2 Promessa Unilateral de contratar 112
4.2.2 Opção como contrato 118
4.2.2.1 Contrato com Condição Suspensiva 120
4.2.2.2 Contrato Preliminar ou Pré-Contrato 123
4.2.2.3 Contrato Definitivo Semicompleto 131
4.2.2.4 Modalidade contratual *sui generis* 135
4.2.3 Outras Figuras 137
4.3 Breves Notas acerca de Direito Comparado 139
4.3.1 Inglaterra e Estados Unidos da América 140
4.3.2 Alemanha 146
4.3.3 França 149
4.3.4 Itália 153
4.3.5 Portugal 162
4.4. Posicionamento Adotado 165

PARTE 2 – DO CONTRATO DE OPÇÃO DE COMPRA OU VENDA
DE AÇÕES 177

5. Contrato de Opção de Compra ou Venda de Ações 183
5.1 Classificação e Principais Características 183
5.1.1 Contrato Autônomo e Preparatório. Relação
com o Contrato Optativo 188
5.1.2 Aleatoriedade ou Comutatividade 192
5.1.3 Onerosidade 196
5.1.3.1 Essencialidade (ou não) do prêmio 200
5.1.4 Unilateralidade ou bilateralidade 201
5.1.5 Conteúdo e efeito típico 205
5.1.5.1 Direito formativo gerador 209
5.1.5.2 Acordo quanto à totalidade dos elementos particulares
da relação jurídica optativa 223
5.1.5.3 Limitação temporal para exercício do direito formativo
gerador 226

SUMÁRIO

5.1.6 Exercício do direito formativo gerador 229
5.1.6.1 Terminologia 231
5.1.6.2 Natureza Jurídica 234
5.2 Extinção do Contrato de Opção e Responsabilidade Contratual 243

6. Requisitos Subjetivos – Partes 253
6.1 Partes Outorgantes 255
6.1.1 Sociedades emissoras das Ações (ações em tesouraria) 255
6.1.2 Acionistas 256
6.1.3 Terceiros Não Acionistas e Operações a Descoberto 257
6.2 Beneficiários 260
6.3 Capacidade e Legitimidade das Partes 260

7. Requisitos Objetivos – Ações 265
7.1 Breve nota histórica acerca da ação 266
7.2 Conceito 268
7.3 O tríplice significado da palavra ação 270
7.4 Acepção adotada na presente obra 271
7.5 Natureza jurídica das ações 273
7.6 Natureza jurídica da participação social 285

8. Requisitos Formais e de Eficácia 293
8.1. Paralelismo de Forma entre Contrato de Opção
e Contrato Optativo 294
8.2 Averbação e Oponibilidade frente a Terceiros 299

9. Efeitos Internos Perante o Contrato
de Sociedade 317
9.1 Assunção da Posição Jurídica no Contrato de Sociedade 319
9.2 Obrigações negativas e posição jurídica no contrato de sociedade 324
9.3 Direitos essenciais e Direito de voto 325

10. Tutela Jurisdicional 331
10.1 Breves Notas sobre a Tutela Específica 336
10.2 Teoria da quebra eficiente dos contratos 358
10.3 Deveres secundários e alienação das ações a terceiros 367

11. Conclusão 377

REFERÊNCIAS 385

PARTE 1
INTRODUÇÃO, FUNÇÃO ECONÔMICA E NATUREZA JURÍDICA DA OPÇÃO DE COMPRA OU VENDA

1. Introdução

1.1 Plano da Obra e Delimitação do Escopo

As presentes linhas introdutórias têm por finalidade apresentar o plano da presente obra, bem como a metodologia de abordagem do objeto de sua investigação.

O objetivo central da obra será a análise da natureza jurídica do negócio[1], de ampla utilidade na vida negocial[2], que visa criar uma **relação jurídica** por meio da qual, de um lado, um dos sujeitos[3] resguarda[4] o direito de,

[1] Por se tratar de um capítulo ainda introdutório, usar-se-á o presente termo sem a intenção de antecipar as conclusões ao final da presente obra.

[2] Com relação à atualidade e importância do tema já se manifestaram diversos autores, tais como: J. T. CHARLES, *El contrato de opción*, Barcelona, Bosh, 1996, p. 13; E. PANZARINI, *Il contratto di opzione, I. Strutura e funzioni*, Milano Dott. A Giuffrè, 2007, pp. XIII e 245; E. GABRIELLI, *Trattato dei contratti, I contratti in generale*, Tomo Primo, 1. ed., Milano, UTET, 1999, p. 182; A. W. KATZ, *The Option Element in Contracting* in *Virginia Law Review*, n. 90, Dez-2004, pp. 2187-2244 disponível in <http://www.virginialawreview.org> [05.01.2011], pp. 2191; e R. STAJZN, *Sobre a natureza jurídica das opções negociadas em bolsas*, Revista de Direito Mercantil, Industrial, Econômico e Financeiro, n. 105, 1997, p. 54.

[3] Da mesma forma, não será utilizada nas linhas introdutórias, a expressão *parte* a fim de se evitar um emprego do termo que pudesse antecipar nossas conclusões quanto à natureza jurídica do negócio descrito acima, uma vez que sua utilização poderia induzir a existência de um negócio jurídico, dado que *parte*, em sentido estrito, serve para designar os centros de interesses (polos subjetivos) em uma relação tipicamente contratual. Nesse sentido: F. MESSINEO, *Dottrina generale del contratto*, trad. esp. de R. O. Fontanarrosa, S. Sentis Melendo e M. Volterra, *Doctrina general del contrato*, tomo I, Buenos Aires, Ediciones Jurídicas Europa-America,

OPÇÃO DE COMPRA OU VENDA DE AÇÕES

a seu critério e unilateralmente, dentro de um prazo estabelecido, dar vida a uma relação jurídica de compra e venda de ações[5-6].

Em que pese a utilidade do esforço em se tentar traduzir em caracteres abstratos o negócio sob exame, há muito já se sustenta na doutrina[7] que a investigação científica deve partir da verificação de exemplos tirados da realidade prática, para que seja possível, em momento posterior, promover-se a conexão de tal realidade com os aspectos técnicos necessários para sua melhor compreensão.

Por essa razão, o caso prático que será apresentado como exemplo do negócio a ser estudado, embora não contenha todos os elementos pormenorizadamente detalhados, serve de amostra para a identificação de suas principais características. Além disso, justifica-se a escolha do caso, dentre tantos

---

1952, p. 74 (*"El significado ordinário de parte es el de cada sujeto, que entra en el nexo contractual"*); e F. K. COMPARATO, *Notas sobre parte e legitimação nos negócios jurídicos* in *Ensaios e pareceres de Direito Empresarial*, São Paulo, Forense, 1978, pp. 513-514 (o autor mostra que o conceito de *parte* utilizado no âmbito de negócios jurídicos foi influenciado por estudos do direito processual, concluindo que aquele não se confunde com o de sujeito de direito). Para tanto, a fim de se tentar manter certa neutralidade neste capítulo introdutório, buscar-se-á utilizar a expressão *sujeito* como sendo o polo subjetivo de uma determinada relação jurídica.

[4] Convém esclarecer que não serão analisadas as opções determinadas pela própria legislação (*opções legais*), frequentes em outros países, mas só aquelas que estejam dentro do âmbito da autonomia da vontade dos sujeitos envolvidos (cf. C. S. ASURMENDI, *La opción de compra*, 2ª ed., Madrid, Dykinson, 2007, p. 117).

[5] A escolha do contrato de compra e venda de ações deve-se, em grande medida, à sua importância e habitualidade no âmbito empresarial. Nesse sentido, vide: P. MALAURIE – L. AYNÈS – P. GAUTIER, *Droit Civil. Les contrats spéciaux*, 3ª ed., Paris, Defrénois, 2007, p. 67 (referidos autores afirmam serem raras as cessões de *participações sociais* sem a utilização das chamadas *promesses unilatérales de vente* que, como será visto, equivalem aos contratos de opção); E. PANZARINI, *Il contratto di opzione*, cit., p. XXXIII (*"Sotto questo profilo, un punto di osservazione privilegiata del fenomeno si trova nell'ambito delle operazioni in senso lato finanziarie e, in particolare, nelle compravendite (o nei contratti preliminari, negli accordi quadro, nei patti parasociali) aventi ad ogetto quote o azioni di società."*).

[6] Não obstante a escolha do contrato de opção de compra ou venda de ações, ao longo da obra serão realizados comentários que se aplicam aos contratos de opção de compra ou venda em geral, a fim de traçar um paralelo com aqueles a serem aqui examinados.

[7] Cf. A. TOMASETTI JR., *Execução do contrato preliminar*, Tese (Doutorado), Faculdade de Direito da Universidade de São Paulo, 1982, p. 3. No mesmo sentido: J. T. CHARLES, *El contrato de opción*, cit., p. 19.

INTRODUÇÃO

outros existentes, por ser reputado como o grande ponto de partida para o desenvolvimento da análise do negócio em tela pela doutrina italiana – uma das mais fartas e desenvolvidas no exame do assunto[8].

Trata-se da célebre controvérsia entre Bocconi e La Rinascente acerca da melhor interpretação de uma avença (*patto contrattuale*), em que Bocconi prometera vender determinados bens à La Rinascente que, por sua vez, *reservara-se* o direito de adquiri-los, de acordo com o prazo e condições acordados pelas partes[9].

A breve descrição acima mostra alguns dos elementos essenciais para identificação do negócio a ser analisado: um dos sujeitos (Bocconi), desde o início da avença, compromete-se a vender determinados bens a um outro sujeito (La Rinascente), que, por sua vez, reserva o direito de escolher, dentro do prazo determinado, a seu exclusivo critério, levar a cabo (ou não) dita aquisição. Assim, há promessa vinculante e definitiva de prestação futura (venda de bens), de um lado, e opção ou escolha de aceitar tal promessa, de outro.

Percebe-se, assim, a criação de um direito de escolha – opção – de prosseguir ou não na contratação do negócio predisposto pelos sujeitos. Tal direito, que será objeto de análise posterior, é a essência do negócio a ser esmiuçado nesta obra.

Porém, antes de prosseguir, convém explicitar que, sob um prisma jurídico--social, é corrente a utilização da expressão "opção" para as mais variadas situações, as quais, nem sempre, coincidem ou guardam similitude com o negócio aqui analisado.

Igualmente, o termo "opção" comporta diversas acepções no cunho social, as quais serão abordadas em capítulo próprio destinado especificamente a precisar a terminologia a ser aqui empregada. Entretanto, neste capítulo inicial, é preciso salientar que apenas será objeto de análise o **negócio jurídico outorgativo de direito de opção de compra ou venda**[10].

---

[8] Cf. G. TAMBURRINO, *I vincoli unilaterali nella formazione progressiva del contrato*, Milano, Giuffrè, 1954, p. 35.

[9] Idem, ibidem, p. 21.

[10] No que tange às opções, importante notar que a doutrina italiana distingue as chamadas *"cláusulas parte"* (no original *claosola parte*) das *"cláusulas contrato"* (*claosola contratto*), entendendo que aquelas se enquadram na unidade negocial e na causa do contrato (como nos

OPÇÃO DE COMPRA OU VENDA DE AÇÕES

A investigação que será feita na presente obra parte da premissa de que a contratação das opções será levada a cabo por particulares – sem participação de entidades públicas – no âmbito empresarial[11], justamente por serem aí mais frequentes[12], excluindo aquelas relações situadas em microssistemas específicos, como do Direito do Consumidor ou do Trabalho.

contratos de leasing) e estas seriam as cláusulas autossuficientes dotadas de uma função própria e autônoma em relação ao contrato em que se encontram inseridas (E. PANZARINI, *Il contratto di opzione*, cit., 2007, p. 421). Certa parte da doutrina alemã também analisou o regramento de cláusulas de opção autônomas contidas em outros contratos, assim como seus contornos jurídicos (cf. M. CASPER, *Der optionsvertrag*, Tübingen, Mohr Siebeck, 2005, pp. 39-41). Nesta obra, nenhuma destas modalidades de cláusulas de opção será abordada por se distanciarem, em alguns aspectos, dos negócios outorgativos de opção propriamente ditos.

[11] Embora ainda seja tormentosa a discussão, para os fins do negócio jurídico a ser aqui abordado, considerar-se-á como existente uma categoria autônoma de *contratos empresariais ou comerciais*, conforme abordado por P. A. FORGIONI: *"A maioria dos autores não dedicava grande esforço ao estudo dos contratos comerciais, como categoria realmente autônoma, regida por princípios peculiares, adaptados e esculpidos conforme a lógica do funcionamento do mercado. No máximo, algumas referências às óbvias especificidades dos negócios mercantis, desprezando-se talvez sua principal característica moderna: nos contratos empresariais ambas (ou todas) as partes têm no lucro o escopo de sua atividade (...) Perde-se a oportunidade de trazer à luz uma teoria geral efetiva dos contratos mercantis, que explique suas peculiaridades e seu funcionamento, calcada na realidade do cotidiano (...) Nos contratos empresariais, o escopo do lucro grava a atividade de ambos (ou de todos) os partícipes do negócio jurídico, de forma que seu comportamento assume características distintas."* (cf. *A evolução do direito comercial brasileiro: da mercancia ao mercado*, São Paulo, Revista dos Tribunais, 2009, p. 141 e 147). No mesmo sentido: C. COUTO E SILVA, *A obrigação como processo*, 3ª reimpressão, Rio de Janeiro, Editora FGV, 2009, p. 27; e O. GOMES, *Contratos*, 26ª ed. rev. atual. e aum. de acordo com o Código Civil de 2002 por A. Junqueira de Azevedo e Francisco Paulo de Crescenzo Marino, coord. por Edvaldo Brito, Rio de Janeiro, Forense, 2007, pp. 100-101. Autores estrangeiros que estudaram o negócio outorgativo de opção também se manifestaram neste sentido, mencionando especificamente que seu desenvolvimento revelou-se mais acentuado no âmbito comercial ou, mais modernamente, empresarial. Na Espanha: J. T. CHARLES, *El contrato de opción*, cit., p. 40 (*"Desde luego cabría distinguir entre las opciones civil y mercantil."*); e na França: F. BÉNAC-SCHMIDT, *Le contrat de promesse unilatérale de vente, thèse pour le Doctorat D'état, Université de Paris I*, 1982, pp. 6 e 95 (*"C'est dans le domaine du droit des affaires qu'elle [promesse unilatérale de vente] a trouvé sa principale application / C'est un contrat que l'on peut qualifier de 'contrat d'affaires' utile à la circulation de biens."* [grifos nossos]).

[12] *"L'optante è spesso un imprenditore o, di regola, um soggeto per il quale non è conveniente procedere alla conclusione del contratto attraverso lo scambio della proposta e dell'accettazione, in quanto gli ocorre del tempo per decidersi (...) Dalla considerazione delle diverse sentenze rese su questioni inerenti all'opzione si è constatato che nella maggior parte dei casi uno dei soggetti, l'optante, era un imprenditore."* (E. CESÀRO, *Il contrato e L'opzione*, Napoli, Casa Editrice Dott. Eugenio Jovene, 1969, p. 24).

INTRODUÇÃO

Dado seu caráter instrumental – ou, como preferem alguns doutrinadores, preparatório – a opção pode possuir como escopo qualquer espécie de contratação ulterior, embora seja discutível sua admissibilidade para contratos unilaterais (aqueles que criam obrigações apenas para uma das partes)[13-14]. Assim, não se vislumbra qualquer empecilho para a criação de uma opção de arrendamento ou de prestação de serviços, entre outros exemplos. Não obstante, esta obra ficará restrita à análise da versão mais difundida na prática comercial do negócio em exame, a saber: **a opção que tenha por fim o aperfeiçoamento de um contrato de compra e venda**.

Por oportuno, serão parte desta obra não apenas os negócios que criam ao sujeito beneficiário o direito de, a seu critério, comprar um determinado bem (o que implica ao outro sujeito a obrigação de vendê-lo) – chamados de **opção de compra** –, como também vendê-lo a outro sujeito (o qual assume a obrigação indeclinável de adquirir referido bem, uma vez exercida a opção) – conhecidos como **opção de venda**.

Para se evitar demasiada repetição ao longo do texto, haja vista que o regime aplicável às opções de compra aplica-se quase que igualmente às opções

---

[13] A título de exemplo, embora não haja qualquer restrição legal, não parece, à primeira vista, de grande utilidade prática outorgar-se um direito de opção a um donatário para que este exerça seu direito de aceitar ou não algum bem que lhe tenha sido doado, isto porque tal direito já lhe foi assegurado pela própria lei e pela natureza do negócio.

[14] Importa notar que os contratos de opção negociados em Bolsa (apesar de não serem objeto da presente obra) podem representar, em certa medida, uma atenuação do caráter preparatório dos contratos de opção, sobretudo quando a liquidação realizar-se pela diferença. Nestes casos, desde o seu nascedouro, as partes não almejam a contratação optativa e/ou a transferência da propriedade, mas tão somente a diferença – positiva ou negativa – na variação do valor do objeto, o que enfraquece seu caráter preparatório, pois passam a gozar de uma autonomia aparente em relação ao contrato de compra e venda subjacente. Mesmo nesses casos, ainda se pode cogitar que, quando há liquidação por diferença, ocorreram atos sucessivos e implícitos, como o exercício do *direito de opção* pelo beneficiário, transferência da propriedade ao beneficiário e sua imediata retrovenda ao outorgante pelo pagamento de um preço superior, sendo a diferença o ganho auferido pelo beneficiário. Mas tal mecanismo, além de sua artificialidade, suscitaria uma série de discussões, incluindo de cunho tributário, tais como incidência de imposto de transmissão inter vivos, bem como a necessidade de registro para efetiva transferência da titularidade do bem. Devido a isso, parece fazer mais sentido entender que, nos casos em que há apenas liquidação por diferença, ocorre certa flexibilização do caráter preparatório das opções, as quais passam a valer e existir por si mesmas, sem qualquer coligação funcional com o contrato optativo. As regras e questões relativas à forma e capacidade das partes teriam, nestes casos, uma disciplina diferente.

de venda[15], a atenção será voltada majoritariamente às opções de compra. Eventuais diferenças relevantes no que tange ao regime aplicável a cada um dos negócios, como ocorre com a execução do contrato de compra e venda formado após o exercício do direito de opção, serão especificamente realçadas ao longo desta obra.

Advirta-se que a nomenclatura acima delineada não revela a pretensão de se esvaziar os atributos da indivisibilidade e da reciprocidade das prestações no contrato de compra e venda (se existe venda de um lado, certamente há compra de outro).

Como já defendido por W. BULGARELLI, apesar da necessária coexistência entre compra, de um lado, e venda, de outro, nos contratos de compra e venda, é possível sua decomposição, conforme se verifica de quem partiu a iniciativa do negócio[16].

Portanto, nesta obra, a decomposição da unidade terminológica (compra e venda) será também aplicada para designar diferentemente as modalidades das opções em cada caso concreto, utilizando-se, como referência, o direito atribuído ao sujeito beneficiário[17]: se o direito do beneficiário for de adquirir o bem, tratar-se-á de uma opção de compra; caso ele tenha o direito de vendê-lo (ou de exigir que o outro sujeito lhe compre), estar-se-á diante de uma opção de venda[18].

---

[15] P. MALAURIE – L. AYNÈS – P. GAUTIER, *Droit Civil*, cit., p. 81.

[16] W. BULGARELLI, *Contratos Mercantis*, 13ª ed., São Paulo, Atlas, 2000, p. 170: "*Também acentua esse aspecto Waldemar Ferreira, afirmando que apesar da indivisibilidade da compra e venda, predomina a compra como elemento determinador da comercialidade da venda. (...) Apesar da unidade terminológica do termo compra e venda (emptio venditio) decorrente de sua conceituação como contrato de prestações recíprocas, pode-se decompô-lo, contudo, em compra – quando a iniciativa de formação parte do comprador – ou em venda quando ela provém do vendedor e do ponto de vista econômico tem também sua importância essa distinção, por exemplo, quando há excesso de oferta no mercado, diz-se que está Vendedor, ou ao contrário, Comprador, como ocorre na Bolsa.*".

[17] A título ilustrativo, conforme será objeto de análise adiante, a nomenclatura no direito francês mantém o foco na posição subjetiva assumida pelo sujeito vinculado à opção: a *promesse unilatérale de vente* é equivalente ao contrato de opção de compra, ao passo que a *promesse unilatérale de achat* corresponde ao contrato de opção de venda.

[18] Interessante questão diz respeito à possibilidade (ou não) de existir uma opção "recíproca", em que coexistam opção de compra para um sujeito e opção de venda para o outro sujeito da relação referente ao mesmo bem (no caso, ações). À primeira vista, tal negócio poderia parecer desprovido de utilidade, pois seria possível argumentar a existência, em verdade, de um verdadeiro contrato de promessa de compra e venda (C. S. ASURMENDI, *La opción de compra*,

INTRODUÇÃO

Assim, a opção, de compra ou de venda, é um mecanismo instrumental-preparatório[19] para se atingir o contrato optativo de compra e venda[20],

cit., p. 56). Contudo, uma reflexão mais cuidadosa revela que o negócio tem sua utilidade e não deve ser confundido com uma compra e venda, dado que ele, ao contrário da compra e venda em si, só será efetivado se houver exercício da opção por quaisquer das partes (o negócio não irradia desde já os efeitos da compra e venda até que haja o exercício por ao menos uma das partes); se não houver tal exercício, simplesmente não terá havido compra e venda. Inclusive, essa modalidade de opção recíproca foi objeto de regulamentação pelo Código Civil do Peru – um dos poucos diplomas que tipificou as opções, que, em seu artigo 1.420, dispõe que *"[...] es valido el pacto en virtude del cual el contrato de opción reciproca puede ser ejercitado indistintamente por cualquiera de las partes"*. A. M. PRATA, citando outros autores portugueses, foi expressa ao acolher a validade e utilidade das opções recíprocas (cf. *O contrato-promessa e o seu regime civil*, Coimbra, Almedina, 1995, pp. 406-407). Na prática societária atual, tem sido frequente o emprego de opções recíprocas em acordos de acionistas, a fim de resolver situações de impasse (*deadlock*), em que os acionistas outorgam-se mutuamente *opção de compra* e/ou *opção de venda*, recíprocas, exercíveis por quaisquer delas, nos mesmos termos, se ocorridos os eventos ou condições estabelecidas nos acordos (chamados comumente de *triggers*). Nessas situações, tornaram-se frequentes, principalmente em *joint ventures*, as estruturas de outorga de opções recíprocas, nas quais se destaca aquele conhecido como roleta-russa (*Russian roulette*) em que, a fim de resolver um impasse, as partes pactuam um mecanismo em que ambas têm o direito de exercer suas opções de venda, seguindo-se o seguinte procedimento: (a) uma das partes notifica a outra acerca de sua intenção de exercer sua opção de venda das suas ações contempladas pelo acordo; (b) a contraparte tem um prazo para responder à notificação definindo se (b.i) prefere exercer a sua opção de venda, obrigando a outra parte a comprar suas ações ou (b.ii) terá de sofrer as consequências do exercício da opção de venda da outra parte que lhe acarretará, por conseguinte, a obrigação de adquirir as ações. (cf. I. HEWITT, *Joint ventures*, 3ª ed., London, Sweet & Maxwell, 2005, p. 218). Existem outras modalidades, como aquelas sociedades em que se evita o ingresso de herdeiros de acionistas, onde cada um deles outorga, reciprocamente, opção de compra aos demais, cujo exercício fica condicionado ao falecimento do acionista-outorgante (S. F. BOLLEFER, *Shareholders' agreements: A tax and legal guide*, 3ª ed., Toronto, CCH Canadian Limited, 2009, p. 122). Seja como for, tendo em vista a própria natureza da compra e venda, as cláusulas de opção em referidos negócios sempre são bilaterais, ou seja, ligam dois centros de interesse (partes) que podem ser compostos de múltiplos sujeitos. Sempre o exercício de uma opção de compra dirigir-se-á ao outro acionista individualmente (comprador ou vendedor) no contrato de compra e venda que se forma com o exercício da opção.

[19] G. CRIBARI, *Um ângulo das relações contratuais (proposta, contrato preliminar e opção)* in Revista Trimestral de Jurisprudência dos Estados, São Paulo, v.8, n.28, jul./set. 1984, p. 16.

[20] A fim de facilitar a compreensão, utilizar-se-á na presente obra o conceito amplo de compra e venda, englobando a *compra e venda stricto sensu* e a *cessão*, dado que *"[...] na prática, a troca dos nomes (compra-e-venda, cessão) é sem relevância"* (F. C. PONTES DE MIRANDA, *Tratado de Direito Privado*, tomo, XXXIX, 3ª ed. reimp., Rio de Janeiro, Editor Borsoi, 1972, p. 151). Portanto, serão utilizados indistintamente os termos *cessão* e *compra e venda (stricto sensu)*, apesar da existência

OPÇÃO DE COMPRA OU VENDA DE AÇÕES

de maneira que a nomenclatura proposta traz como caráter distintivo a natureza do direito criado em favor do sujeito beneficiário[21].

Ademais, vale dizer, que as opções de compra ou venda podem se referir a toda sorte de bens, desde que sejam lícitos e transferíveis[22], sendo, inclusive permitida a constituição de opção sobre ativos intangíveis, como índices de moeda e taxas de juros, entre outros[23].

Com relação aos bens, optou-se por manter o foco nas ações, em virtude das vicissitudes de referidos negócios, sobretudo quanto à obtenção (ou não)

---

de distinção conceitual entre ambos, em especial quando existiam ações endossáveis no ordenamento pátrio (M. CARVALHOSA, *Comentários à Lei de Sociedades Anônimas*, vol. I, 5ª ed. rev. e atual., São Paulo, Saraiva, 2007, p. 350). Assim, a fim de evitar a utilização de termos pouco empregados na doutrina, como, em alguns casos, *opção de cessão* (A. GAUDEMET, *Contribution à l'étude juridique des dérivés*, *thèse pour le Doctorat en Droit*, Université Panthéon-Assas (Paris II), 2008, p. 37), preferiu-se ao longo da obra opção de compra ou venda para designar ambas as hipóteses (compra e venda *stricto sensu* e cessão).

[21] Isso, em última análise, justifica a escolha do título da presente obra, pois não nos pareceu completamente adequado chamar-lhe de opção de compra *e* venda, sendo apenas possível a existência de uma opção de compra *ou* uma opção de venda. Mesmo nas hipóteses de operações em que são conjugadas opções de compra e opções de venda sobre um mesmo bem por um mesmo sujeito (por exemplo, as operações conhecidas como "*box*"), cada uma das opções mantém suas autonomias estrutural e funcional, estando apenas coligadas em torno do aparato contratual desenvolvido pelos sujeitos envolvidos com vistas a um determinado objetivo ulterior.

[22] A necessidade de transferibilidade do bem subjacente é apenas verificada nos contratos de opções em que exista a previsão de formalização do contrato de compra e venda subjacente e a entrega física do bem ao sujeito que figurar no polo comprador. É certo que tal exigência não se aplica quando se tratar de opções cuja liquidação seja feita inteiramente pela diferença entre o preço de exercício da opção e o valor de mercado do bem subjacente na data de exercício. Mesmo nas opções em que seja feita pela entrega física do bem subjacente, entende-se que a transferibilidade – e em último caso a própria existência – do bem deve apenas ser verificada quando do efetivo exercício da opção pelo beneficiário, sendo plenamente possível que se acorde uma opção cujo bem subjacente ainda não exista ou não seja passível de cessão na data da formalização da opção (as chamadas opções a descoberto).

[23] "*Os ativos objeto [das opções] incluem ações, índices de ações, moedas, instrumentos de dívida, commodities e contratos futuros.*" (cf. J. C. HULL, *Options, Futures and Other Derivatives*, trad. port. da Bolsa de Mercadorias & Futuros, *Opções, Futuros e outros derivativos*, 3ª ed., São Paulo, Bolsa de Mercadorias & Futuros, 1998, p. 5). Não se entrará em detalhes na investigação do regime dos derivativos em si, mantendo o foco nas opções que tratem de bens sujeitos à transferência – ações –, nas quais as partes efetivamente almejam a formação do contrato optativo de compra e venda. Serão tecidos alguns comentários em relação àquela modalidade de contrato como comparativo àquela objeto desta obra.

do *status socii* pelo beneficiário de opção de compra, a possibilidade de exercício (ou não) de controle externo pelo beneficiário, a existência (ou não) de obrigações perante a sociedade emissora, o regime de sua averbação nos livros sociais e a consequente oponibilidade perante terceiros.

Assim, julga-se mais conveniente, sob um aspecto metodológico, apresentar, na primeira parte desta obra, os aspectos genéricos aplicáveis aos negócios envolvendo opções de compra ou venda de quaisquer bens móveis para, na sequência, na segunda parte, avançar na análise dos negócios cujo objeto e causa[24] principais sejam efetivamente a outorga de direito de opção de compra ou venda de ações[25].

À guisa de esclarecimento, nesta obra não se versará sobre as opções bursáteis, levando-se em conta que, por estarem situadas em ambiente regulado

[24] Com relação ao exame da *causa* dos negócios jurídicos – tema jurídico dos mais tormentosos e que tem sido objeto de estudo e divergências entre renomados doutrinadores –, serão feitas algumas referências nos capítulos a seguir, sem a pretensão de esgotar o assunto. Para uma análise do seu histórico, bem como acerca da existência de quatro "causas" distintas diversas e sua aplicação no direito brasileiro aos negócios unilaterais e gratuitos, vale citar o posicionamento de L. C. Penteado, *Doação com encargo e causa contratual*, Campinas, Millennium, 2004, p. 64 ("*No âmbito da dogmática de direito privado obrigacional, a palavra causa continua sendo voz denotativa de conceitos diversos. Espraiar-nos em meio a eles pode ser interessante maneira de procurar, qual ávido mercador, a pérola preciosa – um conceito de causa mais preciso, rico e repleto de aplicações – o qual possa fundar uma reformulação da própria noção de contrato (...) A metodologia empregada neste capítulo se valerá, primeiramente, das quatro causas defendidas por Aristóteles, a material, a formal, a eficiente e a final*"). Nesta obra, apenas por escolha metodológica, sem adentrar ao seu exame aprofundado, assumir-se-á o conceito de *causa material*, entendida como função econômico-social dos negócios jurídicos, tal como sustentado por E. Betti: "*(...) es fácil concluir que la causa o razón del negócio se identifica con la función econômico-social del negocio entero, considerado, con independência de la tutela jurídica, en la síntesis de sus elementos essenciales*" (cf. *Teoria generale del negozio giuridico*, trad. esp. de A. Martin Perez, *Teoria General del negocio juridico*, 2ª ed., Madrid, Revista de Derecho Privado, 1959, p. 141). Atualmente na Itália, a teoria da causa *concreta ou econômico-individual* dos negócios jurídicos parece ter ganhado terreno frente à causa como *função econômico-social* (tradicionalmente mais aceita pelos tribunais italianos). Os conceitos, embora semelhantes, diferenciam-se em seu escopo, pois a *função individual* de cada negócio contempla os *interesses reais* (verdadeiros) que a operação negocial, considerada em seu conteúdo, destina-se a produzir em concreto (E. Panzarini, *Il contratto di opzione*, cit., p. 227).

[25] Como será explicitado em seguida, não serão objeto da presente obra as cláusulas de opção contidas no âmbito de acordos de acionistas, em virtude do tratamento diferenciado atribuído àqueles em nossa legislação societária, embora grande parte de nossas conclusões possa lhes ser replicada.

OPÇÃO DE COMPRA OU VENDA DE AÇÕES

e distinto, com interesses e proteções variados (necessidade de padronização, intermediação de corretoras, garantias e câmaras de liquidação e custódia, entre outros), não obstante inúmeras semelhanças, acabam possuindo um regramento jurídico diferente em relação à opção de compra ou venda que será examinada adiante[26].

Não farão parte do tema principal desta obra, embora se reconheça a similitude dos efeitos gerados pelos negócios autônomos de opção – a serem aqui bordados – as cláusulas ou pactos de opção contidos em outros negócios típicos[27].

Em que pese a grande importância das opções sobre ações outorgadas em benefício de administradores e empregados de sociedades anônimas nos conhecidos planos de outorga de ações (*stock option plans*), a que é geralmente atribuído o caráter de remuneração[28], entende-se por bem não abordá-las,

---

[26] Tal segregação na abordagem das opções negociadas dentro ou fora de Bolsa de valores, mercadorias e futuros já havia sido ressaltada por importantes autores, nacionais e estrangeiros: A. Lecompte, *De la nature juridique des ventes à option*, Paris, Recueil Sirey, 1931, p. 30; F. Satiro de Souza Jr., *Regime jurídico das opções negociadas em bolsas de valores*, Tese (Doutorado), Faculdade de Direito da Universidade de São Paulo, 2002, p. 160 (*"No mercado de capitais, as opções sobre ações – que podem ser de compra ('call') ou venda ('put') são consideradas valores mobiliários por disposição da Lei 6. 385/76, e quando negociadas em bolsa, estão sujeitas à regulação exercida diretamente pela CVM – Comissão de Valores Mobiliários, nos termos das políticas impostas pelo CMN – Conselho Monetário Nacional, e à auto-regulação pública das bolsas de valores e das caixas de liquidação."*); E. Panzarini, *Il contratto di opzione*, cit., p. 379; e M. Irrera, *Options e futures* in *Digesto delle Discipline Privatistiche*, Sezione Commerciale, vol. X, Torino, UTET, 1999, p. 368. Deve-se reconhecer que, do ponto de vista estrutural, inexistem diferenças entre as opções ordinárias e aquelas negociadas em ambiente regulado de Bolsa, razão pela qual muitas das discussões aqui abordadas poderão ser aproveitadas (R. Stazjn, *Sobre a natureza jurídica...*, cit., p. 56).

[27] Parte da doutrina considera a existência de um pacto de opção adjacente a um negócio específico e individual, como nos contratos de arrendamento com cláusula de opção, entre outros. A ideia de pacto enquanto uma cláusula ou disposição contida em outro contrato já foi afirmada pela doutrina italiana, conforme exposto acima.

[28] Por fugir ao tema, não se avançará no exame da natureza e qualificação de remuneração no âmbito de Direito do Trabalho, tomando-se como correta aquela apresentada por S. Pinto Martins, segundo o qual remuneração seria o conjunto de prestações recebidas habitualmente pela prestação de serviços, seja em dinheiro seja em utilidades visando à satisfação das necessidades básicas do empregado e sua família. A remuneração pode ser fixa, variável ou mista a depender da relação do montante a ser pago em função da produtividade verificada. (cf. *Direito do Trabalho*, 19ª ed., São Paulo, Atlas, 2004, pp. 238, 243 e 257).

tendo em vista a aplicação de aspectos de Direito do Trabalho que acabariam por desvirtuar – e ampliar em demasia – o delineamento do tema.

Do mesmo modo, não serão abordadas as opções – ou, conforme defendido na doutrina, promessas unilaterais de contratar – primariamente concedidas de forma direta pelas sociedades, seja em aumento de capital, seja quando submetido ao regime de capital autorizado, na forma do § 3º do art. 168 da Lei de Sociedades por Ações, por possuírem elementos e características diferentes da figura aqui abordada[29].

Depois de esclarecidos os aspectos acima, na Parte II avançar-se-á no exame do negócio outorgativo de opção de compra ou venda de ações propriamente dito. Nessa oportunidade, serão objeto de análise suas principais características e atributos, seguidos dos requisitos subjetivos, objetivos e formais, bem como os efeitos jurídicos deles decorrentes. Para tal finalidade, serão analisadas questões que dizem respeito à gênese, vigência e extinção (anômala ou não[30]) dos referidos negócios[31].

---

[29] Sobre tais opções, dentro do limite do capital autorizado, J. A. TAVARES GUERREIRO defendeu sua equiparação às *promessas unilaterais* de contratar por parte da companhia, estando equivocada a expressão contida na lei que remete à *contratação* da opção pelo administrador, sendo certo que, ao contrário do que pode ocorrer nos Estados Unidos, não gozam do atributo da onerosidade e independem de contrapartida (*consideration*) por parte do seu beneficiário: "*O exercício da opção, quer por compra, quer por subscrição de ações, representa a execução da promessa, materializando-se através da celebração do contrato respectivo. Tanto tem caráter contratual a compra de ações, em sentido estrito, quanto a subscrição. Mas à opção, enquanto tal, falta esse caráter (...) A natureza do instituto é, assim, de promessa unilateral de contratar, o que, impropriamente, embora, se denomina, na teoria dos contratos, de opção (...) Imprópria, por isso mesmo, (...) a redação da alínea b do § 1º do art. 157 que se refere às opções de compra de ações que o administrador tiver contratado no exercício anterior.*" (cf. *Sobre a opção de compra de ações* in Revista de Direito Mercantil, Industrial, Econômico e Financeiro, n. 39, ano XIX, 1980, pp. 226-229).

[30] Apesar de se mostrar de enorme interesse e importância, a fim de não ampliar por demasiado o tema desta obra, não se aprofundará no exame da possibilidade (ou não) de resolução ou revisão judicial dos contratos de opção de compra ou venda em virtude de excessiva onerosidade superveniente, bem como os impactos na tomada de decisão pelos agentes de mercado quanto à sua utilização. Apenas a título de esclarecimento, serão realizadas breves notas ao longo da presente obra quando se tratar dos modos de extinção do negócio outorgativo de opção.

[31] Interessante notar a metodologia empregada por A. OSSORIO na análise das opções, dividindo-a de acordo com as fases biológicas de um ser humano (nascimento, vida e morte): "*Obtenida una definición del contrato, conviene trazar su biología. Dividiré esta parte de mi studio en tres grupos de observaciones referentes al nacimiento, la vida y la muerte de la opción.*" (cf. *El contrato de opción*, Buenos Aires, UTEHA, 1939, p. 80).

OPÇÃO DE COMPRA OU VENDA DE AÇÕES

Não se fará a análise do negócio sob um enfoque de análise econômica do Direito[32], para evitar o alargamento do escopo. Entretanto, as lições trazidas de referida escola serão utilizadas com o propósito de identificar as vantagens e desvantagens de se conceder ao titular das opções a pretensão à tutela específica de seu direito, em contraste com a possibilidade – imoral ou não[33] – de uma parte promover voluntariamente a quebra eficiente da avença (*efficient breach of the contracts*)[34].

Nesse contexto, tendo ocorrido a quebra do equilíbrio contratual em virtude de violação do direito (em sentido) subjetivo, analisar-se-á em que medida nosso ordenamento dispõe de meios que busquem atingir o mesmo efeito – como se descumprimento não existisse – das referidas obrigações (em sentido amplo) pela via coativa judicial[35].

Em linha com esse exame, no final da Parte II, será analisada a importância da tutela específica[36] no ordenamento pátrio, aplicando-se os conceitos gerais à tutela jurisdicional das opções de compra ou venda de ações no Brasil.

---

[32] E. PANZARINI, *Il contratto di opzione*, cit., p. XXIII-XXIV (referida autora faz breves comentários sobre a possibilidade da aplicação da teoria dos jogos aos contratos de opção, apesar de não adentrar ao tema com profundidade, tal qual se fará no âmbito desta obra, com a finalidade de evitar um alargamento demasiado do tema). As considerações de cunho econômico-financeiro serão feitas unicamente para identificar sua função, sem a pretensão de fazer uma análise propriamente econômica.

[33] Estudar-se-á a opinião de autores que propugnam pela inexistência de imoralidade na chamada quebra eficiente dos contratos à luz dos ditames da boa-fé previstos em nosso ordenamento, conforme lições extraídas de parte da doutrina norte-americana (S. SHAVELL, *Economic analysis of contract law*, National Bureau of Economic Research, working paper 9696, Chapter 13, p. 13 disponível in www.nber.org/papers/w9696 [12.01.2010]).

[34] Cf. F. C. GIL, *A onerosidade excessiva em contratos de engineering*, Tese (doutorado), Faculdade de Direito da Universidade de São Paulo, 2007, p. 67 ("*Esse movimento dialético entre a imutabilidade do vínculo contratual e sua flexibilização parece hoje voltar-se para a antítese do pacta sunt servanda. Mostra dessa tendência é assinalada, em certa medida, pela influência, ao menos teórica e, sobretudo, ventilada nos Estados Unidos, da teoria da efficient breach, ou, à falta de melhor tradução, rompimento economicamente eficiente do vínculo contratual.*").

[35] Cf. J. A. TAVARES GUERREIRO, *Execução específica do acordo de acionistas*, in Revista de Direito Mercantil, Industrial, Econômico e Financeiro, n. 41, ano XX, 1981, p. 42.

[36] O emprego de referida terminologia será objeto de exame nas linhas a seguir.

INTRODUÇÃO

A análise desta passará pelo exame da eficácia prática[37] de se obter um provimento executivo pelo beneficiário, notadamente quando se tratar de opções de venda que, no mais das vezes, em caso de descumprimento, darão ensejo apenas à execução de cunho expropriatório patrimonial.

1.2 Breves Notas Históricas[38] e Evolução em Direito Comparado e Nacional

As opções – enquanto negócios que pressupõem o direito conferido a uma parte de escolher dentre determinadas alternativas aquela que lhe parecer mais atrativa – estão enraizadas em nosso meio social, nos mais diversos campos e situações. No âmbito empresarial – que mais nos interessa nesta obra –, há opção *lato sensu* em contratos de arrendamento (*leasing*) e obrigações alternativas[39], entre outros.

Aliás, as opções como as conhecemos na atualidade eram mais frequentemente inseridas como cláusulas ou pactos em alguns contratos. Gradativamente, em virtude da prática reiterada e da vontade das partes, passaram a ser utilizadas de forma separada e individualmente em relação a quaisquer outros contratos[40].

Elas são encontradas – na linguagem mais corrente – dentro do que se convencionou chamar de "negócios futuros"[41], em que o cumprimento das **obrigações (em sentido amplo)** é protraído ao longo do tempo.

---

[37] J. A. TAVARES GUERREIRO, *Execução...*, cit., p. 42.

[38] O presente item não tem a pretensão de historiar detalhadamente o surgimento e regime das opções em direito comparado e nacional, mas, meramente, de trazer algumas referências que pareceram úteis para contextualização do negócio e realçar algumas ideias que serão melhor desenvolvidas ao longo da obra (mesma linha já foi seguida por importantes autores, como J. A. TAVARES GUERREIRO, *Regime jurídico do capital autorizado*, São Paulo, Saraiva, 1984, p. 65). Assim, não se tem a pretensão de descer à minúcia na análise dos aspectos históricos das opções, o que, obviamente, demandaria uma obra separada, mas, tão só de apresentar um panorama conjuntural-histórico que possa ser útil para contextualização dos negócios em questão.

[39] Vide art. 252 do Código Civil que trata das obrigações alternativas: *"Art. 252. Nas obrigações alternativas, a escolha cabe ao devedor, se outra coisa não se estipulou."*

[40] Cf. F. BÉNAC-SCHMIDT, *Le contrat de promesse...*, cit., p. 84.

[41] Não se deve confundir a expressão com a categoria dos *contratos futuros* negociados na Bolsa. Em linhas gerais, sem que isso implique na simplicidade do instrumento, os contratos futuros, *stricto sensu*, são verdadeiros contratos de compra e venda a termo, para entrega diferida, que podem ser liquidados por diferença, com a peculiaridade de contemplar mecanismos de

OPÇÃO DE COMPRA OU VENDA DE AÇÕES

Desde seu nascedouro, uma das principais funções de tais negócios foi a de protrair no tempo a decisão quanto à contratação futura, visando a eliminação ou a redução de riscos, evitando-se que as partes – ou uma delas – sofressem as respectivas oscilações e variáveis externas relacionadas ao contrato, ao objeto ou às partes. Não por menos, supostamente[42] encontraram seu berço e – até hoje maior aplicação – no ramo agropecuário, onde as variáveis exógenas são mais latentes[43].

Há quem diga que os primeiros indícios – de que se tem conhecimento – acerca de "negócios futuros" remontam ao ano de 2000 a.C. no Japão[44]. Em tal época, os agricultores de arroz celebravam com comerciantes locais contratos de venda de arroz para entrega futura, cuja plantação não havia sequer se iniciado (semelhante a operações a descoberto).

No tocante aos negócios de opção de compra ou venda, na modalidade que será aqui abordada, também são encontradas ao longo da História diversas referências. Alguns relatos históricos, conforme sustentado pela doutrina, evidenciam importantes características inerentes aos negócios ora em análise, ainda que sem sistematização ou efetiva tutela pelo ordenamento jurídico respectivo[45].

Como exemplo, na Bíblia, na narrativa da história de Jacó e Labão, dizem haver uma verdadeira opção, tal qual – respeitados as diferenças e períodos históricos – a conhecemos hoje. Em referida passagem, Jacó trabalha durante sete anos para Labão e, em contrapartida, recebe o direito de poder se casar

---

saída antecipada para ambas as partes (V. H. M. Franco, *Manual de direito comercial – sociedade anônima, mercado de valores mobiliários*, vol. 2, org. por Vera Helena de Mello Franco e Rachel Stazjn, São Paulo, Revista dos Tribunais, 2005, p. 140; e O. Yazbek, *Regulação do Mercado Financeiro e de Capitais*, Rio de Janeiro, Elsevier, 2007, p. 113).

[42] O histórico do nascedouro de relações jurídicas de opção de compra ou venda é controvertido e não se tem a pretensão de esgotar o assunto, mas, sim, de trazer alguns apontamentos de cunho histórico que se mostraram relevantes.

[43] "È probabile, ma non certo, che la negoziazione a termine con finalità di copertura o speculativa già avvenisse negli antichi mercati mediorientali soprattutto per i prodotti dell'agricoltura (...)" (E. Panzarini, *Il contratto di opzione*, cit., p. XXII).

[44] F. Satiro de Souza Jr., *Regime jurídico...*, cit., p. 20.

[45] E. Panzarini, *Il contratto di opzione*, cit., p. XXII (referida autora comenta que inexiste consenso entre economistas e historiadores com relação à formação de tais negócios nas organizações babilônicas e mesopotâmicas, assim como na civilização da época do Código de Hamurabi e na Grécia no primeiro milênio a.C).

INTRODUÇÃO

com sua filha, Raquel. Consoante alguns autores, este poder nada mais era do que um direito oriundo de uma avença – verbal – de opção de se casar com Raquel[46].

Outro exemplo encontrado nos escritos antigos trata do célebre caso do filósofo Tales de Mileto, que, por meio de seu privilegiado conhecimento de astronomia, prevendo uma grande colheita futura de olivas, teria contratado opções de uso de todas as prensas disponíveis na região, pagando uma baixa remuneração inicial (prêmio) aos seus proprietários. Quando veio a colheita – e de fato muito farta – os produtores passaram a procurar as prensas das olivas, fazendo com que Tales "exercesse" sua opção, tomando posse das prensas para, então, arrendá-las aos produtores de azeite por um preço bem superior àquele que houvera inicialmente acordado[47].

Outros exemplos também são dados na doutrina, como aqueles relativos à utilização de opções nos negócios marítimos pelos fenícios[48] e na época das grandes navegações pelos portugueses [49], entre outros.

Mas nada parece ter sido comparado – em matéria de opções – ao fenômeno ocorrido na Holanda[50], no século XVII, conhecido como "Tulipomania"[51]. Em Amsterdã e arredores, a posse de exemplares exóticos de tulipas passou

---

[46] M. Hissa, *Investindo em opções. Como aumentar seu capital operando com segurança*, Coleção Expo Money, coord. Gustavo Cebasi, 2ª ed., Rio de Janeiro, Elsevier, 2007, p. 24. A referência à passagem bíblica tem apenas o escopo de demonstrar a existência de certa "consciência social" quanto à possibilidade de atribuir uma "opção" aos sujeitos envolvidos, sem ter a pretensão de analisar os aspectos atinentes à situação do pátrio poder, aos aspectos matrimoniais e à condição da mulher em referido período.

[47] Aristoteles, *Politica*, trad. ingl. de Carnes Lord, *Politics*, Book I, Chapter 11, London, University of Chicago Press, 1984, p. 51. A mesma ideia é reforçada por alguns autores, tais como: E. Panzarini, *Il contratto di opzione*, cit.,p. XXII; e M. Hissa, *Investindo...*, cit., p. 25.

[48] Cf. M. Hissa, *Investindo...*, cit., p. 25.

[49] F. Satiro de Souza Jr., *Regime jurídico...*, cit., p. 20.

[50] O contexto político-econômico da Holanda no período era bem diferente dos demais países europeus. Tratava-se de uma República (os demais países viviam sob regimes monárquicos), com grande aglomeração em cidades, dominadas por mercadores dotados de grandes riquezas que, contudo, não chegavam a formar uma aristocracia. (cf. A. Goldgar, *Tulipmania: money, honor, and knowledge in the ducth golden age*, Chicago, Chicago Press, 2007, p. 3)

[51] Cf. E. Panzarini, *Il contratto di opzione*, cit., p. XXI ("[...] *ma va ricordato che già nel mercato olandese del 1600 dei bulbi di tulipano (oggetto – più ampiamente lo diremo appresso – di molti studi degli economisti come uno dei primi casi di 'euforia del mercato' e di bolla speculativa) venivano trattate vere e proprie opzioni di acquisto e di vendita di bulbi con finalità di copertura dei rischi o di speculazione [...]*").

OPÇÃO DE COMPRA OU VENDA DE AÇÕES

a ser associada à evidência de riqueza, reconhecimento e respeito naquela sociedade, fazendo com que houvesse uma crescente demanda.

O preço e os interessados na produção e comercialização dos bulbos de tulipas não tardaram a crescer. Mercados organizados – em locais assemelhados às Bolsas[52] – passaram a ser estruturados e a atrair cada vez mais interessados, fomentando ainda mais a procura das tulipas por praticamente todas as classes sociais da época. A movimentação de recursos era tamanha que diversas pessoas passaram a investir, na expectativa de altos retornos, importante parte de suas reservas pessoais no ramo[53].

Como forma de aumentar o ganho e de propiciar o ingresso de mais pessoas naquele mercado, acabou surgindo a figura de "contratos futuros", incluindo algumas modalidades associadas aos contratos de opção. Por meio desse mecanismo, os envolvidos podiam garantir o direito de adquirir uma colheita futura, sem correrem os riscos inerentes à produção, ao passo que os produtores recebiam um pagamento imediato que lhes ajudava no desenvolvimento das atividades produtivas[54].

Aquelas pessoas, até então incapazes de adquirir antecipadamente as tulipas pelo seu preço final para entrega futura (compra e venda a prazo), passaram a ter acesso ao mercado por meio da contratação de opções de compra, pagando um preço inicial (prêmio) acessível[55], com a intenção de auferir benefícios com sua venda a terceiros, devido ao possível aumento gradual do preço de venda no vencimento.

---

[52] M. Prak, *The Dutch Republic in the seventeenth century*, Cambridge, Cambridge Press, 2005, p. 44.

[53] Os volumes, segundo contam os historiadores, eram elevadíssimos e desproporcionais ao valor de meras flores, o que contribuiu para o colapso de tal mercado. Tamanha era a desproporção que não faltaram aqueles que encaravam o movimento como uma "doença mental", estupidez, insanidade e irracionalidade, entre outros (cf. A. Goldgar, *Tulipmania...*, cit., pp. 2-4).

[54] R. Stazjn, *Sobre a natureza jurídica...*, cit., p. 54. Alguns autores enxergavam tão somente negócios semelhantes aos contratos futuros existentes atualmente na bolsa de valores, mercadorias e futuros, com a diferença de lhes faltar a marcação a mercado diária dos preços dos contratos da bolsa (cf. P. M Garber, *Famous first bubbles. Fundamentals of early manias*, 1ª ed., Cambridge, MIT Press, 2001, pp. 44-46).

[55] *"Relatively little capital was necessary to set oneself up as cultivator and trader of tulip bulbs."* (cf. M. Prak, *The Dutch...*, cit., p. 89).

INTRODUÇÃO

Em que pese o grande desenvolvimento, a febre das tulipas acabou sofrendo um desaquecimento, reduzindo os valores das cotações e gerando uma enorme crise no seu mercado[56]. A redução foi de tal monta que o governo holandês viu-se obrigado a intervir, editando regras e diretrizes com relação à execução de tais negócios, fazendo com que muitas famílias perdessem grande quantidade de riquezas[57].

A rápida ascensão e queda do mercado das tulipas, pode-se dizer que na prática acabou por disseminar, com contornos de massificação, o uso de contratos futuros e contratos de opção[58], que até então não gozavam de grande utilização. Certamente, a "tulipomania" influenciou a visão dos agentes de mercado da época quanto à possibilidade de utilização de tais instrumentos para diversas finalidades, seja a segregação de riscos, o acesso de pessoas com poucos recursos aos mercados, entre outros[59].

Muitos governantes e reguladores, mais apegados aos efeitos resultantes da bolha e consequente "quebra" de muitos dos participantes daquele mercado – e não aos benefícios e facilidades que as opções propiciavam se utilizadas da maneira correta –, baniram a utilização de negócios similares às opções, por considerá-las ofensivas à segurança jurídica e, de certa forma, abusiva para a parte que acabava sofrendo prejuízos em decorrência da oscilação dos preços das mercadorias abrangidas[60].

Não tardou, porém, para que os negócios envolvendo opções voltassem à tona, atraindo não só a atenção dos agentes de mercado, mas também dos juristas que buscaram enquadrá-los dentro das categorias dogmáticas então vigentes[61].

---

[56] Idem, ibidem, p. 89.

[57] Cf. A. GOLDGAR, *Tulipmania...*, cit., p. 4. A referida autora sustenta que há muita informação acerca do período que não se passa de mito e que, embora possa ser equiparado a uma crise (não financeira, mas com efeito social e cultural), o fenômeno em questão não gerou a ruína da economia holandesa ou de todos os participantes daquele mercado (Idem, ibidem, p. 7).

[58] Idem, ibidem, p. 380; e E. PANZARINI, *Il contratto di opzione*, cit., p. XXI.

[59] Para uma visão histórica do fenômeno em doutrina nacional, vide: F. SATIRO DE SOUZA JR., *Regime jurídico...*, cit., p. 77-83.

[60] R. STAZJN, *Sobre a natureza jurídica...*, cit., p. 54.

[61] Na Espanha, por exemplo, tem-se notícia de crescente utilização de negócios de opção para exploração de minas, haja vista que anteriormente à efetiva aquisição de um lote para sua exploração, o adquirente almejava realizar estudos prévios para avaliar seu grau de

OPÇÃO DE COMPRA OU VENDA DE AÇÕES

Quanto à origem da consciência jurídica da figura, embora não haja consenso[62], parte da doutrina insere-a juntamente ao direito de recompra (pactos de retrovenda ou retrocompra) do Direito Romano[63-64].

Alguns autores registram que as opções não ganharam autonomia e caráter de figura geral, "[...] a não ser na sequência do contrato-promessa [contrato preliminar] nos finais do século XIX"[65], o que mostra uma prevalência doutrinária no estudo dos contratos preliminares e dos pactos de retrovenda.

Na Europa, o tema ganhou certo desenvolvimento na primeira metade do século passado com a publicação de alguns trabalhos e monografias acerca da matéria[66]. A doutrina e jurisprudência italianas, em especial, antes da edição

produtividade, sem, contudo, correr o risco de o proprietário alienar para um terceiro ou eventualmente mudar de ideia quanto ao negócio (C. S. ASURMENDI, *La opción de compra*, cit., p. 10).

[62] Alguns autores entendem que as opções decorrem dos contratos preliminares (promessas de contratar), cf. mostra A. M. PRATA (*O contrato-promessa...*, cit., p. 403).

[63] A. MENEZES CORDEIRO, *Tratado de Direito Civil Português*, Vol. II, Direito das Obrigações. Contratos e Negócios Unilaterais, tomo II, 3ª ed., Lisboa, Almedina, 2010, p. 539; e M. CASPER, *Der optionsvertrag*, cit., p. 35.

[64] O caso supostamente originário da figura seria aquele contido no Digesto (Próculo, D.19.5.12) em que o marido vende um bem à mulher com o direito (chamado por alguns de opção) de readquiri-lo caso houvesse extinção do vínculo matrimonial. Nesse sentido, vide: A. MENEZES CORDEIRO, *Tratado...*, vol. II, cit., p. 539; e B. W. FRIER – T. A. MCGINN, *A case book on Roman Family Law*, New York, Oxford University Press, 2004, p.123 (os últimos autores, apesar de não sustentarem que tenha sido origem do primeiro caso de opções, descrevem a situação como "*a man sells farms to his wife, with an option to repurchase them if they divorce*"). Importante mencionar um interessante estudo de referido precedente histórico, do qual teriam as opções se originado, datado do século XVIII, que contém notas acerca da evolução da figura até aquela época na Inglaterra e em outros países (*Kingdons*), cujo trecho transcreve-se, com a pontuação e linguagem originais, meramente para fins de registro histórico: "*D.19.5.12. Jus retractus sive retrovendendi, which is an Agreement that the seller or his Heirs shall buy back again the Wares before any other. The Kindred amongst the Hebrews claimed this Right without particular Covenant, Lev. 25.23. And this Custom is approved by the Canons, cap. Restituts. X, de integrum restitut confirmed in the Feudal Law, 5 Feud. 14, 15, 16 and followed in most Kingdoms, but not in England. Groenw. de LL. Abrog. In C. Lib. 4. tit. II. L. 3.*". (J. KNAPTON – D. MIDWINTER A. WARD et al., *A new institute of the imperial or civil law with notes*, London, [s.e.], 1730, p. 234).

[65] A. MENEZES CORDEIRO, *Tratado...*, vol. II, cit., p. 539 [grifos nossos].

[66] A. OSSORIO, *El contrato de opción (boceto de una monografia jurídica)*, Madrid, Imprenta de Ricardo F. Rojas, 1915, p. 67 (na primeira versão de seu trabalho, antes da republicação com alterações, o autor ressaltava a completa escassez da doutrina no estudo do assunto, com exceção do Tratado de Direito Comercial de C. Vivante e referências na *Business Encyclopedia*); A. LECOMPTE, *De la nature...*, cit., p. 1 (referido autor cita lições de Lyon-Caen et Renault de 1910); e G. REBOUR, *De la clause d'option dans les contrats et de son application spécialment en matière*

INTRODUÇÃO

do *Codice Civile* de 1942, desempenharam posição de destaque na tentativa de desenvolver estudos individuais da figura em questão. Existem casos concretos que chegaram ao conhecimento do Judiciário, fazendo com que a comunidade jurídica como um todo voltasse a atenção ao seu estudo que, àquela época, não se encontrava positivado no ordenamento peninsular. Não se nega, aliás, que a inclusão da figura no *Codice Civile* de 1942 tenha sido reflexo do desenvolvimento da doutrina italiana antecessora, o que, contudo, não lhe isentou de críticas e constantes reflexões por parte da doutrina moderna[67].

No Brasil, conforme tendência verificada na Europa, bem como a influência de Portugal, acredita-se que a origem jurídica das opções esteja relacionada ao direito de recompra, tendo seu desenvolvimento concomitante à evolução histórica na Europa[68].

A figura, tal qual ocorrido na Europa, não ganhou muita notoriedade no início do século passado, salvo no que se relacionava aos contratos preliminares, especialmente unilaterais. Assim, na primeira década do século passado, não se observou uma intensa canalização da doutrina e da jurisprudência ao estudo do regime jurídico dos negócios de opção.

As razões históricas, a nosso ver, estão relacionadas à equiparação constante com os pactos de retrovenda, bem como à dificuldade experimentada por nossos juristas em traçar um panorama claro acerca dos contratos preliminares

---

commerciale, Paris, Les Presses Modernes, 1927, p. 7. Mais recentemente, corrobora este entendimento, A. MENEZES CORDEIRO, *Tratado...*, vol. II, cit., p. 539. Nos países de origem anglo-saxã, o conceito de *opções* já vinha sendo desenvolvido com alguma precedência, confundindo-se, em alguns casos, com o tema das ofertas, conforme lições extraídas dos seguintes autores: S. ATKINSON, *The law on the contract of sale*, London, Davis and Amer, Law Booksellers, 1853, p. 245 (Inglaterra); e W. HOHFELD, *Fundamental Legal Conceptions as applied in judicial reasoning and other legal essays*, ed. por Walter Wheeler Cook, New Haven, Yale University Press, 1923, pp. 56-57 (o autor cita casos do final do século XIX nos Estados Unidos da América acerca do tema das opções e propostas irrevogáveis).

[67] R. FAVALE, *Opzione. Art. 1331* in Il Codice Civile, Commentario, org. por D. Busnelli, Milano, Giuffrè, 2009, pp. 21-30.

[68] No Brasil, F. C. PONTES DE MIRANDA traz à colação as mesmas referências históricas que estão em consonância com as lições em direito comparado, com acréscimo dos apontamentos acerca do pacto de retrocompra que se assemelharia à opção de venda, encarados pelo grande tratadista como semelhantes ao direito de opção, o que corrobora a inteligência das raízes históricas da figura (cf. *Tratado...*, XXXIX, cit., pp. 157-164 e 213). Da mesma forma, sem, contudo, fazer referência às opções, vide: J. C. MOREIRA ALVES, *A retrovenda*, 1ª ed., Rio de Janeiro, Borsoi, 1967, p. 48.

OPÇÃO DE COMPRA OU VENDA DE AÇÕES

e da responsabilização pré-contratual. Além disso, o fato de outras figuras promoverem efeitos semelhantes àqueles da opção (como, por exemplo, as condições suspensiva e resolutiva, o pacto de retrovenda, a proposta e a promessa de compra) pode ter contribuído sobremaneira para uma preferência pela sua análise em concreto frente às opções.

Certamente sua maior penetração social, representada pela multiplicação de compromissos de compra e venda de imóveis no País, marcada por motivos de ordem tributária e menor exigência de formalidade, conjugada às similitudes entre referido negócio e as opções, contribuiu para a manutenção do foco de nossa doutrina majoritariamente no estudo dos contratos preliminares.

Evidência disso pode ser encontrada na quantidade de casos envolvendo contratos preliminares (chamados de promessas ou compromissos) que foi levada ao crivo da jurisprudência nacional, assim como estudos doutrinários destinados ao exame da figura no âmbito nacional, quando comparados àqueles que se referem às opções[69].

Não por coincidência, entretanto, após a edição do *Codice Civile* de 1942, que positivou a figura do contrato de opção (*contratto di opzione*), a figura parece ter ganhado maior atenção dos juristas, mesmo que ainda de forma secundária, uma vez que os contratos preliminares unilaterais e os pactos de retrovenda continuaram como foco principal da investigação.

Com respeito aos negócios preparatórios envolvendo ações de sociedades, ao lado da própria edição da Lei de Sociedades por Ações em 1976 que acabou tangenciando o assunto[70], a lide envolvendo os supermercados Disco

---

[69] Nas primeiras décadas do século anterior, os juristas nacionais não mencionavam expressamente as opções em seus escritos e comentários de Direito civil e comercial ou acabavam por inclui-las dentro da categoria dos contratos preliminares (promessas de contrato), talvez por influência do regime do ordenamento francês em que as opções eram tratadas sob a denominação de *promesses unilatérales*. Da mesma maneira, nos comentários destinados aos pactos adjetos à compra e venda (basicamente nos pactos de retrovenda ou preferência), podem-se encontrar poucas notas acerca do negócio de opção. Aqui é preciso advertir que não se tem qualquer pretensão de ter examinado todas as obras, sendo que apenas apresentam-se os resultados da investigação que não teve por fim o esgotamento dos aspectos históricos da figura.

[70] A Lei de Sociedades por Ações contribuiu com o assunto mediante a difusão dos bônus de subscrição e opção de compra de ações previstas no art. 168, embora tais figuras já pudessem ser verificadas na Lei 4.728/65, com algumas alterações (cf. J. A. TAVARES GUERREIRO, *Regime...*, p. 75). Importa notar que os bônus de subscrição dizem repesito ao direito de subscrever

INTRODUÇÃO

e Pão de Açúcar pode ser tida como um marco representativo no seu estudo doutrinário[71].

Nessa controvérsia envolvendo o compromisso de compra e venda de ações firmado entre as duas redes de supermercado, juristas nacionais – do mais alto gabarito – discutiram o posicionamento jurisprudencial manifestado por renomados julgadores. Em virtude de intenso debate e desenvolvimento de trabalhos de crucial importância da doutrina nacional, os contornos jurídicos dos contratos preliminares foram aclarados, o que, ao lado de um possível maior reconhecimento social da utilidade da figura, abriu espaço para o desenvolvimento do interesse da doutrina e dos operadores do Direito.

Por certo, a edição do Código Civil de 2002, ainda que não imune de críticas pela doutrina no tocante aos contratos preliminares, contribuiu, significativamente, para sedimentar seu conceito que já vinha sendo lapidado por doutrinadores ao longo das últimas décadas.

Diante desse cenário, ao lado de grande avanço do mercado de capitais e do fortalecimento da Bolsa de Valores e Mercadorias nacionais – com o aumento da quantidade de operações bursáteis envolvendo opções –, bem como do incremento do intercâmbio de conceitos do Direito anglo-saxão nas últimas décadas (cláusulas de *put* e *call, tag along e drag along*), impulsionado por transações internacionais (*cross-border*), pode-se dizer que foi criado um ambiente propício para o incremento e a renovação do interesse da doutrina nacional acerca dos negócios em questão.

Como visto acima, as opções não são figuras completamente inovadoras, exibindo raízes históricas longínquas. Diante do atual contexto jurídico-econômico, pode-se dizer que seus traços principais têm sido objeto de revisão e reformulação[72] por parte de juristas e operadores do direito, em virtude

ações ainda não existentes (com aumento do capital da sociedade), ao passo que as opções aqui analisadas dizem respeito a ações já emitidas.

[71] Trata-se do caso julgado pelo Supremo Tribunal Federal em 11 de setembro de 1979 referente ao conceito de contrato preliminar, envolvendo os Supermercados Disco e Pão de Açúcar (Recurso Extraordinário n. 88.716-RJ).

[72] Foi utilizada a expressão *"rebautizada"* para descrever a opção no direito espanhol, mostrando que a doutrina mais recente passou a destinar maior atenção ao instituto para lhe conferir o devido tratamento naquele país (cf. J. T. CHARLES, *El contrato de opción*, cit., p. 16).

OPÇÃO DE COMPRA OU VENDA DE AÇÕES

de questões e dúvidas emanadas de sua crescente utilização em operações financeiras e entre particulares[73].

1.3 Precisões Terminológicas

Este subitem possui o escopo de apresentar os diversos significados que têm sido empregados para designar não só o próprio termo "opções", como também os sujeitos envolvidos, o contrato almejado e o exercício do direito dele decorrente, entre outros.

1.3.1 Diversas acepções atribuídas ao termo "opções"

A palavra "opção" comporta diversos significados e é um dos termos que possui larga utilização na linguagem corrente, por representar um fenômeno econômico-social latente[74].

Genericamente, a este vocábulo podem ser atribuídos diversos significados, destacando-se os seguintes: (a) ato de optar; (b) livre escolha; (c) preferência[75] que se dá a alguém para comprar ou vender um bem dentro de

---

[73] A. MENEZES CORDEIRO, *Tratado...*, vol. II, cit., p. 537.

[74] Na França: *"L'option est un de ces mots que l'on entend fréquentment employer dans le langage courant, parce que'ils répondent à un besoin économique ou social"* (G. REBOUR, *De la clause d'option...*, cit., p. 7); na Espanha: *"El término opción es polisémico, tanto en su sentido vulgar, como en su acepción jurídica (...) diremos que la voz 'opción' tiene, aquí también, un significado anfibiológico, pues se pode referir: a un contrato, derecho o bien al acto mismo de elección ante una alternativa"* (J. T. CHARLES, *El contrato de opción*, cit., p. 37); e na Itália: *"Il termine 'opzione', isolatamente considerato, è un termine generico, che assume diversi significati ed applicazioni"* (E. CESÀRO, *Il contrato e L'opzione*, cit., p. 209).

[75] Como será abordado no capítulo próprio, este termo não se encontra empregado em seu sentido técnico-jurídico apropriado, representando o sentido corrente da expressão na sociedade. A preferência, no âmbito do direito, não se confunde com a opção, possuindo caracteres bem distintos. Nesse sentido: *"Os pactos de preferência se distinguem das opções, porque nestas já há, perfeito e acabado, um dos elementos do acordo de vontades definitivo, que é a oferta irrevogável de contratar. Basta, ao titular da opção, manifestar a sua vontade concordante no prazo, para que se aperfeiçoe o contrato definitivo. (...) No pacto de preferência, diferentemente, estipula-se a obrigação, para uma das partes, de fazer, preliminarmente, sua oferta de contrato definitivo à outra, se e quando decidir pelo contrato definitivo, que não é, por conseguinte, obrigatório. Ademais, a parte beneficiária pela preferência só tem direito a aceitar, prioritariamente a oferta definitiva em igualdade de condições, o que supõe um concurso de interessados"*. (F. K. COMPARATO, *Reflexões sobre as promessas de cessão de controle societário* in *Novos ensaios e pareceres de direito empresarial*, Rio de Janeiro, Forense, 1981, p. 229).

INTRODUÇÃO

um determinado prazo e sob determinadas condições; e (d) documento que contém essa preferência[76-77].

A sua definição literal traz em si embutida a ideia de faculdade e de escolha atribuídas a um determinado sujeito diante de diferentes possibilidades, caminhos ou alternativas existentes em um dado momento.

Reconhece-se, na doutrina, a existência de diferenças semânticas, embora tênues, entre os termos "escolha" e "opção"[78], razão pela qual, no âmbito jurídico, utilizar-se-á somente o termo "opção" para designar o fenômeno sob análise[79].

No linguajar corrente, entretanto, utiliza-se com frequência a palavra "opção" como forma de se referir a uma faculdade ou um direito de escolha por parte de um sujeito, ao passo que, no âmbito jurídico, o seu sentido encontra outra conotação mais específica[80].

Percebe-se que as duas primeiras definições acima correspondem aos significados não jurídicos do termo, ao passo que a terceira e a quarta tentam exprimir o fenômeno com enfoque legal. Diferem os itens (c) e (d) porque o primeiro exprime a ideia de um direito e o último indica o instrumento

---

[76] HOLANDA FERREIRA, Aurélio Buarque de, *Pequeno Dicionário Brasileiro da Língua Portuguesa*, 11ª ed. aum., São Paulo, Companhia Editora Nacional, 1972. Na mesma linha encontra-se a seguinte definição dada pelo dicionário Houaiss: "*1. Ato, faculdade ou efeito de optar; escolha, preferência. 2. aquilo por que se opta ; uma de duas ou mais possibilidades pelas quais se pode optar ; alternativa. 3. faculdade concedida por lei ou prevista em cláusula contratual de escolher entre duas ou mais maneiras de exercer direitos ou agir. 4. direito negociável de compra e venda de títulos, ações, mercadorias etc., com entrega e pagamento em data futura e a preços fixados. 5 documento negociável que consigna esse direito.*" (A. HOUAISS – M. VILLAR – F. MELLO FRANCO, *Dicionário Houaiss da língua portuguesa*, 1ª. ed., Rio de Janeiro, Objetiva, 2009, p. 1390).

[77] G. REBOUR, *De la clause d'option...*, cit., p. 9 ("*Littré définit l'option: la faculté, l'action d'opter, c'est-à-dire de prendre, entre des choses qui paraissent se valoir, celle qui convient.*")

[78] Idem, ibidem, p. 9 ("*Et Littré fait la distinction suivante entre le choix et l'option: "On opte en se déterminant pour une chose parce qu'on ne peut les avoir toutes. On choisit en comparant les choses, parce qu' on veut avoir la meilleure. Entre deux choses parfaitement égales, il y a à opter, mais il n'y a pas à choisir.*"). No mesmo sentido: I. NAJJAR, *Le droit d'option. Contribution a l'étude du droit potestatif et de l'acte unilatéral, thèse pour le Doctorat d'état, Université de Paris*, 1966, p. 6.

[79] Eventuais referências ao termo escolher ou escolha nesta obra terão apenas o propósito de evitar demasiada repetição, devendo ser entendidos, quando se referir ao tema desta obra, como opção no sentido aqui empregado.

[80] Cf I. NAJJAR, *Le droit d'option...*, cit., p. 5 ("*L'expression droit d'option recouvre des significations diverses. Le mot 'option' a le sens générique de choix [...] Cepedant ce 'droit de choisir' ne signifie pas grand chose sur le plan juridique.*").

– aqui no sentido de negócio e não como simples substrato material – que o materializa.

Em outras palavras, para os fins que interessam à presente obra, há dois significados possíveis: opção como um direito e opção como um negócio jurídico.

Da mesma maneira entenderam alguns autores estrangeiros, o que revela que o seu dúplice significado, em direito, é algo há tempos bem definido[81].

A doutrina italiana, seguindo essa linha, também ressalta a definição dualista – direito e negócio – das opções. Conforme lições de E. CESÀRO, os dois perfis são tão evidentes que acabaram por criar confusões na prática dos negócios[82].

Autores franceses também salientam que o termo "opção" comporta os dois significados distintos: (a) *lato sensu*, designa a faculdade atribuída a uma pessoa, seja pela lei, seja por um acordo, de escolher uma dentre duas ou mais situações jurídicas diferentes (opção como direito) e (b) *stricto sensu*, a palavra é sinônimo de uma promessa unilateral de venda[83].

Também a doutrina clássica hispânica revelou estar de acordo com a existência de direitos de opção, surgidos de outros contratos, e de uma forma contratual específica de opção (justamente consistente com o objeto desta obra)[84].

No âmbito jurídico nacional, o termo "opção" também é utilizado com os mesmos significados (direito e negócio), conforme já ressaltado pelo Prof. F. SATIRO [85].

A opção, enquanto direito de escolha, é frequentemente encontrada em nossa legislação, a qual é usada para designar, como já mencionado, a faculdade (em sentido amplo) atribuída aos sujeitos para escolher uma

---

[81] Cf. G. CABANELLAS, *Diccionario Enciclopédico de Derecho usual*, verbete opción, tomo V, 15ª ed. rev. ampl. e atual. por Luiz Alcalã e Zamora y Castillo, Buenos Aires, Editorial Heliasta, p. 676: *"Facultad de elegir o escoger. Elección o escogimiento. Derecho a un puesto o cargo. Convenio en que, dentro de determinadas cláusulas, queda al arbitrio de una de las partes ejercer un derecho, realizar una prestación o adquirir una cosa".*

[82] Cf. *Il contrato e L'opzione*, cit., p. 209.

[83] A. LECOMPTE, *De la nature...*, cit., p. 6.

[84] A. OSSORIO, *El contrato de opción*, cit., p. 24.

[85] F. SATIRO DE SOUZA JR., *Regime jurídico...*, cit., pp. 34-35.

INTRODUÇÃO

dentre várias alternativas que lhe são colocadas em um determinado caso concreto[86].

Não obstante sua grande importância e aplicabilidade prática, a opção como negócio jurídico deixou de ser disciplinada pelo legislador nacional, não tendo sido objeto de tutela normativa específica.

Se tal ausência de previsão legal, por um lado, traz mais dificuldades para sua aplicação, por outro, acaba tornando o estudo doutrinário e acadêmico mais interessante e importante para a melhor visualização dos aspectos jurídicos do negócio em questão, assim como ocorrido na Itália na primeira metade do século XX.

Por isso, **optou-se** por voltar a atenção, na presente obra, às opções enquanto negócios jurídicos e não como direitos. A justificativa é endossada, haja vista que da opção como negócio surgem vários efeitos, dentre os quais destaca-se o nascimento de um direito de opção – ou direito formativo gerador, na melhor

---

[86] Em uma rápida busca na Constituição Federal encontram-se diversas modalidades de *direito de opção* outorgados aos entes públicos ou particulares. Como exemplos, escolhidos de forma aleatória, citam-se os seguintes: *"[...] Art. 40 – § 16 – Somente mediante sua prévia e expressa opção, o disposto nos §§ 14 e 15 poderá ser aplicado ao servidor que tiver ingressado no serviço público até a data da publicação do ato de instituição do correspondente regime de previdência complementar. Art. 109 X – os crimes de ingresso ou permanência irregular de estrangeiro, a execução de carta rogatória, após o "exequatur", e de sentença estrangeira, após a homologação, as causas referentes à nacionalidade, inclusive à respectiva opção, e à naturalização; Art. 157 – II – cinqüenta por cento do produto da arrecadação do imposto da União sobre a propriedade territorial rural, relativamente aos imóveis neles situados, cabendo a totalidade na hipótese da opção a que se refere o art. 153, § 4º, III."* Já no Ato das Disposições Constitucionais Transitórias, pode-se citar os seguintes: *"[...] Art. 22. É assegurado aos defensores públicos investidos na função até a data de instalação da Assembléia Nacional Constituinte o direito de opção pela carreira, com a observância das garantias e vedações previstas no art. 134, parágrafo único, da Constituição; (...) Art. 57 II – pensão especial correspondente à deixada por segundo-tenente das Forças Armadas, que poderá ser requerida a qualquer tempo, sendo inacumulável com quaisquer rendimentos recebidos dos cofres públicos, exceto os benefícios previdenciários, ressalvado o direito de opção; (...) Art. 97 § 2º Para saldar os precatórios, vencidos e a vencer, pelo regime especial, os Estados, o Distrito Federal e os Municípios devedores depositarão mensalmente, em conta especial criada para tal fim, 1/12 (um doze avos) do valor calculado percentualmente sobre as respectivas receitas correntes líquidas, apuradas no segundo mês anterior ao mês de pagamento, sendo que esse percentual, calculado no momento de opção pelo regime e mantido fixo até o final do prazo a que se refere o § 14 deste artigo, será: (...)".* Na mesma linha do que consta na Constituição Federal, a doutrina italiana também identificava uma opção quanto à escolha pelos cidadãos de sua nacionalidade, a qual se distingue daquela opção a ser aqui abordada (R. MIDIRI, *Opzione* in *Dizionario Pratico del Diritto Privato*, vol. IV, Milano, Casa Editrice Dottor Francesco Vallardi, [s.d.], p. 488).

linguagem jurídica – em favor do beneficiário, que invariavelmente também será abordado a seguir.

Feitos tais esclarecimentos, deve-se concluir que, ao longo da presente obra, o termo "opção" deve ser entendido – salvo se de maneira diferente indicada – como referência ao negócio jurídico em que um dos sujeitos aufere o direito de, a seu exclusivo critério, dentro de um prazo estabelecido, levar (ou não) a cabo uma determinada avença contratual, cujo conteúdo já fora prévia e integralmente acordado entre os sujeitos.

Ao se referir ao direito subjetivo atribuído ao beneficiário, será empregada a expressão "direito formativo gerador" ou "direito de opção", para evitar uma possível confusão com as opções enquanto negócios jurídicos, conforme será melhor detalhado adiante.

1.3.2 Uniformização da terminologia

Provavelmente fruto da ausência de tipificação legal, inexiste uniformidade, seja na doutrina seja na jurisprudência, pátria e estrangeira, quanto à nomenclatura a ser empregada para designar os principais aspectos do negócio jurídico de opção de compra ou venda. Atualmente, uma variedade de vocábulos tem sido utilizada para tal mister, causando problemas para sua classificação.

No que tange aos sujeitos envolvidos, na Espanha, o beneficiário é chamado de *optante* ou *optario*, ao passo que em relação à parte devedora foram usados os termos *optatario, opcionario, oferente, promitente* ou *concedente*[87]. A doutrina mais moderna parece ter adotado com maior frequência os termos *optante*[88] e *concedente*[89].

Na França, a esmagadora maioria da doutrina refere-se ao *beneficiaire* e ao *promettant* para designar as partes envolvidas na relação jurídica criada pela opção[90].

---

[87] Cf. C. S. Asurmendi, *La opción de compra*, cit., p. 11; e J. T. Charles, *El contrato de opción*, cit., p. 159.

[88] Apenas a título ilustrativo, vale consignar que as legislações da Guatemala e do Peru também contemplam a expressão *optante*.

[89] C. S. Asurmendi, *La opción de compra*, cit., p. 11; e J. T. Charles, *El contrato de opción*, cit., p. 159.

[90] G. Goubeaux – P. Voirin, *Droit Civil*, Tome I, 31ª ed., Paris, L.G.D.J, 2007, p. 366; e M. Mousseron – M. Guibal – D. Mainguy, *L'avant contrat*, Levallois, Éditions Francis Lefebvre,

INTRODUÇÃO

Na Itália, os termos mais empregados pela doutrina e pela jurisprudência são *concedente-beneficiario*[91] ou *opzionista-opzionario*[92].

Em Portugal, utiliza-se "concedente-beneficiário", assim como constantemente podem ser encontradas referências ao termo "optante"[93].

No Brasil, a terminologia empregada pela doutrina e jurisprudência também é bastante variada, razão pela qual apontar-se-á, a seguir, a fim de uniformização, aqueles que parecem mais apropriados à figura em questão.

Preferiu-se a utilização de "beneficiário-outorgado"[94] e "outorgante"[95], pois tal nomenclatura evidencia o elemento inderrogável categorial mais importante do negócio a ser analisado, a saber: o direito de opção – direito formativo gerador – criado em favor do beneficiário quanto ao contrato optativo[96].

Como o direito formativo gerador traz consigo o poder em favor de um dos sujeitos, entende-se mais apropriada a designação "outorgante" para fazer referência à outorga de um poder a um terceiro.

2001, p. 351. Apenas uma pequena parte da doutrina clássica chegou a se referir ao termo *optionnaire* para designar o que a doutrina atualmente chama de *beneficiaire* (G. REBOUR, *De la clause d'option...*, cit., p. 49).

[91] E. PANZARINI, *Il contratto di opzione*, cit., p. 69 (referida autora, ao mencionar o termo *concessionario*, faz nota para sugerir o termo *opzionario* como o mais correto para referir-se ao beneficiário).

[92] Encontra-se, mesmo que de forma mais rara, referências ao termo contratante favorecido (*contraente favorito*) (CARBONE, Paolo, *I tanti volti della cd. condizione unilaterale* in Contratto e impresa: dialoghi con la giurisprudenza civile e commerciale diretti da Francesco Galgano, 18° ano, vol. I, Padova, CEDAM, 2002, p. 261).

[93] F. G. MORAIS, *Contrato-Promessa em Geral. Contratos-Promessa em Especial*, Coimbra, Almedina, 2009, p. 72.

[94] Muitas vezes, ao longo da obra, utilizar-se-á a expressão reduzida, isto é, *beneficiário* ou *outorgado* de forma isolada.

[95] F. C. PONTES DE MIRANDA utiliza expressamente as expressões outorgante e outorgado (cf. *Tratado...*, XXXIX, cit. p. 213).

[96] Não se descarta a possibilidade de criação de uma nomenclatura própria para os sujeitos envolvidos nesses negócios. Poder-se-ia pensar no uso de *optante*, para se referir à parte titular do *direito de opção*, mas preferiu-se não utilizá-la, pois, traz consigo a ideia de que a opção já foi exercida, ou melhor, de que o beneficiário já teria efetivamente exercido seu direito (*optado*). Porém, mostrou-se de grande dificuldade trazer uma expressão que pudesse exprimir especificamente a parte que se encontra na situação de *sujeição*. As palavras cogitadas não seriam, neste momento, acolhidas em nossa língua, tais como *opcionista*. Eventual positivação e tipificação do negócio outorgativo da opção poderiam preencher tal lacuna para criar uma potencial designação específica para os sujeitos envolvidos. Enquanto isso não ocorre, serão preferidos os termos que, a nosso ver, mais se aproximam da realidade em tais negócios.

OPÇÃO DE COMPRA OU VENDA DE AÇÕES

Não se considera apropriada a utilização do termo "concedente", para evitar potenciais interpretações equivocadas com a expressão utilizada no âmbito do Direito administrativo para fazer referência ao poder público nas concessões de serviço público[97].

Afastou-se, também, a designação de "proponente" e "oblato", levando-se em conta que não se está diante de uma proposta irrevogável de contrato. Trata-se de *fattispecie* que não se confunde com a policitação, mesmo que alguns efeitos lhes sejam semelhantes, o que impede o emprego de referidas expressões.

Além disso, a designação de "credor" e "devedor" não deve ser usada, pois a relação instituída entre ambos não é tipicamente uma obrigação *stricto sensu*. Inexiste crédito e débito em referida relação. Essencialmente, não se cria uma obrigação de dar, fazer ou não fazer a cargo de uma das partes[98], mas, ao contrário, uma situação de sujeição em face da outra parte, o que denota a inexistência de uma relação de pretensão e dever (obrigação em sentido estrito), fazendo com que não se possa utilizá-los neste caso[99].

A diversidade de nomenclatura também quanto ao contrato almejado[100] pelas partes através do contrato de opção salta aos olhos. Tanto a doutrina

[97] A Lei nº 8.987/95 que trata das concessões de serviços públicos utiliza-se da expressão *poder concedente* (art. 2º, I).

[98] Como será visto a seguir, as partes assumem certas obrigações e deveres secundários e acessórios, os quais, contudo, não integram o núcleo do negócio em questão composto pelo direito formativo gerador.

[99] Cf. O. GOMES, *Introdução ao Direito Civil*, Rio de Janeiro, Forense, 1957, p. 404.

[100] Aqui caber fazer referência ao possível entendimento de que mediante a declaração unilateral da vontade do beneficiário, o exercício do direito de opção (direito formativo gerador) não *formaria* um novo *contrato*, mas, sim, a *relação jurídica optativa*. Segundo tal entendimento, tomando a opção de compra como exemplo, através do *negócio jurídico unilateral* do exercício da opção (*direito formativo gerador*), haveria uma transposição direta ao contrato optativo, ou, melhor dizendo, a passagem do negócio outorgativo de opção (aqui entendido como contrato) diretamente à relação jurídica de compra e venda que fora previamente acordada pelas partes. Assim, com o exercício pelo beneficiário da opção, não se formaria o *contrato* de compra e venda, mas sim tão somente a *relação jurídica de compra e venda* optativa. Pode-se inferir de algumas passagens em que se fala diretamente da formação da relação jurídica e não do contrato, cf. F. C. PONTES DE MIRANDA, *Tratado...*, t. XXXIX, cit., p. 242). Esse posicionamento, contudo, não é expressamente endossado pelos autores de origem italiana, haja vista que, em referido país, como decorrência do regime de revogabilidade em geral das propostas, bem como da aproximação realizada pelo *Codice Civile* de 1942 entre proposta irrevogável e contrato de opção no tocante aos efeitos constituídos por ambas as figuras, consideram, na maior parte

INTRODUÇÃO

nacional quanto a estrangeira utilizam-se de diversos termos, como "contrato principal"[101], "contrato final"[102], "contrato definitivo", "contrato ulterior", "contrato projetado" e "contrato optativo", entre outros[103].

Sem dúvidas, a designação "contrato definitivo" é a preferida pelos doutrinadores pátrios e estrangeiros, em razão da aproximação que diversos autores fazem entre contratos de opção e contratos preliminares unilaterais, os quais almejam a celebração de um contrato chamado de definitivo pela maior parte dos ordenamentos[104].

Acredita-se que a designação de contrato definitivo poderia levar a interpretações equivocadas, à conclusão de que faltaria ao contrato de opção o atributo da irrevogabilidade (ou seja, de que não seria definitivamente vinculante às partes).

---

das vezes, que o *objeto* do contrato de opção é tornar irrevogável a proposta para celebração do *contrato* ulterior (cf. E. GABRIELLI, *Trattato...*, cit., p. 185). Na mesma linha, influenciados pelas ideias relativas às promessas unilaterais de contratar (contratos preliminares), para os autores franceses, a *promesse unilatérale de vente* visa à criação do *contrato* de compra e venda. O mesmo enfoque é dado pelo direito português em vista da aproximação com as *promessas de contractar*. Por essa razão, em virtude da existência de diferentes posicionamentos acerca da matéria, mesmo se pudesse ser considerado aquele posicionamento como correto, a fim de evitar um distanciamento da doutrina estrangeira dominante e propiciar uma melhor compreensão do que se pretende concluir nesta obra, manter-se-á, de forma majoritária, a referência ao contrato pretendido. Tais referências ao *contrato optativo* devem ser compreendidas como referência não apenas ao *contrato* em si (enquanto negócio jurídico bilateral), mas, também, à *relação jurídica* que se formaria normalmente quando de sua conclusão em situações normais de contratação, o que, a nosso sentir, exclusivamente para os objetivos desta obra, não implicará em qualquer alteração.

[101] Cf. O. GOMES, *Contratos*, cit., p. 93; R. FAVALE, *Opzione...*, cit., p. 62; M. CASPER, *Der optionsvertrag*, cit., p. 8 (referido autor utiliza-se do termo *hauptvertrag*).

[102] E. PANZARINI, *Il contratto di opzione*, cit., p. 122.

[103] J. T. CHARLES, *El contrato de opción*, cit., p. 48 (referido autor faz referência às seguintes definições: *"contrato proyectado, preparado, optado, definitivo o final."*).

[104] No direito brasileiro: arts. 463 e 464 do Código Civil; no direito italiano: art. 1.351 do *Codice Civile*; no direito peruano: art. 1419 do Código Civil, entre outros. Interessante que no ordenamento francês não se faz menção ao contrato definitivo, tendo em vista que a *promesse unilatérale de vente* (ou de *achat*) está prevista na seção que trata especificamente da *compra e venda* (art. 1589 e seguintes do *Code Civil*). Os códigos de Portugal e do Distrito Federal Mexicano não se utilizaram da expressão *contrato definitivo*, preferindo, no primeiro caso, *contrato projectado* (art. 410) e, no segundo, *contrato futuro* ou *concertado* (arts. 2243 e 2247).

Além disso, não se pode falar em contrato definitivo, pois não se tem certeza quanto à sua formação mediante o exercício do direito de opção pelo beneficiário.

Não se está de acordo, também, com a utilização de contrato principal, tendo em vista ser própria para designar a relação entre aquele e os contratos acessórios, como os de garantia. Do mesmo modo, inexiste uma relação de subordinação entre o negócio outorgativo da opção e o contrato projetado – razão pela qual se entende que a sua utilização prestar-se-ia a equívocos interpretativos[105].

A designação "contrato ulterior" aproxima-se mais da realidade percebida em tais negócios, mas não parece exprimir a peculiaridade de que seu conteúdo, no mais das vezes, já foi entabulado pelas partes no momento da criação do direito formativo gerador ao beneficiário.

Pelas razões acima, depreende-se como mais acertada a designação "contrato optativo"[106], dado que tal expressão, ao mesmo tempo, traz as seguintes ideias que parecem refletir de forma mais acurada a relação jurídica abordada: (a) inexiste subordinação entre o negócio outorgativo de opção e o contrato optativo; (b) o contrato optativo não é definitivo, pois ainda há incerteza quanto ao exercício do direito de opção pelo beneficiário; (c) não há uma relação de principal-acessório entre contrato optativo e de opção, mas, ao contrário, uma ligação funcional entre os mesmos que será analisada adiante; e (d) a designação contrato optativo põe em evidência um dos substratos essenciais do conteúdo do negócio em questão, a saber: o direito de opção – direito formativo gerador – criado em favor do beneficiário.

Não se descarta a utilização do termo "contrato projetado", também usado por boa parte da doutrina. Contudo, tal expressão é usualmente empregada

---

[105] Não obstante, parte da mais moderna doutrina alemã entende que deva ser utilizada a expressão *Hauptvertrag* que comumente é traduzido como *contrato principal*.

[106] O termo é utilizado por A. Junqueira de Azevedo (cf. *Contrato de opção de venda de participações societárias. Variação imprevisível do valor da coisa prometida em relação ao valor de mercado. Possibilidade de revisão com base nos arts. 478 a 480 do Código Civil em contrato unilateral* in *Novos ensaios e pareceres de Direito Privado*, São Paulo, Saraiva, 2009, p. 210); e F. G. Morais (*Contrato-Promessa...*, cit., p. 71). A definição obtida no Dicionário Houaiss é elucidativa para se extrair o sentido que se almeja dar ao contrato projetado pelas partes: *"Optativo. 1 relativo a opção; que envolve ou depende de opção, de escolha. 2. que serve para exprimir vontade ou desejo [...]"* (A. Houaiss – M. Villar – F. Mello Franco, *Dicionário Houaiss...*, cit., p. 1392).

para designar a relação contratual negociada e almejada – projetada – pelos sujeitos durante a fase de formação dos contratos (pré-contratual), o que não serviria para refletir corretamente do negócio de que se trata.

Quanto ao negócio outorgativo do direito de opção, a doutrina majoritária tem-lhe nomeado como "contrato de opção"[107]. Para constatar o acerto de tal designação, no entanto, torna-se importante fazer alguns apontamentos.

Em primeiro lugar, resta definir se a figura a ser analisada comporta uma nomenclatura específica e distinta daquela aplicada para designar outras figuras que, embora lhe sejam assemelhadas, possuem um regramento jurídico diferente. Caso a resposta seja positiva, ter-se-ão de determinar satisfatoriamente os critérios para a escolha do nome a ser dado a tal figura jurídica.

Conforme será objeto de exame aprofundado ao longo da obra, compreende-se que referidos negócios possuem autonomia jurídica, podendo ser considerados como uma figura contratual própria e específica, distinta das demais atualmente existentes em nosso ordenamento, o que lhe justifica a atribuição de um *nomen iuris* específico.

É razoável conferir o nome ao contrato a partir do seu objeto (imediato)[108], tal como conhecido no âmbito social. O *nomen iuris*, assim, deve-se aproximar, tanto quanto possível, do objeto e da função desempenhada pela figura em questão na sociedade.

O negócio outorgativo de opção, apesar de ser considerado como preparatório em relação ao contrato optativo, não deve ser confundido com as tratativas, cartas de intenções e outros acordos situados no campo pré-contratual

---

[107] Não se entrará na discussão quanto à possibilidade de *criação* do direito de opção *causa mortis*, o que mitigaria o caráter necessariamente contratual do negócio outorgativo da opção de compra e venda. Como o direito de opção de compra e venda em si tem caráter patrimonial (isto é, o direito formativo gerador diferido no tempo de realizar a compra *ou* venda de um bem confere uma vantagem patrimonial ao beneficiário), não se exclui a possibilidade de ser constituído mediante testamento. Contudo, como se está tratando de negócios no âmbito empresarial, deixarão de ser abordadas tais hipóteses para evitar o alargar demasiadamente seu escopo.

[108] Vide nesse sentido: F. BÉNAC-SCHMIDT, *Le contrat de promesse...*, cit., p. 285 (ao defender a nomenclatura de *contrat d'option*, por se identificar com o seu objeto – *droit d'option* – citado autor ressalva que a designação *promesse unilatérale de vente* tem suscitado grandes debates e tem sido a causa de certa confusão na doutrina francesa).

– razão pela qual, com a finalidade de evitar uma possível interpretação equivocada, dar-se-á preferência ao emprego do termo "contrato de opção"[109-110].

Assim, tendo em vista que o elemento categorial inderrogável mais essencial da figura a ser analisada é o direito (em sentido) subjetivo atribuído ao beneficiário, amplamente chamado de "direito de opção", julga-se conveniente, ao lado da doutrina mais abalizada no assunto, conferir-lhe a nomenclatura de "contrato de opção".

A expressão "negócio outorgativo de opção" será utilizada em alguns trechos a fim de evitar a antecipação de nossas conclusões com relação ao tema.

Além disso, conforme já salientado, quando o direito de opção tiver sido atribuído ao sujeito que figurará como comprador no contrato de compra e venda optativo o negócio em questão será chamado, isoladamente, como contrato de opção de compra. Por outro lado, quando o direito de opção se referir à parte vendedora, estar-se-á diante do contrato de opção de venda.

Essa escolha, como dito, não demonstra qualquer pretensão de esvaziar o atributo do dualismo da compra e venda, mas apenas de colocar ênfase na obrigação assumida por uma das partes no âmbito do contrato optativo de compra e venda.

Esse posicionamento parte de um ângulo diverso daquele adotado pelos juristas franceses, pois, no referido país, o que se conhece como contrato de opção de compra é chamado de promessa unilateral de venda, ao passo que a opção de venda é qualificada como promessa unilateral de compra.

Em outras palavras, o ângulo de análise é distinto, sendo que a definição no Direito nacional leva em conta o direito da parte beneficiária, ao passo que na definição francesa é a obrigação do outorgante que é posta em evidência. Em vista disso, quando se fizer referência ao Direito francês, para evitar confusões, será dada preferência à expressão na grafia original *promesse unilatéral* para diferenciá-la da "promessa unilateral" existente no Direito pátrio.

---

[109] O termo é utilizado por diversos juristas, tais como A. JUNQUEIRA DE AZEVEDO (cf. *Contrato de opção de venda...*, cit., p. 210).

[110] Dessa feita, na maioria das vezes, será adotado o termo "contrato optativo". Entretanto, em alguns momentos, será feita referência à "relação jurídica optativa" em razão da explicação acima. A expressão "contrato projetado" também será utilizada em algumas ocasiões, sobretudo quando se referir ao caráter preparatório do negócio outorgativo de opção.

INTRODUÇÃO

Quanto ao bem, enquanto objeto mediato do contrato de opção, foram encontradas poucas referências na doutrina, destacando-se a expressão "bem opcionado". Em que pese o mérito de se referir diretamente ao bem objeto do negócio outorgativo de opção, não se aceita sua utilização em âmbito nacional, pois a expressão "opcionado" não consta de nosso vocabulário jurídico atual[111].

Por fim, será usada a designação "prêmio" para se referir à contraprestação eventualmente devida pelo beneficiário ao outorgante em razão da criação do direito formativo gerador.

A expressão "preço" será descartada para evitar confusões com o valor[112] a ser pago pelo comprador, caso o contrato de compra e venda optativo venha a ser formado. De igual modo, não se fará uso da expressão "indenização de imobilização"[113], muito comum na França, pois, não há uma verdadeira imobilização do bem subjacente ao contrato de opção.

À guisa de conclusão deste item, para os fins da presente obra, serão empregadas as seguintes expressões: (a) contrato de opção ou negócio outorgativo de opção; (b) outorgante e beneficiário; (c) contrato optativo; e (d) prêmio.

1.4 Legislação Comparada

Antes de ingressar neste tópico, convém ressaltar que o presente capítulo não visa proceder a uma análise de Direito Comparado[114], mas somente identificar em quais países o negócio jurídico da opção de compra ou venda foi positivado nos regramentos internos. A análise de Direito Comparado será realizada mais adiante quando se tratar da natureza jurídica de referidos negócios.

---

[111] Academia Brasileira de Letras, *Vocabulário Ortográfico da Língua Portuguesa*, 5ª edição, 2009 disponível in <http://www.academia.org.br <nossa língua> <vocabulário ortográfico> [24.12.2010]

[112] *"A este último suele denominar prima para, así, poderlo distinguir del precio correspondiente al contrato final"* (J. T. CHARLES, *El contrato de opción*, cit., p. 176).

[113] Como será analisado abaixo, o fato de existir um contrato de opção não impede que o outorgante venha a transferir o bem para terceiros, o que, de certa maneira, estaria por contrariar o uso de dita nomenclatura.

[114] ASCARELLI, Tullio, *Problemas das sociedades anônimas e direito comparado*, Campinas, Bookseller, 2001, p. 35 (de acordo com o comercialista italiano, não se pode fazer uma análise em direito comparado apenas com a colação da legislação comparada).

Como regra geral, sob o amparo do princípio da livre formação de tipos[115], identificou-se que o negócio jurídico em exame carece de regramento específico nos mais variados países, tendo sua origem delineada pela prática, doutrina e forte atuação jurisprudencial[116]. Há algumas exceções, como a Itália, mas a regra mostrou ser a opção de compra ou venda um negócio atípico e *sui generis*, carecedor de conceitos e regramento legal definidos.

Em razão disso, os trabalhos nos campos doutrinário e jurisprudencial acerca do tema são de suma importância para extrair do regramento do Direito das Obrigações os elementos característicos de referidos negócios capazes de lhes justificar a aplicação de um regime jurídico diferente. Este é justamente um dos principais objetivos desta obra.

1.4.1 No Brasil. Ausência de previsão legal específica

O ordenamento jurídico pátrio não fugiu à regra acima, deixando de definir o conceito e o regime jurídico aplicáveis às opções de compra ou venda. Assim sendo, são, para o Direito pátrio, figuras atípicas que devem interpretadas e reguladas pelas normas gerais de Direito das Obrigações.

Todavia, existem certos diplomas, legais ou regulamentares, que fazem menção à existência de opções – em conceito similar àquele aqui abordado –, como, por exemplo, a Lei de Sociedades por Ações (art. 168, § 3º) e a Instrução nº 223, de 10 de novembro de 1994, da Comissão de Valores Mobiliários (que trata das opções não padronizadas ou *warrants*).

1.4.2 Outros países

O presente subitem almeja apresentar o tratamento conferido às opções de compra e venda pela legislação de variados países.

Nesse sentido, pode-se iniciar afirmando que a regra geral, mormente nos países continentais, é de completa inexistência de regulamentação positiva dos

---

[115] Cf. C. COUTO E SILVA, *A obrigação...*, cit., p. 28 ("*No direito das obrigações, o princípio dominante é o da livre formação de tipos*").

[116] F. BÉNAC-SCHMIDT, *Le contrat de promesse...*, cit., p. 6; M. CASPER, *Der optionsvertrag*, cit., p. 73 (o autor ressalta que o contrato de opção surgiu da prática social); e R. FAVALE, *Opzione...*, cit., p. 1.

INTRODUÇÃO

negócios jurídicos de opção de compra e venda. Existem algumas exceções que serão apresentadas individualmente a seguir, mas a grande maioria dos países não dispõe de uma tipificação legal acerca da figura[117].

O mais emblemático exemplo das exceções é o *Codice Civile* de 1942 que, em seu art. 1.331, tipificou expressamente a figura do contrato de opção[118]. A tipificação na Itália, conforme informam os autores de referido país, não teve o objetivo de determinar sua natureza jurídica, mas só o efeito prático decorrente[119], o que levou a doutrina e a jurisprudência a debaterem com intensidade suas características.

Os demais países europeus, contudo, como Espanha, França, Alemanha e Portugal, seguiram o padrão verificado e deixaram de contemplar diretamente em seus diplomas a opção como uma figura típica. Isso, entretanto, não serviu de obstáculo para que se verificasse um volume considerável de negócios envolvendo opções, as quais passaram a ser consideradas como uma modalidade de negócio jurídico *sui generis*[120].

---

[117] Como será visto a seguir, importa notar que no Brasil a legislação tributária e, em alguns casos, de registros públicos adiantou-se às legislações civil e comercial no que tange à disciplina das opções.

[118] Referido artigo foi fruto de intenso debate na doutrina e jurisprudência em razão da ausência de tipificação de referidos negócios no Código Civil de 1865 e no Código de Comércio de 1882. Alguns autores exibem a evolução histórica da doutrina acerca do instituto no âmbito dos citados diplomas legais, onde existiam duas grandes correntes: uma que entendia ser válido o negócio a despeito da ausência de regulamentação, ao passo que outra sustentava sua invalidade (R. FAVALE, *Opzione...*, cit., p. 21). O artigo do atual *Codice Civile* foi assim redigido pelos legisladores, sem que se tenha notícia de qualquer alteração desde sua edição: "[...] *Art. 1331. Opzione. Quando le parti convengono che una di esse rimanga vincolata alla propria dichiarazione e l'altra abbia facoltà di accettarla o meno, la dichiarazione della prima si considera quale proposta irrevocabile per gli effetti previsti dall'articolo 1329. Se per l'accettazione non è stato fissato un termine, questo può essere stabilito dal giudice.*"

[119] E. CESÀRO, *Il contrato e L'opzione*, cit., p. 27 (referido autor comenta apenas da previsão dos efeitos do contrato de opção no Código Civil, bem como refuta que o mesmo tenha sido audacioso como foi sustentado por parte da doutrina); R. FAVALE, *Opzione...*, cit., pp. 2 e 37 (referido autor traz de forma sistemática a opinião de diversos autores de que o regramento positivo, embora tenha resolvido a controvérsia existente no âmbito do diploma civil de 1865 quanto à validade do *patto d'opzione*, não se mostra "*né correto né utile*", mas, sim, infeliz ao fazer referência à proposta irrevogável prevista no art. 1329 do *Codice Civile*); e E. PANZARINI, *Il contratto di opzione*, cit., p. 230.

[120] Cf. R. FAVALE, *Opzione...*, cit., p. 1.

45

OPÇÃO DE COMPRA OU VENDA DE AÇÕES

Na Espanha, a regra da atipicidade foi corroborada, inexistindo regras específicas que tutelem e definam o negócio jurídico de opção[121]. Entretanto, parte da legislação foral espanhola contempla as opções conforme aqui analisadas, assim como normas esparsas de cunho tributário e relativas a registros imobiliários[122].

Nas *Leyes 460 e 461 do Fuero de Navarra* as opções foram tipificadas e, respeitadas as suas peculiaridades quanto ao modo de constituição, receberam o tratamento de direito real, o que está na contramão do que se verifica na maior parte da doutrina estrangeira[123].

Da mesma forma, no Código Civil de Catalunha, ao direito de opção também foi conferido o caráter real, estando disciplinado dentro da categoria

---

[121] Diz-se na doutrina que o *Código de las Obligaciones y Contratos para la Zona del Protectorado de Marruecos* de 1914 trazia um conceito legal dos contratos de opção. Tal opinião não tem sido unânime, assegurando alguns autores tratar-se de compra e venda submetida à condição suspensiva (cf. J. T. CHARLES, *El contrato de opción*, cit., pp. 151 e 181). A despeito da inexistência de previsão específica no Código Civil, a regulamentação de registros públicos (*Reglamento Hipotecário* de 1947) expressa a possibilidade de registro de *la propriedad de contrato de opción de compra* (art. 14.1).

[122] Idem, ibidem, p. 36.

[123] *"[...] LEY 460. Los derechos de opción, tanteo y retracto voluntarios, tendrán carácter real cuando así se establezca; si se constituyen con carácter personal se regirán por las disposiciones del vivos o mortis causa, salvo disposición en contrario./Pueden constituirse por actos inter vivos o mortis causa a título oneroso o lucrativo, bien por constitución directa mediante enajenación o concesión, bien mediante reserva o retención en un acto de transmisión de la propiedad./Pueden recaer sobre bienes inmuebles o establecimientos mercantiles o industriales, acciones de Sociedades, participaciones o cuotas sociales, derechos de propiedad industrial o intelectual y cualesquiera otros bienes muebles susceptibles de identificación./ Para su eficacia deberán reunir los requisitos de forma que en cada caso corresponda según la Ley. Serán inscribibles en el Registro de la Propiedad u otros Registros que correspondan en razón de su objeto. (...) LEY 461. El derecho real de opción puede constituirse por un tiempo determinado no superior a diez años. Para su inscripción en el Registro de la Propiedad el plazo máximo será de cuatro años, tácitamente prorrogable por otro período igual./ No obstante lo dispuesto en el párrafo anterior, cuando el derecho de opción de compra se haya constituido como anejo a un arrendamiento, superficie, hipoteca u otro derecho real inscribible en el Registro de la Propiedad, su duración podrá alcanzar la totalidad del plazo de éstos, así como sus prórrogas voluntarias, expresas o tácitas./ La opción de compra deberá ejercitarse por el precio fijado o el que resulte según el procedimiento establecido para su determinación y, en su caso, conforme a las cláusulas de estabilización, si se hubieren previsto./ Los actos de disposición por el dueño de la cosa objeto de la opción no perjudicarán este derecho, que subsistirá hasta el vencimiento del plazo. (...)LEY 517. La promesa de opción de compra que produzca efectos reales se regirá por las leyes cuatrocientos sesenta y cuatrocientos sesenta y uno."* (disponível in http://www.unavarra.es/organiza/pdf/fuero_nuevo.PDF [16.10.2010].

INTRODUÇÃO

de direitos reais de aquisição (*los derechos de adquisición*)[124], o que ressalta a divergência de tratamento deste negócio dentro da regulamentação interna da Espanha.

Na França, o *Code Civil* apenas tratou das chamadas *promesses unilatérales*[125] de forma indireta[126] sem trazer um regramento específico e detalhado a

[124] *"Artículo 568-1. Concepto. 1. Son derechos de adquisición voluntaria los siguientes: a) La opción, que faculta a su titular para adquirir un bien en las condiciones establecidas por el negocio jurídico que la constituye. b) El tanteo, que faculta a su titular para adquirir a título oneroso un bien en las mismas condiciones pactadas con otro adquirente. c) El retracto, que faculta a su titular para subrogarse en el lugar del adquirente o la adquirente en las mismas condiciones convenidas en un negocio jurídico oneroso una vez ha tenido lugar la transmisión. 2. El tanteo y el retracto son derechos de adquisición legales en los casos en que lo establece el presente código. Estos derechos se rigen por la norma sectorial específica correspondiente. / Artículo 568-8. 1. El derecho real de opción puede constituirse por un tiempo máximo de diez años. 2. El derecho de opción, por acuerdo de las personas interesadas, puede ser objeto de prórrogas sucesivas, cada una de las cuales no puede exceder del plazo establecido por el apartado 1. 3. La duración del derecho de opción constituido como pacto o estipulación integrados en otro negocio jurídico no puede superar la de este, con las prórrogas correspondientes. Artículo 568-9. 1. Los bienes sujetos a un derecho de opción son enajenables sin consentimiento de los optantes, y los adquirentes se subrogan en las obligaciones que, si procede, corresponden a los concedentes del derecho. 2. Los derechos de opción son transmisibles, salvo que se hayan constituido en consideración a su titular."* (disponível in *http://civil.udg.edu/normacivil/cat/ccc/es/L5-2006.3.htm#t6c8 [15.10.2010]*)

[125] Será utilizado o termo em francês a fim de evitar confusões que sua tradução (promessa unilateral) poderia suscitar no âmbito de direito brasileiro, dado que diversos autores fazem uso do termo *promessa unilateral* indistintamente para designar (i) o contrato preliminar que cria obrigações apenas para uma das partes e (ii) designar uma proposta emanada de declaração unilateral de vontade (similar a *pollicitation* de origem romana) (cf. D. Bessone, *Da Compra e Venda. Promessa & reserva de domínio*, 3ª ed. rev. e ampl., São Paulo, Saraiva, 1988, pp. 62 e 74).

[126] Como exposto acima, na França, as opções de compra são chamadas de *promesses unilatérales de vente*, as quais apenas foram mencionadas de maneira indireta no artigo 1675 do *Code Civil*, por meio da inclusão da última sentença grifada a seguir: *"Pour savoir s'il y a lésion de plus de sept douzièmes, il faut estimer l'immeuble suivant son état et sa valeur au moment de la vente. En cas de promesse de vente unilatérale, la lésion s'apprécie au jour de la réalisation."* Interessante mencionar que referida expressão foi inserida no *Code Civil* em 28 de novembro de 1949, ou seja, aproximadamente sete anos posteriormente à edição do *Codice Civile* de 1942, o que demonstra que o tema estava em evidência naquela época nos países continentais. Importa notar a existência na França de um projeto objetivando reformar o direito das obrigações (*Avant Projet de Reforme du Droit des Obligations et de la Prescription – Projet Catala*) que dispunha de um regramento mais detalhado da *promesse unilatérale*, conforme artigo a seguir: *"[...] Art. 1106. La promesse unilatérale de contrat est la convention par laquelle une partie promet à une autre, qui en accepte le principe, de lui donner l'exclusivité pour la conclusion d'un contrat dont les éléments essentiels sont déterminés, mais pour la formation duquel fait seulement défaut le consentement du bénéficiaire. / La rétractation du promettant pendant le temps laissé au bénéficiaire pour exprimer son consentement ne peut empêcher la formation du contrat promis. / Le contrat conclu avec un tiers est inopposable au bénéficiaire de la promesse, sous réserve*

referido negócio. Há leis esparsas que tratam de referidos negócios jurídicos, o que tem servido de evidência e de reforço argumentativo para a sua autonomia conceitual[127].

Da mesma forma, o Código Civil alemão quedou-se silente com relação aos contratos de opção[128].

O Direito português também não contempla em sua legislação o negócio outorgativo de opção, deixando ao arbítrio da doutrina determinar suas regras com base no Direito das Obrigações[129].

Ainda no âmbito europeu, a figura não foi objeto de previsão específica nos Princípios UNIDROIT dos contratos comerciais internacionais (considerados por alguns como uma orgânica compilação da *lex mercatoria*) e nos Princípios de Direito Contratual Europeu (*Principles of European Contract Law – PECL*)[130].

No que diz respeito à América Latina, identificou-se que a maioria dos países, a exemplo do México[131], deixara de disciplinar o instituto, sendo a tipificação adotada apenas por poucos países, tais como Guatemala e Peru.

---

des effets attachés aux règles assurant la protection des tiers de bonne foi." (P. Catala (coord.) et al., *Rapport à Monsieur Pascal Clément Garde des Sceaux, Ministre de la Justice,* [s.l.], 2005 disponível in http://www.justice.gouv.fr [03.01.2011]).

[127] A doutrina faz referência ao artigo 1840-A do Código Geral dos Impostos (Lei de 19 de dezembro de 1963) e ao artigo D211-1 A do código monetário e financeiro, entre outros. Não obstante, o projeto de código ítalo-francês sobre obrigações mostra certa preocupação do legislador francês quanto ao tema. Isso porque, nesse projeto, previa-se a figura da opção de compra ou venda, conforme seguinte redação: *"[...] Art. 378. O contrato pelo qual uma pessoa se obriga a vender a outra ou a comprar desta uma coisa por um preço determinado, transforma-se em venda assim que a outra parte, dentro do prazo determinado, tenha declarado comprá-lo ou vendê-lo."* [tradução nossa]. Vide nesse sentido: R. Favale, *Opzione...,* cit., p. 3.

[128] Georgiades, Apostolos, *Optionsvertrag und Optionsrecht* in *Festschrift für Karl Larenz zum 70. Geburtstag,* Herausgegeben von Gotthard Paulus et al., München, C.H. Beck'sche Verlagsbuchhandlung, 1973, p. 409; R. Favale, *Opzione...,* cit., p. 6; e J. T. Charles, *El contrato de opción,* cit., p. 35.

[129] F. G. Morais, *Contrato-Promessa...,* cit., p. 71.

[130] No corpo de princípios PECL a opção foi associada à proposta irrevogável atingida mediante acordo entre as partes, filiando-se, de forma indireta, ao regime previsto no ordenamento italiano (R. Favale, *Opzione...,* cit., p. 4; e E. Panzarini, *Il contratto di opzione,* cit., p. XXX). De acordo com referidos autores, as normas supranacionais europeias, embora não tenham tratado especificamente dos contratos de opção, criaram uma plataforma sobre a qual a base de referidos negócios pode ser acolhida sem maiores dificuldades.

[131] O Código Civil mexicano, em seus artigos 2243 e 2244, previu a *promessa de contractar* unilateral, mas que não se equipara à opção aqui tratada, uma vez que naquela a obrigação

INTRODUÇÃO

Nos arts. 1.674-1.685 do Código Civil da Guatemala foram disciplinadas a promessa e a opção (*de la promesa y de la opción*). Referido diploma legal diferencia ambas as figuras, tratando das opções, das promessas unilaterais e das bilaterais, mas, devido às suas similitudes, acaba por abordá-los de forma conjunta em alguns artigos[132].

Já o Código Civil peruano dispõe de forma clara acerca dos contratos de opção. De maneira simples e sistemática, a merecer nossos aplausos, o legislador peruano incluiu os contratos de opção dentro da categoria dos contratos preparatórios, disciplinando o regramento aplicável[133].

Curiosamente, o legislador cubano ocupa um papel de destaque no que tange à tipificação legal da figura em tela. Os contratos de opção, anteriormente à revolução de 1959, encontravam-se detalhadamente regulamentados por meio do *Decreto-Ley* n. 882 de 1935[134]. Referido normativo foi expressamente revogado pelo Código Civil que entrou em vigor em 1987 por intermédio da

a cargo de uma só das partes é de emitir (ou renovar) sua declaração de vontade para a celebração do *contrato futuro*.

[132] "*[...] ARTICULO 1677.- La opción puede ser contrato independiente o celebrarse como pacto accesorio de otro y, en ambos casos, debe contener las condiciones en que ha de realizarse el convenio. / ARTICULO 1678.- La aceptación del optante debe ser expresa y no puede ceder a otro su derecho de opción, si no estuviere expresamente facultado por el promitente.*" (texto extraído em 15 de outubro de 2010 no sítio *http://www.novales.com.gt/userdata/File/CODIGO_CIVIL.doc*)

[133] "*[...] Articulo 1419º.- Contrato de opcion. Por el contrato de opcion, una de las partes queda vinculada a su declaracion de celebrar en el futuro un contrato definitivo y la otra tiene el derecho exclusivo de celebrarlo o no. Articulo 1420º.- Contrato de opcion reciproca. Es valido el pacto en virtud del cual el contrato de opcion reciproca puede ser ejercitado indistintamente por cualquiera de las partes. Articulo 1421º.- Contrato de opcion con reserva de beneficiario. Es igualmente valido el pacto conforme al cual el optante se reserva el derecho de designar la persona con la que se establecera el vinculo definitivo. Articulo 1422º.- Contenido del contrato de opcion. El contrato de opcion debe contener todos los elementos y condiciones del contrato definitivo. Articulo 1423º.- Plazo del Contrato de Opcion. El plazo del contrato de opcion debe ser determinado o determinable. Si no se estableciera el plazo, este sera de un año. Articulo 1424º.- Renovacion del Contrato de Opcion. Al vencimiento de la opcion, las partes pueden renovarla por un plazo no mayor al maximo señalado en el articulo 1423 y asi sucesivamente. Articulo 1425º.- Formalidad en Contratos Preparatorios. Los contratos preparatorios son nulos si no se celebran en la misma forma que la ley prescribe para el contrato definitivo bajo sancion de nulidad.*"

[134] Tal regulamentação deve ter sido, de alguma forma, influenciada pelo regime capitalista da época, que acabou sendo fortemente inspirado pelos Estados Unidos da América. Referido diploma legal continha regras específicas e detalhadas acerca dos contratos de opção, incluindo a definição da figura em seu artigo I., conforme seguinte redação: "*La opción es um contrato por virtud del cual el propietario de um bien o derecho, que es el optatario, se obliga, por tiempo fijo, con otra persona, que es el optante, a otorgar, con él o con la persona que éste designe, un contrato*

OPÇÃO DE COMPRA OU VENDA DE AÇÕES

edição da *Ley* n. 59, o qual deixou de prever as regras específicas da figura em questão.

Do que se pôde extrair do exame acima, em geral o negócio outorgativo de opção não foi objeto de tratamento específico na legislação geral dos países europeus e latino-americanos, ressalvados os casos da Itália, da Guatemala e do Peru.

---

determinado, con los pactos, términos, cláusulas y condiciones que consten la opción." (texto de referido normativo encontrado em A. Ossorio, *El contrato de opción*, cit., pp. 211-218).

2. Função Econômica e Dimensão Prática

2.1 Função Econômica[135]

Inicia-se este capítulo rememorando os ensinamentos de N. Bobbio, no sentido de que, a despeito de sua importância, a análise sob um ângulo puramente funcional não é, de forma isolada, suficiente para a compreensão dos fenômenos jurídicos por parte dos estudiosos de Direito, devendo ser dada atenção também aos seus aspectos estruturais[136].

Assim, serão abordados aqui não só os elementos funcionais das opções de compra ou venda, mas também aqueles estruturais[137].

---

[135] Convém explicitar que, neste capítulo, muitos dos termos que possam estar sujeitos a terminologia jurídica específica foram empregados sem um rigor técnico a fim de evitar a antecipação de opiniões acerca do assunto e colocar em destaque a função econômica da figura em exame.

[136] Bobbio, Norberto, *Dalla struttura alla funzione: Nuovi studi di teoria generale del diritto*, trad. port. de Daniela Beccaria Versiani, rev. de Orlando Seixas Bechara e Renata Nagamine, *Da estrutura à função: Novos estudos de teoria do direito*, São Paulo, Manole, 2007, p. 113: *"Enfim, se quisermos deduzir uma consideração final, tal seria que a análise estrutural, atenta às modificações da estrutura, e a análise funcional, atenta às modificações da função, devem ser continuamente alimentadas e avançar lado a lado, sem que a primeira, como ocorreu no passado, eclipse a segunda, e sem que a segunda eclipse a primeira como poderia ocorrer em uma inversão das perspectivas a que os hábitos, as modas, o prazer pelo novo, são particularmente favoráveis".*

[137] Cf. F. Messineo, *Dottrina...*, cit., p.34.

OPÇÃO DE COMPRA OU VENDA DE AÇÕES

A escolha por se iniciar pelo aspecto funcional econômico[138-139] foi feita com o objetivo de conferir um panorama geral acerca da motivação dos agentes de mercado quando da sua utilização no âmbito negocial. Com efeito, o grande emprego das opções põe em evidência sua utilidade funcional para os agentes de mercado que buscam a maximização da eficiência na alocação dos seus – sempre limitados – recursos[140].

Sob um ponto de vista individualista, o contrato serve para satisfazer as necessidades ou objetivos de cada uma das partes, trazendo-lhes benefícios ou vantagens, bem como harmonizando interesses contrapostos dos envolvidos.

Assim, sob o ângulo individual, a celebração de acordos pelas partes almeja trazer alguma utilidade ou vantagem patrimonial[141], pois, caso contrário, ser-

---

[138] "A indagação de ordem funcional, como advertira Vivante há meio século, e como reconhece a atual dogmática, constitui a grande orientação metodológica para a compreensão e aperfeiçoamento do sistema jurídico." (F. K. COMPARATO, Reflexões..., cit., p. 232).

[139] Vale ressaltar que, para fins da presente obra, não serão abordados os aspectos financeiros e econômicos (propriamente ditos) associados aos negócios envolvendo opções – o que demandaria um estudo em apartado –, mas tão somente a função econômica atrelada a tais negócios e seu relacionamento com os aspectos jurídicos que lhes são próprios e específicos. A presente obra, assim, não tem a intenção de abordar os aspectos relativos ao cálculo e avaliação das opções, as quais são objeto de diversos estudos e métodos matemáticos complexos que não foram aqui tratados.

[140] R. STAZJN, Contrato e Inovação Financeira. Ensaio sobre contratos futuros e swaps, Tese (Livre-docência), Faculdade de Direito da Universidade de São Paulo, 1996, p. 79 ("O agente econômico visa a maximizar sua satisfação e, como os recursos econômicos são limitados, escassos, impossibilitadas todas as pessoas de, permanentemente, satisfazerem a todos os seus desejos e necessidades, a escolha racional, a escolha do modo eficiente de aplicar os recursos para obter o melhor resultado é imperativa.").

[141] Não se entrará, nesta obra, na discussão quanto ao caráter patrimonial dos contratos, ou seja, de que eles só fazem sentido se forem aptos a trazer vantagens e utilidades patrimoniais às partes (ou, em algumas modalidades contratuais, pelo menos a uma delas, como no caso da doação). Essa discussão ganhou terreno em virtude do disposto no art. 1321 do Codice Civile italiano, que positivou a necessidade do atributo da patrimonialidade para uma determinada relação ser enquadrada dentro da categoria de contratos: "[...] Art. 1.321. Il contratto è l'accordo di due o più parti per costituire, regolare o estinguere tra loro un rapporto giuridico patrimoniale.". Para todos os fins, ao lado da grande maioria da doutrina nacional, assumiremos nesta obra que as vantagens e utilidades a que as partes almejam nos contratos – e nas opções aqui analisadas – terão sempre uma feição patrimonial, excluindo, por conseguinte, eventual análise das hipóteses (que não parecem usuais na realidade) de opções afetas ao direito de família (opção de casamento e opção de assumir a paternidade, entre outros). Nesse sentido: O. GOMES, Contratos, cit., p. 22 ("A função econômico-social do contrato foi reconhecida, ultimamente, como a razão determinante de sua proteção jurídica. Sustenta-se que o Direito intervém, tutelando determinado contrato, devido à sua função econômico-social. Em conseqüência, os contratos que regulam interesses

FUNÇÃO ECONÔMICA E DIMENSÃO PRÁTICA

-lhes-ia mais recomendável permanecer no estado em que se encontravam antes da contratação[142].

Desta forma, seja sob um prisma econômico ou social, as partes negociam o conteúdo dos contratos visando justamente à obtenção do máximo benefício possível, isto é, ampliar suas vantagens, mediante a criação, modificação ou extinção de direitos[143].

Essa visão de se contratar para auferir benefícios individuais, típica da teoria clássica, denota o caráter individualista das partes na contratação, principalmente quando se está diante de uma avença bilateral e sinalagmática.

O paradigma do contrato puramente individualista e sinalagmático, contudo, foi, de certa maneira, relativizado por diversos autores[144], quando do

---

sem utilidade social, fúteis ou improdutivos, não merecem proteção jurídica. Merecem-na apenas os que têm função econômico-social reconhecidamente útil. A teoria foi consagrada no Código Civil italiano, conquanto encontre opositores.").

[142] Este é um dos fundamentos da conhecida teoria da quebra eficiente dos contratos (*efficient breach of contracts*), em que se mostra mais vantajoso, sob o ponto de vista econômico, para um contratante inadimplir o contrato – e assumir todos os encargos decorrentes – do que simplesmente cumprir as obrigações assumidas. A este respeito, serão tecidas algumas considerações no capítulo relativo à tutela específica das opções de compra ou venda de ações a seguir.

[143] W. B. MONTEIRO, *Curso de Direito Civil, Direito das obrigações*, 2ª parte, vol. 5, atualizado por Carlos Alberto Dabus Maluf, São Paulo, Saraiva, 2007, p. 5. Apenas a título ilustrativo, sem qualquer pretensão de se fazer um estudo de direito comparado, bem como visando conferir uma nova perspectiva não restrita aos países europeus e americanos, vale citar que na República Popular da China o conceito de contrato é muito semelhante àquele proposto nos países continentais, conforme mostra doutrina especializada no assunto: *"The contract is a juridical act involving two or more parties based on a joint declaration of intention creating, modifying, terminating a civil right duty relation. The GPCL [General Principles of Civil Law de 1986] defines a contract in article 85 as 'an agreement whereby parties estabalish, modify or terminate civil relationships."* (Y. L. HUANG – Y. CHEN, *International Ecyclopaedia of Laws: Contracts*, org. por R. Blanpain e J. Herbots, Alphen aan den Rijn (Holanda), Kluwer Law International, 1994, p. 35 [grifos e comentários nossos]). Além disso, os autores ensinam que as regras costumeiras (não positivas) de contratos são tão antigas quanto a própria história da China, mas que tal campo legal foi majoritariamente composto de legislação *ad hoc*, fragmentada e pouco desenvolvida até a edição da lei uniforme de contratos em 1999, a qual ainda mantém claramente restrições à ampla e plena liberdade de contratar, subordinando-a a eventos subjetivos como *"disrupting the social or economic order"* e *"damaging the state and the public interest"*, entre outros (cf. J. CHEN, *Chinese law: context and transformation*, Leinden, Martinus Nijhoff Publishers, 2008, pp. 08, 443 e 454).

[144] R. P. MACEDO JR., *Contratos Relacionais e Defesa do Consumidor*, 2ª ed. rev. atual. e ampl., São Paulo, RT, 2007, pp. 71 e 137 (o autor sustenta que a experiência jurídica pós-moderna concebe a inclusão nos acordos e contratos de princípios solidarísticos, admitindo a existência de

OPÇÃO DE COMPRA OU VENDA DE AÇÕES

estudo dos contratos plurilaterais[145] ou associativos[146], em que ficou demonstrado que as partes não necessariamente devem possuir interesses antagônicos, mas, pelo contrário, é plenamente possível que persigam um objetivo comum que as beneficie[147].

Não obstante, mesmo em tais hipóteses, as partes sempre almejam auferir benefícios próprios, mesmo que sejam extensíveis e percebidos pelas demais partes de uma determinada relação contratual. Em outras palavras, elas sempre buscam satisfazer seus interesses pessoais, mesmo naquelas hipóteses em que todas elas auferem os benefícios de uma determinada contratação[148] ou em que haja a aparência de um simples ato benevolente, gratuito e unilateral[149].

Acreditam as partes que uma determinada avença trará benefícios de cunho patrimonial, seja imediatamente – quando se estiver diante de um acordo para execução imediata – ou no futuro – quando se estiver perante um contrato de trato sucessivo, cujos atos de execução são projetados para momento ulterior, o que representa o motivo de sua contratação.

Em tais contratos de trato sucessivo, nos quais o cumprimento das obrigações é diferido para um momento posterior, entram em cena os chamados "elementos promissórios"[150], mediante os quais as partes prometem ou obrigam-se a cumprir determinada prestação no futuro.

---

contratos que não visam a satisfação de interesses puramente individualistas, com a inserção de conceitos de solidariedade e cooperação em seu âmago).

[145] A natureza e principais características do contrato plurilateral foram muito bem esmiuçadas pela doutrina e, por fugirem ao tema central desta obra, não serão aqui abordadas. O principal e mais completo trabalho referente ao tema continua sendo de T. ASCARELLI (cf. *Problemas das sociedades...*, cit., pp. 372-452).

[146] P. FERRO-LUZI, *I contratti associativi*, Milano, Giuffrè, 1976, p. 29.

[147] Vide exemplos emblemáticos dado por F. C. PONTES DE MIRANDA: *"Nos negócios jurídicos plurilaterais, não se procede como no tênis, nem se procede como no futebol, que também é jogo bilateral, a despeito da pluralidade de jogadores de cada lado. Nos negócios jurídicos plurilaterais, os figurantes empurram a mesma pedra, cavam o mesmo valado, remam no mesmo barco. Cada um tem direitos e deveres e todos os têm"* (cf. *Tratado...*, XXXVIII, cit., p. 17).

[148] Exemplo clássico é o contrato de sociedade previsto no artigo 981 do Código Civil.

[149] H. ESTRELLA, *Dualidade das Obrigações no direito privado unificado* in Revista de Direito Mercantil, n. 30, São Paulo, Malheiros, 1978, p. 15.

[150] A expressão aqui utilizada coincide com aquela apresentada por R. PORTO MACEDO em seu estudo acerca dos *contratos relacionais*. Para o autor, os contratos reúnem projetores futuros de trocas, nos quais são encontrados os chamados elementos *promissórios* e *não promissórios*. Não se confunde com o conceito de elementos inerentes aos negócios jurídicos (conforme

FUNÇÃO ECONÔMICA E DIMENSÃO PRÁTICA

Tais elementos limitam as escolhas futuras das partes contratantes, dado que terão de cumprir o estabelecido na avença contratual, sob pena de sofrerem as penalidades – ou, nas palavras de N. BOBBIO, sanções negativas[151] – impostas pelo ordenamento jurídico ou pelo próprio contrato (com a proteção e força coercitiva do direito posto).

Nesse sentido, já se manifestou R. PORTO MACEDO, ressaltando que os elementos promissórios implicam diretamente em uma limitação no espectro de escolhas e comportamentos futuros possíveis para os partícipes de determinada relação[152].

Dessa feita, em tais hipóteses há verdadeira projeção dos efeitos contratuais para o futuro, o que acaba resultando em limitação na atuação e na liberdade de escolha pelas partes em virtude da vinculatividade dos elementos promissórios por elas entabulados.

Tal vinculação futura, inclusive, foi bem salientada por JUNQUEIRA DE AZEVEDO, que identificou três níveis de relações que enfeixam um contrato: operação econômica, quanto ao passado; acordo jurídico, quanto ao presente; e projeto de comportamento social, quanto ao futuro[153].

Isso, naturalmente, leva as partes a buscarem, cada vez mais, a previsibilidade dos eventos que podem afetar as relações projetadas para o futuro, sejam os que afetem o plano exterior às relações contratuais – como alterações no panorama econômico mundial e guerras, entre outros –, sejam aqueles

---

será tratado nas linhas a seguir), nem com as promessas de contratar ou promessas unilaterais (como aquela de recompensa) previstas em nosso ordenamento como modalidades de *atos jurídicos* (*lato sensu*) tendentes a criar, modificar ou extinguir direitos (cf. *Contratos Relacionais...*, p. 126).

[151] Cf. *Da estrutura...*, cit., p. 20 (*"Tomemos agora a situação na qual se dê um comportamento obrigatório. Nessa situação, o comportamento que serve à função de conservação é aquele conforme à obrigação (quer se trate de obrigação positiva ou negativa); o comportamento que serve à função de mudança e de inovação é aquele superconforme. Ora, não há dúvida de que, no primeiro caso, entra em cena a técnica do desencorajamento pelo emprego de sanções negativas; no segundo caso, entra em funcionamento a técnica do encorajamento pelo emprego das sanções positivas"*).

[152] Cf. *Contratos Relacionais...*, cit., p. 126 (*"Um primeiro e óbvio elemento é a promessa individual. Quando alguém realiza uma promessa a outrem, por exemplo, vender-lhe um bem através de um compromisso de compra e venda, temos os seguintes elementos efetivados: (i) a afirmação do poder de vontade de afetar o futuro; (ii) individualização de cada participante, através da promessa, como partes separadas, a saber, promitente e promissário; (iii) a realização de algo agora que afeta o futuro do promitente, limitando-lhe as escolhas que futuramente serão possíveis."*).

[153] Cf. A. JUNQUEIRA DE AZEVEDO, *Contrato de opção de venda...*, cit., p. 202.

OPÇÃO DE COMPRA OU VENDA DE AÇÕES

incidentes sobre o plano interior – como, por exemplo, a conduta das partes e as variações do valor dos bens envolvidos.

Em outras palavras, as partes buscam proteger-se, de variadas maneiras, contra os riscos internos e externos de um projeto contratual voltado para seu cumprimento no futuro[154], de forma a lhes conferir maior amplitude para a tomada de decisão quanto à contratação definitiva[155].

Já foi dito na doutrina que toda atividade empresária pressupõe a assunção de riscos por parte daquele que a desempenha[156].

No desenrolar das atividades[157], os empresários ou sociedades empresariais colocam-se em contato com o mundo exterior, celebrando os mais diversos negócios jurídicos com vistas ao desenvolvimento da atividade empresária proposta e, por fim, à obtenção de lucro[158].

---

[154] Uma das funções, em última análise, das negociações contratuais é justamente tentar prever as situações que podem acarretar litígios futuros, dando-lhes as soluções contratuais aceitáveis pelas partes.

[155] T. A. SILNEY, *Reflexões em torno do contrato de opção dinâmica e operação* in Doutrina ADCOAS, informações jurídicas e empresariais, ano VIII, n. 10, 2005, p. 198 (*"Do ponto de vista da sua finalidade, este contrato, atualmente, apresenta-se de grande utilidade prática, eis que assegura ao beneficiário uma maior amplitude na deliberação e decisão [...]."*).

[156] Cf. H. ESTRELLA, *Dualidade...*, cit., p. 17.

[157] Reproduziu-se o conceito de *atividade* destacado por S. MARCONDES como a prática de atos, continuadamente reiterada, de modo organizado e estável, por um sujeito que busca uma finalidade unitária e permanente, que acaba criando relações interdependentes (cf. *Problemas de direito mercantil*, São Paulo, Max Limonad, 1970, p. 136). Acerca do delineamento da atividade empresária, vide, no mesmo sentido: ASCARELLI, Tullio, *A atividade do empresário*, trad. port. de Erasmo Valladão Novaes França, *Corso di Diritto Commerciale*, 3ª ed., cap. VII, Milão, Giuffrè, 1962, pp. 161-185 in Revista de Direito Mercantil, São Paulo, Malheiros, ano XLII, v. 42, n. 132, out./dez. 2003, pp. 203-215.

[158] Importante mencionar que a ideia de um feixe de contratos tem sido utilizada por grande parte da doutrina norte-americana para explicar o conceito de empresa (*firm*). Em contraposição à teoria chamada de tradicional (que encara as empresas como entidades), a doutrina predominante nos Estados Unidos (chamada de contratualistas – *contractarians*) tem defendido a posição de que a empresa deve ser vista como um feixe de contratos (*nexus of contracts*) implícitos ou explícitos. Representa, assim, uma ficção caracterizada por um feixe de contratos destinados à produção ou exercício de uma atividade, o que traz implicações importantes quanto à relativização do conceito de propriedade (*ownership*) da empresa por parte dos acionistas (a empresa é abordada mais sob o ponto de vista da administração, sendo os acionistas tidos como provedores de capital necessário para o desenvolvimento da atividade). O termo *contrato* usado por esta teoria não corresponde ao *conceito jurídico* de contrato por faltarem em muitos casos os elementos que lhe são característicos. Assim, a expressão *contrato*

FUNÇÃO ECONÔMICA E DIMENSÃO PRÁTICA

Referidos negócios jurídicos, em especial quando revestidos da forma contratual, implicam em riscos naturalmente assumidos pelos contratantes. Tais riscos tendem a ser mais expressivos quando se está diante de uma relação cujos efeitos se protraem no tempo, dado que remanescem sujeitos a uma gama maior de incertezas e possíveis contingências[159] com o poder de macular o efetivo cumprimento dos elementos promissórios ali contidos[160].

é usada de maneira mais ampla, a fim de contemplar relações de longo prazo caracterizadas por assimetria de informações, monopólio bilateral e oportunismo (a título de exemplo, para citada teoria, existe um contrato – sentido amplo de relacionamento marcado pela assimetria de informações – entre credores e acionistas de uma mesma sociedade, embora não se possa dizer que exista um contrato no sentido jurídico). Tal teoria não restou isenta de críticas e, comportando algumas variações na atualidade, ainda encontra certa resistência nos tribunais americanos. Nesse sentido: S. BAINBRIDGE, *Mergers and Acquisitions*, New York, Foundation Press, 2003, pp. 30-32; e CUNHA, Rodrigo Ferraz Pimenta da, *Estrutura de interesses nas sociedades anônimas: Hierarquia e conflitos*, São Paulo, Quartier Latin, 2007, pp. 94-97. Além das teorias acima, ainda existe uma terceira vertente, mais moderna, baseada na teoria do *nexus of contracts*, que parte da análise das relações existentes entre os participantes da estrutura societária (credores, acionistas, trabalhadores, fornecedores, consumidores, governo etc.), a fim de se aferir o grau de influência de cada um deles no controle da empresa (usado, pelos autores, não no sentido clássico de poder de conduzir, com sua vontade os rumos da sociedade, mas, como participação ativa no processo de tomada de decisões e monitoramento das atividades). Tal teoria, chamada de *connected contracts theory*, utiliza a metáfora contratos conexos com ênfase nas complexas relações entre os participantes na estrutura da empresa, de forma que o termo *contratos* também é utilizado com significado distinto daquele consagrado na doutrina jurídica nacional, referindo-se ao conjunto de obrigações e direitos de cada um deles. Afere-se, em tal teoria, em que medida os acordos e negociações alteram o centro de exercício de controle, negando a concepção clássica de propriedade (*ownership*) e controle da empresa pelos acionistas. Tanto isso é verdade que utilizam a ideia de opção de compra para justificar a situação dos acionistas (*equity*) em uma determinada empresa, ou seja, os acionistas teriam uma opção de compra sobre o acervo total da empresa e não a propriedade e controle sobre a mesma. Assim, quando o seu valor for positivo (respeitadas todas as variáveis, como tempo, valor dos ativos intangíveis etc.), costuma-se dizer que os acionistas têm uma opção *in the money* sobre o seu ativo total, pois podem "pagar" as dívidas existentes, restando-lhe um valor positivo representativo de sua participação (*equity*) na empresa. Para tal teoria, a alocação do capital é de fundamental importância para a alocação e distribuição do controle entre os participantes da empresa (G. M. GULATI – W. A. KLEIN – E. M. ZOLT, *Connected Contracts* in *UCLA Law Review*, Vol. 47, 2000, p. 887 disponível in http://ssrn.com/abstract=217590 [19.12.2010]). A análise crítica de tais teorias e sua aplicação no ordenamento nacional, notadamente no tocante aos grupos de sociedades, já foi feita no Brasil na obra de E. S. MUNHOZ (cf. *Empresa contemporânea e direito societário: poder de controle e grupos de sociedades*, São Paulo, Juarez de Oliveira, 2002, pp. 205-211).

[159] Cf. S. BAINBRIDGE, *Mergers...*, cit., p. 29.

OPÇÃO DE COMPRA OU VENDA DE AÇÕES

Com o escopo de diminuir, ou mesmo de eliminar, os riscos atribuídos a uma atividade ou a um negócio jurídico específico, foram paulatinamente desenvolvidos no trato comercial mecanismos e *fattispecies*[161] com a finalidade de prover a uma parte a possibilidade de sua mitigação ou redução.

Notadamente, as opções de compra ou venda enquadram-se dentre tais figuras, pois permitem, a uma das partes, a mitigação de alguns riscos[162] – inerentes à operação econômica subjacente à opção – decorrentes do interstício conferido ao beneficiário para a tomada de decisão quanto à efetivação do contrato optativo. Os riscos quanto à variação do valor do bem subjacente correm por conta do outorgante, cujo sacrifício será aferido com base na disparidade de valor do bem frente ao preço de exercício acordado, conjugados com o tempo decorrido desde a contratação[163].

No exemplo mencionado no primeiro capítulo (Bocconi *vs.* La Rinascente), a proteção contra riscos encontra-se sintetizada pela expressão de que La Rinascente *"[...] havia se reservado o direito de adquirir os bens posteriormente"*.

---

[160] R. STAZJN, *Contrato e Inovação...*, cit., p. 75 (*"Qualquer contrato cria risco para os contratantes. Risco é a eventualidade de ocorrer, entre a data de conclusão do contrato e sua execução, desvio em relação ao projeto inicial, social, político, econômico ou outro que as partes tinham em mente. É a álea de as coisas não permanecerem como eram na data da pactação. Há que considerar desde o risco do inadimplemento voluntário, o involuntário por deterioração ou desaparecimento da coisa se a obrigação for de dar, a impossibilidade da execução de se fazer, até a mudança da situação econômica. Diante de tal posicionamento, a álea resultante dos contratos de execução instantânea é menor, pois ela se reflete sobre a parte logo após a execução do negócio. A execução instantânea, pela imediatidade da troca econômica, não comporta o risco da inexecução das promessas"*).

[161] Utiliza-se aqui a expressão *fattispecie* como sinônimo da expressão (a) *suporte fático* no Brasil, (b) *Tatbestand* na Alemanha ou (c) *fattispecie concreta* na Itália. Dessa maneira, a expressão almeja o significado do fato verificado na realidade e não aquele fato que se encontra previsto no ordenamento jurídico, conforme lições de abalizada doutrina nacional: A. JUNQUEIRA DE AZEVEDO, *Negócio Jurídico e declaração negocial: Noções gerais e formação da declaração negocial*, São Paulo, 1986, p. 13, nota 13; C. COUTO E SILVA, *A obrigação...*, cit., p. 66; e N. LUCCA, *Da ética geral à ética empresarial*, São Paulo, Quartier Latin, 2009, p. 320.

[162] Tal função atribuída aos contratos de opção tem sido sustentada pela doutrina, sobretudo ao tratar das *opções financeiras* na Itália, chamadas nesta obra de *derivativos*, por se referirem a objetos intangíveis (como taxa de juros, índices e variações de moedas, entre outros) que têm por regra a liquidação tão somente por eventual diferença, sem entrega física do bem subjacente (cf. E. PANZARINI, *Il contratto di opzione*, cit., p. XXV). Voltar-se-á a este tópico adiante.

[163] Não se sabe, assim, o valor exato do sacrifício do outorgante, o que, como veremos, pode demonstrar a aleatoriedade da figura em questão.

FUNÇÃO ECONÔMICA E DIMENSÃO PRÁTICA

Analisando-se sob um prisma econômico, é nítido que La Rinascente expressava a intenção de efetuar um contrato de compra e venda de determinados bens detidos por Bocconi, mas não queria incorrer em alguns riscos que adviriam da contratação se esta fosse levada a cabo naquele momento por meio dos instrumentos contratuais típicos que eram utilizados na época (como, por exemplo, um contrato de compra e venda a prazo ou um contrato preliminar).

Melhor dizendo, La Rinascente não demonstrava interesse em firmar, desde o início, um contrato de compra e venda definitivo daqueles bens, posto não querer correr os riscos inerentes à posição de "proprietário", tais como depreciação de valor dos bens, vícios de qualidade que os tornassem improdutivos ou não lucrativos etc. Assim, La Rinascente almejou, mediante o instrumento utilizado, resguardar-se o direito de optar[164] por não levar a contratação adiante, caso houvesse a materialização de quaisquer riscos que pudessem implicar em uma contratação desvantajosa no futuro.

Mais do que um direito eventual à aquisição de tais bens, era essencial que, ao lado desta proteção contra riscos futuros, o beneficiário (La Rinascente) pudesse se favorecer de um elemento promissório firme e vinculante[165] da outra parte (Bocconi) quanto à alienação de tais bens, caso a La Rinascente constatasse – a qualquer momento durante o período acordado – que sua aquisição lhe seria vantajosa.

Sob um prisma econômico, pode-se concluir que uma das funções primordiais das opções é, ao mesmo tempo, conferir ao beneficiário a prerrogativa de escolher levar a cabo a compra e venda do bem subjacente dentro do prazo definido, bem como obter do outorgante uma promessa vinculante quanto à conclusão da compra e venda futuramente. Evidentemente, a intenção das

---

[164] Muito lúcido, a propósito, o comentário de J. T. CHARLES no sentido de que a utilização da palavra opção para designar os negócios jurídicos em exame não foi obra do mero acaso, representando a consciência jurídica no âmbito comercial acerca da liberdade colocada à disposição do beneficiário para escolher entabular (ou não) determinada contratação futura (Cf. *El contrato de opción*, cit., p. 50).

[165] Note-se, por oportuno, que o risco de descumprimento do *elemento promissório – estado de sujeição* – contido nas opções por parte do outorgante quanto à prestação ulterior não é extirpado por inteiro das opções de compra ou venda. Assim, a verificação do risco efetivo de descumprimento de referido elemento promissório deve ser feito a partir da análise dos remédios existentes e da eficácia – forte ou fraca – da tutela executiva judicial prevista no ordenamento jurídico, o que é, em última análise, um dos motivos que justifica seu aprofundamento ao final desta obra.

OPÇÃO DE COMPRA OU VENDA DE AÇÕES

partes é projetar para o futuro a formação do contrato de compra e venda com certa segurança de que a parte beneficiária terá a proteção jurídica adequada para levar a cabo a sua contratação no momento oportuno[166].

Claro que as opções podem ainda ser utilizadas pelas partes por "motivos" diversos e com finalidades distintas, tais como puramente especulativas[167] e com escopo de garantia ("em garantia"), mas sempre estará presente a sua função – causa – essencial e primordial.

Como exemplo, podem-se citar os casos em que uma das partes ainda não possui os recursos necessários para adquirir um determinado bem e, a fim de não perder o negócio, acorda uma opção de compra por um prazo estabelecido, dentro do qual tentará obter os recursos necessários para efetivar a compra e venda. A função da opção permanece a mesma (conferir a prerrogativa de o beneficiário finalizar a compra e venda), já a motivação do sujeito que decide por acordar uma opção – em vez de desde logo celebrar a compra e venda – é de ordem diversa e variável conforme o caso concreto (nesse exemplo, a motivação era a falta de recursos imediatos para se proceder à aquisição de um dado bem)[168].

Sob um ângulo diverso, um sujeito pode contratar uma opção de venda, mesmo não sendo o proprietário do bem subjacente. Durante o prazo de exercício, o beneficiário buscará adquirir o bem por um preço menor do que o fixado entre as partes, a fim de auferir um lucro entre a diferença do preço de compra e de venda do bem. Ele obtém, assim, o incentivo de envidar seus esforços para, durante o prazo estabelecido no contrato, tentar encontrar o mesmo bem por um preço menor do que aquele fixado pelas partes para que possa auferir lucro quando do exercício da opção[169].

---

[166] Cf. F. BÉNAC-SCHMIDT, *Le contrat de promesse...*, cit., pp. 19-20.

[167] F. SATIRO DE SOUZA JR., *Regime jurídico...*, cit., p. 16 ("*Os especuladores são personagens essenciais a qualquer mercado. Sua principal função é assumir posições negociais que lhes possibilitem lucro pela diferença decorrente da alta ou queda do preço do ativo em questão.*").

[168] Exemplo semelhante é conferido por E. ROPPO, *Il contratto*, trad. port. de Ana Coimbra e M. Januário C. Gomes, *O contrato*, Coimbra, Almedina, 2009, p. 91.

[169] Importante mencionar que, em tais hipóteses, é inerente o intento especulativo do beneficiário. Além disso, na linguagem empregada no mercado financeiro, pode-se dizer que alguém está (a) "*in the money*" quando está auferindo um saldo positivo (no exemplo dado seria o caso do beneficiário que tivesse encontrado um bem no mercado por um valor menor do que aquele em que o outorgante havia se comprometido a adquiri-lo); ou (b) "*out of the money*", quando o beneficiário apenas foi apto a encontrar o bem no mercado por um valor

FUNÇÃO ECONÔMICA E DIMENSÃO PRÁTICA

Além disso, é fundamental mencionar que, em virtude da flexibilidade e versatilidade quanto à sua utilização pelos agentes de mercado, verifica-se na prática um exacerbado aumento de negócios envolvendo opções de compra ou venda.

De imediato, cabe esclarecer que os efeitos e a finalidade econômica das opções de compra ou venda diferem da compra e venda em si. Na primeira, o efeito essencial almejado e a sua função econômica estão associados à criação da possibilidade–poder (conhecido como direito formativo gerador[170]) conferido a uma das partes quanto à celebração do contrato optativo, ao passo que na compra e venda a função-essência é a transferência do direito de propriedade em troca de recursos financeiros.

Um dos objetivos mais relevantes da existência dessa possibilidade-poder nos negócios outorgativos de opção é redistribuir os riscos naturalmente verificados em uma compra e venda. Há, assim, clara intenção de se promover a divisão e distribuição de riscos entre as partes. Em última análise, a segregação deles é traduzida e encontra relação direta com a distribuição dos elementos promissórios de um acordo, haja vista que – via de regra – uma parte tende a estar sujeita a mais riscos quando assume mais obrigações (elementos promissórios).

A título de exemplo, vale traçar um marco diferenciador entre a compra e venda a prazo e a opção de compra ou venda. Como dito, uma compra e venda imediata – como aquela que se dá em uma feira – não pressupõe riscos no que diz respeito à conclusão do negócio e o cumprimento das partes quanto aos elementos promissórios essenciais contidos no contrato: não há risco nem ao comprador que receberá de imediato o bem adquirido, nem ao vendedor que recebe também a soma em dinheiro (preço) pactuada no mesmo momento.

---

superior àquele pactuado na opção, fazendo com que o seu exercício pudesse implicar em prejuízos ao beneficiário (nessa situação verifica-se claramente a limitação de riscos, dado que a perda ficará limitada ao prêmio eventualmente pago, tendo em vista que em um primeiro momento não faz sentido ao beneficiário exercer a opção).

[170] Cf. A. JUNQUEIRA DE AZEVEDO, *Contrato de opção de venda...*, cit., p. 210 (*"Ora, o efeito essencial do contrato de opção consiste no direito potestativo resultante da promessa irrevogável do proponente. O proponente, renunciando à faculdade de revogar a promessa, permanece sujeito (situação de sujeição) ao poder da contraparte (direito potestativo), que detém a opção de aperfeiçoar o contrato definitivo, dito 'optativo'."*).

OPÇÃO DE COMPRA OU VENDA DE AÇÕES

Por diversos motivos[171], a compra e venda pode ser estruturada a prazo, ou seja, as obrigações das partes são projetadas para o momento futuro. Nessa hipótese, ao contrário do que ocorre na compra e venda instantânea, o comprador corre o risco de o vendedor não lhe entregar o bem, recusando transferir a propriedade; enquanto que o vendedor corre o risco de não receber o preço do comprador na data acordada[172].

O mais importante é que ambas as partes passam a correr os riscos de terem prejuízos devido à variação do valor do bem objeto do contrato, bem como de eventos extraordinários e imprevisíveis[173] – internos e externos – que tornem o negócio inviável ou não mais vantajoso para uma delas[174].

---

[171] Nos capítulos seguintes far-se-á referência à *causa* em contraposição aos chamados *motivos* do negócio jurídico, sem ter, contudo, a pretensão de esgotar o assunto. O tema já foi objeto de amplo debate, conforme mostra abalizada doutrina nacional (cf. A. JUNQUEIRA DE AZEVEDO, *Negócio Jurídico e declaração negocial...*, cit., 1986, pp. 210-227). Na doutrina estrangeira, importante mencionar as lições de L. CARRIOTA-FERRARA nesse sentido: *"Per motivi sono da intendere quegli elementi psichici che, nel singolo caso concreto, determinano la volontà del dichiarante o delle parti a porre in essere il negozio giuridico (...) Il motivi, per quel che si è detto, esaminando la causa, si distinguono nettamente da essa: s'intende che sul terreno psicologico, la causa anche in senso obbiettivo intesa, opera come uno dei motivi, in quanto si soggettivvo o si identifica con lo scopo o l'interesse o il fine ultimo: ma sempre giuridicamente si distingue dai motivi; sicchè, in ogni caso, per questi devono intendersi quei motivi che non sono anche causa in senso giuridico"* (Cf. *Il negozio giuridico nel diritto privato italiano*, Napoli, Morano Editore, [s. d.], p. 616). Na mesma esteira, importantes os ensinamentos de F. MESSINEO: *"Es facil distinguir entre motivos y causas y establecer las correspondientes diferencias. Los motivos son, por su naturaleza, variables de sujeto a sujeto y de tiempo a tiempo en un mismo sujeto, mientras que a causa del contrato, siendo como se ha dicho algo objectivo y que no depende de la voluntad de los sujetos es necesariamente constante"* (cf. *Dottrina...*, cit., p. 120).

[172] Na opção, embora não haja qualquer limitação legal, à primeira vista, entende-se ser inadmissível o caráter instantâneo da formação do *contrato optativo*, como, ao contrário, é possível na compra e venda. Isso mostra que, por essência, a opção é contrato projetado para o futuro objetivando a constituição de uma relação econômico-financeira futura. O tema é complexo, visto que não se pode dizer que exista uma limitação legal, mas somente que uma contratação similar parece esvaziar o atributo da funcionalidade da figura da opção, bem como aumentar o grau de probabilidade quanto à sua utilização para motivos fraudulentos e/ou simulados.

[173] Ao contrário do que sustentam alguns autores, os conceitos de imprevisível e extraordinário não são equivalentes, possuindo, apesar de tênue marca distintiva, significados não coincidentes, conforme lições de O. GOMES *"[...] não basta que o acontecimento seja extraordinário, porque, se suscetível de previsão, descabe resolução. Não basta que seja imprevisível, porque, sendo normal, pouco importa que as partes não o tenham previsto. Enfim, se a onerosidade excessiva decorre de acontecimentos extraordinários e imprevisíveis, que dificultem extremamente o cumprimento da obrigação, o devedor, que se sacrificaria com a execução, tem a faculdade de promover a resolução do contrato. Importante notar que fatos genericamente previsíveis podem ser imprevisíveis quando tomados em sua*

FUNÇÃO ECONÔMICA E DIMENSÃO PRÁTICA

Em que pese a existência de agentes de mercados que aceitam tomar riscos, tendo em vista a premissa econômica de que os recursos são sempre limitados, é intuitivo que aqueles ao longo do tempo tenham buscado sua minimização nos variados negócios[175]. Por certo, a opção de compra ou venda é um dos mecanismos desenvolvidos na prática comercial que proporciona a mitigação – ou a quase eliminação – dos riscos para uma das partes quanto à contratação futura.

Os itens a seguir apresentam a função de limitação de riscos inerente aos negócios de opção de compra ou venda, bem como a sua instrumentalidade, tal como superficialmente colocados em relevo nestas linhas introdutórias.

2.1.1 A gestão dos riscos e alocação eficiente de recursos

Como foi dito alhures, a busca dos homens, em especial dos agentes de mercado, pela diminuição ou pela segregação de riscos tem sido historicamente intensa e contínua. Tanto sob o ponto de vista de Direito Positivo quanto da autonomia da vontade dos sujeitos, foram surgindo normas e instrumentos com tal objetivo.

Como exemplo, podem ser citadas as regras de desvinculação das partes quando da ocorrência de eventos de caso fortuito e força maior[176] e a

---

especificidade e concretude. Em outras palavras, fatos genericamente previsíveis (como guerras ou mesmo a inflação) podem provocar efeitos concretos imprevisíveis. É o que basta para preencher o requisito da imprevisibilidade." (cf. *Contratos*, cit., p. 215).

[174] E. CESÀRO, *Il contrato e L'opzione*, cit., p. 23 ("*Per quanto concerne il primo profilo, ocorre dire chel'esistenza di un periodo di economia instabile, caratterizzato dal tensione in ogni misura ed in ogni direzione a procurarsi delle certezze per l'avvenire, potrebbe giustificare il ricorso all'opzione: infatti, con questa non si vuole immediatamente concludere un contrato ma si tende a cautelarsi da ogni eventualità facendosi riconoscere un diritto alla conclusione di un contratto definitivo se le circostanze si reveleranno favorevoli.*").

[175] F. SATIRO DE SOUZA JR., *Regime jurídico...*, cit., pp. 10-11 ("*A aversão ao risco e à prevenção de suas nefastas consequências vistas em conjunto com a aplicação do conceito de utilidade marginal decrescente aos lucros da atividade empresarial desenvolvida, fizeram com que, no curso da história, o homem, mesmo que ao custo de diminuir seu ganho através do dispêndio de recursos ou do investimento de tempo ou trabalho, estivesse disposto a buscar mecanismos de minimização dos riscos do negócio.*").

[176] Apenas para mostrar a preocupação – milenar – dos homens quanto aos riscos e imprevisibilidade dos eventos que possam afetar os seus negócios, convém trazer à baila, como exemplo, os escritos do *Código de Hamurabi* em que fica clara a existência de eventos imprevisíveis (principalmente na agricultura) que mudavam o *statu quo ante* e demandavam

OPÇÃO DE COMPRA OU VENDA DE AÇÕES

disseminação de garantias (pessoais ou reais[177]) em reforço à garantia geral que é elemento de toda relação jurídica.

Sob um prisma econômico, os contratos naturalmente têm sido um dos instrumentos com finalidade de realocação e divisão dos riscos entre as partes contratantes[178]. Exemplos específicos e característicos de contratos que possuem tal escopo são os de seguro privado[179] e os de sociedade[180].

Assim, a conclusão – a *prima facie* não animadora – a que se chega é a de que a divisão e gestão de riscos verificada nos negócios sob exame não é um fato novo ou exclusivo das opções de compra ou venda.

No âmbito negocial mais moderno, diversos outros instrumentos buscam, de variadas formas, mitigar os riscos de um dado negócio em benefício das partes contratantes. Como exemplo, são citados os negócios futuros firmados no âmbito das Bolsas de Valores e Mercadorias, bem como outras modalidades de derivativos que, por também se prestarem à redução de riscos e incertezas, geralmente são confundidas com as opções[181].

---

uma solução por parte das autoridades da época, pois causavam angústia e agitação social: *"(Lei 48): Se alguém tem um débito a juros e uma tempestade devasta o campo ou destrói a colheita, ou por falta d'água não cresce trigo no campo, ele não deverá nesse ano dar trigo ao credor, deverá modificar a sua tábua de contrato e não pagar juros por esse ano"* (disponível in http://www.culturabrasil.pro. br/zip/hamurabi.pdf [12.01.2010]).

[177] *"Justamente com o propósito de reduzir os riscos de crédito, conta-se com a possibilidade de se constituir a relação jurídica de garantia, relação esta acessória à principal, cujo objetivo precípuo consiste em aumentar a probabilidade de adimplemento da obrigação garantida (...) As relações jurídicas de garantia podem ser de dois tipos, reais ou pessoais (ou fidejussórias). As primeiras são compostas pelos direitos reais de garantia e propriedade fiduciária e as segundas, pelo aval e fiança"* (M. B. PENTEADO, *O penhor de ações no direito brasileiro*, São Paulo, Malheiros, 2008, pp. 24-25).

[178] *"Another reason for contracting is the mutually beneficial reallocation or sharing of risks"* (S. SHAVELL, *Economic...*, cit., p. 4).

[179] R. STAZJN sintetizou bem as diferenças entre o regime aplicável aos seguros privados e às opções: *"Poder-se-á argumentar que o seguro, na modalidade lucro cessante, poderia resolver a questão. Mas a base econômica do seguro afasta totalmente a idéia. [...] não há como elaborar cálculo atuarial homogeneizando riscos e estabelecer modelos para distribuí-los numa comunidade que está sujeita ao mesmo risco e será, provavelmente, afetada da mesma forma e, na mesma época."* (cf. *Contrato e Inovação...*, cit., p. 3).

[180] S. SHAVELL, *Economic...*, cit., cap. 13, p. 4 (*"[...] and other examples in which risk allocation is a primary feature, such as partnership agreements to divide total profits, abound"*).

[181] Cf. R. STAZJN, *Contrato e Inovação...*, cit., p. 9. A suposta diferença entre as opções ordinárias e aquelas tidas como derivativos será abordada adiante nesta obra.

FUNÇÃO ECONÔMICA E DIMENSÃO PRÁTICA

Para alguns renomados autores, a função econômica primordial das opções é o gerenciamento e a segregação de riscos[182]. Entretanto, em que pese o acerto de tal pensamento, a nosso ver, a gestão de riscos não é a única função econômica atribuída ao negócio em exame, à qual se somam as suas funções preparatória e instrumental[183], que serão objeto de análise mais adiante.

Sem sombra de dúvidas, ao lado da função instrumental que será esmiuçada a seguir – e já concordando com F. SATIRO DE SOUZA –, percebe-se que de fato as características inerentes às opções propiciam sua larga utilização como ferramentas para gestão de riscos[184]. Nesta mesma linha, R. STAZJN já teve a oportunidade de ressaltar a função de alocação dos riscos como uma das funções dos negócios envolvendo opções[185].

Em resumo, a essência das opções de compra ou venda é permitir a transferência dos riscos, isto porque à medida que a decisão quanto à consumação do contrato optativo remanesce apenas nas mãos de uma das partes, esta assegura-se contra outros riscos inerentes ao bem subjacente, às condições e à capacidade de adimplemento da contraparte, entre outros, ao contrário do que sucede com o contrato de compra e venda a prazo tradicionalmente considerado (em que a declaração quanto à sua formação já foi manifestada na data de sua formação, não cabendo, salvo se diversamente previsto, direito de arrependimento para quaisquer das partes). Entretanto, a mitigação dos riscos mistura-se com sua instrumentalidade, o que determina o caráter marcante e distinto das opções frente a outras figuras.

---

[182] H. M. D. VERÇOSA, *Negócios com opções – A Opção Flexível* in *Revista de Direito Mercantil*, 114, p. 63 (*"De maneira geral, a função econômica dos negócios futuros – entre os quais incluem-se os de opção – consiste na sua condição de eficientes instrumentos de hedge, ou no gerenciamento de riscos."*); R. STAZJN, *Sobre a natureza jurídica...*, cit., p. 68; e O. YAZBEK, *Regulação do Mercado...*, cit., p. 122. No mesmo sentido da doutrina nacional: E. PANZARINI, *Il contratto di opzione*, cit., p. 245.

[183] O. GOMES, *Contratos*, cit., p. 69 (*"Para haver opção, a proposta da outra parte tem de ser em tais termos que a aceitação do optante – isto é, daquele que tem o direito potestativo de formar o contrato – baste à conclusão imediata do vínculo contratual de que foi compromisso preparatório."*).

[184] Cf. *Regime jurídico...*, cit., p. 30: *"As características das opções fazem delas ferramentas perfeitas à gestão do risco e à administração das finanças por parte dos interessados"*.

[185] Cf. *Sobre as opções...*, cit., p. 54.

OPÇÃO DE COMPRA OU VENDA DE AÇÕES

2.1.2 Instrumentalidade. Preparação do contrato optativo. Possível Especulação

Conforme sustentado por autores renomados[186], as opções podem ser consideradas como instrumentos preparatórios de um contrato projetado (optativo), cuja operação econômica subjacente (compra e venda, prestação de serviços etc.) é diversa da opção propriamente dita.

Antes de aprofundar sobre o tópico deste subitem, vale destacar que, ao contrário do contrato de compra e venda, a opção em si não tem como pressuposto a existência de quaisquer efeitos translativos de propriedade, mas, sim, primordialmente, a transferência de riscos entre as partes[187] e a preparação para a contratação da avença ulterior. Em outras palavras, não há – nem pode haver – transferência ou troca de bens entre as partes nas opções de compra ou venda.

Existe, sim, acordo entre elas com relação à totalidade dos termos do contrato projetado, o que não faz irradiar para as partes os seus efeitos típicos. Em uma compra e venda, o efeito imediato seria a transferência da posse ou, se cumpridos os requisitos formais necessários[188], da propriedade do bem

---

[186] A. M. Prata, *O contrato-promessa...*, cit., p. 402; O. Gomes, *Contratos*, cit., p.68; e G. Cribari, *Um ângulo...*, cit., p. 14.

[187] Cf. V. H. M. Franco, *Manual...*, vol. 2, cit., p. 143: *"Destarte, com esta visão, configura a opção como um contrato específico, cuja causa, mais do que a transferência da propriedade como ocorre na compra e venda, reside na prevenção ou maximização do risco. Com esta configuração, até que se pode vislumbrar na modalidade um contrato com um objeto próprio, que não se confunde com aquele resultante do exercício da opção"*. Importa notar a utilização da palavra "causa" pela autora como finalidade econômica, tal como vem sendo aqui empregada.

[188] Assumindo – para os casos em que o bem seja imóvel – que haja o registro do contrato junto aos Cartórios competentes, na forma do artigo 1.245 do Código Civil. Quando se tratar de ações emitidas por sociedades anônimas, a transferência da propriedade também apenas se aperfeiçoa quando da averbação da transferência nos livros da sociedade ou junto ao banco escriturador das ações escriturais. Nesse sentido, vide: Lazzareschi Neto, Alfredo Sérgio, *Lei das Sociedades por Ações Anotada*, São Paulo, Saraiva, 2006, p. 44-45; J. A. Tavares Guerreiro – E. L. Teixeira, *Das sociedades anônimas no direito brasileiro, vol. I*, São Paulo, Bushatsky, p. 232; e T. M. Valverde, *Sociedades por ações*, vol. I, 3ª ed. ver. e atual., Rio de Janeiro, 1959, p. 203 (este último autor, ao comentar do regime anterior à entrada em vigor da atual Lei das Sociedades por Ações, já sustentava a peculiaridade da transferência das ações no direito pátrio, encarada por ele como uma verdadeira "forma especial").

FUNÇÃO ECONÔMICA E DIMENSÃO PRÁTICA

subjacente. Já na opção, não há o efeito – de direito real – de transferência da propriedade ou de qualquer outro direito real em favor do beneficiário.

A opção de compra ou venda apenas prepara todo o programa contratual para que, a depender do exclusivo critério do beneficiário, seja por ele levado a cabo sem necessidade de qualquer manifestação ou declaração de vontade do outorgante.

O aspecto preparatório das opções é evidente quando se percebe que a vontade das partes – ou apenas do beneficiário – de ainda não dar vida ao contrato optativo é um pressuposto indeclinável[189].

O beneficiário da opção, quando da negociação da opção de compra, por inúmeros motivos, não possui interesse, desde logo, de se comprometer com o contrato optativo. Sua intenção é de fixar todos os pontos e condições que lhe seriam aceitáveis em um contrato definitivo, sem que se vincule de imediato[190], o que, aliado a outras peculiaridades que serão analisadas mais adiante, caracteriza as opções como uma espécie muito elaborada e complexa de contrato preparatório[191].

Importa notar que, por apresentar o caráter instrumental e preparatório, as opções podem ter como supedâneo qualquer contrato optativo ulterior[192-193].

[189] Vide lições de A. TOMASETTI que, ao tratar dos contratos preliminares, traz esse conceito que pode ser plenamente aplicável às opções: "A área da autonomia privada que concerne à contratação preliminar, mormente em seu limite mínimo, tem como indeclinável pressuposto (negativo) a vontade dos figurantes de não dar vida ao contrato definitivo" (Cf. Execução do contrato..., cit., p. 36).

[190] Cf. F. MESSINEO, Dottrina..., p. 353. Importante mencionar que referido autor defendeu, em sua edição de 1952, que as opções pertenciam à categoria dos contratos preliminares unilaterais, os quais estavam dentro da categoria dos contratos preparatórios. Entretanto, posteriormente, revisitou sua posição encarando-as como contratos autônomos preparatórios ao "definitivo" (cf. E. PANZARINI, Il contratto di opzione, cit., p. 36).

[191] M. MOUSSERON – M. GUIBAL – D. MAINGUY, L'avant..., cit., p. 328: "Parmi les avant-contrats, la promesse unilatérale de contrat dite aussi contrat d'option tient une place particuliére, car elle représente une forme très elaborée de contrat préparatoire (...)".

[192] No direito espanhol: J. T. CHARLES, El contrato de opción, cit., pp. 16 e 23. Na França destaca-se o seguinte entendimento: "La promesse unilatéralé de contracter est un contrat très banal qui se rencontre à l'occasion de la préparation de toutes sorte de contrat: de vente d'immeubles ou d'actions – ou d'achat – de bail, de societè, de prêt, d'hypothèque, notament [...]" (M. MOUSSERON – M. GUIBAL – D. MAINGUY, L'avant..., cit., p. 327). Na Itália, a doutrina – mais robusta no assunto – também considera as opções como sendo uma espécie do gênero preparatório (cf. E. PANZARINI, Il contratto di opzione, cit., p. 3).

[193] Inclusive, é pacífico que as opções podem ter como contrato subjacente um contrato preliminar. Vide nesse sentido: "Il patto d'opzione può riferirsi alla conclusione di contratti di ogni

Assim, variados autores têm considerado as opções como contratos preparatórios de tipo instrumental[194-195].

Para entender as funções instrumental e preparatória das opções, vale traçar, em breves linhas, as ideias que propugnam pela existência de um verdadeiro processo para o nascedouro dos negócios jurídicos e consequentemente dos contratos. A formação dos negócios jurídicos deverá ser encarada como um processo, entendido como o encadeamento de atos e fatos sucessivos – e de algum modo previsíveis – para a formação da avença contratual e para a assunção das obrigações pelas partes[196].

Nesse sentido, não parecem mais encontrar guarida os ditames da doutrina clássica que apenas encarava a intersecção das vontades como elemento formador dos contratos, desconsiderando o período que antecedia sua manifestação – ou declaração[197] – na formação contratual[198].

---

genere e natura. In particolare, l'esercizio dell'opzione può dar vita ad un contratto preliminare (...)" (cf. R. Sacco, *L'Opzione* in *Il contratto*, Tomo Secondo, org. Rodolfo Sacco e Giorgio de Nova, Milano, UTET, 2000, p. 312). Neste caso, divide-se o período da formação contratual em três fases distintas: a primeira relativa ao exercício da opção; a segunda referente à conclusão do contrato preliminar; e a última que diz respeito ao contrato definitivo em si.

[194] Vide nesse sentido: A. Menezes Cordeiro, *Tratado de Direito Civil Português*, Parte Geral, Tomo I, 3ª ed., Lisboa, Almedina, 2005, p. 527 (*"Há outros contratos preparatórios, de tipo instrumental, que embora não consagrados expressamente na lei civil, têm um relevo prático marcado. Tal ocorre com o contrato de opção (...)"*); e G. Rebour, *De la clause d'option...*, cit., p. 27.

[195] Vale dizer que a jurisprudência e doutrina italianas têm utilizado a expressão "neutro" para definir a possibilidade de as opções se referirem a qualquer espécie de contrato optativo (cf. E. Panzarini, *Il contratto di opzione*, cit., p. 232; R. Favale, *Opzione...*, cit., p. 46; e D. Rubino, *La compravendita*, 2a ed., Milano, Giuffrè, 1971, p. 53).

[196] Vale trazer à baila as palavras de Custodio Miranda no prefácio da obra de C. Zanetti: *"O título já denota sua inserção na ciência do direito atual: afasta deliberadamente, a designação tradicional de responsabilidade pré-contratual, certamente por encarar o contrato como uma parte de um processo muito mais complexo, que se inicia precisamente com uma fase que o antecede e se encerra com outra que se lhe segue, fases de tal modo interligadas que não permitem que se considere aquela primeira fase mera adjacência do contrato, sem relevo e autonomia, fato que terá levado, por largo tempo, a jurisprudência a simplesmente desconhecê-la e a doutrina a não lhe dar a importância devida, como fonte de responsabilidade civil."* (C. S. Zanetti, *Responsabilidade pela ruptura das negociações*, São Paulo, Juarez de Oliveira, 2005, p. XVIII).

[197] Sem a pretensão de adentrar em tema tão amplo e debatido, cabe aqui fazer apenas referência à discussão que se travou na doutrina quanto ao modo e à validade da manifestação de vontade como núcleo essencial dos negócios jurídicas. Nesse sentido, contrapunha-se de um lado a *teoria da vontade* (vontade subjetiva) e de outro *teoria da declaração*, sendo que a primeira considerava a vontade interna das partes (o elemento subjetivo inerente à vontade, ou seja,

FUNÇÃO ECONÔMICA E DIMENSÃO PRÁTICA

Hoje, a visão da formação dos contratos é ampliada para a fase anterior ao ajuste de vontades – encontro de proposta e aceitação –, encarando a formação como um verdadeiro processo[199], conforme salientado por Couto e Silva[200]. Trata-se de uma sucessão de atos voltados para que se forme a concordância sobre os diversos pontos de uma certa avença contratual sempre visando ao adimplemento das obrigações ali constituídas[201].

Nesse sentido, tomar-se-á como verdadeira a ideia de que a formação da obrigação e, por conseguinte, do contrato, depende de um processo formativo, cujas etapas e atos são elementos que podem ajudar na compreensão da vontade almejada (subjetiva) e efetivamente declarada (objetiva) das partes.

o *querer*), independentemente do que foi efetivamente declarado ou manifestado, ao passo que a segunda privilegiava e consagrava os efeitos do negócio jurídico conforme a vontade das partes tenha sido efetivamente manifestada ou declarada. O Código Civil, mais afeto à *teoria da declaração*, em seu artigo 112, acabou por privilegiar a intenção consubstanciada na declaração da vontade como norteadora da realização dos negócios jurídicos.

[198] Cf. E. Cesàro, *Il contrato e L'opzione*, cit., p. 12 (*"Il concetto di formazione sta ad indicare il risultato di una attività che porta all'esistenza dell'atto (cfr. Carriota Ferrara [...], il quale osserva peraltro che i termini 'formazione' e 'perfezione' non coincidono, prechè il secondo rappresenta un 'momento' diverso ed ulteriore rispetto al primo."*).

[199] Importante notar a diferença em relação ao *processo judicial*, já que no *processo formativo* dos contratos, as etapas encadeadas do *procedimento* de formação das obrigações não se atêm ao rigor do formalismo, podendo variar casuisticamente, desde que os principais elementos necessários à formação da obrigação estejam presentes, enquanto que no *processo judicial*, por estarmos diante de normas de direito público, exige-se um maior rigor formal quanto às etapas do *procedimento* a serem seguidas durante o seu curso. Por fugir ao tema desta obra, não se entrará em detalhes quanto à definição de processo e procedimento, assumindo como corretas as lições de importante parcela doutrina processual de que o processo é uma *relação complexa* que contempla, de forma indissociável, o *aspecto intrínseco*, caracterizado pela relação jurídica que se instaura entre as partes (e o juiz), e o *aspecto extrínseco*, representado pelo procedimento enquanto sucessão ordenada de fases e atos legalmente previstos e destinados a um fim (cf. V. Greco Filho, *Direito processual civil brasileiro*, vol. II, São Paulo, Saraiva, 2003, p. 81; e A. C. Cintra – A. P. Grinover – C. R. Dinamarco, *Teoria Geral do Processo*, 19ª ed. rev. e atual., São Paulo, Malheiros, 2003, p. 283).

[200] *"A obrigação é um processo, vale dizer, dirige-se ao adimplemento, para satisfazer o interesse do credor. A relação jurídica, como um todo, é um sistema de processos."* (cf. *A obrigação...*, cit., p. 167).

[201] E. Roppo, *Il contratto...*, cit., p. 85 (*"O juízo sobre se um contrato se formou ou não constitui um resultado de uma qualificação de determinados comportamentos humanos, operada por normas jurídicas. Por outras palavras, a formação do contrato consiste num processo, isto é, numa seqüência de actos e comportamentos humanos, coordenados entre si."*).

Com o aumento da complexidade das negociações, é cada vez mais frequente que, no seu curso, as partes redijam os pontos já superados e reproduzam sua intenção no que tange à contratação definitiva.

Tal estratégia objetiva conferir maior segurança no prosseguimento das negociações, pois ao ter o consentimento manifestado nos contratos intermediários, as partes aumentam seu grau de certeza quanto à seriedade e à intenção na contratação almejada, justificando o prosseguimento das negociações e o gasto de tempo e recursos nessa fase.

As opções – autênticos acordos preparatórios – têm por fim permitir a fixação de cláusulas do contrato almejado de forma irrevogável para as partes (ou para apenas uma delas) e tornar a conclusão do contrato optativo uma hipótese incerta, sujeita à intenção de uma delas[202], sem que haja sacrifício inicial pela parte beneficiária (a não ser nas hipóteses em que é previsto pagamento de prêmio que, como será visto, não é elemento essencial do negócio em questão).

Inerente ao caráter preparatório, pode-se dizer que há embutida uma noção de reduzir a necessidade de dispêndios iniciais para as partes, evitando-se que haja – salvo pelo pagamento do prêmio – qualquer movimentação de recursos entre a outorga da opção e o seu efetivo exercício[203].

A função precípua da contratação intermediária – na sua conotação parcial – é fortalecer e firmar o acordo no tocante aos pontos já assentados pelas partes (na opção deve ser todo o conteúdo optativo de compra e venda). Alguns acordos preparatórios servem para tornar imutável a vontade das partes com relação apenas a alguns termos – às vezes tão somente essenciais – do contrato almejado, ao passo que nas opções todo o conteúdo deve ser objeto de acordo entre as partes[204].

---

[202] Cf. O. Gomes, *Contratos*, cit., p. 71 (*"[...] tais acordos possuem a finalidade de: (a) assegurar aos que estipulam liberdade para ulteriores negociações, (b) permitir a fixação irrevogável de cláusula do eventual contrato que decida tornar perfeito e acabado e (c) ensejar a interrupção e a inoperância das negociações preliminares, ao fazer da finalização do contrato mera eventualidade"*).

[203] *"Do ponto de vista de sua finalidade, este contrato atualmente, apresenta-se de grande utilidade prática, eis que assegura ao beneficiário uma maior amplitude na deliberação e decisão, muitas vezes sobre a possibilidade e conveniência de conclusão do contrato projetado, sem movimentar fundos, ou correr o risco de que a coisa venha a ser vendida a outrem."* (T. A. Silney, *Reflexões...*, cit., p. 198).

[204] Esse aspecto é muito importante para diferenciar os contratos de opção dos contratos preliminares, em que se exige tão somente o acordo quanto aos pontos essenciais do acordo ulterior, a cuja celebração as partes (ou, ao menos, uma delas) se obrigam.

FUNÇÃO ECONÔMICA E DIMENSÃO PRÁTICA

Serve, assim, o contrato preparatório[205], de uma forma mais ou menos completa, a depender da vontade e do ajuste das partes, como um instrumento-meio para se chegar ao contrato optativo[206].

Neste prisma, ainda, uma das funções mais essenciais dos contratos preparatórios[207] – e sobretudo da opção – é tornar obrigatória a vinculação de uma das partes à relação jurídica optativa; isto quando assim o exigir a outra parte, que não pode, ou não possui a intenção, de celebrar a avença definitiva naquele momento[208]. Caso as partes tivessem a intenção de firmar o contrato almejado, porém sem irradiar os efeitos jurídicos imediatamente, elas poderiam recorrer ao uso das condições suspensivas[209].

Por fim, de forma apenas tangencial, parece não ser acertada a doutrina que encara o fator especulativo como função essencial – também chamada por alguns de "causa material" – das opções (sejam ou não relativas a ações)[210]. Isso porque, como já esclarecido, o conceito mais acertado seria de que os motivos reservados ao âmago subjetivo de cada sujeito não podem determinar a *causa material* dos negócios jurídicos, sob pena de se trazer grande insegurança e subjetivismo às relações privadas.

As opções podem satisfazer os interesses especulativos de determinados sujeitos, mas tais interesses encontram-se no mundo psíquico daqueles, não

---

[205] A. Ossorio, *El contrato de opción*, cit., p. 41 (*"El contrato de opción es preparatorio, porque sirve de introducción para celebrar otro definitivo"*).

[206] Vide lições de R. Stazjn: *"A opção é, portanto, passo inicial, assim como a oferta, as tratativas preliminares ou pour parler para a conclusão de negócios socialmente úteis que servem de suporte para dotá-las de exigibilidade e vinculatividade."* (R. Stazjn, *Sobre a natureza jurídica...*, cit., p. 54).

[207] F. Messineo, Francesco, *Dottrina...*, cit., p. 354.

[208] As lições de F. K. Comparato, nesse sentido, relativas aos contratos preliminares podem ser aplicadas às opções: *"as promessas de contratar só podem ter uma função, que singelamente se exprime: tornar obrigatória a contratação, quando as partes não querem ou não podem contratar definitivamente, desde logo"* (cf. *Reflexões...*, cit., p. 232).

[209] Idem, ibidem, p. 233

[210] Cf. A. Chianale, *Opzione* in *Digesto delle Discipline Privatistiche*, Sezione Civile, vol. XIII, UTET, p. 140 (*"La principale funzione del patto di opzione consiste nella possibilità concessa al beneficiario di speculare, durante il tempo fissato per la levatta dell'opzione, sulle variazoni di valore della prestazione deddotta in contratto."*); R. Stazjn, *Sobre a natureza jurídica...*, cit., p. 69 (referida autora salienta a possibilidade de especulação, embora não entenda ser função primordial das opções); e A. W. Katz, *The Option...*, cit., pp. 2217 (referido autor ressalta que as opções puramente financeiras possuem a especulação como uma de suas principais motivações).

devendo, pois, integrar a função econômico-social – enquanto causa material – das opções.

Parece não haver dúvidas de que a função, enquanto causa material, do negócio jurídico de opção é a criação, em favor do beneficiário, do direito formativo gerador de impor a compra ou venda do ativo subjacente, já predisposta em todos os seus termos. Mesmo se o beneficiário usar tal direito como forma de especulação, sua finalidade essencial – função econômica – não se altera.

2.2 Dimensão Prática

Em razão da função econômica apresentada acima[211], tem sido cada vez mais crescente a utilização de contratos de opção ou cláusulas de opção em negócios complexos.

Tal utilização, inegavelmente, é concentrada em negócios afetos ao mercado financeiro, em particular na contratação de operações de derivativo e outros negócios complexos cujo elemento temporal é de grande valia. Todavia, pode-se dizer também que em outros ramos a utilização de referidos negócios tem aumentado substancialmente.

A razão primordial refere-se à versatilidade dos contratos de opção, que podem se adequar a uma vasta gama de situações negociais. Isso porque, embora seja possível obter os mesmos resultados almejados pelas partes – respeitadas algumas diferenças – por meio de outras figuras contratuais[212], com efeito, o contrato de opção, dentro do panorama jurídico-econômico, é a figura contratual mais eficiente e flexível para a plena satisfação dos interesses específicos envolvidos[213].

---

[211] Não se descarta a existência de outros fatores (não apresentados acima) que contribuem para o crescimento do número de contratos de opção nas relações jurídicas, tais como o tratamento tributário e contábil diferenciado para tais negócios *vis-à-vis* outras modalidades contratuais existentes. Nesse sentido, vide trecho em sede de direito espanhol: *"Desde épocas tempranas, la opción de compra ha contado con un tratamiento fiscal, beneficioso, que ha favorecido su proliferación."* (cf. C. S. Asurmendi, *La opción de compra*, cit., p. 13).

[212] A título de exemplo, vale citar os contratos de compra e venda sujeitos à condição suspensiva, os contratos preliminares e os pactos de preferência, entre outros.

[213] No mesmo sentido: *"È peró certo che il contratto di opzione, nel panorama economico-giuridico anche transnazionale, rappresenta lo strumento più flessibile ed efficiente nel soddisfare le contrapposte esigenze delle parti, di frequente mai prima apparse nei traffici e nella vita di relazione."* (E. Panzarini, *Il contratto di opzione*, cit., pp. XIV-XV).

FUNÇÃO ECONÔMICA E DIMENSÃO PRÁTICA

Clara evidência é a variedade de negócios que atualmente se utilizam de contratos ou cláusulas de opção de compra ou venda[214], bem como os diversos casos práticos noticiados na mídia nos últimos anos[215].

Apenas a título ilustrativo, os contratos de opção são largamente utilizados nas práticas financeira e societária, como nas operações de derivativo, fusões e aquisições, *joint ventures* e investimentos levados a cabo por firmas de *private equity*, recuperação e reestruturação de empresas, defesa contra a concorrência e medidas defensivas contra ofertas hostis de aquisição de ações do bloco de controle de companhias (*poison pills*), entre outros[216].

Destacam-se ainda as opções negociadas em Bolsa de Valores, Mercadorias e Futuros cujo regramento é peculiar, bem como os planos de *stock option* para funcionários, diretores e administradores de sociedades (com viés de remuneração) e aquelas cláusulas de opção de compra e venda inseridas em acordos de acionistas.

Na linha da grande utilidade dos negócios envolvendo opções, podem--se identificar aquelas operações – cada vez mais frequentes – em que são outorgadas opções como garantia[217] ao cumprimento de certa avença (isto é, a opção de compra ou venda é outorgada com escopo de garantia[218]).

---

[214] A fim de limitar a abrangência do presente capítulo, não será abordada a dimensão prática de contratos de opção que envolvem outras modalidades de contratação futura, tal como contratos de opção de arrendamento, entre outros.

[215] E. PANZARINI relembra alguns célebres casos como Fiat-GM, EDF-Italenergia, Antonveneta e Unipol-Deutsche Bank (cf. *Il contratto di opzione*, cit., pp. XXVII), embora os exemplos se multipliquem na prática societária brasileira e mundial.

[216] Cf. E. PANZARINI, *Il contratto di opzione*, cit., pp. XXX e 315-323). Com relação às medidas defensivas contra uma eventual tomada hostil de controle societário (*hostile takeover*) muito já se evoluiu em relação ao mecanismo de *poison pills*, mas essencialmente muitas das novas estratégias envolvem alguma forma de opção de compra ou venda de ações. Vide nesse sentido: K. HOPT – P. DAVIES, *Control Transactions* in KRAAKMAN, Reinier et al., *The anatomy of corporate law: a comparative and functional approach*, 1a ed., Oxford, Oxford University Press, 2004, p. 163; e S. BAINBRIDGE, *Mergers...*, cit., p. 316 (*"Poison pills take a wide variety of forms, but today most are based on the class of security know as right (...) A traditional right, such as a warrant, grants the holder the option to purchase new shares of stock of the issuing corporation."*).

[217] Nestas hipóteses, as opções são usadas como *reforço da garantia* atribuída a qualquer relação jurídica.

[218] A expressão *"com escopo de garantia"* ou *"em garantia"* tem o objetivo de abranger aquelas hipóteses em que as opções são outorgadas com a finalidade de assegurar o cumprimento de uma determinada obrigação, não devendo ser confundida com os direitos reais *de* garantia. Tal entendimento está em consonância com os ensinamentos de abalizada doutrina que

OPÇÃO DE COMPRA OU VENDA DE AÇÕES

Não é raro, portanto, cumularem direitos reais de garantia (penhor, hipoteca etc.) com uma opção de compra ao credor para que, uma vez ocorrido o inadimplemento contratual, aquele possa exercer a opção de se tornar proprietário de um bem subjacente para satisfação de eventual *quantum debeatur*[219].

Tais operações são de grande interesse[220], pois, em vez de se valer de instrumentos como o penhor ou a alienação fiduciária – em que, em geral, deve-se buscar a alienação dos ativos para satisfação do crédito[221] –, os credores podem efetivamente, ao exercer a opção, remanescer com o objeto em sua propriedade, podendo extrair dele os meios para a satisfação da obrigação inadimplida pelo devedor.

Tal modalidade de garantia, ainda que na teoria muito efetiva, ao que se sabe, não foi testada nos tribunais pátrios, especialmente no que tange à eventual caracterização de pacto comissório[222] que é vedado no Direito brasileiro,

---

defende ser válida a celebração de negócios indiretos com escopo de garantia, tais como os pactos de retrovenda (cf. J. C. MOREIRA ALVES, *Da alienação fiduciária em garantia*, Rio de Janeiro, Forense, 1973, pp. 5-6).

[219] Aliás, tal estrutura tem sido muito utilizada em projetos de grande complexidade, sobretudo naquelas modalidades conhecidas como financiamento de projetos (*project finance*) em que os bens e ativos de uma determinada empresa – geralmente constituída exclusivamente para finalidade específica de desenvolver um projeto – são integralmente "entregues" como garantia, sendo que, nesses casos, não são raras as vezes em que os financiadores recebem opções de compra ou venda da totalidade das ações de referida sociedade empresária justamente com escopo de garantia (J. V. ENEI, *Project Finance: Financiamento com foco em empreendimentos (parcerias público-privadas, leveraged buy-outs e outras figuras afins)*, São Paulo, Saraiva, 2007, p. 392).

[220] "*Opzioni di vendita di partecipazioni azionarie possono avere una funzione di garanzia della 'bontà' della partecipazione o della realtà di situazioni promesse o dell'adempimento di una parte ai suoi obblighi (...)*" (cf. E. PANZARINI, *Il contratto di opzione*, cit., p. XXXIII).

[221] M. B. PENTEADO, *O penhor...*, cit., pp. 21-26 (o autor tece comentários sobre a relação entre crédito e garantia).

[222] O legislador nacional, seguindo-se a linha dos países romano-germânicos, acabou por vedar que o credor imediatamente se apodere do bem dado em garantia, obrigando-o a levá-lo à hasta pública ou venda particular para execução, nos termos do artigo 1.428 do Código Civil. Historicamente, no país, a possibilidade de o credor remanescer com a propriedade do bem dado em garantia sempre foi objeto de vedação pelas legislações pátrias. Vide como exemplo as Ordenações do Reino, que dispunham: "*Dos que apenham seus bens com condição que não pagando a certo dia, fique o penhor arrematado. Se algum devedor empenhar a seu crédor a alguma cousa móvel ou de raiz, com condição, que não lhe pagando a divida a dia certo, o penhor fique por ella vendido e arrematado ao crédor, mandamos que tal convenção seja nenhuma e de nenhum efeito.*"

74

FUNÇÃO ECONÔMICA E DIMENSÃO PRÁTICA

inexistindo substratos doutrinários suficientes ao esclarecimento dos diversos e complexos questionamentos advindos desta modalidade de contratação[223].

Há outras razões, sem contar aquelas esmiuçadas acima, que justificam a utilização das opções em diversos países, como a existência de limitações rígidas no ramo imobiliário[224] e o regime tributário favorecido, entre outras.

Com relação à opção de venda, pode-se pensar naqueles casos em que uma empresa, antes de lançar um produto no mercado, a fim de limitar os riscos, negocia opções de venda com potenciais compradores a fim de ter maior previsibilidade e segurança quanto à venda de referido produto[225].

Além disso, não se pode deixar de mencionar o fenômeno – não tão recente, mas acentuado nas últimas décadas – de importação de conceitos oriundos de países tradicionalmente de *common law* (sobretudo, dos Estados Unidos da América e da Inglaterra).

(A. S. LEAL, *Ordenações e Leis do Reino de Portugal recompiladas por mandado D'Elrei D. Fillippe o Primeiro*, Tomo III, 12ª ed., Coimbra, Imprensa da Universidade, 1858, p. 76).

[223] Encontra-se também referência a tal prática na Espanha: *"El tráfico moderno está utilizando opción de compra en función de garantia, como fórmula más simple, fácilmente ejecutable (...) acreedor y deudor pactan una opción de compra sobre un bien del deudor en garantia del cumplimiento de una obligación, normalmente un préstamo."* (C. S. ASURMENDI, *La opción de compra*, cit., p. 135). Referido autor traz diversas decisões dos tribunais espanhóis para mostrar as vicissitudes do tema – o qual, por fugir do escopo desta obra, não será abordado –, acabando por concluir que *"el Tribunal Supremo no reconoce el pacto comisorio encubierto por uma opción de compra vinculada a um préstamo o deuda"*, a fim de mostrar que a despeito de diversas discussões existentes, bem como restrições e entendimentos diversos, sobretudo dos órgãos registradores na Espanha, as opções outorgadas em garantia em favor dos credores têm sido reconhecidas como válidas pelos tribunais espanhóis, assim como aquelas inseridas em estruturas em que o devedor de uma determinada obrigação transfere um bem em caráter fiduciário – na forma prevista na legislação espanhola e não naquela prevista no Código Civil brasileiro – recebendo uma opção de compra condicionada ao cumprimento a contento das obrigações assumidas perante o credor (cf. C. S. ASURMENDI, *La opción de compra*, cit., p. 143). No mesmo sentido: J. T. CHARLES, *El contrato de opción*, cit., p. 348 (esse autor, contudo, não enxerga uma verdadeira opção – na forma examinada nesta obra –, pois entende que o credor-beneficiário não tem plena liberdade típica daquela dos beneficiários da opção, pois o exercício desta estará vinculado ao cumprimento ou não da obrigação garantida).

[224] T. CHARLES assinala que na França as opções de compra foram utilizadas para acelerar a comercialização dos chamados *"lotissements"* que se encontrava submetida à regulamentação rígida que exigia o término das obras e obtenção dos registros competentes (cf. *El contrato de opción*, cit., p. 25).

[225] Idem, ibidem, p. 27.

Os motivos para tal fenômeno são muitos e complexos, cuja análise, embora interessante, transcenderia o objeto desta obra[226]. Muito pertinente aos

---

[226] Diversas podem ser as razões, a nosso ver, para o crescimento de tal fenômeno no país. Nas últimas décadas, o país experimentou um grande crescimento de investimentos estrangeiros por variados motivos debatidos e estudados pela economia atual, tais como organização e desenvolvimento do mercado de capitais, juros mais atrativos em relação a outros países do mundo, certa estabilidade política em relação a outros países emergentes, crescimento de empresas nacionais e aumento da camada de classe média consumidora, entre outros. Com isso, viu-se um aumento da quantidade de operações internacionais visando à formalização do ingresso de recursos no país. Nesse particular, multiplicaram-se os contratos firmados entre entidades – sobretudo provedoras de capital – situadas nos Estados Unidos da América e sociedades empresárias nacionais (tomadores). Como os detentores e provedores de capital eram, majoritariamente, entidades estrangeiras, naturalmente foi imposto o modelo contratual a que tais entidades estavam acostumadas, ou seja, contratos regidos por normas de sistema de *common law* (especialmente, pelas leis do Estado de Nova Iorque). Tal postura por parte das entidades financiadoras em exigir a reprodução do modelo contratual usualmente utilizado em operações no âmbito doméstico de referidos países pode estar ligada a vários motivos, incluindo a necessidade de conhecimento e maior previsibilidade dos resultados oriundos da contratação por parte dos financiadores, receio quanto à efetividade dos sistemas legal e judiciário do país, maior experiência em operações internacionais similares, maior desenvolvimento do mercado de capitais, maior poder de barganha na negociação, entre outros (poder-se-ia dizer, inclusive, que existe, mesmo que de forma implícita, uma imposição do modelo jurídico pela força do capital). Nesse sentido, como os contratos eram regidos por normas de direito anglo-saxão, as grandes bancas de advogados norte-americanas e europeias (*law firms*) passaram a ter papel fundamental em referidas contratações, tanto na elaboração e interpretação dos contratos, como no conforto para as partes contratantes (através de opiniões legais – *legal opinions*) acerca da aplicação da legislação estrangeira a tais contratos. Os contratos preparados por referidas bancas estrangeiras passaram a ser, em certa medida, analisados e manejados por escritórios nacionais, os quais automaticamente importaram alguns aspectos de *common law* para contratações entre partes estritamente nacionais (como exemplo, podem ser citadas as chamadas cláusulas de *declarações e garantias*, traduzidas das chamadas *representations and warranties*, que tornaram-se usuais em diversas contratações). Com isso, aliado a outros fatores, inclusive econômicos, aumentou-se exponencialmente o intercâmbio de advogados nacionais – sobretudo dos ramos societário e contratual – para países de *common law*, seja para participação em programas de pós-graduação ou para integrar temporariamente as bancas de ditas *law firms*, sem contar o recente aumento gradativo da presença direta de tais bancas em território nacional com a troca constante de experiência e conhecimento nas matérias respectivas. Diante desse panorama, tornou-se crescente a utilização de conceitos e negócios afetos ao sistema de *common law* em nosso país, sem que tenha havido, pelo menos na mesma velocidade e proporção, estudos acadêmicos a fim de lhes conferir o tratamento jurídico adequado sob a ótica de direito nacional. Aliás, esse sistema parece ter sido verificado em outros países de tradição continental, como nos mostram os exemplos na Itália (cf. E. PANZARINI, *Il contratto di opzione*, cit., p. XXX).

FUNÇÃO ECONÔMICA E DIMENSÃO PRÁTICA

contratos de opção, pode-se mencionar a prática atual das grandes bancas de escritórios nacionais que, de forma crescente, têm trazido para o âmbito do Direito pátrio figuras e conceitos jurídicos típicos do Direito norte-americano[227].

A crescente utilização das chamadas cláusulas *put* e *call* inseridas em acordos entre empresas estritamente nacionais, visando criar direito de opção de compra ou venda em favor dos beneficiários, é um indício de tal fenômeno. A interpretação de referidos negócios ou cláusulas não tem sido realizada com o cuidado adequado para a sua correta aplicação e recepção no direito pátrio, conforme será objeto de análise nesta obra.

Seja como for, o presente tópico possui apenas o escopo de demonstrar, com breves exemplos, a enorme utilidade dos contratos ou cláusulas de opção na vida negocial, sendo possível assumir que representam um dos instrumentos preferidos em operações financeiras complexas, justamente em virtude da versatilidade e da flexibilidade de seu manejo nos casos concretos[228].

---

[227] A título de exemplo podem-se mencionar as cláusulas de *declarações e garantias* (*representations and warrants*), os financiamentos para empresas em situações de crise, cláusulas de *most favored nations* em contratos de financiamentos entre particulares (basicamente visam estender a um financiador eventuais benefícios que sejam conferidos por um tomador a outro financiador que se encontre nas mesmas condições), entre outros.

[228] No mesmo sentido: E. PANZARINI, *Il contratto di opzione*, cit., p. XXX; e J. T. CHARLES, *El contrato de opción*, cit., p. 41.

3. Definição, Principais Características e Modalidades

O presente capítulo possui como escopo delinear as principais características das opções de compra ou venda, capazes de lhes conferir uma natureza jurídica peculiar e distinta de outras figuras assemelhadas. Para tanto, serão examinadas suas principais definições doutrinárias, as modalidades existentes e suas principais características.

Os itens que se seguem foram divididos de acordo com a ordem metodológica que pareceu mais didática para tratar da fenomenologia das opções. Porém, vale ressaltar que muitos dos tópicos, por estarem intimamente ligados, comportarão reenvio a lições já abordadas ou a serem analisadas posteriormente, a fim de compor a unidade da obra[229].

A partir dos elementos já trazidos acima, serão apresentadas as principais características das opções cujo negócio jurídico ulterior seja a compra e venda[230].

Os elementos inerentes à compra e venda serão abordados de forma tangencial, pois trarão consequências para o estudo das opções de compra ou venda, levando-se em conta que, apesar de se defender que as opções são autônomas e independentes em relação ao contrato optativo, não se pode

---

[229] Autores que se destinaram a estudar os contratos de opção depararam-se com a mesma dificuldade. Vide, a título de exemplo: E. PANZARINI, *Il contratto di opzione*, cit., p. 417.

[230] Como se disse alhures, as opções podem almejar a conclusão de qualquer tipo de contrato optativo. Entretanto, a fim de se aproximar do tema cerne desta obra, é conveniente restringir este capítulo somente ao exame das opções de compra ou venda.

OPÇÃO DE COMPRA OU VENDA DE AÇÕES

negar que este – por se encontrar funcionalmente conectado àquele – acaba exercendo alguma influência no regime jurídico aplicável.

Por exemplo, o simples fato de existir uma relação obrigacional entre as partes na compra e venda acaba por reforçar a ideia de que inexiste na opção de compra ou venda o surgimento de um direito real ao beneficiário[231].

O objetivo deste capítulo não é apenas determinar sua natureza jurídica, mas, principalmente, traçar um paralelo entre os aspectos jurídicos e a sua função concreta em cada contexto de aplicação, com o propósito de definir uma disciplina que seja coerente com o ordenamento pátrio[232].

Mas, antes, para a exata compreensão do escopo deste capítulo, é preciso definir o que deve ser entendido como natureza jurídica, já que o conceito suscita inúmeras discussões na doutrina.

Para os fins a que se propõe esta obra[233], assumir-se-á a posição de que o objetivo de se determinar a natureza jurídica de uma figura jurídica é buscar enquadrá-la em uma das categorias dogmáticas já admitidas dentro de um determinado ordenamento[234].

Este enquadramento apenas torna-se possível por meio da verificação dos seus elementos peculiares, os quais são determinantes para tal finalidade, independentemente do *nomen iuris* que lhe seja atribuído[235].

De fato, a existência de norma e regramento expressos acerca de uma figura jurídica facilita a compreensão e a averiguação de sua natureza jurídica. A maior dificuldade, contudo, parece residir naquelas hipóteses em que

---

[231] O que pode haver, conforme será objeto de exame no momento apropriado, é a mera *oponibilidade frente a terceiros* no momento em que o contrato de opção é levado a registro, quando opera-se a chamada publicidade declarativa (e não constitutiva). Analisar-se-á a seguir, ainda, se no âmbito de contratos de opção de compra ou venda de ações, a averbação nos livros configura um requisito formal constitutivo do direito ou meramente declaratório.

[232] Cf. E. Panzarini, *Il contratto di opzione*, cit., p. XXXII.

[233] Por ser tema da maior amplitude – que poderia ser objeto de diversas linhas –, a fim de evitar desvio em relação ao tema aqui proposto, optou-se por apresentar a definição de natureza jurídica que mais nos parece apropriada, sem aprofundar nas inúmeras discussões e definições propostas no campo doutrinário.

[234] Cf. J. C. Moreira Alves, *Da alienação fiduciária em garantia*, Rio de Janeiro, Forense, 1979, p. 37.

[235] "(...) *sendo suficiente aplicar-lhe o princípio geral de direito segundo o qual a natureza jurídica de um negócio se determina pelos elementos que apresenta, seja qual for a etiqueta que lhe pregarem as partes.*" (cf. A. Tomasetti Jr., *Execução do contrato...*, cit., p. 93).

DEFINIÇÃO, PRINCIPAIS CARACTERÍSTICAS E MODALIDADES

inexiste norma específica a tratar do tema, cujo desenvolvimento vislumbra-se quase que integralmente na prática e no cotidiano das relações comerciais e sociais.

As opções enquadram-se em tal hipótese, dado não possuírem regramento jurídico próprio, ressalvadas algumas esparsas menções na legislação – a maioria delas circunscritas às opções como direitos –, tal como mencionado no capítulo introdutório desta obra. Isso torna mais difícil – porém, ainda mais importante – o estudo da natureza jurídica do negócio sob exame[236].

Para que as opções sejam enquadradas dentro de uma categoria, torna-se necessária a revisão de diversos aspectos de Direito das Obrigações[237], bem como sua confrontação com figuras típicas assemelhadas, tais como os contratos preliminares, as propostas irrevogáveis e os pactos de preferência, entre outros.

Para que essa tarefa seja possível, serão colocadas aqui diversas definições encontradas na doutrina com relação às opções, inclusive em Direito Comparado, para extrair lições que serão usadas como norte de nossa investigação.

Reforça-se que o interesse, nesta obra, repousa no estudo das opções enquanto negócio ou operação econômica, razão pela qual deixar-se-ão de lado as opções em sua qualificação como direito.

Isso não significa que se deixará de lado o estudo dos direitos que são atribuídos a cada uma das partes envolvidas na opção. Pelo contrário, a avaliação do direito atribuído às partes no âmbito de tais negócios – em especial o direito formativo gerador[238] conferido ao beneficiário e que é da própria

---

[236] À luz do direito espanhol manifestou-se nesse sentido J. CHARLES: *"Cuando el negocio es atípico, como sucede en nuestro Derecho, aquella necesidad natural que nos empujaba a indagar en torno al control y valoración de la finalidad práctica perseguida por las partes implicadas en el mismo, se convierte en vital, pues establecer su función y causa nos permitirá situarlo sistemáticamente en el odernamiento jurídico (...)"* (cf. *El contrato de opción*, cit., p. 45).

[237] Elucidativa a referência trazida por F. BÉNAC-SCHMIDT: *"Enfin, on ne peut manquer de constater que le contrat d'option révèle une grande partie des difficultés que soulève le domaine des contrats dans le droit contemporain: concept contractuel, force obligatoire de la volonté unilatérale, formalisme, équilibre contractuel, protection des contractants."* (*Le contrat de promesse...*, cit., p. 301).

[238] F. C. PONTES DE MIRANDA, *Tratado...*, V, cit., p. 117 (*"Ao invés, no contrato de opção, o direito que se irradia, é direito formativo gerador, ou modificativo ou extintivo. A declaração de vontade, que se faz, não é para se cumprir condição si voluero, mas em exercício do direito formativo gerador, modificativo ou extintivo, que nascera com o contrato de opção."*).

OPÇÃO DE COMPRA OU VENDA DE AÇÕES

essência do negócio[239-240] – será realizada adiante para se entender a natureza jurídica das opções (enquanto negócio jurídico).

3.1 Definições

O presente tópico tem apenas o propósito de apresentar diversas definições encontradas em Direito comparado e nacional, a fim de extrair elementos comuns necessários para o avanço da análise.

Para iniciar, importante trazer as lições de K. LARENZ de que o contrato de opção é um instrumento por meio do qual é concedido ao beneficiário o direito – de opção – de levar a cabo uma relação de compra e venda de conteúdo prefixado, mediante declaração unilateral, dentro de certo prazo[241].

Dentre os autores portugueses, a definição mais completa das opções foi dada por J. M. ANTUNES VARELA, para quem, na opção, uma das partes emite a declaração relativa ao contrato que se pretende celebrar de qualquer natureza (venda, locação, mútuo, etc.), ao passo que a contraparte reserva-se a faculdade de aceitá-lo ou de decliná-lo, dentro de certo prazo[242].

---

[239] F. SATIRO DE SOUZA JR., *Regime jurídico...*, cit., p. 62 (*"É esse direito potestativo o elemento essencial da opção, como já bem notaram os financistas, para quem o 'ativo' envolvido num contrato de opções é justamente a subordinação do lançador à exigência do titular. Decorre da importância do direito potestativo no contexto da opção a possibilidade de se remunerar o lançador através do pagamento do prêmio."*).

[240] I. NAJJAR, *Le droit d'option...*, cit., p. 102.

[241] Cf. *Lehrbuch des Schuldrechts*, Tomo II, trad. esp. anot. de Jaime Santos Briz, *Derecho de Obligaciones*, Madrid, Revista de Derecho Privado, 1959, p. 157 (*"Pero la concesión de un derecho de opción también es posible, según el modelo de los derechos de tanteo y retracto, mediante un contrato de opción en el cual es concedido al optante el derecho de levar a cabo mediante declaración unilateral, no sometida a forma y dentro de un cierto plazo, una relación de compraventa de contenido prefijado."*).

[242] Cf. *Das obrigações em geral*, vol. I, 10ª ed. rev. e atual., Coimbra, Almedina, 2009, p. 310 (*"Nos pactos de opção (...) uma das partes emite logo a declaração correspondente ao contrato que se pretende celebrar (venda locação, mútuo, etc), enquanto a outra se reserva a faculdade de aceitar ou declinar o contrato, dentro de certo prazo: aceitando, o contrato aperfeiçoa-se sem necessidade de qualquer nova declaração da contraparte, ao contrário do que sucede na [promessa unilateral], onde se torna necessário um acordo posterior para dar vida ao contrato definitivo (...)"*).

DEFINIÇÃO, PRINCIPAIS CARACTERÍSTICAS E MODALIDADES

Para A. MENEZES CORDEIRO, também, mediante uma definição mais simples, o contrato de opção é aquele pelo qual uma pessoa, querendo, pode provocar o surgimento de um contrato predeterminado[243].

Com relação, ainda, aos autores portugueses, convém trazer à baila o conceito proposto por M. J. ALMEIDA COSTA que, ressaltando o caráter da irrevogabilidade da proposta existente, define o pacto de opção como o acordo em que uma das partes se vincula à respectiva declaração de vontade negocial, correspondente ao negócio visado, e cabe à outra aceitá-la ou não, considerando-se aquela declaração uma proposta irrevogável[244].

Outra definição no Direito lusitano foi conferida por A. M. PRATA que entende que o contrato – ou pacto[245] – de opção é a convenção em que as partes acordam o conteúdo essencial de outro contrato, a cuja celebração futura uma delas fica sujeita durante certo prazo, restando à contraparte o direito de determinar a sua conclusão por meio de declaração de vontade unilateral e discricionária durante aquele prazo[246].

Inúmeras outras definições existem na doutrina portuguesa para as opções, as quais seguem os parâmetros salientados pelos autores acima citados[247].

---

[243] Cf. *Tratado...*, Tomo I, cit., pp. 527-528 (*"Tal ocorre com o contrato de opção, pelo qual uma pessoa, querendo, pode provocar o aparecimento dum contrato predeterminado."*).

[244] Cf. *Direito das Obrigações*, 9ª ed. rev. e aum., Coimbra, Almedina, 2001, p. 347.

[245] No direito brasileiro, apesar da ausência de clara diferenciação legal, a doutrina tem entendido que os pactos são considerados como as figuras nascidas de cláusulas incluídas em determinados contratos que, por essa razão, passam a se submeter a regras particulares (cf. O. GOMES, *Contratos*, cit., p. 304). Na Espanha, utiliza-se a expressão *pacto de opção* no mesmo sentido, ou seja, para se referir ao direito de opção que é acoplado a outro contrato subjacente, como naqueles casos em que se conjuga um arrendamento com cláusula de opção de compra – chamada, nesta hipótese, de *pacto de opción* (J. T. CHARLES, *El contrato de opción*, cit., p. 16). Da mesma forma, na Itália "pacto de opção" também tem o significado de cláusula acoplada a outro contrato (cf. M. DELL'UTRI, *Patto di Opzione, risoluzione del contratto e responsabilità precontrattuale* in *Rivista di Diritto Civile*, Padova, Ano XLIII, n. 5, 1997, p. 752; e E. GABRIELLI, *Trattato...*, cit., p. 186).

[246] A. M. PRATA, *O contrato-promessa...*, cit., p. 395.

[247] Vide, a titulo de exemplo: A. P. DELGADO, *Do contrato-promessa*, Lisboa, Livraria Petrony, 1978, p. 25.

OPÇÃO DE COMPRA OU VENDA DE AÇÕES

Na doutrina italiana – talvez a mais robusta no estudo da figura –, diversos autores apresentaram a definição e o conceito das opções, sobretudo em razão da sua positivação no âmbito do *Codice Civile*[248].

Muitos deles, seguindo a definição legal, passaram a conceituar a figura de forma semelhante, com algumas peculiaridades, mantendo-se sempre os elementos principais previstos na legislação e salientando o seu caráter contratual (justificado em razão da expressão "convenção" contida no artigo citado)[249].

Merecem especial destaque os trabalhos produzidos por G. TAMBURRINO e R. SACCO, cujas definições trazidas são de extrema valia para a presente obra.

O primeiro autor define a opção como um acordo bilateral, por meio do qual as partes acordam que, enquanto uma delas remanesce vinculada por certo tempo à *proposta* elaborada, não podendo modificá-la nem revogá-la, a outra tem a liberdade de aceitá-la (ou não), mediante a adesão ao contrato definitivo[250].

R. SACCO salienta de modo semelhante que a opção é um verdadeiro contrato, através do qual uma parte emite irrevogavelmente uma *proposta* de concluir um contrato ulterior, que a contraparte poderá aperfeiçoar, mediante sua própria (e unilateral) aceitação[251].

Sob o enfoque do direito espanhol, A. OSSORIO acabou por definir a *fattispecie* como sendo o contrato por meio do qual o proprietário de uma coisa ou direito concede a outra pessoa, por tempo fixo e em certas condições,

---

[248] "[...] *Art. 1331. Opzione. Quando le parti convengono che una di esse rimanga vincolata alla propria dichiarazione e l'altra abbia facoltà di accettarla o meno, la dichiarazione della prima si considera quale proposta irrevocabile per gli effetti previsti dall'art. 1329. Se per l'accettazione non è stato fissato un termine, questo può essere stabilito dal giudice (1183)."*

[249] Cf. E. GABRIELLI, *Trattato...*, cit., pp. 182-185; F. A. REGOLI, *Brevi osservazioni in tema di efficacia reale del contratto a favore di terzo nei suoi rapporti con il patto d'opzione* in *Rivista Trimestrale di Diritto e Procedura Civile*, Milano, v.50, n.2, p.469; e A. CHIANALE, *Opzione...*, cit., p. 140.

[250] "(...) *um accordo bilaterale, com il quale le parti convengono che, mentre il proponente rimarrà vincolato entro un certo tempo alla proposta e non potrà nè modificarla nè revocarla, l'altra parte serà libera di accettarla o meno, avrà la scelta di addivenire oppur no al contratto, che, nel caso positivo, si concluderá al momento della sua accetazione.*" (cf. *I vincoli...*, cit., p. 33).

[251] Cf. *L'Opzione...*, cit., p. 309 (*"Le soluzione che ad essa si sosttituirono hanno riconosciuto che l'opzione è un vero contratto, con cui una parte emette irretrattabilmente la proposta di concludere un ulteriore contratto, sì che la controparte potrà perfezionare, con la propria (e unilaterale) accetazione, questo contratto ulteriore.").*

DEFINIÇÃO, PRINCIPAIS CARACTERÍSTICAS E MODALIDADES

a faculdade exclusiva de adquiri-lo ou de transferi-lo a um terceiro, obrigando-se a manter o quanto ofertado à disposição do beneficiário nas condições acordadas[252].

Mais modernamente, as definições dos autores espanhóis C. S. ASURMENDI[253] e J. T. CHARLES[254] aperfeiçoaram o conceito, o que está em consonância com as definições apresentadas acima, mostrando certa uniformização conceitual entre os doutrinadores italianos e espanhóis na matéria.

Nos países de origem anglo-saxã, existem tanto na doutrina quanto na jurisprudência, opiniões convergentes no sentido de considerar as opções como contratos que criam um direito de escolha para uma das partes com relação ao prosseguimento da avença preacordada entre as partes. Condicionam, no entanto, a sua validade à existência de contraprestação (*consideration*), a qual pode se revestir de forma pecuniária ou de qualquer outro modo legalmente

---

[252] Cf. *El contrato de opción*, cit., p. 79 (*"Contrato por virtud del cual el propietario de una cosa o derecho concede a otra persona, por tiempo fijo y en determinadas condiciones, la facultad exclusiva de adquirirlo o de transferirlo a un tercero, obligándose a mantener, mientras tanto, lo ofrecido a su disposición en las condiciones pactadas"*). As definições trazidas neste capítulo serão objeto de análise mais detida quando do exame da natureza jurídica das opções. Entretanto, para o momento, convém apenas chamar a atenção para alguns aspectos críticos em relação à definição trazida por A. OSSORIO: (i) a primeira delas diz respeito à limitação subjetiva sugerida pelo autor apenas aos *proprietários* dos bens ou direitos para figurarem como outorgantes das opções, uma vez que é plenamente possível que haja opções a descoberto, o que significa que não necessariamente o outorgante há de ser o legítimo proprietário ou titular do bem ou do direito em questão; e (ii) a definição apenas trata das *opções de compra*, sem mencionar tanto a existência de opções de variados contratos (arrendamento etc.), como também, mesmo que se considerasse apenas a *compra e venda* como contrato optativo, as *opções de venda*.

[253] *"Comúnmente se califica de opción de compra el convenio o contrato en virtud del cual una parte concede a otra, la facultad exclusiva de decidir – y, por tanto, la facultad de no decidir – la celebración de un contrato de compraventa"* (C. S. ASURMENDI, *La opción de compra*, cit., p. 10).

[254] Cf. *El contrato de opción*, cit., p. 40 (*"[...] contrato preparatorio de otro futuro contrato final con el que se encuentra en íntima conexión; oneroso o gratuito, y consensual; por el que una de las partes en el negocio (denominado concedente), hace a favor de la otra parte (el beneficiario o optante), o a favor de la persona que éste designe, una oferta irrevocable referida a dicho contrato final; válida durante un cierto plazo; y habiendo determinado las partes de común acuerdo la reglamentación contractual de aquél contrato final, de tal manera que: a) únicamente el concedente queda vinculado con relación al contrato proyectado; b) y el optante adquiere el derecho (preferente) a decidir con absoluta libertad en torno a la definitiva conclusión del mismo. Ejercicio de la opción que, en caso de verificarse, extinguirá el contrato preparatorio al mismo tiempo que dará vida al definitivo, naciendo en este preciso momento los derechos y obligaciones derivadas de éste último."*).

OPÇÃO DE COMPRA OU VENDA DE AÇÕES

permitido[255], ressalvadas algumas situações dispostas em referidos ordenamentos que serão analisadas oportunamente. Essa peculiaridade será objeto de análise mais adiante – inclusive à luz do Direito nacional – no capítulo a seguir.

Superada a apresentação de algumas das principais definições encontradas em Direito Comparado, no que respeita à doutrina nacional, alguns renomados autores buscaram trazer o conceito das opções na modalidade proposta nesta obra.

Em primeiro lugar, merecem ser citadas as lições de O. GOMES, de que a opção consiste no contrato mediante o qual se confere a uma das partes a faculdade de criar por iniciativa própria uma relação obrigacional já definida em seus pontos essenciais[256]. Fica patente, na visão de O. GOMES, o caráter contratual da opção.

S. RODRIGUES conceitua a opção como sendo a promessa unilateral de venda em que uma pessoa obriga-se a vender algum bem a outra, dentro de um prazo e por determinado preço, se o beneficiário o quiser, sendo certo que apenas o promitente vendedor se obriga, o que marca a unilateralidade do ato jurídico[257].

E. ESPÍNOLA, na mesma linha, filiando-se ao Direito francês, também tratando apenas das opções de compra ou venda, define-as como sendo aqueles negócios em que uma das partes obriga-se a vender ou comprar alguma coisa, por um preço certo, sem que a outra assuma, desde logo, o compromisso de comprá-la ou vendê-la[258].

---

[255] Não se tem a intenção de analisar o conceito de *consideration* no direito anglo-saxão, mas apenas de ressaltar a regra geral que exige a existência de contrapartida em sentido lato para vinculação das partes. Vide, nesse sentido: J. D. CALAMARI – J. M. PERILLO, *The Law of Contracts*, St. Paul, West Publishing Co., 1977, p. 133 (*"[...] as a condition to enforceability, the common law usually requires that promises be made for a consideration"*).

[256] Cf. *Contratos*, cit., p. 69.

[257] Cf. *Direito civil. Dos contratos e das declarações unilaterais de vontade*, vol. 3, 29ª ed. rev. e atual. de acordo com o Novo Código Civil, São Paulo, Saraiva, 2003, p. 174. Tirando algumas diferenças, sobretudo quanto à contratualidade (ou não) da figura, as definições dadas por O. GOMES e S. RODRIGUES são em certa medida semelhantes. Não obstante, a aparente divergência entre ambas (sobretudo em razão da utilização da expressão promessa unilateral de venda por S. RODRIGUES) apenas reforça a inexistência de acordo e consenso na doutrina quanto ao assunto.

[258] Cf. *Dos contratos nominados no direito civil brasileiro*, atual. por GAMA, Ricardo Rodrigues, Campinas, Bookseller, 2002. p. 88 (*"Pode uma das partes contratantes se obrigar a vender ou comprar*

DEFINIÇÃO, PRINCIPAIS CARACTERÍSTICAS E MODALIDADES

Também se faz importante a menção da definição dada por L. G. Leães, o qual descreve a opção – apenas tendo como negócio subjacente a compra e venda – como sendo um "contrato definitivo semicompleto" que deve conter todos os elementos necessários do negócio principal[259].

No entender de D. Bessone, as opções são aquelas figuras contratuais em que uma das partes propõe à outra aguardar a sua deliberação sobre a compra (ou a venda) do imóvel[260] até o fim do prazo estabelecido (ou sem fixação de prazo), restando a outra parte livre para, dentro do mesmo prazo, prometer contratar (ou não)[261].

Ao comentar sobre a opção (sobretudo bursátil), V. Franco a qualifica como sendo o negócio jurídico bilateral que dá direito à aquisição de um determinado produto (financeiro), por um preço preestabelecido, dentro de um prazo ou uma data prefixada[262].

Diante dos conceitos trazidos à baila, identificamos algumas das principais características da figura analisada, as quais serão abordadas mais pormenorizadamente nos capítulos que seguem. Neste momento, deixar-se-á de lado o apego aos conceitos dogmáticos e da técnica jurídica para tentar

---

determinada coisa por preço certo, sem que a outra assuma, desde logo, o compromisso de comprá-la ou vendê-la (...) Na maioria dos casos se trata de uma opção conferida pelo vendedor [...]").

[259] Cf. *Pacto de Opção de Compra (Call) de ações em acordo de acionistas* in Pareceres, vol. 2, São Paulo, Renovar, 2004, p. 1135 (*"Daí que é um contrato definitivo semicompleto, devendo conter todos os elementos necessários ao negócio definitivo, à míngua dos quais essa opção, evidentemente, torna-se inválida e ineficaz."*). A respeito da definição dada pelo autor e da suposta invalidade do negócio pela falta de alguns dos elementos, voltaremos a tratar nas linhas seguintes.

[260] Embora a definição do autor seja específica no que tange a bens imóveis, o conceito pode ser aplicado a título comparativo nesta obra.

[261] Cf. D. Bessone, *Da Compra e Venda...*, cit., p. 176. Tal definição inclui no conceito de opções não só as figuras situadas no âmbito contratual, mas também aquelas em que há vinculação *ex uno latere*, fora do âmbito contratual, por meio da qual uma parte simplesmente promete a outrem celebrar uma avença, não incluindo a necessidade de limitação temporal como um requisito do negócio em questão.

[262] Cf. *Manual...*, vol. 2, cit., p. 141. Em que pese se tratar de opções bursáteis (excluídas do tema da presente obra), exclusivamente de compra ou venda, é relevante manter a definição trazida pela Autora para elucidar algumas questões que serão pormenorizadamente estudadas nos capítulos vindouros. Mas, para o momento, convém aplaudir tal definição por ter explicitamente incluído no texto as duas modalidades de opções (europeia e americana), a depender da configuração do prazo de exercício aplicável (vide linhas abaixo a respeito das modalidades das opções).

OPÇÃO DE COMPRA OU VENDA DE AÇÕES

expressar, sob um aspecto puramente empírico-social, as suas características mais marcantes.

A primeira que salta aos olhos – e talvez seja um dos atributos distintivos do negócio em questão – é justamente a existência de um poder de uma das partes de decidir, a seu exclusivo critério, a contratação de um negócio subsequente, restando a incerteza e a expectativa para o outorgante.

Outra característica tão essencial é a vinculação definitiva do outorgante, seja no que diz respeito ao poder auferido ao beneficiário, seja no que se refere à prestação prevista no contrato de compra e venda optativo. Igualmente, mostra-se intuitivo que dessa relação possam surgir outros deveres secundários e implícitos, tais como o dever de não dispor e cuidar do bem objeto da opção, entre outros[263].

Percebe-se, ainda, a separação de momentos entre a data em que a opção é constituída e o instante em que o contrato optativo poderá ser aperfeiçoado, sendo que em cada um deles a vontade das partes apresenta finalidades diversas. Isso denota que a opção é um meio – instrumento – para se chegar ao contrato optativo, o que também revela o direcionamento da opção para um evento futuro.

No primeiro momento, o beneficiário quer ter somente o direito de optar no futuro pela sua vinculação à avença projetada por ambas as partes (ou seja, o beneficiário já manifestou – mesmo que implicitamente – seu acordo preliminar quanto àquelas condições), enquanto que, no momento seguinte, a sua vontade deve seguir um caminho puramente binário: levar ou não a cabo o contrato optativo[264].

Já o outorgante, logo no primeiro momento, concorda e admite se submeter àquela situação de incerteza e expectativa (sujeição) e, ao mesmo tempo, antecipa seu acordo quanto aos termos do contrato optativo, aceitando a possibilidade de que este venha a ser formado mediante declaração unilateral do beneficiário.

---

[263] No capítulo quinto a seguir, discorreremos acerca do conceito de deveres secundários e acessórios de conduta (decorrentes do princípio da boa-fé).

[264] Ressalvadas as hipóteses em que há o exercício automático, geralmente a escolha de não levar a cabo independe de uma conduta comissiva, bastando deixar expirar o prazo estabelecido para exercício da opção.

DEFINIÇÃO, PRINCIPAIS CARACTERÍSTICAS E MODALIDADES

Assim, pode-se visualizar, na opção, que a vontade dos sujeitos é direcionada para duas situações distintas: (i) a vontade quanto à situação de sujeição e poder formativo durante o prazo da opção; e (ii) a vontade quanto à predisposição dos termos do contrato optativo.

Ainda que exista alguma divergência na doutrina, o conteúdo do contrato optativo deve ser integralmente acordado ou disciplinado pelos sujeitos envolvidos, não sobrando espaço para novas negociações, como se operasse uma substituição ou transformação da opção pelo contrato optativo. Em outras palavras: o contrato optativo só nasce quando há extinção positiva (pelo exercício) – e exaurimento da função – da opção. O contrato de opção e o contrato optativo, assim, não podem coexistir, havendo uma relação de sucessão e não de concomitância[265].

Como será visto a seguir, uma vez formado, o contrato optativo (ou relação jurídica optativa) não retroage à data da celebração do negócio outorgativo da opção. A relação jurídica de compra e venda passa a surtir efeitos tão somente a partir do exercício do direito formativo gerador pelo seu beneficiário.

Convém apontar a indeclinável existência de um prazo de vigência para aquela situação de sujeição e poder estabelecida entre outorgante e beneficiário, respectivamente, pois não parece ser crível que uma parte permaneça vinculada e sujeita por prazo indeterminado[266].

---

[265] Enquanto estas palavras eram escritas, chegou-se a cogitar uma analogia com uma prova de revezamento em atletismo: ou seja, o primeiro corredor (aqui seria a opção) faz a sua "prova" durante aquele tempo necessário até que se alcance o segundo corredor (*contrato optativo*), o qual só pode disparar quando o primeiro corredor lhe entrega o bastão (*exercício*); enquanto não houver a efetiva entrega *sem falhas* (*vícios ou defeitos na forma ou na declaração*) e no tempo correto (*tempestivamente antes da decadência do seu direito*), o segundo corredor não poderá disparar. Assumindo que o bastão seja entregue, estarão encerradas a participação e a função do primeiro corredor, possibilitando a disparada do segundo. Em hipótese alguma, poderão ambos os corredores participar juntos de um mesmo percurso (isto é, durante o primeiro trecho somente o primeiro corredor pode participar, dali em diante, cabe apenas ao segundo avançar). Além disso, deve-se advertir que o termo sucessão é utilizado no sentido amplo, sem referência ao seu sentido jurídico de *suceder* (afeto às questões de herança etc.) (cf. F. C. Pontes de Miranda, *Tratado...*, I, cit., p. 125).

[266] Importante mencionar que o legislador italiano previu expressamente a necessidade de fixação de limitação temporal nos contratos de opção, seja pelas partes ou judicialmente: "*Art. 1331. [...] Se per l'accettazione non è stato fissato un termine, questo può essere stabilito dal giudice (1183)*.".

89

As constatações acima são basilares para a análise – de volta ao campo jurídico – dos elementos e características essenciais das opções capazes de definir a sua natureza jurídica.

3.2 Exemplos e Casos Práticos Envolvendo Opções de Compra ou Venda – Visualização Prática das Principais Características

No capítulo anterior, buscou-se identificar a dimensão prática do negócio em exame na presente obra. Em complementação às ideias acima expostas, é pertinente, neste tópico, apresentar alguns casos concretos envolvendo opções, a fim de delinear suas principais características que serão adiante abordadas com maior profundidade.

A razão, para tanto, é simples. Uma vez que as opções não surgiram no ordenamento pátrio como algo imposto pelo legislador, mas, ao contrário, como decorrência de sua verificação reiterada no âmbito negocial, nada mais apropriado do que seguir pela visualização dos casos práticos antes de se aprofundar nos aspectos teóricos relacionados[267].

Ora, tendo em vista que o Direito é, em última instância, uma ciência social aplicada, não se pode descuidar de analisar os aspectos sociais pertinentes a uma figura, antes de se caminhar pelos labirintos jurídicos para definir sua natureza e regime aplicável.

Assim, a verificação de situações práticas envolvendo opções em geral, em conjunto com as percepções de suas principais características sob um plano puramente empírico-social (conforme já realizado acima), será de suma importância para a investigação do enquadramento das opções em alguma das categorias dogmáticas existentes[268].

---

[267] Aliás, também nos demais países em que as opções foram analisadas para fins da presente obra – especialmente na Itália – percebe-se que o fenômeno social surgiu anteriormente à figura jurídica.

[268] Parte da doutrina que se ateve ao estudo das opções também se manifestou nesse sentido. Vide, como exemplo: E. PANZARINI, *Il contratto di opzione*, cit., p. 12.

DEFINIÇÃO, PRINCIPAIS CARACTERÍSTICAS E MODALIDADES

Um primeiro exemplo prático a ser objeto de análise é aquele em que uma parte, chamada de "C", é proprietária de uma mina, mas faltando-lhe os meios para explorá-la, dispõe-se a vendê-la. Um sujeito, "D", por outro lado, proprietário de outra mina do mesmo mineral, mostra receio da competição e quer evitar que a mina de "C" caia nas mãos de outro empresário do ramo, pois ainda acredita que terá recursos suficientes para, em breve, adquiri-la. Dessa forma, "D" busca uma garantia (segurança) de que em certo prazo apenas ele terá o direito de adquirir a mina pelo preço já acordado com "C"[269]. Para atender aos interesses de "D", o negócio jurídico de opção de compra compatibiliza-se perfeitamente[270].

Outro exemplo citado na doutrina é aquele em que um interessado na aquisição de um terreno – para nele construir uma edificação – não quer correr o risco de desde logo comprá-lo e aplicar recursos na elaboração dos projetos necessários, sem antes verificar a existência de todas as licenças necessárias para que nele se edifique. Por outro lado, quer uma garantia de que, uma vez aprovado o projeto e obtidas as autorizações cabíveis, terá ele o direito de adquirir aquele terreno. A solução ideal para tais casos seria a assinatura de um contrato de opção, mediante o qual ficaria assegurado ao construtor o direito de adquirir (ou não) o terreno durante certo prazo fixado.

De forma bem semelhante, na Itália, as opções eram muito utilizadas na formação de contratos no ramo petrolífero; por meio das opções se estipulava uma opção de arrendamento ou de venda de um dado terreno, necessário para a construção das devidas instalações, reservando-se uma das partes o direito de exercê-la, a seu exclusivo critério, até que fossem obtidas as autorizações governamentais necessárias para a construção das instalações[271].

Elucidativas também são as situações em que "A" revela interesse em adquirir certo bem de "B" com objetivo de posteriormente vendê-lo a "C". Todavia, quando "B" se dispõe a alienar o bem, "A" ainda não detém o capital suficiente e nem sabe se "C" realmente possui interesse – e capacidade – em efetivar a compra do bem. Nesse sentido, "A" busca na presente situação a promessa de que "B" não venderá o bem para "C" ou para qualquer terceiro,

---

[269] A. Ossorio, *El contrato de opción*, cit., p. 14.
[270] Aqui também o direito de preferência poderia ser suficiente para tutelar os interesses de "D".
[271] E. Cesàro, *Il contrato e L'opzione*, cit., p. 24.

até o momento em que "A" manifeste seu desinteresse na compra. Dessa forma, em verdade, "A" almeja obter uma opção de compra a ser exercida dentro de um prazo estabelecido[272].

Pode-se também pensar naqueles casos em que "A", certo de que o preço de um determinado bem ou produto tende a aumentar, embora impossibilitado de adquiri-lo, mas não querendo correr o risco de comprá-lo por um preço superior no futuro, acorda com "B" a reserva de poder comprar no futuro, a seu exclusivo critério, pagando uma contraprestação (prêmio) inicial à "B".

Do mesmo modo, no exemplo anterior, "A" pode, em vez de buscar se proteger contra os riscos da oscilação do mercado, tentar auferir lucros em virtude de uma subida demasiada do preço, que, segundo suas convicções, é o mais provável de acontecer, sem, contudo, ter de desembolsar todo o preço do produto ou bem almejado[273]. Neste caso, a opção é um instrumento apto a ser utilizado por "A" como especulação em torno da variação do preço do bem em questão.

É comum, ademais, que sócios e acionistas de uma sociedade estabeleçam opções de compra ou venda de suas respectivas participações societárias para diversas finalidades, incluindo a possibilidade de manutenção desejada do quadro social. Não são raros os casos existentes e, tendo em vista a sua complexidade, suscitam os mais variados questionamentos e disputas entre os envolvidos[274]. Aliás, exatamente as opções envolvendo participações sociais será o foco de análise nos próximos capítulos.

---

[272] Cf. R. STAZJN, *Sobre a natureza jurídica...*, cit., p. 54.

[273] Serão desconsideradas, apenas para fins teóricos do exemplo aventado, as proibições e regras atinentes ao uso de informações privilegiadas na aquisição ou venda de determinados bens e ativos no âmbito do mercado de capitais.

[274] A. JUNQUEIRA DE AZEVEDO foi chamado a apresentar parecer legal justamente em uma controvérsia oriunda do direito societário envolvendo a interpretação de uma cláusula de opção de compra entabulada pelas partes. A opção de compra é assim descrita no parecer: "(...) *Mellon International Investment Corporation ("MIIC", antecessora de Mellon Overseas Investment Corporation) e o Banco Brascan S.A. ("Banco Brascan") constituíram a sociedade denominada Mellon Brascan Asset Management S.A. ("MBAM"), sendo cada um dos acionistas titular de 50% das ações com direito a voto. As partes celebraram, na mesma data, acordo de acionistas; entre as disposições desse negócio jurídico, coube à Mellon a opção de compra (call option) de 20% das ações da companhia.*" (cf. A. JUNQUEIRA DE AZEVEDO, *Contrato de opção de venda...*, cit., p. 199). Grande parte da doutrina analisada faz referência a casos e decisões envolvendo negócios outorgativos de compra ou venda de participações societárias. Apenas a título ilustrativo, E. PANZARINI cita

DEFINIÇÃO, PRINCIPAIS CARACTERÍSTICAS E MODALIDADES

Os exemplos acima servem para conferir uma dimensão prática da função econômico-financeira das opções e de alguns motivos ou interesses que podem levar as partes a contratá-las. Após esse breve apanhado dos casos práticos e dos principais atributos sociais das opções, pode-se avançar de forma mais adequada na análise da natureza jurídica das opções em geral.

3.3. Modalidades

Antes de se ingressar no terreno da natureza jurídica das opções, convém expressar as modalidades gerais mais conhecidas, as quais revelam que as partes possuem grande flexibilidade para disciplinar suas condições, sem alterar ou afetar a sua substância.

Basicamente, as definições que se seguem foram extraídas da linguagem usada no mercado financeiro, mas podem ser utilizadas para quaisquer modalidades de opção de compra ou venda, mesmo que negociadas e entabuladas fora daquele domínio, a fim de permitir uma uniformização de nomenclatura.

Como regra geral, as diversas modalidades estão geralmente atreladas à forma e ao momento em que o beneficiário pode exercer seu direito de opção.

Nas opções do tipo americana, ele pode exercê-la a qualquer tempo dentro do prazo estipulado na opção para levar a cabo o contrato optativo, enquanto nas opções europeias, o exercício só é possível em uma data fixa e determinada ao final da opção[275]. Um pouco menos conhecidas, as opções de Bermudas (*Bermudian option*), permitem que o beneficiário exerça seu direito em

---

diversas hipóteses, tais como: (a) o titular de participação de quarenta e nove por cento do capital votante de determinada sociedade pode outorgar uma opção de venda a outro acionista, cujo preço de exercício da opção (ou seja compra pelo outorgante) seja superior ao valor econômico da própria ação, haja vista o interesse de obter a maioria do capital social e atingir o controle da sociedade; e (b) uma sociedade "A" vende sua participação na sociedade "X" à sociedade "B", a qual "recebe" da sociedade "C", controladora de "A", uma opção de venda de tal participação, a fim de justificar que, neste caso, mesmo não havendo contraprestação, a opção é válida e onerosa, haja vista estar coligada ao contrato de venda da participação firmado entre "A" e "B" (cf. *Il contratto di opzione*, cit., pp. 184 e 210).

[275] Cf. J. C. Hull, *Options...*, cit., p. 5.

OPÇÃO DE COMPRA OU VENDA DE AÇÕES

períodos intercalados anteriormente ao prazo final da opção (mensalmente, trimestralmente etc.).

As diferenças, apesar de parecerem sutis, trazem impactos importantes nos cálculos e avaliações quanto ao valor de cada opção[276].

Na prática, existem outras modalidades de opções, bem como operações em que são conjugadas opções visando a um resultado, o que mostra a grande utilidade do negócio em exame.

[276] Idem, ibidem, p. 5.

4. Natureza Jurídica do Negócio Outorgativo de Opção de Compra Ou Venda

4.1 Apresentação da Divergência de Conceitos

A discussão em torno da natureza jurídica das opções ganhou os bancos acadêmicos e a atenção dos juristas – notadamente estrangeiros – ao longo do último século. Muitas teorias foram desenvolvidas e criticadas, não repousando, até hoje, consenso entre os principais autores.

Diversos juristas propuseram-se a investigar referido negócio, mas, ao que parece, nenhum deles, seja estrangeiro[277] ou nacional[278], chegou a pacificar as divergências quanto ao seu enquadramento dentro de uma categoria jurídica – já existente ou nova – nos diferentes ordenamentos pátrios.

Grande parte da dificuldade, pode-se dizer, decorre da indeclinável necessidade de conjugar fundamentos e elementos da teoria da relação jurídica e do Direito das Obrigações – em especial sobre a formação dos negócios jurídicos –, para definir sua natureza[279].

---

[277] Cf. M. J. ALMEIDA COSTA, *Direito das Obrigações*, cit., p. 347: "*(...) o referido entendimento não mostra, em todo caso, pacífico*".

[278] Cf. E. C. GORGA, *A importância dos contratos a futuro para a economia de mercado* in Revista de Direito Mercantil, Industrial e Industrial Econômico e Financeiro – RDM, n. 112, São Paulo, Malheiros, 1998, p. 188 ("*Juridicamente, a classificação do instituto de opção é polêmica, uma vez que o direito positivo pátrio ocupou-se muito pouco ainda do deslinde da questão*").

[279] A inter-relação com o direito das obrigações – em especial quanto à formação dos contratos – é um dos motivos que instiga a presente obra. Vide, no mesmo sentido: "*La scelta del tema*

OPÇÃO DE COMPRA OU VENDA DE AÇÕES

A divergência, sobretudo, repousa na assimilação das opções com deter-minadas figuras há muito estudadas na doutrina[280], tais como as propostas irrevogáveis e os contratos preliminares, levando os autores a declinar, em linhas gerais, salvo algumas exceções[281], a existência de uma categoria autô-noma e distinta[282].

A falta de tipificação legal contribui para que as opções possam ser equivo-cadamente equiparadas por grande parte da doutrina às figuras tipicamente conhecidas e existentes nos mais variados ordenamentos[283]. Falta, assim, no or-denamento pátrio uma definição clara quanto à natureza jurídica das opções[284].

Por essa razão, invariavelmente, ter-se-á de abordar cada uma das *fattispecies* assemelhadas às opções, a fim de identificar suas principais distinções.

dell'opzione – oggeto della nostra indagine – è giustificata proprio dalle precedenti considerazioni, perchè da un lato questo istituto è pur sempre collegato con i principi generali sulla formazione del contratto, e, quindi, permette una loro riconsiderazione; dall'altro esso esprime degli interessi nuovi sistemati in una disciplina non prevista dal precedente sistema. Pertanto, tale indagine non solo può riuscire a soddisfare quella esigenza di rinnovamento precedentemente individuata ma comporta probabilmente – ed è questo un profilo degno di considerazone – una discreta utilità pratica ove si consideri, a conclusione di un giudizio retrospettivo, che dal 'punto di vista della tecnica giuridica e della tecnica degli affari' tale modo di formazione del contratto costituisce 'un progresso rispetto alle forme tradizionali, le quali sono, spesso, anche rudimentali" (E. Cesàro, *Il contrato e L'opzione*, cit., p. 20).

[280] Exemplo característico de tal divergência encontra-se no primeiro caso mencionado nes-ta obra entre *Rinascente* e *Bocconi*, em que, nas diferentes instâncias, os tribunais italiano acabaram por desenvolver três diferentes posicionamentos acerca da natureza jurídica das opções. Vide nesse sentido: E. Cesàro, *Il contrato e L'opzione*, cit., p. 25 (*"La questione fu risolta in diverso senso nei diversi gradi di giudizio, dando luogo all tesi della proposta irrevocabile (Trib. Milano, 30 dicembre 1926), del contratto condizionato (App. Milano) e del contratto che si perfezionava senza retroattività al momento della dichiarazione di accettazione della Rinascente (Cass. 28 luglio 1928)."*).

[281] F. Satiro de Souza Jr. conclui existir uma categoria autônoma para as opções: *"Tais elementos permitem concluir que as opções têm uma função própria e específica, que não é obtida a partir de nenhum outro contrato, qual seja, antecipar a declaração vinculativa de uma das partes, subordinando-a ao critério do outro contratante"* (Cf. *Regime jurídico...*, cit., p. 62).

[282] Um resumo interessante acerca da divergência foi desenvolvido por G. Cribari: *"Muitos vêem na opção um contrato preliminar unilateral; outros, com tese variante, uma proposta irrevogável que se une a um contrato preliminar unilateral; reconhecendo alguns na opção não os efeitos de uma proposta irrevogável, mas um contrato cuja estrutura é manter firme a proposta; outros, ainda, vêem na opção um contrato suspensivamente condicionado, cujo implemento seria a aceitação; mas alguns visualizam a opção como contrato pendente em formação; diversamente, ainda admite-se o pacto de opção como verdadeiro contrato definitivo, além de ser ele promessa unilateral de venda, ou variedade de promessa"* (cf. *Um ângulo...*, cit., p. 15).

[283] C. S. Asurmendi, *La opción de compra*, cit., p. 71

[284] Cf. R. Stazjn, *Sobre a natureza jurídica...*, cit., p. 58.

NATUREZA JURÍDICA DO NEGÓCIO OUTORGATIVO DE OPÇÃO DE COMPRA OU VENDA

O exame comparativo intrassistêmico – mediante a confrontação entre figuras existentes em um mesmo ordenamento – tem sido utilizado como forma de ressaltar os traços característicos de um determinado negócio jurídico[285].

Na prática, deve-se reconhecer a enorme dificuldade de se verificar em qual categoria podem ser enquadradas as opções, razão pela qual serve o presente capítulo como contribuição à precisão dos conceitos determinantes para a qualificação das opções de compra ou venda como figuras autônomas no Direito brasileiro[286].

Do mesmo modo, mormente em virtude da ausência de tipificação, serão apresentadas lições extraídas em Direito Comparado apenas como balizadores para se tentar chegar a uma conclusão quanto à natureza jurídica da figura no ordenamento nacional.

4.1.1 Fundamentos da divergência e teorias existentes

A divergência na doutrina nacional pode ser atribuída a diversos fatores, dentre eles a importação de conceitos de Direito Comparado sem a devida adaptação ao ordenamento vigente, bem como a falta de análise aprofundada das características distintivas dos negócios aqui analisados[287].

Como forma de sistematização, podem-se identificar duas correntes majoritárias e divergentes com relação à natureza jurídica das opções.

---

[285] Cf. L. C. PENTEADO, *Doação...*, cit., p. 227.

[286] O tema, como visto, é dos mais complexos e controvertidos, razão pela qual tem-se apenas a intenção de trazer contributos à verificação da natureza jurídica, sem deixar de reconhecer a similitude de variadas figuras existentes no ordenamento pátrio, tais como o pacto de retrovenda (F. C. PONTES DE MIRANDA, *Tratado...*, XXXIX, cit., p. 213). A razão da existência de variadas teorias e ainda grande debate doutrinário acerca do assunto está na criação de um direito formativo gerador que confere ao beneficiário a *escolha* (em sentido não jurídico) de levar a cabo a contratação optativa a qualquer tempo até expiração do prazo estabelecido. Essa "escolha", muitas vezes, é tida como o direito de opção, o que acaba expandindo por demais o conceito que aqui será analisado. A "possibilidade de escolha" tem sido efeito de variados negócios jurídicos, sem que se possa confundir com o efeito típico da opção. Por isso, em razão de certa nebulosidade entre "escolher", "optar" e "poder", sobretudo na linguagem ordinária, as conclusões da presente obra revelam-se de grande complexidade e, certamente, passíveis de divergência de opinião.

[287] Muitas das posições que serão evidenciadas quanto às opções já vinham sendo debatidas, notadamente por autores alemães, no que se refere ao pacto de retrovenda, conforme lições extraídas da doutrina (cf. J. C. MOREIRA ALVES, *A retrovenda*, cit., p. 83).

A primeira delas, aqui chamada de corrente da manifestação **unilateral** da vontade, considera ser manifestação unilateral vinculante o suporte fático da outorga de opção, independentemente da existência de qualquer ajuste de vontades entre as partes. Com base nesta teoria, os autores costumam associar as opções às propostas irrevogáveis e às promessas unilaterais de contratar.

A segunda teoria, aqui designada como corrente **contratual**, enquadra as opções dentro da categoria dos contratos. Dentro desta teoria, há autores que qualificam as opções como contratos sujeitos à condição suspensiva[288], contratos preliminares unilaterais ou bilaterais[289] ou contratos definitivos semicompletos[290]. Há autores que encaram as opções como modalidade de contrato *sui generis*, dotada de características próprias que lhe diferenciam das demais figuras tipificadas ou não em nosso ordenamento[291].

---

[288] Apenas para ilustrar, vale ressaltar as críticas de F. C. Pontes de Miranda aos adeptos de referida doutrina, cujo trecho merece ser aqui transcrito: *"Tem-se procurado ver no contrato de opção contrato de compra-e-venda subordinado a condição de declaração de vontade do titular do direito de opção. A construção é artificial. Se houvesse condição, o direito seria expectativo, como se dá em qualquer negócio jurídico convencional (...). Há um só tempo: o do nascimento do direito formativo gerador, modificativo ou extintivo, de modo que o contrato de opção de compra, ou outro qualquer, não é contrato de compra e venda, ou algum outro contrato, com a condição potestativa: é contrato sem condição."* (cf. *Tratado...*, V, cit., p. 117).

[289] M. Carvalhosa qualifica as opções como contratos preliminares, utilizando-se, para tanto, de três expressões distintas que aludem ao mesmo negócio em questão: *"opção constitui contrato preliminar, cujo descumprimento, por parte da companhia, ou seja, sua recusa em celebrar o contrato definitivo, enseja a aplicação do artigo 639 do Código de Processo Civil"*. Em seguida, referido autor salienta que *"a opção constitui promessa de alienação, seja por subscrição de ações novas, seja por venda de ações anteriormente emitidas. Trata-se de uma obrigação de fazer, cujo conteúdo é prestar uma declaração de vontade."* Prosseguindo, agora em comentário às opções de ações previstas no artigo 168, § 3º da Lei de Sociedades Anônimas, defende que *"trata-se de um pré-contrato celebrado com a companhia, cuja eficácia tem como pressupostos a previsão estatutária e a existência de plano aprovado pela assembléia geral."* (cf. *Comentários à Lei de Sociedades Anônimas*, vol. III, 3ª ed., São Paulo, Saraiva, 2003, pp. 484 e 505).

[290] *"Os pactos de preferência distinguem-se das opções, porque nestas já há, perfeito e acabado, um dos elementos do acordo de vontades definitivo, que é a oferta irrevogável de contratar. Basta, ao titular da opção, manifestar a sua vontade concordante no prazo, para que se aperfeiçoe o contrato definitivo. A opção é, pois, um contrato definitivo semi-completo."* (cf. F. K. Comparato, *Reflexões...*, cit., p. 229). Da mesma forma: *"Daí que é um contrato definitivo semicompleto, devendo conter todos os elementos necessários ao negócio definitivo, à míngua dos quais essa opção, evidentemente, torna-se inválida e ineficaz."* (L. G. Leães, *Pacto...*, cit., p. 1135).

[291] Concorda-se, em princípio, com tal corrente que no Brasil é endossada por F. Satiro, conforme será detalhadamente fundamentado nos itens seguintes.

NATUREZA JURÍDICA DO NEGÓCIO OUTORGATIVO DE OPÇÃO DE COMPRA OU VENDA

Além disso, existem autores como D. Bessone que entendem que os negócios outorgativos de opção de compra ou venda podem se revestir de algumas formas, tais como uma declaração unilateral de vontade ou contrato preliminar, bilateral na formação e unilateral nos efeitos, em que um dos contratantes se obriga a comprar ou vender uma coisa sem que a contraparte assuma obrigação correlata[292].

Nessa linha, a par da distinção, como já dito, é inegável que as opções, sejam elas consideradas como promessas unilaterais ou verdadeiros contratos, possuem como função típica precípua a obtenção pelo beneficiário de direito formativo gerador quanto à conclusão do contrato optativo[293]. As intenções e os objetivos do outorgante das opções (como, por exemplo, mitigar riscos, incentivar a produtividade de seus empregados e captar recursos) devem ser aptos a justificar a assunção da posição de sujeição ao outorgarem as opções[294].

Antes de avançar com a análise pormenorizada de cada uma das correntes acima, convém advertir que não serão abordadas aquelas que apenas destinam atenção ao direito de opção – enquanto "direito formativo gerador". O enfoque será dado às correntes que versam sobre o negócio outorgativo e constitutivo de referido direito[295].

---

[292] Cf. *Da Compra e Venda...*, cit., p. 176.

[293] Nesse sentido, discorda-se de alguns autores, em especial espanhóis e italianos que enxergam como função precípua dos contratos de opção a irrevogabilidade da proposta por parte do outorgante. Parece-nos que a razão para tanto está ligada ao princípio geral da revogabilidade das ofertas que vige em referidos países. Vide nesse sentido as lições a seguir no âmbio do Direito espanhol: "(...) *la primera misión del negócio del negócio de opción es, pues, convertir en irrevocable la oferta que sobre el contrato final hace el concedente (...) La oferta irrevocable del concedente, y la correlativa seguridad que con ello obtiene el optante son, pues, las dos caras (distintas) de una misma moneda*" (J. T. Charles, *El contrato de opción*, cit., p. 49). Na Itália, vide: E. Panzarini, *Il contratto di opzione*, cit., p. 36.

[294] A análise do equilíbrio e da bilateralidade do acordo deverá ser feita casuisticamente. Caso haja desproporcionalidade ou ausência de qualquer contrapartida – que não há de ser em dinheiro apenas –, poderão ser aplicadas determinadas regras para relativização do negócio, sobretudo com relação à sua suposta invalidade.

[295] A classificação ora proposta está, de certa maneira, em consonância com os ensinamentos de J. S. Caballero, o qual, embora focado no âmbito das opções bursáteis, vislumbra três distintas correntes na qualificação jurídica das opções em geral: (i) oferta ou promessa formulada pelo lançador ao titular, sendo assim ato unilateral; (ii) compromisso de compra e venda em que o titular teria o direito de se eximir de ingressar na relação principal, realçando seu

OPÇÃO DE COMPRA OU VENDA DE AÇÕES

Assim, existem autores que ao analisarem o negócio outorgativo em questão classificam-no como um direito de opção, o que não parece totalmente acertado, pois parte de um dos efeitos primordiais do negócio para conceituá-lo. Entende-se que a análise de um negócio jurídico não deve cingir-se apenas aos seus efeitos.

Importa notar que no tocante às opções envolvendo ações de sociedades anônimas, conforme lições de J. A. Tavares Guerreiro[296], é possível distinguir três espécies distintas: (i) opções outorgadas[297] pelas companhias em benefício de empregados, administradores ou pessoas naturais que lhes prestem serviços (nos termos do § 3º, art. 168 da Lei de Sociedades Anônimas); (ii) opções negociadas em Bolsas de Valores, as quais possuem regramento próprio[298]; e (iii) opções contratadas por titulares de ações[299], seja entre si ou com terceiros, mediante operações desenvolvidas no âmbito empresarial.

Como visto, será justamente a última modalidade o objeto de investigação deste e dos capítulos vindouros.

---

caráter contratual; e (iii) uma cláusula de opção já incorporada a um contrato de compra e venda (Cf. *Derivados Financieros*, Madrid, Marcial Pons, 2000, p. 412).

[296] Conforme parecer de lavra do Autor datado de 09 de dezembro de 2002, acostado à consulta formulada pela *Companhia de Bebidas das Américas – AmBev* à Comissão de Valores Mobiliários (2002/0474 – RC Nº 3948/2002). Vale ressaltar que referido parecer acabou sendo acolhido, nos termos da decisão exarada pelo Colegiado em 31.03.2003 (RC n. 3498/2002, Rel. Norma Parente, d.j. 31.03.2003, disponível in http://www.cvm.gov.br/port/descol/respdecis. asp?File=3948-0.HTM [11.01.2011].)

[297] A expressão "opção de compra de ações" contida no artigo 168, § 3º da Lei de Sociedades Anônimas já foi objeto de críticas do Prof. J. A. Tavares Guerreiro, posto não se tratar a rigor apenas de opção para compra de ações detidas em tesouraria, mas de "opção para subscrição" de novas ações (cf. *Sobre a opção...*, cit., p. 226). Na Itália, a doutrina travou grande discussão acerca da natureza jurídica do chamado *diritto di opzione* que visa evitar diluição em evento de aumento de capital, existindo uma parcela considerável de autores que o qualificou como um direito de preferência em vez de opção propriamente dita (cf. R. Rosapepe, *Opzione (Diritto di)* in *Digesto delle Discipline Privatistiche*, Sezione Commerciale, vol. X, Torino, UTET, 1999, p. 372).

[298] A título de exemplo, vide Instrução CVM nº 14/1980 que define diversos aspectos das opções de compra ou venda de ações.

[299] É possível que, no momento, da contratação nenhuma das partes seja de fato detentora ou titular das ações, como, por exemplo, nos casos de contratação de "operações a descoberto". Por essa razão, incluir-se-á no escopo da presente obra aqueles casos em que os sujeitos possuam algum interesse nas ações (interesse que não necessariamente será no que tange à propriedade, em sentido amplo, das ações, podendo referir-se apenas à variação de seu valor).

As diferentes correntes mencionadas acima, longe de possuírem apenas importância no plano acadêmico, acarretam efeitos práticos distintos nos mais variados campos, como no tocante à responsabilidade das partes envolvidas[300] e à tutela jurisdicional[301], entre outros.

Por essa razão, para elucidar as vicissitudes de cada uma delas, a análise estará fundamentada na comparação das opções com figuras semelhantes, a fim de permitir sua adequada classificação no Direito brasileiro.

4.2 Análise das Teorias Existentes

A despeito da divisão acima, deve-se reconhecer a existência de outros métodos possíveis de classificação das opções.

Como exemplo, pode-se citar o modelo proposto por M. CASPER que, levando em consideração as opiniões quanto à unicidade entre o negócio outorgativo de opção e o contrato optativo, divide as teorias em duas categorias: teoria unitarista e teoria segregacionista[302].

De outra banda, alguns autores analisam a questão sob o prisma do direito de opção, sustentando que o negócio que lhe é outorgativo pode ser tanto um negócio jurídico unilateral ou bilateral.

Seja como for, optou-se nesta obra por seguir a divisão no formato propugnado por F. SATIRO[303], por possuir o mérito de colocar em evidência o principal atributo discutido entre os doutrinadores: a contratualidade ou não das opções.

4.2.1 Opção como manifestação unilateral da vontade

Reservou-se para o presente item a análise das teorias que enxergam as manifestações (*lato sensu*) unilaterais da vontade enquanto suporte fático dos negócios outorgativos de opção[304].

---

[300] Vide C. S. ZANETTI, *Responsabilidade...*, cit., p. 31.

[301] No capítulo décimo abaixo, serão tecidas considerações mais aprofundadas quanto ao modo de execução judicial das opções.

[302] M. CASPER, *Der optionsvertrag*, cit., pp. 43-46 (referido autor refere-se a *Einheitstheorie* e *Trennungstheorie*).

[303] Cf. *Regime jurídico...*, cit., passim.

[304] Não se adentrará na discussão acerca da diferença entre manifestações *stricto sensu* e declarações de vontade. Para tal finalidade, limitar-se-á a definir qual conceito será utilizado na

OPÇÃO DE COMPRA OU VENDA DE AÇÕES

Em especial, a atenção será voltada à análise da corrente que encara o negócio outorgativo de opção como proposta irrevogável, assim como aquela que entende tratar-se de promessa unilateral de contratar[305].

Tais teorias entendem que as opções são atos ou negócios jurídicos unilaterais que vinculam o manifestante à situação de sujeição em relação ao recipiente a quem a manifestação de vontade é dirigida.

Tendo em vista a doutrina dominante, a presente corrente poderia ter sido qualificada como aquela que defende o enquadramento da opção dentro da categoria de negócios jurídicos unilaterais.

Não obstante, preferiu-se descrever a corrente por meio do elemento principal do suporte fático de ambas as vertentes (manifestação de vontade), a fim de evitar debate que possa existir quanto à equiparação das propostas irrevogáveis aos atos jurídicos unilaterais (*stricto sensu*), embora a doutrina majoritária defenda seu caráter negocial (negócio jurídico), conforme será analisado a seguir.

4.2.1.1 Proposta Irrevogável

A assimilação das opções – objeto de exame nesta obra – com as propostas tem sido recorrente ao longo dos últimos anos[306]. As similitudes entre as figuras têm sido apontadas como a grande causa da divergência de opiniões.

---

presente obra, sem qualquer pretensão de esgotar o assunto. A diferença entre manifestação e declaração de vontade reside tão somente na forma pela qual cada uma é exteriorizada ao mundo jurídico: a primeira revela-se apenas através de um comportamento das pessoas (*simples exteriorização da vontade*); a segunda representa uma manifestação qualificada da vontade (*exteriorização da vontade tornada clara*), mesmo que não seja dirigida com o intuito de ser elemento de suporte fático de fato jurídico. Ambas podem ser tidas como espécies do que se convencionou chamar de manifestações de vontade *lato sensu*, englobando não só as declarações como também as manifestações *stricto sensu* de vontade (cf. F. C. Pontes de Miranda, *Tratado...*, I, cit., pp. 80-83; e M. Bernardes de Mello, *Teoria do Fato Jurídico, plano da existência*, 15ª ed. rev., São Paulo, Saraiva, 2008, p. 147). Feitos tais esclarecimento, utilizar-se-á a expressão *manifestação de vontade* no sentido lato, pois não se descarta a criação de um negócio outorgativo de opção por meio de *simples exteriorização da vontade*, como ocorria nos mercados bursáteis, em que apenas um gesto era apto a revelar a vontade de uma parte quanto a um negócio específico, inclusive de opção.

[305] O termo promessa, neste capítulo, não deve ser confundido com aquele que se utiliza para se referir ao contrato preliminar, conforme será visto abaixo.

[306] A. Lecompte, *De la nature...*, cit., p. 9 ("*La confusion entre la promesse unilatérale de vente- -contrat et la promesse unilatérale de vente-pollicitation a été faite par un arrêt de la Chambre des requêtes*

À primeira vista, as opções, sobretudo em seus efeitos, assemelham-se às propostas irrevogáveis[307], pois ambas as figuras almejam, através da vinculação irrevogável de uma das partes, a formação de uma relação jurídica subsequente já definida em todos os seus termos[308].

Em virtude de tal similitude, o texto legal contido no art. 1.331 do *Codice Civile*, que associa os efeitos dos contratos de opção àqueles das propostas irrevogáveis, acabou intensificando a discussão acerca de tal conceito.

A doutrina tem admitido que as propostas irrevogáveis também tenham como um dos seus efeitos principais a criação de um direito formativo gerador (chamado por variados autores de "direito potestativo") em favor do oblato quanto à formação do contrato proposto[309]. O proponente, assim, coloca-se em uma situação de sujeição frente ao oblato quanto à formação do contrato proposto[310].

---

du 9 août 1848."); e S. ATKINSON, *The law...*, cit., p. 245 (*"The owner of an estate gives an option to A to purchase it within a given number of years; until the option is declared, this amounts to no more than a mere proposal; until that time there is wanting an essential ingredient of the contract, namely, the consent of the vendee."*)

[307] Embora ambos os termos sejam sinônimos na vida social, a doutrina tem distinguido o significado de *oferta* e *proposta*. Oferta, *lato sensu*, englobaria a *proposta* e a *oferta stricto sensu*, sendo que aquela seria dirigida a pessoa certa e sabida, ao passo que a última apenas a pessoa incerta (*ad incertam personam*). Conforme certa parte da doutrina, o Código Civil teria estampado o objetivo do legislador de denominar *oferta* somente a manifestação de vontade de contratar dirigida ao público em geral e *proposta* a manifestação de vontade de contratar formulada em uma relação entre indivíduos colocados em situação de igualdade, excluindo relações de hipossuficiência como nas de consumo (cf. M. L. OLIVEIRA, *A aurora na formação dos contratos: a oferta e a aceitação do clássico ao pós-moderno* in *Revista de Direito Privado*, n. 15, 2003, São Paulo, RT, p. 244). Como ambas possuem a mesma função de *"[...] suscitar a composição do negócio jurídico bilateral"* (cf. F. C. PONTES DE MIRANDA, *Tratado...*, XXXVIII, pp. 26-27), serão utilizadas as expressões indistintamente nesta obra.

[308] Nesse sentido: *"[...] en ambos casos nos encontramos frente a un mecanismo por medio del cual se consigue la irrevocabilidad de una oferta contractual; es decir, la regla general admite, tanto la libertad en los tratos preliminares, como la libre revocación de la oferta antes de la conclusión del contrato [...] la fuente de la irrevocabilidad, en el supuesto de la oferta irrevocable, es la declaración unilateral de voluntad del oferente, mientras que la oferta de una opción permanece firme sobre la base del principio general vinculatorio inherente a todo contrato."* (J. T. CHARLES, *El contrato de opción*, cit., p. 58).

[309] O. GOMES, *Contratos*, cit., p. 76.

[310] O tema da vinculação e responsabilização das partes anteriormente à formação dos contratos é de todo complexo e ainda resta grande debate na doutrina. Por essa razão, adota-se a posição que parece a mais aceita atualmente de que há a efetiva criação de um direito formativo gerador em favor do oblato. Não obstante, deve-se reconhecer a existência de algumas

Entretanto, o valor e a função do direito formativo e da situação de sujeição diferem em relação àquela verificada nas opções, pois possuem uma função puramente procedimental quanto à conclusão do contrato proposto nas propostas irrevogáveis.

Antes de adentrar nesta questão da função procedimental, devemos, entretanto, verificar as diferenças estruturais entre ambas as figuras.

Em primeiro lugar, pode-se mencionar que o direito formativo gerador nas propostas irrevogáveis encontra-se na fase pré-contratual e independe de manifestação de vontade do oblato, ao passo que nas opções o beneficiário participa e concorda positivamente com a criação do direito formativo gerador em seu favor.

---

críticas a tal posicionamento, visto que o direito formativo gerador prescinde de qualquer cooperação ou de qualquer atitude por parte daquele em estado de sujeição para que possa criar, alterar ou extinguir uma determinada relação jurídica. No caso das propostas irrevogáveis que venham a ser violadas pelo proponente, parte da doutrina francesa tem entendido ser impossível a formação do contrato proposto, embora reconheça a responsabilização por perdas e danos (P. MALINVAUD, *Droit des Obligations*, 10ª ed., Paris, Litec, 2007, p. 87). Ora, se tal racional se aplicasse no Brasil, retirar-se-ia do direito formativo gerador auferido pelo oblato o caráter da inviolabilidade que lhe é peculiar, colocando em xeque a opinião daquela doutrina. Nesse sentido, se tal tese fosse aqui aplicada, os contratos projetados por propostas irrevogáveis não seriam passíveis de tutela específica, visto que não poderiam se formar na ocorrência de violação por parte do proponente, sendo o remédio de perdas e danos o único disponível ao oblato. Para tanto, dever-se-ia reconhecer que o oblato não auferiria de fato um direito formativo gerador, mas, ao contrário, outra modalidade de *direito (em sentido) subjetivo* em relação ao proponente. Ao contrário, ao se defender a corrente mencionada acima, forçoso concluir que, mesmo em caso de violação ou retratação prematura pelo proponente, pode o oblato formar o contrato projetado e, se possível for, requerer a tutela específica das obrigações (de fazer ou não fazer) disciplinadas no contrato projetado. Inclusive, com base nos esforços doutrinários naquele país na elaboração do *Avant Projet de Reforme du Droit des Obligations et de la Prescription (Projet Catala)*, ficou exatamente consignada na exposição dos motivos a preferência pela linha aqui adotada nesta obra: "En *harmonie avec les textes relatifs à l'irrévocabilité unilatérale du contrat, à l'exécution forcée et dans le souci de ne pas priver des intérêts les avant-contrats les plus utilisés dans la pratique contractuelle, la rétractation du promettant est sanctionée de la façon la plus énergique qui soit. En effet, le refus du promettant de conclure le contrat promis ou la conclusion avec un tiers du contrat à propos duquel il avait consenti une priorité ou une exclusivité au bénéficiaire ne font pas obstacle à la conclusion du contrat promis au profit du bénéficiaire.*" (P. DELEBECQUE – D. MAZEAUD, in *Rapport à Monsieur...*, cit., p. 18). Por escapar demasiadamente ao presente escopo, não se tem qualquer pretensão de solucionar tais questões que atingem algumas das mais profundas discussões em direito privado, reservando-nos, diante da humilde contribuição desta obra, a postura de adotar aquela doutrina que se mostrou mais prestigiada na atualidade.

NATUREZA JURÍDICA DO NEGÓCIO OUTORGATIVO DE OPÇÃO DE COMPRA OU VENDA

Em outras palavras, nas opções há o efetivo encontro entre proposta e aceitação para a formação do contrato que cria o direito formativo gerador em favor do beneficiário, enquanto que nas propostas tal direito em favor do oblato independe de qualquer manifestação de sua parte para sua criação.

Pode-se dizer, assim, que o beneficiário da opção participa de maneira mais relevante e ativa da composição da manifestação de vontade por parte do outorgante[311]; já nas propostas irrevogáveis não há efetiva participação do oblato na criação do vínculo irrevogável do proponente.

Em virtude da atuação limitada (ou inexistente) do oblato, não se pode cogitar nas propostas irrevogáveis a fixação de uma contraprestação (prêmio) pela manutenção da irrevogabilidade da proposta enquanto não sobrevier aceitação por parte do oblato[312]. Ao contrário: o prêmio é elemento particular, embora não essencial, da opção.

A proposta irrevogável, individualmente considerada, não tem como ser inicialmente onerosa, pois carece da manifestação de vontade por parte do oblato, ao passo que o contrato de opção aqui analisado é na maior parte das vezes oneroso[313].

Do que já foi dito, percebe-se que falta na proposta irrevogável qualquer manifestação de vontade do oblato quanto à criação do direito formativo gerador em seu favor, bastando a conjunção (a) da manifestação unilateral de vontade do proponente e (b) da disposição legal que o vincula irrevogavelmente à conclusão do contrato proposto com o oblato.

Nas opções, há um desencadeamento sucessivo das seguintes etapas: (i) encontro de proposta e aceitação para formação da opção, em que as partes acordam os termos para exercício do direito formativo gerador, tais como prazo e prêmio, entre outros; (ii) "exercício" do direito formativo gerador unilateralmente pelo beneficiário de acordo com as condições da opção pactuadas

---

[311] E. CESÀRO, *Il contrato e L'opzione*, cit., pp. 44-46; e R. FAVALE, *Opzione...*, cit., p. 55.

[312] Não se descarta a possibilidade de estabelecimento nas propostas irrevogáveis de uma contraprestação retroativa pelo período de irrevogabilidade da proposta, ou seja, pode haver uma disposição em que o oblato deve, ao aceitar a proposta, realizar o pagamento de uma determinada quantia que, independentemente de eventuais pagamentos previstos no contrato proposto, sirva para remunerar, retroativamente, o período em que o proponente restou vinculado à sua proposta.

[313] J. T. CHARLES, *El contrato de opción*, cit., p. 56.

anteriormente; e (iii) a criação da relação contratual optativa, já fixada em todos os seus pontos no momento do nascimento da opção[314].

Assim, ao contrário das opções, nas propostas irrevogáveis falta o acordo das partes quanto ao direito formativo gerador e à situação de sujeição criados naquela relação, tais como o prazo de duração e a forma de exercício em favor do oblato. Todo o conteúdo é determinado *ex uno latere* pelo proponente, tanto em relação à sua situação de sujeição como ao direito formativo gerador, bastando ao oblato apenas aderir ao contrato proposto, sem que possa manifestar sua vontade quanto à situação complexa unilateral criada em seu favor durante o período transitório que antecede a sua aceitação[315].

O oblato encontra-se em uma situação jurídica complexa e autônoma em relação à proposta, composta de um poder jurídico (chamado de direito formativo gerador) de determinar a conclusão de um contrato proposto. O oblato não se encontra vinculado ou dependente da proposta, sem assumir qualquer dever específico, ressalvados aqueles de abrangência geral de sempre agir de acordo com os ditames da boa-fé[316].

A essa situação do oblato, contrapõe-se a situação jurídica do proponente, igualmente complexa e unilateral, porém que caracteriza uma efetiva vinculação[317] aos termos da proposta em relação ao oblato.

Portanto, inexiste, na proposta irrevogável, conforme sustenta a doutrina, uma efetiva relação jurídica contratual entre policitante e oblato, enquanto

---

[314] P. MALAURIE – L. AYNÈS – P. GAUTIER, *Droit Civil...*, cit., p. 69 (referidos autores chegam a mencionar que a aceitação da *promesse unilatérale* não se confunde com o exercício da opção, evidenciando a distinta natureza entre ambos).

[315] Não se pretende dizer que a atuação do oblato é nula e não possa haver negociação e discussão acerca dos termos que virão a ser propostos pelo policitante. Podem haver tais discussões, mas, tudo se passa ainda na fase pré-contratual. Inexiste, assim, um acordo efetivo acerca dos termos discutidos, de forma que as partes continuam se vinculando, cada vez com maior intensidade, ainda na fase pré-contratual (E. PANZARINI, *Il contratto di opzione*, cit., pp. 60 e 64).

[316] O Código Civil vigente foi expresso em considerar que as partes devem agir de boa-fé (no sentido de lealdade e confiança) durante a fase pré-contratual, nos termos do art. 422, o que já vinha sendo endossado pela doutrina que se destinou ao estudo do assunto (cf. J. A. TAVARES GUERREIRO, *A boa-fé nas negociações preliminares* in *Revista de Direito Civil Imobiliário, Agrário e Empresarial*, n. 16, São Paulo, RT, abr./jun. 1981, pp. 51-50).

[317] O próprio termo vinculação tem a intenção de evidenciar a inexistência de uma obrigação, a fim de afastar interpretações equivocadas de que poderia existir de fato uma relação jurídica obrigatória entre as partes.

NATUREZA JURÍDICA DO NEGÓCIO OUTORGATIVO DE OPÇÃO DE COMPRA OU VENDA

não houver aceitação dos termos da proposta irrevogável. A aceitação possui o escopo de criar a relação jurídica proposta unilateralmente pelo policitante, mediante a união ("solda") das duas situações jurídicas autônomas em que se encontravam oblato e policitante.

Isso não ocorre nas opções, posto já existir uma relação jurídica cujo objetivo é justamente criar uma nova relação jurídica previamente disposta – ainda que não aceita – em todos os seus termos pelas partes, através do exercício unilateral do direito formativo gerador pelo beneficiário. Há, pois, relação jurídica contratual entre as partes[318], faltante na proposta irrevogável, onde existem apenas duas situações jurídicas complexas e contrapostas, por meio das quais o policitante encontra-se efetivamente vinculado[319].

O exercício do direito formativo gerador traz efeitos diversos quando se trata de proposta irrevogável e opção. No primeiro caso, ele visa unir as situações jurídicas complexas autônomas e criar a relação jurídica proposta, já no segundo, ao mesmo tempo em que extingue a relação jurídica de opção, cria e faz nascer a relação jurídica optativa.

Pode-se concluir que são figuras estruturalmente distintas, o que lhes confere um diverso regime jurídico, a começar pela natureza da responsabilidade atribuída ao policitante em caso de prática de atos em desacordo com a situação jurídica complexa a que está submetido (sujeição). Configura-se responsabilidade puramente extracontratual, enquanto que nas opções trata-se de responsabilidade contratual, haja vista a existência de quebra de uma situação de sujeição acordada previamente entre as partes[320].

---

[318] Conforme será abordado a seguir, entende-se tratar de uma *relação jurídica contratual*. Autores franceses também identificaram a existência de um liame jurídico contratual, mesmo antes da conclusão do contrato optativo, o que não ocorre nas propostas irrevogáveis (cf. M. MOUSSERON – M. GUIBAL – D. MAINGUY, *L'avant...*, cit., p. 329).

[319] Os autores diferem a situação do policitante de uma proposta irrevogável daquele emitente de uma proposta simples, sustentando haver, na primeira, *efetiva vinculação* (*sem relação jurídica*) e, na segunda, mera "vinculabilidade", haja vista o poder de revogação a qualquer momento antes de expedida a aceitação pelo oblato (cf. M. BERNARDES DE MELLO, *Teoria...*, *plano da existência*, cit., pp. 180-181).

[320] "*El incumplimiento, en el caso de una oferta irrevocable, daría lugar a un ilícito precontractual regulado por el artículo 1337 Cc (italiano); el incumplimiento de la opción es un ilícito contractual, al que se aplicarán los artículos 1372 y 1375 Cc (italiano).*" (J. T. CHARLES, *El contrato de opción*, cit., p. 60).

OPÇÃO DE COMPRA OU VENDA DE AÇÕES

Não bastasse a diferença estrutural, a doutrina tentou encontrar razões funcionais e de eficácia para distinguir as figuras[321], o que, a nosso ver, podem ser replicadas em sede de ordenamento nacional.

De acordo com essa linha de entendimento, seria ilógico pensar que a opção revelasse como sua principal função e efeito típico manter a irrevogabilidade da proposta quanto ao contrato optativo. Melhor dizendo, exigir o ajuste de vontades para criar um efeito que poderia ser obtido apenas por meio da manifestação unilateral da vontade do policitante não parece se coadunar com os princípios norteadores do nosso Código Civil, essencialmente aquele da operabilidade do Direito[322].

Por isso, parece que as opções representam no ordenamento nacional algo de **maior intensidade vinculante** do que a proposta irrevogável.

Entende-se, ademais, que o direito formativo gerador criado mediante o ajuste de vontades possui maior **patrimonialidade** em relação àquele criado em favor do oblato na proposta irrevogável.

A situação jurídica do oblato possui uma vertente mais **procedimental** do que **patrimonial**[323], o que se traduz no prazo de duração da situação de sujeição por parte do policitante *vis-à-vis* ao outorgante da opção.

---

[321] Idem, ibidem, p. 59 (*"[...] en verdad cercanas (afines), pero con una naturaleza diferente, pues distinta es la función que cumplen en el tráfico jurídico, y la estructura que las ordena desde el punto de vista de su construcción técnica."*).

[322] M. REALE, *O novo código civil: Para novas estruturas, novos paradigmas* (*palestra ministrada em 13.06.2002 no Conselho de Economia, Sociologia e Política da Federação do Comércio do Estado de São Paulo*) in *Revista Problemas Brasileiros*, n. 353, set/out 2002 disponível in <http://www.sescsp. net/sesc/revistas> [08.01.2011] (em referida palestra, transcrita e publicada, o jurista ressalta os três valores principais que regem nosso Código Civil: *eticidade, socialidade e operabilidade*).

[323] Alguns autores chegam a sustentar a existência de diferenças no que tange à possibilidade de cessão da proposta e da opção por parte do oblato ou beneficiário, o que seria apenas possível no caso das opções (J. T. CHARLES, *El contrato de opción*, cit., p. 60), com o que não se está de acordo. A cessão da opção é permitida, mediante consentimento do outorgante, ao passo que a cessão da proposta não é permitida, salvo se de antemão o proponente assim o declarar (cf. E. PANZARINI, *Il contratto di opzione*, cit., p. 199). Há tão somente uma diferença quanto à provocação de "consentimento" para cessão de cada uma das figuras. Percebe-se, então, que no primeiro caso deve haver provocação pelo interessado para a cessão ser possível (não olvidando que é plenamente possível pactuar a desnecessidade de seu consentimento previamente por mútuo consentimento), enquanto na proposta a possibilidade de cessão deve ser declarada, unilateralmente, sem provocação, *sponte propria* do policitante. Da mesma forma, alguns autores, sobretudo franceses, sustentavam que as situações jurídicas do oblato e do proponente não seriam transmissíveis *causa mortis* ou em caso de *falência* (*procédure collective*)

NATUREZA JURÍDICA DO NEGÓCIO OUTORGATIVO DE OPÇÃO DE COMPRA OU VENDA

O negócio outorgativo de opção serve para satisfazer o interesse do beneficiário e do outorgante que almejam uma efetiva vantagem dentro do procedimento para formação do contrato optativo, enquanto a proposta visa apenas à conclusão do contrato proposto. Melhor dizendo, a intensidade da vinculação do proponente nas propostas irrevogáveis é menor do que aquela verificada nas opções, nas quais a posição jurídica do beneficiário exibe valor patrimonial[324] e está dentro de uma relação jurídica contratual, o que corrobora sua constante negociação e precificação quando se trata da modalidade bursátil.

Segundo os autores italianos que defendem tal linha de argumentação, a opção deve ser avaliada sob a perspectiva de escambo, pois existe uma troca entre uma vantagem patrimonial (não necessariamente onerosa) ao outorgante e um direito formativo gerador ao beneficiário. Fala-se na existência de *promessa di diritto patrimoniali*, mas esta expressão é usada, a nosso ver, em sentido amplo como elemento promissório inserido em um contrato e não a promessa unilateral em sentido estrito, a que faltaria a vinculatividade por não estar prevista na legislação[325].

A determinação do prazo de vinculação do proponente e do outorgante não é essencial para a validade das figuras em questão, bastando que seja determinável de acordo com as regras impostas no contrato ou, de forma supletiva, judicialmente à luz dos usos e costumes aplicáveis.

Em razão da distinta função de ambas as figuras, as regras e a fixação da duração do prazo são encaradas em nosso ordenamento de formas distintas[326].

No Direito brasileiro, a proposta realizada, sem prazo, entre presentes pressupõe a necessidade de resposta imediata por parte do oblato. Assim,

---

de cada uma das partes (G. GOUBEAUX – P. VOIRIN, *Droit Civil...*, cit., p. 366; e P. MALAURIE – L. AYNÈS – P. GAUTIER, *Droit Civil...*, cit., p. 70), o que não é unânime, existindo opiniões divergentes que, ressaltando o caráter contratual das opções (*promesses unilatérales*), entendem serem transmissíveis aos herdeiros (C. GRIMALDI, *Quasi-engagement et engagement en droit privé. Recherches sur les sources de l'obligation* in *Collection de Thèses* org. por Bernard Beignier, Tome 23, Paris, Defrénois, 2007, pp. 326, 382 e 383). No Brasil, deve-se concordar com a última doutrina francesa, pois, quando se trata das propostas irrevogáveis, não residem dúvidas quanto à possibilidade de transferência *inter vivos* ou *causa mortis* (cf. O. GOMES, *Contratos*, cit., p. 74), o que também ocorre na Itália (E. PANZARINI, *Il contratto di opzione*, cit., pp. 141-142).

[324] Cf. M. DELL'UTRI, *Patto...*, cit., p. 738.

[325] Idem, ibidem, p. 738.

[326] Em sede de direito comparado, conforme será visto abaixo, a doutrina alemã e italiana tem se manifestado no mesmo sentido.

OPÇÃO DE COMPRA OU VENDA DE AÇÕES

é de sua natureza que a proposta seja respondida imediatamente. Todavia, é permitido ao proponente estipular um prazo para aceitação da proposta, mas, em seu silêncio, a regra é da instantaneidade. De forma distinta, o contrato de opção revela como função primordial estabelecer um lapso temporal para que o beneficiário possa manifestar-se quanto ao contrato optativo, já estabelecido em todos os seus termos. Logo, é de sua essência ser projetado para o futuro.

Por outro lado, a proposta feita sem prazo a ausentes presume-se ineficaz se decorrido um prazo razoável para que o oblato pudesse tomar conhecimento e respondê-la imediatamente[327]. A mesma sorte não se aplica à opção, levando-se em conta que, mesmo dada à inexistência de dispositivo legal, à falta de um prazo de duração definido, deve haver um provimento judicial para determinar, de acordo com as condições específicas e individuais do caso, o período que o beneficiário teria para refletir e manifestar sua vontade – não imediatamente – quanto à relação jurídica optativa[328].

O prazo necessário para a manifestação de vontade do oblato tende a ser menor do que aquele que deve ser atribuído ao beneficiário da opção[329], visto que este acorda com o outorgante o diferimento do momento para que possa tomar a decisão quanto ao exercício do direito formativo gerador, o que não é permitido ao oblato. Tal diferimento está diretamente ligado ao "valor" e à utilidade da opção, razão pela qual os juízes devem levar isso em consideração na estipulação do prazo à falta de determinação pelas partes.

O prazo razoável nas propostas deve ser aquele em que, de acordo com os usos e costumes, espera-se que o oblato possa receber a proposta, raciocinar quanto ao seu conteúdo e consequências da contratação e emitir aceitação ou recusa ao policitante. O objetivo da fixação do prazo é procedimental, ou seja, está ligado ao desencadeamento de atos necessários para que o oblato possa manifestar sua vontade.

---

[327] Vide art. 428, II, do Código Civil.

[328] Analogicamente, aplicar-se-ia o art. 466 do Código Civil que trata dos contratos preliminares, o que, a nosso ver, corrobora o caráter contratual da opção, sem significar que se enquadre na figura dos contratos preliminares.

[329] M. WEBER, *Der Optionsvertrag* in *Juristische Schulung – Zeitschift für Studium und Ausbildung*, n. 4, 1990, pp. 251-253; e A. GEORGIADES, *Optionsvertrag...*, cit., p. 413.

NATUREZA JURÍDICA DO NEGÓCIO OUTORGATIVO DE OPÇÃO DE COMPRA OU VENDA

A opção, por outro lado, visa criar uma relação jurídica, cuja duração é funcional ao desenvolvimento do negócio que dele se origina[330], de forma que a sua importância não se restringe à relação proposta-aceitação, mas, sim, ao direito formativo gerador em favor do beneficiário.

As figuras tendem a ser usadas pelas partes para satisfazer interesses distintos[331], embora, em algumas circunstâncias, possam gerar efeitos muito semelhantes, tornando quase imperceptível a diferença[332].

A ideia de que a patrimonialidade não possui a mesma importância e valor na proposta irrevogável em relação ao negócio outorgativo de opção foi reforçada por alguns autores. Foi expressado na doutrina que a situação do beneficiário na proposta irrevogável não possui a mesma relevância, em termos de patrimonialidade, que o contrato de opção[333], o que corrobora a percepção social de que a opção é um "direito de atribuição patrimonial"[334], o que não é da essência mais marcante das propostas irrevogáveis.

Igualmente, em virtude do valor patrimonial do direito formativo gerador no contrato de opção, o seu exercício disforme (ou seja, que não se refira a todos os termos do contrato optativo) não vale como contraproposta nem implica em decadência do direito, ao passo que na proposta a aceitação disforme extingue a proposta anterior e passa a valer como contraproposta[335].

Por fim, no âmbito nacional, a proposta irrevogável, *a priori*, justamente por não compor uma relação jurídica, não pode ser registrada ou averbada, ao contrário do que sucede com o negócio outorgativo de opção[336].

---

[330] Cf. E. PANZARINI, *Il contratto di opzione*, cit., p. 188.

[331] Idem, ibidem, p. 54.

[332] Sem ingressar na discussão, antiga e complexa, acerca da natureza jurídica das propostas (se *ato jurídico stricto sensu* ou *negócio jurídico*), o que foi dito acima, em certa medida, reforça o caráter de negócio jurídico das propostas, pois revela que o policitante tem certa flexibilidade na escolha da categoria jurídica, bem como na determinação do conteúdo do meio pelo qual vai se *vincular* à formação de uma relação jurídica por ele almejada.

[333] E. PANZARINI, *Il contratto di opzione*, cit., p. 185.

[334] A expressão é utilizada sem rigor técnico apenas para se referir à percepção social e econômica de que a situação do beneficiário de uma opção possui um atributo patrimonial que lhe é inerente.

[335] Cf. E. GABRIELLI, *Trattato...*, cit., p. 185.

[336] O comentário tecido quanto à "registrabilidade" do contrato de opção parece ser aceito, sem grandes obstáculos, no que tange aos contratos envolvendo ações (que é o foco da presente obra). Essa conclusão, entretanto, não pode ser estendida, sem reservas, aos negócios

À guisa de conclusão, apesar de grande divergência na doutrina, a nosso ver, com substrato nos autores mais modernos, a classificação da opção como proposta irrevogável esbarra em limitações de ordens prática e jurídica em nosso ordenamento pátrio.

4.2.1.2 Promessa Unilateral de Contratar

Alguns respeitáveis doutrinadores nacionais defenderam que os contratos de opção são promessas unilaterais de contratar. Apesar de o foco de tal doutrina ter sido a análise das opções bursáteis, julga-se que as conclusões, além de respeitáveis e inovadoras, devem ser aqui analisadas[337].

Mas antes de ingressar, convém esclarecer a terminologia a ser empregada a fim de evitar dúvidas que podem trazer obstáculos à elucidação do tema.

Assim sendo, em breves linhas, entende-se que a expressão "promessas unilaterais de contratar" pode ter três significados distintos.

O primeiro seria considerar que, em virtude de uma compreensão incorreta das chamadas *promesses unilatérales de vente* do Direito francês[338], a promessa unilateral de contratar no Brasil equivaleria aos contratos preliminares unilaterais[339].

Outra interpretação possível seria assimilar a promessa unilateral à proposta irrevogável (declaração unilateral ou negócio jurídico), o que parece ter sido a intenção de grande parte dos doutrinadores, conforme analisado acima.

---

outorgativos de opção sobre imóveis, posto vigorar regras e princípios distintos daqueles aqui analisados. A respeito especificamente da discussão quanto à possibilidade de registro ou averbação dos contratos de opção no registro de imóveis, vide: T. B. PERES, *O direito de opção de compra e dificuldades concretas para a proteção do interesse do titular, especialmente na esfera do Direito Imobiliário*, Tese (mestrado), Pontifícia Universidade Católica de São Paulo, 2010, p. 114.

[337] R. STAZJN, *Sobre a natureza jurídica...*, cit., p. 56 (a autora ressalta que a mesma estrutura se aplica às opções *"individuadas"* e àquelas negociadas em bolsa).

[338] Isso porque, como visto, as *promesses unilatérales* podem ser tanto bilaterais quanto unilaterais (daí porque os doutrinadores fazem referência aos contratos unilaterais ou bilaterais de *promesse unilatérale*).

[339] Vide art. 466 do Código Civil que fala de "promessa unilateral".

NATUREZA JURÍDICA DO NEGÓCIO OUTORGATIVO DE OPÇÃO DE COMPRA OU VENDA

A última interpretação possível seria entender que se trata de negócio jurídico unilateral (chamados, por alguns, de declaração unilateral de vontade[340]), similar à promessa de recompensa.

Nesse contexto, tendo em vista que já foram exploradas as diferenças entre as opções e as propostas irrevogáveis (que são considerados pela doutrina majoritária como negócios jurídicos unilaterais), bem como se reservará, para mais adiante, a análise dos contratos preliminares, passar-se-á apenas a investigar a doutrina que assimila as opções àquelas figuras chamadas, por essa doutrina particular, de promessas unilaterais de contratar[341].

Tais promessas seriam manifestações unilaterais de vontade capazes de obrigar (no sentido de prestação) a parte manifestante. As hipóteses mais conhecidas e previstas em nosso diploma civil seriam as promessas de recompensa[342].

A doutrina, nesse particular, esforçou-se para enquadrar as opções em referida categoria, a fim de tentar afastar a potencial nulidade da figura por abarcar uma suposta condição meramente potestativa, vedada no ordenamento brasileiro de acordo com as normas vigentes à época[343].

Entretanto, antes de analisar a pertinência da equiparação das opções a tal classificação de promessas unilaterais de contratar, convém analisar em que medida uma opção poderia estar sujeita a uma condição puramente potestativa.

Em primeiro lugar, para considerá-la como tal, dever-se-ia imaginar que se trata em verdade de um negócio jurídico sujeito a uma condição. A discussão seria, então, acerca de que negócio jurídico estar-se-ia tratando:

---

[340] A. Tomasetti Jr., *Oferta contratual em mensagem publicitária – regime do direito comum e do Código de Proteção do Consumidor* in Revista de Direito do Consumidor, v. 4, 1992, p. 245: "*A oferta pública de contrato, exatamente como a promessa de recompensa, são negócios jurídicos unilaterais (ou, como se costuma dizer, menos tecnicamente, são 'declarações unilaterais de vontade').*".

[341] Conforme será visto a seguir, a expoente desta corrente doutrinária é R. Stazjn (cf. *Sobre a natureza jurídica...*, cit., pp. 68-69).

[342] S. Rodrigues, *Direito civil...*, vol. 3, cit., 2003, p. 389.

[343] Vide o Código Civil de 1916: "*[...] Art. 115. São lícitas, em geral, todas as condições, que a lei não vedar expressamente. Entre as condições defesas se incluem as que privarem de todo efeito o ato, ou o sujeitarem ao arbítrio de uma das partes.*" [grifos nossos]. O Código Civil atual manteve redação similar, em seu art. 122, porém incluiu o termo "puro" para qualificar o arbítrio da parte que pudesse tornar o negócio nulo se sujeito a tal condição, chamada pela doutrina de *puramente potestativa*.

do negócio outorgativo de opção ou do contrato de compra e venda almejado pelas partes[344].

Afasta-se, assim, a possibilidade de o contrato de opção estar sujeito à condição, visto que, mesmo antes do exercício do direito formativo gerador por parte do beneficiário, não se pode dizer que os efeitos estejam suspensos aguardando o implemento da condição. Da mesma forma, com o implemento da suposta condição (exercício do direito formativo gerador pelo beneficiário), não cessam, retroativamente à data de celebração do contrato, os efeitos regularmente produzidos pelo negócio outorgativo de opção.

A opção, desde logo, gera seus efeitos característicos, a bem dizer, cria o estado de sujeição ao outorgante e o direito formativo gerador em favor do beneficiário – efeitos estes que não são suspensos ou mesmo resolvidos quando o beneficiário vem a exercê-lo. Pelo contrário: o exercício do direito formativo gerador evidencia a completa satisfação da função perseguida pelas partes ao disciplinarem tal espécie de negócio jurídico.

Além disso, não se pode imaginar que o objeto de um negócio jurídico seja sujeitar o contrato optativo a uma condição em favor de uma das partes. Ao contrário: com as opções visa-se criar um direito formativo gerador exercível ao longo do tempo, o que lhes afasta por completo do regime condicional.

Assim, resta analisar se o suposto risco de existência de condição potestativa diz respeito ao contrato de compra e venda optativo. Em outras palavras, afastar-se-ia a existência de um negócio outorgativo de opção autônomo, passando a considerar a existência tão somente de um contrato de compra e venda sujeito à condição puramente potestativa.

Para tanto, a opção nada mais seria do que uma modalidade de contrato de compra e venda sujeita à condição, o que, a nosso ver, esbarraria nas mesmas limitações que serão abordadas a seguir[345].

---

[344] Nesse sentido: A. Menezes Cordeiro, *Tratado...*, Tomo I, cit., p. 542.

[345] Não serão aqui analisadas as razões pelas quais as opções não podem ser equiparadas aos contratos de compra e venda submetidos à condição suspensiva, a fim de evitar repetições indevidas. As conclusões do item 4.2.2.1 a seguir são aplicáveis na sua integralidade para afastar a possibilidade de as opções serem consideradas como o contrato optativo (de compra e venda) condicionado.

NATUREZA JURÍDICA DO NEGÓCIO OUTORGATIVO DE OPÇÃO DE COMPRA OU VENDA

Ao se flexibilizar uma das principais vertentes de referida teoria[346] (afastamento da possibilidade de verificação de uma condição meramente potestativa no negócio de opção, aqui entendido de forma ampla, abarcando não apenas a opção, mas também o contrato optativo), passar-se-á ao exame dos fundamentos pelos quais as opções não podem ser qualificadas como promessas unilaterais de contratar.

Como se sabe, as promessas unilaterais são manifestações unilaterais de vontade, a que a lei atribui força obrigatória[347]. De forma mais simples, as promessas unilaterais são classificadas como negócios jurídicos unilaterais[348], dos quais se irradiam deveres e obrigações (em sentido amplo)[349].

Não são todas as manifestações unilaterais que possuem força obrigatória, pois dependem de uma previsão legal específica, ao contrário do que sucede com os contratos, em que a regra é da "livre pactuação", desde que não viole alguma norma específica[350].

Consoante o diploma civil atual, as chamadas promessas unilaterais, negócios jurídicos unilaterais, apenas criam obrigações ao promitente perante destinatários determinados ou determináveis, nas hipóteses previstas em lei[351].

---

[346] Cf. O. Yazbek, *Regulação do Mercado...*, cit., p. 124.

[347] Força obrigatória aqui entendida como criadora de obrigações *stricto sensu* ao promitente, diferindo das propostas irrevogáveis que apenas vinculam (*não obrigam stricto sensu*) os proponentes.

[348] Indiscutivelmente encontra-se presente a liberdade do promitente em determinar a categoria jurídica e o conteúdo das promessas unilaterais a serem endereçadas a um terceiro ou coletividade determinável de pessoas.

[349] F. C. Pontes de Miranda, *Tratado...*, XXXI, cit., p. 14 (conforme será visto abaixo, tendo em vista que referido autor defende inexistir tipicidade nas promessas unilaterais, foi suprimida em seu posicionamento qualquer referência à vinculação necessariamente decorrente da lei nestes casos).

[350] Vide art. 425 do Código Civil que permite a atipicidade apenas para os *contratos*.

[351] Mesmo entendimento foi esposado pela doutrina portuguesa: J. M. Antunes Varela, *Das obrigações em geral*, vol. I, 10ª ed. rev. e atual., Coimbra, Almedina, 2009, pp. 436-440 ("*A declaração unilateral só é reconhecida como fonte autônoma de obrigações nos casos especialmente previstos na lei (testamento, títulos de créditos, indirectamente a perfilhação, a procuração etc.). Como regra, para que haja o dever de prestar e o correlativo poder de exigir a prestação, fora dos casos em que a obrigação nasce diretamente da lei (gestão de negócios, enriquecimento sem causa, responsabilidade civil, etc.), é necessário o acordo (contrato) entre o devedor e o credor – o duorum in idem placitum consensu.*"). De acordo com a inteligência do §305 do BGB, a mesma regra parece se aplicar na Alemanha, pois referido dispositivo menciona que na falta de disposição em contrário, torna-se necessário o contrato para criação de uma obrigação por meio de um ato jurídico. Na Itália, igualmente,

OPÇÃO DE COMPRA OU VENDA DE AÇÕES

Porém, tal entendimento não é pacífico. Autores renomados defendem ser injustificada a restrição imposta por parte da doutrina e ordenamentos estrangeiros quanto à possibilidade de estabelecimento de promessas unilaterais que não venham tipificadas em lei[352].

A presente teoria deveria superar o obstáculo da tipicidade fechada das promessas unilaterais, o que, parece encontrar respaldo atualmente pela doutrina majoritária nacional. Referida doutrina apenas foi verificada em sede de Direito nacional, haja vista que nos ordenamentos jurídicos estrangeiros o princípio da tipicidade fechada dos negócios jurídicos unilaterais foi positivado pelo legislador e amplamente endossado pela doutrina[353].

Mesmo assumindo, teoricamente, que tal linha de pensamento viesse a ter guarida no ordenamento pátrio, ainda assim, as opções não poderiam ser reduzidas às promessas unilaterais pelas razões que serão explicitadas a seguir.

Como ponto de partida, deve-se tentar buscar a diferenciação entre oferta e promessa unilateral. Conforme sustenta F. C. PONTES DE MIRANDA, quando a promessa unilateral vincula o proponente até que a mesma seja aceita (ou não aceita) ou revogada, trata-se de oferta em vez de promessa[354].

Por essa razão, deve-se perquirir em que medida a promessa unilateral preconizada por tal doutrina se distanciaria das ofertas e propostas irrevogáveis que, por serem tipificadas, possuem um regramento definido em nosso ordenamento.

---

conforme disposto no art. 1.987 do diploma civil, as promessas unilaterais apenas vinculam nos casos expressamente especificados em lei (cf. E. PANZARINI, *Il contratto di opzione*, cit., p. 200). Na Espanha, o art. 1.089 do Código Civil também transparece que as obrigações apenas surgem dos contratos, da lei e dos chamados quase contratos, classificados como aqueles em que, através de fatos lícitos e voluntários, uma parte obriga-se perante terceiros (tais como nos casos de gestão de negócios e da cobrança de pagamento indevido).

[352] F. C. PONTES DE MIRANDA, *Tratado...*, XXXI, cit., pp. 6-14 (*"As promessas unilaterais são eficazes desde que se enquadrem nos princípios gerais dos direitos das obrigações, o que de jeito nenhum significa que só existam, no direito, promessas unilaterais típicas."*); e R. STAZJN, *Sobre a natureza jurídica...*, cit., p. 65-67.

[353] Justamente por essa razão não será esmiuçada a presente corrente nos itens a seguir destinados a análise do Direito Comparado.

[354] Cf. *Tratado...*, XXXI, cit., p. 71 (oferta e proposta, para referido autor, são negócios jurídicos unilaterais tipificados que possuem funções e efeitos particulares que lhes diferem das promessas unilaterais em geral).

NATUREZA JURÍDICA DO NEGÓCIO OUTORGATIVO DE OPÇÃO DE COMPRA OU VENDA

Como foi dito acima, resta inquestionável que as propostas irrevogáveis outorgam um direito formativo gerador (chamado por alguns de "poder formativo") ao oblato, tal como ocorre nas opções, de constituir um contrato (ou relação jurídica) já predisposto em todos os seus termos.

Discorda-se do argumento trazido por esta doutrina de que as opções – na modalidade aqui tratada[355] – seriam promessas unilaterais de contratar e não ofertas, pois estas teriam como objetivo a formação de um contrato, ao passo que aquelas teriam seu fundamento apenas "no querer irrevogável"[356].

Como já colocado, reconhecendo a complexidade do tema, compreende-se que as opções, por essência, possuem como função primordial diferir o momento de tomada de decisão pelo beneficiário quanto ao contrato optativo – efeito este que se verifica também nas ofertas e propostas irrevogáveis feitas a ausentes por prazo determinado[357]. Os efeitos (e só eles) são similares.

Então, uma vez superada a doutrina que defende a tipicidade fechada dos negócios jurídicos unilaterais, tendo em vista a especificidade das ofertas e propostas em relação às promessas unilaterais gerais, bem como que as opções visam à preparação e formação de um contrato optativo, a corrente ora analisada não deve se referir às promessas unilaterais, mas, em vez disso, às propostas irrevogáveis.

Seja como for, promessa unilateral específica ou proposta irrevogável, pode-se replicar, nos mesmos termos, as diferenças estruturais mencionadas no subitem acima para defender a inaplicabilidade da presente corrente à *fattispecie* aqui examinada.

Ademais, além de outras diferenças no seu regime legal[358], nas opções deve haver necessariamente um encontro de vontade entre as partes

[355] Deve-se reconhecer, entretanto, o acerto de referida doutrina para os casos das opções conferidas pela sociedade nas hipóteses previstas no art. 168, § 3º da Lei de Sociedades por Ações, posto inexistir uma clara relação contratual entre a sociedade e os administradores, diretores e empregados beneficiados pela opção (cf. J. A. Tavares Guerreiro, *Sobre a opção...*, cit., p. 228; e O. Yazbek, *Regulação do Mercado...*, cit., p. 124). Além disso, nesta hipótese, inexiste discussão quanto à tipicidade fechada das promessas unilaterais, uma vez que há previsão expressa na própria legislação societária.

[356] R. Stajn, *Sobre a natureza jurídica...*, cit., pp. 65-66.

[357] Conforme exposto acima, esta é uma das razões pelas quais opções e propostas irrevogáveis são frequentemente confundidas.

[358] Exemplificando, à falta de estipulação de prazo de duração, as promessas podem ser revogadas pelo promitente, desde que por meio dos mesmos canais de veiculação da promessa

previamente ao nascimento do direito formativo gerador. Na promessa unilateral, por outro lado, se permitida fosse a sua pactuação além dos tipos fechados previstos em lei, bastaria a manifestação unilateral do promitente para sua efetiva vinculação[359].

Conforme aventado acima, a presente posição pode ser adotada para outras espécies de opção, especialmente naquelas que, amparadas por uma determinação legal, permitam a promessa unilateral do outorgante, a exemplo do art. 168 da Lei de Sociedades por Ações. Nestes casos, que não fazem parte desta obra e que se encontram expressamente disciplinados em lei, deve-se admitir a possibilidade de inexistência de relação contratual na opção[360].

4.2.2 Opção como Contrato

A atenção neste subitem será destinada à análise das figuras contratuais que, no entender da doutrina, mais se aproximam das opções de compra ou venda, a saber: (a) contrato de compra e venda sujeito à condição suspensiva; (b) contrato preliminar unilateral; e (c) contrato definitivo semicompleto. Em complemento, será investigado se a opção pode ser enquadrada em uma figura contratual *sui generis*.

A fim de não desviar demasiadamente do tema proposto, não serão analisados os acordos pré-contratuais e as distintas cláusulas inseridas nos contratos ou modalidades de compra e venda, que, não raramente, são confundidos com as opções de compra ou venda aqui analisadas, tais como: a compra e venda

---

e não tenha se iniciado o cumprimento pelo destinatário, ao passo que as opções, mesmo pactuadas sem prazo definido, são irrevogáveis, cabendo ao juiz, a requerimento da parte interessada, estipular um prazo que se coadune com as condições específicas e individuais em cada caso concreto (como por exemplo, deverá levar em consideração o valor do prêmio eventualmente pago e a legítima expectativa do beneficiário, entre outros).

[359] M. BERNARDES DE MELLO, *Teoria...*, *plano da existência*, cit., p. 203; e F. C. PONTES DE MIRANDA, *Tratado...*, XXXI, cit., p. 71.

[360] Cf. J. A. TAVARES GUERREIRO, *Sobre a opção...*, cit., p. 228; e O. YAZBEK, *Regulação do Mercado...*, cit., p. 124. No que tange às chamadas opções não padronizadas (*warrants*), previstas na Instrução CVM nº 223, de 10 de novembro de 1994 (conforme alterada), embora também pudesse apresentar contornos de promessa unilateral (previsão legal), foi escolhido o regime contratual, conforme se denota da redação dos dispositivos contidos em referido normativo.

NATUREZA JURÍDICA DO NEGÓCIO OUTORGATIVO DE OPÇÃO DE COMPRA OU VENDA

a contento[361] e a compra e venda com pacto de retrovenda ou recompra[362], entre outras[363].

Antes de avançar na investigação de cada figura, vale a pena mencionar que os argumentos trazidos pela doutrina para diferenciação de tais figuras vêm evoluindo, embora se deva reconhecer que a matéria, além de controvertida, é complexa e muitas vezes de difícil apreciação na prática[364].

---

[361] No Brasil, o Código Civil (arts. 509 e 510) definiu que tanto a venda a contento como aquela sujeita à prova são tidas como *contratos de compra e venda sujeitos à condição suspensiva*. Dessa feita, as mesmas diferenças que serão apontadas a seguir aplicar-se-ão *mutatis mutandi* quanto ao *contrato de opção*. Acrescente-se a esse fato que tais modalidades estão inseridas no capítulo intitulado *"Das Cláusulas especiais à compra e venda"*, mostrando que representam contratos de compra e venda com cláusulas distintas e específicas que lhes conferem nova disciplina. Apenas de forma ilustrativa, uma parte da doutrina estrangeira, sobretudo francesa, tem considerado grande semelhança entre as chamadas *vente a la dégustation* e as *promesses unilatérales de vente* – equivalentes aos contratos de opção (P. MALAURIE – L. AYNÈS – P. GAUTIER, *Droit Civil...*, cit., pp. 63-64).

[362] Embora a origem das opções remonte aos pactos de retrovenda, as diferenças são marcantes. Ao contrário do que ocorre em princípio nos contratos de opção, a compra e venda é formada definitivamente, restando, sujeita tão somente à *condição resolutiva* ou ao direito formativo gerador representado pelo direito do vendedor de recomprar – chamado de *requisição* por certa doutrina – o bem a qualquer momento (F. C. PONTES DE MIRANDA, *Tratado...*, XXXIX, cit., pp. 158-159; e P. N. LÔBO, *Comentários ao Código Civil (arts. 481 a 564)*, vol. VI, São Paulo Saraiva, 2003, pp. 140-144). J. C. MOREIRA ALVES conciliava ambas as correntes ressaltando que a retrovenda era equiparável à condição resolutiva potestativa (*A retrovenda*, cit., p. 101). Até que seja exercido tal direito, a compra e venda é definitiva e apta a transferir a propriedade do bem, o que definitivamente não ocorre no contrato de opção (como será abordado a seguir). Parte da doutrina estrangeira também se manifestou nesse sentido: C. S. ASURMENDI, *La opción de compra*, cit., p. 116.

[363] Serão excluídos da presente análise os acordos pré-contratuais, como as cartas de intenção, memorandos de entendimento, entre outros. Os motivos são diversos, tais como a falta de completude do conteúdo de referidos instrumentos, ao contrário do que ocorre com a opção, bem como o estágio em que se situam na formação progressiva dos contratos (encontram-se mais distantes da formação do contrato almejado em relação às opções). Contudo, dada a complexidade contratual na atualidade, bem como, em certa medida, o dinamismo das relações econômicas, deve-se concordar que a visualização prática das diferenças não é tarefa fácil. Vide doutrina italiana nesse mesmo sentido: E. PANZARINI, *Il contratto di opzione*, cit., p. 7.

[364] E. PANZARINI, *Il contratto di opzione*, cit., p. 9 (referida autora cita uma decisão de 1998 em que os Tribunais italianos se depararam com uma cláusula contida em um contrato de compra e venda que poderia qualificar o negócio em questão como contrato com condição suspensiva ou contrato de opção).

OPÇÃO DE COMPRA OU VENDA DE AÇÕES

4.2.2.1 Contrato com Condição Suspensiva

Uma corrente doutrinária entende que o contrato de opção nada mais seria do que o próprio contrato de compra e venda condicionado à posterior manifestação de vontade de uma das partes[365].

Segundo os autores adeptos a esta corrente, não existiria uma figura autônoma de contrato de opção, dado que sua finalidade seria alcançada tão somente por meio da inserção de uma condição suspensiva[366] no próprio contrato de compra e venda[367].

Como se sabe, a condição suspensiva obsta os efeitos do negócio a que se encontra vinculado até que ocorra o evento futuro e incerto a que estava subordinado.

Essa suspensividade dos efeitos não ocorre na opção, dado que o efeito próprio e almejado pelas partes é criar o direito de opção – direito formativo gerador – ao beneficiário e situação de sujeição e vinculatividade ao outorgante quanto à formação posterior do contrato optativo[368].

Como já dito, existem na opção três fases distintas entre si e independentes, embora ligadas funcionalmente[369] anteriormente à formação do contrato

---

[365] A título ilustrativo: J. T. CHARLES, *El contrato de opción*, cit., p. 63 (*"Una antigua dirección doctrinal, seguida tanto en el Derecho comparado examinado como en nuestro sistema, ha pretendido configurar la opción, no como un negócio autónomo, sino identificando aquélla con el propio contrato definitivo, pero sometido a condición potestativa suspensiva."*).

[366] Não se abordará, nesta obra, o entendimento de alguns autores de que a opção seria considerada como uma compra e venda sujeita à condição resolutiva. As diferenças são notáveis, haja vista que nesta, desde a sua celebração, as partes são sujeitas aos efeitos do contrato de compra e venda que podem vir a cessar quando do implemento da condição, ao passo que na opção o contrato optativo resta pendente de formação e não irradia seus efeitos para as partes. Como exemplo, no contrato de compra e venda de ações com condição resolutiva, o comprador figurará no livro de registro de ações como seu efetivo titular até que sobrevenha a condição resolutiva, ao passo que na opção há mera averbação no livro para dar publicidade a terceiros quanto à existência de referido negócio entre as partes, sem que haja qualquer efeito translativo da titularidade das ações em favor do beneficiário.

[367] Uma corrente mais antiga, ao tratar dos contratos de opção em bolsa de valores, sustentava tratar-se de um contrato acessório ao contrato de compra e venda (cf. R. MIDIRI, *Opzione...*, cit., p. 488).

[368] M. WEBER, *Der Optionsvertrag...*, cit., p. 253.

[369] Neste ponto, inicialmente, desconsidera-se a fase pré-contratual em que as partes negociam os termos da opção e do contrato optativo, bem como a situação em que o outorgante

NATUREZA JURÍDICA DO NEGÓCIO OUTORGATIVO DE OPÇÃO DE COMPRA OU VENDA

optativo (que seria a terceira fase do processo encarado como um todo). A primeira em que se cria o direito de opção, mediante o encontro de vontade; a segunda, quando há manutenção do vínculo de sujeição do outorgante frente ao beneficiário; e a terceira fase do exercício do direito de opção que objetiva formar o contrato optativo de compra e venda.

Portanto, a manifestação de vontade das partes em tais fases difere da manifestação de vontade no contrato de compra e venda suspensivamente condicionado. Na opção, ambas as partes concordam na criação do direito formativo gerador em favor do beneficiário de optar pela formação do contrato optativo – já projetado em todos os seus termos – durante certo tempo.

Quanto à segunda fase, há uma cisão temporal na manifestação de vontade quanto ao contrato optativo. O outorgante manifesta-a inicialmente em sua integralidade, de forma irrevogável, juntamente com a declaração de vontade quanto à opção em si logo na primeira fase, ao passo que o beneficiário a manifestará posteriormente, desde que julgue cabível o exercício do direito formativo gerador.

No contrato de compra e venda suspensivamente condicionado, não existe a cisão temporal da manifestação de vontades. Ambas, no início, manifestam sua aceitação quanto aos termos do contrato de compra e venda, mas deixam os seus efeitos subordinados à ocorrência de uma condição, a bem dizer, a manifestação de vontade posterior – afirmativa – de uma das partes.

Muito se cogitou na doutrina acerca da existência de condição puramente potestativa em favor de uma das partes, o que poderia acarretar a nulidade de tal negócio[370].

Esta corrente não deve ser analisada neste âmbito, pelo simples fato de que na opção não há ineficácia do contrato optativo projetado. Este contrato optativo (ou, como dito, a relação jurídica optativa) não se forma, deixando de ingressar no mundo jurídico (plano da existência) como tal até o exercício

---

faz uma proposta ao beneficiário quanto à própria opção, haja vista que as regras aplicáveis são aquelas aplicáveis à formação de qualquer negócio jurídico.

[370] Não se entrará neste tema amplamente debatido na doutrina e jurisprudência, a fim de não alargar demasiadamente o escopo desta obra. Entretanto, a doutrina tem sido quase unânime em afastar a qualificação da opção como contrato de compra e venda sujeito à condição meramente potestativa. Vide, a título de exemplo: C. S. ASURMENDI, *La opción de compra*, cit., p. 63; e R. FAVALE, *Opzione...*, cit., pp. 24-25 (referido autor ainda mostra que, mesmo no início do século passado, tal teoria era delicada, o que lhe rendeu diversos opositores).

pelo beneficiário do direito formativo gerador. Trata-se, ainda, de um contrato (enquanto relação jurídica) meramente projetado.

O contrato sujeito à condição suspensiva, por outro lado, encontra-se formado e ingressa no mundo jurídico (plano da existência) como tal, ainda que seus efeitos fiquem sujeitos à satisfação da condição suspensiva (plano da eficácia).

Não há que se falar em nulidade ou anulabilidade do contrato optativo enquanto o direito de opção não for exercido pelo beneficiário, enquanto que o contrato de compra e venda com condição suspensiva pode ser declarado nulo ou anulável (plano da validade) mesmo antes do implemento da condição suspensiva.

Além disso, sob o prisma da retroatividade dos efeitos entre ambos os instrumentos (compra e venda subordinada e contrato optativo), depreende-se mais uma diferença relevante.

A relação (compra e venda) optativa, uma vez exercido o direito formativo gerador, não retroage à data da formação da opção pelas partes; já os efeitos do contrato de compra e venda subordinado, uma vez implementada a condição suspensiva, retroagem à data de celebração do contrato[371].

A relação jurídica (primeira fase) mencionada anteriormente que dá origem ao direito de opção – distinto daquele atribuído à parte de quem dependa o implemento da condição – existe e irradia seus efeitos desde a sua formação[372].

Além do mais, a condição suspensiva não satisfeita torna ineficaz todo o contrato de compra e venda e suas obrigações decorrentes, enquanto que o não exercício do direito de opção por seu titular não torna ineficaz a relação jurídica criada – apenas a extingue –, de forma que todos os efeitos já produzidos permanecem válidos e eficazes[373].

---

[371] Tal regra parece se aplicar a todos os países analisados para fins desta obra. Vide, na França, por todos: C. GRIMALDI, *Quasi-engagement...*, cit., p. 382; e na Itália: E. PANZARINI, *Il contratto di opzione*, cit., p. 34.

[372] Cf. J. T. CHARLES, *El contrato de opción*, cit., p. 65.

[373] Pode-se tomar como exemplo o pagamento do prêmio no âmbito da opção em comparação a um pagamento inicial (seja a título de sinal ou arras) no âmbito do contrato de compra e venda condicionado. Na opção, caso não haja exercício por seu titular, não implicará a obrigação da devolução do prêmio, ao passo que na compra e venda condicionada, não havendo implemento da condição suspensiva, todas as obrigações satisfeitas devem retornar ao estado

Além disso, conforme melhor técnica jurídica, um dado elemento acidental (ou elemento particular) não pode ser determinante para alterar a natureza jurídica do negócio a que esteja vinculado[374]. Assim, o contrato de compra e venda condicionado não sofre alteração em sua natureza em razão da inserção de uma condição suspensiva.

Mas não se deve negar que o interesse das partes, em certos casos, pode ser satisfeito por meio da utilização de quaisquer dos negócios em tela, o que levou à sua equiparação pela doutrina mais antiga. Todavia, a possibilidade de utilização de ambos os negócios não significa que os resultados e o regime jurídico sejam equivalentes.

Atualmente, a doutrina, de variados modos, tem defendido a impossibilidade do enquadramento das opções dentro da categoria dos contratos de compra e venda sujeitos à condição suspensiva[375].

O que se disse acima não pode ser confundido com a possibilidade de que a própria opção seja sujeita à condição suspensiva, que, entretanto, não pertence à sua natureza[376].

4.2.2.2 Contrato Preliminar ou Pré-Contrato

A diferenciação entre os contratos preliminares unilaterais e os negócios outorgativos de opção não é tarefa fácil na prática e tem sido objeto de árduo debate na doutrina[377].

---

anterior, incluindo aquelas a título de arras ou sinal. Nesse sentido vide: J. T. CHARLES, *El contrato de opción*, cit., p. 65.

[374] J. T. CHARLES, *El contrato de opción*, cit., p. 64; e D. HEINRICH. *Vorvertrag, Optionsvertrag und Vorrechtsvertrag – Eine dogmatisch-systematische Untersuchung der vertraglichen Bindungen vor und zu einem Vertragsschluß*, Tübingen, J. C. B. Mohr, 1965, p. 230.

[375] A quase totalidade dos autores examinados – clássicos e modernos – negam a qualificação das opções como contratos de compra e venda subordinados à condição suspensiva. Na França: G. REBOUR, *De la clause d'option...*, cit., p. 29; A. LECOMPTE, *De la nature...*, cit., p. 8; e A. GAUDEMET, *Contribution...*, cit., p. 33. Na Itália: E. PANZARINI, *Il contratto di opzione*, cit., pp. 33-34; e R. FAVALE, *Opzione...*, cit., p. 25-26. Na Espanha: C. S. ASURMENDI, *La opción de compra*, cit., p. 65. Na Alemanha: D. HEINRICH, *Vorvertrag...*, cit., p. 239.

[376] Cf. J. T. CHARLES, *El contrato de opción*, cit., p. 52.

[377] A divergência de opiniões na doutrina e na jurisprudência de variados países pode ser atribuída, em grande parte, às similitudes entre os contratos preliminares, de raiz germânica, e as promessas de contratar, de natureza francesa. Nesse sentido: "*Constituyen dos figuras con distinto origen – el precontrato tiene origen alemán, y la promesa de compraventa francés-,*

OPÇÃO DE COMPRA OU VENDA DE AÇÕES

Antes de adentrar às diferenças propriamente ditas, é preciso estabelecer o conceito de contrato preliminar a ser empregado na presente obra, bem como estabelecer algumas precisões terminológicas para evitarmos equívocos de interpretação.

Atendendo aos anseios de vasta doutrina nacional, os contratos preliminares, também chamados em nosso ordenamento de pré-contratos[378], compromissos ou promessas de compra ou venda, acabaram sendo disciplinados pelo Código Civil[379]. A doutrina estrangeira utiliza expressões equivalentes àquelas usadas no ordenamento pátrio, acrescendo-se o "contrato-promessa" no Direito português e, mais raramente, *contrato de conclusión* no direito espanhol[380].

No Brasil, por variados motivos sociais e econômicos, os contratos preliminares gozaram de maior atenção por parte da doutrina e jurisprudência em relação ao negócio outorgativo de opção.

A doutrina utiliza-se indistintamente dos termos acima, mas é necessário manter a atenção ao termo "promessa", pois recorrentemente não tem sido utilizado para designar o contrato preliminar, mas, ao contrário, uma declaração unilateral de vontade apta a vincular e obrigar o sujeito manifestante perante um ou mais sujeitos (tal como nas promessas de recompensa previstas em nosso ordenamento).

---

que en un momento concreto se fusionaron, discurriendo a partir de entonces por un camino común." (C. S. Asurmendi, *La opción de compra*, cit., p. 71). Acerca do debate doutrinário na Itália, vide: R. Favale, *Opzione...*, cit., pp. 26-28 (referido autor ainda ressalta que a Suprema Corte entendeu que o negócio discutido no célebre caso La Rinascente e Bocconi era um *contrato preliminar unilateral*). No Brasil, foram identificados os seguintes defensores da teoria: C. M. Pereira da Silva, *Instituições...*, cit., 2009, pp. 38-39 e 166; Abbud, André de Albuquerque Cavalcanti, *Execução Específica dos Acordos de acionistas*, São Paulo, Quartier Latin, 2006, pp. 129-130; e M. P. Salles, *O contrato futuro*, São Paulo, Cultura, 2000, pp. 52-53 (o autor faz referência à existência de um pré-contrato).

[378] Expressão utilizada por variados autores, sendo que, por todos, cita-se: A. Tomasetti Jr., *Execução do contrato...*, cit., p. 6.

[379] Arts. 462 a 466 do Código Civil.

[380] Utilizam-se diversos vocábulos nos países continentais: no Brasil, usa-se com frequência contrato preliminar, pré-contrato ou compromisso de compra e venda; na Espanha, *precontrato, contrato preliminar, compromiso o pactum de contrahendo* e *promesa de contrato*; na Itália, *contratto preliminare*; em Portugal, *contrato-promessa*, entre outros. Acerca da terminologia dos contratos preliminares, vide: A. Tomasetti Jr., *Execução do contrato...*, cit., pp. 5-6.

De igual maneira, alguns autores nacionais – que basearam seus estudos nos autores franceses – qualificaram os contratos de opção como promessas unilaterais, porque naquele país a expressão *promesse unilatérale de vente* é utilizada para designar os negócios outorgativos de opção. Isso gerou bastante confusão na prática.

Com a finalidade de evitar interpretações equivocadas, utilizar-se-á ao longo da presente obra apenas a expressão "contrato preliminar" ou "pré--contrato" para designar o negócio em questão.

A doutrina mais abalizada enxerga como elemento categorial inderrogável da figura – aquele capaz de definir o tipo em questão –, a factibilização de um segundo contrato, chamado de "definitivo", caracterizando-se, assim, pela vinculação da introdução diferida do regramento dos interesses das partes em relação a algum bem mediante a conclusão e a complementação do contrato definitivo[381].

Os contratos preliminares bilaterais são aqueles em que ambas as partes encontram-se vinculadas e obrigadas a levar a cabo o contrato definitivo, enquanto que os unilaterais são aqueles aos que apenas uma das partes se obriga. O ângulo para determinação da bilateralidade ou da unilateralidade em tais contratos está na vinculação para a formação do contrato definitivo e não na existência de obrigações *ex uno latere*.

Os referidos contratos podem estar sujeitos à outra classificação, a saber: da existência ou não de obrigações – que não sejam quanto ao contrato definitivo – para uma ou para ambas as partes.

Assim, há duas formas distintas de classificar os contratos preliminares em unilaterais ou bilaterais: uma com relação à obrigação de contratação do contrato principal e outra condizente com a existência ou não de contraprestação por ambas as partes.

De acordo com estes conceitos, pode-se concluir que (a) os contratos preliminares podem ser bilaterais ou unilaterais quanto ao primeiro conceito, ao passo que as opções são sempre unilaterais (apenas uma parte vincula-se ao contrato optativo); e (b) tanto os preliminares quanto as opções podem conter contraprestação pelas duas partes, podendo, neste quesito, ser bilaterais ou unilaterais[382].

---

[381] Idem, ibidem, pp. 20-21.
[382] Cf. J. T. Charles, *El contrato de opción*, cit., pp. 75-76.

OPÇÃO DE COMPRA OU VENDA DE AÇÕES

Para os fins desta obra, o primeiro conceito será levado em consideração para a classificação dos contratos preliminares.

Assim, nos negócios de opção, a vinculação quanto ao contrato optativo é apenas de uma parte, afastando-se uma eventual aproximação com os contratos preliminares bilaterais. Por essa razão, nossa atenção será primordialmente destinada à diferenciação das opções frente aos contratos preliminares unilaterais nas linhas a seguir.

A análise do elemento essencial dos contratos preliminares unilaterais em questão já é suficiente para aventar as primeiras diferenças em relação ao negócio outorgativo de opção.

Um dos elementos categoriais inderrogáveis da opção é justamente o acordo para a criação de um direito formativo gerador em favor do beneficiário quanto à relação jurídica optativa. No contrato preliminar unilateral, o acordo das partes cinge-se à obrigação (dever de comportamento) para uma das partes quanto à contratação de um negócio jurídico definitivo. O acordo e o efeito decorrente de ambos são nitidamente distintos.

De acordo com a teoria moderna da relação jurídica, as posições jurídicas subjetivas elementares essenciais na relação jurídica do contrato preliminar, em linhas gerais, são a pretensão e o dever de comportamento (obrigação em sentido estrito). No negócio outorgativo da opção, aquelas posições essenciais são o poder formativo e a sujeição[383].

Assim, no contrato preliminar unilateral, uma das partes obriga-se a manifestar novamente sua vontade quanto ao contrato definitivo, o que inexiste no negócio outorgativo de opção, haja vista que não se exige uma renovação da declaração de vontade por parte do outorgante para formação da relação jurídica optativa, bastando o exercício do direito formativo gerador – direito de opção – pelo beneficiário[384].

---

[383] A classificação das posições subjetivas elementares, embora não unânime, foi extraída das lições de G. Lumia, *Lineamenti di teoria e ideologia del diritto*, 3ª ed., Milano, Giuffrè, 1981, trad. port. de Alcides Tomasetti Jr., *Elementos de teoria e ideologia do direito*, [s.l], 1999, pp. 9-10. O conceito de poder formativo aqui empregado também foi extraído das lições de W. Hohfeld (cf. *Fundamental...*, cit., pp. 8-10).

[384] A doutrina mais moderna parece endossar este posicionamento, conforme se denota das lições a seguir: Na Espanha: J. T. Charles, *El contrato de opción*, cit., p. 72; na Itália: E. Panzarini, *Il contratto di opzione*, cit., p. 36; R. Favale, *Opzione...*, cit., p. 44 (referida autora fala da criação de um *diritto de credito* em favor do beneficiário); e E. Gabrielli, *Trattato...*, cit., p. 191

NATUREZA JURÍDICA DO NEGÓCIO OUTORGATIVO DE OPÇÃO DE COMPRA OU VENDA

Antes de prosseguir na análise das demais diferenças encontradas, deve-se reconhecer as semelhanças entre as figuras que justificavam – sobretudo no contexto de indefinição quanto à disciplina dos contratos preliminares no ordenamento pátrio – sua equiparação por parte de abalizada doutrina.

A semelhança mais marcante diz respeito à instrumentalidade das figuras, pois ambas ligam-se funcionalmente ao contrato definitivo ou optativo. Tal atributo permite sua inclusão dentro da categoria dos chamados contratos preparatórios[385].

Não obstante, mediante uma análise mais cuidadosa, saltam aos olhos diferenças que lhes permitem um regramento completamente distinto[386].

Em primeiro lugar, o contrato preliminar apenas cumpre sua função econômico-social quando forma o contrato definitivo, ao passo que a opção pode ter cumprido sua função mesmo quando o contrato optativo não tenha sido formado. A falta de exercício do direito formativo gerador é da essência da opção, sendo que a doutrina encara esta liberdade (em sentido amplo e não jurídico) do beneficiário como sua função primordial[387].

(referido autor ressalta a desnecessidade de qualquer colaboração por parte do outorgante no que tange ao contrato optativo).

[385] Vide: J. T. CHARLES, *El contrato de opción*, cit., p. 72; e A. M. PRATA, *O contrato-promessa...*, cit., pp. 402-403.

[386] Diz-se na doutrina que o negócio outorgativo da opção pode ter como objetivo a criação de um contrato preliminar (R. FAVALE, *Opzione...*, cit., p. 47; e R. SACCO, *L'Opzione...*, cit., p. 310). Referido entendimento, embora pareça incontestável, sofre críticas de parte da doutrina por representar um certo "retrocesso" na formação do contrato projetado. Não obstante, tendo em vista a neutralidade e instrumentalidade do negócio outorgativo da opção, entende-se ser plenamente possível que se pactue um negócio de opção em que uma das partes tem o direito formativo gerador de concluir um contrato optativo preliminar de compra e venda. O mesmo não parece ser possível no que tange ao contrato preliminar, o qual não pode, a princípio, almejar um contrato que se revista de natureza preliminar (cf. E. PANZARINI, *Il contratto di opzione*, cit., p. 36). Assim, faltaria utilidade prática a um contrato preliminar que visasse a formação de outro contrato preliminar. Por outro lado, um contrato preliminar pode almejar a formação de um contrato de opção, assim como também parece possível, em tese, que um contrato de opção tenha como escopo a criação do direito formativo gerador para a criação de outro contrato de opção. Não há qualquer limitação para a formação de um contrato de opção que tenha como objeto outro contrato de opção, mas, na prática, parece desejável aferir a verdadeira motivação que levaria às partes a entrar em tal modalidade de contratação, a fim de evitar potenciais fraudes.

[387] J. T. CHARLES, *El contrato de opción*, cit., p. 79 (*"Y el fin del precontrato se cumple, únicamente, cuando este contrato preparado se concluye definitivamente (...) el fin de la opción se*

Também diferem ambos os negócios, a nosso ver, quanto à completude do seu conteúdo. Nos negócios outorgativos de opção de compra e venda, todos os elementos – categoriais inderrogáveis, derrogáveis e particulares – devem ser acordados pelas partes, tanto no que tange ao contrato optativo quanto ao negócio de opção propriamente dito[388]. Já os contratos preliminares (de compra e venda) devem conter tão somente os elementos essenciais do contrato definitivo, sendo lícito deixar pontos (tidos como) secundários em aberto, sem desnaturá-los ou retirar sua natureza ou eficácia judicial[389-390].

Mesmo no contrato preliminar unilateral, o contrato definitivo depende da manifestação de vontade de ambas as partes. Assim, uma vez que a parte beneficiária decida pela contratação definitiva, ambas as partes deverão renovar sua manifestação de vontade para a formação do contrato definitivo[391].

Na opção, não existe tal renovação. O contrato optativo depende apenas da manifestação de vontade do beneficiário quanto ao exercício do direito formativo gerador[392].

A necessidade de eventuais atos subsequentes para a eficácia plena do contrato optativo – como tradição e registro, entre outros – não equivale a renovar o consentimento para a própria formação do contrato e da relação optativa. Referidos atos representam o modo de adimplemento da obrigação a cargo do vendedor quanto à transferência do bem determinado no âmbito do contrato optativo de compra e venda.

Como exemplo, tomemos o contrato de compra e venda de ações de sociedades anônimas. No contrato preliminar, as partes devem renovar seu consentimento para a formação do próprio contrato de compra e venda, ao passo que, na opção, não há necessidade de se renovar a declaração de vontade pelo

---

cumple, igualmente, tanto si el beneficiario ejercita su correspondiente facultad de optar, como si la deja caducar.").

[388] Deve-se consignar que quando o contrato optativo se referir a outro contrato que não seja de compra e venda, este pode não conter todos elementos acordados no momento de sua celebração. Por exemplo, um negócio outorgativo de opção que tenha por objeto um contrato preliminar de compra e venda não necessariamente haverá de ter todos os elementos do contrato de compra e venda definitivo, bastando seus elementos essenciais tal como ocorreria com o contrato preliminar isoladamente.

[389] Idem, ibidem, p. 72.

[390] A. M. Prata, *O contrato-promessa...*, cit., p. 403.

[391] R. Favale, *Opzione...*, cit., p. 45.

[392] Cf. J. T. Charles, *El contrato de opción*, cit., p. 73.

NATUREZA JURÍDICA DO NEGÓCIO OUTORGATIVO DE OPÇÃO DE COMPRA OU VENDA

outorgante, de forma que a relação jurídica da compra e venda se constitui mediante o exercício do poder formativo gerador pelo beneficiário. Uma vez formada a relação, as partes ainda devem praticar os registros necessários para a transferência de sua titularidade[393], o que não representa uma renovação do seu consentimento, tal como ocorreria com um contrato de compra e venda originalmente entabulado[394].

Nem se diga que um contrato preliminar unilateral, em que tenha sido acordado todo o conteúdo do contrato definitivo, seja equivalente ao negócio outorgativo da opção.

Isso porque, as partes ainda terão de repetir o consentimento quanto ao contrato definitivo, o que inexiste no negócio outorgativo de opção, pois, de antemão, o outorgante já se declarou vinculado ao conteúdo do contrato optativo.

Justamente por essa razão é que grande parte da doutrina defende que os negócios de opção devem seguir a forma do contrato optativo[395], haja vista que não haverá renovação da manifestação de vontade, ao passo que os contratos preliminares gozam de liberdade de forma em relação ao contrato definitivo.

Voltar-se-á à questão da forma adiante nesta obra, mas, à primeira vista, os contratos de opção devem seguir a forma atribuída ao contrato optativo, pois, caso contrário, o direito formativo gerador será ineficaz ao beneficiário[396]. Já os contratos preliminares, no Direito pátrio, independem das formalidades atribuídas ao contrato definitivo, o que revela outra diferença entre as duas figuras[397].

---

[393] Este tema será objeto de nova análise ao longo da obra. Entretanto, no que tange ao contrato de opção de compra ou venda de ações apenas cabe ressaltar que, uma vez formado o *contrato optativo*, as partes ainda terão de praticar os atos subsequentes – registro nos livros societários ou no banco custodiante – para permitir a transferência da titularidade das ações, o que não se confunde com a obrigação de celebrar um contrato definitivo. Tais atos subsequentes representam apenas o adimplemento da obrigação de transferir a titularidade das ações conforme previsto no contrato optativo de compra e venda.

[394] Cf. F. BÉNAC-SCHMIDT, *Le contrat de promesse...*, cit., p. 17 ("*Le contrat de vente est alors définitif, la vente est parfaite (entre les parties) sans que le consentement du promettant ait besoin d'être renouvelé.*").

[395] Esse assunto será objeto de detalhamento adiante nesta obra.

[396] Conforme será analisado adiante, à luz do princípio da manutenção dos contratos, torna-se defensável certa flexibilização desta exigência.

[397] Tal solução é distinta em alguns outros países, tal como na Itália em que se exige que o contrato preliminar tenha a mesma forma do contrato definitivo, sob pena de nulidade,

OPÇÃO DE COMPRA OU VENDA DE AÇÕES

Nesta linha, nos países em que a transferência da propriedade se materializa tão somente com o consentimento, como na Itália[398], na França e em Portugal, o exercício do direito de opção é suficiente para aperfeiçoar tal transferência e, nos contratos preliminares unilaterais, ambas as partes ainda devem manifestar novamente sua vontade para a formação do contrato definitivo.

Por fim, a solução judicial para eventual descumprimento pela parte vinculada em cada um dos casos é distinta na prática. No contrato preliminar, em caso de recusa na manifestação da vontade pela parte obrigada, cabe à outra parte ingressar em juízo e solicitar que o juiz busque o resultado prático equivalente: a conclusão do contrato definitivo.

No que tange ao negócio outorgativo de opção, entretanto, o beneficiário, uma vez exercido o direito formativo gerador, poderá executar a própria prestação do contrato optativo que será reputado formado e eficaz. Em outras palavras, no caso da compra e venda, o beneficiário terá a pretensão quanto à transferência do bem ou o recebimento do pagamento do preço respectivo[399].

Na Itália, decorrência de tipificação expressa de ambas, parece não haver dúvidas de que são *fattispecies* distintas[400].

Na Espanha, parte da doutrina menciona inexistir uma figura similar ao contrato preliminar unilateral, razão pela qual não existe um debate intenso quanto à sua diferenciação com o negócio outorgativo de opção[401].

O Direito francês, nesse sentido, como será abordado abaixo, mostra um regramento distinto. As opções são consideradas dentro da categoria dos

---

conforme disposição do art. 1.351 do *Codice Civile* (*"Il contratto preliminare è nullo, se non è fatto nella stessa forma che la legge prescrive per il contratto definitivo"*).

[398] E. PANZARINI, *Il contratto di opzione*, cit., pp. 36-37.

[399] A questão da tutela executiva judicial dos negócios outorgativos de opção será abordada adiante nesta obra.

[400] Algumas teorias tentaram equiparar as opções a contratos preliminares acoplados a propostas irrevogáveis, mas a doutrina tem rechaçado tal posicionamento sob o argumento de ser artificial. Vide posicionamento doutrinário majoritário mencionado por E. PANZARINI, *Il contratto di opzione*, cit., p. 37. O atual posicionamento da doutrina italiana será analisado em detalhes a seguir.

[401] *"Ahora bien, esta cuestión pierde relevancia, porque el ordenamiento español no contempla el contrato de promesa unilateral como categoría (...) En la promesa de venta, el comprador tendría obligación de comprar; de esto se deriva, por un lado, que no cabría pactar una prima o precio por la promesa de venta, por otro, que si no comprara, el vendedor, que no puede ejecutar la compraventa, podría reclamar una indemnización por incumplimiento."* (cf. C. S. ASURMENDI, *La opción de compra*, cit., p. 94).

avant-contrats sob a designação de *promesse unilatérale de contrat*, distinguindo-se daquelas *promesses bilatérales* que se assemelham aos contratos preliminares no ordenamento pátrio[402].

Desse modo, inexiste uma segregação entre negócio outorgativo de opção e *promesse unilatérale* (que seria equivalente ao contrato preliminar unilateral em direito nacional). Tanto isso é verdade que os franceses estudam as opções no âmbito dos pré-contratos (*avant-contrats*), delineando seus marcos distintivos apenas em contraste à promessa de contrato bilateral[403].

Essa identificação entre *promesse unilatérale* e negócio outorgativo de opção não é possível no Direito pátrio[404].

À guisa de conclusão, conforme lições acima extraídas em sede de Direito Comparado, bem como análise do regramento no âmbito do ordenamento pátrio, não parece admissível equiparar o negócio outorgativo de opção à figura dos contratos preliminares, especialmente em função do conteúdo de ambos os negócios, bem como a diversa função econômico-social que desempenham.

4.2.2.3 Contrato Definitivo Semicompleto

Na linha do que se disse alhures, uma parte considerável da doutrina nacional defende que as opções são contratos definitivos semicompletos.

Consoante tal doutrina, a opção seria o próprio contrato definitivo de compra e venda parcialmente completo, apenas aguardando uma posterior manifestação de vontade do beneficiário. Pode-se inferir das lições de referida doutrina que a opção já conteria firme e acabado um dos elementos do acordo, a bem dizer, a oferta irrevogável, restando pendente a manifestação da concordância do beneficiário[405].

---

[402] J. T. CHARLES, *El contrato de opción*, cit., p. 77.

[403] Este tema ainda será analisado em mais detalhes nos itens adiante.

[404] O mesmo raciocínio parece se aplicar ao direito espanhol: *"En el derecho francés, el contrato de opción de compra ha crecido bajo la denominación de promesa unilateral de compraventa, promesse de vendre. Pero en derecho español, no cabe la identificación de la promesa de venta y de la opción de compra."* (cf. C. S. ASURMENDI, *La opción de compra*, cit., p. 99).

[405] F. K. COMPARATO, *Reflexões...*, cit., p. 229 (*"Os pactos de preferência se distinguem das opções, porque nestas já há, perfeito e acabado, um dos elementos do acordo de vontades definitivo, que é a oferta irrevogável de contratar. Basta, ao titular da opção, manifestar a sua vontade concordante no prazo, para que se aperfeiçoe o contrato definitivo. A opção é, pois, um contrato definitivo semicompleto. No pacto de*

Os ilustres defensores de tal teoria fixam a atenção no contrato optativo (de compra e venda), entendendo que este remanesce aguardando a complementação por meio da declaração unilateral receptícia do beneficiário.

Esta teoria está baseada na ideia de formação progressiva do contrato, enquanto procedimento ordenado de atos e fases, colocando a opção em um estágio avançado de referido procedimento.

Pode-se inferir do entendimento de seus adeptos que inexiste um negócio outorgativo de opção autônomo e segregado em relação ao contrato optativo de compra e venda, o que traz consequências quanto à exigência de forma específica, de comunicação de vícios e defeitos nas diferentes fases de sua formação.

Para tal corrente, estar-se-ia tratando de um contrato de compra e venda que, embora não formado completamente, gera efeitos característicos entre as partes até que sobrevenha seu complemento.

Apesar da inovação de referida teoria, à primeira vista, parece não refletir de modo completo o negócio aqui analisado, pois as fases preliminares de formação da opção e os seus efeitos típicos não são levados em consideração.

Reconhece-se que seu grande mérito é justamente identificar a situação do contrato optativo, a bem dizer, um contrato definitivo semicompleto, posto já definido em todos os seus termos, mas ainda dependente da manifestação do beneficiário quanto ao exercício do direito formativo gerador.

Talvez o principal ponto que deva ser debatido é que, antes do exercício do direito formativo gerador, o contrato optativo de compra e venda não ingressa no mundo jurídico. Falta-lhe o acordo definitivo quanto às condições da compra e venda, fazendo com que não esteja sequer no plano da existência por lhe faltar um dos elementos do suporte fático.

O acordo das partes é mais amplo e visa constituir uma relação intermediária, cujos efeitos típicos não se confundem com aqueles do contrato optativo de compra e venda. Melhor dizendo, o acordo inicialmente entabulado não

---

preferência, diferentemente, estipula-se a obrigação, para uma das partes, de fazer, preliminarmente, sua oferta de contrato definitivo à outra, se e quando decidir pelo contrato definitivo, que não é, por conseguinte, obrigatório. Ademais, a parte beneficiária pela preferência só tem direito a aceitar, prioritariamente a oferta definitiva em igualdade de condições, o que supõe um concurso de interessados. Já no contrato preliminar sob a modalidade de promessa de contratar, diferentemente dos demais, as partes se obrigam efetivamente a concluir um contrato definitivo.")

objetiva a transferência de propriedade em troca de um preço determinado, mas, sim, a criação do direito formativo gerador cujo exercício, em conjunto com a opção, passa a integrar a própria formação do contrato optativo.

Negar a existência de uma relação contratual pronta, autônoma e definitiva, mesmo que destinada a formar o contrato optativo, mas que essencialmente regula a forma do exercício do direito formativo gerador, não parece refletir a dinâmica do negócio outorgativo de opção.

Não se pode concordar integralmente que a incompletude do contrato optativo diga respeito à falta de uma aceitação da proposta irrevogável quanto ao contrato optativo. Entende-se mais correto admitir que a formação do contrato optativo depende tão somente do exercício de um direito formativo gerador por parte do beneficiário que não se confunde com referida aceitação.

Não se encontra, assim, na seara da oferta e aceitação em geral, mas de outra forma de criação da relação jurídica optativa, que se efetiva através do exercício de um poder formativo criado contratualmente pelas partes justamente para tal finalidade.

Com efeito, o negócio outorgativo de opção cria um mecanismo preparatório ao contrato optativo diverso daquele tradicional encontro entre oferta e aceitação. Este encontro está presente na opção, porém, em fase anterior, em que as partes expressamente concordam que bastará à formação da relação jurídica optativa, cujo conteúdo já fora integralmente predeterminado pelas partes, a manifestação unilateral do beneficiário quanto ao exercício do seu direito formativo gerador[406].

Admitir a equiparação da conduta do beneficiário à aceitação tornaria sem utilidade o negócio outorgativo de opção, pois as partes poderiam atingir o mesmo resultado tão somente com a utilização de uma proposta irrevogável.

---

[406] Entende-se que a aceitação seja o *negócio jurídico unilateral* (conforme visto acima) de cunho pré-contratual que visa formar uma relação jurídica contratual proposta pela contraparte. Não existe uma relação jurídica subjacente, pois, como visto alhures, antes da aceitação inexiste uma relação jurídica, tratando-se apenas de *situações jurídicas complexas* (cf. M. BERNARDES DE MELLO, *Teoria...*, *plano da existência*, cit., pp. 180-182). Na opção, entretanto, existe uma relação jurídica prévia cujo conteúdo é o *direito formativo gerador* que, se exercido, isoladamente, será suficiente para extinguir a *relação jurídica subjacente* e criar a *relação jurídica optativa*.

O negócio outorgativo de opção é algo de maior intensidade do que a proposta irrevogável, bem como a atuação – ativa – do beneficiário não se confunde com a conduta do oblato (geralmente apenas passiva e receptícia).

De forma isolada, revela-se correto o argumento de que o contrato optativo é semicompleto, pendente apenas um exercício unilateral de um direito formativo gerador contratual para que se torne completo e eficaz[407]. Conclui-se que o contrato optativo não ingressa no mundo jurídico (plano da existência), pois lhe falta o acordo definitivo quanto ao seu conteúdo.

A grande diferença, no entanto, é que, inexistindo no mundo jurídico (plano da existência), não se pode compreender que este possa gerar efeitos, mesmo distintos daqueles típicos (compra e venda), entre as partes, tal como ocorre no caso em tela.

Para sustentar a teoria, dever-se-ia recorrer aos argumentos da teoria unitária, que enxerga a opção e o contrato optativo como um todo unitário. Em outras palavras, seria declarar a inexistência de segregação entre ambos, os quais apenas representariam as fases de um mesmo negócio jurídico, em movimento, até se chegar ao estágio final projetado pelas partes.

Nessa linha, o conteúdo do contrato seria alterado ao longo do seu caminhar até o contrato optativo, gerando efeitos distintos em cada uma das suas etapas, mas sempre debaixo do mesmo – e único – substrato contratual.

Embora se deva admitir a razoabilidade do raciocínio, tudo leva a crer que a tese segregacionista – que postula pela autonomia entre a opção e o contrato optativo – seja a que descreve mais corretamente o negócio em tela.

Em especial, além do certo grau de artificialidade do posicionamento da teoria unitária, dada a propugnada mutação sucessiva dos efeitos do mesmo negócio, pode-se argumentar em contraposição que os requisitos de validade em cada uma das etapas não se equivalem, não havendo necessariamente comunicação de vícios que possam implicar em sua invalidade como um todo.

Parece mais correto admitir que a opção passa somente a fazer parte do *iter* formativo do contrato optativo, sem que com ele possa ser confundido.

---

[407] Como será visto a seguir, analisa-se tão somente a eficácia própria ou normal do contrato optativo (ou seja, eficácia obrigacional do contrato de compra e venda), haja vista que a transferência efetiva da propriedade depende da prática de atos integrativos, tais como o registro ou averbação do contrato em questão (cf. M. Bernardes de Mello, *Teoria..., plano da existência*, cit., pp. 58-59).

Ambos remanescem independentes e autônomos. Não parece crível confundi-la com o contrato optativo (semicompleto), embora a opção passe a fazer parte de um dos seus elementos de formação, ao lado do exercício do direito formativo gerador[408].

Anteriormente ao exercício do direito formativo gerador, o contrato optativo não existe no mundo jurídico (plano da existência), pois lhe falta o elemento cerne de seu núcleo, a saber: o consentimento de ambas as partes quanto à transferência da propriedade[409]. Assim, o contrato optativo configura-se apenas como um projeto de contrato que não integra o mundo jurídico enquanto contrato de compra e venda[410] antes do exercício do direito formativo gerador.

Em conclusão, embora estejam ligados funcionalmente, de acordo com a doutrina majoritária, o negócio outorgativo de opção é autônomo em relação ao contrato optativo, pois aquele objetiva, em última instância, preparar a formação deste, o que não permite identificá-lo como o próprio contrato optativo pendente de complementação.

Os traços distintivos serão evidenciados no capítulo em que serão analisadas as principais características da opção, sobretudo no que tange à alteração do *iter* formativo do contrato optativo.

4.2.2.4 Modalidade contratual *sui generis*

Em virtude do exposto, alguns autores nacionais, negando a aproximação dos negócios outorgativos de opção às figuras já existentes no ordenamento pátrio, passaram a classificá-los como figuras contratuais *sui generis*.

Como exemplo, podem ser citadas as lições de O. GOMES que, em parecer destinado a identificar as diferenças entre contratos preliminares e pactos de

---

[408] T. B. PERES, *O direito de opção...*, cit., p. 71.

[409] Cf. C. S. ZANETTI, *Responsabilidade...*, cit., p. 31. Essa ideia não é nova e já vinha estampada por autores clássicos, com a diferença que eles não enxergavam uma vinculação contratual preparatória, o que os levava a encarar a opção como uma proposta (S. ATKINSON, *The law...*, cit., p. 245: *"The owner of an estate gives an option to A to purchase it within a given number of years; until the option is declared, this amounts to no more than a mere proposal; until that time there is wanting an essential ingredient of the contract, namely, the consent of the vendee."*).

[410] Justamente por essa razão serão tratados apenas os *efeitos do contrato de opção* nos capítulos adiante.

opção, baseado na doutrina italiana, defendeu a autonomia de referida figura contratual[411].

F. SATIRO DE SOUZA, seguindo a mesma linha de pensamento, ao comentar sobre as opções bursáteis, foi decisivo na construção e na sistematização dos argumentos favoráveis à presente corrente que defende sua natureza negocial *sui generis*[412]. Tal posicionamento, inclusive, tem sido endossado por civilistas que trataram do assunto[413].

Grande parte da doutrina moderna estrangeira tem seguido a mesma linha de pensamento, por entender que, não obstante a ausência de tipificação, os negócios outorgativos de opção possuem elementos categoriais próprios, que lhes justificam um regramento distinto daquele aplicável às demais figuras similares.

As razões trazidas pelos autores são de certa forma heterogêneas, dado que fazem o exame comparativo com as figuras assemelhadas sob as regras específicas de cada ordenamento, concluindo por sua autonomia jurídica e categorial[414].

De modo geral, pode-se dizer que os autores ressaltam como traços marcantes do negócio aqui abordado os seguintes: (a) seu caráter contratual; (b) o direito potestativo (*lato sensu*); e (c) sua função de preparar um contrato ulterior, já previamente acordado em todos os seus termos[415].

---

[411] Cf. *Promessa unilateral, opção e acordo preparatório* in *Questões de direito civil*, 5ª ed., São Paulo, Saraiva, 1988, p. 381 (*"A opção é, nas palavras de Tamburrino, uma figura autônoma e distinta quoad naturam da proposta irrevogável porque tem base e fundamento contratual, enquanto esta é negócio ou ato unilateral, derivando a irrevogabilidade, no primeiro caso, do acordo entre as partes. Trata-se, pois, de um contrato preparatório, de cunho acessório; mas não de um contrato preliminar, por isso que a parte que concede a opção 'não carece de manifestar-se de novo o seu consentimento para outro contrato, não prometendo qualquer outra declaração de vontade', como acentua Vaz Serra"*.).

[412] Cf. *Regime jurídico...*, cit., p. 63 (o autor traz importantes justificativas e conclusões na defesa desse posicionamento, as quais serão retratadas adiante).

[413] Cf. C. S. ZANETTI, *Responsabilidade...*, cit., p. 31; A. ASSIS – R. A. ANDRADE – F. G. ALVES, *Do Direito das Obrigações (arts. 421 a 578)* in *Comentários ao Código Civil Brasileiro*, vol. V, coord. por Arruda Alvim e Thereza Alvim, Rio de Janeiro, Forense, 2007, p. 496; e S. VENOSA, *Direito Civil – Teoria Geral das Obrigações e Teoria Geral dos Contratos*, São Paulo, Atlas, 2008, p. 409.

[414] Em razão das especificidades de cada ordenamento, as principais razões trazidas pelos autores estrangeiros serão analisadas separadamente a fim de permitir sua melhor visualização.

[415] Como se compartilha desta opinião, os argumentos serão desenvolvidos com maior detalhamento no próximo capítulo.

4.2.3 Outras Figuras

Pela ausência de tipificação, os negócios sob lume podem ser associados – e muitas vezes confundidos – com outras figuras conhecidas e disciplinadas nos mais variados ordenamentos, como o pacto de preferência ou preempção[416].

Não obstante, a esmagadora maioria da doutrina e jurisprudência – nacional e internacional –, apesar de algumas similitudes[417], tem identificado com certa tranquilidade os traços distintivos entre as duas figuras[418].

Hoje, a doutrina é praticamente uníssona quanto à diferenciação entre os pactos de opção e de preferência, existindo poucas opiniões em sentido contrário.

A razão principal refere-se ao conteúdo de ambas as relações, bem como às posições subjetivas desempenhadas pelas partes individualmente em referida contratação.

Na opção, o outorgante encontra-se em posição de sujeição quanto ao contrato optativo, ao passo que no direito ou pacto de preferência, o outorgante assume apenas uma obrigação (comportamento), a bem dizer, de preferir o beneficiário, caso uma venda seja entabulada com um terceiro. O sujeito passivo na preferência não está vinculado, sob qualquer forma, ao contrato definitivo[419].

No direito de preferência, inexiste projeção ou discussão quanto ao contrato futuro, só a determinação de uma preferência para uma parte figurar na

---

[416] G. Goubeaux – P. Voirin, *Droit Civil...*, cit., p. 368 (referido autor cita que o descumprimento do pacto de preferência gera os mesmos efeitos em relação ao descumprimento do contrato de opção – *promessa unilateral* –, com a possibilidade de anulação de eventual transferência realizada em desconformidade com o ajuste firmado pelas partes em ambas as hipóteses).

[417] Apenas a título ilustrativo, quanto às semelhanças entre as figuras, certa parte da doutrina francesa menciona a unilateralidade, a determinação (corretamente, seria *determinabilidade*) do bem subjacente e a transferibilidade (cf. P. Malaurie – L. Aynès – P. Gautier, *Droit Civil...*, cit., pp. 92-93). No ordenamento pátrio, em geral não se poderia endossar o pensamento de referidos autores quanto à transferibilidade, pois, salvo no âmbito do direito societário, o direito de preferência previsto no Código Civil não é passível de cessão (vide art. 520).

[418] Na França: F. Bénac-Schmidt, *Le contrat de promesse...*, cit., p. 17; e O. Milhac, *La notion de condition dans la vente*, thèse pour le Doctorat en Droit, Université de Paris-I Panthéon-Sorbonne, 1996, p. 448. Na Alemanha: M. Weber, *Der Optionsvertrag...*, cit., pp. 251-253. No Brasil: F. K. Comparato, *Reflexões...*, cit., p. 229.

[419] Cf. E. Panzarini, *Il contratto di opzione*, cit., p. 39.

posição subjetiva do contrato que possa vir a ser firmado pela parte vinculada. Existe a definição das partes e do bem envolvido na eventual contratação, ao passo que na opção todo o conteúdo contratual é fixado de antemão pelas partes.

Não há no direito de preferência uma vinculação por parte do outorgante quanto à transferência do bem[420], ao contrário do que ocorre na opção, em que seu consentimento quanto à compra e venda optativa é manifestado no momento em que a opção surge no mundo jurídico.

O contrato de compra e venda sujeito ao pacto de prelação não se forma unicamente com a manifestação do beneficiário, ao contrário do que ocorre no negócio outorgativo de opção, no qual o exercício do direito formativo gerador é capaz de formar o contrato optativo[421].

O direito atribuído ao beneficiário do direito de preferência consiste, como se convencionou mencionar nos Estados Unidos da América, como um direito de recusar em primeiro lugar uma potencial aquisição ou alienação de um determinado bem (chamado de *right of first refusal*). Parte da jurisprudência naquele país utiliza-se de um raciocínio – que se pode transpor ao Direito nacional – de que a expressão "primeiro" mostra que o beneficiário possui somente uma preferência de ordem para rejeitar ou aceitar em relação a quaisquer terceiros a compra e venda de um bem alheio[422].

O direito de preferência também foi objeto de estudo por diversos autores e de regulamentação em muitos países, razão pela qual alguns aspectos estão em um estágio de entendimento mais desenvolvido em relação ao direito de opção (ou direito formativo gerador oriundo do contrato ou do pacto de opção), tais como tutela judicial, fixação de prazo e registrabilidade[423], entre outros.

---

[420] O. MILHAC, *La notion...*, cit., p. 448.

[421] Cf. R. FAVALE, *Opzione...*, cit., p. 49.

[422] Vide excerto extraído da decisão no caso *Lind v. Vanguard Offset Printers, Inc.* (857 F. Supp. 1060 – S.D.N.Y. 1994): *"An agreement to sell stock, which stated that if the buyer wished to sell the stock following his purchase he was required to first offer it back to the seller, created a right of first refusal, not a put option. The use of the limiting word "first" indicated that a possibility existed that offers could be made to parties other than the buyer."*.

[423] O. MILHAC, *La notion...*, cit., pp. 448-449 (referido autor mostra que certa jurisprudência, muito criticada pela doutrina, encarou o pacto de preferência como *promesse unilatérale de vente* condicional a fim de permitir a aplicação da mesma regulamentação em matéria de registro a ambas as figuras).

No Brasil, contrariamente ao que ocorre com as opções, o direito de preferência ou de preempção foi expressamente disciplinado no diploma civil[424]. Salvo por alguns conceitos que podem ser importados para a disciplina, o regramento atinente ao direito de preempção não pode ser aplicado às opções[425].

No que tange ao contrato com cláusula de arrependimento, assim como nos pactos de retrovenda ou retrocompra, a grande diferença é que nestes existe uma relação jurídica subjacente que resulta em transferir a propriedade a outrem, ao passo que na figura da opção aqui analisada o efeito inicial e típico independe do contrato de compra e venda e da transferência da propriedade entre as partes[426].

4.3 Breves Notas acerca de Direito Comparado

Tendo em vista a atipicidade dos negócios outorgativos de opção, torna-se relevante apresentar, ainda que de forma resumida, sem qualquer pretensão de esgotar a análise do tema, sua disciplina em Direito Comparado[427].

Em virtude de ser um dos temas mais controvertidos em sede de Direito Civil, a atenção será voltada para a diferença entre "proposta irrevogável" e "contrato de opção", com apenas algumas referências esparsas aos contratos preliminares[428].

Isso não limita, entretanto, a apresentação da disciplina para elucidação de outras questões aqui tratadas visando traçar um quadro comparativo com

---

[424] Vide arts. 513 a 520 do Código Civil.

[425] Mais adiante, discutir-se-á a possibilidade de aplicação da regra contida no art. 518 do Código Civil às opções, a qual prevê a responsabilidade solidária por parte de eventual adquirente de má-fé de um bem sujeito a um direito de preferência ou preempção.

[426] Optou-se por não adentrar na discussão acerca da natureza do direito que o beneficiário aufere em referidos contratos (direito formativo gerador *versus* condição resolutiva), haja vista que apenas a inexorável dependência da efetiva relação de compra e venda subjacente já serve para justificar a diferença de tratamento entre as figuras comparadas.

[427] Adverte-se que as linhas a seguir apenas trazem uma análise limitada da matéria em Direito Comparado, haja vista que uma análise aprofundada exigiria um alargamento demasiado da abrangência desta obra. Foram apenas traçados os pontos necessários acerca do regime da oferta e da opção que se mostraram relevantes para a conclusão a ser trazida ao final do capítulo.

[428] Este subitem não abordará em detalhes os aspectos atinentes aos contratos preliminares, haja vista já terem sido objeto de vasta doutrina nacional, inclusive com referências ao Direito Comparado.

o ordenamento nacional, de forma a evidenciar aspectos já abordados por autores estrangeiros que podem ser úteis à análise aqui proposta[429].

A intenção de recorrer ao Direito Comparado busca, conforme lição clássica de T. ASCARELLI, tentar ampliar a experiência jurídica nacional e auxiliar na compreensão das relações entre as normas jurídicas e a realidade social, com o objetivo último de extrair elementos comuns aos negócios outorgativos de opções que, à falta de regramento positivo, podem ser empregados em âmbito nacional, com as devidas adaptações, para construção de sua disciplina legal[430].

4.3.1 Inglaterra e Estados Unidos da América

Conforme já ressaltado por importante doutrina nacional, ao contrário do que sucede em geral com os sistemas de origem romano-germânica, não se apresenta como característica marcante dos sistemas de *common law* uma preocupação acentuada quanto à determinação exata de conceitos[431].

Por isso, aliada a diferenças estruturais, deve-se tomar certo cuidado ao comparar o tratamento de figuras jurídicas, aparentemente similares, em referidos sistemas[432]. Essa máxima aplica-se inclusive no tocante ao tema dos contratos de opção, notadamente influenciado nos dias de hoje pelo pragmatismo típico do Direito anglo-saxão, pois as raízes do ordenamento nacional impedem a assimilação dos conceitos e princípios que regem a matéria em cada um dos sistemas.

Além disso, embora possuam semelhanças marcantes, não se pode tratar, como se unitários fossem, os regramentos verificados na Inglaterra e nos Estados Unidos da América.

Iniciando-se pelo primeiro país, é importante relembrar o princípio geral da revogabilidade das propostas contratuais ali vigente, o que significa dizer

---

[429] Especificamente quanto ao tema das opções, já foi salientado na doutrina que deve haver uma análise comparativa entre os sistemas de *common law* e aqueles de origem romano-germânica, como italiano e alemão, para o deslinde das dúvidas (cf. R. STAZJN, *Sobre a natureza jurídica...*, cit., p. 57).

[430] Cf. *Problemas das sociedades...*, cit., p. 34.

[431] J. Lamartine CÔRREA OLIVEIRA, *A dupla crise da pessoa jurídica*, São Paulo, Saraiva, 1979, p. 263.

[432] D. TALLON – H. BEALE. – H. KÖTZ – A. HARTKAMP, *Casebooks on the common law of Europe: Contract Law*, Oregon, Hart Publishing, Oxford, 2002, p. 12.

NATUREZA JURÍDICA DO NEGÓCIO OUTORGATIVO DE OPÇÃO DE COMPRA OU VENDA

que, mesmo nos casos em que estas sejam emitidas por prazo determinado, o proponente possui ampla liberdade de revogá-las, posto inexistir qualquer direito em favor do oblato[433].

Salvo em determinadas ocasiões, que serão aqui abordadas, a doutrina e os casos (*precedents*) mais relevantes na matéria[434] mostram a aplicabilidade de referido princípio, permitindo que os proponentes revoguem suas propostas anteriormente à expedição da aceitação pelo oblato[435], independentemente de terem sido feitas por prazo determinado[436] ou indeterminado.

Diante desse contexto de plena revogabilidade das propostas, tornou-se frequente que as partes entabulassem negócios cujo escopo primordial era fazer com que uma delas, através de uma contraprestação (*consideration*)[437]

---

[433] A doutrina mostra-se praticamente unânime nesse sentido: J. BEATSON, *Anson's law of contracts*, 27 ed., Oxford, Oxford University Press, 1998, p. 51 (referido autor cita o caso *Offord v. Davies* como ilustrativo do princípio da revogabilidade das propostas); e P. S. ATIYAH, *An introduction to the law of contract*, 5th ed., New York, Oxford Press University, 1995, p. 76. No que tange à jurisprudência (*precedents*), vale a pena mencionar, por emblemático, o caso *Dickinson v. Dodds (1876), Court of Appeal, Chancery Division. 2 Ch. Div. 463* ("*An offer to sell property may be withdrawn before acceptance*"). Na mesma linha, vide: H. MATHER, *Firm Offers under the UCC and CISG*, Pace Institute of International Commercial Law, 2000, p. 8, disponível in http://www.jus.uio.no/pace [16.09.2010]; e O. LANDO, *Some features of the law of contract in the third millennium* in *Scandinavian Studies in Law*, Stockholm Institute, vol. 40, 2000, pp. 383-384.

[434] Um dos casos apontados pela doutrina como mais antigo e importante quanto à possibilidade de revogação das propostas à falta de *consideration* é *Payne v Cave (1789) 3 T.R. 148* e *Cooke v. Oxley (1790) 3 T.R. 653*.

[435] A teoria da expedição da aceitação vem sendo sustentada pela doutrina e reiterada pelos tribunais, seguindo-se a linha do importante precedente *Adams vs Lindsell (1818), 106, E.R. 250*, tido como o primeiro autêntico caso de oferta e aceitação sob direito inglês (G. CHESHIRE – C. Geoffrey – C. FIFOOT – M. FURMSTON, *Cheshire, Fifoot and Furmston's Law of Contract*, 13th ed., Butterworths, 1996, pp. 58-59).

[436] O precedente *Routledge v. Grant, in Bing, 4, 1828, p. 653* mostra que, mesmo em uma proposta feita por prazo determinado, ao proponente é lícito revogá-la antes do envio da aceitação por parte do oblato.

[437] Existem diferentes teorias para a conceituação do *consideration* nos países anglo-saxões. Não obstante, por fugir ao presente tema, deixar-se-á de abordá-las aqui detalhadamente. Assumir-se-á a postura mais ampla possível, ou seja, de que *consideration* seja qualquer forma de contraprestação ou retribuição. Vide lições da doutrina nesse sentido: "*The doctrine of consideration requires that, for a promise to be binding in English law, the promise must form part of a bargain – that is to say, the promise must have been given in exchange for something else, either an act – or forbearance or a return promise.*" (cf. D. TALLON – H. BEALE. – H. KÖTZ – A. HARTKAMP, *Casebooks...*, cit., p. 16).

ou solenidade específica (*deed* ou *under seal*), renunciasse seu direito de revogar a proposta contratual antes da expedição da aceitação. Estes negócios, vinculantes às partes[438], foram chamados de **opções** (*options*)[439].

À falta da contraprestação, a proposta volta a ser amplamente revogável por seu proponente, exceto nas hipóteses em que referido negócio (*option*) é celebrado de forma solene (*under seal*), o que lhe torna vinculante[440].

Desta feita, tendo em vista que as propostas são em geral revogáveis, salvo se houver mútuo acordo através da pactuação de uma contraprestação em favor do outorgante, os contratos de opção são tidos justamente como o instrumento contratual colocado à disposição das partes para tal finalidade.

Em outras palavras, a função dos contratos de opção, neste país, é notadamente tornar a proposta quanto ao contrato optativo irrevogável e firme entre as partes.

Muitas vezes, inclusive, pela falta de rigor quanto aos conceitos, o termo "opção" tem sido utilizado para se referir à situação do oblato de uma proposta simples (revogável), o que pode acabar causando certa confusão aos olhos de intérpretes de Direito de origem romano-germânica[441]. Do mesmo modo, o que se tem por contratos unilaterais (*unilateral contracts*) em referido país, não se confunde com o conceito atribuído por países de origem romana, nos quais não é imprescindível a vinculação bilateral para validade dos acordos[442].

---

[438] Os casos (*precedents*) mais marcantes são dados por *Mountford v. Scott, in Ch.D, 1975, p. 258* e *Dickinson v. Doods, in Ch.D, 2, 1876, p. 463* (cf. R. FAVALE, *Opzione...*, cit., p. 15). No mesmo sentido: A. CHIANALE, *Opzione...*, cit., p. 141.

[439] Vide: J. BEATSON, *Anson's law...*, cit., p. 53; G. TREITEL, *The law of contract*, 11th ed., London, Sweet & Maxwell 2003, p. 59; H. BEALE – J. CHITTY, *Chitty on contracts*, vol. I, 29th ed., London, Sweet & Maxwell, 2004, pp. 182 e 354; e E. PANZARINI, *Il contratto di opzione*, cit., p. XIX.

[440] Vide o seguinte precedente, mencionado por vasta doutrina: *Beesley v. Hallwood Estates Ltd., in Ch.D, 1961, p. 105* (R. FAVALE, *Opzione...*, cit., p. 15; e E. PANZARINI, *Il contratto di opzione*, cit., p. 168).

[441] No caso *Henthorn v Fraser (1892) 2 Ch. 27 (C.A. 1892)* os termos opção e oferta são utilizados para designar a mesma situação, o que não significa dizer que os contratos de opção sejam equivalentes às ofertas simples (revogáveis).

[442] Importantes autores que se destinaram ao estudo comparado dos ordenamentos europeus chegaram a salientar que o conceito de contrato na Inglaterra e nos países de origem romano-germânica não é uno, realçando que os chamados *contratos unilaterais* na França (bem semelhantes aos que existem no Brasil) não seriam válidos na Inglaterra por ausência de *consideration* (D. TALLON – H. BEALE. – H. KÖTZ – A. HARTKAMP, *Casebooks...*, cit., pp. 15-16).

NATUREZA JURÍDICA DO NEGÓCIO OUTORGATIVO DE OPÇÃO DE COMPRA OU VENDA

Pode-se inferir dos ensinamentos da doutrina que, embora possuam as *options*, ao menos, algumas das características das propostas, ambas as figuras são estruturalmente distintas[443]. Exige-se nas opções a presença de acordo (*agreement*) e contrapartida (*consideration*), o que as tornam irrevogáveis e vinculantes para as partes, enquanto que as propostas, por carecerem de tais elementos, remanescem revogáveis e não vinculantes, por essência, a ambas as partes.

Conclui-se, assim, que em referido país, como decorrência da revogabilidade das propostas, as opções são verdadeiros contratos que visam, dentre outras coisas, torná-las irrevogáveis, o que acaba as colocando em uma "zona cinzenta" entre a figura contratual e as propostas propriamente ditas[444].

Nos Estados Unidos da América[445], em geral, as regras são muito similares às da Inglaterra, no tocante à revogabilidade das propostas[446]. Assim, ressalvadas raras situações, mesmo nas hipóteses em que as propostas sejam feitas por prazo limitado, o proponente pode revogá-las a qualquer momento antes da expedição (*mailbox rule*) da aceitação[447].

Em referido país, o termo "opção", em sentido jurídico, é utilizado de forma ainda mais ampla do que aquela usada no Brasil. Doutrinadores costumam dizer que os contratos, em sua maioria, são estruturados como opções ou acabam tendo as opções como um de seus importantes elementos[448]. Como exemplo, salientam que o simples fato de uma das partes ter a prerrogativa

---

[443] Cf. H. BEALE – J. CHITTY, *Chitty on contracts*, vol. I, cit., pp. 182 e 354; e G. TREITEL, *The law...*, cit., pp. 57-58.

[444] Cf. P. S. ATIYAH, *An introduction...*, cit., p. 76.

[445] Não se pode adentrar ao exame do direito norte-americano sem antes advertir que, para fins metodológicos, apenas estão sendo analisadas as linhas gerais de princípios e de normas de abrangência federal, sem a pretensão de se aventurar no exame do direito de cada um dos Estados federados daquele país (cf. J. Lamartine CÔRREA OLIVEIRA, *A dupla crise...*, cit., p. 264). Almeja-se, nesta obra, traçar apenas as linhas mestras acerca da revogabilidade das ofertas e sua relação com o desenvolvimento e natureza do contrato de opção.

[446] J. POOLE, *Casebook on contract law*, 8th ed., New York, Oxford University Press, 2006; e H. MATHER, Henry, *Firm Offers...*, cit., pp. 1-2.

[447] A. W. KATZ, *The Option...*, cit., pp. 2196-2198; S. SHAVELL, *Economic...*, cit., cap. 14, p. 14; e M. COZZILLIO, *The Option Contract: Irrevocable Not Irrejectable* in Catholic University Law Review 39, 1990, p. 468 disponível in http://works.bepress.com/michael_cozzillio/6 [03.01.2011].

[448] A. W. KATZ, *The Option...*, cit., pp. 2188 e 2244 (referido autor mostra que todos os contratos contêm características que lembram ou são economicamente equivalentes às opções).

OPÇÃO DE COMPRA OU VENDA DE AÇÕES

de resilir o contrato e assumir a responsabilidade pelas perdas e danos eventualmente incorridas pela contraparte configura uma opção[449].

Não obstante, alguns acabam sendo designados especificamente como opções para conferir irrevogabilidade a uma determinada oferta de realizar um contrato, o que se assemelha, em parte, com a figura aqui analisada[450].

Tal como ocorre na Inglaterra, como regra geral, para que haja vinculação das partes, exige-se a presença de *consideration*[451] ou o cumprimento de certas formalidades (*under seal*)[452].

Contrariamente, na Inglaterra é mais acentuada a possibilidade de vinculação das partes nas hipóteses em que o oblato tenha confiado (*reliance*) na oferta e já tenha iniciado a execução dos atos ou da atividade necessários para sua aceitação (*promissory estoppel*)[453].

---

[449] Idem, ibidem, p. 2202.

[450] Elucidativa a lição de parte da doutrina que, metaforicamente, ressalta o principal efeito do contrato em questão, ou seja, de permitir que o beneficiário possa avaliar as condições de mercado e outras variáveis sem correr o risco de prejuízos da *Espada Damocleana* pendurada sobre a sua cabeça, caracterizada pela possível revogação espontânea da proposta a qualquer momento pelo proponente (M. COZZILLIO, *The Option...*, cit., p. 503 ("*The optionee may evaluate market conditions and other variables without risking injury from the Damoclean sword of sponteneous revocation hanging overhead.*").

[451] A título ilustrativo, sem intenção de ingressar no exame da matéria, vale ressaltar que a doutrina mais abalizada do assunto entende que o *consideration* não precisa ser em pecúnia, podendo, por outro lado, ser representado pela outorga de um direito ou a assunção de uma responsabilidade, revestindo-se de variadas formas. Nesse sentido: "*A valuable consideration in the sense of the law may consist either in some right, interest, profit or benefit accruing to one party, or some forbearance, detriment, loss or responsibility given, suffered or undertaken by the other. (...) Consideration means not so much that one party is profiting as that the other abandons some legal right in the present or limits his legal freedom of action in the future as an inducement for the promise of the first.* (W. YOUNG – E. FARNSWORTH, *Contracts – Cases and Materials*, New York, Foundation Press, 1980, p. 46).

[452] A. W. KATZ, *The Option...*, cit., pp. 2188 e 2234; J. BEATSON, *Anson's law...*, cit., p. 54; H. MATHER, *Firm Offers...*, cit., pp.1-2; e W. HOHFELD, *Fundamental...*, cit., p. 56.

[453] Não se tem a intenção de analisar em detalhe os aspectos atinentes a referida doutrina chamada de *promissory estoppel*, a fim de não alargar demasiadamente o escopo desta obra. É necessário apenas traçar seu panorama para mostrar que em determinadas situações, mesmo que não tenha havido aceitação ou *consideration*, o início da conduta das partes permite a formação de um contrato entre as partes. Após evolução no posicionamento da doutrina (cf. A. W. KATZ, *The Option...*, cit., p. 2197), o *Restatement (Second) of Contracts* que, embora não vinculante às partes, desempenha papel marcante na formação dos precedentes e no direcionamento do pensamento jurisprudencial, acabou disciplinando o assunto: "*§87 (2) An offer which the offeror should reasonably expect to induce action or forbearance of a substantial*

Além disso, ainda que tradicionalmente as chamadas *zero-premium options* (similares às opções gratuitas) não sejam reconhecidas como vinculantes nos tribunais norte-americanos[454], há autores que mostram certa tendência da jurisprudência daquele país na flexibilização do rigor quanto à necessidade de *consideration* nos contratos de opção[455].

---

character on the part of the offeree before acceptance and which does induce such action or forbearance is binding as an option contract to the extent necessary to avoid injustice". Na Inglaterra, dita doutrina, embora tenha ganhado espaço entre os juristas, ainda encontra certa resistência por parte dos tribunais (cf. J. BEATSON, *Anson's law...*, cit., p. 54; P. S. ATIYAH, *An introduction...*, cit., p. 79; D. TALLON – H. BEALE. – H. KÖTZ – A. HARTKAMP, *Casebooks...*, cit., p. 11; e H. MATHER, *Firm Offers...*, cit., p. 8). Nessa linha, certa parte da doutrina mostra a orientação do Comitê de Revisão Legislativa no sentido de buscar alterar os princípios atuais a fim de permitir que ofertas por prazo limitado possam ser objeto de revogação, bem como a aplicação da *promissory estoppel doctrine* em referido ordenamento (J. BEATSON, *Anson's law...*, cit., p. 54), sem contar a possível flexibilização das regras rígidas de *consideration*, sobretudo nas relações comerciais, utlizando argumentos calcados nos "usos e costumes" para sustentar a validade de operações de tal natureza (cf. O. LANDO, *Some features...*, cit., p. 383).

[454] A. W. KATZ, *The Option...*, cit., p. 2192.

[455] M. COZZILLIO, *The Option...*, cit., p. 549; e A. W. KATZ, *The Option...*, cit., p. 2192 (referido autor mostra um certo esforço da doutrina para encontrar condições equiparáveis ao *consideration* em determinados contratos de opção, assim como a admissibilidade de *nominal consideration*, tal como um prêmio simbólico de 1 (um) dólar etc., para determinar sua formação e vinculatividade entre as partes). A regra do §87 do Restatement (Second) of Contracts e o artigo 2.205 do Uniform Commercial Code dão evidência dessa tendência: "*[...] §87 (1) An offer is binding as an option contract if it (a) is in writing and signed by the offeror, recites a purported consideration for the making of the offer, and proposes an exchange on fair terms within a reasonable time; or (b) is made irrevocable by statute.*"; e "*[...]§ 2-205. Firm Offers. An offer by a merchant to buy or sell goods in a signed record that by its terms gives assurance that it will be held open is not revocable, for lack of consideration, during the time stated or if no time is stated for a reasonable time, but in no event may such period of irrevocability exceed three months; but in no event may the period of irrevocability exceed three months.*" Apenas a título ilustrativo, embora não represente unidade conceitual de direito norte-americano, é pertinente trazer à colação um dispositivo do *New York General Obligations* que, diversamente do princípio geral da revogabilidade das ofertas, prevê a irrevogabilidade das ofertas realizadas por tempo determinado: "*[...] § 5-1109. Written irrevocable offer. Except as otherwise provided in section 2-205 of the uniform commercial code with respect to an offer by a merchant to buy or sell goods, when an offer to enter into a contract is made in a writing signed by the offeror, or by his agent, which states that the offer is irrevocable during a period set forth or until a time fixed, the offer shall not be revocable during such period or until such time because of the absence of consideration for the assurance of irrevocability. When such a writing states that the offer is irrevocable but does not state any period or time of irrevocability, it shall be construed to state that the offer is irrevocable for a reasonable time.*"

OPÇÃO DE COMPRA OU VENDA DE AÇÕES

Seja como for, em ambos os países, o caráter contratual das opções revela-se acentuado, levando-se em conta que o acordo bilateral de vontades é fundamental para tornar irrevogável a proposta quanto ao contrato optativo[456].

A grande dificuldade reside no estabelecimento de claras linhas distintivas entre as propostas e os contratos de opção. A maioria dos autores e dos precedentes, comumente caracterizados de grande pragmatismo, acabam muitas vezes associando os contratos de opção às propostas irrevogáveis[457].

Não obstante, sobretudo em razão da diferença no regime entre aceitação e exercício da opção (a ser melhor tratada nos capítulos adiante)[458], percebe-se que são figuras tipicamente distintas.

4.3.2 Alemanha

Conforme já explicitado acima, o Código Civil alemão (BGB)[459] prevê como regra a irrevogabilidade das propostas, salvo se sobrevier manifestação em contrário do proponente[460].

---

[456] R. STAZJN, *Sobre a natureza jurídica...*, cit., p. 57 (a autora reconhece o caráter contratual das opções em referidos países).

[457] Alguns autores referem-se à suposta *metáfora* entre contrato de opção e oferta irrevogável, quando equiparam aquele à última (cf. S. H. GOO, *Sourcebook on Land Law (Sourcebook Series)*, 3th ed., London, Cavendish, 2002, pp. 265-267). Em direito norte-americano, podem ser encontradas decisões que textualmente afirmam que uma *opção* seria uma *oferta contínua* (cf. *Hyperbaric Oxygen Therapy Systems Inc. v St Joseph Medical Center of Fr. Wayne Inc (1997) NE2d 243 (Ind. Ct. App. 1997)* disponível *in http://caselaw.findlaw.com/in-court-of-appeals/1077722.html [03.01.2011]*.

[458] Apesar de haver certa resistência de doutrina minoritária (M. COZZILLIO, *The Option...*, cit., p. 554), o *Restatement (Second) of Contracts* dispõe que o *poder de aceitação* no contrato de opção não se extingue com eventual contraproposta ou eventual rejeição por parte do beneficiário: "§37. *Notwithstanding §38-49: The power of acceptance under an option contract is not terminated by rejection or counter-offer, by revocation, or by death, or by incapacity of the offeror, unless the requirements are met for the discharge of a contractual duty.*" Mesmo a doutrina que critica este artigo concorda que a *mailbox theory* (similar à teoria da expedição em nosso ordenamento), aplicável à aceitação de ofertas em geral, não deve prevalecer quando se tratar do exercício do direito opção (Idem, ibidem, p. 538).

[459] O *Bürgerliches Gesetzbuch* será aqui designado pelo acrônimo BGB de larga utilização entre os autores nacionais.

[460] O. LANDO, *Some features...*, cit., p. 383; E. PANZARINI, *Il contratto di opzione*, cit., p. 161; e H. MATHER, Henry, *Firm...*, cit., p. 8.

NATUREZA JURÍDICA DO NEGÓCIO OUTORGATIVO DE OPÇÃO DE COMPRA OU VENDA

A leitura dos §§ 145 e 148 do BGB[461] deixa claro que as ofertas são vinculantes e irrevogáveis ao proponente, exceto se de outra forma declarado, pelo prazo nelas estabelecidos.

Assim como ocorre no Brasil[462], à falta de determinação do prazo para sua aceitação, a proposta deve remanescer vinculante ao proponente pelo prazo em que, dentro das circunstâncias usuais, pode-se presumir que o oblato a tenha recebido e também tenha tido a oportunidade de analisá-la e respondê--la ao proponente.

À falta de tratamento legal da figura das opções na Alemanha, a doutrina colocou-se a estudá-la e a diferenciá-la das demais figuras existentes. A exemplo do que já se depreendeu, as principais teorias foram aquelas que assemelhavam as opções aos contratos sujeitos a condição suspensiva[463], aos contratos preliminares[464] e à proposta irrevogável.

A grande tarefa da doutrina, portanto, consistia em situá-la dentre os negócios que se colocam no espectro entre as tratativas e o contrato definitivo[465], inexistindo, até os dias de hoje, unanimidade entre os autores[466].

Da mesma maneira do que ocorre no Brasil, o grande obstáculo verificado pela doutrina estava na diferenciação entre o contrato de opção e a proposta irrevogável por tempo determinado prevista no BGB[467].

---

[461] *"Section 145. Binding effect of an offer. Any person who offers to another to enter into a contract is bound by the offer, unless he has excluded being bound by it. / Section 148. Fixing a period for acceptance. If the offeror has determined a period of time for the acceptance of an offer, the acceptance may only take place within this period."* (cf. *Bürgerlichen Gesetzbuches*, trad. ingl. de Langenscheidt Translation Service, atual. por Neil Mussett, *German Civil Code*, Saarbrücken, Juris GmbH, 2010).

[462] Art. 428, II, do Código Civil.

[463] A. VON TUHR, *Der Allgemeine teil des deutschen bürgerlinchen rechts*, trad. esp. de Tito Ravà, *Teoria General del derecho civil alemán*, Buenos Aires, Depalma, 1946, p. 204 (referido autor, ainda que reconheça a criação de um direito formativo gerador (*Gestaltunsrecht*), mostra o posicionamento de antiga jurisprudência que o considerava como contrato condicionado); e D. HEINRICH, *Vorvertrag...*, cit., p. 239 (referido autor evidencia que a condição não faz parte da essência do negócio, razão pela qual, conclui-se, não poder qualificá-lo).

[464] Embora algumas décadas atrás a doutrina e parte da jurisprudência tenham equiparado o negócio outorgativo de opção ao pré-contrato (*Vorvertrag*), logo as diferenças foram marcadas e determinadas nos âmbitos doutrinário e jurisprudencial (cf. R. FAVALE, *Opzione...*, cit., p. 7).

[465] Cf. A. GEORGIADES, *Optionsvertrag...*, cit. p. 409 e ss.

[466] R. FAVALE, *Opzione...*, cit., p. 8 (referido autor, de forma sucinta, teceu breves notas acerca da divergência de conceitos entre os autores alemães).

[467] Idem, ibidem, p. 9.

OPÇÃO DE COMPRA OU VENDA DE AÇÕES

Dada a regra da irrevogabilidade das propostas, a doutrina tentou desenvolver argumentos para sustentar a validade e a utilidade de um negócio – tipicamente bilateral – que tivesse o mesmo efeito que se conseguiria por meio de uma proposta irrevogável.

Conforme já sustentado acima, o primeiro – e talvez o mais importante – argumento é de ordem funcional, relacionado ao prazo de vinculação da parte proponente ou outorgante em ambas as figuras. Na proposta por tempo determinado (*Festofferte*) prevista no § 148 do BGB, a vinculação do proponente – funcionalmente – dá-se por um prazo mais curto do que aquele previsto no contrato de opção[468].

Outro argumento utilizado pela doutrina reside na posição de interesse em ambos os negócios, dado que nas propostas predomina o interesse do proponente que espera que o oblato adquira o bem em questão, enquanto que na opção prevalece do próprio beneficiário de formar o contrato optativo[469].

De modo semelhante, reconhecem alguns autores que, na opção, a responsabilidade decorre primordialmente do vínculo contratual, ao passo que na proposta aquela deriva da própria lei[470].

Diversas teorias associam os contratos às propostas firmes (*Festofferte*) ou ao contrato condicionado[471], mas a mais moderna entende tratar-se de um contrato *sui generis*, haja vista que, por contrariar o ideal da rápida formação dos contratos no tráfico jurídico, uma eventual proposta firmada por longo período não seria admissível no ordenamento alemão[472].

---

[468] M. Casper, *Der optionsvertrag*, cit., pp. 9-10; Favale, Rocco, *Opzione...*, cit., p. 9; e E. Panzarini, *Il contratto di opzione*, cit., p. 193.

[469] A. Georgiades, *Optionsvertrag...*, cit., pp. 413-414 (a expressão utilizada pelo autor é *interesselage*).

[470] Idem, ibidem, p. 419 (o autor rebate o posicionamento de que nas opções a responsabilidade das partes seria extracontratual).

[471] Tendo em vista que o regramento das condições no direito alemão é distinto daquele verificado no ordenamento pátrio (fundamentalmente no que tange à retroatividade), deixar-se-á de abordar o tema neste capítulo, o qual centrará a atenção na diferenciação da figura frente à proposta irrevogável.

[472] M. Casper, *Der optionsvertrag...*, cit., p. 73.

NATUREZA JURÍDICA DO NEGÓCIO OUTORGATIVO DE OPÇÃO DE COMPRA OU VENDA

Sob o aspecto estrutural, também grande parte dos autores tem defendido sua natureza contratual em contraposição à natureza pré-contratual das propostas que são irrevogáveis por determinação legal[473].

Atualmente, a doutrina que considera os negócios outorgativos de opção como uma modalidade contratual *sui generis*[474] e autônoma[475] tem sido a mais moderna e a que tem recebido maior aceitação em referido ordenamento jurídico.

Nesse sentido, ressalvadas algumas particularidades, tendo em vista que o regime de irrevogabilidade das propostas é semelhante, podem ser aplicadas, com as devidas adaptações, as lições obtidas dos autores germânicos para melhor entender e explicitar o posicionamento adotado nesta obra.

4.3.3 França

Como regra geral, marcado por razões históricas, o ordenamento jurídico francês conferiu muita importância e valor à livre manifestação de vontade das partes no tocante à formação dos negócios jurídicos e vinculação das partes[476].

Apesar de ter sido objeto de intensa reflexão e flexibilização, pode-se dizer que os doutrinadores e a jurisprudência em referido país mantêm essa linha de pensamento[477]; a doutrina clássica entendia que, até que houvesse o encontro de vontades, as partes mantinham-se livres para se desvincular de eventuais obrigações ou compromissos assumidos. Contudo, ao amparo do princípio da segurança das relações, a jurisprudência passou a se pronunciar de forma distinta[478].

Como registra a doutrina moderna, em virtude do dogma da autonomia da vontade, a vinculação unilateral, no âmbito do Direito francês, sempre foi algo muito debatido pela doutrina, haja vista o princípio da revogabilidade

---

[473] A. GEORGIADES, *Optionsvertrag...*, cit., p. 411 e ss; M. CASPER, *Der optionsvertrag*, cit., pp. 73-74; e D. HEINRICH, *Vorvertrag...*, cit., p. 229.

[474] Cf. M. CASPER, *Der optionsvertrag*, cit., pp. 73-74.

[475] D. HEINRICH, *Vorvertrag...*, cit., pp. 13-15.

[476] Vide célebre art. 1.134 do *Code Civil* que confere aos contratos força de lei entre as partes: *"Art. 1134. Les conventions légalement formées tiennent lieu de loi à ceux qui les ont faites."*

[477] P. MALINVAUD, *Droit...*, cit., pp. 52-53.

[478] Idem, ibidem, p. 87.

OPÇÃO DE COMPRA OU VENDA DE AÇÕES

das propostas, ainda que recentemente flexibilizado. Como regra geral, as propostas – atos unilaterais – podem ser revogadas anteriormente à aceitação por parte do oblato, ressalvadas algumas situações impostas no ordenamento ao amparo da segurança dos negócios.

A chamada *promesse unilatérale de contrat* – utilizada na legislação –, tipicamente contratual, passou a ser o instrumento usado na prática para responder aos anseios da sociedade, com o objetivo de, através do encontro de vontades, tornar uma parte vinculada a um certo contrato projetado, muito semelhante ao negócio outorgativo de opção aqui abordado[479]. Não por menos, portanto, que a própria *promesse unilatérale de contrat* foi considerada por grande parte da doutrina como sendo o próprio negócio outorgativo de opção[480].

Em vista do exposto, era natural que a doutrina, de forma quase unânime, defendesse o caráter contratual[481] da opção de compra e venda.

Interessante questão é que a nomenclatura "promessa unilateral" não conduz, necessariamente, à unilateralidade – dos efeitos e não da formação – do contrato em questão. Diante disso, alguns autores, para se referirem à promessa unilateral que criasse obrigações apenas *ex uno latere*, faziam referência

---

[479] *"On peut affirmer que désormais le contrat de promesse unilatérale de vente est devenu un contrat spécial que nous aimerions appeler par conséquent 'contrat d'option' (...)"*. (cf. F. Bénac-Schmidt, *Le contrat de promesse...*, cit., p. 7). Da mesma forma: M. Mousseron – M. Guibal – D. Mainguy, *L'avant...*, cit., p. 328; e A. Gaudemet, *Contribution...*, cit., p. 31.

[480] A. Tomasetti Jr., *Execução do contrato...*, cit., p. 93 ("*O mais que se consegue admitir em seqüência a tal orientação é a sua referibilidade exclusiva às promessas unilaterais de venda, pois nestas ainda falta um dos elementos constitutivos do negócio, qual seja, a declaração definitiva da vontade de um dos contratantes. Daí que a teoria das promessas de contatar, na esmagadora maioria dos autores franceses, se esgote no tratamento das promessas unilaterais, que, aliás, não são distintas da opção.*").

[481] Apenas para manter o rigor técnico, à luz do disposto no artigo 1.101 do Código Civil francês, parte da doutrina refere-se à *convenção* e outra parte ao termo *contrato*. Apesar de existir diferença meramente teórica entre os termos *convenção* e *contrato*, na presente obra assumir-se-á que ambos sejam sinônimos, ao lado da doutrina clássica e abalizada daquele país. Vide nesse sentido: *"Une terminologie plus précise distingue contrat et convention, en réservant le nom de contrat aux accords conclus en vue de créer un droit, les autres accords de volonté étant des conventions. Mais cette distinction est théorique (...) Aussi, en pratique, les deux mots sont-ils généralement tenus pour synonymes."* (G. Goubeaux – P. Voirin, *Droit Civil...*, cit., p. 347). Ainda a favor da natureza contratual – ou convencional – da *promesse unilatérale de vente* pode-se citar os seguintes autores: G. Rebour, *De la clause d'option...*, cit., p. 22; A. Lecompte, *De la nature...*, cit., p. 8; C. Grimaldi, *Quasi-engagement...*, cit., p. 376; F. Bénac-Schmidt, *Le contrat de promesse...*, cit. p. 7; A. Gaudemet, *Contribution...*, cit., p. 31; e O. Milhac, *La notion...*, cit., p. 119.

ao contrato unilateral de promessa unilateral (*contrat unilatérale de promesse unilatérale*) [482].

Nesse cenário, seja por razões estruturais, seja por conta da revogabilidade das propostas, por muito tempo, não havia maiores dificuldades para distinguir as opções de compra (*promesses unilatérales de vente*) das propostas.

Porém, com a evolução jurisprudencial, passou-se a admitir a irrevogabilidade das propostas em algumas circunstâncias, notadamente naquelas realizadas por tempo determinado. Diversas teorias foram criadas para fundamentar a vinculação unilateral, sem acordo, do proponente, tendo ganhado relevo aquela que encarava a retratação do policitante como um ilícito que justificava, através da aplicação da regra geral de responsabilidade civil, a reparação por perdas e danos casualmente incorridos pelo oblato[483].

---

[482] A questão da unilateralidade dos contratos no ordenamento francês também é complexa e tem suscitado a atenção da doutrina e jurisprudência. Por isso, apresentar-se-ão os conceitos mais aceitos acerca do assunto, a fim de não desviar demasiadamente do tema central desta obra. Nesse sentido, pode-se conceituar o *contrato unilateral* como aquele que cria obrigações apenas para uma das partes (G. GOUBEAUX – P. VOIRIN, *Droit Civil...*, cit., p. 358). O termo unilateral criou muita confusão, mas tem prevalecido essa ideia de vinculação obrigatória a apenas uma das partes (M. MOUSSERON – M. GUIBAL – D. MAINGUY, *L'avant...*, cit., p. 328). O conceito, destarte, foi aprofundado no que tange às *promesses unilatérales de vente* (opções de compra) e atualmente prevalece o entendimento de que estas serão *unilaterais* quando apenas uma das partes estiver vinculada à conclusão e aos termos do contrato definitivo. O simples fato de existir um prêmio (*prix* ou *indemnité d'immobilisation*) não é suficiente para retirar a unilateralidade do contrato, visto que o foco está na vinculação das partes quanto ao contrato principal. Vide: "*Bien que le bénéficiaire soit souvent tenu d'une obligation, payer une indemnité d' immobilisation, la promesse est unilatérale: elle constitue un contrat unilatéral, car, si les deux parties ont donné leur consentement (il s'agit d'un contrat), le promettant seul s'engage à vendre (le contrat est unilatéral).*" (P. MALAURIE – L. AYNÈS – P. GAUTIER, *Droit Civil...*, cit., p. 70). De forma oposta, outros autores, mantendo o foco na existência de obrigações recíprocas na própria *promesse unilatérale*, sustentam que tais avenças serão bilaterais quando o prêmio acordado representar uma cifra muito elevada que, de acordo com o padrão usual para negócios semelhantes, dever-se-ia esperar uma vinculação do beneficiário (cf. P. MALINVAUD, *Droit...*, cit., p. 84). Os conceitos de unilateralidade e gratuidade também são muitas vezes tratados como sinônimos pela doutrina, conforme se depreende da lição a seguir : "*Si le contrat de promesse unilatérale est un contrat unilatérale de promesse unilatérale qui ne crée des obligations qu'à la charge du seul promittant, le bénéficiaire n'assume alors aucune obligation en contrepartie. Le droit d'option lui est conféré à titre gratuit.*" (M. MOUSSERON – M. GUIBAL – D. MAINGUY, *L'avant...*, cit., p. 345).

[483] "*Art. 1382. Tout fait quelconque de l'homme, qui cause à autrui un dommage, oblige celui par la faute duquel il est arrivé à le réparer.*"

OPÇÃO DE COMPRA OU VENDA DE AÇÕES

Mesmo neste cenário, a doutrina não via com maiores dificuldades a distinção estrutural para diferenciar as duas figuras. Em outras palavras, a *promesse unilatérale*, por ser uma convenção (ajuste de vontades), revelaria natureza contratual que lhe diferenciava da proposta, então entendida somente como manifestação unilateral de vontade vinculante pelo prazo determinado.

De forma inesperada, o que rendeu críticas por grande parte da doutrina, os tribunais franceses, na célebre decisão exarada pela *Cour de Cassation* em 1993[484], retrocederam seu entendimento, passando a considerar que tanto a proposta quanto a *promesse unilatéral* (contrato de opção), enquanto não exercido o *droit potestatif*[485] pelo beneficiário, poderiam ser retratadas pela parte concedente, cabendo-lhe apenas buscar perdas e danos contra o outorgante (*promettant*) e não a execução forçada da obrigação de venda almejada pelo contrato em questão[486].

Esse movimento pendular revela que aquele posicionamento da doutrina clássica restou revigorado pela alta jurisprudência moderna naquele país. Essa situação acarretou grande indignação doutrinária e legislativa, tanto que a atual redação do projeto de reforma do Código Civil contempla expressamente a ineficácia da retratação do *promettant* nas *promesses unilatérales*[487].

Não obstante, há vasta doutrina e jurisprudência que corroboram o caráter contratual e unilateral das *promesses unilatérales*, incluindo-as dentro da

---

[484] A decisão é da 3ª Câmara Civil da *Cour de Cassation* datada de 15 de dezembro de 1993 (D. 1994/507). A esse respeito e para referência da decisão e seus desdobramentos vide: M. Mousseron – M. Guibal – D. Mainguy, *L'avant...*, cit., pp. 341-342; e P. Malinvaud, *Droit...*, cit., p. 48.

[485] A designação *direitos potestativos* é utilizada majoritariamente pelos autores franceses para se referir ao direito subjetivo conferido ao beneficiário no âmbito do contrato de opção (conhecido como *promesse unilatérale* na França). A respeito da discussão em torno do conceito e da discussão dos *direitos potestativos* no Brasil, serão tecidas breves notas nos capítulos abaixo.

[486] Nesse sentido: G. Goubeaux – P. Voirin, *Droit Civil...*, cit., p. 366; M. Mousseron – M. Guibal – D. Mainguy, *L'avant...*, cit., p. 342; e O. Milhac, *La notion...*, cit., p. 123 (*"En effet, dans un arrêt rendu par la troisième chambre civile de 15 décembre, la Cour de cassation opéra un revirement de jurisprudence spectaculaire à propos de l'exécution forcée de la promesse unilatérale de vente ce qui amenuise d'autant l'utilisation de cette institution contractuelle par la pratique."*).

[487] Vide trecho interessante da exposição dos motivos do avant-projet: *"En certains points, et no des moindres, y figurent de nouvelles règles contraires à la jurisprudence contemporaine. La promesse unilatérale oblige le promettant à conclure le contrat si l'acceptation du bénéficiaire intervient pendant le délai de l'option (art. 1106)."* (P. Catala (coord.) et al., *Rapport à Monsieur...*, cit., p. 5).

categoria dos chamados *avant-contracts* que não equivalem aos pré-contratos (contratos preliminares) do Direito nacional[488].

Seja como for, a despeito de certa instabilidade quanto à irrevogabilidade das opções (chamadas de *promesses unilatérales*) em virtude de orientação jurisprudencial muito contestada pela doutrina, não há dúvida quanto ao seu caráter contratual e à sua autonomia frente a outras figuras.

4.3.4 Itália

A Itália é um dos únicos países em que a figura da opção foi tipificada pelo legislador.

Tal positivação não resolveu os debates acerca de sua natureza jurídica, mas, pelo contrário, acabou fomentando os trabalhos doutrinários e a discussão jurisprudencial que trazem lições importantes para nortear a análise da figura no Brasil.

A figura da opção, reconduzida ao conceito de "convenção", foi prevista no art. 1.331 do *Codice Civile*[489], juntamente com a proposta irrevogável, na mesma seção destinada aos acordos em geral[490]. O *Codice Civile*, neste caso, em vez de pormenorizadamente determinar a natureza e o regime jurídico das opções, limitou-se a estipular tratar-se de uma convenção com efeitos de proposta irrevogável[491].

---

[488] Existe certa discussão na doutrina quanto à extensão da categoria dos chamados *avant--contrats*. Para alguns doutrinadores, referida categoria abrange apenas a chamada *promesse bilatérale de contrat*, equivalente ao *contrato preliminar* previsto no art. 463 do Código Civil pátrio. Há outras classificações, como aquelas que identificam a existência de três modalidades diferentes de *avant-contrats*: a *promesse unilatérale de contrat*, *promesse bilatérale de contrat* e os *contrats préliminaires* (P. Malaurie – L. Aynès – P. Gautier, *Droit Civil...*, cit., pp. 67-68). Respeitadas algumas peculiaridades quanto à unilateralidade das avenças, os primeiros seriam equivalentes aos *contratos de opção* e os segundos seriam os *contratos preliminares* no direito brasileiro. Os *contrats préliminaires*, em contrapartida, seriam assemelhados aos *contratos preliminares bilaterais*, porém específicos para fins imobiliários, semelhantes ao *compromisso ou promessa* de compra e venda de imóveis previsto nos arts. 1.417 e 1.418 do Código Civil, sendo, destarte, submetidos a um regime próprio (P. Malinvaud, *Droit...*, cit., p. 85).

[489] O teor do artigo já foi reproduzido no item 1.4.2. acima.

[490] Isso não impediu, todavia, que a doutrina que defendia tratar-se de um negócio em formação continuasse a endossar seu posicionamento (cf. R. Favale, *Opzione...*, cit., pp. 29-30).

[491] A doutrina explica que o maior escopo do legislador foi o de tornar válido e lícito o acordo entre as partes visando tornar irrevogável a proposta. Seja como for, foram desenvolvidas

OPÇÃO DE COMPRA OU VENDA DE AÇÕES

Em razão da linguagem empregada pelo legislador e do princípio geral de revogabilidade das propostas – exceto quando existir uma causa determinada – vigente em referido país, a figura da opção foi encarada pela doutrina majoritária como um contrato ou convenção[492].

Essa doutrina considera a opção como contrato pertencente à categoria dos negócios preparatórios ou instrumentais[493] que visam à conclusão de outro negócio jurídico. Situam, assim, os contratos de opção dentre aqueles que se

diversas teorias, antes e depois da edição do *Codice Civile* de 1942, sendo que as principais são as seguintes: convenção sobre a irrevogabilidade da proposta, negócio sujeito a *condicio iuris*, contrato condicionado à aceitação, contrato preliminar e proposta irrevogável (cf. M. DELL'UTRI, *Patto...*, cit., pp. 731-733; e E. GABRIELLI, *Trattato...*, cit., p. 186).

[492] A diferença entre tais conceitos já foi examinada pela doutrina. Para alguns autores o termo *convenire* é derivado do termo *conventio* do direito romano que significava uma vontade declarada. Em sentido amplo, atualmente, serve para designar o acordo, pacto e o contrato em sentido estrito, entretanto, poderia ser entendido como um acordo de cunho não patrimonial, o que não é endossado por grande parte da doutrina, sendo muitas vezes utilizados no âmbito do direito de família a fim de se evitar a utilização da nomenclatura de contratos (cf. M. DELL'UTRI, *Patto...*, cit., p. 753). A maior parte da doutrina enxerga o termo *convenzione* contido no art. 1.331 como sinônimo de *contratto*, razão pela qual, para todos os fins, no que tange ao estudo das opções, a doutrina tem encarado o termo *convenire* tanto como *contrato* como uma cláusula inserida em outro contrato (E. PANZARINI, *Il contratto di opzione*, cit., p. 84; E. GABRIELLI, *Trattato...*, cit., p. 183; e A. CHIANALE, *Opzione...*, cit., p. 140). Exclui-se de plano a assimilação dos contratos de opção às chamadas *promessas unilaterais*, pois, nos termos do art. 1.987 do *Codice Civile*, estas são apenas vinculantes nos casos especificamente previstos na lei (principalmente, promessa de pagamento e promessa ao público). Apesar de existir certa parte da doutrina que tenta ampliar o escopo volitivo das partes para criar novas promessas unilaterais vinculantes, os autores mais consagrados mantêm o entendimento de serem as promessas unilaterais *numerus clausus* (F. GALGANO, *Contratti in generale* direto da G. Alpa e M. Bessone, Giurisprudenza sistematica di diritto civile e commerciale por W. Bigiavi, Torino, UTET, 1991, pp. 371 e 376). Concorda-se que no Brasil vigora o mesmo princípio, de forma que as opções não podem ser reconduzidas à figura das promessas unilaterais existentes no ordenamento nacional.

[493] A doutrina identifica a discussão quanto à existência de uma categoria autônoma de contratos preparatórios. Para alguns autores, os contratos preparatórios representam uma categoria autônoma dotada de finalidade sistemática (cf. G. TAMBURRINO, *I vincoli...*, cit., p. 160). Tal opinião não parece ser unânime entre os autores italianos, conforme mostra a doutrina mais moderna que tem concluído que a heterogeneidade das figuras integrantes da suposta categoria representa uma tendência moderna da formação progressiva dos contratos traduzida nas figuras preparatórias, com diversos efeitos e tutela, que permitem reforçar ou reafirmar a responsabilidade "pré-contratual" das partes (E. PANZARINI, *Il contratto di opzione*, cit., p. 3). Outros autores pontuam a grande dificuldade de se individualizar os elementos comuns às figuras pertencentes à categoria dos negócios preparatórios, concluindo, sem unanimidade na

NATUREZA JURÍDICA DO NEGÓCIO OUTORGATIVO DE OPÇÃO DE COMPRA OU VENDA

inserem – e possuem como seu principal objetivo – na formação progressiva do contrato optativo.

Mas os doutrinadores italianos, não satisfeitos apenas com razões de ordem estrutural ditada pela doutrina clássica[494], ainda se dedicam a estudar sob outras perspectivas as diferenças entre proposta irrevogável e o contrato de opção[495]. Isso porque, alguns deles, ao reconhecerem efeitos equivalentes produzidos pela proposta irrevogável e pelo contrato de opção – irrevogabilidade da proposta quanto ao contrato almejado –, entendem que, à luz do princípio da economia dos meios jurídicos (*principio dell'economia dei mezzi giuridici*), o *Codice Civile* não poderia contemplar duas figuras distintas para satisfazer uma mesma finalidade[496].

Os autores, aprofundando um pouco a discussão, não concordavam com a afirmação de que as posições jurídicas do oblato, na proposta irrevogável, e do beneficiário, no contrato de opção, pudessem ser equivalentes[497].

Nesse particular, a doutrina moderna, deixando de lado a patente diferenciação estrutural entre ambos – que já foi exaurida pela esmagadora maioria da doutrina[498] –, busca justificativas de cunhos funcional, prático e teleológico,

---

doutrina, que o traço característico é o efeito procedimental para formação de outro contrato projetado (cf. R. FAVALE, *Opzione...*, cit., pp. 31 e 36).

[494] G. TAMBURRINO, *I vincoli...*, cit., p. 37 (referido autor faz referência à expressão que foi reproduzida por diversos autores de que a opção e a proposta irrevogável são distintas *quoad naturam*, mas assemelhadas *quoad effectum*, haja vista que ambas teriam o mesmo efeito de tornar irrevogável a proposta pelo outorgante ora pela manifestação de uma só das partes, ora mediante o acordo entre os sujeitos envolvidos). Autores mais modernos citam o entendimento jurisprudencial que seguiu em grande parte tal orientação, bem como outra parte da doutrina – já superada – que, aceitando o caráter contratual da opção, passou a sustentar que a proposta irrevogável seria equivalente à opção gratuita (para visualização do histórico dos posicionamentos, vide: E. PANZARINI, *Il contratto di opzione*, cit., p. 42).

[495] E. PANZARINI, *Il contratto di opzione*, cit., p. 46; R. FAVALE, *Opzione...*, cit., pp. 38 e 41 (referido autor ainda faz referência à obstinação da doutrina pelo encontro de argumentos funcionais para diferenciação dos contratos de opção das propostas irrevogáveis); e E. GABRIELLI, *Trattato...*, cit., pp. 183-184.

[496] R. FAVALE, *Opzione...*, cit., p. 53.

[497] Idem, Ibidem, p. 39.

[498] A grande diferença estrutural reside na formação de ambas as figuras, uma vez que no contrato de opção exige-se um acordo de vontades (*convenzione*), enquanto que a proposta unilateral – mesmo que dependa de causa – forma-se e vincula o proponente tão somente mediante o *recebimento* de sua declaração unilateral pelo oblato (*teoria da recepção*). A respeito da diferença estrutural, vide: E. PANZARINI, *Il contratto di opzione*, cit., p. 13.

a fim de determinar o distanciamento entre tais figuras e concluir pela autonomia do contrato de opção no ordenamento italiano[499].

Um dos argumentos que a doutrina utiliza para diferenciação de ambas as figuras seria a suposta necessária onerosidade do contrato de opção, em contraposição à gratuidade das propostas[500], o que não ganhou adesão da maioria da doutrina.

O mais recente argumento levantado pela doutrina, nesse contexto, diz respeito à duração razoável e compatível do prazo da irrevogabilidade da proposta[501]. Ao trazer conceitos importados do Direito alemão, defende-se que a proposta irrevogável e o contrato cumprem funções diferentes no âmbito social[502] – razão pela qual as propostas irrevogáveis apenas são consideradas como tais se a situação de sujeição do proponente permanecer por um prazo suficiente para que o oblato tome conhecimento dos seus termos e tenha capacidade de manifestar sua aceitação.

Caso o prazo seja dilatado em relação ao que seria suficiente, dentro dos usos e costumes, para o oblato tomar conhecimento e aceitar uma proposta, trazendo-lhe um benefício – apreciável do ponto de vista patrimonial – consistente na decisão de levar a cabo o contrato almejado, então, tratar-se-á de um contrato de opção.

Este entendimento ganha especial contorno em razão do art. 1.333 do *Codice Civile*[503], que determina a conclusão automática do contrato gerador

---

[499] R. FAVALE, *Opzione...*, cit., p. 69; E. CESÀRO, *Il contrato e L'opzione*, cit., p. 568 (referido autor defendia antes da década de 70 uma posição de vanguarda que foi seguida em grande medida pelos autores mais recentes que trataram da matéria); e E. GABRIELLI, *Trattato...*, cit., p. 184 (referido autor assinala um posicionamento da doutrina que identifica, além dos aspectos estruturais e funcionais, uma série de *indícios externos* que levam à diferenciação das figuras).

[500] E. PANZARINI, *Il contratto di opzione*, cit., p. 14 (referida autora apenas menciona a existência de tal entendimento, mas, ao longo de sua obra, manifesta opinião discordante).

[501] Não se deve confundir com o argumento trazido por parte da doutrina que distingue as duas figuras em razão da possibilidade de determinação do prazo de duração do contrato pelos tribunais, na forma do art. 1.331 do *Codice Civile*, enquanto que a mesma regra não fora prevista para as propostas irrevogáveis, nos termos do art. 1.329 daquele diploma. O contra-argumento feito pela doutrina é de que este aspecto marginal não pode ser determinante para a distinção das duas figuras (cf. E. PANZARINI, *Il contratto di opzione*, cit., p. 47).

[502] E. PANZARINI, *Il contratto di opzione*, cit., p. 54.

[503] *"[...] Art. 1.333. Contratto con obbligazioni del solo proponente. La proposta diretta a concludere un contratto da cui derivino obbligazioni solo per il proponente è irrevocabile appena giunge a conoscenza*

NATUREZA JURÍDICA DO NEGÓCIO OUTORGATIVO DE OPÇÃO DE COMPRA OU VENDA

de obrigações[504] apenas *ex uno latere,* quando não houver recusa pela parte beneficiária dentro do prazo especificado[505]. Em outras palavras, presume-se aceita a proposta para formação de negócios jurídicos obrigatórios unilaterais se não chegar ao conhecimento do proponente sua recusa dentro do prazo estabelecido[506].

Basicamente, no que tange à aplicação de referido dispositivo, surgiram duas grandes correntes: a primeira que defendia a plena aplicação do dispositivo aos contratos e a segunda que recusava sua aplicação sob o argumento de necessária onerosidade dos contratos de opção (esta comportava algumas variações)[507].

Para autores contrários à tese da necessária onerosidade dos contratos de opção, a proposta irrevogável seria equivalente ao contrato de opção gratuito, cuja conclusão se daria na falta de recusa pela parte beneficiária, na linha do que dispõe o art. 1.333 do *Codice Civile.*

---

della parte alla quale è destinata. Il destinatario può rifiutare la proposta nel termine richiesto dalla natura dell'affare o dagli usi. In mancanza di tale rifiuto il contratto è concluso."

[504] Interessante mencionar que parte da doutrina entende que o contrato de opção não estaria incluído no âmbito de aplicação da norma prevista no art. 1333, pois tecnicamente o *direito potestativo* (voltar-se-á ao tópico da designação de referido direito abaixo) capaz de criar a situação de sujeição não se deve confundir com o termo obrigação (*"obbligazione"*) que teria sido utilizado em sentido estrito pelo legislador (como *dever*) (E. Panzarini, *Il contratto di opzione,* cit., p. 115 – referida autora cita diversos autores que entendem da mesma forma).

[505] Cf. F. Galgano, *Contratti...,* cit. p. 379.

[506] Há diversas teses na doutrina italiana para qualificar o negócio previsto em referido artigo, sobretudo no que tange à semelhança ao contrato de opção e à proposta irrevogável. Não há consenso na doutrina quanto à natureza de referida figura, sustentando alguns autores sua aproximação com o negócio (estruturalmente) unilateral e outros autores com contrato propriamente dito. No tocante à teoria que encara como contrato, ainda remanescem dúvidas quanto à figura da aceitação pela falta de renúncia (E. Panzarini, *Il contratto di opzione,* cit., pp. 51-53). No Brasil, um dispositivo semelhante que trata dos contratos preliminares (art. 466 do Código Civil), de forma contrária ao que dispõe o art. 1.333 do *Codigo Civile,* expressamente exige a manifestação da parte beneficiária para a formação dos contratos preliminares unilaterais (que criam obrigação apenas para a parte proponente). O artigo 432 do Código Civil nacional traz regra semelhante ao art. 1.333 do *Codice Civile,* pois reputa formado o contrato em que, de acordo com os costumes, não se exige aceitação expressa. A grande diferença é que o Código Civil pátrio baseia-se nos costumes e se aplica a qualquer tipo de contrato, ao passo que o *Codice Civile* vincula a regra basicamente aos contratos unilaterais.

[507] R. Sacco, *Obligazioni e Contratti* in *Tratatto di Diritto Privato* diretto Pietro Rescigno, tomo II, vol. 10, Torino, UTET, 1982, pp. 370-373; e R. Favale, *Opzione...,* cit., p. 59.

OPÇÃO DE COMPRA OU VENDA DE AÇÕES

No entanto, referida tese também foi refutada por alguns autores que reforçavam a desnecessidade de aferir a gratuidade e onerosidade do contrato de opção, uma vez que sua causa (no sentido clássico, de função econômico-social) seria típica e consistente na manutenção da irrevogabilidade da proposta, independentemente de sua potencial onerosidade ou gratuidade[508].

Enfim, antes de serem apresentadas as peculiaridades acerca do direito italiano no que diz respeito aos contratos de opção, é necessário fazer uma breve introdução com relação ao regime das propostas no âmbito de referido ordenamento.

Vigora em referido país a regra da revogabilidade das propostas em geral[509]. Apesar de certa discussão na doutrina, uma proposta simples – considerada por grande parte da doutrina como negócio jurídico[510] – poderá ser, a qualquer momento, revogada pelo proponente, anteriormente ao recebimento da aceitação por parte do oblato, mediante comunicação ao proponente[511].

---

[508] E. Panzarini, *Il contratto di opzione*, cit., p. 82; e E. Roppo, *Il contratto*, cit., p. 77 ("É, ao invés, mais realista e correcto dizer-se que neste caso estamos *face a um contrato que, diversamente da generalidade dos contratos, excepcionalmente consiste na declaração de vontade de uma só parte, e prescinde da aceitação da outra.*").

[509] G. Tamburrino, *I vincoli...*, cit., p. 23

[510] As doutrinas existentes na Itália com relação à natureza das propostas são bem similares àquelas que existem no Brasil. Vide, por todos: E. Panzarini, *Il contratto di opzione*, cit., pp. 21-26. Apenas para não deixar sem qualquer explicação, apesar de não se ter a pretensão de trazer à baila todo o aparato doutrinário, as principais teorias dividem-se naquelas que entendem ser a proposta um (a) ato jurídico *stricto sensu*, (ii) ato declaração pré-negocial de renúncia à faculdade de revogar (cf. G. Tamburrino, *I vincoli...*, cit., p. 25), (iii) promessa unilateral ou (iv) negócio jurídico (E. Cesàro, *Il contrato e L'opzione*, cit., p. 42). Parte da doutrina moderna julga tratar-se de um *negócio jurídico configurativo* dotado, em sua essência, de *conteúdo procedimental*, o que determina sua diferença em relação ao contrato de opção. Vide lições de E. Panzarini que, citando outros autores modernos, sustentou o seguinte entendimento: "*La posizione del proponente è, pertanto, una soggezione 'strumentale' o 'procedimentale' e, in ogni caso, 'precontratuale', alla cui violazione il legislatore connete un rimedio specifico, quello dell'inefficacia della revoca, che appare come il più efficiente a tutelare il destinatario della proposta che subisce l'illecito della sua indebita ritrattazione*" (cf. *Il contratto di opzione*, cit., p. 149).

[511] O art. 1.328 do *Codice Civile* é expresso nesse sentido: "*[...] La proposta può essere revocata finché il contratto non sia concluso. Tuttavia, se l'accettante ne ha intrapreso in buona fede l'esecuzione prima di avere notizia della revoca, il proponente è tenuto a indennizzarlo delle spese e delle perdite subìte per l'iniziata esecuzione del contratto.*".

158

O legislador do *Codice Civile* de 1942 – em consonância com o entendimento jurisprudencial consolidado sob a égide do Código de 1842, que não tratava do assunto – acabou por tipificar em seu art. 1.329 a proposta irrevogável. Por meio desta figura, restou consignada a possibilidade de uma parte vincular-se de forma irrevogável e unilateral a uma proposta durante o período estabelecido[512], sendo que, para a doutrina majoritária, o proponente que violar a irrevogabilidade da proposta sofrerá as consequências típicas de responsabilidade pré-contratual[513].

A doutrina, ademais, estabelece a diferença entre a proposta irrevogável e a promessa (aqui não entendida como sinônimo de "contrato preliminar" ou "compromisso" na linguagem jurídica nacional). A proposta seria elemento da formação contratual que contém uma promessa a cargo do proponente. A promessa em si, antes da aceitação, encontrar-se-ia contemplada pela proposta. Havendo consenso, ela (promessa) passa a integrar o substrato do contrato na forma de obrigação em sentido amplo (referida acima como elemento promissório).

A proposta simples, portanto, para a doutrina italiana, não obriga o proponente – apesar da expressão empregada no *Codice Civile* –, mas apenas o vincula durante o prazo estabelecido pela lei ou pelo próprio proponente. A proposta não é fonte de obrigações, mas a promessa é a própria obrigação (*lato sensu*), seja ela criada unilateralmente com reforço da lei (como nas promessas de recompensa), seja mediante acordo das partes[514].

Nesta linha de pensamento, o oblato de uma proposta revogável passa a ter apenas uma faculdade de aceitação ou, como preferem alguns autores, um interesse legítimo[515] protegido pela norma jurídica.

---

[512] Conforme posição doutrinária, à falta de prazo, a proposta, mesmo chamada de irrevogável, volta a ser revogável se decorrer prazo razoável, de acordo com os usos e costumes, para que pudesse haver aceitação pelo oblato (E. PANZARINI, *Il contratto di opzione*, cit., p. 17). Importa mencionar a existência de regra similar no Código Civil nacional (art. 428, II).

[513] Quanto à responsabilidade do outorgante no contrato de opção, a doutrina ainda não é unânime, existindo autores que defendem sua natureza pré-contratual (M. DELL'UTRI, *Patto...*, cit., pp. 735-736) e outros que defendem a sua natureza tipicamente contratual (E. PANZARINI, *Il contratto di opzione*, cit., p. 152; e R. FAVALE, *Opzione...*, cit., p. 99).

[514] E. PANZARINI, *Il contratto di opzione*, cit., p. 23.

[515] Cf. E. CESÀRO, *Il contrato e L'opzione*, cit., p. 21.

OPÇÃO DE COMPRA OU VENDA DE AÇÕES

Quando se trata da proposta irrevogável, a compreensão parece ser um pouco diferente, havendo autores que encaram a situação como um direito potestativo[516] em favor do beneficiário e a sujeição do proponente[517]. Para defender tal posição, entendem que a situação do oblato na proposta e do beneficiário da opção distingue-se em razão da função procedimental do "direito potestativo" obtido pelo oblato, em contraposição às funções material e patrimonial do "direito potestativo" conferido ao beneficiário no contrato de opção[518].

Da mesma forma, o legislador, ao tipificar o contrato de opção, tinha como escopo principal a pacificação da divergência acerca da possibilidade de, mediante mútuo acordo das partes, prever-se a vinculação *ex uno latere*.

Segundo alguns autores, o dispositivo legal não foi feliz ao associar os efeitos do contrato de opção àqueles da proposta irrevogável do art. 1.329. Essa foi a razão pela qual, desde a edição do *Codice Civile*, a doutrina passou a considerar como escopo do contrato de opção a manutenção da irrevogabilidade da proposta quanto ao contrato optativo, mesmo em caso de morte do proponente[519].

Parte da doutrina refuta tal entendimento a partir de elementos de ordem funcional. Para esses autores, não se deve confundir a expressão "declaração", contida no art. 1.331, com a proposta do art. 1.329, tendo em vista que os conceitos não são equivalentes e fungíveis[520].

Ao se levar em conta todo o debate doutrinário que perdura há mais de meio século, ressalvados os pontos estruturais que seriam aptos a distinguir ambas as figuras, hoje parece prevalecer o entendimento de autores mais

---

[516] Acerca da designação de *direitos potestativos*, voltar-se-á nos subitens abaixo.

[517] G. TAMBURRINO, *I vincoli...*, cit., p. 179 (não obstante, nas edições mais recentes de tal obra, a doutrina mais moderna mostra que o autor foi mais enfático quanto ao caráter de direito potestativo criado em favor do oblato, cf. E. PANZARINI, *Il contratto di opzione*, cit., p. 60).

[518] E. PANZARINI, *Il contratto di opzione*, cit., p. 27; e E. CESÀRO, *Il contrato e L'opzione*, cit., pp. 316-320 (referido autor mostra que, além do caráter procedimental também inerente aos contratos de opção, não se pode negar que nestes o caráter patrimonial substantivo é mais marcante do que na proposta irrevogável, onde a patrimonialidade é tão somente reflexa).

[519] E. PANZARINI, *Il contratto di opzione*, cit., pp. 19 e 142.

[520] Idem, Ibidem, p. 57.

NATUREZA JURÍDICA DO NEGÓCIO OUTORGATIVO DE OPÇÃO DE COMPRA OU VENDA

recentes quanto aos adicionais caracteres distintivos entre "contrato de opção" e "proposta irrevogável", principalmente de ordem funcional[521].

Os autores, ainda, complementam a argumentação dizendo que a causa suficiente do vínculo criado pela proposta irrevogável é a própria lógica do hiato temporal entre proposta e aceitação na formação dos contratos entre ausentes, conforme imposto pela lei. Já no contrato de opção, vinculante pela vontade das partes, deve haver uma causa suficiente concreta que justifique o estado de sujeição do outorgante, de caráter patrimonial em favor do beneficiário[522].

[521] Sem a pretensão de esgotar o assunto, pode-se assinalar as seguintes diferenças primordiais apontadas na doutrina: (a) o prazo de duração da proposta irrevogável é fixado geralmente de acordo com o tempo necessário para a resposta do oblato, já no contrato de opção o prazo costuma ser maior e está vinculado diretamente à patrimonialidade e à vantagem atribuída ao beneficiário; (b) em princípio, a proposta irrevogável não seria passível de cessão e a regra do contrato de opção seria sua transferibilidade; (c) à falta de fixação de prazo no contrato de opção, deverá haver determinação levando-se em consideração a situação concreta para exercício do direito pelo beneficiário (não sendo determinante o tempo necessário para aceitação do beneficiário); (d) não decadência do direito assegurado ao beneficiário, caso este venha a manifestar o exercício do direito potestativo (em referido país, os autores não se utilizam do termo *direito formativo gerador*) em termos distintos daquele acordado, ao passo que uma eventual aceitação da proposta irrevogável em termos distintos daqueles fixados implica em contraproposta e, portanto, haverá decadência do direito assegurado ao oblato (cf. E. PANZARINI, *Il contratto di opzione*, cit., p. 70). A questão da patrimonialidade – que não se confunde com necessária onerosidade – do contrato de opção também foi sustentada por autores consagrados, que diziam haver nestes negócios uma *causa onerosa* (cf. R. SACCO, *L'Opzione...*, cit., pp. 310-311). A questão do prazo mais longo nos contratos de opção em comparação às propostas irrevogáveis parece ter sido a principal razão levantada pela doutrina, a qual não descarta a possível aproximação dos efeitos entre proposta irrevogável e contrato de opção gratuito (que seja outorgado com um prazo curto de duração), afirmando que, nestes casos, ambos os instrumentos teriam mera função instrumental e procedimental para formação do contrato optativo. A diferença, verificada na prática (*id quod plerumque accidit*), poderia ser resumida da seguinte forma: se uma proposta irrevogável é realizada por um tempo superior ao que se exigiria para que o oblato pudesse conhecê-la, de acordo com as condições normais, então, se não chegar uma recusa do oblato no prazo razoável, dado pelos usos e costumes, considera-se que se tenha formado um contrato de opção gratuito e unilateral por força do art. 1.333 (cf. E. PANZARINI, *Il contratto di opzione*, cit., pp. 199 e 206; R. FAVALE, *Opzione...*, cit., p. 42).

[522] E. PANZARINI, *Il contratto di opzione*, cit., pp. 200-201 (não se entrará na discussão travada por grande parte da doutrina quanto à existência de uma causa típica ou não dos contratos de opção, limitando-se a apresentar a tendência da doutrina mais moderna de considerar a existência de uma causa suficiente para justificar a vinculação da parte outorgante e reconduzi--la a uma *fattispecie* concreta).

OPÇÃO DE COMPRA OU VENDA DE AÇÕES

Em caso de dúvida, na prática, quanto à figura a ser privilegiada, se os elementos colocados à disposição dos Tribunais não forem suficientemente claros, os doutrinadores sustentam que deve ser escolhida a via menos gravosa à parte obrigada, ou seja, a proposta irrevogável, cujo vínculo é de menor intensidade do que aquele do contrato de opção[523].

Em virtude da tipificação de ambas as figuras no *Codice Civile*, a doutrina tem sido praticamente unânime na diferenciação entre contratos de opção e contratos preliminares[524]. Os motivos são muito similares àqueles mencionados no item 4.2.2.2 que se aplicam em quase sua totalidade para as figuras no âmbito do Direito italiano[525].

Portanto, a doutrina italiana tem majoritariamente encarado as opções como uma figura contratual autônoma, com a qual se comprova a atribuição patrimonial para uma das partes decorrente do poder de concluir futuramente um contrato determinado[526].

As conclusões desta obra aproximam-se bastante deste conceito, que possui o mérito de, ao mesmo, apresentar a natureza contratual das opções e colocar em evidência seu elemento categorial inderrogável, a saber: o poder (direito formativo gerador) de formar o contrato optativo.

4.3.5 Portugal

A figura da opção não foi prevista na legislação portuguesa, cabendo à doutrina e à jurisprudência a determinação do regramento jurídico aplicável[527].

Quanto às ofertas e propostas[528], vigora o princípio de sua irrevogabilidade em Portugal.

---

[523] A regra está disposta no art. 1.371 do *Codice Civile*, endossada por alguns autores examinados (cf. R. Favale, *Opzione...*, cit., p. 42).

[524] E. Panzarini, *Il contratto di opzione*, cit., p. 36; e R. Favale, *Opzione...*, cit., p. 44.

[525] Não se aplica a diferenciação quanto à forma exigida dos contratos preliminares no direito italiano, haja vista que, ao contrário do que sucede no ordenamento pátrio, naquele país devem sempre seguir a forma do contrato definitivo (art. 1.351 do *Codice Civile*).

[526] E. Panzarini, *Il contratto di opzione*, cit., p. 233.

[527] Cf. A. M. Prata, *O contrato-promessa...*, cit., pp. 395-397.

[528] Classificadas, assim como no Brasil, pela doutrina majoritária, como negócios jurídicos unilaterais. Vide, por todos: J. M. Antunes Varela, *Das obrigações...*, vol. I, cit., p. 439; e A. Menezes Cordeiro, *Tratado...*, Tomo I, cit., p. 562.

Desta feita, de acordo com o texto legal, as propostas, salvo se houver reserva de renúncia ao direito de revogação pelo proponente, são irrevogáveis[529]. Tal irrevogabilidade pode cessar, também, se o proponente retratar-se anteriormente ao recebimento da proposta pelo oblato.

O regime quanto ao prazo das propostas, bem como sua vinculação ao proponente, é muito similar àquele verificado no Brasil, com algumas pequenas alterações. Via de regra, as propostas feitas com prazo definido devem ser mantidas firmes até sua expiração, sendo que, à falta de determinação, se realizada entre ausentes, deve ser entendida como válida e irrevogável pelo período em que, sob condições normais, permita que proposta e aceitação cheguem aos destinos respectivos, com acréscimo de cinco dias[530].

A doutrina lusitana não vê com grandes dificuldades a possibilidade de vinculação unilateral de proponentes e contratantes em geral, a não ser nas hipóteses de promessas unilaterais, as quais gozam de tipicidade fechada[531].

---

[529] *"[...] Artigo 230.º (Irrevogabilidade da proposta) 1. Salvo declaração em contrário, a proposta de contrato é irrevogável depois de ser recebida pelo destinatário ou de ser dele conhecida."*

[530] *"[...] Artigo 228.º (Duração da proposta contratual) 1. A proposta de contrato obriga o proponente nos termos seguintes: a) Se for fixado pelo proponente ou convencionado pelas partes um prazo para a aceitação, a proposta mantém-se até o prazo findar; (...) c) Se não for fixado prazo e a proposta for feita a pessoa ausente ou, por escrito, a pessoa presente, manter-se-á até cinco dias depois do prazo que resulta do preceituado na alínea precedente.".* Reafirmando tal dispositivo, vide lições da doutrina: A. MENEZES CORDEIRO, *Tratado...*, Tomo I, cit., p. 554. Quanto à fixação do prazo adicional de cinco dias, parece que se trata muito mais de uma escolha subjetiva por parte do legislador português dentro do que se espera ser razoável para aguardar a chegada de proposta e aceitação aos respectivos destinos. De forma semelhante, apenas a título de exemplo, verifica-se que o Código Civil Mexicano fixou o prazo de três dias, o que mostra uma tolerância menor à situação de incerteza quanto à vinculatividade do proponente (*"[...] Articulo 1806. Cuando la oferta se haga sin fijación de plazo a una persona en el presente, el autor de la oferta quedara ligado durante tres dias, además del tiempo necesario para la ida y vuelta regular del correo publico, o del que se juzgue bastante, no habiendo correo publico, según las distancias y la facilidad o dificultad de las comunicaciones."*)

[531] Cf. A. MENEZES CORDEIRO, *Tratado...*, Tomo I, cit., p. 461 (sem almejar adentrar no tema, que escaparia dos objetivos deste capítulo, convém mencionar que referido autor tem entendido que se trata de *tipicidade imperfeita*, pois, alguns dos tipos possuem grande dimensão, aproximando-se de conceitos abstratos, o que está em linha, embora por outra *ratio*, dos ensinamentos de parte da doutrina pátria que nega a tipicidade fechada dos negócios unilaterais no ordenamento nacional).

OPÇÃO DE COMPRA OU VENDA DE AÇÕES

De qualquer modo, assim como ocorre em outros países, a doutrina busca encontrar razões de cunhos estrutural e funcional para distinguir os pactos de opção das propostas (irrevogáveis por natureza)[532].

No tocante ao aspecto estrutural, parece ser unânime a doutrina que aponta a falta de acordo de vontades na proposta irrevogável como a principal diferença em relação ao pacto de opção.

Com isso, grande parte da doutrina defende o caráter contratual das opções[533] e, da mesma forma do que ocorre em outros países, assume como seu objeto principal a manutenção, de forma convencional, da irrevogabilidade da proposta quanto ao contrato optativo[534].

Poucos autores lusitanos desenvolveram ideias quanto à diferenciação funcional entre ambas as figuras, com notável destaque para A. MENEZES CORDEIRO que ressaltou a distinção do direito potestativo[535] criado em favor do oblato nas propostas irrevogáveis para a formação do contrato proposto e daquele que nasce por conta de esquemas preexistentes, legais ou negociais, como os pactos de direito de opção.

Este autor defende que o direito potestativo criado em ambas as situações possui fundamento distinto, o que seria suficiente para determinar diferenças funcionais em cada caso.

A título de complementação, parece que outra diferença seria quanto ao prazo de duração de cada uma das figuras, pois, à falta de estipulação nas opções, parte da doutrina tem entendido que o juiz pode ser chamado a, por meio de interpretação enunciativa e analógica, fixar o prazo necessário para o beneficiário exercer seu direito potestativo[536].

---

[532] Importante mencionar que alguns autores, entretanto, têm rejeitado que o objeto das opções seja a manutenção da irrevogabilidade da proposta (cf. A. M. PRATA, *O contrato-promessa...*, cit. pp. 406-407).

[533] A. MENEZES CORDEIRO, *Tratado...*, Tomo I, cit., p. 527; VARELLA, João de Matos Antunes. *Das Obrigações em geral*, vol. I, 10ª ed., Coimbra, Almedina, 2009, pp. 310-311; e F. G. MORAIS, *Contrato-Promessa...*, cit., p. 71.

[534] Cf. M. J. ALMEIDA COSTA, *Direito das Obrigações*, cit., p. 347; e T. S. FONSECA, *Do contrato de opção. Esboço de uma teoria geral*, Lisboa, Lex Editora, 2001, p. 40.

[535] Utiliza-se o termo da mesma forma que vem sendo defendido pela doutrina portuguesa consultada, a qual não faz referência ao *direito formativo gerador.*

[536] T. S. FONSECA, *Do contrato de opção...*, cit., pp. 29-30 (para este autor, deve ser aplicado, à espécie, o dispositivo que se refere aos contratos preliminares (contratos-promessa) em vez daqueles que regem a proposta irrevogável mencionados acima). O artigo sustentado pela

NATUREZA JURÍDICA DO NEGÓCIO OUTORGATIVO DE OPÇÃO DE COMPRA OU VENDA

Com relação à aproximação dos contratos de opção aos chamados "contratos-promessa", aplicam-se às mesmas ideias aventadas no item 4.2.2.2 anteriormente, conforme posicionamento majoritário da doutrina[537].

4.4. Posicionamento Adotado

Antes de se avançar na conclusão acerca do posicionamento a ser adotado nesta obra, acredita-se que as linhas acima já foram suficientes para evidenciar a complexidade da matéria e falta de consenso na doutrina examinada nos diferentes ordenamentos jurídicos.

No estudo de Direito Comparado, parece ter restado evidente que a disciplina das opções está, em certa medida, diretamente relacionada ao regramento da irrevogabilidade das propostas.

Melhor dizendo: naqueles ordenamentos em que a irrevogabilidade da proposta é acolhida sem maiores dificuldades, a disciplina do negócio outorgativo da opção, embora possa parecer perder utilidade, também restou mais clara e evidente. Em referidos países, existe dificuldade no campo doutrinário em estabelecer diferenças funcionais entre a opção e a proposta irrevogável, que sejam capazes de justificar a escolha pelos sujeitos entre ambas categorias jurídicas.

Naqueles países em que vigora a regra da revogabilidade das propostas, a exigência de um negócio que seja capaz de vincular – mesmo mediante prévio ajuste de vontades – uma das partes quanto a um contrato futuro é mais

---

doutrina para tal embasamento encontra-se reproduzido a seguir: "[...] *Artigo 411.º (Promessa unilateral) Se o contrato-promessa vincular apenas uma das partes e não se fixar o prazo dentro do qual o vínculo é eficaz, pode o tribunal, a requerimento do promitente, fixar à outra parte um prazo para o exercício do direito, findo o qual este caducará.*" Este ponto não é pacífico na doutrina portuguesa, mas já aponta para a diferença funcional entre opção e proposta irrevogável.

[537] Cf. A. MENEZES CORDEIRO, *Tratado...*, Tomo II, vol. II, cit., pp. 544 e 549-550; e F. G. MORAIS, *Contrato-Promessa...*, cit., p. 72 ("*Confrontemos, em especial, tal pacto [de opção] com a promessa unilateral, realçando as similitudes e as diferenças: – só o concedente se obriga a contratar, tal como aquele que se vincula na promessa unilateral; – o optante e o promissário têm absoluta liberdade quanto à decisão de contratar (celebrar o contrato optativo ou o contrato definitivo); – para a conclusão do contrato optativo é apenas necessária a aceitação pelo optante (beneficiário), ao passo que para a realização do contrato prometido não se prescinde de duas declarações negociais (do promitente e do promissário).*")

forte, a fim de se manter a segurança das relações jurídicas[538]. A disciplina do negócio outorgativo de opção implica maior apelo social, pois objetiva conferir, mediante o ajuste de vontades, um efeito de irrevogabilidade similar àquele que é dado ordinariamente *ex lege* nos países em que vigora o sistema de maior amplitude na irrevogabilidade unilateral das propostas.

O ordenamento pátrio filia-se, em maior medida, ao primeiro grupo de países, uma vez que a regra da irrevogabilidade tem se mostrado mais acentuada do que a da revogabilidade das propostas. São reduzidas as hipóteses em que exista apenas aquele efeito mínimo (vinculatividade), preferindo o legislador pátrio, no mais das vezes, um estágio mais forte (vinculação)[539].

A maior dificuldade seria justificar a sua distinção em relação aos negócios jurídicos unilaterais, em especial à proposta irrevogável.

A distinção frente à promessa unilateral parece clara, porque, apesar de divergência na doutrina, os negócios unilaterais gozam de tipicidade cerrada, bem como servem a propósitos distintos àqueles cumpridos pelas opções.

Quanto à proposta irrevogável, maior é a dificuldade, mas nos capítulos anteriores espera-se ter conseguido estabelecer uma linha distintiva entre as figuras, seja do ponto de vista estrutural, seja funcional.

No Brasil, ao contrário de outros países, há maior liberdade para o acolhimento de vinculação sem exigência de contraprestação patrimonial, bastando que a causa objetiva e os motivos justificadores sejam lícitos e não almejem fraudar terceiros, o que facilita a análise da figura contratual em tela.

Antes de apresentar a opinião defendida nesta obra acerca da natureza jurídica da figura analisada, é fundamental ressaltar que todas as teorias explicitadas acima contribuíram de alguma forma – cada qual ao seu modo e de acordo com os contextos econômico, jurídico e social da época em que foram editadas – para o desenvolvimento de ideias e pensamentos que propiciaram a melhor reflexão acerca do assunto.

Diante do contexto atual e do momento de maturação do Código Civil que solucionou muitas das dúvidas que existiam anteriormente, estamos em

---

[538] R. FAVALE, *Opzione...*, cit., p. 17; e D. HEINRICH, *Vorvertrag...*, cit., p. 82.

[539] Vide: F. C. PONTES DE MIRANDA, *Tratado...*, V, cit., p. 8 (referido autor trata expressamente das situações de *vinculabilidade (efeito mínimo)* e *vinculação*); e M. BERNARDES DE MELLO, *Teoria..., plano da existência*, cit., p. 177 (referido autor refere-se ao efeito mínimo como situação jurídica básica, que, neste caso, é *intersubjetivo*, ou seja, relacional).

um momento propício para a revisitação das opiniões existentes. Isso porque, dado o maior desenvolvimento de operações formatadas como opções na atualidade, mesmo que designadas por outros *nomens iuris*, bem como a sedimentação de conceitos acerca de figuras outrora controvertidas – como os contratos preliminares –, pode-se dizer que atualmente vivencia-se um momento histórico-social peculiar na cultura jurídica nacional; isto permite, ao lado de importante parcela da doutrina, analisar a figura sob outro prisma que, talvez, não fosse possível na época da formatação das opiniões anteriores analisadas.

Dado esse contexto, não há como negar que os negócios outorgativos de opção, apesar de não gozarem de regulamentação específica em nossa legislação (atipicidade jurídica), cumprem funções deveras importantes, principalmente no mundo negocial atual, sendo amplamente utilizados pelos agentes de mercado. Mais do que isso: há uma consciência social, ainda que não tão latente quanto àquela dos contratos preliminares, acerca da figura, sobretudo no que tange aos seus efeitos almejados pelas partes[540].

Tudo isso leva a crer ser defensável a existência de tipicidade social de referidos negócios que, em um futuro próximo, devem ensejar a regulamentação positiva no ordenamento pátrio[541].

Dessa feita, levando-se em conta a contraposição do negócio outorgativo de opção frente às demais figuras já conhecidas no ordenamento jurídico nacional, mister se faz concluir que se trata de uma figura contratual *sui generis*. A figura encontra-se no limiar entre as propostas irrevogáveis e os contratos preliminares e satisfaz uma função socioeconômica que lhe é própria.

A especificidade do negócio outorgativo de opção está na sucessão das fases que antecedem sua formação, bem como naquela que determina, ao mesmo tempo, a formação da relação jurídica optativa. Referida sucessão mostra-se peculiar ao negócio em questão.

---

[540] Nesse sentido, toma-se as lições de E. ROPPO que ressaltava a curial importância de analisar-se a realidade econômica subjacente e a função prática para poder depreender os principais aspectos de um contrato (cf. *Il contratto...*, cit., p. 7: *"Daí que, para conhecer verdadeiramente o conceito do qual nos ocupamos [contrato], se torne necessário tomar em atenta consideração a realidade econômico-social que lhe subjaz e da qual ele represente a tradução científico jurídica [...]"* [grifos nossos]).

[541] No mesmo sentido: A. MENEZES CORDEIRO, *Tratado...*, Tomo I, cit., p. 550.

OPÇÃO DE COMPRA OU VENDA DE AÇÕES

Flexibiliza-se aquele momento que se vulgarizou chamar de "encontro entre oferta e aceitação" (na verdade, trata-se de consenso decorrente da chamada "solda" entre os negócios jurídicos unilaterais da oferta e aceitação).

O contrato optativo não se forma, apenas, mediante o encontro entre vontades (proposta e aceitação). No *iter* formativo do consenso incluem-se outros elementos, resultado da vontade prévia das partes, representados pelo próprio contrato de opção e pelo exercício unilateral por parte do beneficiário[542].

Ao amparo da autonomia negocial, as partes, que são livres para formar contratos não tipificados, também o são para alterar o modo de formação de contratos típicos.

Mediante o mútuo acordo esposado, elas aceitam e toleram que o **negócio de opção** e o **exercício do direito formativo gerador** passem a integrar o modo de conclusão do contrato optativo, o que rende ao contrato de opção os atributos da particularidade e individualidade no âmbito jurídico[543].

O procedimento de formação do contrato optativo pressupõe três fases distintas: (a) relação vinculativa em que se busca a formação do consenso quanto ao negócio outorgativo de opção, mediante o encontro de proposta[544] e aceitação das partes; (b) relação que gera (efeito) a situação de sujeição do outorgante frente ao direito formativo gerador (opção) do beneficiário; e (c) nascimento da relação jurídica contratual optativa, previamente acordada em todos os seus termos, por meio do exercício do direito formativo gerador pelo beneficiário.

---

[542] A. GEORGIADES, *Optionsvertrag...*, cit., pp. 423 e 425 (o autor expressamente ressalta que a relação contratual principal (*hauptvertrag*) baseia-se tanto no exercício do direito de opção quanto no contrato de opção, os quais passam a figurar como elementos típicos daquele, ou seja, o contrato *principal* passa a ser constituído por contrato de opção e exercício do direito formativo gerador).

[543] A. M. PRATA, *O contrato-promessa...*, cit., p. 406 (a autora endossa o entendimento de outros portugueses e alemães no sentido de que "[...] *por força do negócio de opção, a fattispecie dos efeitos é alterada passando a ser constituída apenas pela declaração de vontade do optante e não por proposta e aceitação [...] a opção traduz-se, portanto, em modificar uma 'fattispecie' de determinados efeitos, transformando-se a de contratual em unilateral [...]*").

[544] Cf. E. PANZARINI, *Il contratto di opzione*, cit., p. 53. Contudo, inexiste qualquer diferença entre a proposta irrevogável estudada e tal proposta que dá início ao ciclo do negócio outorgativo de opção. O que não se pode é associar dita proposta irrevogável à opção (*relação jurídica*) que nasce posteriormente à aceitação pelo beneficiário.

NATUREZA JURÍDICA DO NEGÓCIO OUTORGATIVO DE OPÇÃO DE COMPRA OU VENDA

Diversos negócios jurídicos (unilaterais e bilaterais) são entrelaçados sucessiva e ordenadamente para a formação do contrato optativo. As partes, em cada uma das etapas, são guiadas por interesses e objetivos autônomos e distintos. Não se pode dizer que o beneficiário almeja, de largada, o efeito translativo da propriedade do bem mediato (típico do contrato optativo de compra e venda) nas duas primeiras fases. Este interesse (como declaração da vontade) passa a existir apenas quando ocorre o exercício do direito formativo gerador pelo beneficiário.

Em cada uma das fases, os negócios jurídicos autônomos vinculam, a seu modo e intensidade, as partes. Eles cumprem papéis distintos, e convém identificá-los para a melhor visualização da figura sob análise:

(a) Primeira Fase: encontram-se presentes o negócio jurídico unilateral da proposta, ao qual chamaremos de proposta inicial, e o negócio jurídico unilateral da aceitação. Trata-se de fase ordinariamente presente na maioria dos contratos, onde se exige a formação do consenso[545].

A oferta engloba, em sua totalidade, o regramento do relacionamento das partes quanto à segunda fase (de espera, incerteza). Esse relacionamento (em sentido amplo) é jurídico, do qual decorrem direitos e deveres (em sentido amplo) às partes. A oferta deve englobar, também, todos os termos da relação jurídica optativa, o que não significa que ela tenha o escopo de formá-la de pronto.

Em outras palavras, a proposta inicial não visa à conclusão do contrato optativo, embora contenha a predisposição de todo o seu conteúdo. As partes almejam criar o direito formativo gerador quanto ao contrato optativo especificamente indicado e preestabelecido na proposta. Não há espaço para elas formarem acordos posteriores ou complementarem os termos do contrato optativo, haja vista que este deve ser integralmente predisposto pelas partes.

Deve haver, pois, consenso entre as partes quanto à predisposição do contrato optativo, embora não haja acordo quanto à sua efetiva conclusão, isto

---

[545] Para fins didáticos e metodológicos, não serão abordadas outras formas possíveis de formação dos contratos, bem como o procedimento de oferta e aceitação entre presentes (art. 428, I do Código Civil).

é, não há acordo quanto ao efeito típico (transferência da propriedade) do contrato optativo.

Isto implica que, dada a ausência de acordo quanto a seu efeito típico, o contrato optativo não ingressa no mundo jurídico (plano de existência)[546].

A proposta é elemento do consenso quanto à segunda etapa, ou melhor, visa criar a relação da qual é efeito principal a criação do direito formativo gerador. Para que este direito possa ser exercido em sua plenitude, exige-se que aquela já contemple todo o programa da compra e venda optativa, sob pena de tornar inviável a formação do contrato optativo almejado.

Enquanto não advém a aceitação, há "vinculabilidade" (efeito mínimo) ou vinculação do proponente frente ao oblato, tudo a depender da revogabilidade ou não da proposta. Há, nas propostas irrevogáveis, a primeira relação jurídica vinculativa que preenche a primeira fase do *iter* formativo, sendo que nas propostas revogáveis há apenas relação intersubjetiva (vinculabilidade) entre proponente e oblato.

A aceitação, quando emitida em conformidade com a proposta[547], possui o efeito de constituir o consenso das partes quanto à segunda fase, da qual irradiará o direito formativo gerador em favor do beneficiário de poder formar aquele contrato optativo de compra e venda já predisposto em sua integralidade. Não se confunde, porém, com a aceitação do contrato optativo propriamente dito.

As partes, neste momento, acordam que o contrato optativo formar-se-á por meio do exercício unilateral do direito formativo gerador, não mais por ajuste entre oferta e aceitação. Ao amparo do autorregramento da vontade, elas acordam que a conclusão do contrato optativo dar-se-á a partir da conjunção do contrato de opção (direito formativo gerador) e exercício do direito de opção pelo beneficiário.

---

[546] Este argumento serve como um dos fundamentos para afastar a teoria que entende tratar--se de contrato definitivo semicompleto. Embora de fato o suporte fático esteja incompleto (ainda falta o exercício do direito formativo gerador), não se pode dizer que a opção seja o contrato optativo incompleto, visto que este ainda não ingressou como tal no mundo jurídico (plano da existência).

[547] Não estão sendo contempladas as hipóteses em que a aceitação não seja *conforme*, podendo valer como contraproposta ou rejeição, bem como eventual intempestividade ou qualquer vício que possam macular a validade e suficiência da aceitação enquanto elemento da formação da relação prevista na segunda fase.

NATUREZA JURÍDICA DO NEGÓCIO OUTORGATIVO DE OPÇÃO DE COMPRA OU VENDA

Estes passam a ser elementos integrantes do suporte fático que, aliado às normas jurídicas existentes, fazem com que o contrato optativo ingresse sucessivamente no mundo jurídico como – nesta ordem – abstração, fato jurídico, ato jurídico *lato sensu*, negócio jurídico bilateral e contrato.

Não se pode dizer que a proposta inicial, uma vez aceita, transforma-se em proposta irrevogável quanto ao contrato optativo. As partes, no momento da aceitação, acordam em constituir o direito formativo gerador e em permitir a factibilização[548] (possibilidade, incerteza de formação) do contrato optativo predisposto, através do exercício (que não é aceitação) do direito formativo gerador.

(b) Segunda Fase: Encontram-se o negócio jurídico[549] – que é o próprio negócio outorgativo de opção objeto da presente obra – formado por meio do acordo de vontades e de que irradiam aqueles efeitos mencionados e o exercício unilateral do direito formativo pelo beneficiário da opção.

A divisão das fases acima serviu para mostrar que o negócio outorgativo de opção de compra e venda depende de um acordo prévio, o que lhe rende obrigatoriamente o caráter de negócio jurídico bilateral. A principal razão reside no fato de que existe predisposição do conteúdo eficacial do contrato optativo, bem como acréscimo de elementos (direito de opção e seu exercício) ao seu suporte fático[550].

Com isso, em complementação às razões já expostas acima, afasta-se sua possível conceituação como negócio jurídico unilateral[551].

---

[548] Cf. A. TOMASETTI JR., *Execução do contrato...*, cit., p. 20.

[549] Pelo exposto, dada a marcante característica do autorregramento da vontade, não restam dúvidas quanto ao caráter negocial da figura surgida na segunda fase.

[550] A. MENEZES CORDEIRO, *Tratado...*, Tomo II, vol. II, cit., pp. 544 e 549-550 (referido autor fala que todos os termos do *contrato definitivo* são *decididos* no pacto de opção).

[551] Importante mencionar que, para F. C. PONTES DE MIRANDA, o *direito de opção* – definido pelo jurista como *"direito de constituir ou desconstituir relação contratual mediante simples manifestação unilateral de vontade"* – pode ser efeito de negócios unilaterais, bilaterais, plurilaterais ou da própria lei. Assim, o foco é mantido no plano da eficácia, ou seja, nos efeitos (*que equivalem ao direito de opção*) emanados do negócio outorgativo. O acerto desse posicionamento, que se atém ao plano da eficácia, é irrefutável, mormente em razão do conceito amplo conferido ao *direito de opção* por referido tratadista. Em outras palavras, o *direito de opção* é visto como o direito formativo de criar ou extinguir uma relação jurídica contratual, o que acaba lhe aproximando, em certa medida, de outras figuras, como o direito de preferência e de retrovenda (retracto)

Trata-se de negócio bilateral, tipicamente contratual, visto que somente o acordo prévio faz-lhe possível alterar o *iter* formativo do contrato optativo de compra e venda, que passa a depender exclusivamente do exercício do direito formativo gerador para sua formação.

Trata-se de nova relação jurídica, distinta daquela situação existente na primeira fase, à qual o ordenamento confere uma força vinculante de maior magnitude, através da proteção do direito formativo gerador contratualmente formado. Eventual violação, agora, será resolvida no campo da responsabilidade contratual.

Essa figura, aqui entendida como contratual, apesar de demonstrar autonomia dogmática em relação ao contrato optativo (ainda não ingressante

cuja eficácia esteja sujeita à condição. Em algumas modalidades, não haveria necessidade de predisposição do contrato optativo, tal como ocorre no direito de preferência, tornando o ajuste prévio de vontades dispensável (ainda que, como o próprio jurista ressalta, essa hipótese não seja a mais frequente). Além disso, quando se trata de direito de desconstituir uma relação contratual (incluído no conceito de direito de opção do autor), vê-se que de fato pode ser efeito de um negócio jurídico unilateral, como naqueles casos em que um sujeito "A" outorga unilateralmente *direito de opção* (direito formativo extintivo) a "B" para que este possa resilir um contrato por eles firmado muito tempo atrás. No que tange ao *direito de contratar (direito formativo gerador)*, como a compra e venda optativa, excluída expressamente sua possível equiparação às ofertas, parece-nos que o ilustre jurista põe em evidência o contorno contratual específico do negócio outorgativo. De acordo com o brilhantismo costumeiro de suas lições, pode-se inferir que nestas hipóteses de *direito de opção de contratar* (ou seja de *constituir* uma relação contratual) exige-se, nas suas palavras, *"ao contrato de opção a observância das regras jurídicas de forma ao contrato que o exercício do direito vai constituir"*. Além disso, salienta que por meio do contrato de opção determina-se o contrato optativo quando o direito de opção referir-se a um *contratar* (*"o contrato de opção é que determina o conteúdo ou o mínimo de conteúdo do contrato que se constitui com o exercício do direito de opção"*) (cf. *Tratado...*, XXXI, cit., pp. 213-214 [grifos nossos]). Além disso, tendo em vista que atualmente predomina na doutrina a tipicidade cerrada das promessas unilaterais de contratar (conforme influência da doutrina majoritária italiana, conforme retratada por F. Galgano, *Contratti...*, cit., pp. 376-378), bem como que a *proposta irrevogável* seria uma *promessa de contratar unilateralmente vinculante e típica*, com efeitos praticamente idênticos (o que lhe faria perder a utilidade), quando se trata de negócios outorgativos de direito de opção de contratar (excluídos, portanto, os negócios outorgativos de opção de desconstituição), é muito difícil sua eventual equiparação aos *negócios jurídicos unilaterais*. Parece possível limitar as hipóteses de *negócio unilateral* apenas aos casos de direito de opção de desconstituição, dado que pode-se inferir das próprias palavras de P. Miranda que o *direito de opção quase sempre é só contratual* (F. C. Pontes de Miranda, *Tratado...*, V, cit., p. 249). Se for levado em consideração apenas o direito de opção como direito formativo constitutivo de uma relação contratual, quase que invariavelmente a forma contratual há de se impor.

no mundo jurídico), tem um fim específico, que é a preparação daquele. Sua finalidade econômico-social (e todo o seu valor) reside na manutenção do vínculo jurídico de forma diferida que permita ao beneficiário a possibilidade de criação do contrato optativo mediante manifestação unilateral, sem necessidade de cooperação do outorgante.

Essa figura ingressa, como resultado da vontade negocial declarada das partes, no procedimento de formação do contrato optativo, transformando-o. Cria-se nova fase que torna mais complexa e enriquece a via comum de formação do contrato optativo[552], proporcionando novas utilidades ao contrato optativo e ao bem mediato[553].

Não há dúvidas acerca da autonomia do contrato de opção frente ao contrato optativo. Aquele ganha relevo e importância, notadamente se comparado à oferta.

Não se pode falar em contrato de opção, sem pensar em contrato de compra e venda optativo. Aquele a este liga-se funcionalmente. Mesma sorte não possui o contrato de compra e venda optativo, que independe do contrato de opção, posto existirem variadas maneiras para sua formação.

A possibilidade de autorregrameto da vontade das partes propicia tornar o *iter* formativo do contrato de compra e venda mais complexo, com a inserção desta fase intermediária.

Essa alteração no processo de formação traz implicações no regime jurídico, como o grau de vinculação das partes (mais forte na segunda fase em comparação à primeira) e a natureza da responsabilidade das partes (contratual em vez de aquiliana).

No aspecto econômico, o tempo de vinculação (sacrifício) do outorgante frente ao próprio valor do objeto (mediato) ganha patrimonialidade efetiva,

---

[552] A. MENEZES CORDEIRO, *Tratado...*, Tomo I, cit., p. 548 (*"Digamos que a via comum para a aquisição do bem proporcionado pelo definitivo é enriquecida através do pacto de opção. Este, bem usado, permite multiplicar a utilidade dos bens em jogo."*).

[553] Muitas vezes o bem (mediato) não circulável ganha autonomia e *patrimonialidade* com a opção, sobretudo naquelas hipóteses em que se permite a liquidação pela diferença de preços, podendo sinteticamente circular e criar ou adicionar valor para as partes. Assim, por exemplo, ocorre com os índices e taxas, entre outros, que embora não sejam circuláveis, podem ser *objeto* dos contratos de opção com liquidação por diferença de preços (seria, por óbvio, eivado de nulidade o contrato de opção que os tivesse como objeto e estabelecesse a liquidação física, mediante efetiva entrega, posto impossível).

OPÇÃO DE COMPRA OU VENDA DE AÇÕES

tanto para o outorgante, que pode receber um prêmio ou qualquer outra vantagem, a depender do contexto contratual, quanto para o beneficiário, que aufere um direito formativo gerador que se traduz em uma posição jurídica de apreciação patrimonial em função do tempo e do valor do objeto mediato.

O contrato de opção existe e é válido e eficaz independentemente do nascimento do contrato optativo. Aliás, a sua eficácia corresponde exatamente ao direito formativo gerador e ao estado de sujeição. Ao mesmo tempo em que se confunde com a própria eficácia do contrato de opção, o direito formativo gerador, com o seu exercício, integra o suporte fático do contrato optativo, completando-o para a sua formação.

A incerteza quanto à sua formação é de sua natureza, o que lhe diferencia dos contratos preliminares bilaterais. À diferença dos contratos preliminares unilaterais, o beneficiário não goza de uma prestação (direito subjetivo em sentido estrito), mas de um direito formativo gerador quanto à formação do contrato optativo. Tanto isso é verdade que, em caso de violação, a parte lesada naqueles busca uma ação que lhe proporcione o efeito prático equivalente (suprimento de declaração de vontade), o que se mostra desnecessário neste, pois basta-lhe a vontade declarada do beneficiário para formar o contrato optativo[554].

O exercício do direito formativo gerador, negócio jurídico unilateral, determina a passagem à terceira fase, ou melhor, forma-se o contrato optativo de compra e venda, o qual passa a irradiar todos os seus efeitos típicos, incluindo a pretensão do comprador à transferência do bem (mediato)[555].

O exercício, portanto, não representa aceitação de qualquer proposta do contrato optativo, passando a integrar o suporte fático, juntamente com o contrato de opção. É o último negócio jurídico na cadeia formativa que, ao mesmo tempo, encerra a existência do contrato de opção e determina, de

---

[554] F. C. Pontes de Miranda, *Tratado...*, V, cit., p. 215. Isso não impede que o beneficiário tenha de se socorrer de tutela específica para obtenção do efeito prático equivalente se o contrato optativo prever obrigação de fazer a cargo do outorgante inadimplente. Acerca da tutela jurisdicional do contrato de opção e do contrato optativo, voltar-se-á no capítulo 10 desta obra.

[555] Como se verá adiante, optou-se, por ser o mais comum na prática, que o próprio contrato optativo englobe o contrato obrigacional (compra e venda) e o *acordo de transmissão* de bens sujeitos a registro, tal como ocorre com as ações das sociedades que serão objeto desta obra mais adiante.

forma unilateral, a formação da relação jurídica optativa já previamente assentada em todos os seus pontos.

(c) Terceira Fase: encontra-se o próprio contrato optativo de compra e venda.

O exercício do direito formativo gerador é suficiente para fazer com que o contrato optativo ingresse no mundo jurídico[556].

Esse contrato passa a gerar seus efeitos típicos como se tivesse sido formado pela via ordinária, sem a presença do contrato de opção, criando as pretensões e os deveres quanto à transferência da propriedade e o pagamento do preço.

As partes, agora, encontram-se vinculadas no âmbito de outra relação jurídica, distinta nos efeitos e na função em relação àquelas relações jurídicas anteriores. Houve, assim, sucessão de fases, cada qual representada por uma relação jurídica vinculante às partes de forma mais ou menos intensa.

Esse entrelaçado, gradativo e sucessivo, de negócios jurídicos e relações jurídicas compõe o *iter* formativo do contrato optativo de compra e venda, tornando-se imperioso entendê-lo como um conjunto para que se possa determinar a natureza jurídica de cada um dos seus elementos, bem como interpretar-lhes de maneira apropriada.

Tomá-los de forma isolada, assim como seus efeitos próprios, sem visualizar o todo, pode levar a equívocos.

Isso não significa dizer que se trata de processo unitário e que o todo representa uma figura única. A tese que parece mais acertada é que são negócios jurídicos autônomos, ligados apenas funcionalmente, em linha de sucessividade, para se atingir um fim projetado pelas partes[557].

Essas características, aliadas àquelas já analisadas, são decisivas para afastar o contrato de opção em relação às demais figuras abordadas. Além disso,

---

[556] Para fins metodológicos, assume-se aqui a inexistência de qualquer ato que imponha a nulidade do contrato de opção, do exercício formativo gerador ou do próprio contrato optativo.

[557] Caso se pudesse reduzir a estrutura a uma fórmula esquemática simples e, abstraindo-se de todas as circunstâncias e eventos que podem agir sobre aquelas fases, ter-se-ia o seguinte resultado: $(P + A) = O$; $(O + E) = CO$; $CO + AT = PT$; $PT + R = TP$; onde "P" é proposta, "A" é aceitação, "O" é o contrato de opção, "E" é o exercício do direito formativo gerador; "CO" é o contrato optativo obrigatório; "AT" é acordo de transmissão; "PT" é a pretensão à transmissão da propriedade; "R" é o registro ou averbação; e "TP" é a efetivação da transferência da propriedade/titularidade do objeto mediato.

diferencia-se quanto à função econômico-social destas figuras, seja em relação ao tempo em que se espera que o beneficiário possa decidir quanto à viabilidade dos termos do contrato optativo, seja quanto ao direito (em sentido) subjetivo que confere às partes, o que lhe rende atributos necessários para ser tratado como uma figura autônoma no Direito brasileiro.

Com isso, com respeito às demais opiniões, em virtude do ajuste de vontade entre as partes, vislumbra-se o caráter contratual dos negócios outorgativos de opção. Rejeitam-se, assim, além daqueles motivos apresentados acima, as correntes que identificaram as opções como hipóteses de manifestações unilaterais de vontade, levando-se em conta que o entrelaçamento das fases acima apenas torna-se possível mediante prévio ajuste de vontades.

Não há dúvidas de que esta figura contratual de opção possui elementos próprios e regras específicas e servem para satisfazer necessidades e interesses essenciais dos contratantes, que não seriam possíveis com qualquer outra figura existente no ordenamento nacional, o que lhe justifica um tratamento diferenciado frente às demais figuras existentes[558].

Por essa razão, compartilha-se da opinião daquela corrente que defende o caráter *sui generis* dos contratos de opção de compra ou venda no ordenamento brasileiro, levando-se em consideração seu posicionamento na fase preparatória do contrato optativo.

No capítulo quinto, tentar-se-á classificá-lo dentro do arcabouço jurídico pátrio, bem como esmiuçar aquelas principais características que justificam, a nosso ver, seu isolamento enquanto categoria contratual autônoma.

---

[558] Da mesma forma já se manifestou boa parte da doutrina nacional e estrangeira. Na França: F. Bénac-Schmidt, *Le contrat de promesse...*, cit., p. 7; na Espanha: J. T. Charles, *El contrato de opción*, cit., p. 82; e C. S. Asurmendi, *La opción de compra*, cit., p. 99; na Alemanha: M. Casper, *Der optionsvertrag*, cit., p. 73; em Portugal: A. Menezes Cordeiro, *Tratado...*, Tomo II, vol. II, cit., p. 537; na Itália: E. Gabrielli, *Trattato...*, cit., p. 189; no Brasil: F. Satiro de Souza Jr., *Regime jurídico...*, cit., p. 160; O. Gomes, *Promessa...*, cit., p. 381; T. B. Peres, *O direito de opção...*, cit., pp. 72-73; V. H. M. Franco, *Manual...*, vol. 2, cit., p. 143; e O. Yazbek, *Regulação do Mercado...*, cit., p. 124.

PARTE 2
DO CONTRATO DE OPÇÃO DE COMPRA OU VENDA DE AÇÕES

A Parte I desta obra teve o escopo de apresentar os atributos gerais do contrato de opção de compra ou venda, revelando tratar-se de figura contratual *sui generis* em contraposição a posicionamentos diversos em sentido contrário.

Uma vez definido que as opções de compra ou venda são contratos, resta nesta Parte II apresentar os aspectos específicos da figura.

Para tal mister, escolhemos o contrato de opção de compra ou venda de ações como norte da investigação[559].

A escolha justifica-se por variadas razões, incluindo a sua grande frequência e importância na atualidade[560] e as diversas questões que suscita no que tange aos efeitos produzidos tanto na esfera dos contratantes quanto na esfera da sociedade emissora das ações, assim como no que respeita à sua exequibilidade no âmbito judicial.

Nesse sentido, o primeiro capítulo desta Parte II (capítulo quinto) apresentará a classificação dos contratos de opção de compra ou venda de ações no ordenamento pátrio, de acordo com os parâmetros sugeridos pela doutrina clássica nacional.

Os requisitos subjetivos, objetivos e formais do contrato de opção de compra ou venda de ações serão objeto de análise em capítulos separados, dado

---

[559] *"[...] una vez que se ha admitido que la opción es un verdadero e propio contrato, el problema principal que se plantea consiste en determinar frente a qué tipo negocial concreto nos encontramos."* (J. T. CHARLES, *El contrato de opción*, cit., p. 62).

[560] A utilização de opções de compra ou venda de ações é marcante na atualidade, revelando-se como instrumentos flexíveis que servem a diversos propósitos almejados pelos acionistas ou interessados em adquirir determinadas ações de uma sociedade específica. Como exemplo, podem-se citar as estruturas em que contratos de opção recíprocos são utilizados para resolver situações de impasse societário (tais como, por exemplo, as cláusulas *dead lock* ou *texas shoot out*) (M. MOUSSERON – M. GUIBAL – D. MAINGUY, *L'avant...*, cit., p. 330).

OPÇÃO DE COMPRA OU VENDA DE AÇÕES

que tal análise será importante para que se possa determinar o regime de sua tutela jurisdicional.

Para tanto, a fim de retratar uma relação jurídica em sua completude, devem ser analisados, em primeiro lugar, seus elementos: sujeito, objeto, fato jurídico e garantia ou proteção assegurada pela ordem jurídica[561].

Quanto à análise específica de referidos elementos, adotar-se-á o método proposto por J. C. MOREIRA ALVES, dividindo-se a abordagem em: (i) requisitos subjetivos; (ii) requisitos objetivos e (iii) requisitos formais[562].

Em que pese a existência de diferentes métodos para abordagem do assunto, como aquele formulado por A. JUNQUEIRA DE AZEVEDO, a justificativa para o corte dos planos aqui proposto está diretamente relacionada com o possível alcance mais didático e abrangente de alguns dos aspectos essenciais do contrato de opção de compra ou venda de ações[563].

Nos capítulos respectivos, identificar-se-ão os requisitos[564] subjetivos, objetivos e formais do contrato de opção de compra ou venda de ações. Ato contínuo, serão analisados os efeitos decorrentes de referido negócio jurídico.

Além disso, o contrato de opção de compra ou venda de ações não está tipificado no ordenamento pátrio – razão pela qual seu regramento deverá

---

[561] Acerca dos elementos necessários na relação jurídica muito já se debateu na doutrina, existindo diversas teorias e opiniões. Nesta obra, entretanto, assume-se o posicionamento endossado por M. A. ANDRADE (cf. *Teoria da relação jurídica...*, cit., p. 19), tal qual descrito acima. Outras classificações entendem que o objeto divide-se em imediato e mediato, sendo o primeiro o conjunto de posições ativas e passivas de cada um dos sujeitos, ao passo que o segundo seria o próprio objeto (em sentido material) sobre o qual incidem os direitos subjetivos (em sentido amplo) criados na relação jurídica.

[562] J. C. MOREIRA ALVES, *Da alienação fiduciária...*, cit., 1979, p. 67. No âmbito societário, M. B. PENTEADO também estruturou a análise do penhor de ações da mesma forma aqui proposta (cf. *O penhor...*, cit., pp. 113-114).

[563] Importa notar que trata-se de mera escolha metodológica, dado que a tese de A. JUNQUEIRA DE AZEVEDO é inclusive mais prestigiada na atualidade. Em linhas gerais, o posicionamento, para não cair em omissão, pode ser resumido de acordo com os seguintes cortes: no primeiro plano (existência) enxergam-se os *elementos* do negócio jurídico; já no plano da validade verificam-se os *requisitos* do negócio; e no plano da eficácia observam-se os *fatores* de eficácia do mesmo (cf. A. JUNQUEIRA DE AZEVEDO, *Negócio Jurídico: existência, validade e eficácia*, São Paulo, 2002, pp. 31-72).

[564] Por fugir ao objetivo desta obra, não será abordada a grande divergência doutrinária a respeito da diferenciação entre *requisitos, pressupostos* e *elementos* dos contratos, de modo que, para os fins a que se propõe a presente obra, tais termos serão assumidos como sinônimos.

180

DO CONTRATO DE OPÇÃO DE COMPRA OU VENDA DE AÇÕES

seguir o quanto convencionado pelas partes. Se insuficiente o acordo de vontades, as regras gerais aplicáveis aos negócios jurídicos deverão ser respeitadas.

As conclusões também levarão em consideração a existência dos chamados "deveres secundários" ou "implícitos", bem como a aplicação e concretização do princípio da boa-fé no âmbito dos contratos de opção de compra ou venda de ações, em vista dos deveres acessórios que são impostos às partes contratantes, independentemente de expressa previsão contratual[565]. Isso porque, em última análise, o conteúdo e a disciplina visam assegurar a confiança do beneficiário e a devida estabilidade da situação de sujeição em que se encontra o outorgante no âmbito da avença.

Após a análise dos requisitos do contrato em questão, passar-se-á ao exame de sua eficácia, seja no que tange ao campo puramente societário, com envolvimento da sociedade emissora das ações e a possibilidade (ou não) de assunção de direitos e poderes inerentes à posição de sócio pelo beneficiário antes do exercício da opção, seja quanto ao campo judicial, sobretudo à luz da possibilidade (ou não) de recurso à tutela específica.

---

[565] "É assim, que partindo da vontade das partes e recorrendo ao processo tipológico coadjuvado com o principio da boa-fé, procuraremos determinar o conteúdo do contrato de opção (...)" (T. S. FONSECA, *Do contrato de opção...*, cit., p. 66).

5. Contrato de Opção de Compra ou Venda de Ações

O presente capítulo possui o objetivo de apresentar, em um primeiro momento, a classificação dos contratos de opção de compra ou venda de ações no ordenamento brasileiro, de acordo com os parâmetros sugeridos pela doutrina clássica nacional. Posteriormente, serão analisados com maior profundidade alguns de seus aspectos peculiares.

5.1 Classificação e Principais Características

Embora existam diversas classificações gerais[566] trazidas pela doutrina no que tange ao estudo dos contratos, será utilizada nessa obra aquela trazida por O. GOMES, amplamente difundida e utilizada na doutrina nacional[567].

Nesse sentido, pode-se dizer que o contrato de opção de compra ou venda é um contrato (i) consensual (não solene), (ii) unilateral ou bilateral, (iii) gratuito ou oneroso, (iv) aleatório ou comutativo, (v) principal (não é acessório), (vi) de trato sucessivo, (vii) por tempo determinado (ou determinável) e (viii) atípico.

---

[566] S. VENOSA, *Direito Civil...*, cit., p. 377 (referido autor que militou nos tribunais pátrios por muitos anos menciona que a busca pela classificação e conceituação dos contratos não tem apenas valor teórico, pois, a depender dos resultados da investigação, pode implicar em distintas consequências práticas para os interessados).

[567] Cf. *Introdução...*, cit., pp. 421-423. A classificação a ser usada está de acordo com aquela utilizada por grande parte da doutrina francesa (vide, por todos, G. GOUBEAUX – P. VOIRIN, *Droit Civil...*, cit., p. 349).

Com relação ao primeiro item, o contrato de opção de compra ou venda independe de qualquer solenidade para sua formação. Tal fato deve-se à ligação genética e funcional entre contrato de opção e contrato optativo de compra e venda[568].

Serão deixados para uma análise mais aprofundada os aspectos da unilateralidade-bilateralidade, da gratuidade-onerosidade e da aleatoriedade-comutatividade, pois carecem de um exame conjugado e específico para a determinação do negócio em questão[569].

Prosseguindo na ordem da classificação, o contrato de opção não pode ser definido como acessório ao contrato optativo. Não existe relação acessório-principal entre ambos por variados motivos, inclusive porque não se pode aplicar a conhecida regra de que eventual nulidade do contrato principal implica necessariamente nulidade do contrato acessório. Muitas vezes a invalidade do contrato optativo não acarreta a nulidade do contrato de opção[570].

O contrato de opção existe e irradia efeitos independentemente da formação do contrato optativo, não podendo, por isso, ser qualificado como um contrato acessório; trata-se, assim, de contrato principal preparatório a um contrato (também principal) de compra e venda.

O contrato de opção possui como uma de suas características principais deslocar no tempo o momento da decisão por parte do beneficiário quanto ao contrato optativo. Não possui, portanto, natureza instantânea.

Por se tratar de um direito formativo gerador, de um lado, e situação de sujeição, do outro, há que se concluir que durante todo o tempo, as partes

---

[568] Os requisitos formais do contrato de opção de compra e venda serão analisados no Capítulo Oitavo adiante.

[569] Parte da doutrina italiana entende que a verificação da *causa concreta* (função econômico-social individual) dos contratos de opção é a razão principal para a determinação de sua distinta *disciplina* em cada caso. Em outras palavras, em razão da *causa concreta*, os contratos de opção podem se revestir, a depender do interesse real das partes, de natureza (a) onerosa ou gratuita, (b) aleatória ou comutativa, ou (c) bilateral ou unilateral (cf. E. PANZARINI, *Il contratto di opzione*, cit., p. 244). Entretanto, tendo em vista que a disciplina da causa dos negócios jurídicos na Itália é distinta daquela verificada no país, preferiu-se salientar somente que os contratos de opção comportam uma disciplina *alternativa* no que tange aos atributos acima delineados sem qualquer relação com sua causa.

[570] Como exemplo, podemos citar aquelas hipóteses em que, após a válida formação do contrato de opção, sobrevém incapacidade do beneficiário antes do exercício do direito formativo gerador, acometendo apenas o contrato optativo de invalidade.

encontram-se vinculadas ao contrato. Da mesma forma, não se pode dizer que se trata de contrato de execução diferida, porque não se desloca a execução para uma data específica futura, mas, ao contrário, as partes ficam vinculadas entre si em razão do estado de sujeição do outorgante e o direito de opção do beneficiário[571].

Ressalvados certos direitos e obrigações secundários, inexistem prestações de parte a parte durante o prazo de vigência, mas o estado de sujeição a que o outorgante está vinculado permanece (e se renova) até que haja o exercício do direito formativo gerador pelo beneficiário ou a expiração do prazo acordado.

Inerente a tal conceito, o contrato de opção de compra ou venda é temporário. Acerca da determinação ou determinabilidade do prazo dos contratos de opção, voltar-se-á a atenção nas linhas a seguir.

Com relação à atipicidade da figura estudada, verificou-se que o legislador pátrio não a disciplinou e regulamentou de forma precisa e completa – razão pela qual os contratos de opção devem ser considerados como inominados ou atípicos[572].

A despeito da classificação – clássica e mais difundida – dos contratos conforme parâmetros já delineados, alguns autores passaram a estabelecer distintas classificações com base em diversas características inerentes a cada modalidade contratual. Nesse sentido, convém trazer à baila a classificação que toma como base a função econômica de cada contrato, na qual se encontram os contratos com objetivo de prevenção de riscos[573].

Dentre estes, encontram-se notadamente os contratos de seguros e quaisquer outras modalidades que possuam como objetivo *lato* a preservação das partes quanto a potenciais riscos. Tais contratos, diz a doutrina, são aleatórios por sua natureza[574].

---

[571] Nem se diga que o contrato de opção do tipo europeu que permite unicamente o exercício do direito de opção em uma data futura possa ser considerado como de execução diferida, pois durante todo o prazo, o outorgante ainda remanesce vinculado ao estado de sujeição oriundo do direito formativo gerador criado em favor do beneficiário.

[572] Conforme visto, na maioria dos países analisados a regra foi da atipicidade dos contratos de opção (exceção feita à Itália e outros países identificados).

[573] Cf. O. Gomes, *Contratos*, cit., pp. 104 e 107.

[574] Idem, Ibidem, p. 107.

OPÇÃO DE COMPRA OU VENDA DE AÇÕES

Tomando-se tal classificação em consideração, ao lado de parte da doutrina clássica acerca do assunto[575], os contratos de opção – sob um prisma econômico – situam-se dentro da categoria daqueles que visam a prevenção de riscos[576-577].

[575] A. LECOMPTE, *De la nature...*, cit., p. 7.

[576] Cf. A. GAUDEMET, *Contribution...*, cit., p. 19.

[577] Por fugir do tema proposto à presente obra, não avançaremos em detalhes na qualificação dos *contratos de opção* como derivativos. Entretanto, convém ressaltar que parte da doutrina moderna tem se esforçado para apresentar uma categoria – no âmbito jurídico – dos chamados contratos derivativos, definindo-os como aqueles cujo objeto consiste na transferência de um risco financeiro relacionado a outro ativo ou contrato de uma parte à outra. A grande dificuldade seria mostrar os contornos jurídicos de tal categoria, a justificar sua autonomia, visto que a maioria das definições trazida por juristas nacionais leva em conta apenas aspectos de economia e finanças, classificando tais negócios como aqueles *instrumentos* financeiros cujo valor deriva ou dependa de outro instrumento financeiro de valor variável (O. YAZBEK, *Regulação do Mercado...*, cit., p. 106; M. P. SALLES, *O contrato futuro*, cit., pp. 19-20; N. EIZIRIK – A. GAAL – F. PARENTE – M. HENRIQUES, *Mercado de capitais: regime jurídico*, Rio de Janeiro, Renovar, 2008, p. 221; V. H. M. FRANCO, *Manual...*, vol. 2, cit., p. 138; O. BARRETO FILHO, *As operações a termo sobre mercadorias* in Revista de Direito Mercantil, n. 29; ano XVII, jan./mar. 1978, pp. 11-17 (este último autor, ao comentar das operações de *hedge*, nega a existência de uma categoria autônoma, defendendo a justaposição de dois contratos de compra e venda sobre o mesmo bem)). Para esta doutrina os contratos de opção devem ser enquadrados em categoria autônoma, desde que os mesmos não permitam a liquidação física do objeto (mediato) do contrato, devendo sempre contar com a "liquidação por diferença", ou quando tenham por objeto (mediato) meras referências, como taxas de juros, índices de variação de preços e valores, entre outros. Aliás, tal doutrina entende que elementarmente todos os derivativos baseiam-se no arranjo de opções distintas para formação de um negócio complexo (cf. A. GAUDEMET, *Contribution...*, cit., pp. 37, 58 e 80). Em sentido parecido, parte da doutrina italiana reconhece que as opções podem exercer a função dos chamados produtos derivativos, caracterizados como aqueles que possuem como objetivo a proteção de riscos (*hedging*), assunção de riscos ou alavancagem (finalidade de *trading*) ou obtenção de ganhos através de uma operação de *arbitragem*. Estas opções são chamadas de *financeiras* em contraposição àquelas chamadas de *ordinárias* por tais autores, cuja principal diferença está na determinação do seu valor que depende do preço do ativo subjacente (cf. E. PANZARINI, *Il contratto di opzione*, cit., pp. 325 e 383; R. FAVALE, *Opzione...*, cit., pp. 166-168; e M. IRRERA, *Options...*, cit., p. 368). Não se entrará, nesse particular, no exame da antiga discussão acerca da assimilação dos *contratos diferenciais* ao jogo e aposta, na forma do art. 1.479 do Código Civil de 1916. O diploma civil atual, no entanto, atento à importância e prática difundida de tais negócios, tentou resolver a questão ao prever em seu art. 816 que os contratos sobre títulos, mercadorias ou valores em que se estipule a liquidação por diferença não se equiparam ao jogo ou aposta, mas a doutrina ainda debate a abrangência e escopo de tal dispositivo. Com relação à divergência de interpretação quanto aos efeitos de referidos negócios diferenciais, vide: O. GOMES, *Contratos*, cit., p. 534; e W. BULGARELLI, *Contratos Mercantis*, cit., pp. 276-278 (referido autor, com base nas lições de

CONTRATO DE OPÇÃO DE COMPRA OU VENDA DE AÇÕES

Nessa linha, do ponto de vista econômico, parece não residir discussão quanto à possibilidade de enquadramento dos contratos de opção dentro da categoria (não jurídica) dos chamados derivativos. Isso não significa que todos os contratos de opção enquadram-se em tal categoria, mas tão somente aqueles que não prevejam a liquidação física (ou seja, que dispensam a entrega do bem subjacente).

Há diversas características marcantes dos contratos de opção. Muitos autores tentaram esmiuçar aquelas principais, de forma a conferir os contornos jurídicos que lhes são aplicáveis, mostrando-se interessante a sistematização trazida por alguns deles[578].

As linhas acima apenas serviram para trazer a classificação dos contratos de opção de compra ou venda. Reservou-se para os subitens abaixo a análise dos seus elementos e efeitos típicos, bem como das principais características

---

autores clássicos, mostra a evolução da doutrina que mesmo antes da edição do Código Civil já entendia que os contratos negociados em Bolsa estavam excluídos da disciplina do diploma civil anterior que equiparavam os negócios diferenciais ao jogo). Para os fins da presente obra, considerar-se-á possível a existência de contratos de opção diferenciais que versem sobre ações de companhias abertas, dado que, como será visto, podem ser enquadradas em tal conceito.

[578] Tendo em vista o esforço de sistematização dos aspectos peculiares dos negócios outorgativos de opção, importa trazer à baila as lições de J. CHARLES, que, embora em sede de direito espanhol, identificam algumas de suas características principais, sumarizadas a seguir: (i) caráter unitário: o contrato de opção não pode ser entendido de forma separada em relação ao "contrato principal"; (ii) estrutura complexa: em que ambos os contratos (opção e definitivo) encontram-se intimamente ligados; (c) caráter preparatório; (d) caráter de preferência, aplicado tão somente àqueles contratos sujeitos a registro (seria o equivalente ao que se chama de oponibilidade frente a terceiros); (e) caráter principal, dado que o contrato de opção em si esgota sua função, consumado ou não o contrato definitivo; (f) caráter consensual, a fim de evitar a sua qualificação como real (o que foi objeto de grande debate na Espanha, em razão das peculiaridades do sistema registrário espanhol); (g) caráter temporário ou provisório; (h) criação de um direito imediato e não somente eventual (o que se justifica para evitar a equiparação aos contratos sujeitos à condição suspensiva); (i) o beneficiário obtém ampla liberdade – dentro dos limites legais – de exercer seu direito, ao passo que o "concedente" (aqui chamado de outorgante) remanesce vinculado à irrevogabilidade de sua proposta (conforme visto, discorda-se de que o efeito principal do contrato de opção seja a manutenção da irrevogabilidade da proposta); e (j) incerteza (o que pode ser argumento para sua classificação como contrato aleatório, embora o autor adiante lhe negue tal qualidade). Além dos referidos critérios, ainda defende a possibilidade de o contrato de opção ser bilateral ou unilateral, bem como oneroso ou gratuito, a depender das circunstâncias de cada caso concreto (cf. *El contrato de opción*, cit., pp. 139-141).

OPÇÃO DE COMPRA OU VENDA DE AÇÕES

estruturais e funcionais capazes de lhes impor uma natureza distinta em relação às figuras já existentes no ordenamento nacional.

5.1.1 Contrato Autônomo e Preparatório. Relação com o Contrato Optativo

O contrato de opção não pode ser encarado de forma isolada em relação ao contrato optativo, devendo-se sempre ter em mente sua função dinâmica e seu caráter preparatório[579].

Não obstante, trata-se de contrato que goza de autonomia jurídica[580], encontrando-se àquele ligado funcionalmente, sem qualquer relação de subordinação.

Ele possui caráter definitivo, embora por tempo limitado, gozando de autonomia em relação ao contrato de compra e venda optativo, o que lhe confere um regime jurídico distinto deste.

Esta autonomia, entretanto, é jurídica, dado que funcionalmente este tipo de contrato visa a formação – futura e eventual – do contrato optativo mediante o exercício do direito formativo gerador pelo beneficiário.

Tal autonomia é reforçada pelo caráter preparatório do contrato de opção (que não se confunde com o conceito de definitivo), haja vista que este é temporalmente incompatível com o contrato optativo. Não é possível, portanto, que o contrato de opção e o contrato optativo coexistam no plano jurídico[581].

Inerente à sua função, a vontade das partes, sobretudo do outorgante, é no sentido de concluir o contrato optativo futuramente e tão somente caso o beneficiário assim opte no momento oportuno. O contrato de opção, assim, exerce uma função dinâmica que é chamada de "preparatória"[582].

---

[579] Cf. J. T. CHARLES, *El contrato de opción*, cit., p. 48: "*(...) es preciso tener en cuenta el carácter preparatorio de la opción calificado por algunos autores como función dinámica. El contrato de opción no se puede entender desde un punto de vista estático, aislado y desconectado del contrato definitivo.*".

[580] E. PANZARINI, *Il contratto di opzione*, cit., p. 230; R. FAVALE, *Opzione...*, cit., p. 142; E. GABRIELLI, *Trattato...*, cit., p. 188; e M. COZZILLIO, *The Option...*, cit., p. 503 (referido autor, respeitadas as particularidades de direito norte-americano, ressalta a individualidade e autonomia do contrato de opção frente ao contrato optativo).

[581] "*La opción de compra tiene carácter preparatorio respecto a la compraventa en sentido temporal. La opción de compra y la compraventa son temporalmente incompatibles.*" (C. S. ASURMENDI, *La opción de compra*, cit., p. 99).

[582] J. T. CHARLES, *El contrato de opción*, cit., p. 53.

CONTRATO DE OPÇÃO DE COMPRA OU VENDA DE AÇÕES

Ao lado desse caráter preparatório, também se identifica o caráter substancial, representado pelo direito formativo gerador criado em favor do beneficiário que será objeto de análise posterior[583].

Tal entendimento não é unânime entre os doutrinadores, existindo basicamente duas correntes majoritárias com relação ao assunto: (a) aquelas que propugnam pela existência de autonomia completa entre o contrato de opção e o contrato optativo[584]; e (b) aquelas que entendem que o contrato de opção e o contrato optativo formam um negócio único projetado para o futuro dividido em duas etapas[585].

A adoção de cada uma das correntes pode trazer impactos diversos no que tange à validade e à comunicação de vícios entre o contrato de opção e o contrato optativo, bem como ser determinante para a correta classificação da natureza jurídica daquele, tal como já mencionado no exame da corrente nacional que defende tratar-se de contrato definitivo semicompleto.

A primeira corrente apresenta diversas vantagens para se manter a coerência do regime jurídico proposto para tais negócios, mas há de se reconhecer também a lógica da segunda, razão pela qual a conciliação de ambas parece-nos a solução para questão.

Para se aferir a validade de ambas as correntes, importante analisar as seguintes questões: (a) capacidade das partes no momento da contratação da opção e do seu exercício; (b) a exigência da mesma forma para o contrato de opção em relação ao contrato optativo; e (c) a propagação dos vícios entre ambos.

Ao se prevalecer a primeira corrente, parece intuitivo concluir que não se exige dos contratantes no momento da conclusão do contrato de opção a capacidade exigida para o contrato optativo.

Entretanto, dado que o outorgante consente com a alteração do mecanismo de formação do contrato optativo, o que significa que concordou com os efeitos daquele, parece que este deve ter a capacidade que se exigiria para a formação ordinária do contrato optativo.

---

[583] Acerca do caráter preparatório e substancial do contrato de opção, manifestou-se expressamente E. PANZARINI (cf. *Il contratto di opzione*, cit., p. 226).

[584] Cf. F. BÉNAC-SCHMIDT, *Le contrat de promesse...*, cit., p. 20.

[585] Cf. M. CASPER, *Der optionsvertrag*, cit., p. 73.

Aos beneficiários não se aplica o mesmo racional, dado que não se exige destes a capacidade para celebrar o contrato optativo no momento da contratação do contrato de opção. Apenas os requisitos de capacidade de contratação em geral e a assunção das obrigações acessórias porventura incluídas no contrato de opção, tal como o pagamento de eventual prêmio[586], são necessários para tal mister.

Para poder acomodar o posicionamento desta obra com a possibilidade de outorga de opções a descoberto, os requisitos de capacidade exigidos do outorgante devem ser aqueles típicos de uma compra e venda futura.

Com relação à retroatividade dos efeitos, ao se defender a primeira teoria, chegar-se-ia à conclusão de que os efeitos não retroagem à data de sua contratação, ao passo que, se a segunda teoria se provasse correta, então haveria retroatividade automática. Nesse contexto, mais uma vez, entende-se que a primeira teoria é a mais adequada, dado que no momento da contratação da opção não ocorre qualquer efeito translativo da propriedade do bem subjacente, não sendo possível falar-se em retroatividade.

Sob este prisma, a relação entre ambos deve ser considerada como um entrelaçado entre dois contratos (que se compõem de negócios jurídicos na sua formação) que, apesar de manterem sua autonomia jurídica individual, encontram-se funcionalmente relacionados.

Isso se deve, principalmente, ao fato de que, no início, o outorgante vincula-se ao contrato de opção, como também ao contrato optativo, já predisposto em todos os seus termos, criando, dessa forma, referida ligação funcional. Inexistem, dessa forma, duas metades autônomas de um contrato optativo[587], mas, sim, dois contratos (ou relações jurídicas) separados e distintos entre si.

Nessa linha de raciocínio, certa parte da doutrina italiana considera acertadamente a existência de uma coligação necessária e genética entre os contratos de opção e optativo[588].

---

[586] Voltar-se-á com maior detalhamento ao assunto nos capítulos abaixo.

[587] *"[...] la opción, ni si puede convertir en un negocio único monolítico, ni tampoco escindir en dos mitades separadas y autónomas. La opción, por el contrario, es un negocio articulado en dos contratos, uno preparatorio, y otro final"* (J. T. CHARLES, *El contrato de opción*, cit., p. 126).

[588] E. PANZARINI, *Il contratto di opzione*, cit., p. 35 (referida autora cita que tais conceitos são trazidos pela doutrina dominante italiana). Na Espanha, apesar de não utilizar os mesmos termos, os autores que se destinaram à matéria também salientaram a relação natural e essencial entre o contrato de opção e o contrato optativo (cf. J. T. CHARLES, *El contrato de opción*, cit., p. 53).

CONTRATO DE OPÇÃO DE COMPRA OU VENDA DE AÇÕES

Dentro da chamada "coligação necessária", encontram-se o entrelaçamento funcional e a ligação que é própria da natureza do negócio em si. Melhor dizendo: a existência do contrato de opção, embora gere efeitos autonomamente, está necessariamente vinculada ao objetivo de integrar o *iter* formativo do contrato optativo. A coligação genética, por sua vez, mostra que o contrato de opção influencia a formação (nascimento) do contrato optativo e não o seu funcionamento[589].

Inexiste entre o contrato optativo e o contrato de opção qualquer relação de subordinação jurídica. Assim, é plenamente possível que o de opção seja válido, mesmo quando, posteriormente à sua formação, o optativo vier a ser acometido de eventual nulidade ou anulabilidade[590].

Como o consentimento do outorgante no que tange aos dois contratos encontra-se condensado em uma só declaração, justifica-se a comunicação de vícios entre ambos, sobretudo no que tange às eventuais deficiências de tal declaração.

Tendo em vista o *iter* formativo do contrato optativo, parece que a invalidade de quaisquer dos elementos componentes será suficiente para torná-lo nulo ou anulável[591].

Assim, por exemplo, respeitadas as regras de confirmação ou convalidação de negócios jurídicos, se a proposta (primeira fase) do outorgante estiver acometida de algum vício, haverá um efeito "cascata", visto que sucessivamente implicará na nulidade ou na anulabilidade do contrato de opção (segunda fase), a qual, acabará por tornar o próprio contrato optativo nulo ou anulável se sobrevier o exercício pelo beneficiário (terceira fase).

Como exemplo, pode-se citar o caso de incapacidade do outorgante nas diferentes fases. Imaginando que o outorgante seja capaz na primeira fase, eventual incapacidade superveniente na segunda não implicará qualquer nulidade dos contratos de opção e optativo (segunda e terceira fases),

---

[589] Parte da doutrina moderna alemã ressalta que o contrato de opção e o exercício do direito formativo (*Gestaltungsrecht*) transformam-se em elementos típicos na formação do contrato optativo (cf. M. CASPER, *Der optionsvertrag*, cit., p. 73).

[590] C. S. ASURMENDI, *La opción de compra*, cit., p. 100.

[591] Cf. J. T. CHARLES, *El contrato de opción*, cit., p. 115 ("*Estos estratos de complejidad no son estancos sino que se comunican entre sí; pensemos, por ejemplo, en la propagación de los vicios de uno a otro contrato*").

uma vez que sua vontade não se faz mais necessária à formação deste último. No caminho inverso, havendo incapacidade inicial (primeira fase), mesmo que sobrevenha cessação da incapacidade (segunda fase), o contrato optativo, se formado, seria eivado de nulidade.

Essa propagação de vícios deve ser analisada levando-se em consideração o princípio da conservação dos negócios jurídicos, que busca salvar o máximo possível daquelas avenças que venham a se tornar inválidas ou ineficazes.

Como resultado, alguns vícios que determinariam a nulidade ou a anulabilidade do contrato de opção ou optativo podem ser acomodados à luz de referido princípio, tais como nas hipóteses de capacidade superveniente do beneficiário no contrato de opção (segunda fase), ausência de paralelismo de forma e incompletude do seu conteúdo.

5.1.2 Aleatoriedade ou Comutatividade

Não obstante a classificação acima do contrato de opção, ainda restam algumas questões controvertidas que merecem atenção detalhada.

Neste campo, certamente pode-se incluir a sua qualificação como aleatório ou comutativo.

A discussão está longe de ser puramente acadêmica, pois a aleatoriedade do contrato pode determinar a inaplicabilidade de determinadas disposições, como a possibilidade de resolução por onerosidade excessiva superveniente[592].

Antes de iniciar a análise, é preciso definir os contratos aleatórios que, de acordo com a doutrina[593], são aqueles em que as prestações, não equivalentes,

---

[592] Por não fazer parte do tema, serão feitos apenas alguns apontamentos acerca do assunto, sem a pretensão de esgotá-lo. A título ilustrativo, sabe-se que os legisladores italiano e português excluem expressamente a possibilidade de resolução ou revisão dos contratos aleatórios por onerosidade excessiva superveniente. O Código Civil nacional – muito influenciado pela legislação civil italiana nesta matéria – reproduziu praticamente a disposição do *Codice Civile*, porém excluindo intencionalmente a referência aos contratos aleatórios, abrindo a possibilidade de sua resolução por onerosidade excessiva.

[593] C. M. Pereira da Silva, *Instituições...*, cit., 2003, p. 68 (" *[...] em que a prestação de uma das partes não é precisamente conhecida e suscetível de estimativa prévia, inexistindo equivalência com a da outra parte. Além disto, ficam dependentes de um acontecimento incerto."*). Na mesma linha: S. Rodrigues, *Direito civil...*, vol. 3, cit., p. 124. Tomar-se-á como correta tal definição para os fins da presente obra, não entrando em maiores detalhes ou discussões a respeito do tema,

CONTRATO DE OPÇÃO DE COMPRA OU VENDA DE AÇÕES

não podem ser precisadas no momento da conclusão do contrato, pois sua materialização e extensão dependem de um acontecimento futuro e incerto[594].

Conforme importante entendimento doutrinário nacional, para sua exata configuração, não basta que as prestações sejam indeterminadas (seja com relação à existência ou "quantidade"), devendo, necessariamente, se refletir na função ou causa final do negócio. Isto significa dizer que a assunção do risco deve ser do próprio tipo do contrato ou expressamente acordada pelas partes[595].

Apesar de não trazer qualquer caráter de inovação, o Código Civil pátrio disciplinou os contratos aleatórios[596], sem, contudo, defini-los integralmente.

Para o enquadramento (ou não) dos contratos de opção na categoria em exame, torna-se importante determinar os tipos de riscos e áleas que se verificam nos contratos em geral. Nesse sentido, a doutrina costuma apontar três áleas distintas possíveis nos contratos: (a) normal, (b) estrutural e (c) anormal.

A normal é aquela inerente a todos os contratos, sejam eles comutativos ou aleatórios, pois diz respeito ao risco de qualquer contratação, devendo ser suportado inteiramente pelas partes individualmente.

A estrutural, por outro lado, é aquela que depende da própria natureza do contrato, como aquela prevista nos contratos aleatórios. Ela faz parte da própria estrutura de tal tipo contratual e não pode ensejar sua revisão ou resolução, pois foi almejada pelas partes no momento da contratação. Os contratos comutativos, vale dizer, não a possuem, posto ser exclusiva dos contratos aleatórios.

---

sobretudo do conceito de sinalagma e equivalência das prestações, o que exigiria um grande desvio do objeto central desta obra.

[594] Apenas a título ilustrativo, na mesma linha tem se manifestado boa parte da doutrina francesa: F. BÉNAC-SCHMIDT, *Le contrat de promesse...*, cit., p. 85; e P. MALINVAUD, *Droit...*, cit., p. 48 ("*[...] dans le contrat aléatoire, l'une des prestations va dépendre, dans son existence ou son étendue, d'un événment incertain, d'un alea.*").

[595] A. JUNQUEIRA DE AZEVEDO, *Contrato de opção de venda...*, cit., pp. 210-212 (referido autor ainda comenta que, no Brasil, dentro do conceito de contratos aleatórios encontram-se aqueles contratos aleatórios propriamente ditos e aqueles com álea normal ilimitada, típicos de Bolsa de Valores).

[596] Artigos 458 a 461 do Código Civil atual.

OPÇÃO DE COMPRA OU VENDA DE AÇÕES

Por fim, existe a álea anormal que foge às áleas normal e estrutural, podendo acarretar a revisão e/ou resolução dos contratos, incluindo os aleatórios[597].

Tomando-se em consideração essas três modalidades de áleas, assim como a definição adotada de contratos aleatórios, parece inegável concluir que o contrato de opção pode ser aleatório.

Isso porque, a nosso ver, contrariamente ao pensamento de determinada parte da doutrina[598], sob a perspectiva do outorgante, não se pode estimar, com exatidão, a extensão da sua obrigação, a qual depende de um evento futuro e incerto (exercício do direito formativo pelo beneficiário).

Em outras palavras, a materialização do sacrifício do outorgante, além de depender do exercício incerto do direito formativo gerador, pode variar em função da mudança do valor do bem objeto do contrato de opção, de forma que não se pode aferi-lo com exatidão no momento da sua celebração. Embora a obrigação seja somente de levar a cabo a transferência das ações subjacentes, em virtude da possibilidade de variação do seu valor no interregno que antecede o exercício do direito formativo gerador, não se pode antever sua efetiva extensão.

A variação do valor das ações e, portanto, da extensão do sacrifício do outorgante compõe, na maior parte das vezes, a álea estrutural do contrato de opção[599].

Uma das funções típicas do contrato de opção é justamente transferir o risco de uma parte à outra quanto a variados eventos que podem incidir sobre

---

[597] L. C. Frantz, *Revisão dos Contratos – Elementos para sua construção dogmática*, São Paulo, Saraiva, 2007, p. 164 (*"Se a álea atingida for a normal do negócio, a parte prejudicada deverá suportá-la [...] Se a álea atingida for a estrutural ou essencial do contrato, também não se pode falar em onerosidade superveniente [...] A onerosidade superveniente poderá, sim, ser arguida quando a álea que sobreveio sobre o negócio for anormal ou extraordinária."*).

[598] Vide: J. T. Charles, *El contrato de opción*, cit., 1996, p. 48 (o autor defende que os contratos aleatórios são aqueles que são puramente *azarosos* (fortuitos) e que dependeriam de eventos fora do controle das partes, o que não parece ser o conceito adotado no Brasil; não obstante, mesmo se tal conceito viesse a ser adotado no Brasil, julga-se que, da mesma forma, a extensão do sacrifício do outorgante não está apenas vinculada à conduta do beneficiário, mas à variação do valor do bem subjacente); e F. Bénac-Schmidt, *Le contrat de promesse...*, cit., p. 85 (referido autor refuta a aleatoriedade sob o argumento de que as partes sabem, no momento da contratação, a extensão de suas obrigações).

[599] A. Menezes Cordeiro, *Tratado...*, Tomo II, vol. II, cit., p. 550; e A. Ossorio, *El contrato de opción*, cit., pp. 85 e 102-103.

CONTRATO DE OPÇÃO DE COMPRA OU VENDA DE AÇÕES

o contrato de compra e venda optativo, como o valor do bem subjacente ou qualquer outro acontecimento incerto.

A materialização do risco, por sua própria natureza, é incerta e não permite a verificação prévia da extensão das obrigações assumidas pela parte outorgante, o que confere aleatoriedade ao contrato de opção[600].

É importante reconhecer que a depender do conteúdo acordado, embora menos frequente, o contrato pode se revestir de natureza comutativa[601]. Em determinadas contratações, sobretudo naquelas em que se conjugam diversas opções, os elementos pactuados no negócio de opção, como um todo complexo e coligado, podem levar-lhes à comutatividade[602], em que as partes efetivamente não almejam a assunção de álea que não seja aquela tida como normal em todos os contratos[603].

---

[600] Cf. O. GOMES, *Contratos*, cit., p. 107 (*"Não obstante, conserva-se larga margem à prática de negócios jurídicos destinados à prevenção de riscos. Os contratos por meio dos quais as partes procuram satisfazer esses interesses são aleatórios."*). Da mesma forma, manifestou-se parte da doutrina alemã e francesa: M. CASPER, *Der optionsvertrag*, cit., p. 66; e A. GAUDEMET, *Contribution...*, cit., p. 90.

[601] Na Itália, a maior parte da doutrina entende que, de modo abstrato, os contratos de opção ordinários (excluídos os contratos de opção "financeiros") não são aleatórios, mas reconhece que, à vista dos elementos inseridos, podem as partes determiná-los como aleatórios. A razão para tanto está diretamente ligada ao conceito de aleatoriedade em referido país, assim como à resposta à possibilidade de submetê-los ao regime da resolução por onerosidade excessiva superveniente, haja vista que o *Codice Civile*, ao contrário do nosso Código Civil, expressamente excluiu-os do âmbito de sua aplicação. A conclusão, assim, da doutrina italiana está de acordo com nosso posicionamento, porém, partindo-se de ângulo contrário, pois reconhecem a comutatividade dos contratos de opção, salvo se pactuado de outra forma, ao passo que nesta obra defende-se a aleatoriedade do contrato de opção, que pode se transformar em comutativo por ajuste entre as partes. Nesse sentido, por todos, vide: E. PANZARINI, *Il contratto di opzione*, cit., pp. 379-380.

[602] Podem ser mencionadas, por exemplo, aquelas hipóteses de contratos de opção sobre um mesmo ativo que são conjugados em uma operação única, tais como as chamadas operações de *box*. Mesmo nessas hipóteses, se considerada cada opção isoladamente, pode-se dizer que existe aleatoriedade, mas a conjunção das opções gera efeitos típicos de comutatividade. Tanto isso é verdade que as operações de *box* são consideradas, inclusive para fins tributários, como *títulos de renda fixa*, por inexistir o risco inerente aos ativos de renda variável (como ocorre em uma opção simples) (cf. F. SATIRO DE SOUZA JR., *Regime jurídico...*, cit., p. 32).

[603] A. JUNQUEIRA DE AZEVEDO, *Contrato de opção de venda...*, cit., p. 213 (referido autor, ao comentar de um caso concreto de opção sobre ações, sustentou que *"no caso vertente, pois, embora houvesse o risco de o preço das ações sofrer oscilações, esse risco não foi assumido de forma ilimitada. O problema, aqui, é de interpretação do contrato."*).

Outro elemento importante para aferição da comutatividade do contrato de opção diz respeito à existência e ao valor do prêmio pago pelo beneficiário *vis-à-vis* o sacrifício assumido pelo outorgante (representado pelos riscos assumidos no âmbito de referida contratação)[604]. Isso porque se, de fato, o prêmio representar uma contraprestação proporcionalmente correspondente ao risco assumido pelo outorgante quanto à variabilidade de seu sacrifício, o contrato em questão pode ser tido como comutativo. Entretanto, a mera presença do prêmio (elemento não essencial) não significa que o contrato em questão seja comutativo[605].

Em resumo, a aferição da aleatoriedade ou comutatividade do contrato de opção dependerá da análise casuística, mas, em virtude da inerente função de prevenção de risco em favor do beneficiário, bem como a não obrigatoriedade de existência de um prêmio, entende-se que a aleatoriedade seja a regra.

5.1.3 Onerosidade

Muito se discutiu na doutrina acerca do caráter gratuito ou oneroso do contrato de opção de compra ou venda, sobretudo em razão da existência (ou não) de um prêmio pactuado pelas partes[606].

Tomar-se-á como correta a distinção entre contratos gratuitos e onerosos dada por O. Gomes, mediante a qual os contratos gratuitos pressupõem o proveito a apenas uma das partes, enquanto que nos contratos onerosos o proveito é auferido por ambas ou todas (nos contratos plurilaterais) as partes contratantes[607].

---

[604] Na mesma linha: T. B. Peres, *O direito de opção...*, cit., pp. 83-84.

[605] A. Ossorio, *El contrato de opción*, cit., p. 73 (na versão anterior da tese do autor, entretanto, esse conceito não estava tão claro, pois a aleatoriedade foi analisada sob o prisma do beneficiário, cf. Ossorio, Angel, *El contrato de opción...*, cit.,1915, p. 67).

[606] Além da discussão inerente ao prêmio que será examinada adiante, parte da doutrina, em especial italiana, teve dificuldade em aceitar a gratuidade das opções em razão do disposto no supracitado art. 1.333 do *Codice Civile* que determina a conclusão do contrato *ex uno latere* desde que não haja recusa no tempo fixado pelo oblato. Tendo em vista que, ao acatar a aplicação do dispositivo acima, o contrato de opção poderia se formar mesmo sem manifestação por parte do beneficiário, alguns autores passaram a aceitar apenas a figura onerosa.

[607] Cf. *Contratos*, cit., p. 87 (a fim de não alargar por demais o escopo desta obra, optou-se por não adentrar na análise da discussão acerca da conceituação da gratuidade e onerosidade dos contratos, tomando-se como correta a posição dominante esposada por O. Gomes).

CONTRATO DE OPÇÃO DE COMPRA OU VENDA DE AÇÕES

A onerosidade, assim, está intimamente relacionada com a bilateralidade dos efeitos dos contratos, visto que, de acordo com tal classificação, todo contrato bilateral é oneroso e, na grande maioria, os contratos unilaterais são gratuitos (embora existam exceções a esta regra)[608].

Porém, existem os chamados contratos mistos[609], que, a depender da existência de certos elementos que lhes são acessórios, podem determinar a sua onerosidade ou gratuidade, a exemplo do que ocorre com os contratos de depósito e o mandato.

Nessa linha de raciocínio, os contratos de opção podem ser classificados como tais[610], pois a presença ou não de sacrifício por parte do beneficiário pode alterar a sua configuração[611].

Há quem sustente que o contrato de opção poderia ser considerado como oneroso em todas as ocasiões[612], pois o proveito por parte do outorgante estaria na possibilidade de entabular uma compra e venda que – aparentemente – lhe pareceu vantajosa no momento da celebração do contrato. Dessa feita, o simples fato de possibilitar a realização da compra e venda em termos aceitáveis já poderia ser considerado como proveito próprio para fins de classificação do contrato como oneroso, mesmo se ausente o prêmio[613].

---

[608] Em sentido parecido, certa parte da doutrina italiana já teve a oportunidade de se manifestar (cf. E. PANZARINI, *Il contratto di opzione*, cit., p. 185).

[609] A presente classificação não se confunde com os chamados contratos mistos em que *"se reúnem elementos de dois ou mais negócios, total ou parcialmente regulados na lei"* (J. M. ANTUNES VARELA, *Das obrigações...*, vol. I, cit., p. 279).

[610] Cf. O. GOMES, *Contratos*, cit., p. 87.

[611] Até a doutrina majoritária italiana, que historicamente admitia com alguma dificuldade a existência de contratos gratuitos, atualmente tem sido majoritária na consideração de que as opções podem ser tanto gratuitas como onerosas. Vide: R. SACCO, *L'Opzione...*, cit., p. 310 (referido autor entende que os contratos de opção podem ser gratuitos desde que haja uma causa (onerosa *lato sensu*) suficiente a justificar o vínculo); e R. FAVALE, *Opzione...*, cit., p. 70.

[612] Uma parcela da doutrina italiana defendeu a necessária onerosidade do contrato de opção a fim de retirar-lhe a aplicação do art. 1.333 do *Codice Civile* que determinava a formação do contrato de opção mesmo sem aceitação expressa pelo beneficiário.

[613] Cf. C. S. ASURMENDI, *La opción de compra*, cit., p. 61. Em termos semelhantes, porém reforçando a ideia de inexistência de liberalidade nas opções sem prêmio, manifestaram-se os seguintes autores: J. T. CHARLES, *El contrato de opción*, cit., p. 46; e F. BÉNAC-SCHMIDT, *Le contrat de promesse...*, cit., p. 85. Da mesma maneira, a doutrina clássica, em comentários aos chamados *direitos de opção*, sustentou inexistir simples gratuidade em favor do beneficiário, excluindo por via indireta uma suposta existência de liberalidade (cf. G. REBOUR, *De la clause d'option...*, cit., p. 12).

OPÇÃO DE COMPRA OU VENDA DE AÇÕES

Reforça tal ideia o fato de que o contrato de compra e venda é por excelência um contrato oneroso em virtude da obrigatoriedade de existência de um preço relativo ao contrato de compra e venda[614].

Em virtude da autonomia entre o contrato de opção e o contrato de compra e venda optativo (conforme exposto acima), entende-se como correta a distinção entre opções onerosas e gratuitas, tomando-se como base a existência ou não de contraprestação por parte do beneficiário. À falta desta, dir-se-á que o contrato é gratuito[615]. Isso não significa, contudo, que a outorga da opção seja considerada um ato de liberalidade que, ressalvadas algumas exceções, supostamente não deveria fazer parte do âmbito empresarial, dado que seus agentes (empresários e sociedades empresárias) devem sempre almejar o lucro.

Assim, concorda-se com o posicionamento de J. M. ANTUNES VARELA, segundo o qual existem contratos gratuitos do tipo lucrativo e do tipo de liberalidade[616]. O fato de ser gratuito significa que não existe uma contraprestação a uma das partes, o que não quer dizer que tais contratos não sejam vantajosos para as partes, principalmente quando analisados de acordo com a intenção própria e típica do sujeito vinculado em tais hipóteses[617].

A distinção quanto à gratuidade ou à onerosidade dos contratos está longe de ser puramente acadêmica, dado que o regime jurídico e as regras de interpretação são diferentes em relação a ambas as classificações[618].

Como se está tratando tão somente de contratos de opção de compra ou venda de ações firmados no âmbito de direito empresarial, a onerosidade é característica essencial e indissociável, levando-se em consideração que os atos das sociedades empresárias e dos empresários individuais devem ser voltados à perseguição de lucro[619].

---

[614] *"Certains contrats sont par nature à titre onéreux; ainsi en est-il de la vente et du bail, qui supposent l'existence d'un prix"* (P. MALINVAUD, *Droit...*, cit., p. 47).

[615] J. T. CHARLES, *El contrato de opción*, cit., p. 46.

[616] Cf. *Das obrigações...*, vol. I, cit., pp. 404-405.

[617] GALGANO, Francesco, *Contratti in generale*, diretto da G. Alpa e M. Bessone in Giurisprudenza sistematica di diritto civile e commerciale (W. Bigiavi), Torino, UTET, 1991, p. 382.

[618] O. GOMES, *Contratos*, cit., p. 87.

[619] Ao comentar das opções bursáteis, F. SATIRO defendeu o seguinte posicionamento: *"Entretanto como se trata de opções do direito empresarial a onerosidade é elemento essencial (...) Todas as opções de bolsa são, portanto, negócios jurídicos onerosos. Se não decorresse esse fato da simples análise*

CONTRATO DE OPÇÃO DE COMPRA OU VENDA DE AÇÕES

Nem se diga que a ausência de prêmio pudesse desnaturar o caráter oneroso dos contratos de opção firmados em referido campo. Isso porque, muitas vezes, eles estão inseridos no âmbito de uma gama complexa de contratos e relacionamentos comerciais que os justificam. Deste modo, mesmo com a ausência de prêmio, o contrato de opção desempenha papel relevante em uma determinada contratação ou rede contratual, o que lhe confere, embora não individualmente para cada uma de suas prestações, o caráter de oneroso[620].

Por este motivo, mesmo que o contrato de opção individualmente considerado não preveja qualquer contraprestação, não se pode associá-lo a um ato de liberalidade que seria, no mínimo, contestável na prática comercial. O simples fato de não existir contraprestação não significa que o contrato de opção, uma vez exercido, deixa de ser vantajoso para a parte submetida à situação de sujeição, o que justificaria, do ponto de vista econômico, a celebração de referido negócio.

Parte da doutrina estrangeira parece caminhar no mesmo sentido. Na Itália, por exemplo, embora haja enorme discussão quanto à suposta onerosidade necessária e causal dos contratos de opção[621], remanesce majoritária a doutrina que entende ser possível tanto a existência de opções gratuitas quanto onerosas, desde que haja uma vantagem direta ou indireta, não necessariamente pecuniária, muitas vezes inserida na coligação de contratos, ao outorgante[622].

---

do arcabouço regulatório dos mercados de opções, não se pode olvidar que os negócios de bolsa são, por sua natureza, negócios comerciais, para os quais a onerosidade é componente certo e inafastável." (F. Satiro de Souza Jr., *Regime jurídico...*, cit., p. 53).

[620] Na Itália o entendimento nesse sentido é majoritário tanto na doutrina como na jurisprudência. Por ser bastante elucidativo, vide: *"Como è noto, giurisprudenza e dottrina concordano nel ritenere che la natura onerosa o gratuita di um contratto deve essere accertata anche in relazione all'eventuale sussistenza di un collegamento con altri contratti o in relazione all'inclusione di um impegno, isolatamente privo di uma controprestazione, in um più ampio regolamento negoziale di interessi connotato dall'onerosità.*" (E. Panzarini, *Il contratto di opzione*, cit., pp. 92 e 104 – referida autora, ainda, faz referência aos negócios envolvendo participações societárias, nos quais é muito comum que se constituam opções isoladamente gratuitas, mas que se revestem de caráter oneroso na coligação com outros contratos). No mesmo sentido, vide V. Roppo, *Il contratto*, Milano, Giuffrè, 2001, p. 162; e R. Favale, *Opzione...*, cit., p. 77.

[621] A. Chianale, *Opzione...*, cit., p. 141; e R. Sacco, *L'Opzione...*, cit., pp. 310-311.

[622] E. Panzarini, *Il contratto di opzione*, cit., pp. 49, 75 e 132 (referida autora faz expressa menção que este posicionamento é majoritário na Itália).

5.1.3.1 Essencialidade (ou não) do prêmio

Inicia-se o presente subitem com a afirmação de que o prêmio[623] não é elemento essencial dos contratos de opção[624]. Entretanto, sua presença promove a alteração do próprio contrato, transformando-o em bilateral, não necessariamente sinalagmático, e oneroso[625].

O prêmio[626] é considerado majoritariamente pela doutrina como uma contraprestação ao outorgante pela aceitação da posição jurídica de sujeição frente ao poder formativo gerador atribuído ao beneficiário durante o prazo assinalado para seu exercício[627-628].

---

[623] O conceito de prêmio no contrato de seguro indica a contraprestação que cabe ao segurador pelo risco que assume (Cf. E. Espínola, *Dos contratos...*, cit., p. 647). A utilização, assim, do mesmo termo nos contratos de opção parece fazer sentido, haja vista que uma das funções dos contratos de opção, como visto, é proteger uma parte (beneficiário) dos riscos inerentes a determinado objeto. Não se entrará no debate atual acerca da origem do vocábulo, por fugir ao tema da presente obra. No que tange ao contrato de opção, o prêmio representa a contraprestação paga inicialmente pelo beneficiário em razão do estado de sujeição assumido pelo outorgante frente ao direito formativo gerador em favor do beneficiário (W. Bulgarelli, *Contratos Mercantis*, cit., p. 653).

[624] Este entendimento prevalece mesmo na Itália em que há uma predisposição dos estudiosos a encarar a patrimonialidade dos contratos de opção (E. Cesàro, *Il contrato e L'opzione*, cit., pp. 312-315; e E. Panzarini, *Il contratto di opzione*, cit., p. 76).

[625] C. S. Asurmendi, *La opción de compra*, cit., p. 45

[626] Conhecido como *prima* na Espanha, *preço* ou *preço de imobilização* em Portugal (T. S. Fonseca, *Do contrato de opção...*, cit., p. 88), *premium* nos Estados Unidos; *premio* na Itália (R. Favale, *Opzione...*, cit., p. 166 – quando se refere às opções de bolsa); *indemnité de immobilisation* na França (P. Malaurie – L. Aynès – P. Gautier, *Droit Civil...*, cit., p. 77); e *Optionsprämie* na Alemanha (M. Casper, *Der optionsvertrag*, cit., p. 8).

[627] A doutrina majoritária tem se posicionado nesse sentido: C. S. Asurmendi, *La opción de compra*, cit., p. 48; J. T. Charles, *El contrato de opción*, cit., p. 178; e T. S. Fonseca, *Do contrato de opção...*, cit., p. 89.

[628] No âmbito do direito francês, contudo, tendo em vista a necessidade de se estabelecer uma causa para a validade do pagamento do prêmio, este também tem sido encarado, notadamente em virtude de influência do direito imobiliário, como *indemnité d'immobilisation* (ou, em outras palavras, pagamento para fazer frente à suposta obrigação de não alienar o bem assumida pelo outorgante). A doutrina e jurisprudência evoluíram um pouco em relação a esta conceituação, entendendo tratar-se de contraprestação pela exclusividade concedida ao beneficiário (P. Malaurie – L. Aynès – P. Gautier, *Droit Civil...*, cit., p. 77). Parte da doutrina moderna ainda critica tal denominação – *indemnité d'immobilisation* – em razão da possibilidade de realização de contratos de opção a descoberto (sobretudo quando se tratar de bens fungíveis) em que o outorgante não é titular ou proprietário do bem no momento

CONTRATO DE OPÇÃO DE COMPRA OU VENDA DE AÇÕES

Representa, em geral, uma quantia em dinheiro determinada que pode ser paga tanto na data da conclusão do contrato de opção como de forma diferida.

Poderia haver discussão quanto à possibilidade de o prêmio consistir no cumprimento de outra obrigação – por exemplo, prestação de serviços –, mas não se vislumbra, em Direito nacional, qualquer vedação para que se revista de qualquer forma validamente acordada pelas partes[629].

Da mesma forma, é possível, embora não usual, que o beneficiário tome posse imediata do bem antes do exercício da opção; o prêmio, nestas hipóteses, pode ser considerado como contraprestação à utilização e posse do bem[630].

No âmbito das ações de sociedades, o ingresso do beneficiário anteriormente ao exercício do direito formativo gerador pode trazer grandes discussões, como no que tange à legitimidade para exercício do direito de voto. Nestas hipóteses, uma forma de permitir a participação do beneficiário nas assembleias e de exercer o direito de voto seria mediante a outorga de procuração, dado que o contrato de opção, isoladamente, não produz tal efeito de imediato. Esse aspecto será objeto de análise detalhada mais adiante nesta obra.

5.1.4 Unilateralidade ou bilateralidade

Muito se discute quanto à natureza bilateral ou unilateral do contrato de opção, o que está intimamente ligado à sua gratuidade ou onerosidade[631].

Antes de adentrar ao tema, devem ser explicitados os conceitos de bilateralidade e unilateralidade no âmbito dos contratos que serão aqui utilizados.

---

da contratação, o que faria cair por terra a justificativa adotada acerca da remuneração pela suposta imobilização do bem em tais casos (cf. A. GAUDEMET, *Contribution...*, cit., p. 35).

[629] Na Espanha quando não consistente em pecúnia, a doutrina costuma não designá-lo de prêmio, mas tão somente de contraprestação à "concessão" do direito de opção (C. S. ASURMENDI, *La opción de compra*, cit., p. 55).

[630] Idem, Ibidem, p. 45.

[631] "*Anda muito associada no comum dos autores à distinção anterior (entre contratos bilaterais e unilaterais) a classificação dos contratos em gratuitos (lucrativos ou de liberalidade) e onerosos. Trata-se, no entanto, de classificações diferentes (...)*" (J. M. ANTUNES VARELA, *Das obrigações...*, vol. I, cit., pp. 404-405). De acordo com tal classificação, os contratos de opção também poderiam ser considerados como gratuitos lucrativos, pois, embora não prevejam uma contraprestação efetiva, propiciam ou são destinados a conferir algum tipo de vantagem (ou lucro) à parte obrigada.

OPÇÃO DE COMPRA OU VENDA DE AÇÕES

Como é da própria natureza dos contratos, pressupõe-se a existência de duas partes (ou polos) no contrato de opção. Nesse sentido, para tal finalidade, o contrato de opção de compra ou venda pode ser tido como bilateral, pois existem apenas dois centros de interesse.

Deixada de lado tal classificação de bilateralidade – quanto à pluralidade de centros de interesse –, restam duas possíveis definições para a classificação dos contratos de opção em bilaterais ou unilaterais.

A primeira, já sustentada por diversos autores, trata da existência de vinculatividade por uma ou todas as partes do contrato. Aqueles em que apenas uma das partes possui obrigações são classificados como unilaterais, ao passo que os contratos em que ambas ou todas as partes se obrigam são chamados de bilaterais. Neste caso, um contrato de opção com prêmio seria considerado bilateral.

Todavia, há outra classificação, apenas aplicável à categoria de contratos preparatórios, que mantém o foco tão somente na obrigatoriedade (ou não) de celebração do contrato "ulterior"; ou seja, seria considerado unilateral aquele contrato em que uma das partes estaria obrigada à celebração do contrato almejado. A parte beneficiária, assim, poderia assumir outras obrigações (como o pagamento do prêmio) sem desnaturar a unilateralidade do contrato. Neste caso, um contrato de opção com prêmio seria considerado unilateral.

A existência de tais distintas classificações tem sido um dos motivos de falta de unanimidade na doutrina quanto ao tema.

Nesse contexto, tomando-se a primeira classificação, para aqueles contratos de opção em que há a presença do prêmio, a doutrina tem sido uníssona quanto ao seu caráter bilateral e oneroso[632]. De acordo com tal teoria, a mera existência do prêmio, mesmo que em valor irrisório, seria suficiente para transformar o contrato de opção em bilateral[633].

---

[632] "*La introducción de la entrega de una prima en el contrato de opción de compra modifica las características de ese contrato, pues lo transforma en oneroso y bilateral.*" (C. S. ASURMENDI, *La opción de compra*, cit., p. 45).

[633] M. MOUSSERON – M. GUIBAL – D. MAINGUY, *L'avant...*, cit., p. 345 ("*[...] une obligation de payer une certaine somme d'argent sous forme d'une indemnité d'immobilisation, parfois malheureusement appelée dédit, est généralement le signe de cette réciprocité.*").

CONTRATO DE OPÇÃO DE COMPRA OU VENDA DE AÇÕES

A bilateralidade não deve ser confundida com sinalagma[634], dado que a eventual reciprocidade das prestações e obrigações não pode ser inferida tão somente pela existência de pagamento de um prêmio inicial.

Tomando-se em consideração a segunda classificação, sob o prisma da vinculatividade e da criação de obrigações para as partes contratantes, pode-se dizer que, visto de forma isolada, o contrato de opção seria sempre unilateral, haja vista que é de sua essência que tão somente a parte outorgante esteja vinculada ao contrato optativo[635-636].

Tendo a concepção acima em mente, D. BESSONE classificou o contrato de opção como bilateral na formação (mais de um centro de interesse) e unilateral nos efeitos[637].

Corrobora-se tal assertiva pelo fato de que o prêmio, que pode trazer a bilateralidade nos efeitos ao contrato de opção, não pode ser considerado como um de seus elementos essenciais.

Desse modo, se o conceito de unilateralidade estiver tão somente ligado à vinculatividade ao contrato optativo por uma das partes, pode-se dizer que o contrato de opção é unilateral. No entanto, esta classificação, que só pode ser aplicada aos contratos preparatórios, não parece ser a mais aceita pela doutrina[638].

---

[634] J. M. ANTUNES VARELA, *Das obrigações...*, vol. I, cit., p. 397 (o autor ressalta a distinção entre bilateralidade e sinalagma sustentando que *"[...] nem todos os deveres de prestação resultantes dos contratos bilaterais para uma das partes estão ligados aos deveres de prestar impostos à outra parte pela relação de reciprocidade própria do sinalagma."*).

[635] A exigência de agir conforme os ditames da boa-fé não é suficiente para modificar a natureza unilateral dos contratos de opção, pois é inerente a qualquer tipo de negócio jurídico, bilateral ou não.

[636] Parte da doutrina entende que o consentimento do beneficiário seria supérfluo, mesmo nas hipóteses em que haja um prêmio estabelecido, justamente por ressaltar o caráter de unilateralidade da vinculação do outorgante (C. GRIMALDI, *Quasi-engagement...*, cit., p. 376). Enxerga-se com alguma ressalva tal assertiva, pois o consentimento do beneficiário quanto ao contrato de opção, ainda que não seja vinculante quanto ao contrato optativo, é definitivo quanto a diversos termos (como o prazo do contrato de opção, prêmio a ser pago etc.). Ao beneficiário caberia rejeitar o próprio contrato de opção no momento de sua celebração, o que, por si só, afasta a ideia de ser a manifestação de vontade do beneficiário supérflua.

[637] Cf. *Da Compra e Venda...*, cit., p. 176. No mesmo sentido: O. GOMES, *Contratos*, cit., p. 84.

[638] Tal classificação teve grande acolhida na França a fim de distinguir a *promesse unilatérale de vente* da chamada *promesse synalagmatique de vente*. Naquele país são consideradas unilaterais as promessas em que apenas uma das partes está vinculada ao contrato "definitivo", ao passo

Por essa razão, seguiremos na análise com base na definição clássica dada pela doutrina e aplicável a todos os contratos que determina ser unilateral aquele contrato no qual, embora haja mútuo consentimento, apenas uma das partes assume obrigações[639].

Sob este prisma, o contrato de opção pode se apresentar como unilateral ou bilateral, a exemplo do que ocorre em outras modalidades de contratos[640]. Dependerá, em essência, da verificação das particularidades de cada caso para aferir se o contrato de opção cria obrigações para uma ou para ambas as partes[641].

À guisa de conclusão deste subitem, a presença de um prêmio parece ser suficiente para determinar a bilateralidade dos contratos de opção[642]. Isso não implica dizer que serão sinalagmáticos, pois a reciprocidade das obrigações entre as partes deve ser aferida no caso concreto.

que são bilaterais ou sinalagmáticas as promessas em que ambas as partes estão obrigadas a celebrá-lo.

[639] As definições não contemplam as hipóteses, como no caso das opções, em que uma parte encontra-se em uma situação de sujeição, não assumindo verdadeiramente obrigações, como ocorre no caso dos contratos de opção. Julga-se possível defender a posição de que as definições quanto à bilateralidade ou unilateralidade dos contratos visam, em essência, referir-se às hipóteses em que uma das partes assume uma *obrigação* (*lato sensu*) na relação jurídica, seja *obrigacional* (*stricto sensu*) ou de *sujeição* como sucede nos contratos de opção.

[640] Podem ser citados como exemplo os contratos preliminares que podem ser unilaterais ou bilaterais.

[641] Na França, alguns autores mostram a evolução jurisprudencial da análise das *promesses unilatérales de vente*, a fim de evidenciarem que em um primeiro momento tais contratos eram tidos como unilaterais, mas que gradativamente passaram a ser admitidos como unilaterais ou bilaterais, conforme criassem obrigações para uma ou ambas as partes. Assim, afirmam que a unilateralidade não é da essência de referidos contratos, o que parece se aplicar integralmente aos contratos de opção no âmbito do direito brasileiro (cf. F. Bénac-Schmidt, *Le contrat de promesse...*, cit., p. 83).

[642] Importante mencionar o posicionamento de certa parte da doutrina que entende que os contratos de opção são sempre bilaterais, sobretudo quando inseridos no âmbito empresarial. Nesse sentido, por elucidativo, transcreve-se o seguinte trecho: "*Elles ont conscience de rechercher le 'donnant-donnant', système constamment présent dans le droit des affaires, et de signer un contrat qui n'a pas uniquement pour but l'inclusion de l'offre dans la sphère contractuelle (...) Les contractants souhaitent dans le contrat d'option un équilibre qui se traduit non seulement par des obligations réciproques mais également par des obligations interdépendantes. Ces obligations font des contrats qui les contiennent contrat bilatéral.*" (F. Bénac-Schmidt, *Le contrat de promesse...*, cit., pp. 21-22). Para evitar questionamentos, vale ressaltar que no direito pátrio já foi dito que as regras aplicáveis às arras – que, embora sujeitas a um regramento distinto, possuem algumas similitudes com o prêmio – não podem ser aplicadas aos contratos unilaterais (cf. O. Gomes, *Contratos*, cit., p. 109).

CONTRATO DE OPÇÃO DE COMPRA OU VENDA DE AÇÕES

Para fins metodológicos, tendo em vista que se está a tratar de negócios contidos estritamente no campo empresarial, bem como a própria natureza do bem subjacente (ações), serão assumidos nesta obra unicamente os contratos de opção onerosos e bilaterais.

5.1.5 Conteúdo e Efeito Típico

Antes de iniciar o presente tópico, que talvez seja um dos mais importantes da presente obra, convém explicitar que a sua presença no fim deste item foi proposital[643].

A razão é simples. Como os contratos de opção de compra ou venda gozam tão somente de tipificação social[644], julga-se mais conveniente, até de modo um pouco intuitivo, traçar as principais características do negócio em questão antes de adentrar ao exame de seu conteúdo.

Utiliza-se a noção ampla de conteúdo[645], escoado na definição de A. JUNQUEIRA DE ANDRADE, como tentativa de refletir o próprio objeto (*lato sensu*) do contrato[646]. O conceito empregado abrange os elementos categoriais inderrogáveis, derrogáveis e os particulares[647].

Em breves linhas, seguindo a lição do autor, os elementos categoriais inderrogáveis são aqueles que determinam a natureza jurídica de um determinado

---

[643] Metodologicamente, a posição que o beneficiário assume em tais contratos deveria ser analisada no âmbito do plano da eficácia. Entretanto, por ser de suma importância para a exata compreensão do contrato de opção, resolveu-se por bem inclui-lo nesta parte, fazendo referência cruzada ao capítulo em que se discorrerá sobre seus efeitos.

[644] A. MENEZES CORDEIRO, *Tratado...*, Tomo I, cit., p. 676.

[645] Idem, Ibidem, p. 673 (*"O recurso a uma idéia ampla de conteúdo, como a acima reclamada, tem algumas vantagens técnicas e científicas, em que cabe insistir."*).

[646] O tema do conteúdo dos negócios jurídicos é complexo e controvertido, tendo sido objeto de estudo de abalizados juristas nacionais e estrangeiros. Assim, pretende-se neste item escolher a linha metodológica que pareceu mais apropriada a fim de facilitar a exposição dos principais aspectos da figura em questão, capazes de lhe conferir autonomia no ordenamento brasileiro, sem que haja qualquer pretensão de esgotar o assunto ou de tomar partido por qualquer dos conceitos existentes.

[647] A. JUNQUEIRA DE AZEVEDO, *Negócio Jurídico...*, cit., 2002, p. 134. Interessante mencionar que a distinção entre objeto e conteúdo dos contratos e dos direitos, na prática, não tem sido unânime e isenta de discussões, sobretudo na doutrina francesa, conforme registra F. BÉNAC-SCHMIDT:*"[...] cette définition confond puet-être l'objet et le contenu du droit, mais les auteurs reconnaissent eux-mêmes qu'il est bien souvent difficile de les distinguir"* (*Le contrat de promesse...*, cit., p. 148).

negócio, os quais não resultam da vontade das partes, mas, ao contrário, do próprio ordenamento jurídico. Assim, não podem ser derrogados, sob pena de mudar-lhe a natureza ou afetar sua validade.

Por outro lado, existem os elementos categoriais derrogáveis que, apesar de inerentes a um tipo específico de negócio, podem ser derrogados mediante declaração de vontade das partes, sem que haja transmutação do negócio ou sua possível nulidade[648].

Ainda há os elementos particulares que, sempre oriundos da vontade das partes, dizem respeito ao negócio em concreto. Esses elementos são ilimitados, dos quais são exemplos mais comuns a condição, o termo e o encargo[649]. Pode-se defini-los, no âmbito do direito dos contratos, como sendo todas as cláusulas e disposições acordadas pelas partes no programa contratual[650].

Visto de outra forma, o conteúdo do contrato de opção pode ser encarado como a reunião dos elementos normativos e volitivos que lhe preenchem, em conjunto com os efeitos próprios que dele irradiam (conteúdo eficacial).

No que tange aos efeitos, especificamente, cabe a análise tão somente daqueles típicos, deixando para os capítulos seguintes o exame de outros efeitos adstritos a algumas hipóteses concretas.

Como se está analisando a vertente contratual do negócio outorgativo de opção, o acordo das partes é essencial para a formação da figura.

Ao contrário do que sustentam algumas das teorias antes identificadas, a declaração de vontade[651] das partes visa fundamentalmente alterar o processo de formação da vontade quanto ao contrato optativo, criando uma situação intermediária. Em vez de oferta e aceitação, concordam as partes que o contrato optativo seja formado com a conjunção entre o contrato de opção, que

---

[648] A. Junqueira de Azevedo, *Negócio Jurídico...*, cit., 2002, pp. 39-40.

[649] A. Tomasetti Jr., *Execução do contrato...*, cit., p. 21.

[650] Existem outras formas de análise e verificação de tais elementos, sendo bastante difundida, porém não isenta de críticas, aquela que divide os elementos em essenciais, naturais e acidentais (F. K. Comparato, *Reflexões...*, cit., p. 237; e A. Junqueira de Azevedo, *Contrato Preliminar. Distinção entre eficácia forte e fraca para fins de execução específica da obrigação de celebrar o contrato definitivo. Estipulação de multa penitencial que confirma a impossibilidade de execução específica* in *Novos ensaios e pareceres de Direito Privado*, São Paulo, Saraiva, 2009, p. 257).

[651] Sem a pretensão de ingressar na discussão quanto à influência social sobre o direito, assume-se que a manifestação de vontade, de acordo com as *circunstâncias negociais*, efetivamente dirige-se à produção dos efeitos jurídicos almejados pelas partes (A. Junqueira de Azevedo, *Negócio Jurídico...*, cit., 2002, p. 124).

se constitui mediante encontro de vontades, e o exercício unilateral do direito formativo gerador.

O objetivo das partes é criar essa fase intermediária vinculante, da qual surgem direitos e obrigações (em sentido amplo) que não se confundem com aqueles que seriam gerados tivesse sido o contrato optativo concluído pelas vias ordinárias. Por faltar a uma das partes ainda a vontade quanto ao contrato optativo, cria-se um novo degrau, de força vinculante, no seu *iter* formativo, para chegar à sua conclusão.

Portanto, a declaração negocial de vontade das partes no sentido de incluir novos elementos[652] (ou fases) na formação do *consensus* do contrato optativo é de sua essência. Entretanto, essa criação de fases não é exclusividade dos contratos de opção, estando presentes em outras modalidades de contratos preparatórios, dos quais é exemplo marcante o contrato preliminar.

O que diferencia o contrato de opção de tais figuras semelhantes reside justamente nos elementos que se incluem no *iter* formativo do contrato optativo, o que determina a natureza dos **direitos** e **obrigações** (em sentido amplo) que exsurgem na fase intermediária, bem como a predisposição do conteúdo do contrato optativo[653].

Assim, no contrato de opção, as partes almejam que o contrato optativo conclua-se apenas mediante a **declaração unilateral de vontade**[654] do beneficiário, ao passo que no contrato preliminar fazem-na dependente da renovação da manifestação volitiva de ambas[655]. De forma implícita, esperam que haja **vinculação** das partes, de modo a permitir que, sem necessidade de qualquer conduta ou cooperação do outorgante, o contrato optativo possa ser concluído e, se reunir os requisitos e fatores impostos pela lei, gerar seus efeitos típicos.

Para que isso ocorra, elementos volitivos e normativos devem atuar em conjunto com as circunstâncias negociais, permitindo que o **efeito** almejado seja de fato verificado no âmbito jurídico.

---

[652] Seguindo as lições de A. JUNQUEIRA DE AZEVEDO, especificamente neste ponto utiliza-se a expressão como "elementos constitutivos" de um todo, como se utiliza para "elementos puros da química" (cf. *Negócio Jurídico e declaração negocial...*, cit., 1986, p. 16, nota 19).

[653] Cf. M. CASPER, *Der optionsvertrag*, cit., p. 58.

[654] Acerca da natureza do exercício do direito formativo gerador serão tecidas notas específicas adiante.

[655] Isso vai trazer consequências importantes no que se refere à tutela específica a ser analisada no Capítulo Décimo a seguir.

OPÇÃO DE COMPRA OU VENDA DE AÇÕES

Por exemplo, para que o beneficiário possa determinar a conclusão imediata do contrato optativo, mister se faz que esse já tenha sido predisposto, em todos os seus elementos, no contrato de opção.

A norma jurídica combina-se, assim, com a declaração de vontade das partes (**vontade querida e manifestada**), formando o conteúdo daquele negócio, capaz de gerar seus efeitos típicos, dos quais ganha relevo o **poder** (em sentido amplo) do beneficiário frente à **sujeição** do outorgante[656].

Essa relação **poder-sujeição**, cujos efeitos são determinados pelas normas aplicáveis, mostra-se característica e permite ao beneficiário determinar, unilateralmente, a conclusão do contrato optativo, mesmo sem cooperação (ou até mesmo resistência) por parte do outorgante.

Ela não é exclusiva do contrato de opção, existindo, por exemplo, nas propostas irrevogáveis. Entretanto, à diferença daquela, a relação no contrato de opção estruturalmente depende do **ajuste de vontade** (contratual) e possui função distinta daquela, o que lhe implica um regramento distinto[657].

Dessa feita, à guisa de sistematização, entende-se que os elementos peculiares do contrato de opção são caracterizados **pela vinculação, em situação de sujeição, de uma das partes frente ao direito formativo gerador, integrante do cerne do conteúdo da relação jurídica contratual, cujo exercício unilateral por parte do beneficiário, diferido e limitado temporalmente, factibiliza o contrato optativo e passa a fazer parte do *iter* formativo da relação jurídica optativa, predisposta em todos os seus elementos categoriais e particulares**.

Nesse passo, para melhor visualização, far-se-á a análise de alguns dos principais substratos do conteúdo do contrato de opção, a fim de tornar mais clara sua diferenciação frente a outras figuras.

---

[656] Ambos os termos (poder e sujeição) estão empregados de forma genérica.

[657] A aceitação da proposta irrevogável não equivale ao exercício do direito formativo gerador do contrato de opção aqui analisado (direito de opção), possuindo regramento distinto, particularmente no que se refere aos efeitos de eventual contraproposta. Além disso, a proposta irrevogável (assim como a *promessa unilateral de contratar*, caso permitida pelo ordenamento nacional) não gozaria da proteção expressa quanto à possibilidade de desvinculação por conta de onerosidade excessiva superveniente.

5.1.5.1 Direito formativo gerador

O objetivo deste tópico é apresentar as principais características dessa situação de **poder**, enquanto um dos efeitos típicos do contrato de opção, que surge em favor do beneficiário, em contraposição à situação oposta de sujeição do outorgante.

Ao contrário do que muitos autores sustentam, nesta obra defendemos que o principal efeito do conteúdo do contrato de opção não está relacionado à **irrevogabilidade da proposta** quanto ao contrato optativo[658].

O efeito principal é a criação de um **poder** (sentido amplo) auferido pelo beneficiário, cujo exercício, dentro do prazo determinado (ou determinável), é suficiente para a criação da relação jurídica optativa.

Esse poder de influir na esfera jurídica alheia, criando uma relação jurídica, encontra-se embutido no âmago de um **direito (em sentido) subjetivo**[659], que emerge da relação jurídica contratual da opção. A doutrina mais abalizada no assunto encarou-o como **direito formativo gerador ou constitutivo**[660].

A **relação jurídica optativa** não se forma através do mecanismo de encontro entre **proposta** e **aceitação**, dado que este já ocorrera no momento

---

[658] Grande parte da doutrina nacional e estrangeira assim se posicionou: D. RUBINO, *La compravendita*, cit., p. 53, R. FAVALE, *Opzione...*, cit., p. 62; A. JUNQUEIRA DE AZEVEDO, *Contrato de opção de venda...*, cit., p. 210; F. G. MORAIS, *Contrato-Promessa...*, cit., p. 212.

[659] Nesse sentido, a definição de direito (em sentido) subjetivo é deveras controversa na doutrina e tem sido objeto de debate entre renomados autores. A fim de prosseguirmos na análise, assumiremos como correta a definição que tem sido mais aceita na doutrina nacional, sem, contudo, avançar no exame aprofundado das diversas teorias existentes acerca do assunto. Assim, será adotada a definição trazida por G. LUMIA de que o *direito subjetivo* consiste em um complexo unitário de situações (tecnicamente chamadas de posições) elementares, indicando o conjunto de faculdades, pretensões, poderes (tidos como formativos) e imunidades que se encontram em um estado de habitual e constante ligação, e que são inerentes a um determinado sujeito em relação a um determinado objeto (Cf. *Lineamenti di teoria e ideologia del diritto*, trad. port. de Denise Agostinetti, *Elementos de teoria e ideologia do direito*, São Paulo, Martins Fontes, 2003, p.107). Importa notar que as lições de G. LUMIA em referida obra foram traduzidas, adaptadas e revistas por A. TOMASETTI, em texto não publicado, datado de abril de 1999, cujas ideias serão reproduzidas, quando pertinentes, em algumas passagens desta obra (cf. *Lineamenti...*, cit., 1999, p.10).

[660] F. C. PONTES DE MIRANDA, *Tratado...*, V, cit., p. 242 (o jurista utiliza a expressão *direitos formativos geradores, constitutivos ou credores*, mas, dada a maior difusão na atualidade, serão utilizados com maior frequência os primeiros).

anterior quando da conclusão do contrato de opção, por meio do qual as partes acordaram que o exercício do **direito formativo** seria suficiente para dar vida à relação jurídica optativa, já preestabelecida em todos os seus termos[661].

A formação do contrato optativo depende de uma declaração de vontade do beneficiário, que não se confunde com a **aceitação** de uma suposta **proposta mantida irrevogável** pelo contrato de opção.

O direito formativo gerador do beneficiário é distinto daquele do oblato por variados motivos[662], seja porque existe uma **relação jurídica contratual subjacente** que lhe ampara, seja porque não se aplicam as regras atinentes à aceitação, tais como nas hipóteses de rejeição, contraproposta, responsabilidade (extracontratual) e regras de resolução por onerosidade excessiva superveniente, entre outros.

Com isso, identifica-se de maneira mais clara a diferença fundamental do contrato de opção em relação à proposta irrevogável[663].

Esclarecido assim que o **direito formativo gerador** integra de fato o conteúdo da relação jurídica do contrato de opção, resta analisar a sua natureza e suas principais características[664].

Não faltaram opiniões, entretanto, em diferentes sentidos, para tentar qualificar a relação mantida entre outorgante e beneficiário no contrato de opção[665], cujas principais serão aqui abordadas sucintamente.

---

[661] Na mesma linha: M. CASPER, *Der optionsvertrag*, cit., p. 64

[662] A. MENEZES CORDEIRO, *Tratado...*, Tomo I, cit., p. 553.

[663] Quanto às *promessas unilaterais*, grande parte das colocações acerca das propostas irrevogáveis pode ser replicada, com o acréscimo da discussão acerca da possibilidade (ou não) de criação de promessas unilaterais não previstas em lei e, em sendo esta superada, acerca da equivalência entre as *promessas de contratar* e as *propostas irrevogáveis*.

[664] Antes de avançar, no entanto, esclarece-se que a matéria suscita enorme debate na doutrina, de forma que não há a pretensão nas linhas abaixo de esgotar por completo o assunto. Assumir-se-á, para fins metodológicos, a veracidade de algumas posições doutrinárias, reconhecendo, entretanto, a existência de intenso debate e opiniões divergentes quanto à matéria.

[665] As opiniões foram majoritariamente apresentadas nos países continentais. Na Espanha, foram desenvolvidas teorias defendendo tratar-se de direito subjetivo, direito potestativo, faculdade ou uma combinação entre tais figuras (C. S. ASURMENDI, *La opción de compra*, cit., p. 159). J. T. CHARLES, por exemplo, apesar de seguir a linha de considerar a situação do beneficiário como direito subjetivo, considera a existência de um verdadeiro *poder jurídico*, aproximando-se da qualificação ora proposta, sem, contudo, explicitar o entrelace de referida posição ativa elementar (poder formativo) com outras posições ativas elementares, a fim de constituir o direito subjetivo (composto de posições jurídicas ativas elementares complexas) oriundo do

CONTRATO DE OPÇÃO DE COMPRA OU VENDA DE AÇÕES

Antes de prosseguir, a primeira constatação que se deve fazer, embora pareça intuitiva, é a de que o **direito formativo gerador**, que se forma no contrato de opção em favor do beneficiário, inclusive se verificado sob o prisma das posições subjetivas ativas elementares[666], não se confunde com aquele que se forma no âmbito do contrato optativo de compra e venda[667]. O primeiro visa primordialmente permitir que seu beneficiário conclua o **contrato optativo** para gozar dos direitos e pretensões dele inerentes[668].

contrato de opção. Ainda, referido autor parece sustentar algumas posições aparentemente contraditórias entre si, o que mostra a dificuldade do exame da questão aqui tratada, conforme trechos a seguir: "(...) *el derecho de opción es un derecho formador ya que es susceptible de ejercicio unilateral / La doctrina mayoritaria admite que el derecho de opción es un auténtico derecho subjetivo (y no una mera facultad jurídica) / creemos posible afirmar que el poder otorgado para optar se calificará como facultad, o como derecho subjetivo, según las circunstancias particulares de cada caso concreto.*" (cf. *El contrato de opción*, cit., pp. 51, 74 e 85). Na França, F. Bénac-Schmidt manifestou a existência de doutrina do início do século XX que encarava a opção como uma fase inicial do contrato de compra e venda, assim como uma condição suspensiva dentro de referido contrato (cf. *Le contrat de promesse...*, cit., p. 144). Como mostra I. Najjar, outras opiniões identificaram a relação ora como *direito real*, ora como uma relação obrigacional composta de obrigações de fazer ou não fazer impostas unilateralmente ao outorgante, o que lhe fez propor a tese de que o direito de opção seria um direito potestativo, a qual acabou sendo a mais aplaudida pela doutrina francesa atual (cf. *Le droit d'option...*, cit., p. 46).

[666] As *posições jurídicas subjetivas elementares*, conforme tratadas por G. Lumia, no contrato de opção não se confundem com aquelas do contrato de compra e venda optativo (cf. *Lineamenti...*, cit., 2003, pp. 104-116). Poucos autores assim analisaram o contrato de opção, embora essa construção nos pareça a mais acertada (cf. F. Bénac-Schmidt, cit., p. 35 (referido autor, embora não trate especificamente do sistema de posições – situações – jurídicas, mostra a impossibilidade de se confundir o conteúdo de ambas as relações)). Esse entendimento reforça a autonomia de ambos os negócios e o conjunto de argumentos contrários à teoria que identifica os contratos de opção como *contratos definitivos semi-completos*.

[667] A favor da tese de que o contrato de opção é criador de direito potestativo encontram-se diversos autores, dentre eles destaca-se I. Najjar (*Le droit d'option...*, cit., p. 16).

[668] A verificação pode se tornar mais clara naqueles sistemas em que o domínio transmite-se apenas por meio do contrato de compra e venda (*obrigacional*). Nessas hipóteses, o exercício do direito formativo poderia, em tese, confundir-se com o efeito do contrato optativo, pois, uma vez exercido, haveria a imediata transferência da propriedade. Não obstante, no sistema brasileiro, como a transferência depende de registro ou de tradição, logo se percebe que o exercício do direito formativo gerador não seria capaz de gerar isoladamente a transferência de domínio, o que mostra a divisão (e não superposição) dos efeitos de ambos os negócios.

OPÇÃO DE COMPRA OU VENDA DE AÇÕES

Na categoria dos **direitos (em sentido) subjetivo**[669], discutiu-se se o **direito de opção (direito formativo gerador)** poderia ser encarado como um direito real[670] ou absoluto. Em outras palavras, justamente em razão desta natureza peculiar, a maior parte da doutrina que se debruçou sobre a matéria, notadamente polarizada nos conceitos de obrigações, tentou de alguma forma classificar dita relação como meramente real (absoluta) ou obrigacional (relativa)[671]. De plano, as primeiras foram rejeitadas, restando quase unânime a opinião entre os doutrinadores pátrios e continentais quanto ao seu desacerto[672] por variados motivos[673].

Já avançando no campo puramente obrigacional, logo se percebe que a situação do beneficiário frente ao outorgante não pode ser caracterizada como uma **relação obrigacional em sentido estrito (crédito-débito)**. Com efeito, existe uma relação de **poder e sujeição** entre as partes contratantes[674] que,

---

[669] Utiliza-se essa expressão para distingui-los dos direitos subjetivos propriamente ditos (G. LUMIA, *Lineamenti...*, cit., 1999, p. 10).

[670] Apenas a título explicativo, vale dizer que o termo "real" empregado nesta obra não tem qualquer ligação ou relação com o termo "real" empregado no modelo de análise de investimentos conhecido como Teoria das Opções Reais, objeto de exame do ramo da economia que não será analisado nesta obra (E. M. SANTOS – E. O. PAMPLONA, *Teoria das Opções Reais: uma atraente opção no processo de análise de investimentos* in *Revista de Administração Da Faculdade de Economia, Administração e Contabilidade da USP*, vol. 40, n. 3, 2005, p. 235). No mesmo sentido: E. PANZARINI, *Il contratto di opzione*, cit., p. XXVIII.

[671] A relação obrigacional, no âmbito da presente obra, será entendida como o conjunto de duas *posições jurídicas elementares*, quais sejam: a pretensão e o dever comportamental exigível (chamado de *obbligo* por G. LUMIA). Nesta relação formada pelas *posições jurídicas elementares contrapostas*, nasce a *pretensão* (*posição jurídica ativa elementar*) de uma das partes de exigir a *prestação* por parte do outro sujeito da relação (que é, em última análise, o dever de comportamento exigível correspondente à *posição jurídica passiva elementar*), conforme lições de G. LUMIA (*Lineamenti...*, cit., 2003, p. 109; e *Lineamenti...*, cit., 1999, pp.11-12).

[672] Na França: G. REBOUR, *De la clause d'option...*, cit., p. 60; M. MOUSSERON – M. GUIBAL – D. MAINGUY, *L'avant...*, cit., p. 343; P. MALAURIE – L. AYNÈS – P. GAUTIER, *Droit Civil...*, cit., p. 70; e I. NAJJAR, *Le droit d'option...*, cit., pp. 46 e 169. Na Espanha: C. S. ASURMENDI, *La opción de compra*, cit., p. 174.

[673] Apenas para citar alguns, sem a pretensão de esgotá-los, pode-se mencionar de forma simplificada os seguintes: (i) falta ao beneficiário da opção reipersecutoriedade (direito de sequela) quanto ao objeto mediato do contrato; (ii) o beneficiário não possui qualquer autoridade ou imediatidade sobre referido objeto, não podendo, assim, exercer seu direito diretamente sobre uma coisa (I. NAJJAR, *Le droit d'option...*, cit., p. 169); (iii) existência de regime fechado (*numerus clausus*) de direitos reais, no qual a opção não está incluída, entre outros.

[674] F. BÉNAC-SCHMIDT, *Le contrat de promesse...*, cit., p. 41.

CONTRATO DE OPÇÃO DE COMPRA OU VENDA DE AÇÕES

como tem sido sustentado na doutrina, é mais forte do que o simples vínculo obrigacional (em sentido estrito)[675].

Ao serem analisadas as modalidades de obrigação existentes (dar, fazer ou não fazer), torna-se ainda mais clara tal ideia, haja vista que inexiste uma prestação devida pelo outorgante, enquanto sujeito passivo da relação.

Intuitivo, portanto, que o contrato de opção não cria **essencial** e **tipicamente**[676], para qualquer das partes, uma **obrigação de dar**[677-678]. O objeto do contrato de opção é permitir que o beneficiário, em momento posterior, decida, a seu critério, concluir ou não o contrato de compra e venda. Enquanto a relação de compra e venda não for constituída, inexiste "obrigação de dar" por qualquer das partes. O substrato do objeto desse direito não é uma **prestação**, mas, sim, a **criação de nova relação jurídica**.

Da mesma forma, da simples descrição (sujeição e poder de formar o contrato de compra e venda), conclui-se que, em essência, a relação criada não consiste em **obrigação de fazer** ou **não fazer** por qualquer das partes[679],

---

[675] Idem, Ibidem, p. 138 (*"Le lien créé par le contrat entre promettant et bénéficiaire est plus fort que le lien obligatoire, c'est un veritable lien de sujétion (...)"*). Outros autores franceses também se manifestaram no mesmo sentido: I. Najjar, *Le droit d'option...*, cit., p. 174; e A. Gaudemet, *Contribution...*, cit., p. 33.

[676] Por enquanto apenas estão sendo analisados os *deveres* (usado em sentido amplo) principais e típicos da presente categoria, sendo que a seguir serão verificados os chamados deveres secundários e aqueles acessórios que decorrem dos princípios de boa-fé vigentes no ordenamento nacional (J. M. Antunes Varela, *Das obrigações...*, vol. I, cit., pp. 121-123).

[677] M. Mousseron – M. Guibal – D. Mainguy, *L'avant...*, cit., p. 341 (nota-se que em referida obra foi mencionada a existência de doutrina minoritária que entende existir "obrigação de dar" na *promesse unilatérale de vente*); e F. Bénac-Schmidt, *Le contrat de promesse...*, cit., p. 8.

[678] Também no que tange à obrigação de transferência das ações nominativas e escriturais das sociedades anônimas, oriunda do contrato optativo, pode-se dizer que não se trata em verdade de *obrigação de dar*, uma vez que, de acordo com o regime imposto pelo ordenamento pátrio, as ações apenas são transferidas mediante um ato complementar (no caso das ações nominativas, depende de averbação nos livros sociais). Assim sendo, inexiste, de fato, no próprio contrato de compra e venda uma obrigação de dar. Existe, sim, verdadeiramente uma *obrigação de fazer*, qual seja, de promover o registro da transferência nos livros competentes. O presente tópico será analisado no capítulo que tratará da tutela jurisdicional dos contratos de opção.

[679] Importante notar que certa parte da doutrina clássica vislumbrava, nos contratos de opção, a criação de uma *obrigação de fazer* consistente na obrigatoriedade de manutenção da proposta que, em caso de descumprimento, dava azo a perdas e danos em favor da parte beneficiária. Nesse sentido vide: G. Rebour, *De la clause d'option...*, cit., p. 60 (referido autor entendia que o contrato de opção criava uma obrigação de manter a opção, haja vista que, na época de

OPÇÃO DE COMPRA OU VENDA DE AÇÕES

inexistindo uma verdadeira prestação – regra de comportamento – por parte do outorgante frente ao beneficiário enquanto não formado o contrato optativo.

Advirta-se que as linhas acima não negam a possibilidade de existir **obrigações de dar, fazer ou não fazer** a cargo das partes do contrato de opção, mas tão somente concluem que o efeito típico do contrato não pode ser reduzido a tais modalidades obrigacionais.

Com isso, torna-se possível a existência de **deveres secundários e acessórios**[680] no contrato de opção, os quais serão objeto de detalhamento adiante[681]. Ou seja, desempenham – quando existentes – papel **secundário** ou **lateral**, não sendo suficientes para determinar ou alterar, isoladamente, a natureza da relação que se cria entre outorgante e beneficiário. Trata-se de **natureza específica** que não se confunde com aquelas obrigações de dar, fazer ou não fazer[682], pois o beneficiário tem um poder de determinar a conclusão ou não do **contrato optativo**[683].

Nessa linha de raciocínio, recusando a qualificação do direito de opção como sendo um direito real ou meramente obrigacional (em sentido estrito), a grande maioria da doutrina, nacional ou estrangeira, passou a encará-lo como **direito potestativo** ou **direito formativo gerador**[684].

---

seu trabalho, a oferta de contratar não tinha caráter irrevogável e vinculante, podendo ser a qualquer momento retirada).

[680] J. M. Antunes Varela, *Das obrigações...*, cit., p. 121-122.

[681] Ao comentar acerca das propostas irrevogáveis, certos autores sustentam o equívoco daqueles que enxergavam como seu efeito típico a obrigação de fazer consistente na manutenção da declaração da proposta até o seu vencimento, entendendo existir uma vinculação eficacional mínima caracterizada pelo direito potestativo em favor do oblato (correspectivo ao estado de sujeição do proponente) que, por não ser passível de violação, não se submete simplesmente às regras de perdas e danos (Andrade, Roberto Braga de, *Oferta contratual ao público e integração publicitária do contrato*, Tese (Doutorado), Faculdade de Direito da Universidade de São Paulo, São Paulo, 2006, p. 84).

[682] Cf. F. Bénac-Schmidt, *Le contrat de promesse...*, cit., p. 143 (*"Quelle que soit la nature reconnue au droit d'option, il est unanimement admis que c'est un droit spécifique."*).

[683] Outros autores sustentaram que o beneficiário adquire um "direito de vida ou morte" quanto ao contrato optativo (cf. O. Milhac, *La notion...*, cit., p. 309).

[684] Conforme expressiva doutrina: Na França: I. Najjar, *Le droit d'option...*, cit., p. 165 (*"En réalité le droit d'option est un droit potestatif, et c'est ce dernier qu'il faut rapprocher du droit subjectif [...] Démontrer que le droit d'option est un droit subjectif potestatif implique que le droit d'option soit un droit potestatif, d'une part, et que ce dernier soit un droit subjectif, d'autre part"*); P. Malaurie –

CONTRATO DE OPÇÃO DE COMPRA OU VENDA DE AÇÕES

A expressão – **direito potestativo** – tem sido amplamente utilizada por autores nacionais e estrangeiros (sobretudo italianos, espanhóis, portugueses e franceses).

Entretanto, a expressão "direito potestativo" serve para designar diversas situações que não se equiparam, em sua totalidade, ao direito criado no contrato de opção. Em outras palavras, **direito potestativo** representaria o gênero, de que **direito formativo** (oriundo do *Gestaltungsrecht* desenvolvido na Alemanha) seria espécie[685].

Apesar da divergência na terminologia utilizada pela doutrina nacional e estrangeira, parece unânime a ideia subjacente de que existe um **poder**

L. Aynès – P. Gautier, *Droit Civil...*, cit., p. 70; F. Bénac-Schmidt, *Le contrat de promesse...*, cit., p. 37 (*"Le droit d'option n'est, dans ce cas, ni un droit réel, ni un droit de créance, mais un droit potestatif"*); G. Rebour, *De la clause d'option...*, cit., pp. 22-23 (referido autor não chega a concluir pela existência de um direito potestativo, ressaltando apenas a existência de um elemento potestativo); e A. Gaudemet, *Contribution...*, cit., p. 32 (referido autor cita a doutrina moderna no mesmo sentido); na Itália: E. Panzarini, *Il contratto di opzione*, cit., pp. 124-125; M. Dell'utri, *Patto...*, cit., p. 756; F. A. Regoli, *Brevi osservazioni...*, cit., p. 469; A. Chianale, *Opzione...*, cit., p. 140; R. Favale, *Opzione...*, cit., p. 89; E. Gabrielli, *Trattato...*, cit., p. 185; R. Sacco, *L'Opzione...*, cit., p. 323; D. Rubino, *La compravendita*, cit., p. 54; e V. Roppo, *Il contratto...*, cit., p. 163; em Portugal: J. M. Antunes Varela, *Das obrigações...*, vol. I, cit., pp. 310-311; A. Menezes Cordeiro, *Tratado...*, Tomo I, cit., pp. 553-554; A. M. Prata, *O contrato-promessa...*, cit., pp. 402-404; na Espanha: J. T. Charles, *El contrato de opción*, cit., p. 113; C. S. Asurmendi, *La opción de compra*, cit., pp. 159-161 (embora ambos os autores tenham advertido sobre a falta de unanimidade da doutrina espanhola em enxergar uma categoria autônoma de direitos potestativos frente aos direitos subjetivos e outras faculdades); na Alemanha: M. Casper, *Der optionsvertrag*, cit., p. 74; A. Georgiades, *Optionsvertrag...*, cit. p. 409; D. Heinrich, *Vorvertrag...*, cit., pp. 241-242; A. Von Tuhr, *Der Allgemeine...*, cit., p. 204; e M. Weber, *Der Optionsvertrag...*, cit., pp. 251-253; nos Estados Unidos da America: W. Hohfeld, *Fundamental...*, cit., pp. 56-57; no Brasil: F. Satiro de Souza Jr., *Regime jurídico...*, cit., p. 38; O. Gomes, *Promessa...*, cit., p. 381; A. Junqueira de Azevedo, *Contrato de opção de venda...*, cit., p. 212; F. C. Pontes de Miranda, *Tratado...*, V, cit., p. 249; O. Yazbek, *Regulação do Mercado...*, cit., p. 124; C. Zanetti, *Responsabilidade...*, cit., p. 31; e M. P. Salles, *O contrato futuro*, cit., pp. 52-53; e alguns autores do ramo processual, a exemplo de Ovídio Baptista Silva, *Curso de Processo Civil*, vol. 1, tomo II, 6ª ed. rev. e atual., Rio de Janeiro, Forense, 2008, pp. 31-32.

[685] F. C. Pontes de Miranda, *Tratado...*, V, cit., p. 242; M. Bernardes de Mello, *Teoria do Fato Jurídico, plano da validade*, 8ª ed. rev. e atual., São Paulo, Saraiva, 2008, p. 180; P. T. Sanseverino, *Estrutura clássica e moderna da obrigação* in *O ensino jurídico no limiar do novo século*, org. por Antonio Paulo Cachapuz, Porto Alegre, Editora da PUC-RS, 1997, p. 292; e A. Von Tuhr, *Der Allgemeine...*, cit., p. 203 (*"En este caso cabe hablar de derechos; son los de potestad (Zitelman); Seckel los reúne bajo la designación acertada de 'derechos de configuración', distinguiéndolos de otros derechos potestativos."*).

jurídico autônomo, contemplado como **direito subjetivo em sentido lato**, em favor do beneficiário de criar, alterar ou extinguir, de forma unilateral, uma **relação jurídica de compra e venda optativa**.

Certamente, não divergem, essencialmente, os autores quando definem o direito resultante do contrato de opção como **direito potestativo** ou **direito formativo gerador**, pois todos fazem referência à mesma ideia de **poder formativo** que compõe um direito (em sentido) subjetivo.

Para fins metodológicos, adotar-se-á nesta obra a terminologia "direito formativo gerador"[686] ou "poder formativo" (posição jurídica elementar que mais salta aos solhos) que, conforme lições de abalizada doutrina, representa mais adequadamente o **direito** da parte de influir na esfera alheia, de forma unilateral, para criar uma nova **relação jurídica**[687].

Deve-se, assim, buscar descer à categoria mais específica para descrever mais adequadamente os direitos, de forma a evitar possíveis equívocos interpretativos. Não obstante o fato de serem aqueles uma **espécie** dos direitos potestativos e de possuírem traços distintivos marcantes frente às demais situações englobadas dentro da categoria gênero[688] e de a doutrina utilizar

---

[686] Reconhece-se que, sob um aspecto literal, possa haver certa discussão quanto à designação em questão, existindo autores que traduziram o termo *Gestaltungsrecht* por outras expressões de raiz latina que seriam igualmente – ou até mais apropriado – do que direito formativo utilizada por grande parte da doutrina nacional por influência marcante de F. C. Pontes de Miranda (cf. *Tratado...*, V, cit., p. 242). Como exemplo, pode-se citar os termos (i) direito de configuração (cf. A. Von Tuhr, *Der Allgemeine...*, cit., p. XV); (ii) direito de formação (cf. J. C. Moreira Alves, *A retrovenda*, cit., p. 119); e (iii) direito formador (cf. A. Gaudemet, *Contribution...*, cit., p. 73; e I. Najjar, *Le droit d'option...*, cit. p. 167 – o último autor ainda ressalta a utilização do termo na Suíça:"[...] *quant aux juristes suisses, certains d'entre eux emploient l'expression de 'droits formateurs' pour designer les droits potestatifs.*"). Entretanto, como estão enraizadas no ordenamento pátrio as expressões *direito ou poder formativo*, nesta obra acabou-se preferindo-as àquelas de *direito de configuração* e *direito formador*.

[687] Deixar-se-á de lado, portanto, as hipóteses de direitos formativos modificativos e extintivos.

[688] Deve-se reconhecer que o tema da individualização dos direitos formativos frente aos direitos potestativos é complexa, cujo exame detalhado extrapola os limites desta obra. Não obstante, entende-se de interesse trazer algumas notas acerca da matéria que podem ser úteis na análise dos contratos de opção de compra e venda. Conforme mostra a doutrina, a individualização e segregação dos *direitos formativos* foi feita pela doutrina alemã do início do século, onde são conhecidos até hoje como *Gestaltungsrechte* (M. A. Andrade, *Teoria da relação jurídica...*, cit., p. 12; e A. Gaudemet, *Contribution...*, cit., p. 73). A aparente divergência de conceitos, ao que tudo indica, difundida na doutrina, pode se referir a um problema de tradução perpetrado ao longo dos tempos. A expressão parece ter surgido no início do século passado,

CONTRATO DE OPÇÃO DE COMPRA OU VENDA DE AÇÕES

na Alemanha, por meio das lições de E. SECKEL que os definiu como *Gestaltungsrechte* (que poderia ser traduzido como *direito de configuração ou direito formador*), a fim de diferenciá-los dos *direitos-poder* ou *direitos de poder jurídico* (*Kannrechte; Rechte des rechtlichen Könnens*) que foram designados em conjunto como direitos potestativos (M. A. ANDRADE, *Teoria da relação jurídica...*, cit., p. 12; e F. C. PONTES DE MIRANDA, *Tratado...*, V, cit., p. 242). A expressão foi cunhada dentro da ampla categoria dos *direitos de poder jurídico* (*derechos de potestad jurídica*), em que estavam incluídos não só os direitos que continham um *componente de poder de criar, modificar ou extinguir relações jurídicas*, mas, também, outras situações que envolviam poderes em geral, como aquelas relações de pátrio-poder, matrimônio e tutela, bem como outras *faculdades de poder*, representadas por poderes de disposição, administração e representação com efeitos sobre esferas alheias, como administração de sociedades, uma situação descrita próxima ao nosso contrato de *comissão* (não existia um termo certo para designá-la na Alemanha, mas a descrição mostra muita semelhança com a figura prevista no art. 693 Código Civil), e *impugnação da sucessão por indignidade* que, de forma similar àquela prevista no art. 1.596 do Código Civil de 1916, podia ser requerida por qualquer interessado, mesmo que não pudesse beneficiar-se concretamente (a redação foi alterada na forma do art. 1.815 do Código Civil atual que não deixa clara a permissão para impugnação por terceiros, o que lhe rendeu propostas de alteração, tal como o Projeto de Lei 1.159/2007 de lavra do deputado federal Antonio Bulhões que visava incluir permissão expressa ao Ministério Público para ajuizamento da ação). Na maioria dos exemplos, com exceção deste último, importante parcela da doutrina nacional reconhece a existência de um *poder jurídico, em sentido estrito*, indissociavelmente ligado a um *dever* e de cunho meramente instrumental, como os tutores, no exercício da tutela, os *síndicos* (hoje chamado de *administradores judiciais*), no exercício da sindicância (administração) da massa falida, e os juízes, no exercício da sua função jurisdicional (L. E. VIDIGAL, *Da execução direta das obrigações de prestar declaração de vontade*, São Paulo, Revista dos Tribunais, 1940, pp. 20-21; e J. M. ANTUNES VARELLA, *Das Obrigações...*, vol. I, cit., p. 61 (referido jurista português salienta que tais situações, chamadas de *potestà* na Itália, são conhecidas como *direitos-deveres* ou *poderes funcionais* em Portugal, incluindo o poder paternal, tutela e curatela, entre outros)). Percebem-se, assim, *situações de poder jurídico* certamente mais abrangentes do que aquelas verificadas no contrato de opção em favor do beneficiário, todas debaixo da ampla categoria de direito (em sentido) subjetivo (chamada atualmente de direitos potestativos). Para tanto, tornou-se importante, dentro dessa ampla categoria, identificar aquelas situações específicas em que, por meio de vontade unilateral de um sujeito, são estabelecidos direitos e deveres (em sentido amplo) no âmbito de esfera alheia, criando, alterando ou extinguindo uma relação jurídica. A essas específicas relações, foi dada a designação hoje difundida de *Gestaltungsrechte* (correntemente *direitos formativos* em direito nacional). Dita expressão acabou não sendo distinguida por processualistas no início do século, atribuindo-se a CHIOVENDA a designação de *diritti potestativi* que veio a ser posteriormente reproduzida por grande parte dos civilistas e processualistas italianos (cf. J. C. MOREIRA ALVES, *A retrovenda*, cit., p. 119), fazendo com que aquela classe de direitos formativos passasse novamente para dentro da ampla classificação de *direitos potestativos*, o que gerou crítica da doutrina alemã (I. NAJJAR, *Le droit d'option...*, cit., p. 172: "[...] en Allemagne, la négation de la catégorie des droit potestatifs est soutenue par plusieurs auteurs"). O conceito de direito potestativo, assim, restava por demasiado amplo, incluindo categorias bem distintas, como aquelas analisadas nesta obra (direito

OPÇÃO DE COMPRA OU VENDA DE AÇÕES

formativo de relação jurídica) e direitos de ação processual (Tercio SAMPAIO FERRAZ JR., *Introdução ao estudo do direito: técnica, decisão, dominação*, 3ª ed., São Paulo, Atlas, 2001, p. 151). Seja como for, tanto os doutrinadores alemães quanto italianos e portugueses, no que tange aos direitos formativos, trazem a ideia de *poder atribuído a uma das partes, reconhecido pelo ordenamento por meio de normas que não impõem regras de conduta, de alterar a ordem jurídica*. A ideia que sobressai é aquela de que, mediante exclusiva vontade do beneficiário, pode-se criar, modificar ou alterar a esfera jurídica alheia. Tem-se, com isso, que aquela classe ampla de *direitos-poder, direitos de poder jurídico e direitos formativos* passou a ser chamada de *direitos secundários*, a fim de se contrapor aos direitos e relações que estejam sob sua influência (A. VON TUHR, *Der Allgemeine...*, cit., p. 202 (*"Se pueden denominar 'derechos secundarios' por contraposición a los derechos y relaciones jurídicas sometidos a sua influencia."*)), o que acabou sendo objeto de crítica de F. C. PONTES DE MIRANDA (cf. *Tratado...*, V, cit., p. 242). Assim, uma parte da doutrina chegava a considerar que os direitos subjetivos derivavam de normas permissivas ou mandatórias, ao passo que esta modalidade de *direito-poder* estava amparada por normas que apenas tornava possível o seu exercício, fazendo com que a doutrina tivesse dificuldade em enquadrá-la dentro da categoria dos direitos subjetivos (A. MENEZES CORDEIRO, *Tratado...*, Tomo I, cit., p. 336). Isso foi, em grande parte, superado pela doutrina que passou a enquadrá-la dentro da categoria ampla de *direito (em sentido) subjetivo*. Sem adentrar em detalhes, deve-se, por fim, chamar a atenção para o entendimento de abalizada doutrina que enxerga a existência de posições jurídicas, subjetivas e ativas, elementares que, mediante combinação, passam a compor os direitos (em sentido) subjetivo (G. LUMIA, *Lineamenti...*, cit., 1999, pp. 17-18). Uma das posições ativas elementares seria àquela chamada de *poder formativo* que, quando combinada com outras posições elementares (pretensão, faculdade ou imunidade), constituiria um direito (em sentido) subjetivo de natureza estritamente semelhante àquela aqui analisada (direitos formativos). À parte do eixo continental-nacional, em linha semelhante com este último posicionamento, faz-se um parêntese para citar algumas ideias, também do início do século passado (tal como aquelas de E. SECKEL na Alemanha), de W. HOHFELD (professor da Universidade de *Yale*), que também identificava pares contrapostos de posições jurídicas elementares (ativas e subjetivas) como componentes dos direitos (*rights*) em sentido amplo, propiciando o desenvolvimento de outro ângulo de análise dos direitos formativos em relação àqueles tradicionais (cf. *Fundamental...*, cit., p. 7; e N. LAZAREV, *Hohfeld's Analysis of Rights: An Essential Approach to a Conceptual & Practical Understanding of the Nature of Rights in* Murdoch University Electronic Journal of Law, vol. 12, I e II, 2005 disponível in <http://www.murdoch.edu.au/elaw/issues/v12n1_2/Lavarev12_2.html> [19.11.2010] (*"In short, a power is one's ability to alter legal (or moral) relations."*). Referidos autores identificaram um dos pares como *power-liability*, cujos *direitos* dele decorrentes representavam uma categoria particular de situações (como exemplo, o poder de abandonar bens, poderes funcionais de representação e gestão, entre outros), dentre as quais se destacam, para os fins desta obra, aquelas de *constituir obrigações contratuais de vários tipos* à semelhança do que se chama de direitos formativos (cf. W. HOHFELD, *Fundamental...*, cit., p. 7 (*"[...] any human being who can by his acts produce changes in legal relations has a legal power or powers."*). À guisa de conclusão, pode-se identificar em quaisquer das classificações um direito, reconhecido por normas de competência, conferido a determinados sujeitos e em certas situações, de, unilateralmente, influir na esfera jurídica alheia por meio da criação, alteração ou extinção de direitos e obrigações.

CONTRATO DE OPÇÃO DE COMPRA OU VENDA DE AÇÕES

"direitos potestativos" com maior frequência para se referir à situação do beneficiário do contrato de opção, preferiu-se a designação **direitos formativos geradores**[689].

Justificada nossa escolha conceitual-terminológica dos direitos formativos, voltemos ao exame de seus efeitos típicos perante os contratantes.

A posição subjetiva passiva contraposta ao direito formativo gerador é tida pela doutrina como sendo um **estado de sujeição** do outorgante, haja vista que deve suportar integralmente os efeitos da decisão unilateral por parte do seu titular[690].

Nesse particular, o direito formativo gerador conferido ao beneficiário do contrato de opção, diante das circunstâncias negociais, almeja um **efeito típico** característico não presente em qualquer outra figura negocial no ordenamento pátrio[691].

Quando se trata das diferenças frente à proposta irrevogável, demonstra-se que o direito formativo gerador no contrato de opção possui, em regra, uma função de atribuição patrimonial mais marcante do que aquele oriundo da vinculação proporcionada pela proposta irrevogável[692], cujo caráter revela-se muito mais procedimental do que verdadeiramente patrimonial[693].

O valor patrimonial criado no contrato de opção está diretamente associado às variáveis estudadas em economia (tempo, prêmio, variabilidade do preço do objeto), bem como à sua **eficácia prática**, qual seja, de permitir a formação do contrato optativo, unilateralmente, sem cooperação da contraparte, que se encontra em **estado de sujeição**, espera e incerteza quanto ao contrato optativo.

Esses direitos serão aqui designados como direitos formativos geradores, em contraposição aos *direitos potestativos* que, além daqueles, englobam outras situações de poder jurídico.

[689] Sem qualquer pretensão de adentrar no exame da dogmática do direito, escoado nas lições de Tercio SAMPAIO FERRAZ JR., limitar-se-á a mencionar que em tal vertente preocupa-se com a completude, atribuindo-se *"[...] aos diferentes conceitos e a sua subdivisão de conceitos mais amplos em subconceitos uma forma sistemática"*, a fim de permitir *"[...] um processo seguro de subsunção de conceitos menos amplos a conceitos mais amplos"* (cf. *Introdução...*, cit., p. 81).

[690] A. VON TUHR, *Der Allgemeine...*, cit., pp. 212-214.

[691] F. C. PONTES DE MIRANDA, *Tratado...*, V, cit., p. 249.

[692] E. PANZARINI, *Il contratto di opzione*, cit., p. 187; e E. CESÀRO, *Il contrato e L'opzione*, cit., p. 310.

[693] Embora não se exclua por completo a possibilidade – menos frequente – de propostas irrevogáveis criarem situações cujo valor patrimonial seja tão evidente quanto no contrato de opção.

OPÇÃO DE COMPRA OU VENDA DE AÇÕES

Essa eficácia prática é determinada tanto pela natureza do **direito formativo gerador**[694], que é da essencialidade do contrato de opção[695], bem como da sua tutela jurisdicional, caso haja sua violação ou resistência pela parte outorgante.

Correlato a esse aspecto de eficácia prática, a doutrina majoritária tem defendido que o direito formativo gerador não se encontra isolado no contrato de opção, existindo deveres **secundários e acessórios de conduta** assumidos pelo outorgante[696] que permitem ao beneficiário *in concreto* obter a proteção e satisfação do seu interesse.

Não existissem tais deveres, o direito formativo gerador perderia a sua **eficácia prática**, maculando a função socioeconômica do contrato de opção, além de violar os princípios da boa-fé e da função social dos contratos atualmente vigentes no ordenamento nacional, haja vista que o beneficiário poderia se encontrar em uma situação enfraquecida – no que tange à tutela jurisdicional – frente ao outorgante.

A questão não é pacífica na doutrina, mormente quanto ao regime de tutela inibitória em prol do beneficiário das eventuais obrigações de fazer ou não fazer (enquanto deveres secundários ou acessórios de conduta) no contrato de opção[697].

Não obstante, com base na doutrina moderna, atualmente não há como negar a existência, ao lado do **estado de sujeição** típico, de **deveres secundários**

---

[694] I. Najjar, *Le droit d'option...*, cit., p. 171 (*"Dans la promesse de vente, le promettant est dans une situation de sujétion et ne peut plus rien faire pour s'opposer, légitimement, à l'option du bénéficiaire ; c'est pour cette raison aussi que le tribunal ne peut que constater la conclusion du contrat définitif lorsque le bénéficiaire a levé l'option."*).

[695] Cf. F. Bénac-Schmidt, *Le contrat de promesse...*, cit., p. 238 (*"L'élément essentiel du contrat d'option, c'est l'option, c'est-à-dire le pouvoir, la possibilité de modifier la situation juridique créé dont le promettant tire un avantage financier*).

[696] Neste item tratar-se-á tão somente daqueles deveres impostos ao outorgante, embora o beneficiário também esteja sujeito a determinados deveres acessórios de conduta (J. T. Charles, *El contrato de opción*, cit., p. 236; e C. Couto e Silva, *A obrigação...*, cit., p. 97 (referido autor reúne os deveres oriundos da boa-fé sob a designação de *deveres secundários*, nos quais se incluem os deveres do credor)).

[697] E. Panzarini, *Il contratto di opzione*, cit., p. 417 (referida autora salienta a complicação da análise das situações de eventual *tutela conservativa* em favor do beneficiário antes do exercício da opção, entre outras matérias correlatas).

CONTRATO DE OPÇÃO DE COMPRA OU VENDA DE AÇÕES

e **acessórios de conduta** oriundos do contrato de opção[698]. Para distingui-los, será utilizada, nesse sentido, a definição trazida por J. M. Antunes Varella de que, em resumo, os primeiros seriam aqueles deveres preparatórios, substitutivos ou complementares da obrigação principal e os segundos aqueles deveres de conduta impostos às partes, sobretudo por conta do princípio da boa-fé[699].

Esclarece-se, entretanto que tais deveres secundários ou acessórios não dizem respeito à impossibilidade de revogação da proposta quanto ao contrato optativo, uma vez que este não visa tipicamente a manutenção da proposta, mas antes uma alteração no processo de formação do contrato optativo. A irrevogabilidade (vinculação) decorre da declaração (negocial) de vontade das partes que, reconhecida pelas regras jurídicas, impõe consequências para aquele que vier a resistir ou violar o acordo formado[700].

---

[698] M. Casper, *Der optionsvertrag*, cit., p. 68 (o autor ressalta a existência de dever de abstenção no contrato de opção como *Nebenpflicht*); R. Favale, *Opzione...*, cit., p. 93 (o autor italiano concorda com a existência de deveres assumidos pelo outorgante, tendo citado posicionamento jurisprudencial expresso no sentido de existirem deveres de abstenção sem eficácia real); e A. M. Prata, *O contrato-promessa...*, cit., p. 404.

[699] Embora a classificação de tais deveres de conduta e secundários não goze de unanimidade entre os doutrinadores brasileiros (cf. A. Pasqualoto, *A boa-fé nas obrigações civis* in *O ensino jurídico no limiar do novo século*, org. por Antonio Paulo Cachapuz, Porto Alegre, Editora da PUC-RS, 1997, p. 118), adotou-se a distinção trazida por J. M. Antunes Varella por parecer mais didática para a abordagem do tema principal desta obra (cf. *Das Obrigações...*, cit., pp. 122-123 – embora o conceito das obrigações seja mais abrangente, para os fins da presente obra, reduzir-se-á o escopo de tais deveres àqueles que guardam importância com o contrato de opção). No mesmo sentido já se manifestou parte da doutrina salientando que os deveres acessórios relacionam-se à boa-fé objetiva das partes (cf. R. Donnini, *Responsabilidade Civil Pós-contratual: no direito civil, no direito do consumidor, no direito do trabalho e no direito ambiental*, 2ª ed. rev. e atual., São Paulo, Saraiva, 2007, pp. 41-42 e 161).

[700] *"De même, il nous faut suivre ce dernier auteur lorsqu'il refuse de mettre à la charge du promettant une obligation de ne pas faire (de ne pas révoquer son offre et ne pas contracter avec ultrui) : 'cette prétendue obligation de ne pas faire n'est en réalité que l'expression du devoir que la loi, précisément l'article 1134, alinéa 2, impose à tout cocontractant."* (cf. C. Grimaldi, *Quasi-engagement...*, cit., p. 379).

OPÇÃO DE COMPRA OU VENDA DE AÇÕES

Em essência, os deveres secundários objetivam impedir que o outorgante frustre o efeito prático decorrente do direito formativo gerador do beneficiário, devendo abster-se de práticas que possam implicar em sua impossibilidade material[701].

O efeito típico e principal no polo passivo do contrato de opção é o estado de sujeição, ao qual são anexados – independentemente de declaração expressa das partes – deveres secundários, implícitos[702], de não frustrar ou impedir o livre exercício do direito formativo gerador pelo beneficiário[703].

Diversas condutas podem representar, em cada caso concreto, o conteúdo de tais deveres, embora alguns sejam tidos como mais importantes, tais como aqueles de diligência e conservação das ações[704], de forma a evitar que percam sua substância, e abstenção de aliená-las a terceiros, salvo se houver expressa disposição em contrário[705].

---

[701] Como o direito formativo gerador é inviolável e independe de qualquer cooperação da parte a ele sujeita, afigura-se mais correto dizer que alguns dos deveres secundários não impedem o seu exercício, mas, ao contrário, os efeitos deles decorrentes. No exemplo do contrato de opção de compra de ações, caso haja sua alienação pelo outorgante, o beneficiário continuará podendo exercer o direito formativo gerador, mas o contrato optativo não geraria os efeitos almejados, haja vista já não mais deter o outorgante a titularidade das ações. Não obstante, outros deveres – sobretudo aqueles acessórios decorrentes da boa-fé – podem visar garantir uma *decisão livre* quanto ao exercício do direito formativo gerador, tais como aqueles deveres de informação.

[702] C. Couto e Silva, *A obrigação...*, cit., p. 135 (*"A obrigação de não fazer pode estar como contraparte (dever anexo) de outras obrigações (...) Embora não se tenha feito expressa menção, à primeira vista já se compreende que o depositário tem a obrigação de se abster de qualquer ato que importe em transferência da posse do bem"*).

[703] A. Chianale, *Opzione...*, cit., p. 142); V. Roppo, *Il contratto...*, cit., p. 163; J. T. Charles, *El contrato de opción*, cit., p. 232 (*"Esta obligación negativa, según sostiene la doctrina mayoritaria, se refiere al deber que tiene el promitente de abstenerse de realizar cualquier actividad material o jurídica que pueda llegar a perjudicar, paralizar o malograr, en su momento, el efectivo ejercicio de la opción y consiguiente perfección del contrato final"*); e C. S. Asurmendi, *La opción de compra*, cit., p. 16 (*"En la opción de compra, el optatario debe mantener esa concesión durante el prazo señalado, y cumplir las demás exigencias derivadas del principio de buena fe, absteniéndose de realizar cualquier conducta que frustre o menoscabe el derecho del optante"*).

[704] M. Weber, *Der Optionsvertrag...*, cit., pp. 255-256; A. Georgiades, *Optionsvertrag...*, cit., p. 425; e C. S. Asurmendi, *La opción de compra*, cit., p. 39.

[705] M. Mousseron – M. Guibal – D. Mainguy, *L'avant...*, cit., p. 340 (*"Elle se double alors d'une obligation de ne pas obérer la réalisation de cette première obligation et notamment de ne pas offrir la conclusion du contrat objet de la promesse à un tiers."*). O dever de não alienar o bem objeto do contrato de opção é tema de grande complexidade e depende, no mais das vezes, da análise

CONTRATO DE OPÇÃO DE COMPRA OU VENDA DE AÇÕES

Como o outorgante remanesce com a titularidade efetiva das ações, a **abstenção de aliená-las** é meramente obrigacional, embora, em alguns casos, desde que permitida a averbação do contrato de opção, possa ser oponível a terceiros, conforme será tratado no capítulo oitavo a seguir.

Isso não significa dizer que exista uma restrição de cunho real ao poder de alienação assumida pelo outorgante, ainda que alguns dos efeitos, quando averbado o contrato de opção, sejam bem semelhantes[706].

À guisa de conclusão, compreende-se que as partes quando ingressam no contrato de opção possuem como objetivo outorgar ao beneficiário um **direito formativo gerador** consistente na faculdade de, unilateralmente, impor a conclusão do contrato optativo, que deve estar predisposto em todos os seus termos, sob pena de tornar sem eficácia prática o seu exercício pelo beneficiário.

5.1.5.2 Acordo quanto à totalidade dos elementos particulares da relação jurídica optativa

Uma particularidade do contrato de opção de compra ou venda, pode-se dizer, está relacionada à completude do regramento contratual pelas partes contratantes[707]. Dita completude refere-se não só aos termos do **contrato de opção**, mas também – e principalmente – do contrato optativo de compra e venda.

das circunstâncias concretas e da vontade (declarada) das partes. Por exemplo, tendo em vista que as opções a descoberto são válidas no ordenamento pátrio, nada impede que as partes estabeleçam que o outorgante possa alienar as ações de que seja titular no momento da contratação. No mais das vezes, salvo se houver expressa derrogação das partes (ou quando se tratar de ações e opções negociadas em bolsa, cuja fungibilidade é marca característica), é mais razoável admitir que implicitamente a abstenção de venda das ações pelo outorgante a terceiros encontra-se anexada ao estado de sujeição criado com o contrato de opção (tal situação fica ainda mais evidente quando há a averbação do contrato de opção nos livros sociais, tal como será objeto de análise mais adiante nesta obra).

[706] Nesse sentido, o autor italiano R. Favalle mostra que na Itália foram desenvolvidas duas correntes: (a) a primeira entendendo que a restrição de alienação gera apenas efeitos internos entre outorgante e beneficiário e (b) outra (minoritária) que entende ser possível a extensão dos efeitos a terceiros independentemente de registro (cf. *Opzione...*, cit., p. 92). Entretanto, à diferença do que aqui se está a dizer, as teorias acima não permitiam a averbação do contrato de opção para gerar efeitos contra terceiros, em virtude da limitação contida da legislação italiana nesse sentido.

[707] M. Dell'utri, *Patto...*, cit., p. 734; e C. S. Zanetti, *Responsabilidade...*, cit., p. 31.

OPÇÃO DE COMPRA OU VENDA DE AÇÕES

Do que foi dito, corrobora-se o posicionamento de certa parte da doutrina que, em razão da estrutura funcional e instrumental do contrato de opção, defende a existência de um duplo conteúdo: (a) aquele oriundo do próprio contrato de opção, tal como o prazo para exercício do direito formativo gerador, o valor e a forma do prêmio, entre outros; e (b) aquele do próprio contrato optativo[708].

No que tange ao contrato optativo, ao contrário do que ocorre com os contratos preliminares, em que apenas se faz necessário o ajuste dos elementos essenciais do contrato definitivo, concorda-se com a tese de que o contrato de opção deve conter todo o conteúdo do **contrato optativo**.

Em outras palavras, todos os elementos – sejam eles categoriais inderrogáveis ou derrogáveis e os elementos particulares – do contrato optativo de compra e venda devem ser preestabelecidos pelas partes[709].

Não se exclui, entretanto, a possibilidade de alguns elementos gozarem tão somente de **determinabilidade** quando da conclusão do **contrato de opção**, como pode ocorrer com o prazo para exercício do direito formativo gerador e com o objeto em que incide o contrato de opção, entre outros fatores[710].

Nestes casos exige-se que as regras de **determinabilidade** já venham previstas no próprio contrato de opção e independam da vontade de quaisquer das partes, tal como ocorre com os contratos de compra e venda em geral[711].

---

[708] E. GABRIELLI, *Trattato...*, cit., pp. 194-195; e C. S. ASURMENDI, *La opción de compra*, cit., p. 16 (*"Las partes pueden establecer los pactos o cláusulas que estimen oportunos, tanto respecto a la concesión de la opción – así, la inscripción en el Registro de la Propiedad, el comprometimiento a prórroga, o convenir un precio o prima por la opción, etc. –, como respecto a la compraventa configurada, modo de llevarse a cabo el pago, evicción, sumisión a arbitraje etc."*).

[709] A doutrina parece ser praticamente unânime no que tange a tal assunto. Na França, por todos: F. BÉNAC-SCHMIDT, *Le contrat de promesse...*, cit., p. 126; Na Itália: R. FAVALE, *Opzione...*, cit., p. 64; F. A. REGOLI, *Brevi osservazioni...*, cit., p. 469; M. DELL'UTRI, *Patto...*, cit., p. 734; E. GABRIELLI, *Trattato...*, cit., p. 187; R. SACCO, *L'Opzione...*, cit., p. 313; Na Espanha: C. S. ASURMENDI, *La opción de compra*, cit., p. 16; e J. T. CHARLES, *El contrato de opción*, cit., p. 176 (*"Es decir, el contrato preparatorio de opción debe contener toda la reglamentación contratual relativa al contrato definitivo"*); na Alemanha: A. GEORGIADES, *Optionsvertrag...*, cit., p. 415; e M. CASPER, *Der optionsvertrag*, cit., p. 58. No mesmo sentido manifestou-se o legislador peruano conforme art. 1.422 do Código Civil, onde restou consignado que o *"contrato de opción debe contener todos los elementos y condiciones del contrato definitivo."*.

[710] Cf. E. GABRIELLI, *Trattato...*, cit., p. 190.

[711] A título de exemplo, incide a regra disposta no art. 483 do Código Civil que permite a determinabilidade do objeto nos contratos de compra e venda.

CONTRATO DE OPÇÃO DE COMPRA OU VENDA DE AÇÕES

Caso contrário, o mero exercício do direito formativo gerador pelo beneficiário não seria suficiente para formar o contrato optativo, o que lhe retiraria a plena eficácia do típico direito formativo gerador criado pelo contrato de opção.

Alguns autores chegam a mencionar que a **validade** do contrato de opção depende da presença de todos os elementos e da completa regulamentação do **contrato optativo**[712].

No ordenamento pátrio, tal entendimento parece não se aplicar integralmente, principalmente pelo fato de que eventual incompletude do contrato optativo não torna inválido o **contrato de opção**, mas, ao contrário, interfere na sua **eficácia**.

Com efeito, para solução da questão, tendo em vista que podem existir diferentes graus de incompletude do contrato optativo, torna-se de grande relevância a análise casuística.

Assim, se as partes não tiverem, ao menos, acordado os elementos **essenciais** do contrato optativo, o contrato de opção perde a sua eficácia prática, dado que o exercício do direito formativo gerador por parte do beneficiário não seria suficiente para dar vida à relação jurídica optativa.

No entanto, se as partes tiverem já fixado os elementos essenciais do contrato optativo, restando abertos tão somente aqueles tidos como secundários, então, soluções diversas podem surgir.

A primeira delas seria a de considerar o contrato de opção ineficaz, visto que o simples exercício do direito formativo gerador pelo beneficiário não seria suficiente para formar o contrato optativo de compra e venda almejado. Esta parece ser a linha adotada pela parcela doutrinária acima mencionada.

A segunda solução, à luz do princípio da conservação dos contratos, seria a de considerar a possibilidade de que o contrato de compra e venda passasse a valer como contrato preliminar de compra e venda. Melhor dizendo: desde que seja da vontade das partes, o **contrato optativo** automaticamente seria convertido em contrato preliminar de compra e venda, a fim de se manter, ao máximo possível, os efeitos práticos objetivados pelas partes[713].

---

[712] Cf. J. T. CHARLES, *El contrato de opción*, cit., p. 176.
[713] Cf. M. BERNARDES DE MELLO, *Teoria..., plano da validade*, cit., p. 260.

OPÇÃO DE COMPRA OU VENDA DE AÇÕES

Com isso, mediante o exercício do direito formativo gerador, ambas as partes restariam vinculadas por meio de um contrato preliminar, acordado em todos os seus aspectos essenciais, pendente apenas a definição dos chamados "elementos secundários".

A segunda hipótese, a nosso ver, atualmente parece se coadunar com os princípios do ordenamento pátrio, caracterizado pela operabilidade e pela busca da conservação dos atos jurídicos (*lato sensu*), a fim de proporcionar as consequências práticas que as partes inicialmente almejaram.

Certamente, essa conclusão deverá passar pela análise das circunstâncias de cada caso, a fim de se aferir a verdadeira intenção das partes na contratação, aplicando o princípio da conservação somente nas hipóteses cabíveis. Mas, não sendo cabível, o contrato optativo, eventualmente formado, passa a não ser eficaz perante as partes, na forma da primeira hipótese acima.

Prosseguindo na análise, não há dúvidas de que para sua plena eficácia, o conteúdo volitivo (dispositivo) do contrato de opção deve ser especificamente disciplinado, em sua totalidade, pelas partes[714], não deixando espaços para futuras complementações.

5.1.5.3 Limitação temporal para exercício do direito formativo gerador

Como já dito acima, o contrato de opção é, por sua própria natureza preparatória, temporário[715].

O tempo – ou **limitação temporal** – para o exercício do direito formativo gerador é substrato do **elemento categorial inderrogável** do contrato de opção.

Isso não quer dizer, contudo, que tal limitação temporal deva ser expressa e previamente **determinada** pelas partes, bastando que seja **determinável**. O que não se permite é a completa **indeterminação temporal** ou **perpetuidade** para o exercício do **direito formativo gerador.**

---

[714] A mera determinabilidade de alguns elementos, como o prazo para o exercício do direito formativo gerador, será objeto de análise. Além disso, o que se acabou de dizer, não afasta a possibilidade de as partes disciplinarem um contrato preliminar cujo objetivo seja a formação de um contrato de opção, embora essa hipótese pareça ter pouca utilidade no ordenamento pátrio.

[715] D. Rubino, *La compravendita*, cit., p. 55.

CONTRATO DE OPÇÃO DE COMPRA OU VENDA DE AÇÕES

Para sustentar tal assertiva, pode-se fazer um paralelo com o preço do contrato de compra e venda que, conforme amplamente sabido, é tido como elemento categorial inderrogável (ao lado do bem subjacente e do consentimento)[716]. A sua mera determinabilidade não retira seu atributo da essencialidade[717].

A doutrina indica a existência de requisitos que qualificam os elementos categoriais inderrogáveis[718], dos quais se pode mencionar a sua mera **determinabilidade**.

Voltando ao contrato de opção, como sua função é preparar o contrato optativo e criar o direito formativo gerador ao beneficiário, diferindo o momento de decisão por parte do beneficiário, a existência de um **intervalo de tempo** para que aquele possa ser exercido é da própria natureza do negócio em questão[719].

O sacrifício do outorgante está diretamente relacionado ao **tempo** em que remanescerá vinculado à posição jurídica de sujeição oriunda do contrato de opção; assim sendo, o valor patrimonial atribuído à posição jurídica ativa (representada pelo direito formativo gerador) está diretamente ligado à duração da situação de sujeição do outorgante[720].

---

[716] Cf. W. Bulgarelli, *Contratos Mercantis*, cit., p. 176.

[717] A. Junqueira de Azevedo, *Negócio Jurídico...*, cit., 2002, p. 44

[718] Idem, Ibidem, p. 44.

[719] A doutrina tem sido unânime quanto à limitação temporal dos contratos de opção. Na França, por todos: P. Malaurie – L. Aynès – P. Gautier, *Droit Civil...*, cit., p. 71; F. Bénac--Schmidt, *Le contrat de promesse...*, cit., p. 41; e A. Gaudemet, *Contribution...*, cit., p. 94. Outros autores, ao tratarem do direito de opção, também ressaltam seu caráter temporário: I. Najjar, *Le droit d'option...*, cit., p. 186; G. Rebour, *De la clause d'option...*, cit., p. 16; e O. Milhac, *La notion...*, cit., p. 306 (referido autor sustenta a necessidade de submissão do direito potestativo a um prazo definido, sob pena de se transformar em condição potestativa que seria considerada nula no âmbito do Código Civil francês). Na Inglaterra, convém mencionar o chamado *Perpetuities and Accumulation Bill*, que visa regular e restringir situações perpétuas e indefinidas, pois limitam a circulação de riquezas, podendo ser aplicadas as regras dispostas em referido ato sobretudo para opções sem termo fixado que digam respeito a bens imóveis (texto normativo extraído do sítio http://www.lawcom.gov.uk/docs/251_bill.pdf [18.12.2010]). Nos Estados Unidos da América: M. Cozzillio, *The Option...*, cit., p. 534. Na Itália: R. Favale, *Opzione...*, cit., p. 132; E. Cesàro, *Il contrato e L'opzione*, cit., pp. 23-24; e A. Chianale, *Opzione...*, cit., p. 142.

[720] A. W. Katz, *The Option...*, cit., pp. 2191 e 2206. Não faltam autores em economia que sustentam ser o prazo (*option life*) um dos elementos essenciais para valoração patrimonial da posição subjetiva ativa do contrato de opção (vide: B. Cornell, *Warren Buffett, Black-Scholes*

OPÇÃO DE COMPRA OU VENDA DE AÇÕES

A limitação temporal está aliada ao preço determinado no contrato optativo *vis-à-vis* a probabilidade e intensidade de influência de fatores externos
sobre o objeto mediato, seja no que tange ao seu valor, seja no que se refere à
sua conveniência ou utilidade para o beneficiário ao longo do tempo.

Isso não implica que o prazo deva ser **determinado** no contrato. O fato
de não haver obrigatoriedade de **determinação** do tempo de sujeição do
outorgante no contrato de opção não significa que este não seja um de seus
elementos essenciais.

Alguns autores confundem a determinabilidade do prazo com a sua essencialidade, negando-lhe equivocadamente a condição de elemento categorial
inderrogável do contrato de opção[721].

No Direito italiano, o próprio legislador considerou o prazo como elemento
categorial inderrogável, como se percebe da própria leitura do dispositivo
legal, dado que ao juiz foi permitido suprir sua falta a requerimento de qualquer das partes[722].

Na prática, a doutrina majoritária defende o posicionamento de que a falta
de **estipulação** (no sentido de determinação) do prazo contratualmente não
configura uma hipótese de nulidade, anulação ou ineficácia do contrato de
opção[723].

Nesse sentido, caso tal situação se apresente na realidade, surgem duas
alternativas possíveis: (i) as partes interessadas podem solicitar ao Tribunal
respectivo que o estabeleçam[724]; ou (ii) a parte outorgante pode comunicar

---

and Long Dated Options, California Institute of Technology, Jun-2009, disponível *in* http://ssrn.
com/abstract=1433622 [21.12.2010]).

[721] Cf. F. Bénac-Schmidt, *Le contrat de promesse...*, cit., p. 41 (*"Toutefois, le délai n'est pas de l'essence
du contrat, on rencontre des options sans délai. C'est le choix qui est de l'essence du contrat."*).

[722] *"[...] Art. 1.331. (...) Se per l'accettazione non è stato fissato un termine, questo può essere stabilito
dal giudice."*

[723] Ao contrário, caso as partes disciplinem expressamente que um contrato de opção será
fixado por prazo indeterminado, então poderá haver desconfiguração do negócio em questão,
ressalvada a possibilidade de os tribunais procederem a revisão do negócio para sua manutenção naquilo que for possível.

[724] Apesar da falta de disposição legal, esta orientação parece ser a mais adequada no âmbito
de direito espanhol, conforme lições de C. S. Asurmendi (*La opción de compra*, cit. p. 43). Na
Itália, a mesma solução foi dada pelo artigo 1.331 do *Codice Civile*, bem como foi sustentada
pela doutrina (cf. R. Favale, *Opzione...*, cit., p. 132). A grande questão, entretanto, é saber qual
o prazo a ser fixado pelo Judiciário em tais casos. Outros diplomas legais também seguiram a

CONTRATO DE OPÇÃO DE COMPRA OU VENDA DE AÇÕES

o beneficiário estabelecendo um prazo razoável – respeitados os usos e costumes[725] – para exercício ou não do direito formativo gerador[726].

Nesta linha, seguindo-se parte da doutrina estrangeira[727] e nacional, entende-se que, à falta de determinação do prazo, cabe à parte interessada – geralmente o outorgante que se encontra em situação de sujeição – pleitear no Judiciário a determinação do prazo de acordo com as condições específicas de cada negócio. O exame deverá ser casuístico.

5.1.6 Exercício do direito formativo gerador

O presente subitem tem como escopo apresentar breves notas acerca do exercício do **direito formativo gerador** conferido ao beneficiário no âmbito do contrato de opção de compra ou venda de ações.

Em primeiro lugar, tentar-se-á precisar a terminologia, dado que na doutrina utilizam-se indistintamente os termos "aceitação", "exercício", "adesão" ou "execução", sem um rigor técnico apropriado.

Ato contínuo, serão abordadas as formas em que pode se dar o exercício do **direito formativo gerador** por parte do beneficiário que, a nosso ver, possui caráter receptício, gerando efeitos, portanto, perante o outorgante, somente

---

mesma linha, como o Código Civil peruano (art. 1423), cuja parte mais importante se reproduz a seguir: *"El plazo del contrato de opcion debe ser determinado o determinable. Si no se estableciera el plazo, este sera de un año."*

[725] Ao citar a jurisprudência dos tribunais do fim do século XIX, certa parte da doutrina clássica francesa entende que os usos e costumes seriam uma alternativa para salvaguardar a validade e vinculatividade das ofertas por prazo indeterminado, o que, indiretamente, poderia se aplicar aos contratos de opção (cf. G. REBOUR, *De la clause d'option...*, cit., p. 57). Importante notar que, nesse particular, o Código Civil brasileiro parece, mesmo que timidamente, privilegiar os usos e costumes em matéria de proposta e aceitação, conforme se depreende da leitura do artigo 432.

[726] Afasta-se a tese sustentada por alguns autores de aplicação do prazo prescricional geral em tais hipóteses. Vide: P. MALAURIE – L. AYNÈS – P. GAUTIER, *Droit Civil...*, cit., p. 71 (referidos autores tratam do prazo prescricional trintenal); e C. S. ASURMENDI, *La opción de compra*, cit., p. 252 (referido autor cita uma decisão que considerou o prazo prescricional de quinze anos previsto no Código Civil espanhol).

[727] J. T. CHARLES, *El contrato de opción*, cit., p. 206 (*"La opción, estructuralmente, requiere un plazo."*).

OPÇÃO DE COMPRA OU VENDA DE AÇÕES

a partir do momento em que a declaração for efetivamente recebida[728] pelo outorgante.

Serão tecidos breves comentários acerca da natureza jurídica da declaração da aceitação – **negócio jurídico** ou **ato unilateral** –, a fim de compreendê-la enquanto novo elemento incluído no *iter* formativo do contrato optativo[729].

A questão da **capacidade** (ou legitimidade) do beneficiário na formalização do contrato de opção e, posteriormente, no momento do exercício do **direito formativo gerador**, será objeto de breves comentários, por suscitar acaloradas discussões na doutrina, sobretudo italiana.

Por fim, explorar-se-á a questão da necessidade (ou não) de se proceder ao registro ou averbação – e conferir publicidade – do ato pelo qual o beneficiário exerce seu direito formativo gerador, bem como do contrato de compra e venda que se aperfeiçoa com o seu recebimento pelo outorgante, seja para conferir uma **proteção perante terceiros**, seja para permitir o efeito translativo da propriedade – titularidade[730] – das ações.

As análises que serão feitas neste tópico estão intimamente ligadas à conclusão desta obra de que, em verdade, o contrato de opção e a **relação optativa** de compra e venda são autônomos e possuem causas (enquanto

---

[728] No que tange à exigência do efetivo recebimento da aceitação pelo outorgante, sabe-se que, quando se está diante de aceitação imediata e entre presentes, essa deve ser instantânea, não existindo espaço para muitas dúvidas neste particular. O problema, que será objeto de análise, surge na aceitação entre ausentes (quando as partes não estão no mesmo recinto e local), situação muito conhecida desde os tempos remotos da legislação civil. Vide, nesse sentido, disposição das Ordenações Fillipinas: *"As compras e vendas se podem fazer, não somente quando o vendedor e comprador estão presentes e juntos em hum lugar, mas ainda que o vendedor stê em hum lugar e o comprador em outro, consentindo ambos na venda, e acordando-se por cartas, ou mensageiros, contentando-se o comprador da cousa, e o vendedor do preço."* (cf. A. S. LEAL, *Ordenações...*, Tomo III, cit., p. 5).

[729] Este tema será analisado nas linhas seguintes apenas tangencialmente, mas, a fim de não se perder a oportunidade, concorda-se com a corrente que encara o exercício como um negócio jurídico unilateral, tendo em vista ser suficiente para vincular a parte à sua própria vontade.

[730] Adotar-se-á a expressão titularidade em vez de propriedade quando se estiver tratando de ações. O posicionamento está escoado nas lições de F. K COMPARATO que adota o termo *titularidade* para designar a relação existente entre os acionistas e as ações, que, na doutrina clássica, era definida como direito de propriedade: *"Força é reconhecer que alguns princípios jurídicos se aplicam igualmente, tanto a uns quanto a outros. Assim é, no que tange à relação entre titularidade e legitimação, ou para usar a terminologia clássica, entre propriedade e posse"* (cf. *As ações...*, cit., p. 19).

CONTRATO DE OPÇÃO DE COMPRA OU VENDA DE AÇÕES

função econômico-social individual) distintas, dado que o próprio exercício do direito formativo gerador passa a integrar o suporte fático do contrato optativo, que deixa de depender tão somente do usual encontro entre oferta e aceitação para sua formação.

5.1.6.1 Terminologia

A quase completa ausência de tipificação dos contratos de opção[731] pode ser atribuída como uma das razões para a ausência de uniformização da nomenclatura utilizada para descrever o ato por meio do qual o beneficiário, de forma unilateral, **exerce** seu direito formativo gerador e **aceita** os termos do contrato de compra e venda almejado.

As expressões mais frequentemente utilizadas são "aceitação"[732] e "exercício"[733] por parte do beneficiário, embora seja possível encontrar, em menor número, autores que empregam expressões distintas[734].

A falta de uniformização também pode ser atribuída à ausência de unanimidade no que tange à natureza jurídica de referidos negócios, dado que aqueles que entendem tratar-se de propostas irrevogáveis automaticamente encaram o ato do beneficiário como uma aceitação, ao passo que os que utilizam o termo "exercício" normalmente associam o contrato de opção ao direito formativo gerador que perfaz seu conteúdo.

---

[731] Mesmo na Itália, onde o contrato foi previsto no *Codice Civile*, o qual faz referência específica ao termo *aceitação*, inexiste uniformidade na designação da manifestação de vontade do beneficiário para exercício do direito formativo gerador, muito em razão do posicionamento do legislador italiano ao equiparar os *efeitos* do contrato de opção àqueles da proposta irrevogável, conforme já examinado no subitem 4.1.4 acima (R. FAVALE, *Opzione...*, cit., p. 117).

[732] R. SACCO, *Obligazioni...*, cit., pp. 371-373; e O. GOMES, *Contratos*, cit., p. 69.

[733] Cf. F. BÉNAC-SCHMIDT, *Le contrat de promesse...*, cit., p. 138.

[734] Os autores franceses utilizam-se frequentemente da expressão *levée*. Não obstante, não há exatamente um rigor técnico entre os autores, sobretudo clássicos, que utilizam indistintamente as expressões *levée, exercice e acceptation* (cf. G. REBOUR, *De la clause d'option...*, cit., p. 48). Outros autores mostram a utilização da expressão *adesão* ao contrato optativo, de forma a sugerir que ele não se formaria através do processo de encontro entre proposta e aceitação, mas, ao contrário, de um negócio jurídico unilateral de adesão do programa contratual já predisposto no contrato optativo, o que acabou sendo rechaçado por grande parte da doutrina (cf. E. CESÀRO, *Il contrato e L'opzione*, cit., p. 234; e R. FAVALE, *Opzione...*, cit., pp. 118-119).

OPÇÃO DE COMPRA OU VENDA DE AÇÕES

A solução para tal questão depende majoritariamente da admissibilidade ou não da teoria que identifica a irrevogabilidade da proposta quanto ao contrato optativo como o efeito principal da "opção". Nestes casos, tornar-se-ia admissível a utilização da expressão "aceitação"[735].

Entretanto, conforme exposto acima, o efeito principal do contrato de opção é criar o **direito formativo gerador** e não tornar irrevogável uma proposta quanto à formação do contrato optativo já acordado em todos os seus termos previamente pelas partes.

A manifestação da vontade (*lato sensu*) do beneficiário que faz nascer a **relação jurídica optativa** não é pré-contratual, mas, ao contrário, uma **manifestação de vontade unilateral** de exercício do direito formativo gerador pelo beneficiário.

Entende-se que a formação da relação jurídica optativa é um processo que revela como (a) **marco inicial** o encontro entre proposta e aceitação do contrato de opção e (b) seu **aperfeiçoamento** no momento do exercício do direito formativo gerador por parte do beneficiário.

O termo "aceitação", consoante a técnica jurídica, é tido como a declaração unilateral de vontade – qualificada majoritariamente pela doutrina como negócio jurídico – emanada pelo oblato com o intuito de formar uma relação jurídica oferecida ou proposta pelo proponente. Assim, utiliza-se o termo, sobretudo no campo do Direito das Obrigações, com especial significado na formação dos contratos.

Compreende-se que a declaração do beneficiário no contrato de opção tem natureza diversa em relação à aceitação de uma proposta dirigida ao oblato. A manifestação do beneficiário, embora tenha características semelhantes, encontra-se circunscrita a alguns limites e a um regramento distinto da clássica aceitação.

---

[735] Deve-se ressaltar que mesmo em países de direito anglo-saxão, onde os contratos de opção são comumente tidos como instrumentos destinados a manter a irrevogabilidade das ofertas, prefere-se a utilização do termo exercício, embora também seja recorrente o uso da expressão aceitação. Nesse aspecto, vide a diferente abordagem nos seguintes autores norte-americanos: A. W. KATZ, *The Option...*, cit., passim (utiliza majoritariamente da expressão exercício (*exercise*)); e M. COZZILLIO, *The Option...*, cit., passim (utiliza com maior frequência o termo aceitação (*acceptance*)).

CONTRATO DE OPÇÃO DE COMPRA OU VENDA DE AÇÕES

Adverte-se que grande parte da doutrina utiliza o termo "aceitação" por entender que existe, de fato, efetiva **conclusão** (enquanto formação) do contrato optativo através do método tradicional do encontro entre proposta irrevogável e aceitação coincidentes.

Não obstante tais teorias[736], prefere-se na presente obra a utilização do termo "exercício" para designar justamente o momento em que nasce a relação jurídica optativa de compra e venda de ações, o que também foi endossado por grande parte da doutrina[737].

Na Itália, país em que a doutrina clássica enxerga como objeto dos contratos de opção a irrevogabilidade da proposta quanto ao contrato optativo, é natural a predominância da designação "aceitação". Reforça-se a utilização em razão do dispositivo legal contido no art. 1.331 do *Codice Civile*, o que, entretanto, não deve ser importado ao Direito pátrio. Inclusive, nesse sentido, certa parcela da doutrina moderna tem defendido a utilização do termo "exercício" tomando por base o *diritto potestativo* criado em favor do beneficiário[738].

Em virtude disso, será adotado nesta obra o termo "exercício" em lugar do termo "aceitação"[739], ressalvadas algumas hipóteses em que intencionalmente será colocada em evidência a adesão de uma das partes ao próprio contrato de opção (primeira fase) que é formado mediante o encontro desta com a proposta feita pela outra parte[740].

---

[736] Parte da doutrina entende possível utilizar tanto "aceitação" quanto "exercício" (J. T. CHARLES, *El contrato de opción*, cit., p. 248).

[737] F. C. PONTES DE MIRANDA, *Tratado...*, XXXIX, cit., pp. 213-214; e R. STAZJN, *Sobre a natureza jurídica...*, cit., p. 57.

[738] E. PANZARINI, *Il contratto di opzione*, cit., p. 72.

[739] Registre-se, por oportuno, que deixaremos de utilizar qualquer expressão que se aproxime do termo "levantar" (*levée*) consagrado no direito francês por entendermos não guardar relação, para fins de direito brasileiro, com o direito formativo gerador ou com a proposta do contrato optativo.

[740] A aceitação, nesse caso, pode partir de qualquer uma das partes do contrato de opção. Assim, parece ser amplamente possível a hipótese em que a proposta irrevogável quanto ao contrato de opção emane da parte beneficiária, seguindo-se da aceitação pelo outorgante, embora tenha sido raramente tratada pela doutrina, a qual mostrou uma forte tendência de se referir à aceitação – quanto ao contrato de opção – somente por parte do beneficiário.

5.1.6.2 Natureza Jurídica

Este item tem o escopo de investigar a natureza jurídica do exercício do **direito formativo gerador** oriundo do contrato de opção de compra ou venda de ações.

Antes de adentrar ao exame do assunto, convém advertir que inexiste consenso na doutrina, sobretudo por conta de influência do antigo debate em torno da natureza jurídica da proposta e da aceitação.

Basicamente, há duas grande correntes: (a) aquela que defende tratar-se de um ato jurídico *stricto sensu* e (b) aquela que entende tratar-se de negócio jurídico unilateral[741].

Em grande parte, o debate é derivado da divergência doutrinária acerca do conceito de **negócio** e **ato jurídicos** no campo da teoria geral do Direito das Obrigações.

Para tanto, sem a pretensão de esgotar o assunto, apenas para fins metodológicos, ambas as figuras serão encaradas como **atos jurídicos *lato sensu***, pois são fatos jurídicos cujo suporte fático prevê a manifestação consciente da vontade com o objetivo de obter um resultado juridicamente protegido ou não proibido[742].

Dentro do conceito dos **atos jurídicos *lato sensu***, encontram-se aqueles **atos jurídicos *stricto sensu*** cujos efeitos são predeterminados pelas normas jurídicas, não cabendo às partes poder de escolha da categoria jurídica ou de estruturação do seu conteúdo[743]; e os **negócios jurídicos**, caracterizados pelo autorregramento da vontade, representando uma manifestação (ou declaração) de vontade, a que a lei faculta às partes, respeitados os limites aplicáveis, o poder de escolha da categoria jurídica e do conteúdo de eficácia das relações jurídicas decorrentes, seja no tocante ao seu surgimento, seja na manutenção e na intensidade dos seus efeitos no mundo jurídico[744].

---

[741] P. T. Sanseverino, *Estrutura clássica...*, cit., p. 292.

[742] M. Bernardes de Mello, *Teoria..., plano da existência*, cit., p. 145.

[743] Idem, Ibidem, p. 166.

[744] Vide: F. K. Comparato, *Notas sobre parte e legitimação nos negócios jurídicos* in *Novos ensaios e pareceres de direito empresarial*, Rio de Janeiro, Forense, 1981, p. 513 (referido autor ressalta que a diferença entre ambas as figuras está no maior ou menor índice de aplicação do princípio da autonomia da vontade, defendendo que nos negócios jurídicos há possibilidade de interferência da autonomia privada na produção dos efeitos jurídicos); e M. Bernardes

CONTRATO DE OPÇÃO DE COMPRA OU VENDA DE AÇÕES

Feitos tais esclarecimentos, resta analisar qual o posicionamento da doutrina acerca da classificação do **ato jurídico *lato sensu*** de exercício do direito formativo gerador por parte do beneficiário.

Assim como ocorre com a **aceitação** de qualquer contrato, que representa, igualmente, o exercício de um direito formativo gerador[745], a doutrina diverge quanto à natureza do exercício do direito de opção criado em favor do beneficiário do contrato de opção[746].

Em síntese, há autores que defendem tratar-se de **ato jurídico *stricto sensu***[747], fundamentando sua opinião no fato de inexistir a possibilidade de autorregramento da vontade por parte do beneficiário em referido momento. Em outras palavras, não caberia ao beneficiário o poder de determinar a categoria jurídica ou de modular o seu conteúdo no mundo jurídico.

Caberia, assim, ao beneficiário um caminho estritamente binário, sem qualquer poder de alteração: (i) optar por levar a cabo o contrato optativo ou (ii) optar por deixar decair o seu direito formativo gerador[748].

Em virtude das críticas, outra parte da doutrina, atualmente majoritária, mas, longe de definitiva, qualifica o ato de aceitação – que é exercício

---

DE MELLO, *Teoria...*, *plano da existência*, cit., p. 191. Deve-se reconhecer que existem variadas teorias para classificação dos negócios jurídicos, mas, para fins metodológicos, assumir-se-á a posição exposta por referidos autores como a mais adequada para os fins da presente obra.

[745] Como analisado acima, a vinculação (estado de sujeição) do proponente ao direito formativo gerador em favor do oblato, neste caso, ao contrário do que ocorre no contrato de opção, não integra qualquer *relação jurídica*.

[746] Ilustra bem a indefinição da doutrina o posicionamento de alguns autores que chegam a dizer que se trata "de ato ou negócio jurídico" (cf. J. T. CHARLES, *El contrato de opción*, cit., p. 65).

[747] I. NAJJAR, *Le droit d'option...*, cit., p. 66 ("*Cet acte d'option est um acte unilatéral, mais, davantage encore. Cette acte suffit, à lui seul, à modifier une situation juridique ancienne et donner naissance à une situation nouvelle.*"); A. GAUDEMET, *Contribution...*, cit., p. 32; P. MALAURIE – L. AYNÈS – P. GAUTIER, *Droit Civil...*, cit., p. 75 ("*La levée de l'option est un acte unilatéral du beneficiaire.*"); F. BÉNAC-SCHMIDT, *Le contrat de promesse...*, cit., p. 138; e E. PANZARINI, *Il contratto di opzione*, cit., p. 58 (referida autora apenas cita parte da doutrina que entende ser um *ato unilateral de execução*).

[748] É da natureza da situação a existência incerteza durante o período de tempo assinalado, exigindo-se, entretanto, que o beneficiário adote alguma posição, ou seja, exerça ou simplesmente deixe de exercer (mediante o transcurso do prazo) seu direito formativo gerador (cf. I. NAJJAR, *Le droit d'option...*, cit., p. 49).

OPÇÃO DE COMPRA OU VENDA DE AÇÕES

de um direito formativo gerador específico – como um **negócio jurídico unilateral**[749].

Para tanto, as razões principais estão justamente na possibilidade (poder) de autorregramento da vontade por parte do beneficiário, dada a possibilidade de ao menos escolher a categoria jurídica (em sentido amplo) por parte do beneficiário. Ou seja, encaram certa autonomia na posição do beneficiário tendente à **escolha de categoria jurídica** que lhe for mais cabível com relação aos efeitos desejados[750].

A despeito da discussão acerca da natureza jurídica – **ato jurídico *stricto sensu*** ou **negócio jurídico**[751] –, o exercício da opção reflete uma manifestação *stricto sensu* ou declaração de vontade destinada à formação da relação jurídica optativa já acordada em todos os seus termos pelas partes. Representa, no jargão popular, uma **escolha** ou **preferência** entre duas situações previamente desenhadas pelas partes[752].

---

[749] Vide alguns autores que trataram do assunto ao se referirem aos atos de aceitação ou oferta: F. C. Pontes de Miranda, *Tratado...*, III, cit., p. 144 (*"O negócio jurídico bilateral solda dois negócios jurídicos que se destinavam a isso (oferta, aceitação)"*); M. Bernardes de Mello, *Teoria..., plano da existência*, cit., p. 205 (referido autor assinala que o exercício de *direitos potestativos*, em sua grande maioria, é feito mediante negócios jurídicos unilaterais); A. Menezes Cordeiro, *Tratado...*, Tomo I, cit., p. 563 (*"Deve, no entanto, atentar-se em que a aceitação/não aceitação não esgota as opções do destinatário da proposta. Este pode rejeitar, nada fazer ou contrapropor. Conserva pois, intacta, a liberdade de estipulação."*); e A. Von Tuhr, *Der Allgemeine...*, cit., pp. 203-204. Da mesma forma, vide autores que trataram especificamente do exercício do direito formativo gerador criado nos contratos de opção: E. Cesàro, *Il contrato e L'opzione*, cit., pp. 121, 245 e 247 (referido autor entende que se trata de negócio jurídico unilateral receptício com conteúdo patrimonial); R. Favale, *Opzione...*, cit., p. 120 (referido autor entende tratar-se de negócio jurídico receptício cujo efeito típico é a constituição do *contrato definitivo* que se diferencia da aceitação porque oriundo de um direito potestativo destinado a concluir aquele contrato); e E. Panzarini, *Il contratto di opzione*, cit., pp. 124-125.

[750] A utilização da expressão pode trazer alguma confusão, mas é encarada de maneira ampla pelos defensores de tal teoria, incluindo, a escolha do negócio jurídico para se atingir o efeito, bem como todo o seu conteúdo (conforme definição já trazida nesta obra).

[751] O presente capítulo não tem o escopo de elucidar todas as questões inerentes à natureza jurídica do exercício do direito formativo gerador do contrato de opção, mas tão somente apresentar a divergência de conceitos. Em linha com a posição da doutrina majoritária, assumir-se-á na presente obra que se trata de negócio jurídico unilateral.

[752] *"C'est ainsi que l'exercice d'un droit d'option exprime un choix ou, plus exactement, la préférence d'une situation juridique à une autre ; mais ces deux situations sont elles-mêmes le produit éventuel d'une situation ancienne en voie de mutation."* (I. Najjar, *Le droit d'option...*, cit., p. 188).

CONTRATO DE OPÇÃO DE COMPRA OU VENDA DE AÇÕES

Importante lembrar que a formação do **contrato optativo** não segue a se
-quência ordinária de proposta e aceitação inerente à conclusão dos contratos em
geral. Sua sequência temporal é composta por três fases: (i) encontro de proposta
e aceitação para formação do contrato de opção; (ii) *exercício* do direito formativo
gerador – não se pode dizer que seja um **ato** ou **negócio jurídico** pré-contratual
como na aceitação[753] –; e (iii) formação da **relação contratual optativa**.

Com isso, vislumbra-se o efeito típico do exercício do direito formativo
gerador de, ao mesmo tempo, extinguir o contrato de opção e fazer nascer o
contrato optativo[754].

Este exercício, essencialmente unilateral[755], deve estar circunscrito à totalidade do conteúdo da relação jurídica, de forma que, em havendo qualquer
manifestação de vontade em sentido disforme quanto ao que fora previamente
estabelecido pelas partes na primeira fase, esta não será considerada como
exercício do direito formativo gerador[756].

O contrato optativo, nessa hipótese, não se forma (não ingressa no mundo
jurídico)[757] se o exercício do direito formativo gerador não se referir exatamente ao seu conteúdo estabelecido contratualmente pelas partes quando
do encontro da oferta e da aceitação na primeira fase acima.

Se o exercício do direito formativo não se referir à formação do contrato
optativo individualmente considerado, não se pode dizer que tenha havido
efetivamente exercício no contrato de opção.

Trata-se, claramente, de manifestação de vontade diversa que também
não implica em renúncia, decadência ou qualquer hipótese de extinção do
contrato de opção[758], impondo-lhe outro regime em relação à aceitação dos
contratos em geral.

---

[753] E. PANZARINI, *Il contratto di opzione*, cit., p. 59.

[754] J. T. CHARLES, *El contrato de opción*, cit., p. 255 (*"El carácter mixto que tiene el ejercicio de la opción supone que, a la vez, se produzcan dos tipos de efectos: un efecto consuntivo o extintivo, y un efecto perfectivo o creativo."*).

[755] Idem, Ibidem, p. 249.

[756] Mesma regra se aplica à aceitação em geral, a qual deve ser completa e se referir à totalidade dos termos previstos na proposta para que possa haver a formação automática do contrato proposto.

[757] C. S. ZANETTI, *Responsabilidade...*, cit., p. 31.

[758] Existem diversas teorias quanto ao resultado do exercício disforme do direito formativo gerador, sobressaindo aquelas que propugnam tanto pela extinção quanto pela manutenção do contrato de opção (R. FAVALE, *Opzione...*, cit., pp. 121-122). Na Alemanha, M. WEBER

OPÇÃO DE COMPRA OU VENDA DE AÇÕES

Em se tratando da conduta do beneficiário, ressalvadas outras hipóteses que podem ser impostas em lei, apenas a renúncia ou o exercício efetivo do direito formativo gerador é suficiente para a extinção do contrato de opção[759]. Neste caso, inexiste exercício do direito formativo gerador, o que implica na manutenção do contrato de opção.

Como se está a tratar do contrato optativo de compra e venda de ações, entende-se que o exercício do direito formativo gerador – assim como o próprio contrato de opção em si – independe de qualquer solenidade[760], podendo, inclusive, ser manifestado por outras formas, não ficando restrito apenas à manifestação de vontade direta e específica quanto ao contrato optativo[761-762].

---

defendeu que na opção não é possível o exercício tácito, ao contrário do que ocorre na aceitação das ofertas (cf. *Der Optionsvertrag...*, cit., pp. 251-253). A. GEORGIADES também defendeu a impossibilidade de equiparar o exercício da opção à aceitação de uma oferta irrevogável (Cf. *Optionsvertrag...*, cit., p. 412).

[759] A título ilustrativo convém citar o § 37 do *Restatement (Second) of Contracts* dos Estados Unidos da América, o qual ressalta que a opção não se extingue pela rejeição ou contraproposta: "*Notwithstanding [Sections] 38 [to] 49, the power of acceptance under an option contract is not terminated by rejection or counter offer, by revocation, or by death or incapacity of the offeror, unless the requirements are met for the discharge of a contractual duty*". Embora não seja pacífico, importante parcela da doutrina norte-americana tem defendido que a aceitação não se confunde com o exercício da opção (cf. A. W. KATZ, *The Option...*, cit., p. 2197).

[760] As partes são livres para estabelecer convencionalmente determinadas formalidades para o exercício do direito formativo gerador por parte de seu beneficiário, desde que não sejam contrários à lei aplicável. Não serão abordadas aqui tais hipóteses, haja vista a grande variedade de formas possíveis. Assumir-se-á, neste capítulo, que as partes não disciplinaram qualquer formalidade adicional para a formação do contrato optativo.

[761] A título de exemplo, pode-se mencionar as hipóteses de pagamento do preço estipulado no contrato optativo (quando se tratar de opção de compra), bem como o envio da ordem de transferência ao banco escriturador das ações, quando se tratar de opção de venda de ações escriturais.

[762] A dúvida reside naquelas hipóteses em que o contrato optativo exige forma especial para sua conclusão. Há doutrinadores que entendem que para validade e eficácia do contrato optativo a aceitação deveria seguir a sua forma (J. T. CHARLES, *El contrato de opción*, cit., pp. 252-253), ao passo que outros defendem a completa liberdade de forma (M. MOUSSERON – M. GUIBAL – D. MAINGUY, *L'avant...*, cit., p. 349). Cogitável, também, a tese de que eventual solenidade específica apenas seria exigida na hipótese de visar à proteção dos interesses do beneficiário, haja vista que, em virtude da vinculação do outorgante definitivamente quanto ao contrato optativo no momento de conclusão do contrato de opção, este deveria já ter se revestido da forma exigida para o contrato optativo.

Outro aspecto que chamou a atenção da doutrina foi o momento exato de formação do contrato optativo.

Nesse particular, embora o exercício do direito formativo gerador não se confunda com aceitação, as regras relativas à emissão e ao recebimento da aceitação podem funcionar como norte para a elucidação da matéria[763].

Sabe-se que a formação dos contratos entre ausentes depende da superação do hiato temporal existente entre proposta e aceitação. As manifestações de vontade podem ser instantâneas, porém, nunca simultâneas, dado que existe uma relação de sucessão inerente aos conceitos de **oferta** e **aceitação**, de forma que aquela deve sempre anteceder esta, mesmo que em um período muito curto de tempo a ponto de serem consideradas instantâneas[764].

Nos contratos de opção, esse hiato é propositadamente prolongado para que o beneficiário reserve maior tempo para decidir quanto à contratação ulterior, com **efeitos** semelhantes àqueles de uma proposta irrevogável.

O momento em que a relação jurídica optativa passa a ser eficaz (terceira fase) pode ser definido usando, apenas como referência, as mesmas teorias que estudam o fenômeno do encontro entre oferta e aceitação entre ausentes. Isso, entretanto, não significa que as teorias aplicam-se ao momento do exercício do direito de opção, mas apenas servem para mostrar quais seriam as alternativas teoricamente possíveis.

As principais teorias existentes acerca do assunto são (a) a teoria da cognição e (b) a teoria da agnição, a qual subdivide-se em (i) teoria da declaração, (ii) teoria da expedição e (iii) teoria da recepção[765]. Sem a pretensão de esgotar o assunto, analisar-se-á, em linhas gerais, cada uma delas para que se possa importar alguns dos conceitos aos contratos de opção.

---

[763] Cf. J. T. CHARLES, *El contrato de opción*, cit., p. 257.

[764] M. L. OLIVEIRA, *A aurora na formação...*, cit., p. 245.

[765] Por fugir ao tema central da presente obra, serão apresentadas apenas de forma incidental as teorias existentes, servindo como ponto de partida para definir qual delas se ajusta mais adequadamente ao objeto da presente obra. As mesmas teorias encontram-se presentes na França, onde a doutrina e a jurisprudência, ainda que sem unanimidade, parecem preferir as teorias da declaração (*emissión*) ou expedição (*expedition*) (cf. G. GOUBEAUX – P. VOIRIN, *Droit Civil...*, cit., p. 365).

OPÇÃO DE COMPRA OU VENDA DE AÇÕES

A teoria da cognição defende que o contrato se forma só quando efetivamente o proponente toma conhecimento da aceitação, de forma que pode ocorrer a retratação de aceitação expedida enquanto não conhecida pelo proponente.

A teoria da agnição divide-se nas subteorias mencionadas acima, sendo que a teoria da declaração entende que a aceitação é válida e vinculante para a formação do contrato definitivo quando o oblato manifesta sua aceitação aos termos da proposta. De acordo com tal teoria, a mera declaração, mesmo sem que chegue à esfera do proponente, possui a capacidade de vincular o proponente para a contratação definitiva.

A teoria da expedição, prestigiada no Direito anglo-saxão, considera efetivamente aceita a proposta quando ocorre a expedição da aceitação, ou seja, após a declaração de aceitação, o oblato ainda remete, pelos meios cabíveis, tal comunicação ao proponente, independentemente se tenha chegado de modo tardio ou sido obstaculizada no meio do caminho.

A teoria da recepção considera a aceitação válida apenas quando tenha ocorrido efetivamente sua recepção pelo proponente.

No Brasil, como regra geral para a formação de contratos, o Código Civil parece ter adotado a teoria da expedição[766], em razão do disposto no art. 433; pode-se, contudo, enxergar no diploma civil certos resquícios da teoria da recepção, o que mostra certa flexibilização nesse sentido na legislação nacional.

Independentemente do sistema adotado quanto à aceitação em geral, no que tange ao direito formativo gerador, parece não residir dúvidas na doutrina de que o exercício configura uma declaração receptícia[767]. Exige-se que o outorgante, de fato, receba a declaração de vontade de exercício do direito formativo gerador pelo beneficiário.

---

[766] Art. 434 do Código Civil trata especificamente da expedição da aceitação para a formação dos contratos.

[767] A doutrina é praticamente unânime, de forma que serão apresentados a seguir apenas alguns exemplos. Na doutrina francesa: G. REBOUR, *De la clause d'option...*, cit., p. 53; e C. GRIMALDI, *Quasi-engagement...*, cit., p. 325; na doutrina espanhola: C. S. ASURMENDI, *La opción de compra*, cit., p. 218; e J. T. CHARLES, *El contrato de opción*, cit., p. 249; na doutrina portuguesa: A. MENEZES CORDEIRO, *Tratado...*, Tomo II, vol. II, cit., p. 544; na doutrina italiana: E. PANZARINI, *Il contratto di opzione*, cit., pp. 124-125.

CONTRATO DE OPÇÃO DE COMPRA OU VENDA DE AÇÕES

Frequentemente, as condutas típica e social das partes acabam por suprimir ou por se sobrepor à manifestação da aceitação formal e expressamente, sendo, na maior parte das vezes, suficiente para a formação do vínculo contratual e da exigência de seu cumprimento pelas partes[768-769]. Esta regra, aplica-se também ao exercício do direito formativo gerador no âmbito do contrato de opção[770].

Assim, mantém-se o princípio de que a manifestação da vontade deve ser clara e inequívoca quanto à intenção do beneficiário sobre a criação da relação jurídica optativa[771], porém, admite-se o seu exercício tácito, inclusive através do silêncio, nas hipóteses em que convencionalmente se estipula sua equivalência ao exercício do direito de opção pelo beneficiário[772].

---

[768] Cf. E. BETTI, *Teoria generale del negozio giuridico*, trad. port. de Ricardo Gama, *Teoria Geral do Negócio Jurídico*, Tomo I, Campinas, LZN, 2003, p. 200 (*"Um determinado modo de se comportar, embora não sendo, deliberadamente, destinado a dar notícia de um dado conteúdo precetivo àqueles a quem interessa, pode, todavia, adquirir no ambiente social em que se desenvolve, significado e valor de declaração na medida em que torna reconhecível, de acordo com a experiência comum, uma certa tomada de posição, a respeito de alguns interesses que afetam a esfera jurídica alheia naquela parte em que interfere com a do sujeito (...) trata-se, não já de inferir na atitude exterior a existência de uma vontade meramente interna, mas de inferir da conduta, enquanto enquadrada no conjunto das circunstâncias, o significado objetivo do negócio jurídico com que não está explícito, só sendo reconhecível por uma forma implícita."*).

[769] Pode residir alguma discussão quanto ao silêncio valer como aceitação. Seguindo-se o padrão do direito francês e alemão, quando a proposta é feita no interesse exclusivo do oblato, o silêncio deve valer como aceitação (cf. C. GRIMALDI, *Quasi-engagement...*, cit., p. 383). No Brasil, inexiste regra similar, de forma que, aplicando-se analogicamente o art. 432 do Código Civil pátrio, salvo nas hipóteses em que haja dispensa por parte do outorgante ou acordo expresso pelas partes, entende-se que o silêncio não poderá valer como aceitação.

[770] Como ocorre no Brasil, de acordo com os autores italianos, o exercício da opção pode se dar por ato conclusivo na forma do art. 1327 do *Codice Civile* (E. PANZARINI, *Il contratto di opzione*, cit., p 116). Aliás, mesmo não sendo objeto desta obra, mostra-se interessante a diferença de tratamento quanto ao modo de exercício de opção positiva em favor do beneficiário (chamada de *in the money*), pois na Itália presume-se que há o seu exercício automático (E. PANZARINI, *Il contratto di opzione*, cit., p. 128), ao passo que no Brasil exige-se efetivamente o exercício por parte de seu titular, salvo disposição em contrário.

[771] Interessante o caso mencionado na doutrina em que os tribunais entenderam não ter havido exercício efetivo do direito de opção quando o beneficiário manifestou ao outorgante, utilizando o verbo no condicional, que *"estaria* disposto a exercer a opção de compra" (C. S. ASURMENDI, *La opción de compra*, cit. p. 217).

[772] G. REBOUR, *De la clause d'option...*, cit., p. 50 (referido autor ainda ressalta que as circunstâncias do local e do comércio podem determinar que o silêncio valha como aceitação). No mesmo sentido: C. S. ASURMENDI, *La opción de compra*, cit., pp. 219 e 224.

Convém ressaltar, que o exercício do direito formativo gerador não implica retroatividade dos efeitos do contrato optativo à data de conclusão do contrato de opção[773].

O momento do exercício é importante para aferir eventuais defeitos ou vícios na formação do contrato optativo, como a incapacidade do beneficiário ou quaisquer outros defeitos que poderiam atingir sua validade no mundo jurídico.

Ao contrário do que sustentam alguns, a possibilidade de resolução por excessiva onerosidade independe do exercício do direito formativo gerador, embora se deva reconhecer que, neste momento, torna-se mais nítida a visualização de eventual desequilíbrio contratual capaz de ensejar a resolução (ou revisão) do contrato de optativo[774].

É preciso registrar que o exercício do direito formativo gerador não se confunde com os atos ulteriores relativos ao adimplemento das obrigações previstas no contrato optativo, assim como eventuais elementos integrativos que se mostram necessários à transferência da titularidade das ações ao beneficiário.

A partir do momento em que a manifestação de vontade do exercício do direito formativo gerador é recebida pelo outorgante, reputa-se que tenha havido a formação do contrato de compra e venda optativo. Neste momento, ainda não ocorre a transferência da titularidade das ações no Brasil, ao contrário dos países que adotaram o sistema consensual de transferência de propriedade, tais como a França[775], passando o beneficiário a obter a pretensão quanto à transferência da titularidade das ações.

Por essa razão, atos subsequentes ao exercício deverão ser desempenhados pelas partes para formalizar a transferência das ações, por meio do lançamento da operação no livro de transferência de ações nominativas ou mediante o

---

[773] Cf. P. Malaurie – L. Aynès – P. Gautier, *Droit Civil...*, cit., p. 75; e J. T. Charles, *El contrato de opción*, cit., p. 236.

[774] Importante notar que, nessa hipótese, não se trata de resolução do contrato de opção, haja vista que este terá sido extinto quando do exercício do direito formativo gerador.

[775] Cf. G. Goubeaux – P. Voirin, *Droit Civil...*, cit., p. 367; P. Malaurie – L. Aynès – P. Gautier, *Droit Civil...*, cit., p. 69 (*"[...] Lorsque le bénéficiaire lève l'option, la promesse se transforme instantanément en vente; le transfert de propriété peut être retardé, par exemple jusqu'au paiement du prix si celui-ci n'est pas une condition de la levée de l'option, ou jusqu'à la signature de l'acte authentique de vente."*).

CONTRATO DE OPÇÃO DE COMPRA OU VENDA DE AÇÕES

agente escriturador, o qual será encarregado de alterar a titularidade[776]. Esses atos – configurados como obrigações de fazer – estarão sujeitos à tutela específica, conforme será visto no capítulo a seguir.

Por fim, o exercício do direito de opção passa a integrar diretamente o *iter* formativo do contrato, como sendo o último degrau para chegar à sua conclusão. O acordo das partes no contrato de opção foi incluir o exercício como elemento de formação do contrato optativo, a fim de propiciar ao beneficiário o poder (em sentido amplo) de determinar a conclusão do contrato optativo de forma unilateral, sem necessidade de qualquer cooperação pelo outorgante[777].

5.2 Extinção do Contrato de Opção e Responsabilidade Contratual

O presente capítulo visa apresentar, apenas de forma exemplificativa, sem maior aprofundamento, os modos de extinção do contrato de opção de compra ou venda, sejam eles anômalos ou não[778].

Não serão abordadas todas as hipóteses de extinção, sobretudo aquelas derivadas de situações que afetam o plano da existência e da validade dos contratos e que ensejam, nos dizeres de O. GOMES, a anulação (*lato sensu*) dos contratos[779], assim como aquelas oriundas de situações qualificadas como casos fortuitos ou força maior.

---

[776] *"[...] La levée de l'option forme définitivement la vente, mais le transfert de propriété peut être retardé., par exemple, parce que le contrat l'avait subordonné à la rédaction d'un acte authentique, ou au paiement du prix (...) Après la levée de l'option, le promettant est obligé de concourir à l'établissement de l'instrumentum ; para exemple, signer l'acte authentique de vente, qui est nécessaire, en matière immobilière, à la publicité foncière, ou l'ordre de mouvement (virements) s'il s'agit de valeurs mobilières"* (P. MALAURIE – L. AYNÈS – P. GAUTIER, *Droit Civil...*, cit., p. 76).

[777] Ao contrário da formação ordinária dos contratos (proposta e aceitação), em situações de maior complexidade, mormente no ramo empresarial, tal como aqui abordado, impõe-se uma sucessiva cadeia de atos e negociações, conforme lições de importante doutrina norte--americana (W. YOUNG – E. FARNSWORTH, *Contracts...*, cit., p. 180: *"[...] especially when large deals are concluded among corporations and individuals of substance, the usual sequence of events is not of offer and acceptance"*).

[778] Este item deveria estar ao final da obra, mas reputa-se conveniente deixá-lo ao lado da análise dos efeitos típicos do contrato em questão em razão da sua correlação em alguns aspectos. Ademais, o termo extinção normal ou anômala foi utilizado na forma defendida por O. GOMES (cf. *Contratos*, cit., p. 202).

[779] Idem, Ibidem, p. 203.

OPÇÃO DE COMPRA OU VENDA DE AÇÕES

Ato contínuo, no que tange às hipóteses de extinção dos contratos em virtude de inadimplemento das obrigações, será avaliado se eventual responsabilidade da parte infratora deve ser qualificada como aquiliana[780] ou contratual.

O tema da extinção dos contratos de opção resulta da aplicação das regras gerais de extinção de obrigações e contratos[781]. Por essa razão e tendo em vista não ser o foco da presente obra, serão trazidos apenas alguns apontamentos com relação aos modos de extinção dos contratos de opção, sejam eles anômalos ou não, conforme doutrina especializada no assunto[782].

No que tange às causas normais possíveis para a extinção dos contratos de opção, podem ser identificadas as duas hipóteses abaixo.

Em primeiro lugar, o exercício do direito formativo gerador, apto a formar a relação jurídica optativa, implica na extinção imediata do contrato de opção[783]. Importa lembrar que a declaração do beneficiário, se implicar em alterações ao programa do contrato optativo, não será suficiente para determinar a extinção do contrato de opção.

Em segundo lugar, o transcurso do prazo definido contratualmente[784], que acarreta a decadência do direito formativo gerador[785] e a extinção do contrato de opção.

---

[780] Adverte-se que existe discussão na doutrina quanto ao acerto do uso do termo *responsabilidade aquiliana*, largamente utilizado para designar a responsabilidade extracontratual em sentido amplo, pois entendem alguns autores que aquela seria espécie culposa da última. Haja visa a inexistência de consenso quanto ao assunto, os termos serão indistintamente utilizados para se referir à responsabilidade não derivada do contrato (S. Rodrigues, *Direito civil...*, cit., 2003, p. 8).

[781] T. S. Fonseca, *Do contrato de opção...*, cit., pp. 86-88.

[782] Idem, Ibidem, pp. 86-88. No mesmo sentido: C. S. Asurmendi, *La opción de compra*, cit., pp. 249-259; e T. B. Peres, *O direito de opção...*, cit., pp. 185-186 (embora a autora não tenha abordado a totalidade das hipóteses, tais como a perda ou deterioração do bem, novação e confusão).

[783] C. S. Asurmendi, *La opción de compra*, cit., pp. 100 e 229 (importante lembrar que, conforme sustentado por este autor, o contrato de opção e o contrato optativo são incompatíveis temporalmente, de forma que nunca poderão gerar efeitos ao mesmo tempo).

[784] À falta de um prazo definido, o juiz deverá fixar um prazo razoável, de acordo com os usos e costumes, bem como particularidades de cada caso, para o exercício do direito formativo gerador por parte do beneficiário (C. M. Pereira, *Instituições...*, cit., 2009, p. 167). Neste caso, ao fim do prazo, haverá a extinção normal do contrato, de forma que não se vislumbra uma

CONTRATO DE OPÇÃO DE COMPRA OU VENDA DE AÇÕES

Dentre as formas anômalas, destaca-se, em primeiro lugar, a inexecução do contrato de opção por uma das partes[786]. Nesse particular, convém lembrar que a inexecução seria tão somente das obrigações (enquanto dever de conduta) negativas assumidas pelo outorgante frente ao beneficiário, como a não conservação ou a alienação do bem, haja vista que a situação de sujeição e o direito formativo gerador não são passíveis de violação[787].

De igual modo, eventual inexecução por parte do beneficiário das suas obrigações, sobretudo do pagamento do prêmio, seria hipótese de resolução do contrato de opção.

Em ambas as hipóteses acima, há responsabilidade tipicamente contratual, afastando argumentação levantada por parte da doutrina italiana acerca da possível responsabilidade aquiliana[788].

Assim, afasta-se a discussão travada no passado em torno da natureza da responsabilidade oriunda do contrato de opção. Alguns autores e decisões

extinção anômala. Resultado diverso, entretanto, adviria se o juiz declarasse a caducidade imediata do contrato de opção, pois estar-se-ia diante de extinção anômala.

[785] Cf. J. C. MOREIRA ALVES, *A retrovenda*, cit., p. 153 (o autor mostra que os direitos potestativos (expressão usada pelo autor) são sujeitos à decadência); e D. RUBINO, *La compravendita*, cit., p. 55 (o autor trata expressamente da decadência do direito de opção).

[786] A análise da chamada doutrina do adimplemento substancial não será objeto desta obra, a qual, em breves palavras, defende a necessidade de certa materialidade das obrigações inadimplidas para permitir a resolução do contrato respectivo (cf. J. F. ALVES, *Do adimplemento substancial como fator obstativo do direito à resolução do contrato in* Revista do Advogado, n. 98, São Paulo, AASP, 2008, p. 125).

[787] Não será objeto de aprofundamento a discussão quanto à necessidade de haver o exercício antecipado do direito formativo gerador para pleitear a resolução do contrato de opção. Além disso, convém mencionar que não parece correto o uso do termo inadimplemento quanto ao direito de opção, pois este não comporta uma regra de conduta ou uma prestação que possa ser, de fato, adimplida. Existe, ao contrário, inadimplemento dos deveres negativos que são inerentes ao estado de sujeição assumido pelo outorgante.

[788] Os efeitos práticos de tal distinção são basicamente a alteração do fundamento legal para a reparação judicial, haja vista que a responsabilidade contratual é genericamente amparada pelo art. 389 do Código Civil, ao passo que a responsabilidade extracontratual vem regulada pela conjunção dos arts. 186 e 927 do mesmo diploma. Ademais, em matéria de prova, há distinto regramento, haja vista que, na responsabilidade contratual, basta à parte inocente demonstrar o inadimplemento, ao passo que na extracontratual deve haver prova da culpa por parte do sujeito infrator. No que tange à capacidade, também se vislumbra alguma diferença, tendo em vista que um menor não poderá, ressalvadas algumas exceções, ser responsabilizado por inadimplemento contratual, ao passo que será obrigado a indenizar em casos de responsabilidade civil aquiliana (S. RODRIGUES, *Direito civil...*, vol. 4., cit., pp. 9-10).

OPÇÃO DE COMPRA OU VENDA DE AÇÕES

chegaram a considerá-la pré-contratual[789], mas, tendo em vista a natureza eminentemente contratual do negócio em questão, não parece restar dúvidas que a responsabilidade decorrente possui caráter puramente contratual[790].

Vislumbra-se sempre com maior facilidade a violação por parte do outorgante que se encontra vinculado ao contrato de opção, tais como nas hipóteses em que pratica atos em desacordo com as obrigações negativas inerentes à posição de sujeição em que se encontra no âmbito do contrato.

Não obstante, o beneficiário também poderá responder por perdas e danos, se, de alguma forma, descumprir a obrigação de pagamento do prêmio, abusar de seu direito formativo gerador ou agir de forma contrária aos ditames da boa-fé, causando danos ao outorgante.

A título de exemplo, pode-se citar aquelas situações em que o beneficiário, com intenção de ludibriar o outorgante ou de obter alguma espécie de vantagem, pratica determinados atos a fim de fazer o outorgante acreditar que haverá exercício do direito formativo gerador, mas vem a frustrá-lo deliberadamente *a posteriori*[791].

Ademais, há outras hipóteses de extinção anômala dos contratos de opção que não serão objeto de análise aprofundada nesta obra, tais como (a) implemento de condição resolutiva; (b) expiração do prazo para satisfação de condições suspensivas, (c) novação; (d) confusão, (e) resolução por excessiva onerosidade superveniente[792], e outras.

---

[789] Os partidários de referida opinião, na maioria italianos, baseavam seu entendimento na existência da proposta irrevogável e a responsabilidade daí advinda como sendo fora do âmbito contratual, bem como a inserção da opção no processo de formação do *contrato optativo* (cf. M. DELL'UTRI, *Patto...*, cit., p. 738).

[790] Cf. A. GEORGIADES, *Optionsvertrag...*, cit., p. 425; J. T. CHARLES, *El contrato de opción*, cit., p. 286; entre outros.

[791] J. T. CHARLES, *El contrato de opción*, cit., pp. 281-283 (referido autor mostra a possibilidade de responsabilização do beneficiário que utilizar o contrato de opção como artifício para burlar a concorrência). No Brasil, sujeito à verificação das situações concretas, é possível a responsabilização do sujeito que se utilizar do contrato de opção de compra ou venda de ações como forma de burlar a concorrência, tais como nas hipóteses de ser o mecanismo de influência para prática de conduta concertada entre concorrentes, bem como óbice, através de estratégias societárias, ao pleno desenvolvimento dos concorrentes.

[792] Quanto à possibilidade de resolução (ou revisão) do contrato de opção em virtude de excessiva onerosidade superveniente, resta enorme divergência na doutrina, sobretudo italiana. A ideia de alteração das condições que pudessem impossibilitar o cumprimento das avenças contratuais não é novidade, estando diretamente relacionada à racionalidade limitada

CONTRATO DE OPÇÃO DE COMPRA OU VENDA DE AÇÕES

(*bounded rationality*) dos seres humanos que afeta também as instituições em geral que são sempre formadas ou geridas por pessoas (H. Simon, *Reason in Human Affairs*, Stanford, Stanford University Press, 1983, pp. 19 e 79; e E. M. Farina – P. Furquim de Azevedo – M. S. Saes, *Competitividade: mercado, Estado e organizações*, São Paulo, Singular, 1997, pp. 43-46 e 72-77), pois é impossível prever todas as contingências que podem surgir em uma determinada avença. Por isso, desde os tempos mais antigos, sempre existiu a preocupação com as alterações das circunstâncias em contratos de execução diferida, conforme indicam alguns escritos extraídos do *Código de Hamurabi ("(Lei 48): Se alguém tem um débito a juros e uma tempestade devasta o campo ou destrói a colheita, ou por falta d'água não cresce trigo no campo, ele não deverá nesse ano dar trigo ao credor, deverá modificar a sua tábua de contrato e não pagar juros por esse ano."* (disponível in http://www.culturabrasil.pro.br/zip/hamurabi.pdf [19.12.2010]). Da mesma maneira, a própria regra *rebus sic standibus ("contractus qui habent tratctum sucessivum et dependentiam de futuro, rebus sic standibus intelliguntur"*) desenvolvida em sede de direito romano, conforme escritos de Bartolo, representava tal preocupação, mas que acabou sendo colocada de lado no auge dos ideais liberais e de euforia quanto à força obrigatória dos contratos e absolutismo da autonomia da vontade (cf. A. Villaça Azevedo, *Teoria da imprevisão e revisão judicial dos contratos* in Revista dos Tribunais, São Paulo, ano 85, v. 733, nov/1996, p. 108). Assim, antes de mais nada, a possibilidade de resolução dos contratos em virtude de excessiva onerosidade das prestações acaba sendo um vetor flexibilizador da força obrigatória (cf. F. C. Gil, *A onerosidade...*, cit., p. 69) e do princípio da manutenção dos contratos (A. Junqueira de Azevedo, *Negócio Jurídico...*, cit., 2002, pp. 66-67). Antes de adentrar ao tópico, convém esclarecer que não se entrará em maiores detalhes em relação à distinção entre a resolução por onerosidade excessiva superveniente (derivado do direito italiano) e as teorias semelhantes desenvolvidas na Alemanha que tratam da quebra da base subjetiva e objetiva dos contratos, bem como a teoria da imprevisão historicamente desenvolvida pela jurisprudência francesa (os casos *Rouen, Canal Craponne* e da Prefeitura de *Bordeaux* vs. *Compagnie Générale D'éclairage* são tidos como os primeiros indícios da jurisprudência) em resposta ao dogma absoluto da autonomia da vontade presente no art. 1.134 do *Code Civil* que determina que o contrato faz lei entre as partes (cf. L. C. Frantz, *Revisão...*, cit., p. 21). No Brasil, após a ausência de previsão no Código Civil de 1916, o artigo 478 do Código Civil (plasmado quase que integralmente do art. 1.467 do *Codice Civile* italiano) disciplinou a possibilidade de resolução dos contratos de execução diferida em virtude de superveniência de excessiva onerosidade das prestações a cargo de uma parte, com extrema vantagem para a outra, em decorrência de acontecimentos extraordinários e imprevisíveis. Por ser matéria ainda relativamente recente, restam poucos estudos acerca da aplicação de referido dispositivo aos contratos de opção. A inclusão do dispositivo no Código Civil indica a necessidade de manter a justiça nas contratações, de forma a justificar a intervenção judicial nos casos em que a discrepância e a desproporcionalidade maculam uma das partes em extrema vantagem para a outra (T. Negreiros, *Teoria do contrato: novos paradigmas*, 2ª ed., São Paulo, Renovar, 2006, pp. 166-167). De forma resumida, diante do dispositivo legal, podem ser identificados os pressupostos para a resolução (ou revisão) dos contratos, quais sejam (a) contrato diferido ou de execução continuada, haja vista que tais contratos *estão sujeitos ao estado dos bens no momento da sua conclusão* (cf. A. Villaça Azevedo, *Teoria da imprevisão...*, cit., p. 108), (b) imprevisibilidade e extraordinariedade dos eventos não imputáveis ao devedor, (c) excessiva onerosidade e desequilíbrio das prestações e (d) extrema vantagem. Para aplicação de tal dispositivo aos contratos de opção, devem ser analisadas duas questões: (i) assimilação da variação do preço do bem subjacente dentro da álea estrutural do contrato de opção e (ii) existência de excessiva onerosidade mesmo antes do exercício do direito de opção, diante da situação de incerteza e eventualidade em que se encontra o outorgante. No tocante ao primeiro ponto, ao lado de certa parte da doutrina, entendemos que a variação do preço do bem subjacente (o que vai implicar no "valor" do contrato de opção) é inerente à álea estrutural do negócio, haja vista que o escopo do contrato é justamente diferir o momento da decisão do beneficiário quanto ao contrato optativo (J. T. CHARLES, *El contrato de opción*, cit., p. 186). A proteção quanto à possível variação do preço do bem mediato, inclusive, é um dos fundamentos econômicos do contrato de opção de compra ou venda. Por essa razão, em uma primeira análise, não se pode concluir que a variação do valor do bem seja um acontecimento imprevisível ou extraordinário. Isso não quer dizer, entretanto, que a intensidade de tal variação não possa ser imprevisível e anormal, considerando as situações específicas e particulares em um determinado contexto. Assim, este evento (variação do preço do bem subjacente), embora previsível e até conhecido pelas partes, pode tornar-se, quando tomado em sua *especificidade e concretude*, imprevisível para os efeitos do pressuposto do item (b) mencionado acima (cf. O. GOMES, *Contratos*, cit., p. 215 – nesta obra faz-se referência ao Enunciado n. 175, aprovado na III Jornada de Direito Civil, que estabelece que a imprevisibilidade não diz respeito tão somente ao evento em si, mas também às suas consequências). Dessa forma, a imprevisibilidade dos efeitos da variação do preço deve ser avaliada de acordo com os balizadores da boa-fé e tomando como referência um padrão de diligência média dos agentes de mercado envolvidos na avença. Não se entende que o padrão do homem médio seja aplicado com a mesma intensidade nos ramos civil e empresarial, haja vista que os *objetivos* perseguidos em cada um deles pelos sujeitos são distintos, mas não se entrará neste particular a fim de evitar um desvio demasiado do tema da presente obra. Seja como for, o pressuposto da imprevisibilidade das *consequências* da alteração das condições do bem poderia ser verificado nos contratos de opção. No que tange à segunda indagação, adverte-se, de início, que inexiste consenso na doutrina estrangeira (sobretudo italiana) acerca do assunto. Entendem alguns autores que, enquanto não se materializar o exercício do direito formativo gerador por parte do beneficiário, não há que se falar em onerosidade excessiva superveniente, pois inexiste prestação desproporcional. Em outras palavras, entendem que a *prestação* que poderá se tornar *excessivamente onerosa* será aquela de vender ou comprar o bem, sendo que, enquanto o direito formativo gerador não é exercido pelo beneficiário, existe tão somente incerteza e expectativa ao outorgante, o que faria lhe faltar legítimo interesse para pleitear a resolução do contrato judicialmente. Compreendem, assim, de forma resumida, que o remédio em questão apenas aplicar-se-ia ao contrato optativo e não ao contrato de opção propriamente dito (R. FAVALE, *Opzione...*, cit., p. 149; E. CESÀRO, *Il contrato e L'opzione*, cit., p. 320; e J. T. CHARLES, *El contrato de opción*, cit., p. 186). Entretanto, entendem outros autores que não se deve aguardar a formação da relação jurídica desequilibrada para pleitear a sua proteção (T. B. PERES, *O direito de opção...*, cit., p. 191). Certamente, com base estritamente na linguagem do dispositivo legal (que trata de prestação), a primeira corrente parece a mais correta. Entretanto, ao serem analisados os princípios que permeiam o Código Civil, a segunda corrente se afigura como mais apropriada. Embora não haja efetiva prestação, o sacrifício por parte do outorgante que se encontra vinculado ao contrato está diretamente relacionado ao tempo de vinculação e ao

CONTRATO DE OPÇÃO DE COMPRA OU VENDA DE AÇÕES

Também podem ser relatadas aquelas em que haja renúncia por parte do beneficiário, antes de findo o prazo para exercício do direito formativo gerador, o que apenas é possível se o contrato de opção for verdadeiramente unilateral (obrigações a cargo apenas do outorgante). Caso contrário, se se tratar de opção bilateral, até que seja adimplida a obrigação a cargo do beneficiário, não pode haver renúncia extintiva do contrato de opção.

Da mesma forma, a resilição do contrato por manifestação de ambas as partes é causa anômala de extinção *ex nunc* do contrato de opção, o que não suscita maiores questionamentos.

Outra hipótese de extinção do contrato de opção seria a deterioração ou o desaparecimento do bem. Nesse particular, ganham relevo o momento em que ocorre a deterioração ou a perda do bem mediato e a obrigatoriedade de repetição do prêmio eventualmente pago pelo beneficiário.

Dessa feita, entende-se que se o objeto se deteriora anteriormente ao exercício do direito formativo gerador, deve haver extinção do contrato de opção[793]. Nessa hipótese, se houver culpa do outorgante quanto à deterioração do bem, caberá ao beneficiário pleitear a devolução do prêmio, acrescido de eventuais perdas e danos incorridos, ao passo que, se culpa faltar, fará jus tão somente à repetição do prêmio[794].

---

custo de oportunidade atrelado à impossibilidade de livremente dispor do bem sem enfrentar as consequências de uma possível indenização, de forma que, quando esse custo de oportunidade aumenta consideravelmente por conta da intensidade *imprevisível* oriunda da valorização (que era previsível) do bem subjacente, há de se concordar que o interesse do outorgante deva ser juridicamente protegido por meio da possibilidade da resolução do contrato de opção. Por fim, não se vê com maiores dificuldades a aplicação da *excessiva onerosidade superveniente* a contratos aleatórios, haja vista que o legislador nacional, deliberadamente, deixou de reproduzir a parte final do art. 1467 do *Codice Civile* que veda sua aplicação aos contratos que se revestem dessa característica ("[...] *Art. 1467 [2] La risoluzione non può essere domandata se la sopravvenuta onerosità rientra nell'alea normale del contratto*"). Embora o fundamento na Alemanha (base do contrato) seja distinto daquele previsto no Código Civil brasileiro, que fora plasmado do *Codice Civile*, apenas a título ilustrativo, certa parte da doutrina alemã tem defendido a possibilidade de extinção do contrato de opção caso haja eliminação da sua base objetiva (M. WEBER, *Der Optionsvertrag...*, cit., p. 254). A despeito da enorme divergência doutrinária, entende-se que os contratos aleatórios – e por conseguinte os contratos de opção de compra ou venda de ações – também são passíveis de resolução (ou revisão) por onerosidade excessiva superveniente.

[793] M. MOUSSERON – M. GUIBAL – D. MAINGUY, *L'avant...*, cit., p. 350.

[794] Cf. C. S. ASURMENDI, *La opción de compra*, cit., pp. 254-259.

Quanto ao valor do prêmio a ser devolvido, há certa divergência na doutrina, existindo autores que entendem que deve sê-lo integralmente, enquanto outros, respaldados pelo princípio da conservação dos contratos, defendem sua devolução *pro rata* se a deterioração ou a perda do bem não decorrer de culpa do outorgante[795].

A última tese acima representa a saída mais equânime e justa para a situação, assim como está amparada pelo Direito pátrio, dado que vigora no País o princípio da conservação dos contratos[796], que, considerado um corolário direto da função social dos contratos[797], visa, em essência, sua manutenção e salvaguarda na maior amplitude possível[798].

---

[795] *"Si esto es así, y con apoyo en el principio de la conservación de las obligaciones, el negocio se debería considerar existente en la parte posible; lo que, en nuestro caso, abarca hasta la fecha de la fuerza mayor; por ello el concedente debería poder retener la parte del precio proporcional al tiempo transcurrido hasta que tuvo lugar la pérdida de la cosa (con relación al plazo total concedido para poder optar)."* (J. T. CHARLES, *El contrato de opción*, cit., p. 268). Convém, entretanto, ressaltar que se houver mera renúncia por parte do beneficiário ou comunicação de não exercício do direito formativo gerador anteriormente à expiração do prazo, não deverá haver devolução *pro rata* do prêmio. Aliás, este entendimento já foi pacificado no direito francês (M. MOUSSERON – M. GUIBAL – D. MAINGUY, *L'avant...*, cit., p. 345). A devolução do prêmio de forma proporcional, assim, deve ser aplicada tão somente nos casos de perda dos bens antes do prazo final para exercício.

[796] Este princípio pode ser inferido de algumas normas de direito positivo, como aquelas constantes do artigo 184 do Código Civil e artigo 51, § 2º do Código de Defesa do Consumidor.

[797] DONNINI, Rogério Ferraz, *Revisão Contratual sem imprevisão* in Revista do Advogado, coord. Carlos A. Maluf, ano XXVIII, n. 98, São Paulo, AASP, julho de 2008, p.218: "(...) *a função social do contrato serve de fundamento para que se efetive entre os contratantes um equilíbrio, uma relação equânime, sob pena de ser revista a avença. A função social do contrato permite, ainda, a aplicação do princípio da conservação dos contratos nas relações entre particulares, reguladas pelo Código Civil, possibilitando a manutenção do contrato (...)*". Nesse sentido, encontra-se o teor do enunciado 22 do Conselho da Justiça Federal: *"Função social do Contrato. Cláusula Geral. Conservação do Contrato. Jornada STJ 22: 'função social do contrato, prevista no artigo 421 do Novo Código Civil, constitui cláusula geral que reforça o princípio de conservação do contrato, assegurando trocas úteis e justas'"*.

[798] A. JUNQUEIRA DE AZEVEDO, *Negócio Jurídico...*, cit., 2002, pp. 66-67 (*"O princípio da conservação consiste, pois, em se procurar salvar tudo o que é possível num negócio jurídico concreto, tanto no plano da existência, quanto da validade, quanto da eficácia. Seu fundamento prende-se à própria razão de ser do negócio jurídico; sendo este uma espécie de fato jurídico, de tipo peculiar, isto é, uma declaração de vontade (manifestação de vontade a que o ordenamento jurídico imputa os efeitos manifestados como queridos), é evidente que, para o sistema jurídico, a autonomia da vontade, produzindo efeitos, representa algo de juridicamente útil."*)

No entanto, se o bem se perde posteriormente ao exercício do direito formativo gerador, deve-se seguir a regra atinente aos contratos de compra e venda de execução diferida[799].

A morte das partes, como já dito, não é causa de extinção do contrato de opção[800], salvo naqueles casos em que o contrato se revestir de caráter *intuitu personae*.

Por fim, o contrato de opção também não se extingue em caso de insolvência ou falência das partes, embora possa implicar na ineficácia prática do cumprimento das obrigações previstas no contrato optativo pela parte submetida ao procedimento falimentar[801].

---

[799] Em geral, sem a intenção de esgotar o assunto, conforme consagrado pela doutrina, vigora no ordenamento nacional a fórmula *res perit debitori*, com algumas adaptações (O. GOMES, *Introdução...*, cit., pp. 280-281). Assim, salvo em caso de mora, o vendedor no contrato de compra e venda optativo corre o risco até que haja a efetiva tradição do bem ou, no caso das ações, até que haja a lavratura do termo de transferência das ações e o consequente registro no livro de registro de ações nominativas (art. 492 do Código Civil).

[800] Cf. J. T. CHARLES, *El contrato de opción*, cit., p. 269.

[801] O efetivo tratamento dos contratos de opção na falência dependerá das situações concretas, a fim de se averiguar a aplicação de quaisquer das hipóteses do art. 119 a Lei de Falências abaixo: *"Art. 119. Nas relações contratuais a seguir mencionadas prevalecerão as seguintes regras: [...] III – não tendo o devedor entregue coisa móvel ou prestado serviço que vendera ou contratara a prestações, e resolvendo o administrador judicial não executar o contrato, o crédito relativo ao valor pago será habilitado na classe própria [aplica-se nas hipóteses de falência do outorgante de opção de compra]; [...] V – tratando-se de coisas vendidas a termo, que tenham cotação em bolsa ou mercado, e não se executando o contrato pela efetiva entrega daquelas e pagamento do preço, prestar-se-á a diferença entre a cotação do dia do contrato e a da época da liquidação em bolsa ou mercado [aplica-se nas hipóteses de falência do outorgante de opção de compra, acarretando o mesmo efeito de opção a descoberto com liquidação pela diferença]; VI – na promessa de compra e venda de imóveis, aplicar-se-á a legislação respectiva [não se aplica aos contratos de opção]."* [grifos e comentários nossos]. Como a opção não cria direito real, em quaisquer das hipóteses em que seja reconduzida a um crédito no âmbito do processo falimentar, o crédito do beneficiário será classificado invariavelmente na classe quirografária, por exclusão das demais classes existentes (cf. F. SATIRO, *Comentários à Lei de Recuperação de Empresas e Falência: Lei 11.101/2005 – Artigo por artigo*, coord. por F. Satiro e A. Pitombo, São Paulo, Revista dos Tribunais, 2007, p. 368).

6. Requisitos Subjetivos – Partes

Para se iniciar o presente capítulo, importante lembrar que não existe relação jurídica sem sujeito. Em outras palavras, não se pode pensar em relação jurídica obrigacional sem que haja, ao menos, um sujeito[802]. A constatação parece óbvia e intuitiva, sobretudo quando a fonte de tais direitos e obrigações são os negócios jurídicos e, em particular, os contratos.

Em que pese a existência de diversas qualificações dadas pela doutrina para os negócios jurídicos e relações jurídicas, é inegável que, conforme afirmado por S. MARCONDES, toda relação jurídica (em especial quando se trata de negócios jurídicos), necessariamente, apresenta um sujeito e um objeto[803].

O presente capítulo possui como escopo analisar os requisitos inerentes aos sujeitos, enquanto elementos da relação jurídica, envolvidos no contrato de opção de compra ou venda de ações.

Antes de avançar, convém ressaltar que os contratos de opção são bilaterais – no sentido da gênese de sua formação e não quanto aos efeitos –, posto haver necessariamente dois centros de interesse[804].

---

[802] Cf. E. BETTI, *Teoria generale...*, cit., 1959, p. 68.

[803] Cf. *Problemas...*, cit., pp. 67-68 (*"Qualquer que possa ser a concepção de relação jurídica e de direito subjetivo, é fora de dúvida que sujeito e objeto são têrmos necessários dêsses conceitos. Mesmo quando se admita a existência de um direito cujo sujeito seja atualmente indeterminado, ou tenha por objeto coisa ainda inexistente, não se pode conceber um direito sem a idéia de sujeito, ou um direito sem objeto."*).

[804] Cf. F. MESSINEO, *Dottrina...*, cit., p. 74; e T. ASCARELLI, *Problemas das sociedades...*, cit., p. 387.

OPÇÃO DE COMPRA OU VENDA DE AÇÕES

Distinguem-se, quando se trata de opções sobre ações, as chamadas relações internas – circunscritas à esfera das partes – e as relações externas oriundas do contrato, que fazem irradiar efeitos para terceiros alheios à relação jurídica obrigacional[805].

Mesmo assumindo a existência somente de dois centros de interesse ou polos nos contratos de opção sobre ações, não há como negar o envolvimento, na relação externa, de um terceiro de grande importância para a relação jurídica e sobre quem seus efeitos podem irradiar: a sociedade emissora das ações.

Assim, apesar de haver dois centros de interesse no plano interno, existe um terceiro centro de interesse fora da relação jurídica obrigacional sobre quem tal relação também irradia efeitos (plano externo).

As características da possível irradiação dos efeitos na esfera da sociedade, que não é parte direta na relação obrigacional – e a eventual atenuação do princípio da relatividade[806] dos contratos –, serão abordadas no capítulo destinado ao exame dos efeitos do contrato, interessando, neste momento, apenas a análise dos aspectos puramente subjetivos que pertinem aos sujeitos do negócio outorgativo de opção.

Assim sendo, a prática tem mostrado que referido triângulo subjetivo (mesmo estando a sociedade fora do contrato de opção) apresenta contornos extremamente conturbados, porquanto cada parte envolvida possua interesses diversos entre si, cuja conciliação mostra-se, com grande frequência, problemática.

Por fim, assumindo que os demais requisitos de validade tenham sido satisfeitos, serão objeto de análise unicamente a legitimidade e capacidade[807]

---

[805] Como se verá adiante isso implica em certa flexibilização do princípio da relatividade dos contratos, conforme a doutrina – mais moderna – já vem defendendo.

[806] Vale notar que certa parte da doutrina tem considerado possível que o beneficiário seja um terceiro alheio ao contrato, desde que não lhe sejam criados quaisquer deveres ou obrigações no âmbito da opção (cf. F. A. REGOLI, *Brevi osservazioni...*, cit., p. 469).

[807] G. LUMIA, *Lineamenti...*, cit., p. 13: "*A pertinência de uma posição jurídica para com determinado sujeito chama-se titularidade. O poder de movimentar uma posição jurídica subjetiva, ativa ou passiva, que compete a quem é o titular dessa posição jurídica, denomina-se legitimidade. Estes conceitos tem de ficar muito bem distintos, respectivamente, da capacidade jurídica e da capacidade de agir, das quais falou-se no parágrafo precedente. Realmente a capacidade jurídica consiste na possibilidade abstrata de ser titular de posições jurídicas ativas e posições jurídicas passivas. A titularidade designa a pertinência de uma posição jurídica a um sujeito determinado ou determinável. Igualmente, a expressão capacidade*

REQUISITOS SUBJETIVOS – PARTES

das partes nas diferentes fases inerentes ao contrato de opção de compra ou venda de ações.

6.1 Partes Outorgantes

6.1.1 Sociedades Emissoras das Ações (ações em tesouraria)

A possibilidade de a própria sociedade emissora das ações figurar no polo subjetivo passivo do contrato de opção deve ser analisado com base na legislação em vigor e nos instrumentos postos à disposição das sociedades para suprir suas necessidades de obtenção de recursos, seja mediante instrumentos de dívida (como debêntures) seja de participação (como as ações ou bônus de subscrição)[808].

A presente obra visa abranger as hipóteses de contratos de opção que tenham como contrato optativo uma compra e venda efetiva das ações.

Não serão objeto de análise na presente obra, ainda que guardem diversas similitudes, os títulos de emissão das sociedades, que conferem aos beneficiários o direito de subscrição de ações a serem emitidas por aquelas, notadamente os bônus de subscrição[809].

Nesse sentido, tal como a própria doutrina estrangeira, o foco desta obra será mantido nas hipóteses em que as ações já foram emitidas e se encontram

---

de agir refere a capacidade abstrata de exercício das posições jurídicas subjetivas, enquanto legitimidade é o poder de exercitar uma determinada posição jurídica, que compete, concretamente, à pessoa que figura como o respectivo titular."

[808] Não se entrará em detalhes com relação a todos os instrumentos colocados à disposição das sociedades, de forma que as ideias dispostas apenas servem para ilustrar aqueles instrumentos mais conhecidos e disciplinados na legislação societária a que as sociedades por ações estão sujeitas.

[809] A grande diferença entre o contrato de opção e o bônus de subscrição está na sua natureza, dado que o bônus de subscrição (chamado de *warrants* nos Estados Unidos da América e na Itália) confere o direito do acionista de *subscrever* novas ações a serem emitidas em um potencial aumento de capital. Não se trata, portanto, de ações já emitidas e em circulação, o que traz diferenças no que tange à exequibilidade de referido instrumento frente à sociedade, bem como eventual averbação nos livros sociais (aparentemente impossível para os bônus de subscrição, dado que as ações ainda não foram efetivamente emitidas). Os objetivos perseguidos pelas partes com ambos os instrumentos são diferentes, razão pela qual não serão aqui aprofundados em suas diferenças mais marcantes (cf. E. PANZARINI, *Il contratto di opzione*, cit., pp. 484-406).

OPÇÃO DE COMPRA OU VENDA DE AÇÕES

em circulação, tendo seu titular o interesse de celebrar um contrato de opção visando conferir o direito formativo gerador a um terceiro quanto à sua efetiva aquisição ou alienação.

Por essa razão, as sociedades apenas podem celebrar referidos contratos com relação a eventuais ações mantidas em sua própria tesouraria. Apenas a título de esclarecimento, sabe-se que as sociedades podem manter apenas a quantidade de ações em tesouraria conforme limites determinados pela regulamentação em vigor, as quais podem ser livremente negociadas pela sociedade, na forma definida no estatuto ou pelos órgãos de administração (aqui empregado em sentido amplo).

Como a sociedade possui o poder de disposição das ações (*jus abutendi*), ela pode celebrar contratos de opção dentro do limite das ações mantidas em tesouraria. Assim, pode tanto assumir a posição de beneficiário quanto a de outorgante no contrato de opção, desde que dentro do limite atribuído pela atual regulação quanto às ações em tesouraria[810].

6.1.2 Acionistas

Tendo em vista o princípio de livre circulação das ações, os próprios acionistas podem figurar na posição subjetiva ativa ou passiva nos contratos de opção de compra ou venda de ações.

---

[810] Interessante questão diz respeito à possibilidade de a sociedade celebrar contratos de opção de suas próprias ações *a descoberto*. Por fugir ao tema central da presente obra, deixar-se-á de avaliar com profundidade a questão que, por si só, devido à sua complexidade, seria objeto de um exame em apartado. Não obstante, a fim de não deixar o assunto sem qualquer esclarecimento, sem adentrar a questões de governança corporativa e de direitos assegurados aos atuais acionistas da sociedade (como direito de preferência), entende-se que em tese seria lícito à sociedade realizar operações *a descoberto* que contivessem (ou não) previsão de *liquidação física*, desde que respeitados as condições e limites estabelecidos para negociação e manutenção de ações em tesouraria, conforme disposto no artigo 30 da Lei de Sociedades por Ações e na Instrução n. 10/80 da Comissão de Valores Mobiliários (conforme alterada). A falta de observância de tais condições ou a extrapolação dos limites impostos, mesmo em operações que não prevejam a liquidação física, parece contrariar os objetivos almejados pelo legislador ao fixar limites à negociação das próprias ações pela companhia, quais sejam, evitar a manipulação do valor das ações pela companhia e também a devolução de capital aos acionistas, o que poderia representar uma afronta ao princípio da imutabilidade do capital social (acerca de referido princípio, vide: J. A. Tavares Guerreiro – E. L. Teixeira, *Das sociedades...*, cit., p. 309).

Embora pareça simples tal constatação, diversos aspectos quanto à posição dos acionistas no âmbito do contrato de sociedade podem trazer impactos e/ou restrições para a celebração de contratos de opção de compra ou venda de ações. Assim, uma opção de compra ou venda de ações que possa alterar a estrutura de controle da sociedade pode apresentar contornos de eficácia distintos, tanto que, quando se tratar de sociedades abertas, implicam a observância de requisitos de publicidade e certas restrições impostas pela Comissão de Valores Mobiliários[811].

Nos termos do disposto no art. 118 da Lei de Sociedades por Ações, os acordos de acionistas sobre compra e venda de ações ou sobre a preferência para adquiri-las devem ser arquivados na sede da sociedade, a fim de gozarem de execução específica societária, vinculando a própria sociedade ao quanto acordado, sobretudo no que tange aos acordos de voto e seu controle nas assembleias gerais.

A fim de não fugir demasiadamente do tema da presente obra, não serão aqui tratadas as hipóteses em que os contratos de opção sejam firmados tão somente por acionistas, o que, em tese, poder-lhes-ia conferir a natureza de acordo de acionistas, desviando o foco sobre o contrato de opção propriamente dito aqui proposto.

6.1.3 Terceiros Não Acionistas e Operações a Descoberto

A questão em torno da possibilidade de se outorgar opções a descoberto, ou seja, sem que o outorgante seja no momento da celebração do contrato de opção o efetivo titular e proprietário do bem subjacente, suscita grande debate e está intimamente ligado à capacidade do outorgante no momento da celebração do contrato.

A discussão está basicamente na caracterização do direito de propriedade como requisito (ou não) para a celebração de referido contrato. Para maior elucidação, vale a pena relembrar a divisão dos planos proposta por C. Couto e Silva no Direito brasileiro. Para referido autor, em contraposição ao que

---

[811] Vide, a título de exemplo, a Instrução CVM n. 358/02, que trata da divulgação de fatos relevantes (arts. 12-14).

ocorre em países como Alemanha e França, vigora no Brasil o sistema da separação relativa dos planos[812].

Isso significa dizer que, embora sejam distintos os negócios de cunho obrigacional e os chamados negócios de disposição – situados no campo dos direitos reais –, tem-se que a vontade nos últimos esteja contemplada (codeclarada[813]) pelo negócio jurídico obrigacional[814]. Por isso, a distinção entre ambos acaba sendo de difícil visualização na prática[815], levando muitas vezes a equívocos no campo jurídico.

Toma-se como exemplo o contrato de compra e venda, no qual, os aspectos obrigacionais distinguem-se do adimplemento (transmissão da propriedade) que se encontra situado no campo do direito das coisas.

O negócio dispositivo e a consequente transmissão da propriedade, no contrato de compra e venda, configuram o seu próprio adimplemento (no sentido de liberação ou desligamento do vínculo obrigacional) por parte do vendedor, visto que, uma vez transferida a propriedade – seja por meio da tradição, seja via registro – haverá liberação do vínculo obrigacional[816].

Diante disso, parece intuitivo que, ao contrário do que sustentam alguns autores nacionais, a propriedade ou a titularidade do bem – incluindo o pleno poder de disposição – é um requisito do próprio adimplemento e não do vínculo obrigacional que ele visa liberar.

É muito comum que se exija do vendedor, no momento da conclusão do contrato de compra e venda, a comprovação da titularidade do objeto da

---

[812] Cf. *A obrigação...*, cit., p. 52. Na França, a simples convenção obrigacional é suficiente para a transferência da propriedade, ao passo que na Alemanha vigora o sistema da separação absoluta dos planos.

[813] Idem, ibidem, p. 55.

[814] Idem, ibidem, p. 52 (*"Em sistema de separação relativa, a declaração da vontade que dá conteúdo ao negócio dispositivo pode ser considerada co-declarada no negócio obrigacional antecedente. É que na vontade de criar obrigações, insere-se naturalmente a vontade de adimplir o prometido. Não fora assim o negócio jurídico não teria as condições mínimas de seriedade que o direito exige."*).

[815] Idem, ibidem, cit., p. 51 (*"Certo, no plano sociológico tal separação muitas vezes não é percebida, nem materialmente perceptível. No plano jurídico, porém, ela o é, além de necessária, evidenciando-se nítido discrime entre o ato que cria a obrigação e o que a satisfaz."*).

[816] Atualmente, considera-se que mesmo após o adimplemento ainda remanescem obrigações, ainda que secundárias, de uma parte frente à outra, muitas delas decorrentes do princípio da boa-fé objetiva, tais como os deveres de cooperação e informação.

REQUISITOS SUBJETIVOS – PARTES

prestação. No entanto, salvo nos casos em que a transferência da propriedade deva ocorrer instantaneamente no momento da celebração do contrato (seja mediante a tradição, seja por meio do registro respectivo), parece não ser necessária tal comprovação pelo vendedor.

Por ser um requisito do adimplemento[817], caso o vendedor não seja titular ou proprietário do objeto da prestação quando do seu vencimento, caberá ao credor a pretensão (ou direito de ação)[818] contra o vendedor pelo inadimplemento[819], mas não haverá nulidade ou mesmo anulabilidade do contrato – obrigacional – de compra e venda firmado pelas partes.

Trazendo as ideias acima para o contrato de opção, pode-se concluir igualmente que, se expressamente acordado pelas partes, não se exige do outorgante, no momento de sua conclusão, a propriedade ou a titularidade do bem, sendo plenamente válidas no ordenamento nacional as chamadas operações a descoberto[820].

Vale notar que, em tais operações a descoberto, não se torna possível a realização da averbação do respectivo contrato de opção, haja vista que o vendedor não se encontra na posição de titular das ações no momento da celebração do contrato[821]. Como será visto adiante, o beneficiário de uma

---

[817] Idem, ibidem, p. 57.

[818] Na presente obra, do ponto de vista dogmático, o termo *pretensão* será utilizado como sinônimo do poder de se exigir o adimplemento da obrigação ou perdas e danos decorrentes do inadimplemento.

[819] Mais adiante, os tipos de obrigações existentes e as alternativas cabíveis ao credor para buscar seu adimplemento serão analisados, seja por meio de execução específica ou de pretensão reparatória (que não representa o próprio adimplemento da obrigação entabulada, mas a reparação do credor, para que possa haver o desfazimento do vínculo obrigacional). Seja como for, nesta hipótese, resta evidente que se o vendedor, ao tempo do adimplemento da obrigação, não for proprietário do bem respectivo, caberá ao credor o poder de exigir as perdas e danos decorrentes (cf. Idem, ibidem, p. 113).

[820] Cf. J. T. CHARLES, *El contrato de opción*, cit., p. 172.

[821] Para bens móveis, cuja efetiva transmissão da propriedade independe de qualquer registro, o que não é o caso das ações de sociedades anônimas, entre outros, torna-se discutível a possibilidade material de realização de registro do instrumento obrigacional para conferir publicidade perante terceiros. O registro poderia ser efetivado pelas partes, embora desprovido dos efeitos normalmente desejados, sobretudo de impedir a possibilidade de alienação por parte do vendedor a terceiros. Tal registro, entretanto, teria ao menos o condão de reforçar os argumentos de eventual ausência de boa-fé ou diligência por parte do terceiro que o adquiriu do vendedor em uma eventual ação judicial.

OPÇÃO DE COMPRA OU VENDA DE AÇÕES

opção a descoberto não poderá gozar do benefício da oponibilidade frente a terceiros proporcionada pela sua averbação nos livros sociais.

6.2 Beneficiários

Quanto aos sujeitos que podem figurar no polo subjetivo ativo do contrato de opção, acredita-se não haver maiores dificuldades, os quais podem ser tanto os acionistas, quaisquer terceiros ou a própria companhia emissora das ações[822]. Deve-se respeitar, porém, as regras que implicam em eventual restrição à negociação das ações, como aquelas editadas pela Comissão de Valores Mobiliários quando se tratar de ações de companhias abertas, as quais não serão aqui abordadas em razão da abrangência do seu tema.

Por ora, respeitadas as condições de capacidade e eventuais restrições regulatórias ou concorrenciais, qualquer sujeito pode ser beneficiário de um contrato de opção.

No que tange à nomeação de terceiro alheio ao contrato para ser o beneficiário da opção, entende-se inexistir qualquer restrição desde que o contrato não lhe implique qualquer obrigação sem seu prévio consentimento[823].

6.3 Capacidade e Legitimidade das Partes

Conforme já mencionado, a capacidade e a legitimidade das partes devem ser aferidas em cada uma das fases do *iter* formativo do contrato de opção e do contrato optativo[824].

Na primeira fase, o outorgante deve reunir os mesmos atributos da capacidade e legitimidade (legitimação) quanto ao contrato optativo, que lhe seriam normalmente exigidos se inexistisse contrato de opção (segunda

---

[822] No caso da sociedade, devem ser verificados os limites para manutenção de ações em sua tesouraria, bem como eventuais restrições adicionais que possam existir nas regulamentações específicas.

[823] Como já dito, mesma solução é dada na Itália, conforme mostra parcela da doutrina (cf. F. A. REGOLI, *Brevi osservazioni...*, cit., p. 469).

[824] Antes de avançar no exame de cada fase especificamente, como se trata de campo primordialmente contratual, exige-se que ambas as partes possuam capacidade geral de contratar e assumir obrigações.

REQUISITOS SUBJETIVOS – PARTES

fase)[825]. Como exemplo, se houvesse necessidade de assentimento, este seria exigido do outorgante logo na primeira fase[826], por ser o único momento em que o outorgante manifesta sua vontade quanto ao contrato de opção e, indiretamente, ao contrato optativo[827].

Não se afigura necessário que o outorgante seja o efetivo titular das ações, posto serem plenamente válidos e eficazes o contrato de opção a descoberto e, se formado, o próprio contrato de compra e venda de ações alheias[828]. Nessas hipóteses, somente a transferência (acordo de transmissão) das ações não poderá gerar seus efeitos, mas o contrato obrigacional de compra e venda continua válido e eficaz.

Com relação ao beneficiário, nesta primeira fase, os requisitos de capacidade ou legitimidade dizem respeito apenas ao contrato de opção. Em outras palavras, não se exige, neste momento, que ele disponha dos atributos da capacidade e da legitimidade quanto ao contrato optativo em si, o que se estenderia para aprovações societárias necessárias[829].

---

[825] F. BÉNAC-SCHMIDT, *Le contrat de promesse...*, cit., p. 10; e C. S. ASURMENDI, *La opción de compra*, cit., p. 18 (*"Por esto, y aunque no esté todavía perfeccionada, es necesario que en el momento que se pacta la opción de compra, el concedente ostente ya la capacidad para vender ese bien."*).

[826] M. BERNARDES DE MELLO, *Teoria...*, *plano da validade*, cit., p. 141 (o autor trata da definição de assentimento, exigida nessa situação, em contraposição ao consentimento).

[827] No caso de sociedades que detenham participação em outras sociedades (como naqueles casos das chamadas *holdings*), se houvesse exigência estatutária de aprovações dos órgãos de direção ou dos acionistas para alienação, estas deveriam ser obtidas logo na primeira fase, sob pena de serem tanto o contrato de opção quanto o contrato optativo ineficazes perante a sociedade (exceto por meio de aplicação da teoria da aparência ou de outras hipóteses legais existentes que possam suprimir a deficiência na autorização societária).

[828] Seguem-se, assim, as mesmas regras aplicáveis aos contratos de compra e venda de bens alheios, já delineadas pela doutrina (F. C. PONTES DE MIRANDA, *Tratado...*, XXXVIII, cit., p. 26 (referido autor mostra que este tipo de contrato é válido e eficaz, não podendo apenas ser oponível frente a terceiros); T. ASCARELLI, *A atividade do empresário...*, cit., pp. 214-215; e M. BERNARDES DE MELLO, *Teoria...*, *plano da validade*, cit., p. 35). Do mesmo modo, nada impede que os contratos de opção diferenciais tenham por objeto ações de terceiros de que nenhum dos contratantes seja efetivo titular.

[829] Eis uma situação hipotética, a fim de tornar mais clara a divisão de momentos em que se deve verificar a capacidade e legitimidade do beneficiário. Imagine-se, assim, uma opção de venda de ações em que tenha sido fixado o preço "PR" (equivalente à venda das ações) e um prêmio "P" a ser pago pela sociedade empresária que figura como beneficiário-vendedor, cujo estatuto disponha ser necessária a aprovação prévia do conselho de administração para (a) assunção de *obrigações de pagamento* acima de um valor "X" e (b) alienação de bens e participações que ultrapasse um valor "Y". Tomando-se tal exemplo como guia e assumindo que

OPÇÃO DE COMPRA OU VENDA DE AÇÕES

Já na segunda fase, como parece intuitivo, o beneficiário deve reunir a totalidade dos atributos da legitimidade e da capacidade quanto ao contrato optativo, visto que, mediante sua manifestação unilateral de vontade, formar-se-á o contrato optativo. Assim, nas hipóteses em que sobrevier incapacidade apenas na segunda fase, o beneficiário não poderá exercer o direito formativo gerador e, portanto, dar vida ao contrato optativo[830].

Quanto ao outorgante, por não lhe ser exigida qualquer manifestação adicional, eventual incapacidade superveniente ou a própria morte não afetam a validade do contrato de opção e a possibilidade de exercício do direito formativo pelo beneficiário.

Todavia, deve-se reconhecer certa tendência de parte da doutrina em flexibilizar a exigência da capacidade e da legitimidade do beneficiário nos contratos de opção unilaterais, nos quais este não assume qualquer sorte de obrigações ou deveres. A posição aqui adotada, portanto, confronta com a linha de autores que entende ser plenamente dispensável a verificação dos pressupostos da capacidade ou da legitimidade[831] na primeira fase, bastando sua verificação quando do exercício do direito formativo gerador.

não existam quaisquer outras disposições contratuais, podem-se identificar, a depender da combinação das hipóteses, os seguintes eventos: (a) se PR é maior que Y e P menor que X, não seria exigido do beneficiário a aprovação societária no momento da formação (*aceitação*) do contrato de opção, mas ser-lhe-ia exigível na hipótese de formação (exercício) do contrato optativo; (b) se PR é maior que Y e P maior que X, seria exigida a aprovação societária nos dois momentos, tanto na formação (aceitação) do contrato de opção, quanto na formação (exercício) do contrato optativo; (c) se PR é menor que Y e P maior que X, exigir-se-ia apenas a aprovação para a formação (aceitação) do contrato de opção, sendo dispensável para a formação (exercício) do contrato optativo; e (d) se PR é menor que Y e P menor que X, não seria exigida qualquer aprovação societária. Não se pode esquecer que a aprovação societária obtida no primeiro momento pode, em alguns casos, englobar autorização para o exercício do direito formativo gerador e, consequentemente, levar a cabo a alienação das ações.

[830] As situações práticas podem se multiplicar e não são apenas acadêmicas. Por exemplo, podem ser citadas as hipóteses de insanidade mental superveniente ou, mais concretamente no plano empresarial, eventuais restrições estatutárias ou regulatórias criadas posteriormente ao contrato de opção.

[831] Alguns autores resolvem a questão salientando que a capacidade do beneficiário deve ser aferida no momento do exercício do direito formativo gerador, silenciando quanto à necessidade de capacidade para assunção das obrigações próprias e específicas do contrato de opção (cf. F. BÉNAC-SCHMIDT, *Le contrat de promesse...*, cit., p. 10).

Outra linha de argumentação possível seria entender que o exercício do direito formativo poderia sanar a invalidade da primeira declaração (normalmente a aceitação do contrato de opção), posto ser mais completo e abrangente do que aquela, mas existem algumas complicações que não permitem a sua aceitação sem maiores reflexões. Não parece ser admitida a teoria em sua integralidade, embora se deva reconhecer que em algumas situações poder-se-ia revelar de grande utilidade.

Imagine-se, assim, por hipótese, aqueles casos em que o beneficiário transfere ao outorgante determinado bem como forma de adimplemento da obrigação de pagar o prêmio, sem deter o poder de disposição. Não parece que, nessas hipóteses, o exercício da opção em si possa sanar tal vício na formação do contrato de opção relativo ao modo de adimplemento do prêmio.

Para outras situações, especialmente aquelas que digam respeito à invalidade decorrente de incapacidade relativa, a depender das circunstâncias concretas, pode-se enxergar o exercício como um evento saneador da invalidade inicial, convalidando o contrato de opção, e permitindo a válida formação do contrato optativo[832].

Do exame realizado, não há como negar que o contrato de opção e o contrato optativo são figuras autônomas, apesar de sua ligação funcional poder resultar na comunicação de vícios entre as diferentes fases verificadas no processo de formação deste último, bem como seu saneamento em determinadas ocasiões.

---

[832] A. MENEZES CORDEIRO, *Tratado...*, Tomo II, vol. II, cit., p. 542.

7. Requisitos Objetivos – Ações

No que tange aos requisitos objetivos, como já dito acima, a investigação deve ser direcionada ao objeto da relação jurídica em tela.

O objeto, aqui, não deve ser entendido como o conteúdo obrigacional inerente à cada relação jurídica (objeto imediato), mas, sim, o objeto mediato sobre o qual aquele recai[833].

O objeto imediato do contrato de opção de compra ou venda, como já dito, é a possibilidade de conclusão do contrato de compra e venda mediante o exercício do direito de opção – qualificado como direito formativo gerador – criado em favor do beneficiário, mantendo-se o outorgante em situação de sujeição e vinculado, de forma irrevogável, à possibilidade de exercício do direito formativo gerador[834].

O presente capítulo tem como objetivo, entretanto, analisar o conceito e a natureza jurídica[835] do bem mediato envolvido no contrato em exame: as ações emitidas por sociedades anônimas.

---

[833] *"A prestação é um ato ou omissão do devedor. A prestação é o objeto imediato da obrigação. Mas, a prestação, por sua vez, tem um objeto, que é ou a coisa a dar ou o resultado da obrigação"* (O. GOMES, *Introdução...*, cit., p. 404).

[834] Na França: M. MOUSSERON – M. GUIBAL – D. MAINGUY, *L'avant...*, cit., p. 351; P. MALAURIE – L. AYNÈS – P. GAUTIER, *Droit Civil...*, cit., p. 69; e F. BÉNAC-SCHMIDT, *Le contrat de promesse...*, cit., p. 140.

[835] Impende salientar que, como será abordado a seguir, perdura há grande tempo certa divergência na doutrina a respeito do conceito e da natureza jurídica da ação. Vide nesse sentido: "(...) *uno de los temas más difíciles que se presentan en el estudio de las acciones es, sin lugar a dudas, el de precisar con acierto el significado de la palabra "acción". En términos jurídicos y económicos,*

OPÇÃO DE COMPRA OU VENDA DE AÇÕES

A natureza do objeto mediato – ações – das opções exercerá influência no tratamento e no regime jurídico a ser aplicado a tais negócios, conforme será analisado adiante.

O bem – as ações emitidas por sociedades por ações[836] – desempenha importante papel no que tange aos efeitos dos contratos de opção, sendo certo que a variação do seu valor[837] é um dos motivos determinantes para o exercício do direito formativo gerador por parte do beneficiário[838].

À guisa de esclarecimento, para os fins aqui propostos, assume-se que as ações, enquanto objeto (mediato) do contrato de opção, reunem todos os atributos legais necessários para sua validade, tendo o presente capítulo o escopo de apresentar breves notas acerca de sua natureza jurídica e suas principais características que importam ao exame dos contratos de opção.

7.1 Breve Nota Histórica Acerca da Ação

Não obstante alguns entendimentos contrários[839-840], ao que parece, a palavra ação teve sua origem derivada da palavra *aktie*, tendo sido utilizada pela primeira

---

esta palabra tiene diversas es, y de aquí la necesidad de circunscribir su concepto a un solo caso, o sea el que de manera especial nos interesa" (L. M. ROJAS JR., *El derecho de voto en la sociedad anónima*, México, Editorial Jus, 1945, p. 15).

[836] Não se inclui na abrangência da presente obra eventuais ações emitidas por sociedades do tipo comandita por ações (previstas nos arts. 280 a 284 da Lei das Sociedades por Ações), embora seu regramento seja muito semelhante àquele dispensado às sociedades por ações.

[837] E. PANZARINI, *Il contratto di opzione*, cit., p. 249 (nota 46).

[838] Outros motivos de ordem subjetiva e objetiva podem influenciar a decisão por parte do beneficiário de exercer (ou não) seu direito formativo gerador. Entretanto, considerado apenas objetivamente, espera-se que, se o bem (no caso as ações) vier a se valorizar e superar o preço de aquisição previsto no contrato (situação conhecida como *in the money* no jargão financeiro), o beneficiário exerça o direito formativo gerador (o beneficiário, contudo, na prática aguarda um momento futuro em que possivelmente o bem tenha uma valorização ainda maior, a fim de maximizar sua vantagem patrimonial na contratação dado que o componente temporal possui grande valoração no contrato de opção).

[839] Alguns autores remontam ao ano de 1407 o surgimento da primeira sociedade por ações, a *Casa di San Giorgio* (Banco de São Jorge) e ao ano de 1553 a primeira sociedade por ações inglesa, a *Moscovy Companie*. Existem diversos autores defendendo que a primeira expressão das sociedades anônimas, incorporando os elementos atuais principais, foi determinada de fato pela criação do Banco de São Jorge, dentre eles destacam-se: T. M. VALVERDE, *Sociedades...*, vol. I, cit., p. 10; e R. NEGRÃO, *Manual de Direito Comercial e de empresa*, vol. I, 3ª ed., São Paulo, Saraiva, 2003, p. 373. Em outro sentido: *"Neste contexto, é preciso concordar com os autores*

REQUISITOS OBJETIVOS - AÇÕES

vez no início do século XVIna Holanda para designar a fração do capital social das grandes companhias criadas para lançar as aventuras "ultramarinas". Tais companhias[841], muito provavelmente, originaram-se dos grandes condomínios navais[842], razão pela qual alguns autores reportam que a ação é decorrência das chamadas *carati* (as quotas de tais comunidades navais)[843].

Seja como for, certo é que as ações revolucionaram o mundo, pois representaram uma nova modalidade de investimento e de gestão negocial. Sem contar as profundas modificações que trouxeram ao sistema de propriedade privada – conhecida como a "revolução do acionariato"[844] –, uma vez que dissociou a fruição da administração dos bens, possibilitando aos acionistas que extraíssem os dividendos, sem que tivessem acesso à administração, reservada à Diretoria e ao Conselho de Administração (quando e se existente).

que entendem não ter sido o famoso Banco de São Jorge, de Gênova, fundado em 1407, a primeira das sociedades anônimas da história do Direito" (H. M. D. VERÇOSA, *Curso de Direito Comercial, vol.3: A Sociedade por Ações. A Sociedade Anônima. A Sociedade em Comandita por ações.*, São Paulo, Malheiros, 2008, p. 44).

[840] Há ainda autores que remontam ao ano de 1346 a existência da primeira sociedade anônima nos moldes hoje conhecida, identificando na chamada *Maona dei Giustiniani* (Monte de Justiniano) que existiu em Gênova de 1346 a 1566 e que acabou por determinar a divisão das despesas para a exploração de Chio e Focca em diferentes partes (loca) a serem detidas e assumidas por variados indivíduos (cf. H. M. D. VERÇOSA, *Curso...*, vol. 3, cit., p. 44).

[841] Com relação à origem das sociedades anônimas, os historiadores ainda não chegaram a um consenso. Como entidades similares às sociedades anônimas, são citadas as conhecidas *societates publicanorum* que eram organismos formados em Roma para exploração de atividades públicas (T. M. VALVERDE, *Sociedades...*, vol. I, cit., p. 10).

[842] W. S. CAMPOS BATALHA salienta que as sociedades anônimas surgiram com as feições atuais a partir das revoluções políticas dos séculos XVI e XVII, época em que os grandes empreendimentos avocaram funções públicas. Cita, por exemplo, a *East India Company* (criada na Inglaterra em 1600), a Companhia Holandesa das Índias Orientais (1602), a Companhia Holandesa das Índias Ocidentais (1612), entre outras (cf. W. S. CAMPOS BATALHA, *Sociedades Anônimas e Mercado de Capitais*, vol. I, Rio de Janeiro, Forense, 1973, p. 14).

[843] Vide nesse sentido: N. GASPERONI, *Le Azioni di Società*, trad. esp. de Francisco Javier Osset, *Las acciones de las sociedades mercantiles*, Madrid, Editorial Revista de Derecho Privado, p. 6. Em sentido oposto: W. FERREIRA, *Tratado de Direito Comercial*, vol. IV, O Estatuto da Sociedade por ações, São Paulo, Saraiva, 1961, p. 220: "(...) *manifestação de causa, de fôrça, a ação é ato, obra, feito, exercício ou energia de qualquer potência ou causa ativa. Dizem-nos os dicionários. Não é mesmo possível que tenha advindo a expressão do imenso movimento que provocou a subscrição do capital da Companhia das Índias Orientais e da negociação de suas porções na Bôlsa de Amsterdão".*

[844] Cf. R. REQUIÃO, *Curso de Direito Comercial*, vol. II, 23ª ed. atual. por Rubens Edmundo Requião, São Paulo, Saraiva, 2003, p. 73.

OPÇÃO DE COMPRA OU VENDA DE AÇÕES

Justamente pela importância e pela grande utilidade, a análise da natureza jurídica das ações, sempre associada ao estudo das sociedades anônimas, ganhou grande importância, tanto de doutrinadores como de legisladores, nos mais diversos países[845], incluindo no Brasil.

7.2 Conceito

A iniciar o presente tópico, vale a pena mencionar a opinião de parte da doutrina de que no passado o termo "ação" designava em sentido etimológico o direito detido pelo acionista de "acionar" a sociedade anônima (em sentido processual) para pleitear a repartição dos resultados financeiros apurados ao final de um determinado exercício[846-847].

No plano da dogmática, inúmeros doutrinadores têm divergido com relação à exata definição do termo "ações" usado para designar as frações ideais em que se divide o capital social das sociedades anônimas, sem que se tenha chegado até os dias de hoje a um consenso absoluto.

Por essa razão – e por fugir ao escopo da presente obra – será apresentado apenas um panorama geral acerca da controvérsia, sem qualquer pretensão de esgotar a matéria.

Para iniciar, convém mencionar que L. ROJAS classificava a ação como o título-valor em que se incorpora o complexo de relações jurídicas derivadas da assunção de parte do capital social e da obrigação de aportar capital do acionista[848].

---

[845] O Código Comercial Napoleônico (1807) foi o primeiro a disciplinar as sociedades anônimas, as quais, na época, dependiam de autorização pública para seu funcionamento. Nesse sentido: "Foi Código Comercial francês de 1807 (CCoF) o primeiro diploma legislativo a recepcionar as sociedades anônimas, sujeitas em sua criação à autorização governamental." (H. M. D. VERÇOSA, Curso..., vol.3, cit., p. 49).

[846] Cf. A. B. OLIVEIRA, Regime das ações escriturais no direito brasileiro, Tese (Doutorado), Faculdade de Direito da Universidade de São Paulo, 1989, p. 43.

[847] Cf. T. ASCARELLI, Princípios e Problemas das Sociedades Anônimas in Sociedades Anônimas e Direito Comparado, São Paulo, Saraiva, 1945, p. 336: "O termo ação, azione, action, aktie, derivou, segundo LEHMAN, do fato de que esses títulos importam justamente num direito (uma "ação" no sentido próprio do direito processual) aos dividendos. Diverso é, ao contrário, o significado etimológico do termo inglês share, que se refere à idéia de "parte" e que é usado também quanto a sociedades que não sejam anônimas por ações".

[848] Cf. El derecho de voto..., cit., p. 15.

No âmbito de Direito Positivo pátrio, diversos foram os conceitos encontrados. A começar, GUDESTEU PIRES definiu a ação como a unidade do capital – nas sociedades anônimas – e o título que representa os direitos e obrigações dos respectivos sócios, os quais recebem pela posse do título a designação de acionistas[849].

M. CARVALHOSA, por seu turno, conceituou a ação como a fração negociável em que se divide o capital social, representativa dos direitos e obrigações do acionista, ressaltando que esta deixou de representar, de acordo com a lei vigente, uma ideia rígida do valor do capital, caracterizando-se como o instrumento através do qual os sócios exercitam os seus direitos assegurados na lei e no estatuto social[850].

R. C. GUIMARÃES, com supedâneo nas lições de T. M. VALVERDE, conceituou a ação como um título corporativo ou de participação, negociável e transmissível, por ato *inter vivos*, segundo a forma de que se reveste[851].

Diferentemente, F. RUIZ aduz que a ação representa a figura legal que configura a participação econômica das pessoas no capital da sociedade anônima[852].

W. BATALHA leciona que a ação é parte do capital social, expressão da qualidade de sócio e título formal objeto de negócios jurídicos[853].

A existência de distintas acepções, apesar de evidenciarem muitas similitudes, apenas reforça a extrema complexidade de buscar um conceito único, fazendo com que a solução tenha que ser determinada estrita e diretamente pelo direito positivo vigente[854].

---

[849] Cf. *Manual das Sociedades Anônimas*, Rio de Janeiro, Freitas Bastos, 1942, p. 130.

[850] Cf. *Comentários à Lei de Sociedades Anônimas*, vol. I, São Paulo, Saraiva, 1997, p. 87.

[851] Cf. *Sociedades por Ações*, vol. I, Rio de Janeiro, Forense, 1960, p. 115.

[852] Cf. *Ações* in *Comentários à Lei das Sociedades por Ações*, vol. II, coord. por Geraldo de Camargo Vidigal e Ives Gandra da Silva Martins, São Paulo, Ed. Senha Universitária, 1978, p. 2.

[853] Cf. *Sociedades Anônimas...*, vol. I, cit., p. 227.

[854] Cf. A. B. OLIVEIRA, *Regime...*, cit., p. 44.

OPÇÃO DE COMPRA OU VENDA DE AÇÕES

7.3 O Tríplice Significado da Palavra "Ação"

A partir de certo momento histórico, muitos doutrinadores[855] passaram a enxergar a possibilidade de as ações das sociedades anônimas exprimirem três distintos significados: (i) fração atômica do capital social, (ii) direito à participação societária; e (iii) título de crédito (mais modernamente como título negociável e circulável ou valor mobiliário)[856].

Neste sentido, T. M. Valverde dizia que o termo "ação", além de representar a porção do capital social, era utilizado para designar a qualidade de sócio, o complexo resultante dos direitos e obrigações e também o próprio substrato documental, que fazia prova daquela qualidade. A ação, com base nessa concepção, era um título corporativo ou de participação, negociável e transmissível, por ato *inter vivos*, segundo a forma de que se revestia[857].

J. X. Carvalho de Mendonça, na mesma linha, lecionava que a palavra "ação" empregava três sentidos diversos, tais quais: (i) fração ou unidade em que se divide o capital social; (ii) o complexo de direitos e obrigações de caráter patrimonial e pessoal de quem pagou ou prometeu pagar uma das frações do capital social; e (iii) o título ou documento que representa e prova aqueles direitos e obrigações mencionados no item (ii)[858]. Essa posição, inclusive, foi confirmada por muitos juristas pátrios[859].

---

[855] Exemplo disso pode ser encontrado em: (i) I. Halperin: "*La designación o nombre de acción en esta materia, tiene un triple significado: se refiere a una fracción del capital; al derecho patrimonial a esa fracción; y al título que la representa*" (I. Halperin, *Sociedades Anónimas*, 2ª ed., Buenos Aires, Depalma Ediciones, 1978, p. 261); (ii) M. A. Rivarola, *Sociedades Anónimas*, Buenos Aires, Editorial Argentina de Ciencias Políticas, 1924, p. 39; (iii) F. de Steiger: "*On peut conférer au mot action des sens divers. Il peut signifier: a) une quote-part du capital social; b) le droit qui lui est attaché, c'est-à dire la situation juridique de l'actionnaire; c) le titre dans lequel ce droit s'incorpore*" (*Le droit des Sociétés Anonymes en Suisse*, adapt. franc. de J. Cosandey, Lausane, Jornal de Genéve, 1950, p. 16).

[856] Como será visto adiante, a qualificação das ações como títulos de crédito ensejou inúmeros debates ainda não solucionados na doutrina.

[857] Cf. *Sociedades...*, vol. I, cit., pp. 126 e 127 ("(...) *a palavra ação é, modernamente, usada para designar a qualidade de sócio, o complexo resultante dos direitos e obrigações, e, finalmente, o certificado ou documento, que prova aquela qualidade. A variedade de significados denuncia a natureza jurídica complexa da ação.*").

[858] Cf. *Tratado de Direito Comercial Brasileiro*, vol. III, Livro II, parte II, 4ª ed., Rio de Janeiro, Freitas Bastos, 1945, p. 408.

[859] A título de exemplo: R. Requião, *Curso...*, cit., p. 74; D. A. Miranda Jr., *Breves Comentários à Lei de sociedades por ações*, São Paulo, Saraiva, 1977, p. 20 ("*A ação tem na linguagem jurídica*

A tríplice definição das ações tem sido prestigiada na doutrina há muito tempo – inclusive estrangeira[860].

A corroborar os conceitos acima, W. FERREIRA enxergava na ação três funções distintas que correspondiam exatamente a sua própria qualificação, quais sejam: (i) título de participação (em que se incluem os direitos essenciais dos acionistas, como a participação nos lucros sociais, direito de retirada, receber parcela do acervo social em caso de liquidação, entre outros); (ii) título de legitimação (legitimação para exercício de alguns direitos, como, por exemplo, o de votar ou convocar assembleias gerais); e (iii) título de crédito propriamente dito[861].

A existência de significados diversos apenas confirma que a definição do conceito e da natureza jurídica da ação é matéria das mais complexas. Justamente por esse motivo, adotar-se-á um dos significados para os fins da presente obra, sem a pretensão de esgotar o assunto.

7.4 Acepção Adotada na Presente Obra

Em que pese a consagração do tríplice significado da palavra "ação", conforme visto acima, para os fins da presente obra, dar-se-á maior ênfase à sua acepção

diversos sentidos: a) como parte do capital social; b) como direito de participação na vida social; e c) como título de crédito ou título valor"); W. S. CAMPOS BATALHA, Sociedades Anônimas..., vol. I, cit., p. 227 ("O vocábulo ação pode designar uma parcela do capital social, pode designar o direito que lhe é inerente e pode designar o título em que tal direito se consubstancia (...) Em outras palavras, a ação é parte do capital social, é expressão da qualidade de sócio e é título formal objeto de negócios jurídicos."); F. MARTINS, Comentários à Lei das Sociedades Anônimas, vol. I, Rio de Janeiro, Forense, 1977, p. 98 (o autor também salienta que as ações são consideradas (i) unidades do capital da sociedade, conferindo aos titulares o direito de participação nas mesmas (tal atributo sendo o que mais propriamente caracteriza a ação); (ii) direitos dos sócios em relação à companhia; e (iii) títulos representativos da participação do sócio na companhia); T. AZEREDO SANTOS, Natureza Jurídica das Ações das Sociedades in Revista Forense n. 169, Rio de Janeiro, 1957, p. 484; e W. BULGARELLI, Manual das Sociedades Anônimas, 13ª ed., São Paulo, Atlas, 2001, pp. 125 e 126 ("Embora seja um instituto único, e podendo ser analisada sob vários aspectos, como por exemplo a unidade do capital, a medida da participação do acionista na sociedade e como título de crédito, a doutrina, desde Vivante, vem-na estudando sob um tríplice aspecto").

[860] J. D. JORDANA, El usufructo de derechos (inclusive de titulos-valores), Madrid, Revista de Derecho Privado, 1932, p. 225: "(...) una porción determinada del capital social, participación en una sociedad con los derechos y obligaciones correspondientes y un derecho consignado en un titulo-valor".

[861] Cf. Tratado..., vol. IV, cit., p. 220.

como participação social, de acordo com os ensinamentos proferidos por B. VISENTINI[862].

Apesar da existência de opiniões em sentido contrário, de acordo com a melhor técnica, a acepção de participação social conferida à ação deve prevalecer nesta obra em relação às demais acepções apontadas pela doutrina (fração do capital social e certificado ou título que comprova a condição de sócio).

Isso não significa, em absoluto, que o tríplice significado esteja de alguma forma incorreto ou inexato, mas, a fim de manter um rigor técnico, a ação deverá ser entendida de acordo com a acepção que mais se coaduna com os objetivos perseguidos na presente obra (a ação enquanto participação social).

No que tange ao afastamento da primeira acepção (fração do capital social), importa dizer que a ideia de divisão do capital social das sociedades anônimas representa uma função inerente à ação, razão pela qual não pode ser empregada para definir o seu conceito[863]. Em outras palavras, uma das funções desempenhadas pela ação não pode servir para defini-la.

Na mesma linha, J. L. BULHÕES PEDREIRA sequer cogitou dessa acepção quando salientou ser a expressão "ação de sociedade" empregada com três significados – espécie de participação societária, valor mobiliário e certificado desse valor mobiliário, que vem a corporificar tal participação[864].

No que respeita ao afastamento da segunda acepção – certificado ou título que comprova a condição de sócio –, a justificativa está respaldada pelos ensinamentos de F. K. COMPARATO, tendo em vista que a condição de acionista é verificada anteriormente à emissão de qualquer certificado ou documento comprobatório, bastando apenas a inscrição nos livros respectivos ou na conta de depósito da instituição financeira (para as ações escriturais) para que já seja possível verificar a legitimação ao exercício dos direitos inerentes à modalidade de ação detida por seu titular[865].

---

[862] B. VISENTINI, *Azione di Società*, in *Enciclopedia del Diritto*, vol. IV, 3° ed., Milano, Francesco Vallardi, 1959, p. 967: "*Nel nostro diritto delle società la parola azione significa la participazione sociale nella società per azioni, nella società in accomandita per azioni e nella società cooperativa a responsabilità limitata per azioni.*"

[863] Idem, Ibidem, p. 967.

[864] Cf. *Natureza de Título de Crédito da Ação Escritural* in *A Lei das S.A.*, Rio de Janeiro, Renovar, 1992, p. 312.

[865] F. K. COMPARATO, *As ações...*, cit., p. 17 ("*Por outro lado, as ações nominativas integralizadas conferem ao seu titular todos os direitos societários, ainda que não emitido o certificado correspondente,*

REQUISITOS OBJETIVOS – AÇÕES

Dessa feita, na presente obra o termo "ação" será empregado tão somente com o significado de participação social, conforme detalhamento – que interessa ao exame das opções – a seguir.

7.5 Natureza Jurídica das Ações

Explicitada – de forma geral – as discussões terminológicas e conceituais envolvendo o termo "ações", é de suma importância para a presente obra a determinação de sua natureza jurídica, pois a classificação da ação em uma ou outra categoria trará impactos significativos nas conclusões a serem alcançadas nos próximos capítulos.

A corroborar tal entendimento, já foi ressaltado na doutrina não se tratar de simples divergência acadêmica, dada a relevância das consequências que resultam para as partes, a partir do respectivo enquadramento da ação nas diferentes categorias propostas[866].

A doutrina, tanto nacional como estrangeira, ao longo de muitos anos vem divergindo acerca do assunto. Diversos são os posicionamentos, conforme sumarizados abaixo: (a) ação como direito real; (b) assimilação com um direito de crédito pessoal[867]; (c) um título de participação[868]; (d) um título corporativo[869] ou societário[870]; (e) um título de crédito; ou (f) um valor mobiliário[871].

---

pois a legitimação para o exercício desses direitos decorre, exclusivamente, da inscrição do título no livro de registro competente [...] Quanto às ações escriturais, são elas mantidas em conta de depósito, em nome de seus titulares, na instituição designada pela companhia, sem emissão de certificados.").

[866] A. B. OLIVEIRA, *Regime...*, cit., p. 43.

[867] Em princípio, como visto acima, alguns autores entendiam que a ação representava o direito de crédito (portanto, pessoal e mobiliário, a despeito da existência de bens imóveis no patrimônio da companhia) do acionista perante a companhia, haja vista que quando há dissolução da sociedade tornar-se-ia coproprietário dos bens sociais. Para uma visão dos defensores dessa corrente vide: W. S. CAMPOS BATALHA, *Sociedades Anônimas...*, vol. I, cit., p. 228; e T. AZEREDO SANTOS, *Natureza Jurídica...*, cit., p. 492.

[868] Cf. N. GASPERONI, *Le Azioni...*, cit., p. 79.

[869] Vide exemplos citados por: T. M. VALVERDE, *Sociedades...*, vol. I, cit., pp. 126-127; e N. GASPERONI, *Le Azioni...*, cit., p. 79.

[870] Vide exemplos citados por G. PIRES, *Manual...*, cit., p. 130; e N. GASPERONI, *Le Azioni...*, cit., p. 79.

[871] A mostrar a discussão existente, interessante trazer à colação lições apresentadas logo após a edição da Lei de Sociedades por Ações: M. CARVALHOSA, *Comentários à Lei...*, vol. I, cit., 1977, p. 104 ("*(...) o problema da natureza jurídica da ação não encontra ainda uma solução equânime*

OPÇÃO DE COMPRA OU VENDA DE AÇÕES

Por essa razão, a questão ainda remanesce tormentosa, embora na atualidade, apesar de uma ou outra opinião de juristas renomados em sentido oposto, a grande divergência ainda resida na classificação das ações como **valores mobiliários, títulos de crédito** ou **títulos de participação**, uma vez que as demais correntes restaram superadas no campo doutrinário.

Apenas para fins ilustrativos, convém relembrar que os traços distintivos dos títulos de crédito foram pioneiramente assinalados por C. VIVANTE, que acabou por conceituá-los como sendo os documentos necessários para o exercício literal e autônomo dos direitos neles mencionados, representativos da declaração de vontade de um determinado sujeito. Essa teoria foi chamada de "teoria unitária dos títulos de créditos"[872].

De acordo com tal teoria, muitos doutrinadores[873], sobretudo italianos e alemães, passaram a enquadrar as ações de sociedade como títulos de crédito[874].

Adentrando ao tema, N. GASPERONI também defendia a classificação das ações como títulos de crédito, invocando a posição de alguns doutrinadores alemães no mesmo sentido. Entretanto, salientava que, na verdade, a ação constituía um título de crédito com elementos característicos próprios e peculiares[875], o que já mostrava uma tendência para que as ações passassem a ser tratadas de forma específica em relação à categoria geral dos títulos de crédito.

---

na doutrina. A questão torna-se mais complexa quando se sabe que não há uma natureza jurídica comum a todas as ações, em face da diversidade das formas de que se revestem. Não se pode, outrossim, deixar de considerar a existência de ações que não se encontrem materializadas em um documento, como pode ocorrer com as nominativas e que, necessariamente, ocorre com as escriturais").

[872] Vale mencionar que o Código Civil pátrio praticamente reproduziu por inteiro tal conceito em seu artigo 887: *"O título de crédito, documento necessário ao exercício do direito literal e autônomo nele contido, somente produz efeito quando preencha os requisitos da lei."*

[873] No México, a antiga Lei Geral de Sociedades Mercantis considerava as ações como títulos de crédito que materializavam o conjunto de relações jurídicas existentes entre o detentor e a sociedade e que derivavam da lei ou do pacto social (cf. L. M. ROJAS JR., *El derecho de voto...*, cit., p. 15).

[874] Isso se justifica em grande medida, pois, na Itália, por exemplo, as ações nominativas tinham a feição das antigas ações endossáveis que foram abolidas do direito pátrio. Vide: F. K. COMPARATO, *As ações...*, cit., 1981, p. 170: *"Nos demais direitos ocidentais, como o alemão e o italiano, por exemplo, as ações de companhias e outros títulos por elas emitidos são considerados sob espécie dos títulos de crédito ou papéis valores, e não categoria à parte".*

[875] Cf. *Le Azioni...*, cit., p. 79.

REQUISITOS OBJETIVOS - AÇÕES

Como exemplos de autores brasileiros adeptos desta corrente podem ser citados J. X. Carvalho de Mendonça[876], R. Requião[877] e A. L. Pontes[878].

Todavia, com o transcorrer do tempo, tal classificação acabou perdendo terreno na doutrina, ensejando o nascimento de nova corrente que defendia a inexistência das condições e atributos mínimos que pudessem qualificá-las como títulos de crédito[879].

Em virtude da flagrante ausência – nas ações – de muitos dos elementos essenciais aos títulos de crédito[880], sobretudo com o surgimento das ações escriturais e a supressão das ações ao portador, sua simples classificação como parte integrante daquela categoria passou a ficar, de certo modo, insustentável.

O movimento a favor da segregação dos títulos de crédito e das ações, porém, já podia ser verificado na Itália – país em que se encontrava o núcleo de doutrinadores que considerava a ação como título de crédito. Exemplo dessa corrente pode ser encontrada nas lições de D. Barbero que defendia categoricamente que as ações não podiam ser equiparadas aos títulos de crédito, pois não incorporavam efetivamente um crédito, mas a atribuição da qualidade de sócio, razão pela qual deveriam ser entendidas como títulos acionários[881].

Não tardou para que tal movimento fosse reproduzido no Brasil. A exemplo disso, T. Azeredo Santos, em meados de 1950, já defendia que, embora as ações ao portador pudessem ser consideradas como títulos de crédito, as nominativas eram meros instrumentos atributivos da qualidade de sócio (não de um crédito)[882].

---

[876] Cf. *Tratado...*, cit.,1945, p. 413.

[877] Cf. *Curso...*, cit., p. 75: *"Coerentemente, pois, com a teoria adotada, não poderíamos deixar de acolher nas ações sua qualidade de título de crédito, classificação que não é desmerecida ou negada pela circunstância de que, além de crédito, confira ela o status de sócio ao seu portador, como indica judiciosamente Tulio Ascarelli"*.

[878] Cf. *Sociedades Anônimas*, vol. I, 3ª ed., Rio de Janeiro, Forense, 1954, p. 180 (*"A ação é um título de crédito por representar o crédito que o acionista possui perante a sociedade"*).

[879] A. O. Oliveira, *Regime...*, cit., p. 195.

[880] Como exemplo, pode-se mencionar a cartularidade, que deixou de ser um traço marcante, sobretudo em virtude do advento das ações escriturais e da supressão das ações ao portador do ordenamento brasileiro.

[881] D. Barbero, *L'usufrutto e i diritti affini*, Milano, Giuffrè, 1952, p. 131.

[882] Cf. *Natureza Jurídica...*, cit., p. 484: *"Reduzimos o problema, que tem dividido os juristas, a pequenas proporções: as ações ao portador são títulos de crédito. Preenchendo todos os requisitos da definição de Vivante (...) Já as ações nominativas são meros documentos atributivos da qualidade de sócio.*

OPÇÃO DE COMPRA OU VENDA DE AÇÕES

Faltava, assim, a materialização do crédito nas ações, as quais, em verdade, representavam um direito de participação e legitimação no contrato – plurilateral e associativo – de sociedade. Nessa linha, alguns autores passaram a qualificá-las como títulos de participação[883].

Em meio a esse imbróglio doutrinário, T. ASCARELLI salientou que, a depender das situações, as ações poderiam ser encaradas como títulos corporativos ou títulos de crédito. Ressaltou, ainda, que no Brasil o conceito de título de crédito assentava-se na sua função de crédito – e não na função de facultar a circulação dos direitos como na doutrina italiana e norte-americana –, distinguindo-se, por essa razão, os títulos de crédito propriamente ditos (cambial, debêntures, letras hipotecárias e warrants) e os títulos impropriamente ditos (ações, cheques e conhecimentos)[884], o que dava margem para o desenvolvimento dos títulos de participação.

Seja como for, em virtude de forte resistência à conceituação das ações como títulos de crédito, a doutrina, no fim do século XX, conforme verificada por W. BULGARELLI, inclinava-se para a classificação da ação como um verdadeiro título de participação[885-886].

Nada mais. Ir além disto é, apenas, realizar um singelo jogo de palavras ou modelar a realidade com o produto de pura fantasia."

[883] A. BEVILAQUA, *Sociedades Anônimas e em comandita por ações*, Rio de Janeiro, Freitas Bastos, 1942, p. 18.

[884] Afirmava o autor que, na Itália, tal distinção não se confundia – apesar da analogia terminológica – daquela entre títulos de crédito e títulos impróprios ali existente. O autor mostra que, naquele país, o conceito de título de crédito era amplo, existindo os títulos de crédito propriamente ditos e os impróprios (que, embora preenchendo a função de legitimação, não se prendiam a qualquer direito de crédito literal e autônomo). Ressaltava, também, que na Alemanha o conceito de títulos de crédito (*Wertpapier*) era ainda mais amplo, abrangendo os títulos próprios e impróprios italianos, ao passo que, na França, não havia uma teoria dos títulos de crédito, mas tão somente uma divisão entre os *effets de commerce* e os *valeurs mobilières* (Cf. *Problemas das Sociedades Anônimas e Direito Comparado*, São Paulo, Saraiva, 1945, p. 24).

[885] Cf. *Títulos de Crédito*, 17ª ed. atual., São Paulo, Atlas, 2001, p. 108 (*"As ações, em geral, são entendidas e classificadas tradicionalmente hoje como títulos de participação (cf. as obras de Carnelutti, Messineo, Gasperoni, Asquini, Gualtieri, Brunetti e Ferri)"*. Da mesma forma, D. ARRUDA MIRANDA sustentava que as ações deveriam ser consideradas como títulos de participação, dentro da categoria de títulos de crédito, que, em sua opinião, deveriam ter sido denominados "títulos valores" (cf. *Breves Comentários à Lei de sociedades por ações*, São Paulo, Saraiva, 1977, p. 20).

[886] Na mesma linha, encontrava-se a doutrina estrangeira clássica, conforme lições de L. M. ROJAS: *"Mas bién tiene un carácter complejo, encuanto que en ella se incorporan los derechos asociativos, que son de muy diversa naturaleza y que a todo socio de una sociedad corresponden con respecto a ella:*

REQUISITOS OBJETIVOS – AÇÕES

Certo é, no entanto, que, no Brasil, a partir da edição da Lei 4.728, de 14 de julho de 1965, o debate tomou outros rumos, haja vista a internalização no Direito Positivo dos valores mobiliários, o que fomentou o debate sobre a possibilidade de enquadramento das ações de sociedades em tal categoria[887].

Posteriormente, sobreveio a Lei 6.385, em 07 de dezembro de 1976 (anterior à própria Lei de Sociedades Anônimas), que acabou por situar as ações de sociedades abertas e destinadas ao público no rol dos valores mobiliários. Dita norma, inspirada no Direito Norte-americano[888-889], optou por uma defi-

lo que justifica que la acción haya sido reconocida como una categoría especial de títulos valores, bajo la denominación de títulos de participación o titulos corporativos." (cf. L. M. ROJAS JR., *El derecho de voto...*, cit., p. 21).

[887] Cabe notar que tal lei possui grande influência do direito francês, haja vista que inseriu a expressão valores mobiliários no seu art. 2º (à semelhança dos *valeurs mobiliérs* verificados na França) e a expressão *efeitos de comércio* no art. 23, § 5º (com inspiração nos *effets de commerce*). Impende salientar, lembrando as lições de W. BULGARELLI, que os *effets de commerce* eram conceituados como títulos negociáveis que atribuíam, em favor do portador, um crédito a curto prazo e serviam para o seu pagamento (e.g. letras de câmbio, notas promissórias, *warrants* etc.), ao passo que os *valeurs mobiliérs* eram tidos *"como títulos negociáveis representando direitos de sócio ou de empréstimos a longo prazo, e não obstante se empregue igualmente a expressão títulos de bolsa, esta expressão é mais restrita que a de valores mobiliários, posto que nem todos os valores mobiliários são negociáveis em bolsa (Ripert e Roblot)"* (W. BULGARELLI, *Títulos...*, cit., pp. 98-99).

[888] Conforme se denota das lições doutrinárias, a legislação norte-americana também optou pela conceituação de *securities* por intermédio de uma enumeração exemplificativa, o que ensejou uma vasta gama de demandas judiciais em virtude da inserção de cláusulas circunstanciais limitativas da aplicabilidade da definição (como, por exemplo, "se o contexto de outra forma exigir") que permitiram grande discricionariedade por parte dos Tribunais americanos. Vide, nesse sentido, excerto de grande importância para a presente obra: *"The '33 Act and the '34 Act have substantially similar definitions of a security. These provisions are a lawyer's dream. They begin with a circumscribing phrase limiting applicability of the definition if 'the context otherwise requires', which has provided an important asis for the exercise of judicial discretion concerning the proper scope of the securities laws. There follows a laundry list of examples, some of which seem, at first glance, straightforward (notes, stock, bonds, debentures, and certificates of deposit), and others of which are elusive and therefore susceptible to expansive interpretation (investment contracts, certificates of interest in profit sharing agreements, and interest commonly known as securities). Each of these features of the definition – the clause limiting coverage if the context so requires, the seemingly obvious examples of securities, and the more equivocal instruments included in the list – has contributed to a body of case law that is both vast and disorderly"* (J. D. COX – R. W. HILLMAN – D. C. LANGEVOORT, *Securities Regulation: Cases and Materials*, 3ʳᵈ ed., New York, Aspen Law & Business, 2001, p. 117). Neste mesmo sentido, no Brasil: R. C. MOTA, *O conceito de valor mobiliário no Direito Brasileiro*, Tese (Mestrado), Faculdade de Direito da USP, 2002, p. 2.

[889] Segundo parte da doutrina, essa norma, no que diz respeito à competência da Comissão de Valores Mobiliários, optou pelo sistema europeu em detrimento ao norte-americano

OPÇÃO DE COMPRA OU VENDA DE AÇÕES

nição estipulativa (casuística), determinando que seriam considerados como valores mobiliários todos aqueles documentos que a lei assim definisse[890-891].

Mais do que isso, referida norma expressamente determinou que as opções também deveriam ser consideradas como valores mobiliários quando os respectivos ativos subjacentes também fossem valores mobiliários. Assim, a definição da natureza das ações traz impactos diretos na qualificação e no regime jurídico dos contratos de opção.

Seja como for, ambos os normativos pátrios não haviam fixado um conceito legal de valores mobiliários, razão pela qual a doutrina recorreu ao direito alienígena em virtude da grande dificuldade experimentada na tentativa de sua qualificação e conceituação apenas com os elementos aqui verificados.

Há muito tempo a doutrina pátria vem tentando conceituar os valores mobiliários dentro de uma categoria jurídica própria[892].

O conceito, no Brasil, vem evoluindo muito ao longo dos anos desde a edição da Lei n. 4.728/65 e dos trabalhos pioneiros dos autores nacionais.

(J. F. CHEDIAK, *A reforma do mercado de valores mobiliários* in *Reforma da Lei das Sociedades Anônimas – inovações e questões controvertidas da Lei 10303/01*, coord. por Jorge Lobo, Rio de Janeiro, Forense, 2002, p. 534).

[890] V. H. M. FRANCO, *Manual...*, vol. 2, cit., pp. 88-89.

[891] Essa técnica legislativa, inspirada no direito norte-americano, acabou por trazer alguns inconvenientes, como, por exemplo, o sempre citado caso das Fazendas Reunidas Boi Gordo (sociedade limitada que ofereceu aos interessados a possibilidade de investimento na engorda de bois, de maneira bem semelhante ao que acontecia nos Estados Unidos). Não obstante ser a enumeração da Lei meramente exemplificativa, muito se discutiu a respeito da possibilidade de inclusão em sua lista dos instrumentos de captação de recursos, inclusive por sociedades limitadas (R. SZTAJN, *Regulação e o mercado de valores mobiliários* in *Revista de Direito Mercantil, Industrial, Econômico e Financeiro*, n. 135, Malheiros, julho/setembro de 2004, p. 142).

[892] L. G. LEÃES, *O conceito de security no direito norte-americano e o conceito análogo no direito brasileiro* in Revista de Direito Mercantil, vol. 14, 1974, p. 40; H. M. D. VERÇOSA, *Notas sobre o regime jurídico das ofertas ao público de produtos, serviços e valores mobiliários no Direito Brasileiro – Uma questão de complementação da proteção dos consumidores e de investidores*, in *Revista de Direito Mercantil*, n. 105, 1977, p. 76; N. EIZIRIK, *Os valores mobiliários na Nova Lei das S/A*, Revista de Direito Mercantil, Industrial, Econômico e Financeiro, n. 124, São Paulo, Malheiros, 2001, p. 73 (*"Entre nós a expressão valores mobiliários designava os títulos emitidos por sociedades anônimas, ou representativos de direitos sobre tais títulos, passíveis de distribuição no mercado, assim como de negociação em bolsa e no mercado de balcão, bem como outras formas de investimentos coletivos previstas em leis e regulamentos específicos"*); e W. BULGARELLI, *Títulos...*, cit., p. 109 (*"Na verdade, a configuração de valores mobiliários deve-se a sua negociabilidade, enquanto títulos de massa"*).

REQUISITOS OBJETIVOS – AÇÕES

Não obstante, conforme verificado nos ordenamentos norte-americano[893] e dos países europeus continentais[894], assim como no âmbito de Direito brasileiro, conforme assinalado por parte da doutrina, é muito difícil a tarefa de classificar os valores mobiliários em uma categoria unitária, em decorrência da grande diversidade de instrumentos distintos que a compõem, bem como da sua constante ampliação[895].

Por esta razão, já foi dito que o melhor remédio é acatar a acepção de valor mobiliário, pelo menos neste estado de transformação, e, por enquanto, em sentido amplo, como um interesse negociável, representativo da participação em um investimento coletivo e definido, como tal, pela lei[896].

Em que pese toda a discussão travada na doutrina e a indefinição no tocante à conceituação de valores mobiliários[897], conforme demonstrado na tese de R. Mota[898], será assumida na presente obra a posição no sentido de

---

[893] Em sede de direito anglo-saxão, a Suprema Corte norte-americana (em decisão do *case SEC v. W. J. Howey Co. 328 U.S. 293 – 1946*) identificou quais seriam as principais características dos *securities*, conforme sintetizados a seguir: (i) investimento em dinheiro; (ii) em empresas comuns, ou seja, com a captação de recursos oferecida ao público; (iii) com expectativa de lucro ou vantagem; (iv) somente mediante os esforços de terceiros; e (v) ausência de possibilidade de enquadrar em outra alternativa de esquema regulatório. Todavia, há grandes dificuldades no enquadramento de determinados instrumentos nessa categoria com base em tais requisitos, como, por exemplo, constatou-se nos seguintes *cases: Matassarin v. Lynch 174 F.3d 549*, em que colocou-se em pauta se os *retirement plans* (espécies de planos de previdência privada) poderiam ser considerados dentro do conceito e *Teamsters v. Daniels 439 U.S. 551*, baseado na discussão a respeito da possibilidade de títulos de fundos de pensão serem enquadrados no conceito de *securities* (disponíveis in www.findlaw.com [05.12.2010]). Para uma análise mais completa a este respeito, vide: J. D. Cox – R. W. Hillman – D. C. Langevoort, *Securities Regulation...*, cit., pp. 120-126, 171 e 188.

[894] V. H. M. Franco, *Manual...*, vol. 2, cit., p. 104.

[895] Idem, Ibidem, p. 104.

[896] Idem, Ibidem, pp. 104 -105.

[897] J. F. Chediak, *A reforma...*, cit., p. 538 ("*Sempre que títulos ou contratos ofertados publicamente gerem direito de participação, de parceria ou de remuneração, inclusive resultante de prestação de serviços, cujos rendimentos advêm do esforço do empreendimento ou de terceiros, tal título será um valor mobiliário*").

[898] Cf. *O conceito...*, cit., p. 126 ("*O conceito jurídico de valores mobiliários exprime situações onde há oferta pública de investimento, emitido em massa e destinado à ampla circulação, implicando a conseqüente exposição da poupança popular e demandando, por isso, tutela estatal. (...) Não existe definição jurídica única, nem conceito legal único de valor mobiliário. Podem assumir essa posição os títulos de crédito, contratos derivativos, outros contratos típicos e atípicos. O que justifica a atribuição da denominação comum de valor mobiliário a diferentes institutos jurídicos, assim definidos ou conceituados, é a*

OPÇÃO DE COMPRA OU VENDA DE AÇÕES

considerar as ações das sociedades de capital aberto como espécie de valor mobiliário, opinião esta baseada nas normas de direito positivo (Lei 6.385/76) e em renomados doutrinadores, tais como J. L. BULHÕES PEDREIRA[899], R. SZTAJN[900] e F. K. COMPARATO[901], entre outros.

Por não fazer parte do escopo desta obra, não se afigura oportuno debruçar-se, neste momento, sobre as inúmeras questões advindas da complexidade do problema de definição das ações, tais como, por exemplo, aquela denunciada por J. D. Cox, R.W. HILLMAN e D. C. LANGEVOORT no âmbito do Direito norte-americano, a respeito da possibilidade de inserção das ações de companhias fechadas (*stock of closely held corporations*) ou de ações de sociedades não empresariais modeladas sob a forma de anônimas (*stocks issued by non-commercial enterprises*) no conceito de valores mobiliários (*securities*)[902].

Oportuno ressaltar que os valores mobiliários, embora exista divergência doutrinária a respeito, não devem ser considerados como uma espécie de título de crédito[903-904]. Eles devem ser enquadrados em uma categoria autônoma,

característica de servirem como instrumento de investimento ofertado publicamente. Por esta razão, a relação dos negócios jurídicos capazes de configurar valor mobiliário requer uma avaliação que privilegie o substrato econômico – função de investimento – em detrimento da respectiva forma de apresentação").

[899] J. L. BULHÕES PEDREIRA, *Natureza...*, cit., p. 312.

[900] V. H. M. FRANCO, *Manual...*, vol. II, cit., pp. 88 e 89: *"A ação é um valor mobiliário, representativo de direitos de acionistas, bem móvel infungível (exceto na situação descrita na norma do art. 41 da lei acionária) que, conforme a lógica da Lei 6.404/76, pode ser corpóreo ou incorpóreo (ação escritural)".*

[901] F. K. COMPARATO, *As ações...*, cit., 1981, p. 17.

[902] J. D. Cox – R. W. HILLMAN – D. C. LANGEVOORT, *Securities Regulation...*, cit., p. 118 (*"The complexity of the definitional problem is illustrated by examining those parts of the definitions that seem straightforward. The casual observer, for example, should have little difficulty with the notion that 'stock' is a security. But should distinctions be drawn between the stock of publicly held and that of closely held corporations? And is the label put on an instrument dispositive, so that 'stock' issued by a non-commercial enterprise is subject to the securities laws, while an instrument with similar characteristics, but a different name is not, even though it is issued by a corporation listed on the New York Stock Exchange"*).

[903] Em sentido contrário, pode ser citado: J. L. BULHÕES PEDREIRA, *Natureza...*, cit., p. 320: *"[...] a ação é inquestionavelmente classificada entre os títulos de crédito em sentido lato, que compreendem os títulos de participação e de mercadorias [...] A noção fundamental do instituto dos títulos de crédito não é, entretanto, qualquer aspecto relativo às características dos documentos que incorporam direitos, mas o regime de circulação de direitos como se fossem coisas móveis, que se torna possível através do grau de objetivação desses direitos alcançado mediante incorporação em documentos [...] A ação nominativa é, portanto, título de crédito da espécie valor mobiliário: é conjunto de direitos e obrigações corporificado em documento que a lei trata como coisa corpórea móvel, objeto de propriedade e de outros direitos reais".*

[904] Cf. W. BULGARELLI, *Títulos...*, cit., p. 109: *"Sem querer adentrar num estudo aprofundado e individuado de todos os papéis que a Lei 6.385 relacionou sob a rubrica de valores mobiliários (o que*

com a possibilidade de aplicação de alguns princípios inerentes aos títulos de crédito, conforme ensinamentos de F. K. COMPARATO[905].

Não é demais lembrar que é plenamente possível a coexistência de título de crédito e valor mobiliário em um mesmo documento, uma vez que as características essenciais de ambos guardam alguma simetria e correlação entre si.

F. K. COMPARATO apontava fatores de ordem estrutural e funcional para a diferenciação de ambas as categorias. No que tange às diferenças de ordem estrutural, o autor apontou as seguintes: (i) os títulos de crédito prendem-se a um substrato material, ao passo que os valores mobiliários nem sempre se exprimem sob a forma de um documento ou papel circulante[906]; e (ii) os valores mobiliários são sempre emitidos em série ou em massa, conferindo-lhes o atributo da fungibilidade, ao passo que os títulos de crédito possuem uma individualidade marcante que, consequentemente, afasta uma possível fungibilidade.

Prosseguindo no que se refere à distinção funcional de ambas as figuras, F. K. COMPARATO assevera que os títulos de crédito são instrumentos de pagamento ou de prestação (no sentido obrigacional), enquanto os valores mobiliários apresentam-se como títulos de investimento ou de exercício de poder de controle empresarial.

Inobstante tais diferenças, é forçoso reconhecer, ainda com base no quanto preleciona F. K. COMPARATO, que ambas as figuras possuem algumas semelhanças que permitem a aplicação concomitante de alguns princípios comuns às duas categorias[907].

é incompatível com a estreiteza dos limites deste simples estudo) pode-se aceitar como títulos de crédito (ao menos como hipótese de trabalho) as ações, as partes beneficiárias e debêntures e os cupões destes títulos. Já os chamados novos títulos societários, como os bônus de subscrição e os certificados de depósito de valores mobiliários, podem também ser aceitos, com base em Mauro Brandão Lopes, que são títulos de crédito".

[905] Cf. F. K. COMPARATO, *As ações...*, cit., 1981, p. 19.

[906] Como já ressaltado acima, as ações escriturais não possuem certificados e os acionistas têm legitimidade para exercer os direitos a elas inerentes, mesmo antes da emissão de qualquer certificado.

[907] F. K. COMPARATO, *As ações...*, cit., 1981, p. 19.

OPÇÃO DE COMPRA OU VENDA DE AÇÕES

Voltando ao campo das ações das sociedades anônimas, ressalta-se que ainda hoje não existe uma posição consolidada na doutrina a respeito do seu enquadramento na categoria de valores mobiliários ou títulos de crédito[908].

A razão para tal fato é que a tarefa da qualificação da natureza jurídica das ações, como visto, não é das mais simples.

Assim sendo, apenas como opção metodológica, pode-se concluir, juntamente com J. E. Tavares Borba, que as ações são valores mobiliários, não confundíveis com os títulos de crédito, tendo em vista as seguintes razões: (i) a ação não preenche os requisitos da cartularidade (tendo em vista as ações nominativas sem certificados e as ações escriturais), da literalidade (os direitos das ações fundam-se no estatuto e nas assembleias) e da autonomia (a ação apenas declara direitos, não os constitui); (ii) a ação funciona como um mero documento probatório (passível de ser substituído por outro em caso de extravio), não podendo ser considerado um título de legitimação; (iii) o direito derivado da relação fundamental (condição de acionista) não se distingue do direito cartular; (iv) a posição do acionista não se confunde com a de um credor (no sentido mais amplo da acepção), podendo ser equiparada à de um participante com direitos e obrigações; (v) os títulos de crédito não impõem deveres, mas só direitos (inclusive com prestações determinadas) e, em determinadas ocasiões, alguns ônus, ao passo que as ações não conferem direito de prestações predeterminadas, mas apenas um "fluir de direitos"; (vi) os títulos de crédito destinam-se, prioritariamente, ao resgate, enquanto as ações, precipuamente, são títulos de permanência (sendo o resgate mera exceção); e (vii) a inoponibilidade das exceções não se aplica integralmente às ações (como, por exemplo, a imposição de pagamento de dividendos antecipados em favor do antigo detentor). A despeito de todas as diferenças apontadas acima entre as categorias (ações e títulos de crédito), a circulação das ações respeita a sistemática própria da circulação dos títulos de crédito[909].

---

[908] A título de exemplo, vale mencionar que D. K. Goldberg não se posiciona a respeito da questão, reservando-se, apenas, ao argumento de que era plausível a tentativa de adequar o conceito de valores mobiliários à categoria dos títulos de crédito no que tange às ações, partes beneficiárias e debêntures (Cf. *Lei 10.303, de 2001, e a inclusão dos derivativos no rol dos valores mobiliários* in Revista de Direito Mercantil, Industrial, Econômico e Financeiro, n. 129, Malheiros, janeiro/março de 2003, p. 74).

[909] Cf. *Direito Societário*, 8ª ed., São Paulo, Renovar, 2003, pp. 213 e 214.

REQUISITOS OBJETIVOS – AÇÕES

A respeito de toda esta discussão, convém ainda mencionar que o legislador brasileiro, em determinadas hipóteses, chegou a distinguir os títulos de crédito e as ações das sociedades[910].

O Superior Tribunal de Justiça também já se manifestou no sentido de que as ações não podem ser consideradas títulos de crédito, eis que ausentes os três princípios cardeais desta categoria, quais sejam (i) cartularidade, (ii) autonomia e (iii) literalidade[911], o que apenas corrobora o maior acerto da teoria que as enquadra dentro da categoria dos valores mobiliários. Ademais, importa registrar que as ações são consideradas bens móveis justamente pela sua peculiar característica de mobilização e negociabilidade[912], conforme pode-se inferir, dentre tantos autores, das lições de L. G. LEÃES[913] e O. CORRÊA-LIMA[914].

Pode-se afirmar, baseado nas lições de F. K. COMPARATO[915], que as ações de sociedade integram, sob o prisma jurídico, a categoria de bens infungíveis – inclusive as extintas ações ao portador[916] –, porque todas as ações

---

[910] Vide como exemplos: Lei n. 6.830, de 22 de setembro de 1980 (trata da cobrança judicial da dívida ativa (*"Art. 11. A penhora ou arresto de bens obedecerá à seguinte ordem: I – dinheiro; II – título da dívida pública, bem como título de crédito, que tenham cotação em bolsa; III – pedras e metais preciosos; IV – imóveis; V – navios e aeronaves; VI – veículos; VII – móveis ou semoventes; e VIII – direitos e ações"*); e o antigo Código de Processo Civil de 11 de janeiro de 1973, que restou revogado pelo novo Código de Processo Civil, conforme Lei n. 13.105, de 16 de março de 2015 (*"Art. 655. Incumbe ao devedor, ao fazer a nomeação de bens, observar a seguinte ordem: IV – títulos de crédito, que tenham cotação em bolsa; (...) X – direitos e ações"*).

[911] STJ, 1ª Turma, Resp n. 759.391-PR (2005/0097583-2), Rel. Min. José Delgado, j. de 25.12.2005.

[912] Tal constatação tem sido reafirmada por toda doutrina, inclusive pelos autores clássicos. Nesse sentido, J. X. CARVALHO DE MENDONÇA salientou tal característica, citando o acórdão do Tribunal de Justiça de São Paulo, de 09 de agosto de 1897, que dispunha que *"as ações de companhias não se podem considerar imóveis nem por natureza nem por disposição em lei"* (cf. *Tratado...*, cit., 1945, p. 413). No mesmo sentido, L. M. ROJAS JR., lembrando as lições de autores mais antigos, declarou que as ações são bens móveis, por natureza, independentemente da característica dos bens integrantes do acervo da sociedade (cf. *El derecho de voto...*, cit., pp. 15 e 18).

[913] Cf. *Doação e regime de transferência da propriedade acionária* in *Pareceres*, vol. I, São Paulo, Singular, 2004, p. 225.

[914] Cf. *Sociedade Anônima*, 2ª ed. rev., atual. e ampl., Belo Horizonte, Del Rey, 2003, p. 136.

[915] F. K. COMPARATO, *Usufruto Acionário e quase-usufruto. Limites aos direitos do usufrutuário* in *Ensaios e Pareceres de Direito Empresarial*, São Paulo, Forense, 1978, p. 79.

[916] Mesmo tendo havido a supressão das ações ao portador do ordenamento brasileiro, convém ressaltar que, conforme lecionado por importante parcela da doutrina, não faltaram autores

OPÇÃO DE COMPRA OU VENDA DE AÇÕES

podem ser distinguidas entre si em virtude da numeração individual que recebem[917].

Não se deve esquecer, contudo, a diferenciação entre **fungibilidade econômica**, consistente na equivalência funcional e de valor entre dois bens, e **fungibilidade jurídica**, assentada na falta de individualização da coisa. Nesse sentido, importantes autores defendem que as ações de sociedade podem ser consideradas bens economicamente fungíveis e juridicamente infungíveis[918].

A distinção, contudo, não é endossada amplamente na doutrina[919]. Isso é importante para a presente obra, haja vista que a exequibilidade dos contratos de opção de compra ou venda de ações depende, em certa medida, da verificação da fungibilidade de referidas ações.

Em outras palavras, poderá haver grande discussão acerca da exata extensão da obrigação do outorgante, ou seja, se deverá entregar aquelas ações especificamente determinadas no respectivo contrato ou quaisquer que possuam as mesmas características.

Em que pese estarmos de acordo com a posição do F. K. COMPARATO – de que as ações são bens infungíveis – a resposta, para tal questão, deve ser analisada casuisticamente, de forma a se perquirir se o beneficiário da opção poderia satisfazer-se da mesma forma com ações que – embora não exatamente aquelas especificadas no contrato de opção de compra – tenham sido emitidas pela mesma sociedade e que atribuam ao seu titular os mesmos direitos e prerrogativas[920].

---

que as consideravam bens fungíveis (cf. J. A. TAVARES GUERREIRO, *O usufruto das ações ao portador e a posição da companhia emissora* in *Revista de Direito Mercantil*, n. 39, 1980, p. 87).

[917] Esta posição, embora esteja longe de ser pacífica, será tomada como correta para os fins da presente obra.

[918] Parte da doutrina aduz que as ações de sociedade são bens fungíveis, sem, entretanto, fazer menção se se trata de *fungibilidade econômica* ou *jurídica* (V. H. M. FRANCO, *Manual...*, vol. II, cit., p. 88).

[919] Dentre os autores que qualificam as ações como bens fungíveis juridicamente, cita-se: P. RESTIFFE NETO – P. S. RESTIFFE, *Garantia Fiduciária*, 3ª ed. rev., atual. e ampl., São Paulo, RT, 2000, p. 364.

[920] Quando se tratar de contrato de opção averbado nos livros sociais, a exigência de entregar as mesmas ações parece se impor de forma mais acentuada, embora não se possa desconsiderar a possibilidade de entrega de outras ações como adimplemento do contrato optativo que venha a se formar.

REQUISITOS OBJETIVOS – AÇÕES

Predomina, atualmente, a ideia de que as ações de sociedade são bens incorpóreos, sobretudo quando se tratar de ações escriturais[921]. De todo modo, a ação – sob a acepção de conjunto de direitos e deveres societários – é considerada como bem imaterial e não deve ser confundida com os respectivos certificados e documentos representativos, que, quando existentes, podem atribuir às ações o atributo da materialidade[922].

Por fim, atribui-se às ações o caráter da indivisibilidade, o que, entretanto, não impede a existência de condomínio acionário ou a constituição de direitos reais, outros ônus ou direitos de aquisição, tal como ocorre no caso do contrato de opção de compra ou venda[923].

Diante do exposto, pode-se concluir que as ações de sociedade podem ser consideradas como valores mobiliários (a depender do caso concreto), sendo, em essência, bens móveis, juridicamente infungíveis, incorpóreos, representativos da participação social no contrato de sociedade, que legitima a posição jurídica subjetiva de acionista, da qual decorre o complexo de direitos, deveres, ônus e poderes ao seu titular.

7.6 Natureza Jurídica da Participação Social

Conforme assinalado no item anterior, para os fins desta obra, as ações serão encaradas como valores mobiliários – ou títulos – representativos da participação societária do acionista na sociedade, o que, em outras palavras, significa dizer que representam a posição jurídica subjetiva de acionista no contrato plurilateral associativo de sociedade[924].

Antes de adentrar nesse ponto, convém ressaltar que a determinação da natureza jurídica da participação social – assim como todos os temas tratados neste capítulo – não é tarefa simples, tendo em vista o grande debate travado no âmbito doutrinário a respeito do assunto[925].

---

[921] Tendo em vista a supressão das ações ao portador, apesar de certa divergência, não será abordada a possibilidade de equiparação das ações a bens corpóreos.

[922] As ações que contenham ou sejam representadas por certificados não serão objeto de investigação na presente obra.

[923] Vide capítulo 8 abaixo.

[924] P. FERRO-LUZI, *I contratti...*, cit., p. 29.

[925] Cf. J. L. BULHÕES PEDREIRA, *Natureza...*, cit., p. 312 (*"Não há consenso na doutrina sobre a natureza jurídica da participação societária"*); e A. MENEZES CORDEIRO, *Manual de*

OPÇÃO DE COMPRA OU VENDA DE AÇÕES

Tanto isso é verdade que a doutrina a distingue dos direitos reais e direitos de crédito, sem, contudo, classificá-la claramente em uma terceira categoria[926]. Há diversas classificações, existindo autores que a encaram como direito absoluto[927] e outros como direito relativo puramente de cunho obrigacional[928].

Ao lado de tais posições antagônicas, vale citar aquela esposada por J. X. CARVALHO DE MENDONÇA que, sustentando terem os acionistas direitos de sócio *sui generis* frente às demais categorias existentes, concluiu que referidos direitos devem ser analisados sob dois prismas distintos: um patrimonial e outro pessoal[929].

A par dessa discussão – que possui grande importância para se analisar a evolução do debate doutrinário –, como ponto de partida indeclinável ao exame da questão, tem-se a abordagem da concepção unitária da participação societária formulada por T. ASCARELLI[930].

De acordo com tal concepção, todas as relações jurídicas existentes entre acionista e sociedade decorrem do *status socii* (qualidade subjetiva de acionista), que seria o pressuposto de todos os direitos, deveres, poderes[931] e ônus do acionista. Antes de T. ASCARELLI, tal concepção unitarista, em certa medida, já vinha sendo objeto de reflexão na doutrina, embora carecesse de sistematização[932].

Direito das Sociedades. Das sociedades em geral, Volume I, 2ª ed., Lisboa, Almedina, 2007, pp. 568-569.

[926] J. L. BULHÕES PEDREIRA, *Natureza...*, cit., p. 312.

[927] B. VISENTINI, *Azione...*, cit., p. 969 (nota 10).

[928] J. L. BULHÕES PEDREIRA, *Natureza...*, cit., p. 312; e A. MENEZES CORDEIRO, *Manual...*, cit., pp. 568-569 (o autor mostra que determinados juristas alemães tentaram classificar a participação social como um direito subjetivo, o que acabou sendo contestado em razão da complexidade de posições ativas e passivas assumidas pelo acionista).

[929] Cf. J. X. CARVALHO DE MENDONÇA, *Tratado...*, cit., 1945, p. 71.

[930] Cf. *Problemas das Sociedades...*, cit., 2001, p. 491.

[931] T. ASCARELLI utilizou a expressão "poder" para indicar a possibilidade de a manifestação de vontade de um indivíduo influir, de maneira direta e imediata, na esfera jurídica de terceiros (cf. *Problemas das Sociedades...*, cit., 2001, p. 491), cujo conceito mostrou-se muito similar ao que foi trazido quanto aos direitos formativos geradores nesta obra.

[932] J. D. JORDANA, *El usufructo...*, cit., pp. 225-226 ("*Y entre los socios de la persona jurídica nacen derechos corporativos que no son reales ni obligatorios, aunque muchas veces vuelvan a tener naturaleza creditual. Concretamente, en lo que a nosotros interesa, el accionista, a diferencia del obligacionista, no concurre a prestar dinero a la Sociedad, sino a constituir su patrimonio autónomo, siendo su participación*

REQUISITOS OBJETIVOS - AÇÕES

Em outras palavras, o *status socii* (também chamado de qualidade[933] ou posição de sócio) é o pressuposto do conjunto de direitos, deveres, poderes e ônus atribuíveis ao acionista.

Em virtude de sua complexidade, aludido conjunto de direitos, deveres, poderes e ônus do acionista foi objeto de intenso debate na doutrina, tendo surgido diversas teorias para explicá-lo[934].

Conforme mostra importante parcela da doutrina nacional[935] e estrangeira[936], a tese unitarista de T. ASCARELLI e aquela formulada por A. ASQUINI[937] foram festejadas e aclamadas durante muito tempo.

Contudo, tal posição não fora isenta de críticas por parte da doutrina. Muito se discutiu a respeito do acerto da correlação elaborada por T. ASCARELLI entre condição e estado (*status*), tendo alguns doutrinadores sustentado que o uso indiscriminado de ambas as expressões não era suficiente para deduzir a individualidade entre os respectivos conceitos (status e condição)[938].

---

fuente de derechos y de obligaciones referente a los beneficios y pérdidas de la sociedad y a sus responsabilidades consecuentes").

[933] Vide art. 126 da Lei de Sociedades por Ações (*"Art. 126. As pessoas presentes à assembléia deverão provar a sua qualidade de acionista, observadas as seguintes normas"* [grifos nossos]).

[934] Sem a pretensão de esgotar a investigação, foram encontradas as seguintes correntes: (i) predominância de um direito real do acionista sobre o patrimônio da sociedade; (ii) direito de crédito do acionista; (iii) direito *sui generis*; (iv) direito "núcleo" de onde emanavam todos os demais; ou, ainda, (v) uma relação jurídica da qual derivam os direitos subjetivos, conforme lições dos seguintes autores: L. M. ROJAS JR., *El derecho de voto...*, cit., p. 28; W. S. CAMPOS BATALHA, *Sociedades Anônimas...*, vol. I, cit., p. 228; e T. AZEREDO SANTOS, *Natureza Jurídica...*, cit., p. 492.

[935] L. G. LEÃES, *Usucapião de ações escriturais* in *Pareceres*, vol. I, São Paulo, Singular, 2004, p. 556; e F. K. COMPARATO, *Usufruto Acionário...*, cit., p. 76.

[936] Cf. N. GASPERONI, *Le Azioni...*, cit. p. 33.

[937] A. ASQUINI, *Usufrutto di quote sociale e di azioni* in *Rivista del Diritto Commerciale*, parte prima, anno XLV, Milano, Casa Editrice Dottor Francesco Vallardi, 1947, p. 15 (o autor defendia que o complexo de direitos, deveres, poderes e ônus dos acionistas era de natureza autônoma e *sui generis* frente a outras figuras).

[938] Apenas a título ilustrativo, em virtude de não dotar de grande aceitabilidade, o que acabou sendo objeto de pesadas críticas por parte de N. GASPERONI, alguns autores sustentaram não ser possível chamar de *status* a *posição jurídica* de sócio, uma vez que a utilização daquele termo (*status*) devia ficar circunscrita às relações com o Estado ou familiares (e não em outras coletividades, tais como as sociedades) (cf. *Le Azioni...*, cit. p. 36). Nesse sentido, T. ASCARELLI teve a oportunidade de refutar veementemente tais críticas de acordo com as seguintes palavras que – para não perder sua costumeira precisão – são transcritas abaixo: "(...) *parece-me, entretanto, possível utilizar o termo status para indicar o pressuposto comum a uma multiplicidade*

OPÇÃO DE COMPRA OU VENDA DE AÇÕES

Também não faltaram aqueles que se debruçaram sobre a analogia entre *status socii* com o estado de cidadão, dizendo que a atribuição da palavra "estado" para a condição de sócio não seria tecnicamente aceitável[939].

Nesse contexto, partindo da tese unitarista, a doutrina passou a enxergar o contrato de sociedade como a fonte dos direitos, deveres, poderes e ônus envolvidos na participação social[940].

Exemplo disso pode ser encontrado nas lições de G. DE FERRA que acabou por concluir que a participação social deveria ser considerada como a posição subjetiva contratual típica de que se originam os direitos e deveres de seu titular[941].

No Brasil, L. G. LEÃES, enfrentando o problema, reforçou a ideia de que a participação social é um bem imaterial – economicamente apreciável –, **representando, geneticamente, uma posição contratual, mas, funcionalmente, uma situação jurídica (*status socii*)**, o que é responsável pela permanência do acionista na sociedade e, consequentemente, pelo exercício de uma vasta gama de poderes e faculdades em confronto com a sociedade[942].

Avançando nessa direção, a ideia que se afigura mais adequada parece ser aquela que considera o *status socii* como uma **situação ou posição subjetiva**[943]

---

de obrigações e direitos de um sujeito, à vista da sua participação a uma coletividade, embora assente na vontade dele. Aproveita-se, então, do termo status apenas num sentido formal, como uma expressão sintética que visa a pôr em evidência a participação do sujeito em uma coletividade e, portanto, o pressuposto comum e constante de uma série de conseqüências jurídicas. (...) Não me parece, entretanto, que o fato de decorrer, a posição, da vontade do sujeito e, mais precisamente, de um contrato, contraria a possibilidade de utilizar o termo status num sentido jurídico-formal" (cf. *Problemas das Sociedades...*, cit., p. 492).

[939] I. HALPERIN, *Sociedades Anônimas*, 2ª ed., Buenos Aires, Depalma Ediciones, 1978, p. 332: *"La extensión al socio no es técnicamente aceptable; sólo cabe emplearlo como una comodidad verbal, porque la situación del socio es diversa a la del ciudadano".*

[940] Cf. B. VISENTINI, *Azione...*, cit., p. 969. À diferença da tese unitarista, que tinha a posição de sócio em geral (*status socii* e *qualidade de sócio*) como o pressuposto principal dos direitos, deveres, ônus e poderes, os autores adeptos dessa nova teoria encaravam o próprio contrato de sociedade como sua fonte primordial.

[941] G. FERRA, *La circolazione delle participazioni azionarie*, Milão, Giuffrè, 1964, pp. 8-11.

[942] Cf. *Usucapião...*, cit., p. 556.

[943] Cabe esclarecer que a referência à posição jurídica utilizada pelos autores nesta seara não se confunde com as chamadas posições ou situações jurídicas elementares que, em conjunto, formam o direito (em sentido) subjetivo (cf. G. LUMIA, *Lineamenti...*, cit., 2003, pp. 104-115). Tendo em vista não possuir relevância para o tema ora tratado, bem como por fugir demasiadamente do escopo aqui proposto, a discussão quanto ao conceito e distinção entre

no contrato de sociedade, da qual emana uma série de direitos, deveres, ônus e poderes[944].

Aludido posicionamento está em plena consonância com dita teoria que chegou a propor o desmembramento das posições jurídicas subjetivas dos sócios em três categorias de acordo com a efetiva participação de seu titular no âmbito da sociedade: (i) uma inerente a todo e qualquer acionista, independentemente da espécie, classe ou quantidade de ações; (ii) outra referente aos acionistas minoritários (detentores de um mínimo de ações emitidas pela companhia); e (iii) a última decorrente do empenho pessoal do acionista na administração da sociedade[945].

A ação, nesse cenário, seria o objeto mediato da **participação social**, que pode ser considerada um bem móvel, incorpóreo e imaterial, suscetível de valoração e negociação. Para alguns, sobre a ação (objeto) é que incidem os ônus e gravames, e não sobre a posição contratual consubstanciada naquele[946].

Todavia, não se pode confundir a ação – enquanto participação social – com a ação enquanto título-valor, que tão somente é a cartularização ou incorporação do objeto (ação como direito) da participação social em um substrato documental (título).

Nessa linha, encontra-se o posicionamento de J. L. BULHÕES PEDREIRA, asseverando que a participação societária, em decorrência de sua natureza de conjunto unitário, além de ser considerada como um único complexo de direitos e deveres, ainda é tida como um objeto de direito móvel e incorpóreo.

---

situação e posição jurídicas não será analisada, de forma que ambas as expressões serão usadas indistintamente ao longo da obra.

[944] L. G. LEÃES, *O direito de voto de ações gravadas com usufruto vidual*, vol. II, São Paulo, Singular, 2004, p. 1362. Interessante o posicionamento de A. MENEZES CORDEIRO que, ao lado do contrato de sociedade, inclui as leis, os contratos parassociais e as deliberações como fontes do complexo de posições ativas e passivas que compõem o estado de sócio (cf. *Manual...*, cit., pp. 568-569).

[945] Cf. G. FERRA, *La circolazione...*, cit., pp. 8-11.

[946] Cf. L. G. LEÃES, *Usucapião...*, cit., p. 557 ("*Fora uma mera posição contratual, a participação societária não constituiria um valor suscetível de ser objeto de direitos reais de gozo ou de garantia. Nem seria penhorável ou expropriável. Não se penhora nem se expropria a posição subjetiva do sócio, mas o bem em que essa posição se consubstancia, e que é de natureza incorpórea. (...) A possibilidade de a participação societária ser documentada em um título-valor não altera em nada os termos da questão, mormente quando se atenta para o fato de que essas ações não constituem títulos de crédito, ou seja, documentos necessários e suficientes para o exercício dos direitos nele incorporados*").

OPÇÃO DE COMPRA OU VENDA DE AÇÕES

Ressalta o autor, contudo, que, ao contrário da ação, os elementos que a compõem (direitos e deveres em sentido amplo) não são objeto de outros direitos e ônus – como a opção[947] –, terminando por afirmar que a ação, analisada como bem jurídico separado do documento que a incorpora, é um bem imaterial, não obstante a possibilidade de corporificação de tais direitos e obrigações em um documento[948].

Seguindo nessa trilha, pode-se concluir que as ações podem ser objeto (mediato) do contrato de opção de compra ou venda, no sentido que o beneficiário passa a deter a prerrogativa de, mediante exercício unilateral de seu direito formativo gerador, integrar o contrato de sociedade, assumindo a posição jurídica subjetiva de que emanam todos os direitos, deveres, poderes e ônus no âmbito societário.

Enquanto não exercido o direito, entretanto, o beneficiário não detém qualquer interferência na posição jurídica subjetiva (*status socii*), não sendo permitido o exercício dos direitos ou poderes derivados do contrato (plurilateral e associativo) de sociedade.

Uma vez exercida a opção e concluído o contrato optativo de compra e venda, com a consequente transferência formal da titularidade das ações, o comprador passará a deter o *status socii* e, consequentemente, gozará da participação (entendido como a posição jurídica subjetiva) no contrato de sociedade.

Conclui-se, portanto, que a ação deve ser encarada como o bem imaterial representativo da participação social, entendida como posição jurídica subjetiva do acionista no contrato de sociedade, fonte de todos os direitos, deveres, poderes e ônus no âmbito societário.

Nessa linha, o contrato de opção de compra ou venda terá como objeto (mediato) o complexo unitário de direitos, deveres, poderes e ônus decorrente da própria posição jurídica no contrato de sociedade, e não sobre quaisquer deles individualmente considerados.

À guisa de esclarecimento, não se está aqui cogitando da possibilidade de incidência do contrato de opção sobre o *status socii* em si – que por ser um estado não é passível de transferência ou incidência de direitos reais ou

---

[947] Em outras palavras, por exemplo, não seria possível criar um direito ou ônus sobre o direito de voto inerente às ações.

[948] Cf. *Natureza...*, cit., pp. 313-314.

obrigacionais –, mas sim sobre a **posição jurídica subjetiva no contrato de sociedade** – fonte de referido *status socii* – que, de acordo com as lições de F. K. Comparato, significa a determinação da **legitimação** para o exercício dos direitos e poderes dentro da sociedade[949].

---

[949] F. K. Comparato, *Usufruto Acionário...*, cit., p. 82.

8. Requisitos Formais e de Eficácia

O presente capítulo abordará os requisitos formais dos contratos de opção de compra ou venda de ações. Portanto, serão tratadas aqui as exigências quanto à forma.

Nesse sentido, mais uma vez assumindo que os demais requisitos formais de validade tenham sido satisfeitos, será mantido o foco na relação existente entre o contrato de opção de compra ou venda de ações com o próprio contrato optativo de compra e venda almejado, a fim de determinar se há exigência na manutenção de um paralelismo, ou, pelo contrário, liberdade total de forma para o contrato de opção, por não implicar de imediato a transferência da titularidade das ações.

Ato contínuo, será analisada a possibilidade de averbação do contrato de opção de compra ou venda de ações frente aos livros sociais para eficácia perante terceiros. Em especial, assumindo que a conclusão seja positiva, avaliar-se-á se a averbação prevista na legislação societária para tais negócios é de natureza constitutiva ou simplesmente declaratória.

Para tanto, levar-se-á a cabo uma breve digressão sobre o sistema – *sui generis* – de transferência de ações previsto no ordenamento brasileiro que, apesar de se tratar de bens móveis[950], acabou por impor a necessidade de averbação da transferência de sua titularidade nos livros societários para que seja eficazmente implementada e aperfeiçoada.

---

[950] Conforme definido no capítulo antecedente.

OPÇÃO DE COMPRA OU VENDA DE AÇÕES

Nesse sentido, consubstanciado nas conclusões expostas nos capítulos anteriores de que o contrato de opção não gera um direito real sobre as ações, mostrar-se-á que o registro tem apenas o condão de promover a **oponibilidade do negócio perante terceiros**, evitando-se que eventual desconhecimento do negócio pudesse impedir o exercício do direito formativo gerador pelo beneficiário. Os efeitos do registro do contrato de opção possuem grande relevância quando da análise casuística da presença (ou não) da boa-fé das partes em caso de tutela jurisdicional, o que será objeto de exame mais adiante.

Nessa esteira, avaliar-se-á a natureza da averbação e do registro dos contratos de opção promovidos nos livros da sociedade, bem como a assunção de eventual função pública pela sociedade, em razão da existência de obrigação contida na legislação de fornecimento de certidões acerca dos registros a quaisquer interessados.

O presente capítulo está dividido em dois breves tópicos, cada qual com a função de esmiuçar os aspectos formais mais importantes dos contratos de opção de compra ou venda de ações, conforme sumarizados neste introito.

8.1. Paralelismo de Forma entre o Contrato de Opção e o Contrato Optativo

No que tange à forma do contrato de opção, a grande dúvida reside na necessidade ou não de manutenção de paralelismo de forma entre o contrato de opção e o contrato optativo – fruto, em geral, da ausência de tipificação da figura no ordenamento nacional[951].

A discussão é, sobretudo, mais conturbada nas hipóteses em que o contrato optativo for caracterizado como solene. Isso porque, vigora a regra da consensualidade e da não solenidade dos contratos de opção, seja pela própria função que desempenham, seja pela falta de regulamentação pelo direito positivo.

Dessa maneira, nas hipóteses em que o contrato optativo for puramente consensual, não deve haver maiores discussões práticas quanto à solenidade a ser seguida. A grande questão, no entanto, diz respeito àqueles casos em que

---

[951] Pode-se dizer que, mesmo na Itália, em que o contrato de opção restou previsto na legislação, não existe um claro regramento quanto à forma a ser seguida (cf. R. FAVALE, *Opzione...*, cit., p. 78).

REQUISITOS FORMAIS E DE EFICÁCIA

o contrato optativo exige forma solene, como a compra e venda de imóveis[952], haja vista que o fato de o outorgante já se declarar vinculado – e sujeito – à realização do contrato demanda um maior debate acerca da forma de que se deve revestir.

Dada a falta de regras no Direito brasileiro acerca do assunto, recorrer--se-á às lições em Direito Comparado para traçar algumas linhas gerais que possam ser aqui aplicadas, com as devidas adaptações.

A começar, na Itália, parece ser unânime a doutrina que defende a tese do paralelismo de forma entre o contrato de opção e o contrato optativo[953]. As justificativas encontradas para tal posicionamento são diversas[954]. A principal delas encontra-se na aplicação do art. 1.351 do *Codice Civile* aos contratos de opção. Tal dispositivo legal, aplicável aos contratos preliminares, impõe a mesma forma prescrita aos contratos definitivos para validade daqueles[955].

Não se pode importar tal justificativa para o Direito pátrio, pois, nesse particular, o Código Civil não dispensou qualquer paralelismo de forma entre os contratos preliminares e o contrato definitivo[956].

Em regime similar àquele verificado na Itália, de acordo com as lições de T. CHARLES, na Espanha, o contrato de opção também deve ter a mesma

---

[952] Vide art. 108 do Código Civil: *"[...] Art. 108. Não dispondo a lei em contrário, a escritura pública é essencial à validade dos negócios jurídicos que visem à constituição, transferência, modificação ou renúncia de direitos reais sobre imóveis de valor superior a trinta vezes o maior salário mínimo vigente no País.".*

[953] Cf. G. TAMBURRINO, *I vincoli...,* cit., pp. 86-87; E. PANZARINI, *Il contratto di opzione,* cit., pp. 118-119, R. FAVALE, *Opzione...,* cit., p. 77, R. SACCO, *L'Opzione...,* cit., 2000, p. 311; E. GABRIELLI, *Trattato...,* cit., p. 193, V. ROPPO, *Il contratto,* cit., p. 164, entre outros.

[954] Há aqueles que entendem que o art. 1.351 do *Codice Civile* (que impõe ao contrato preliminar a mesma forma do contrato definitivo) deve ser aplicado ao contrato de opção (cf. R. SACCO, *L'Opzione...,* cit., pp. 311-312). Outros entendem que o contrato de opção é elemento do contrato optativo (chamado de definitivo pela maior parte da doutrina), o que exigiria o mesmo tipo de formalidade deste (E. CESÀRO, *Il contrato e L'opzione,* cit., p. 295 – referido autor argumenta que, levando-se em consideração que o contrato de opção tem como efeito transformar irrevogável a proposta do contrato definitivo, bem como o princípio de que a proposta e a aceitação devem seguir a mesma forma do contrato futuro, faria sentido aplicar o mesmo racional aos contratos de opção). Parece não ser possível, para fins da presente obra, tomar integralmente como base as lições extraídas de referido país, levando-se em consideração algumas especificidades que lhes distanciam, nesse particular, do ordenamento nacional.

[955] *"[...] Art. 1351. Contratto preliminare. Il contratto preliminare è nullo, se non è fatto nella stessa forma che la legge prescrive per il contratto definitivo".*

[956] Arts. 462 e 1.417 do Código Civil.

295

OPÇÃO DE COMPRA OU VENDA DE AÇÕES

forma do "principal"[957], o que também foi seguido pelos principais autores lusitanos[958].

Os autores germânicos, na mesma linha, exigem o paralelismo de forma, sob o argumento de que a formalidade visa proteger as partes contratantes[959], assim como em razão da disciplina atinente à formação dos contratos solenes, em que reconhecidamente existe um hiato temporal entre proposta e aceitação no diploma civil alemão[960].

Também sob o argumento da função protetiva da solenidade de certos contratos, alguns doutrinadores franceses[961] e italianos[962] defendem apenas a obrigatoriedade da manutenção do paralelismo de formas entre o contrato de opção (*promesse unilatérale*) e o contrato optativo quando houver necessidade de proteção de uma ou ambas as partes.

Nesse aspecto, referidos autores adotam posição peculiar em relação às demais analisadas. A necessidade de paralelismo de formas – ou seja, de que o contrato de opção deva seguir a forma exigida do contrato optativo – depende do escopo do legislador ao impor a necessidade de determinada solenidade para celebração do contrato optativo.

Assim, nas hipóteses em que o formalismo tenha como escopo proteger determinados interesses, seja das partes envolvidas, seja de terceiros (como,

---

[957] Cf. *El contrato de opción*, cit., p. 190 (referido autor conclui que poder-se-ia aplicar no direito espanhol o mesmo princípio existente no direito francês, de que seria exigida apenas a forma pública quando a mesma almejassse proteger os interesses das partes envolvidas ou de terceiros possivelmente afetados pelo negócio, o que seria apenas possível com a flexibilização do princípio da relatividade).

[958] A. Menezes Cordeiro, *Tratado...*, cit., vol. II, 2010, p. 544.

[959] M. Casper, *Der optionsvertrag*, cit., p. 254; e A. Georgiades, *Optionsvertrag...*, cit., p. 425.

[960] O parágrafo 128 do BGB estatui que será válida a formação de um contrato solene se, em primeiro lugar, a proposta se revestir da forma pública e, em seguida, a aceitação: "*Notarial recording. If the notarial recording of a contract is prescribed by statute, it suffices if first the offer and then the acceptance of the offer is recorded by a notary*" (*Bürgerlichen Gesetzbuches*, trad. ingl. de Langenscheidt Translation Service, atual. por Neil Mussett, *German Civil Code*, Saarbrücken, Juris GmbH, 2010, disponível in <http://www.gesetze-im-internet.de/englisch_bgb/englisch_bgb. html#BGBengl_000P128> [15.01.2011]).

[961] Vide, por todos: M. Mousseron – M. Guibal – D. Mainguy, *L'avant contrat*, cit., p. 334.

[962] Cf. R. Favale, *Opzione...*, cit., p. 80 (referido autor revela a posição de corrente doutrinária, que entende que a solenidade de certos contratos implica na exigência de se percorrer um determinado procedimento para a consumação do ato, a fim de proteger o interesse de uma ou de todas as partes envolvidas).

REQUISITOS FORMAIS E DE EFICÁCIA

por exemplo, eventuais credores), bem como servir de prova para o exercício de algum direito, o contrato de opção (*promesse unilatérale de vente*) deve também revestir-se de tal formalidade[963]. Caso contrário, se esta não tiver como fundamento simplesmente a proteção de interesses das partes ou de terceiros, permite-se a liberdade de forma ao contrato de opção.

Deve-se reconhecer a razoabilidade desta tese, pois, em verdade, a solenidade serve, fundamentalmente, para proteger aquela parte que se obriga, exigindo-lhe, muitas vezes, uma maior reflexão quanto ao ato a praticar. Mas não é só isso. A fundamentação para exigência de solenidade de determinados atos é mais ampla, de forma que reduzir o problema à proteção do outorgante não parece ter guarida no ordenamento nacional[964].

No Brasil, dada a atipicidade do negócio outorgativo de opção, inexiste regra específica acerca do assunto, embora a doutrina tenha largamente se manifestado no mesmo sentido propugnado inicialmente pela doutrina estrangeira[965], ou seja, defendendo a exigência de paralelismo de formas.

Deve-se concordar com o posicionamento majoritário, mormente porque não há outro momento de manifestação da vontade pelo outorgante que não seja na formação do contrato de opção. Dado que o outorgante, em um só momento, vincula-se ao contrato de opção e, adicionalmente, à possibilidade de sofrer os efeitos do contrato optativo se o beneficiário assim exercer seu direito formativo gerador, justifica-se a necessidade de respeito à solenidade imposta pela lei.

Se faltar a forma prescrita em lei, tanto o contrato de opção quanto o contrato optativo serão eivados de nulidade[966].

---

[963] M. MOUSSERON – M. GUIBAL – D. MAINGUY, *L'avant contrat*, cit., p. 334.

[964] Muitas vezes, a exigência de formalidade serve para melhor documentar uma relação jurídica (cf. M. BERNARDES DE MELLO, *Teoria..., plano da existência*, cit., p. 218 (*"[...] que as normas jurídicas, considerando a necessidade de melhor documentar (provar) certos negócios, determinam que sejam realizados por meio de formas mais ou menos solenes, ou sem qualquer solenidade"*).

[965] Cf. F. C. PONTES DE MIRANDA, *Tratado...*, XXXIX, cit., p. 213.

[966] Não obstante, deve-se considerar, à luz do princípio da conservação dos contratos, certa flexibilização dessa regra. Como se sabe, por meio de referido princípio, busca-se, na máxima extensão possível, salvar a parte do negócio jurídico não maculada por eventual nulidade ou anulabilidade, a fim de impedir que se percam as consequências práticas almejadas pelas partes (M. BERNARDES DE MELLO, *Teoria..., plano da existência*, cit., p. 226). Tal princípio foi abarcado pelo Código Civil, conforme mostra grande parte da doutrina (A. JUNQUEIRA DE AZEVEDO, *Negócio Jurídico...*, cit., 2002, pp. 66-67; e R. DONNINI, *Revisão...*, cit., p. 218). Como

OPÇÃO DE COMPRA OU VENDA DE AÇÕES

A discussão parece ser um pouco menos complexa[967] quando se está a tratar dos contratos de opção de compra ou venda de ações, pois o contrato optativo, neste caso, é consensual e independe de forma prescrita em lei, o que implica em completa inexigência de solenidade para o negócio outorgativo de opção.

decorrência direta desse princípio, encontra-se o mecanismo da conversão, que visa *aproveitar como outro negócio jurídico válido* aquele negócio jurídico eivado de invalidade (nulidade ou anulabilidade). Aliado a esse fato, atualmente no ordenamento pátrio, não há imposição de qualquer formalidade específica aos contratos preliminares frente aos contratos definitivos, incluindo aqueles relacionados a imóveis (art. 462 e 1.417 do Código Civil). Em vista desse emaranhado de normas, a doutrina tem considerado possível aplicar o mecanismo da *conversão* de um contrato de compra e venda em contrato preliminar de compra e venda, se aquele não respeitar a forma atribuída pela lei (M. BERNARDES DE MELLO, *Teoria..., plano da validade*, cit., p. 226; e A. MENEZES CORDEIRO, *Tratado...*, I, cit., p. 882). Ora, se acatada, respeitados determinados pressupostos, a conversibilidade de compra e venda nula em contrato preliminar, nada obsta que o contrato de opção de compra ou venda a que carecer a forma determinada por lei, passe a valer como *contrato de opção de contrato preliminar do contrato optativo de compra e venda*, à luz daquele princípio de conservação dos negócios jurídicos. Essa conversão depende da verificação de variados pressupostos, os quais levam em conta aspectos circunstanciais, cuja análise deve ser feita casuisticamente. Assim, se aceita na prática a conversão, passar-se-ia a ter três relações contratuais: (i) contrato de opção, (ii) contrato preliminar de compra e venda (necessário para que ao outorgante seja dada a possibilidade de repetir seu consentimento) e (iii) contrato de compra e venda inicialmente projetado pelas partes quando da conclusão do contrato de opção (ou seja, o contrato optativo). Em outras palavras, estar-se-ia diante de um contrato de opção, cujo *contrato optativo* seria um *contrato preliminar de compra e venda*, que, uma vez formado com exercício do direito formativo gerador pelo beneficiário, criaria a *obrigação de fazer* (em sentido estrito) de ambas as partes celebrarem o contrato definitivo de compra e venda, de acordo com as formalidades prescritas em lei. Assim, embora estejamos de acordo com a posição de que contrato de opção e contrato optativo devem seguir um paralelismo de forma, impor a nulidade do contrato de opção e do contrato optativo, a nosso ver, seria por demais gravoso e afrontaria ao princípio da conservação dos negócios jurídicos presente no ordenamento nacional. É evidente que essa conclusão toma por base o posicionamento aqui adotado quanto à autonomia entre os contratos de opção e optativo. Se a teoria unitária se mostrasse como a mais aplicável, por via reflexa, as conclusões seriam diferentes, impondo um rigor ainda maior quanto à forma a ser adotada (tal como a tese do contrato definitivo semicompleto defendida por alguns autores nacionais). Por defendermos a posição segregacionista nesta obra, bem como a distinção do modo de vinculação do outorgante, parece, neste momento, cabível a solução acima propugnada, cuja aceitação dependerá de eventual posicionamento do legislador e dos tribunais pátrios a esse respeito.

[967] Certamente, a discussão quanto à exigência de solenidade para contratos de opção de compra ou venda de bens imóveis é muito mais controvertida, o que está intimamente relacionada ao debate acerca da possibilidade de sua averbação à margem da matrícula dos imóveis respectivos.

REQUISITOS FORMAIS E DE EFICÁCIA

Nem se diga que os atos subsequentes exigidos para a efetiva transferência da titularidade das ações, como a lavratura de termo nos livros sociais ou o envio de ordem para o banco escriturador das ações escriturais, possam ser considerados como atos que dependam de qualquer solenidade[968].

Pelo contrário, defende-se que tais atos fazem parte do adimplemento do próprio contrato de compra e venda de ações (composto pela parte obrigacional e acordo de transmissão), que se forma com o exercício do direito formativo pelo beneficiário, e que são necessários à transferência da titularidade das ações.

Tais atos, não podem se confundir com a exigência de lavratura de ato formal, tal como ocorre nos compromissos de compra e venda de imóveis, que têm como objeto não a transferência da propriedade, mas, ao contrário, a criação de obrigação de lavratura do documento definitivo.

Os atos são inerentes ao próprio adimplemento do contrato de compra e venda de ações pela parte vendedora. Isso não significa que os contratos optativos de compra ou venda de ações sejam equivalentes aos contratos preliminares, mas tão somente que, dentre as obrigações assumidas pelo vendedor, encontra-se a obrigação de fazer consistente no cumprimento dos atos subsequentes previstos em lei.

Voltar-se-á a tratar dos atos subsequentes quando se estudar a forma de tutela judicial dos contratos de opção, sendo que, neste momento, deve-se apenas considerar que os contratos de opção de compra ou venda de ações independem de qualquer solenidade ou formalidade para sua validade e plena eficácia entre as partes.

8.2 Averbação e Oponibilidade Frente a Terceiros

Conforme já mencionado, um tema muito importante e controvertido no que tange aos contratos de opção de compra ou venda de ações diz respeito à sua averbação nos livros sociais para sua validade e oponibilidade contra terceiros.

---

[968] Com relação aos atos subsequentes e complementares para a transferência das ações, voltar-se-á com mais detalhes nos capítulos seguintes.

OPÇÃO DE COMPRA OU VENDA DE AÇÕES

A controvérsia, não restrita ao ordenamento pátrio, envolve questões amplas em relação aos diferentes modos de transferência de propriedade e à função dos registros públicos nos variados países[969].

Por se tratar de tema abrangente, reservam-se à presente obra apenas algumas questões essenciais, que guardam enorme importância na análise do contrato de opção de compra ou venda de ações, notadamente quando conjugadas com a análise do regime de execução judicial a ser feita mais adiante.

Ao contrário do disposto nos ordenamentos francês[970], italiano[971] e português[972], o Código Civil brasileiro determina como regra geral que a constituição de direitos reais ou a transferência da propriedade sobre bens móveis apenas se consubstanciam mediante a tradição[973], ao passo que, para bens imóveis, torna-se necessário o registro do instrumento contratual – revestido da

---

[969] Na Itália, a doutrina diverge em relação à possibilidade de *transcrizione* dos contratos de opção em geral. Vide, a título de exemplo: D. Rubino, *La compravendita*, cit., p. 56; E. Gabrielli, *Trattato...*, cit., p. 194 (ambos entendem que o contrato de opção não é passível de transcrição); e E. Cesàro, *Il contrato e L'opzione*, cit., p. 201 (defende o registro das opções, pois entende haver restrição no poder de alienar o bem respectivo, na forma do art. 2.645 do *Codice Civile*). Alguns autores tentam justificar a possibilidade de *transcrizione* das opções por meio de um paralelo com os contratos preliminares (R. Favale, *Opzione...*, cit., p. 115). Nesse sentido, salvo pelo princípio da taxatividade legal dos atos sujeitos a registro e averbação, que parece ser o único argumento justificável, entende-se não ser razoável que apenas aos contratos preliminares a registrabilidade seja franqueada. Assim também se manifesta a doutrina mais moderna italiana (R. Favale, *Opzione...*, cit., p. 116; e P. Carbone, *I tanti volti...*, cit., p. 260).

[970] No direito francês, a força translativa do direito real está contida apenas no *ato-contrato*, de modo que a transferência da propriedade se aperfeiçoa pela mera celebração do instrumento, independentemente de qualquer condição de publicidade. Nesse sentido: M. C. Tupinambá, *Usufruto*, 2a ed., Rio de Janeiro, Aide, 1986, p. 55; e M. Serpa Lopes, *Tratado de Registros Públicos*, vol. 1, Rio de Janeiro, Freitas Bastos, 1962, p. 35).

[971] Vide: "[...] *Art. 1376. Contratto con effetti reali. Nei contratti che hanno per oggetto il trasferimento della proprietà di una cosa determinata , la costituzione o il trasferimento di un diritto reale ovvero il trasferimento di un altro diritto, la proprietà o il diritto si trasmettono e si acquistano per effetto del consenso delle parti legittimamente manifestato.*"

[972] Cf. M. J. Tomé – D. L. Campos, *A propriedade fiduciária (trust) – estudo para sua consagração no direito português*, Coimbra, Livraria Almedina, 1999, p. 324: "*No direito português, os direitos reais constituem-se ou transferem-se por mero efeito de contrato. Bastará que o instituidor da propriedade fiduciária manifeste sua vontade pela forma adequada, para que a propriedade fiduciária se constitua independentemente da transmissão dos bens para o fiduciário.*"

[973] Art. 1.226 do Código Civil.

REQUISITOS FORMAIS E DE EFICÁCIA

forma prescrita em lei – perante o cartório de registro de imóveis competente, salvo se de outra forma disciplinado na legislação[974].

O Código Civil, assim, no que tange ao modo de aquisição de propriedade, optou por um sistema diferente daquele adotado pelo normativo alemão, em que a aquisição da propriedade baseia-se na tricotomia: (i) contrato obrigatório[975] (do qual emana a obrigação de transferir a propriedade); (ii) contrato de direito das coisas (acordo de transmissão), que representa o ajuste de vontades no sentido de se cumprir aquela obrigação mediante o modo de aquisição competente; e (iii) o modo de aquisição, o qual pode ser por meio da tradição ou do registro[976].

Na Alemanha, vige o princípio da separação absoluta entre o plano dos direitos obrigacionais e dos direitos reais, conforme salientado por C. Couto e Silva[977]. Também se difere do Direito positivo francês, na medida em que neste país o simples acordo de vontades é suficiente para transferir o direito de propriedade, independentemente da efetiva tradição do bem (chamado por Moreira Alves de "contrato translativo do domínio"[978]). Em tal país, o que se transfere mediante a tradição (seja ficta ou efetiva) é a posse do direito, uma vez que a propriedade transfere-se pelo mero ajuste de vontades.

Por seu turno, o Código Civil pátrio, no que respeita à transmissão de direitos reais, seguiu, embora não integralmente, a linha do Direito romano (baseada nos autores medievais, que diferenciava o título – contrato obrigatório – do modo de aquisição – tradição ou registro)[979].

No tocante à transferência do domínio (acordo de transmissão), apenas considera, de maneira explícita, o contrato obrigatório e o modo de aquisição, uma vez que o acordo de transmissão, embora existente, costuma figurar

---

[974] Art. 1.227 do Código Civil.
[975] Cf. D. Bessone, *Da Compra e Venda...*, cit., pp. 29-30.
[976] Como será visto, o registro, quando se tratar de imóveis, deve ser efetivado no Cartório de Registro de Imóveis, ao passo que, em se tratando de ações, o registro dar-se-á nos livros sociais da companhia ou na instituição financeira custodiante.
[977] Cf. *A obrigação...*, cit., 2009, p. 50.
[978] J. C. Moreira Alves, *Da alienação fiduciária...*, cit., 1979, p. 40.
[979] Idem, ibidem, p. 40.

OPÇÃO DE COMPRA OU VENDA DE AÇÕES

atrelado[980] ao contrato obrigatório, de modo que não é possível diferenciá--los com nitidez.

Portanto, o ordenamento nacional adotou um sistema peculiar em matéria de transmissão de direitos reais. Estão presentes as três formas previstas no Direito alemão: (i) o contrato obrigatório, (ii) acordo de transmissão e (iii) o modo de aquisição (tradição ou registro), mas com a grande diferença que, na maioria das vezes, o contrato obrigatório e o negócio de disposição do direito das coisas estão presentes no mesmo ato (que, geralmente, é o próprio contrato obrigatório), dificultando a distinção entre ambos[981].

Por essa razão, C. COUTO E SILVA denominou tal sistema como sendo de "separação relativa de planos"[982].

É evidente que ambos os momentos estão intimamente associados, porém, no plano jurídico, irradiam efeitos diversos (porquanto sejam diferentes e independentes entre si).

Ao contrato de compra e venda não pode ser atribuído o caráter de real[983]. O acordo de transmissão e seu adimplemento – que se opera mediante a transmissão do direito de propriedade – enquadram-se no campo do Direito das Coisas.

Assim, o comprador, uma vez firmado o contrato obrigacional e o acordo de transmissão, passa a ser titular de pretensão quanto à transferência do objeto (mediato) em questão. Esta pretensão, dizem, permite que o contrato de compra e venda possa ser registrado para obter eficácia *erga omnes*[984].

Ao aplicar os conceitos acima ao contrato de opção de compra ou venda, emanam importantes consequências e conclusões. Em primeiro lugar, resta evidente que o contrato de opção, na mesma linha do que ocorre com a compra e venda, situa-se no campo estritamente obrigacional[985]. Em momento algum,

---

[980] Por fugir ao tema central da presente obra, deixar-se-á para outra oportunidade o aprofundamento da discussão doutrinária quanto à causalidade (ou não) do acordo de transmissão (cf. opiniões de J. C. MOREIRA ALVES, *Da alienação fiduciária...*, cit., 1979, p. 65; e F. C. PONTES DE MIRANDA, *Tratado...*, XXXVIII, cit., p. 360).

[981] Importante notar que estão sendo preferidos, na análise do tema, os bens cuja propriedade se regula por meio de registro, tais como os imóveis e as ações de sociedades anônimas.

[982] Cf. *A obrigação...*, cit., p. 52.

[983] Cf. M. BERNARDES DE MELLO, *Teoria..., plano da existência*, cit., p. 216 (posicionamento que vem sendo adotado majoritariamente pela doutrina nacional).

[984] F. C. PONTES DE MIRANDA, *Tratado...*, V, cit., pp. 249-250.

[985] A doutrina majoritária, incluindo internacional, parece suportar tal afirmação: C. S. ASURMENDI, *La opción de compra*, cit., p. 172; J. T. CHARLES, *El contrato de opción*, cit., p. 188;

REQUISITOS FORMAIS E DE EFICÁCIA

o contrato de opção de compra ou venda produzirá como efeito a transmissão da propriedade, o que somente ocorrerá mediante o exercício do direito de opção concomitantemente ao adimplemento do contrato optativo de compra e venda que nasce do exercício da opção por seu titular[986].

O contrato de opção de compra ou venda de ações não implica a transferência da titularidade das ações enquanto o beneficiário não manifestar sua vontade para a conclusão do contrato optativo de compra e venda. Da mesma forma, o simples exercício do direito formativo gerador pelo beneficiário não se faz suficiente para transferir a propriedade do bem (titularidade no caso das ações), que apenas ocorre com a devida averbação nos livros sociais da sociedade ou nos registros da instituição financeira depositária[987].

P. Malaurie – L. Aynès – P. Gautier, *Droit Civil...*, cit., p. 70; e F. Bénac-Schmidt, *Le contrat de promesse...*, cit., p. 8.

[986] Mesmo nos ordenamentos em que a propriedade se transfere apenas com o contrato de compra e venda, como na Itália, os autores têm sido unânimes ao considerarem que o contrato não produz qualquer efeito real translativo de propriedade (cf. E. Panzarini, *Il contratto di opzione*, cit., p. 108).

[987] O tema da publicidade dos livros sociais está diretamente relacionado com as atribuições assumidas pela sociedade, na forma da legislação societária atualmente em vigor no país. Dita publicidade possui características e funções tanto internas – condizentes com a relação entre os próprios acionistas e a sociedade – quanto externas – relativas a terceiros, de notável interesse público (cf. R. C. Guimarães, *Sociedades...*, cit., pp. 276-277; e R. Requião, *Curso...*, cit., p. 130). Nesse sentido, é inegável a existência do que se convencionou chamar de *função registrária* das sociedades anônimas. Muito se discutiu se tal função registrária poderia ser encarada como uma espécie de *serviço público registrário delegado*. Sem a pretensão de adentrar na seara de direito público, convém citar que a doutrina mais abalizada entende tratar-se de função privada, que, embora tenha inegável interesse público, não permite que seja classificada como atividade – mesmo que delegada – do Estado (cf. J. A. Tavares Guerreiro, *A função registrária das sociedades anônimas* in *Direito na Década de 80: Estudos em Homenagem a Hely Lopes Meirelles*, coord. Arnoldo Wald, São Paulo, Revista dos Tribunais, 1985, pp. 145, 146 e 149). Além disso, muito se debateu se tais averbações no âmago das companhias poderiam suprimir as regras de registro público previstas no ordenamento pátrio, sob o argumento de que as regras societárias atinentes à averbação nos livros sociais seriam especiais em relação às regras gerais de registro público e, por serem conflitantes, aquelas deveriam ser aplicadas isoladamente. Tal construção levaria à conclusão de ser desnecessário qualquer outro *registro* (em sentido amplo) de negócios sujeitos à averbação societária nos registros públicos, como no Registro de Títulos e Documentos, entre outros. A mera *averbação*, nos termos do artigo 40 da Lei de Sociedades Anônimas, nos livros sociais ou junto ao banco custodiante, seria suficiente para afastar a necessidade de registro público nos cartórios respectivos do negócio jurídico em questão, tendo em vista que tais registros possuem fé pública. O argumento definitivo para a questão repousa na impossibilidade de supressão ou substituição da *averbação societária* por

OPÇÃO DE COMPRA OU VENDA DE AÇÕES

Por esse motivo, o contrato de opção, por estar situado tão somente no plano obrigacional, em teoria, deveria seguir o princípio da relatividade aplicável ao Direito das Obrigações em geral, fazendo surtir efeitos apenas na esfera jurídica das partes contratantes[988].

Atualmente, reside debate quanto à possibilidade de sua averbação para eficácia (oponibilidade) perante terceiros, em especial no que tange ao âmbito imobiliário, em razão de princípios registrários estritos que vigem no País.

Se se considerar a possibilidade de averbação do contrato de opções nos livros sociais, flexibilizar-se-ia o princípio da relatividade[989], gerando efeitos perante terceiros, incluindo a sociedade emissora das ações e terceiros, sobretudo quando de má-fé[990].

Cabe, aqui, o esclarecimento de que, mesmo com a averbação, em nenhuma daquelas três fases examinadas ocorre a transferência da titularidade das ações. Melhor dizendo, nem a proposta inicial nem a averbação do contrato de opção e o exercício do direito formativo gerador são capazes de transferir

providências de direito comum, sobretudo em relação àquelas disposições da Lei dos Registros Públicos, as quais, dado seu caráter geral, não poderiam prevalecer sobre as disposições especiais previstas na Lei de Sociedades Anônimas (cf. J. A. TAVARES GUERREIRO, *A função registrária...*, cit., p. 149). Dessa maneira, a fim de se conferir *oponibilidade contra terceiros*, os negócios jurídicos (incluindo o contrato de opção de compra ou venda de ações) devem ser *averbados* tão somente nos livros sociais pela sociedade ou registros da instituição financeira depositária, à luz do disposto no artigo 40 da Lei de Sociedades Anônimas, não havendo necessidade de averbação, salvo se por uma precaução maior, nos cartórios de registro de títulos e documentos competentes, dado que a legislação societária é especial e, neste ponto, prevalece sobre a legislação geral aplicável.

[988] Embora existam diversas exceções ao princípio da relatividade dos contratos, bem como sua flexibilização pela doutrina moderna, os contratos de opção, em princípio, podem produzir, através de registro, efeitos perante terceiros. Quando se tratar de contratos de opção a descoberto, à semelhança do que ocorre quanto à venda de coisa alheia, o efeito perante terceiros parece ser totalmente excluído, posto restar quase impossível sua publicidade frente a terceiros (F. C. PONTES DE MIRANDA, *Tratado...*, XXXIX, cit., p. 26).

[989] Parte da doutrina italiana tem flexibilizado o entendimento quanto ao disposto no art. 1.372 no *Codice Civile* que determina, à semelhança do *Code Civil* francês, que o contrato tem força de lei entre as partes e, salvo no quanto disciplinado na lei, não tem efeitos perante terceiros (cf. F. A. REGOLI, *Brevi osservazioni...*, cit., p.471).

[990] Na França, o registro não cria *per se* efeitos contra terceiros, a não ser quando estejam de má-fé. Vide nesse sentido: M. MOUSSERON – M. GUIBAL – D. MAINGUY, *L'avant...*, cit., p. 343; e P. MALAURIE – L. AYNÈS – P. GAUTIER, *Droit Civil...*, cit., pp. 70-71. No Brasil, em razão da natureza da averbação do contrato de opção nos livros sociais, há oponibilidade frente a terceiros, o que não significa que haja criação de um direito real no âmbito do contrato de opção.

REQUISITOS FORMAIS E DE EFICÁCIA

as ações à parte compradora. A transferência efetiva apenas ocorre com os atos de averbação ou registro nos livros sociais, como disposto na legislação societária.

A averbação mostra-se mais como uma proteção adicional ao beneficiário, a fim de preservar e dar maior efetividade ao seu direito formativo gerador, aumentando o campo de oponibilidade frente às esferas jurídicas alheias[991].

Esta discussão foi travada também em Direito Comparado, em sentidos diversos, cada qual ajustado ao sistema de transferência de propriedade em cada país[992].

---

[991] *"La necesidad de lograr una adecuada publicidad registral para el negocio de opción se siente, sobre todo, a efectos prácticos: para no dejar desprotegido al optante frente a terceros adquirentes posteriores a la constitución del derecho de opción."* (J. T. CHARLES, *El contrato de opción*, cit., p. 215).

[992] Nos países em que a propriedade transfere-se apenas mediante ajuste de vontades (contrato de compra e venda), a questão da *registrabilidade* e eficácia contra terceiros dos contratos de opção tem sido negada, em sua grande maioria, pelos doutrinadores, especialmente quando se referir a imóveis (aqui estamos tratando das opções em geral apenas para traçar um paralelo com os contratos de opção sobre ações, objeto desta obra). Na França, as promessas unilaterais de venda são registráveis, mas o registro teria apenas o caráter informativo, sem oponibilidade perante terceiros, o que tem sido objeto de amplo debate em referido país (M. MOUSSERON – M. GUIBAL – D. MAINGUY, *L'avant...*, cit., p. 336: *"Par ailleurs, la promesse unilatérale de vente n'est pas soumise à la publicité obligatoire mais à la publicité simplement facultative, à titre informatif (...)"*; e J. T. CHARLES, *El contrato de opción*, cit., p. 88). Há autores, em minoria, que entendem que a publicação pode conferir efeitos *erga omnes* (cf. F. BÉNAC-SCHMIDT, *Le contrat de promesse...*, cit., p. 37: *"Le bénéficiaire doit seulement publier son droit afin de le rendre opposable 'erga omnes'."*). O mesmo autor, mais à frente em sua obra, parece consentir com a tese de que o registro, de caráter meramente informativo, não serviria a conferir a proteção adequada aos beneficiários, possivelmente negando ou assumindo a inexistência de plena oponibilidade frente terceiros, cujo efeito seria apenas fazer presumir a má-fé de eventual terceiro que venha a adquirir o bem objeto do contrato de opção que tenha sido registrado (cf F. BÉNAC-SCHMIDT, *Le contrat de promesse...*, cit., p. 126: *"En instituant une publicité facultative sans effet juridique et à titre de simple information des usagers, le décret présente une grave lacune. Il encourage les bénéficiaires de promesses à une opération onéreuse sans leur offrir en contrepartie une protection efficace."*). Na Itália, baseado nos artigos 2.643 e 2.645 do *Codice Civile*, a maior parte da doutrina tem entendido que a opção não é registrável (A. CHIANALE, *Opzione...*, cit., p. 142; G. TAMBURRINO, *I vincoli...*, cit., pp. 86-87; e E. CESÀRO, *Il contrato e L'opzione*, cit., pp. 197-198 e 204-206). Na Espanha, após grande debate doutrinário, permitiu-se o registro de determinadas categorias de contratos de opção (J. T. CHARLES, *El contrato de opción*, cit., p. 105: *"[...] pero tan solo ha dotado a esta figura de eficacia erga omnes en un supesto muy concreto (sin generalizar dicha medida), cual es el relativo a opción de compra inmobiliaria inscrita"*). O *Reglamento Hipotecario (Real Decreto de 14 de febrero de 1947)* contém dispositivo expresso que possibilita o registro (inscrição) dos contratos de opção: *"[...] Artículo 14 Será inscribible el contrato de opción de compra o el pacto o estipulación expresa que lo determine en*

OPÇÃO DE COMPRA OU VENDA DE AÇÕES

O contrato de opção não cria ou constitui espécie de direito real sobre as ações subjacentes. Trata-se de plano essencialmente obrigacional. A averbação é necessária apenas para permitir que o beneficiário possua um direito obrigacional de maior intensidade, ou absoluto, oponível frente a terceiros[993].

A grande dúvida, especialmente no ramo imobiliário, seria de saber se a natureza do efeito do contrato de opção e a falta de previsão legal expressa, examinada à luz da regra de *numerus apertus* dos atos sujeitos à averbação – assim como o panorama atual das regras registrárias – configurariam óbices à averbação dos contratos de opção nos registros de imóveis.

No tocante às ações de sociedades anônimas, a discussão fica atenuada, haja vista os termos do art. 40 da Lei das Sociedades por Ações[994]. Em breve

---

algún otro contrato inscribible, siempre que además de las circunstancias necesarias para la inscripción reúnan las siguientes". Em Portugal, da mesma forma, admite-se a registrabilidade dos contratos de opção quando se tratar de bens sujeito a *registro*, sob o argumento de haver, mesmo que de forma precária, uma efetiva restrição ao direito de propriedade (T. S. Fonseca, *Do contrato de opção.*, cit., p. 76). De outra banda, o ordenamento inglês permitiu expressamente o registro dos contratos de opção. Apenas a título ilustrativo, vale notar que na Inglaterra os contratos de opção sobre imóveis são considerados como *charges* e, portanto, passíveis de registro (S. H. Goo, *Sourcebook...*, cit., pp. 260-267). Tal ideia encontra-se prevista na legislação aplicável, conforme se denota da leitura do art. 2º do *Land Charges Act (1972)*: *"[...] 2. The register of land charges. (1)If a charge on or obligation affecting land falls into one of the classes described in this section, it may be registered in the register of land charges as a land charge of that class. (...) (4) A Class C land charge is any of the following (not being a local land charge), namely: (iv) an estate contract; and for this purpose (...) (iv) an estate contract is a contract by an estate owner or by a person entitled at the date of the contract to have a legal estate conveyed to him to convey or create a legal estate, including a contract conferring either expressly or by statutory implication a valid option to purchase, a right of pre-emption or any other like right."* As lições acima, longe de poderem ser plasmadas diretamente em nosso ordenamento, apenas objetivam ilustrar que, em outros países, aos contratos de opção foi permitido o acesso ao registro público, na qualidade de ônus ou gravames (*charges*), tal qual ora se propugna, no que tange aos registros sociais. A menção é feita tão somente a fim de ampliar o horizonte de debate, dado que se reconhece que o conceito de *charges* em direito anglo-saxão e as regras atinentes aos registros públicos podem diferir, sobremaneira, do atual regramento em sede de direito nacional.

[993] F. C. Pontes de Miranda, *Tratado...*, V, cit., p. 266; e J. M. Antunes Varela, *Das obrigações...*, vol. I, cit., p. 172 (*"A lei pode, efectivamente, para satisfazer determinados interesses relevantes, impor ou permitir a oponibilidade a terceiros de relações que são, na sua estrutura, de caráter obrigacional, por assentarem fundamentalmente num dever de prestar e no correlativo direito à prestação"*).

[994] *"[...] Art. 40. O usufruto, o fideicomisso, a alienação fiduciária em garantia e quaisquer cláusulas ou ônus que gravarem a ação deverão ser averbados: I – se nominativa, no livro de "Registro de Ações Nominativas"; II – se escritural, nos livros da instituição financeira, que os anotará no extrato da conta de*

REQUISITOS FORMAIS E DE EFICÁCIA

síntese, permite-se a averbação de quaisquer "cláusulas ou ônus que gravarem a ação", se ações nominativas, no livro de registro de ações nominativas, ou, se escriturais, junto à instituição financeira responsável. Adiante, dispõe, em seu parágrafo primeiro, que, se averbados, "a promessa de venda da ação e o direito de preferência à sua aquisição são oponíveis a terceiros"[995].

Portanto, o centro da discussão encontra-se na interpretação, à luz do Direito Societário, do exato significado da expressão "cláusulas e ônus que gravem a ação" e de "promessa de ação e direito de preferência", de forma a perquirir se os contratos de opção estariam nele contemplados[996].

A começar pela expressão "cláusulas e ônus que gravem a ação", deve-se salientar que já havia previsão similar no art. 29 do Decreto 2.627, de 26 de setembro de 1940, que tratava das sociedades por ações[997]. A doutrina da época salientava que a expressão deveria ser entendida na sua máxima amplitude, a fim de permitir a averbação de todas as circunstâncias que gravassem ou limitassem a livre circulação das ações[998].

O legislador atual manteve a mesma redação prevista na norma anterior, trazendo lista meramente exemplificativa das circunstâncias sujeitas à averbação. Assim, a própria redação do art. 40 da Lei de Sociedades por Ações revela-se exemplificativa e aberta, contemplando quaisquer situações e

---

depósito fornecida ao acionista. Parágrafo único. Mediante averbação nos termos deste artigo, a promessa de venda da ação e o direito de preferência à sua aquisição são oponíveis a terceiros."

[995] A expressão não se encontrava no Decreto nº 2.627/40, que, em seu art. 29, não contemplava a alienação fiduciária em garantia, bem como a promessa de venda e o direito de preferência: "[...] Art. 29. O usofruto, o fideicomisso e quaisquer cláusulas ou onus, que gravarem as ações nominativas, deverão ser averbadas no livro de 'Registo de Ações Nominativas'".

[996] Registre-se, novamente, que não se está a tratar dos acordos de acionistas que, além da possibilidade de arquivamento na sede da companhia, ainda devem ser averbados nos livros sociais quando implicarem em obrigações ou ônus, à inteligência do § 1º do artigo 118 da Lei de Sociedades por Ações. Embora fuja ao objeto principal, a fim de justificar a possibilidade de averbação dos contratos de opção individualmente, poder-se-ia invocar a interpretação sistemática e teleológica do caput do art. 118 (que trata de "acordos sobre a compra e venda de ações e sua preferência para adquiri-las"), no sentido de englobar as cláusulas de opção de compra ou venda, bem como do seu parágrafo primeiro que permite a averbação "de tais obrigações e ônus" nos livros sociais.

[997] "[...] Art. 29. O usofruto, o fideicomisso e quaisquer cláusulas ou onus, que gravarem as ações nominativas, deverão ser averbadas no livro de 'Registo de Ações Nominativas'." [grifos nossos].

[998] Cf. T. M. Valverde, Sociedades..., vol. I, cit., pp. 206 e 221.

OPÇÃO DE COMPRA OU VENDA DE AÇÕES

hipóteses que impliquem eventual ônus[999] ou restrição à negociabilidade das ações, incluindo, nestes casos, a existência de acordos preparatórios visando à formação de negócios translativos da titularidade das ações.

[999] Cabe aqui fazer um parêntese com relação ao conceito de ônus utilizado pela doutrina. Não se tem a pretensão aqui de discorrer sobre matéria de enorme complexidade, mas apenas de evidenciar um possível significado para a expressão utilizada na legislação nacional. Assim, pode-se dizer que a expressão é largamente utilizada em teoria geral do direito, embora haja grande discussão doutrinária quanto ao seu exato conceito. De acordo com parte da doutrina, ônus seria a *necessidade* de observância de certo comportamento, não obrigatório, para obtenção ou manutenção de alguma vantagem em benefício próprio do sujeito onerado, sendo comum que se fale em ônus de registrar o ato de transferência de imóveis, para que se obtenha a vantagem da oponibilidade perante terceiros (cf. J. M. ANTUNES VARELA, *Das obrigações...*, vol. I, cit., pp. 57-58; e F. K. COMPARATO, *Essai d'analyse dualiste de l'obligation em droit privé*, Paris, Dalloz, 1964, p. 26). A expressão foi bem estudada sobretudo no campo de direito processual, onde tem sido usada em aspectos basilares, como ônus da prova (cf. V. GRECO FILHO, *Direito...*, p. 81; e A. C. CINTRA – A. P. GRINOVER – C. R. DINAMARCO, *Teoria...*, cit., p. 351). Assim, à guisa de diferenciação, alguns autores têm entendido que, no âmbito de direito material, seria melhor designá-los como *encargos* ou ônus materiais (A. MENEZES CORDEIRO, *Tratado...*, Tomo I, cit., p. 359; e L. C. PENTEADO, *Doação...*, cit., p. 229). Em outras palavras, caso não haja observância do ônus ou *encargo*, em direito material, haverá uma redução ou limitação nos efeitos de alguma relação jurídica em que uma parte encontra-se envolvida. A falta de seu cumprimento, assim, acarreta uma sanção enfraquecida, qual seja, de não conferir uma determinada vantagem à parte interessada (onerada) (vide descritivo das teorias existentes trazido por L. C. PENTEADO, *Doação...*, cit., pp. 229-230). Configura-se, assim, para a doutrina tradicional, a exigência da prática de um ato que visa conferir ao mesmo sujeito um determinado resultado favorável, tal como a realização de um registro ou uma averbação específica para tornar uma determinada relação jurídica oponível frente a terceiros. Interessante trazer, neste particular, o posicionamento de G. LUMIA de que *"[...] no ônus o sacrifício do interesse próprio é requerido para tutela de outro interesse próprio que o sujeito considere preponderante com relação ao primeiro"* (cf. *Lineamenti...*, cit., 2003, pp. 113-114). Não obstante, a palavra ônus vem sendo empregada de forma muito ampla e com variados significados (cf. F. K. COMPARATO, *Essai d'analyse...*, cit., p. 26 – que ressalta a multiplicidade de sentidos da palavra *charge* na França). Dessa maneira, ao lado do conceito acima explicitado, parece que a inclusão da expressão no art. 40 da Lei das Sociedades por Ações tenha uma conotação mais ampla, afeta ao direito das coisas, indicando uma restrição a um direito, sobretudo de propriedade. Não chega a ser tão ampla quanto as hipóteses mencionadas em interessante acórdão do *Supremo Tribunal Administrativo de Portugal*, encarregado de julgamentos nas esferas administrativa e fiscal (Apelação nº 0041211, julgada em 16.04.1991), cuja ementa, por sua clareza, parcialmente se transcreve a seguir: *"[...] II – No artigo 2 do Código do Registo Predial ou noutra disposição legal não se define o que se entende por ónus ou encargo. III – Correntemente, ónus é carga, peso, aquilo que sobrecarrega, encargo, obrigação, dever, imposto gravoso, gravame, vínculo. E encargo é comissão, incumbência, encarrego, cargo, obrigação, dever, pensão, imposto, tributo, condição onerosa, fardo, peso, maçada, má consequência de alguma acção, remorso."* A despeito do vastíssimo

REQUISITOS FORMAIS E DE EFICÁCIA

No passado, discutia-se se efetivamente os contratos preliminares e pactos de preferência poderiam ser averbados como "ônus" ou "cláusulas" que gravavam as ações. A pretexto de resolver tal discussão, o legislador atual resolveu inserir o parágrafo primeiro no art. 40 para constar a oponibilidade perante terceiros das promessas de venda e direito de preferência, corroborando a ideia de amplitude da abrangência do artigo em referência.

O escopo da norma é abranger todas as situações que possam implicar em uma pretensão, mesmo que precária e temporária, à transferência das ações por quaisquer terceiros. A expressão "cláusulas e ônus" deve ser interpretada em sua máxima extensão, não englobando apenas aqueles ônus reais definidos pela doutrina.

Como técnica de interpretação legislativa, é necessário compreender que o parágrafo em questão não limita a amplitude do *caput*, mas o complementa. A corroborar tal tese, ainda que os contratos preliminares – chamados na legislação societária de promessas de venda[1000] – e os direitos de preferência sejam considerados figuras preparatórias distintas dos contratos de opção – mesmo antes do regime imposto pela legislação atual – já se permitia a

---

campo de utilização da expressão pelo tribunal português, a nosso ver, o legislador societário nacional almejou abarcar todas as hipóteses que imponham uma restrição à titularidade ou transmissibilidade das ações, incluindo direitos reais de garantia (que não estejam previstos no art. 39), direitos reais de fruição (como o usufruto), cláusulas de inalienabilidade, atos determinados judicialmente (penhora, sequestro, arrolamento) e outras relações obrigacionais (em sentido lato) que possam representar qualquer pretensão, mesmo que a título precário ou eventual, à transferência das ações, tais como o pacto de retrovenda, entre outros. Dessa forma, o conceito determinado por C. GONÇALVES parece ser o mais adequado no sentido de incluir "*[...] obrigações que limitam o uso e gozo da propriedade constituindo gravames ou direitos oponíveis erga omnes.*" (cf. *Direito Civil Brasileiro: Teoria Geral das Obrigações*, vol. II, 2. ed., São Paulo, Saraiva, 2008, p. 14). Embora não seja o entendimento adotado nesta obra, é preciso reconhecer a possibilidade de uma interpretação mais restritiva do comando legal, a fim de excluir as hipóteses de relações obrigacionais, cujos efeitos reais não tenham sido previstos em lei (o que excluiria o contrato de opção).

[1000] A terminologia, conforme se percebe, está vinculada à *promesse de vente* do direito francês, sem, contudo, distinguir as bilaterais das unilaterais. Nesse sentido, apenas a título ilustrativo, em uma interpretação de certa forma ampliada com base nas lições acima, considerando que na França a promessa unilateral é encarada como opção, poder-se-ia interpretar que o artigo almejou englobar sob o termo "promessa unilateral" ambas as figuras previstas no ordenamento francês.

OPÇÃO DE COMPRA OU VENDA DE AÇÕES

sua averbação nos livros sociais. O parágrafo inserido serviu para aclarar as discussões existentes à época quanto às figuras preparatórias previstas.

A falta de menção expressa do contrato de opção não lhe impede a averbação por variados motivos. O primeiro deles seria inclui-los no conceito amplo de "cláusulas e ônus que gravem as ações" contido no *caput* do comando legal. Autores recentes, sem entrar em detalhes acerca do significado das expressões acima, manifestaram-se favoravelmente nesse sentido[1001].

A ausência de expressa referência legal não significa que o legislador tenha, intencionalmente, almejado excluir tais negócios do escopo da norma. Ao contrário: como sustentado por parte da doutrina nacional, a linguagem contida na lei deixa ampla margem para inclusão de variados negócios relacionados às ações nominativas sujeitos à averbação nos livros respectivos[1002].

Assim, ao lado de referidos autores, os contratos de opção de compra ou venda de ações poderiam ser incluídos dentro do conceito amplo de "ônus" previsto no art. 40 para fins de averbação nos livros sociais[1003]. Igualmente, tendo em vista o conteúdo do direito de preferência e do contrato de opção, não se vislumbram argumentos que justifiquem, como política legislativa, apenas a permissão da oponibilidade frente a terceiros do primeiro. Pelo contrário: se fosse possível associar a possibilidade de averbação à intensidade de vinculação dos negócios preparatórios, certamente as opções deveriam ser preferidas ao direito de prelação[1004].

[1001] Para alguns autores, a expressão *"outros ônus"* contida no artigo 40 da Lei de Sociedades Anônimas deve incluir, por exemplo, *"[...] as cláusulas de inalienabilidade, impenhorabilidade, incomunicabilidade, a existência de opção de compra ou de venda, penhora, o seqüestro ou qualquer outro ato judicial que impeça a negociação das ações."* (cf. A. S. Lazzareschi Neto, *Lei das Sociedades por Ações Anotada*, São Paulo, Saraiva, 2006, p. 54).

[1002] Cf. J. A. Tavares Guerreiro – E. L. Teixeira, *Das sociedades...*, cit., p. 243 (*"Como se vê, é bastante rico o elenco de restrições que podem submeter-se as ações, títulos mobiliários que incorporam direitos economicamente apreciáveis"*).

[1003] Não se entrará, assim, na discussão que pode girar em torno da exata natureza jurídica dos ônus mencionados pelo legislador pátrio.

[1004] Pode-se dizer que as opções estão sujeitas a um menor grau de incerteza em relação ao direito de preferência, pois aquelas dependem apenas da vontade do beneficiário, ao passo que o direito de preferência depende de uma sucessão de eventos (a intenção do titular das ações em aliená-las, a intenção firme de um terceiro quanto à sua aquisição e a vontade do beneficiário em adquiri-las nas mesmas condições ofertadas por tal pretendente comprador).

REQUISITOS FORMAIS E DE EFICÁCIA

Além disso, tem-se de considerar a interpretação da expressão "promessa de venda" contida no parágrafo primeiro do dispositivo legal em comento, à luz do contexto jurídico-social existente à época de sua edição, pois, como mostra parte da doutrina, havia certa confusão entre as figuras da "promessa unilateral de venda" e do contrato de opção[1005].

Escoado nas lições de F. C. PONTES DE MIRANDA, torna-se de suma importância a investigação do sentido próprio e almejado pelo legislador ao inserir a expressão "promessa de venda" no texto legal, levando-se em consideração os aspectos sociais, históricos e dogmáticos vigentes à época[1006]. A partir dessa investigação, poder-se-á concluir acerca da possibilidade de inclusão dos contratos de opção no escopo da legislação societária.

Nesse particular, dadas as grandes semelhanças, em um passado recente, talvez por influência notadamente do ordenamento francês, os contratos de opção foram tratados conjuntamente com os contratos preliminares unilaterais, como se fossem a mesma figura (chamados de "promessas de venda"). Inexistia uma consciência jurídica geral acerca da autonomia dos contratos de opção frente aos contratos preliminares.

A inserção da expressão "promessa de venda e direito de preferência" teve o condão de solver os debates existentes à época, explicitando algumas das figuras que estariam contempladas no amplo conceito de "cláusulas e ônus que gravam as ações", sem, contudo, restringi-lo.

De acordo com as explanações dos próprios elaboradores da legislação atual, pode-se concluir que os termos tenham sido usados de forma ampla, pois intentavam permitir a averbação de "direitos à aquisição de ações"[1007]. Nesse contexto, poder-se-ia discutir se a averbação teria natureza constitutiva ou meramente declaratória. Se prevalecesse a primeira ideia, o direito formativo gerador auferido pelo beneficiário e o próprio contrato de opção não seriam

---

[1005] Cf. O. GOMES, *Promessa...*, cit., p. 378 (*"Porque o poder de exigir a formação do contrato definitivo tem-no exclusivamente uma das partes, a promessa unilateral é chamada impropriamente opção"*).
[1006] F. C. PONTES DE MIRANDA, *Tratado...*, I, cit., pp. XII-XIII.
[1007] A. LAMY FILHO – J. L. BULHÕES PEDREIRA, *A nova Lei das S.A. (texto do projeto de lei e explicações sobre as modificações)*, Rio de Janeiro, Sindicato dos Bancos do Estado do Rio de Janeiro, 1976, p. 133 (*"O artigo 40 prevê a averbação da alienação fiduciária em garantia, e seu parágrafo único admite a constituição de direitos à aquisição de ações oponível a terceiros"*) [grifos nossos]. No mesmo sentido: M. CARVALHOSA, *Comentários...*, vol. I, cit., 2007, p. 379 (*"A Lei 6.404, de 1976, regulou a matéria (...) e, finalmente, admite a constituição de direito à aquisição de ações oponível a terceiros"*).

OPÇÃO DE COMPRA OU VENDA DE AÇÕES

válidos – nem mesmo entre as partes – se não houvesse sua averbação junto aos livros sociais, o que não se coadunaria com a própria natureza obrigacional do contrato em questão. Desse modo, ressalvadas opiniões em sentido contrário, entendemos mais apropriada aos contratos de opção a segunda corrente.

A oponibilidade contra terceiros, nos casos de averbação[1008] dos contratos de opção – fruto da averbação meramente declaratória – confere ao titular uma proteção adicional com relação a possíveis atos de alienação das ações pelo outorgante a terceiros (assumindo que a opção não tenha sido a decoberto). À falta de publicidade do contrato de opção, a transferência das ações para terceiros seria válida e plenamente eficaz, restando ao beneficiário somente a via indenizatória para buscar a devida reparação pelos danos incorridos[1009-1010].

Embora o assunto não seja pacífico, sobretudo quanto ao alcance do parágrafo único do art. 40 da Lei de Sociedade por Ações, entende-se que, dentre os negócios puramente obrigacionais, a oponibilidade frente a terceiros

---

[1008] Conforme sustentado na doutrina especializada, deve haver *averbação*, ao contrário de *registro*, quando se torna necessário *notar* ou *declarar* à margem do registro algum fato ou ato jurídico, aqui entendido em sentido amplo, englobando os negócios jurídicos relativos ao objeto do registro que possam implicar em alteração ou mudança da sua substância (cf. M. Serpa Lopes, *Tratado...*, cit, p. 300). A lição de referido autor é precisa ao mencionar a mera *possibilidade* de alteração ou mudança na substância do objeto do registro, o que se aplica perfeitamente ao caso dos contratos de opção, nos quais a alteração na substância apenas ocorrerá efetivamente quando do exercício do poder formativo gerador por parte do beneficiário. Na mesma linha, os autores que trataram especificamente do termo em sede de direito societário entendem que a averbação constitui uma nota ao lado da inscrição, apontando mutações ocorridas com relação às ações, sobretudo naqueles casos de ônus ou direitos que sobre elas recaem (cf. M. Carvalhosa, *Comentários à Lei de Sociedades Anônimas*, vol. II, 4. ed., rev. e atual., São Paulo, Saraiva, 2008, p. 215).

[1009] T. S. Fonseca, *Do contrato de opção...*, cit., p. 75 (*"Transpondo este raciocínio para o contrato de opção de direitos imobiliários diremos que se este não estiver registrado é o interesse do terceiro que deverá prevalecer, pois nunca poderia saber da existência da condição, neste caso, do direito potestativo"*).

[1010] Na Espanha, tal construção não é tão pacífica, havendo entendimentos de que a alienação pelo proprietário continuaria sendo permitida, mas que a opção continuaria a "gravar" o bem, de modo que o titular da opção poderia exercê-la contra o futuro adquirente (assemelhando--se, nesse aspecto, aos direitos reais de garantia (hipoteca, penhor e anticrese), ao passo que há entendimentos de que a opção configura uma restrição ao *jus disponendi*. Entretanto, parece prevalecer a tese de que, inexistindo registro – ou *inscripción* – do contrato de opção, a alienação do bem subjacente feita pelo outorgante a terceiros não pode ser impedida ou invalidada pelo beneficiário por lhe faltar oponibilidade perante terceiros (C. S. Asurmendi, *La opción de compra*, cit., pp. 40 e 176).

REQUISITOS FORMAIS E DE EFICÁCIA

propiciada pela averbação não é exclusividade das promessas de venda e do direito de preferência.

Conclui-se, nesse particular, que os negócios obrigacionais que impliquem em pretensão à transferência da titularidade das ações, mesmo que dependentes de circunstâncias supervenientes, sujeitam-se à averbação ali determinada (incluindo os contratos de opção), gozando de oponibilidade frente a terceiros em razão da publicidade dos livros sociais.

Mesmo que se considere a opinião contrária, acredita-se que a expressão "promessa de venda da ação e o direito de preferência à sua aquisição" tenha sido utilizada de maneira ampla e não restrita tão somente aos negócios tecnicamente descritos, sobretudo porque, na época da edição da norma, inexistia, com clareza, definição quanto à diferença entre contrato de opção e o contrato preliminar unilateral (chamado de promessa de venda).

Importante mencionar que a eficácia prática da oponibilidade contra terceiros será objeto de capítulo próprio nesta obra, essencialmente quanto ao momento e pressupostos para tutela jurisdicional das partes envolvidas.

J. A. Tavares Guerreiro já teve a oportunidade de defender que a averbação dos negócios sobre ações previstas no art. 40 da Lei de Sociedade Anônimas tem a função de conferir oponibilidade contra terceiros, não sendo requisito para sua constituição, mas apenas uma condição de eficácia (plano da eficácia), ao contrário do que sucede com o penhor e a transferência de ações, cuja averbação seria um requisito para sua efetiva constituição (plano de validade)[1011].

Assim, concordando com a posição acima, conclui-se que a averbação do contrato de opção de compra ou venda de ações encontra-se no plano da eficácia, de forma que, à sua falta, o contrato apenas produzirá efeitos *inter partes* e não *erga omnes*. A averbação tem por fim propiciar oponibilidade perante terceiros, sem que haja efetiva criação de um direito real sobre as ações[1012].

[1011] Cf. *A função registrária...*, cit., p. 146.
[1012] No mesmo sentido: C. Couto e Silva, *A obrigação...*, cit., 2009, p. 128 (*"Todavia a possibilidade de inscrição de pretensões futuras ou mesmo condicionadas parece indicar que o simples registro não pode resultar situação equivalente a direito real (...) Os efeitos, em algumas hipóteses, serão semelhantes àqueles dos direitos reais. Mas isso não importará em admitir a natureza real do direito de crédito"*); e R. Favale, *Opzione...*, cit., p. 116 (percebe-se que o posicionamento desta parte da doutrina italiana coincide com aquele esposado por J. A. Tavares Guerreiro).

OPÇÃO DE COMPRA OU VENDA DE AÇÕES

Reforça-se, assim, o caráter obrigacional da relação, cujos efeitos, mediante o registro, tornam-se oponíveis frente a terceiros.

Nesta mesma linha caminharam alguns doutrinadores estrangeiros que examinaram o assunto. Na Espanha, por exemplo, apesar de existir grande discussão, prevalece a tese de que o registro não possui caráter constitutivo, servindo unicamente para conferir eficácia real – equivalente à oponibilidade perante terceiros – ao contrato de opção. O registro do contrato de opção seria suficiente para que o beneficiário tivesse o direito de comprar ou vender o bem subjacente na forma em que se encontrava no momento da celebração do contrato, de modo que eventuais ônus ou gravames posteriormente ao registro da opção poderiam ser cancelados quando do exercício da opção[1013].

A conclusão não poderia ser diferente ao se analisar os contratos de opção de compra ou venda a descoberto, nas quais o outorgante ainda não é o efetivo titular das ações objeto do contrato de opção. Caso o registro fosse efetivamente necessário para a constituição do direito, então tais operações não seriam válidas à luz do ordenamento pátrio.

Tais contratos de opção de compra ou venda a descoberto, vale dizer, não podem ser objeto de averbação até que o outorgante ou o beneficiário efetivamente torne-se o titular das ações, de forma que, enquanto não houver a superveniência do direito de propriedade – ou, mais precisamente, da titularidade – sobre as ações, a relação produz efeitos exclusivamente entre as partes. Isso não o torna inválido ou ineficaz perante as partes contratantes, mas impedirá que goze de oponibilidade e exequibilidade perante terceiros e, em especial, em face da própria companhia emissora das ações.

De outra banda, nas hipóteses em que haja cláusula de opção de compra ou venda de ações no âmbito de acordos de acionistas, o regime de publicidade (arquivamento) passa a ser regido pelas normas que lhes são especificamente dirigidas pela legislação. Consoante já defendido por J. A. TAVARES GUERREIRO, as obrigações ou ônus decorrentes de acordos de acionistas também seriam oponíveis contra terceiros, uma vez realizada a averbação do contrato nos livros da sociedade, operando-se a chamada "eficácia reflexa dos negócios jurídicos"[1014].

[1013] Cf. C. S. ASURMENDI, *La opción de compra*, cit., pp. 168, 172 e 201.
[1014] Cf. *Execução específica...*, cit., p. 59.

REQUISITOS FORMAIS E DE EFICÁCIA

À guisa de conclusão, ressalvadas opiniões contrárias, atualmente o contrato de opção pode ser averbado na forma do art. 40 da Lei de Sociedades por Ações, a fim de permitir que, por meio da publicidade – declarativa – proporcionada pelos livros sociais, a **pretensão** à transferência das ações seja oponível perante terceiros.

9. Efeitos Internos perante o Contrato de Sociedade

O presente capítulo tem como escopo primordial a análise dos efeitos especificamente decorrentes do contrato de opção de compra ou venda de ações no âmbito do contrato de sociedade[1015]. Tais efeitos serão analisados tendo como premissa a inexistência de descumprimento das obrigações assumidas por quaisquer das partes no contrato de opção[1016].

Tratar-se-á tão somente dos efeitos advindos dos contratos de opção, em que o beneficiário ainda não tenha exercido o direito formativo gerador e não tenha ocorrido a decadência – do tipo convencional – para tanto[1017].

[1015] Tendo em vista as particularidades do contrato de opção, optou-se por segregar a análise do plano da eficácia ao longo da presente obra. Assim, os efeitos gerais do contrato de opção de compra ou venda ações foram analisados no Capítulo 5 (no subitem 5.1.5.1 que trata de seu efeito típico, ou seja, criação do direito formativo gerador quanto ao contrato optativo) e no Capítulo 8 (no item 8.2. que trata da oponibilidade frente a terceiros), bem como serão abordados no Capítulo 10 (em que será tratada a tutela jurisdicional do contrato de opção).

[1016] As hipóteses de inadimplemento serão abordadas no capítulo seguinte, que trata do regime de execução forçada do contrato de opção ou do contrato optativo, conforme o caso.

[1017] As hipóteses de não exercício voluntário do direito formativo gerador por parte do beneficiário não serão abordadas, pois são consideradas hipóteses de extinção pela caducidade ou renúncia do direito. Também não serão analisados os efeitos advindos do exercício do direito de opção pelo beneficiário, pois, neste caso, há a formação do contrato de compra e venda de ações, sem que haja a transferência da titularidade, ao contrário do que ocorre em países em que a transferência da propriedade (titularidade) opera-se mediante o regime puramente consensual (cf. M. Mousseron – M. Guibal – D. Mainguy, *L'avant...*, cit., p. 350). Nasce, com o exercício, a pretensão oriunda do contrato de compra e venda, tal como se normalmente fosse celebrado. A atenção será voltada no Capítulo seguinte apenas às hipóteses

OPÇÃO DE COMPRA OU VENDA DE AÇÕES

Nesse momento, o contrato optativo ainda não ingressou no mundo jurídico (plano da existência) pela falta do elemento cerne de seu núcleo, a bem dizer, o mútuo consentimento quanto à transferência da titularidade das ações.

Assume-se, neste capítulo, apenas para fins metodológicos, que o contrato de opção tenha sido válida e eficazmente constituído de acordo com as regras de Direito pátrio. Note-se que, conforme abordado no capítulo precedente, os efeitos a serem analisados dependem, em grande medida, da averbação do contrato de opção nos livros da sociedade, conforme permitido pela legislação societária em vigor.

Essencialmente, o beneficiário não se torna proprietário ou titular das ações – objeto mediato – do contrato de opção; este não cria qualquer espécie de direito real em favor do beneficiário[1018], mantendo o outorgante a plena titularidade das ações objeto (mediato) do contrato de opção[1019].

Tal conclusão traz importantes consequências para análise dos efeitos advindos do contrato de opção, não só ao beneficiário como também ao outorgante, no âmbito do contrato de sociedade, sobretudo no que tange ao exercício do direito de voto e à distribuição de dividendos, entre outros.

A questão deixa de ser meramente acadêmica em virtude da natureza do **direito (em sentido) subjetivo** – composto de **poderes formativos** – oriundo do contrato de opção em favor do beneficiário. Analisar-se-á em que medida tal direito subjetivo pode atribuir ao beneficiário qualquer prerrogativa inerente à posição jurídica derivada da participação social no contrato de sociedade.

---

de inadimplemento do contrato de compra e venda pelo outorgante após o exercício do direito formativo gerador por parte do beneficiário.

[1018] Nesse sentido, mostra-se unânime a doutrina estrangeira. Na França: G. GOUBEAUX – P. VOIRIN, *Droit Civil*, cit., p. 367; e M. MOUSSERON – M. GUIBAL – D. MAINGUY, *L'avant...*, cit., p. 339 (em nossa opinião, tais autores defendem, de maneira incorreta, que o contrato de opção cria um direito de crédito, quando, em verdade, o efeito principal é a constituição do direito formativo gerador em favor do beneficiário). Na Itália: E. GABRIELLI, *Trattato...*, cit., p. 195 (referido autor ainda defende inexistir no contrato de opção qualquer restrição ao poder de alienação por parte do outorgante).

[1019] Cf. F. BÉNAC-SCHMIDT, *Le contrat de promesse*, cit., p. 151.

9.1 Assunção da Posição Jurídica no Contrato de Sociedade

Como visto, o contrato de opção cria um direito formativo gerador em favor do beneficiário no que tange à pretensão à aquisição ou alienação das ações. Por outro lado, mostrou-se que as ações representam uma posição jurídica quanto ao contrato (associativo) de sociedade, entendida como a situação composta do conjunto de deveres, direitos, poderes e ônus, não confundível com as posições elementares da relação jurídica.

Como já adiantado, afasta-se a possibilidade de ser considerado o direito de opção como condição meramente potestativa, vedada no ordenamento pátrio e de outros países[1020]. Quando se trata de opções sobre ações, distinguem-se as chamadas "relações internas" – circunscritas às partes contratantes – e as "relações externas" oriundas do contrato de opção.

[1020] Não se pode dizer que os contratos de opção estejam submetidos a condições meramente potestativas, uma vez que nestas, ao contrário do que ocorre nas opções, a potestatividade, ou puro arbítrio, é atribuída ao sujeito que figura no polo passivo da relação jurídica (no caso o outorgante). No presente caso, ocorre exatamente o oposto, dado que a potestatividade – direito formativo gerador – fica nas mãos do beneficiário. Além disso, não existe arbitrariedade ou mero capricho por parte do beneficiário, que exercerá o direito formativo gerador se a formação da relação jurídica optativa lhe parecer vantajosa e conveniente. Essa análise tende a ser menos complexa para os fins desta obra, tendo em vista que apenas os contratos de opção firmados no âmbito empresarial são aqui abordados, de forma que os motivos para exercício do direito de opção estarão sujeitos à análise econômico-patrimonial e dos custos de oportunidade inerentes a tal decisão, tomando-se como norte a busca de lucro pelas partes envolvidas. Assim, não se pode dizer que haja uma condição *si voluero* e muito menos que ela esteja a critério da parte devedora, tal como determinam as normas de direito comparado analisadas no que tange ao assunto. Vide: Na França: "*[...] Art. 1.174 – Toute obligation est nulle lorsqu'elle a été contractée sous une condition potestative de la part de celui qui s'oblige*"; na Espanha: "*[...] Art. 1.115 – Cuando el cumplimiento de la condición dependa de la exclusiva voluntad del deudor, la obligación condicional será nula. Si dependiere de la suerte o de la voluntad de un tercero, la obligación surtirá todos sus efectos con arreglo a las disposiciones de este Código*"; e na Itália: "*[...] Art. 1355. Condizione meramente potestativa. E' nulla l'alienazione di un diritto o l'assunzione di un obbligo subordinata a una condizione sospensiva che la faccia dipendere dalla mera volontà dell'alienante o, rispettivamente, da quella del debitore*". Além disso, a doutrina também debate se as chamadas condições unilaterais, ou seja, aquelas que dependem de uma das partes, são tidas como verdadeiras condições do ponto de vista técnico-jurídico (vide: P. CARBONE, *I tanti volti...*, cit., pp. 242-243). Hoje, praticamente inexistem autores que defendem a presença de eventual cláusula meramente potestativa nos contratos de opção, razão pela qual não se aprofundará no assunto por não trazer utilidade prática (cf. M. CASPER, *Der optionsvertrag*, cit., p. 45).

OPÇÃO DE COMPRA OU VENDA DE AÇÕES

Assumindo ter havido averbação do contrato de opção nos livros sociais, em que pese a existência de apenas dois centros de interesse no plano interno, não há como negar a existência de um terceiro centro de interesse afetado pelos efeitos oriundos do contrato de opção de compra ou venda de ações: a sociedade emissora das ações.

Assim sendo, a prática tem mostrado tratar-se de um triângulo subjetivo extremamente complexo, porquanto cada parte envolvida possua interesses individualmente distintos, cuja conciliação tem se mostrado frequentemente problemática[1021].

No presente capítulo, interessa analisar a situação – como conjunto de direitos, deveres e poderes[1022] – do outorgante e do beneficiário após a celebração do contrato de opção de compra ou venda de ações.

A situação do outorgante é de sujeição em relação ao beneficiário, que pode, a qualquer momento, em virtude de seu poder formativo, decidir levar a cabo o contrato de compra e venda e exigir seu adimplemento pelo outorgante. Além da sujeição, percebe-se que o outorgante possui uma verdadeira expectativa quanto à realização do negócio subjacente, impondo algumas condutas (e não deveres) em razão de dita expectativa.

Especialmente ganha importância a análise da situação do beneficiário frente ao contrato de sociedade no que tange à possibilidade (ou não) de exercer os direitos inerentes às ações, tais como a percepção de dividendos, o exercício dos direitos de voto, de subscrição de aumento de capital e de se retirar da sociedade.

Levando-se em consideração a natureza das ações, parece possível concluir que o contrato de opção de compra ou venda de ações, em última análise, pode ser considerado como um contrato de opção para cessão da posição jurídica[1023] – representada pelas ações – no contrato de sociedade.

[1021] Tanto isto é verdade que alguns autores – ao tratar do usufruto de ações – chegam à conclusão de que se forma um "triângulo maldito" do qual se originam frequentes conflitos de interesses (F. V. CHULIÁ, *Introducción al Derecho Mercantil*, 18. ed., Valencia, Tirant Lo Blanch, 2005, p. 357). Embora não seja tão problemática em comparação ao usufruto de ações, é possível que sejam reproduzidas, temperadamente, tais ideias aos contratos de opção.

[1022] Cf. T. ASCARELLI, *Problemas das Sociedades...*, cit., 2001, p. 492.

[1023] O termo é utilizado com significado diferente daquele trazido por parte da doutrina que estuda a teoria da relação jurídica, conforme mencionado acima, que usa o termo "posições

EFEITOS INTERNOS PERANTE O CONTRATO DE SOCIEDADE

Neste capítulo, discute-se também em que medida os direitos, deveres, poderes e ônus oriundos da posição jurídica no contrato de sociedade podem ser estendidos ao beneficiário do contrato de opção enquanto o direito formativo gerador não é exercido.

Antes de adentrar ao tema, é importante destacar que cada um daqueles direitos, deveres, poderes e ônus são indissociáveis, de modo que, ainda que possam ser encarados separadamente, não são destacáveis e atribuíveis a terceiros, salvo quando houver um corte no direito de propriedade (ou titularidade), como ocorre no caso de usufruto[1024].

Dentre os direitos oriundos da posição jurídica no contrato de sociedade, distinguem-se os direitos essenciais[1025], que não podem ser modificados ou suprimidos pelo estatuto social ou por deliberação em assembleia geral, e os direitos modificáveis ou não essenciais.

Ressalvadas outras classificações doutrinárias existentes, os direitos essenciais são aqueles previstos no art. 109 da Lei de Sociedades Anônimas, podendo ser sintetizados da seguinte maneira: (i) direito de participar nos lucros, (ii) direito de participar do acervo social em caso de liquidação, (iii) direito de fiscalização, (iv) direito de preferência para subscrição de ações,

---

jurídicas elementares", as quais compõem o substrato dos direitos (em sentido) subjetivo e obrigações em sentido lato (cf. G. LUMIA, *Lineamenti...*, cit., 2003, pp.104-115).

[1024] Cf. J. L. BULHÕES PEDREIRA, *Natureza...*, cit., p. 313.

[1025] Utiliza-se, aqui, a expressão "direitos essenciais" em virtude do quanto disposto no art. 109 da Lei de Sociedades por Ações e para designar aqueles direitos tidos como individuais, inderrogáveis ou próprios pela doutrina. Por exemplo, W. BULGARELLI distingue os chamados direitos próprios ou inderrogáveis e os direitos derrogáveis, separando-se os direitos patrimoniais dos direitos instrumentais, nos quais está incluído o direito de voto (cf. *Manual das Sociedades...*, cit., p. 211). M. CARVALHOSA, por sua vez, distingue os direitos individuais (imutáveis pela Assembleia Geral), os direitos de minoria (inalteráveis), os direitos próprios de cada classe de acionista, os direitos de dissidência e os direitos coletivos (cf. *Comentários...*, vol. II, cit., 2003, pp. 335-336). Outra parte da doutrina enxerga os seguintes direitos dos acionistas: (i) individuais (não podem ser modificados sem o consentimento de seu titular); (ii) de minoria (também inderrogáveis, representados por uma determinada classe de ações, podendo ser relacionados, a despeito de toda a discussão, com os *Sonderrechte* no direito alemão); (iii) sociais (aqueles que podem ser afastados pela Assembleia Geral); e (iv) instrumentais, que se prestam ao exercício dos demais direitos (V. H. M. FRANCO, *Manual...*, vol. II, cit., p. 199). F. V. CHULIÁ, em sede de direito espanhol, distingue os direitos oriundos de ações em várias categorias: (i) direitos econômicos e políticos; (ii) direitos individuais (atribuídos a todos acionistas) e de minoria (apenas para determinadas classes); e (iii) inderrogáveis e derrogáveis (cf. *Introducción...*, cit., p. 329).

OPÇÃO DE COMPRA OU VENDA DE AÇÕES

partes beneficiárias conversíveis em ações, debêntures conversíveis em ações e bônus de subscrição, e (v) direito de recesso, conforme previsto em lei[1026].

A seguir, será analisada individualmente a situação de alguns destes direitos no que tange ao contrato de opção de compra ou venda de ações, a fim de estabelecer a quem competirá seu exercício enquanto não se forma a relação de compra e venda optativa.

O direito de voto, por sua vez, embora não seja considerado essencial[1027] (pode ser suprimido ou alterado pelos estatutos) também será incluído na análise. A razão é simples. Ele é o mais importante dos chamados "direitos de participação"[1028] ou "políticos"[1029] decorrentes das ações – motivo pelo qual é relevante sua análise ao lado dos direitos tidos como essenciais.

[1026] Cf. J. E. Tavares Borba, *Direito Societário*, cit., 2003, p. 335. Parcela importante da doutrina nacional elenca apenas os três primeiros direitos mencionados acima como sendo "direitos absolutos" (cf. H. M. D. Verçosa, *Curso...*, vol.3, cit., p. 244).

[1027] A essencialidade do direito de voto nas sociedades anônimas já foi objeto de estudo de grandes autores ao longo dos anos. A título de exemplo, no direito nacional, podem ser mencionadas as lições de S. Vampré, no âmbito de vigência do Decreto n. 434 de 1.891, que já determinava não ser o direito de voto essencial aos acionistas (cf. *Das sociedades anonymas*, São Paulo, Pocai-weiss & C., 1914, p. 53). Esta discussão já vinha sendo travada no Decreto-lei nº 2.627/40, o qual, inspirado no âmbito do momento político do Estado Novo do ex--Presidente Getúlio Vargas, voltado à supressão do direito de voto político do cidadão, acabou por não seguir a tendência dos países eminentemente democráticos (França, Suíça, entre outros). Assim, ao se filiar à tendência germânica do período nazista (de supressão aos direitos individuais dos acionistas – *Sonderrecht*), acabou por não elevar o direito de voto à categoria dos direitos que não poderiam ser privados dos acionistas (cf. M. Carvalho-sa, *Comentários...*, vol. II, cit., 2003, p. 326). Seguindo-se a tradição dos antigos diplomas e, ainda, o momento de repressão ao direito de voto dos cidadãos verificada no regime de ditadura militar, a atual Lei de Sociedades Anônimas (editada em 1976) manteve o direito de voto apartado dos chamados direitos essenciais dos acionistas (listados no seu art. 109). Assim sendo, o direito de voto enquadra-se na categoria dos direitos modificáveis, razão pela qual existe a possibilidade de emissão de ações sem direito de voto, a despeito da tendência de abolição de dita modalidade em virtude de boas práticas de governança corporativa (F. Shayer, *Governança Corporativa e ações preferenciais – Dilema do legislador brasileiro* in Revista de Direito Mercantil n. 126, pp. 75-85).

[1028] Importante trazer a distinção trazida por H. Wiedeman que, ao segregar a análise dos princípios estruturais do direito societário em ordenamentos, enxerga a existência dos chamados direitos de participação (direito de voto ou poderes de gestão) ao lado dos direitos patrimoniais, direitos de informação e direito de se retirar da sociedade (Cf. H. Wiedemann, *Gesellschaftsrecht I – Grundlagen*, trad. port. de Erasmo Valladão A. e N. França, *Excerto do direito societário I – fundamentos* in Revista de Direito Mercantil, Industrial, Econômico e Financeiro, n. 143, jul./set. 2006, pp. 67-68). Outra classificação é trazida por A. Menezes Cordeiro,

EFEITOS INTERNOS PERANTE O CONTRATO DE SOCIEDADE

O direito de voto, por ser um instrumento de considerável importância para a sociedade, pois conduz à determinação da vontade social (encarada como uma decisão coletiva a ser manifestada para terceiros alheios à sociedade por meio dos seus diretores), deve ser analisado em conjunto com os direitos essenciais. Sua importância é tamanha que parte da doutrina o encara como o principal direito do acionista[1030].

Dada a sua importância, a doutrina não o considera apenas como um direito, mas também um poder, na medida em que é capaz de influir nas esferas jurídicas alheias, em especial na esfera jurídica da sociedade[1031].

Tal direito-poder não se limita apenas ao voto individualmente considerado. Há direitos e prerrogativas acessórias que lhe são inerentes e que devem ser observados, para o pleno exercício do direito de voto, como os que se seguem: (i) direito de comparecimento e manifestação na Assembleia Geral; (ii) direito de constituir prepostos; (iii) direito de protesto; (iv) direito de requisitar informações à mesa ou à diretoria acerca da matéria da ordem do dia; e (v) direito de expressar, verbalmente ou por escrito, o seu voto[1032].

Nesta obra, a fim de não alargar demasiadamente o seu escopo, serão analisados somente os itens (i) e (v) no que tange aos contratos de opção de compra ou venda de ações, por se apresentarem como os mais relevantes na prática.

Por fim, pela própria natureza e função do negócio outorgativo de opção, o beneficiário ainda pode exercer alguma influência dominante no controle da sociedade emissora das ações, o que também será objeto de análise.

---

que divide os direitos dos acionistas em patrimoniais, participativos e pessoais (Cf. *Manual...*, cit., p. 573).

[1029] Cf. F. V. CHULIÁ, *Introducción...*, cit., p. 333.

[1030] Cf. M. CARVALHOSA, *Comentários...*, vol. II, cit., 2003, p. 327. O voto é um instrumento muito antigo, sendo que desde os primórdios da democracia, na Grécia Antiga, a manifestação da vontade da coletividade baseava-se no cômputo da maioria dos votos dos indivíduos presentes (cf. ROUSSEAU, Jean Jaques, *Du contrat social*, trad. e anot. port. de Edson Bini, *Do Contrato Social*, Bauru, Edipro, 2000, p. 123).

[1031] Cf. T. ASCARELLI, *Problemas das Sociedades...*, cit., p. 491.

[1032] Cf. W. FERREIRA, *Tratado...*, vol. IV, cit., p. 310.

OPÇÃO DE COMPRA OU VENDA DE AÇÕES

9.2 Obrigações Negativas e Posição Jurídica no Contrato de Sociedade

O beneficiário não se torna titular das ações objeto do contrato de opção de compra antes do exercício do direito formativo gerador, razão pela qual todos os direitos e deveres inerentes às ações continuam sendo de titularidade e responsabilidade do outorgante.

Ao contrário do que ocorre com o acionista que tem ampla liberdade para exercício de todos os direitos inerentes à posição jurídica nos contratos de sociedade, a parte que figura no polo subjetivo passivo do contrato de opção acaba sofrendo certas limitações no exercício do conjunto de direitos, ônus, poderes e obrigações decorrentes das ações.

Isso decorre do fato que, atrelados à situação de sujeição que o outorgante assume no contrato de opção, encontram-se os deveres secundários e acessórios. Não basta a situação de sujeição abstrata, de forma que efetivamente o outorgante assume, mesmo que implicitamente, obrigações negativas que são inerentes à possibilidade de exercício do direito formativo gerador pelo beneficiário.

As principais obrigações, aqui entendidas no conceito exposto acima, sobre a regra de conduta, são aquelas de não frustrar o exercício do direito formativo gerador pelo beneficiário e não praticar atos que possam conduzir a redução da plena eficácia do contrato optativo ou do valor do bem mediato objeto da relação jurídica constituída pelo contrato de opção (ações)[1033]. Parte da doutrina também identifica os deveres de cuidado assumidos implicitamente pelo outorgante em relação às ações objeto da opção, o que vai abranger o exercício de voto nas assembleias gerais, entre outros[1034].

Qualquer atitude que possa reduzir a substância e a qualidade das ações, como originalmente previstas no contrato de opção, pode ser enquadrada no conceito de atos que reduzem seu valor ou que possam frustrar o exercício do direito formativo gerador[1035].

[1033] A. CHIANALE, *Opzione...*, cit., p. 142.

[1034] Diz-se na doutrina – sobretudo italiana – que o outorgante remanesce obrigado a custodiar os bens objeto da opção: A. CHIANALE, *Opzione...*, cit., p. 142 (*"La soggezione all'esercizio del diritto al trasferimento pone a carico del concedente anche l'obbligazione accessoria di custodiare il bene oggeto di opzione"*).

[1035] Incluem-se nesta categoria aqueles de disposição das ações, os quais serão analisados no capítulo seguinte.

EFEITOS INTERNOS PERANTE O CONTRATO DE SOCIEDADE

Tais obrigações negativas são inerentes à situação de sujeição e representam a maneira de não frustrá-la. Em um conceito mais amplo, o outorgante assume a obrigação de não praticar atos que possam implicar na violação do vínculo de sujeição que liga o outorgante ao direito formativo gerador do beneficiário. Com relação a estas obrigações, ainda, elas impedem que o outorgante continue a desempenhar a posição jurídica no contrato de sociedade ampla e livremente conforme os demais acionistas.

Há, assim, uma limitação na atuação do outorgante, que é de **menor intensidade** do que aquelas que são criadas em favor do credor pignoratício e do usufrutuário, tal qual disposto na Lei de Sociedade por Ações[1036].

O contrato de opção, apesar de não representar um direito real, cria certas restrições ao desempenho da posição jurídica no contrato de sociedade pelo outorgante, as quais serão objeto de análise a seguir.

9.3 Direitos Essenciais e Direito de Voto

Deixou-se para o presente subitem a análise das principais situações em que pode haver fricção de interesses entre outorgante e beneficiário, na ausência de detalhamento pelas partes no contrato de opção[1037].

[1036] *"[...] Art. 113. O penhor da ação não impede o acionista de exercer o direito de voto; será lícito, todavia, estabelecer, no contrato, que o acionista não poderá, sem consentimento do credor pignoratício, votar em certas deliberações. / Art. 114. O direito de voto da ação gravada com usufruto, se não for regulado no ato de constituição do gravame, somente poderá ser exercido mediante prévio acordo entre o proprietário e o usufrutuário".*

[1037] Importa notar que neste item serão abordadas majoritariamente as opções de compra. Além disso, eventual ausência de completa disciplina dos *elementos particulares* a serem analisados neste capítulo não implica em eventual ineficácia do contrato de opção. O contrato de opção deve conter, além dos *elementos categoriais*, todos os *elementos particulares*, o que não impede que possa haver dúvidas ou certa divergência interpretativa do escopo de cláusulas explícitas ou implícitas, o que é decorrência imediata da *racionalidade limitada* dos seres humanos, que leva à incompletude da totalidade dos contratos (E. M. FARINA – P. FURQUIM DE AZEVEDO – M. S. SAES, *Competitvidade...*, cit., pp. 73-74; e A. W. KATZ, *The Option...*, cit., pp. 2213). Sem adentrar em maiores detalhes quanto ao assunto, pois extravasaria os limites desta obra, deve-se concluir que o grau de completude dos elementos particulares deve levar em consideração o padrão de *racionalidade limitada* das partes, bem como as condições individuais da contratação em si, a fim de aferir se eventual lacuna ou contingência não prevista no contrato extrapolaria os limites da *racionalidade* inerente a todos os contratantes (o que não abalaria a eficácia do contrato de opção e do contrato optativo) ou, contrariamente, estariam

OPÇÃO DE COMPRA OU VENDA DE AÇÕES

A primeira delas trata da titularidade ao recebimento da distribuição de resultados pela sociedade. Neste caso, antes do exercício do direito formativo gerador, se nada tiver sido pactuado pelas partes, o outorgante continuará a fazer jus ao recebimento de qualquer distribuição de resultados pela sociedade aos acionistas, seja a título de dividendos, juros sobre capital próprio ou qualquer outra forma eventualmente existente.

O outorgante continua possuindo o direito de comparecimento às assembleias gerais e de voto, visto que inerente à titularidade das ações[1038]. Ao beneficiário, ao contrário do que sucede nas hipóteses de usufruto e penhor de ações, não será conferida tal prerrogativa, salvo se contratualmente acordado pelas partes[1039].

Tendo em vista que o outorgante permanece com o direito-dever de promover a administração ordinária das ações objeto do contrato de opção, este continua com a titularidade do direito-poder de manifestar o voto nas deliberações sociais[1040].

Para algumas deliberações, é inegável que o beneficiário possa ter um interesse legítimo, sob pena de ter a existência ou substância do objeto (mediato) do contrato de opção abalada. A doutrina, em geral, trata acerca da vedação da prática de atos que possam alterar a natureza do bem objeto do contrato de opção[1041].

---

dentro da racionalidade esperada dos contratantes em questão (maculando a eficácia prática daqueles). Conforme já mencionado na doutrina, deve-se avaliar se os termos contratuais foram de fato estabelecidos dentro de um dado universo de condições (S. SHAVELL, *Economic...*, cit., p. 1). Apenas para fins metodológicos, assumir-se-á neste capítulo que eventuais lacunas não são suficientes para abalar a eficácia típica e prática do contrato de opção e do contrato optativo em questão.

[1038] Embora não haja previsão na Lei de Sociedades por Ações, ao contrário do que ocorre com os credores de ações empenhadas (art. 113) ou usufrutuários (art. 114), as partes em um contrato de opção, que não seja a descoberto, podem estabelecer mecanismos de representação para que o beneficiário possa comparecer e votar nas assembleias. A utilização de mecanismos de procurações irrevogáveis com obrigação de renovação à expiração do prazo legal tem sido discutida e utilizada na prática.

[1039] Mesmo em tais casos, deve-se fazer uma análise concreta, a fim de saber qual a intenção do beneficiário no comparecimento, a fim de se evitar a utilização de tal expediente para obtenção de informações a que não faria jus ou mesmo para tumultuar o bom andamento dos negócios e da assembleia da sociedade em questão.

[1040] Cf. J. T. CHARLES, *El contrato de opción*, cit., p. 229.

[1041] Idem, ibidem, p. 229.

EFEITOS INTERNOS PERANTE O CONTRATO DE SOCIEDADE

Apesar da infinita gama de deliberações existentes, foram elencadas algumas que, na prática, podem implicar em alterações na substância das ações, tais como: (a) operações de fusão, cisão e incorporação, bem como alienação de ativos substanciais da sociedade; (b) exercício do direito de retirada; ou (c) dissolução da sociedade.

À luz dos direitos negativos tratados acima, a liberdade de exercício do direito de voto pelo outorgante poderá ser tolhida em alguns aspectos. Tal restrição está intimamente ligada aos deveres secundários analisados anteriormente, assim como aos ditames da boa-fé, da vedação ao abuso de direito e da defesa das legítimas expectativas das partes[1042].

Para uma análise mais completa da questão, excluindo as operações a descoberto, mister se faz distinguir as relações no plano externo (que envolvem a sociedade emissora e demais acionistas), daquelas no plano interno (que dizem respeito às partes contratantes)[1043].

No que tange às relações no plano externo, o que se está a perquirir é a extensão da legitimação perante terceiros, para que o outorgante exerça alguns direitos inerentes à ação no âmbito da sociedade emissora que possam implicar na frustração do exercício do direito formativo gerador oriundo dos contratos de opção de compra ou venda.

Nesse sentido, pode-se concluir, sem maiores questionamentos, que a plena legitimação externa para exercício do direito de voto continua com o outorgante da opção de compra e com o beneficiário da opção de venda (ou seja, com a parte que permanece com a titularidade das ações).

[1042] A restrição ora colocada em lume não está relacionada àquelas limitações oriundas de posições de conflito de interesses em que o acionista pode estar em relação à sociedade. Por fugir ao tema da presente obra, não se entrará no exame da suposta exigência de se exercer o voto com base no interesse social da sociedade. Para referência ao conceito de interesse social, convém analisar as lições de E. VALLADÃO, que abordou de forma completa as teses existentes dentro de duas grandes correntes: a teoria contratualista e a teoria institucionalista (E. VALLADÃO FRANÇA, *Conflito de interesses nas assembléias de S. A.*, São Paulo, Malheiros, 1973, pp. 47 e ss).

[1043] Cf. B. VISENTINI, *Azione...*, vol. IV, cit., p. 1000 (referido autor comenta das relações internas e externas nos negócios de usufruto de ações, o que, apesar da diferença na natureza do direito em questão, real *versus* obrigacional, pode ser replicado quase que integralmente para a análise a ser feita dos contratos de opção neste capítulo).

OPÇÃO DE COMPRA OU VENDA DE AÇÕES

A restrição, portanto, seria na forma de exercício do direito de voto, bem como na eventual necessidade de consulta prévia ao beneficiário do direito de opção, o que se passa no plano interno.

Dada a incerteza inerente ao contrato de opção, não se pode impor limitação de **grande intensidade** ao exercício de voto do outorgante que possa impedi-lo de decidir os rumos da sociedade ou de buscar maximizar, a seu critério, o valor do bem que ainda permanece em sua propriedade.

O voto não pode ser exercido de forma abusiva ou com intenção de frustrar intencionalmente a possibilidade de exercício do direito formativo gerador conferido ao beneficiário do contrato de opção. O outorgante, assim, não pode abusar de sua posição jurídica desempenhada no contrato de sociedade em detrimento da posição ativa do contrato de opção assumida pelo beneficiário, por meio do exercício abusivo do direito-poder de voto[1044].

Dessa feita, avançando ao exame das situações concretas mencionadas acima, o outorgante continua sendo legitimado a exercer o voto nas deliberações que visem à dissolução da sociedade, bem como a invocar o direito de retirada nas situações previstas na lei ou no estatuto social.

Exige-se que o outorgante não exerça o voto no tocante a tais matérias com o fim único de frustrar o direito formativo gerador do beneficiário no contrato de opção. De acordo com a situação individualmente considerada, cabe avaliar qual seria a conduta do outorgante, caso a mesma situação se apresentasse à sua frente sem que as ações estivessem contempladas pelo contrato de opção.

Se a conduta do outorgante fosse exatamente a mesma em um cenário que não existisse contrato de opção, ao beneficiário não caberia qualquer medida reparatória ou protetiva contra aquele. Caso contrário, o beneficiário poderá tomar as medidas cautelares e preventivas para evitar o exercício do direito de voto, assim como pleitear indenização por conta de frustração intencional do seu legítimo direito formativo gerador.

Concorda-se que, ao lado da situação de sujeição e dos deveres secundários, cabe ao outorgante o dever de informar o beneficiário, como corolário direto

---

[1044] Cf. G. LUMIA, *Lineamenti...*, cit., 1999, p. 18 (*"Genericamente, por abuso de direito pode entender-se o uso anormal de uma ou mais posições ativas. (...) O exercício do direito encontra todavia certos limites de lealdade e de boa-fé que são inseparáveis das exigências de uma convivência civilmente ordenada, e cuja infração origina o fenômeno abusivo"*).

EFEITOS INTERNOS PERANTE O CONTRATO DE SOCIEDADE

do princípio da boa-fé, antes de exercer o direito de voto em tais deliberações, a fim de conferir ao beneficiário a possibilidade de exercício do direito formativo gerador, caso discorde da decisão a ser tomada pelo outorgante.

É importante que se reconheça a dificuldade para a produção de prova nos casos acima elencados, o que pode trazer dificuldades ao exercício material da proteção à posição jurídica ativa assumida pelo beneficiário no contrato de opção.

Além disso, tem-se de reconhecer, também, que, em tais situações, eventual tutela inibitória que vise evitar a prática de tais atos, anteriormente à sua realização, encontra grandes obstáculos práticos.

Por fim, a partir da verificação da situação do beneficiário em face do contrato de sociedade, o contrato de opção pode ser tido como um meio para exercer o controle externo da sociedade[1045], o que pode lhe acarretar eventual responsabilização por abuso de poder, tal qual disposto na legislação societária atual.

Tais questões foram já levantadas por parte da doutrina, sobretudo italiana[1046], sem que tenha havido uma análise sistemática das hipóteses e da tutela das partes envolvidas, o que demonstra a complexidade do assunto, cuja solução dependerá essencialmente de análise casuística.

Por representarem contratos que podem interferir no quadro societário de determinada sociedade em razão da relação entre poder jurídico e incerteza

---

[1045] F. K. COMPARATO, *O poder de controle na sociedade anônima*, atual. por Calixto Salomão Filho, 4. ed. Rio de Janeiro, Forense, 2005, p. 89: "*O controlador, no caso, não é necessariamente membro de qualquer órgão social, mas exerce seu poder de dominação ab extra*". Da mesma forma, assume-se nesta obra o conceito de controle externo conforme "*sendo aquele sem que haja o exercício do direito de voto*" (cf. J. H. GUIDUGLI, *Controle Externo Contratual – O desenvolvimento da empresa e os grupos de contratos sob o direito societário*, São Paulo, Quartier Latin, 2006, p. 73). Adicionalmente, o controle externo, pela via de contratos ou por meio de exercício de posição dominante (inclusive mediante a possibilidade de exercício de um direito formativo gerador), já vem sendo previsto em diversos ordenamentos estrangeiros, tal como no *Delaware General Corporation Law*, que dispõe em seu § 203 (c) (4) que "*[...] the power to direct or cause the direction of the management and policies of a person whether through the ownership of voting stock, by contract or otherwise.*"

[1046] "*[...] la disciplina delle posizioni 'qualificate' di socio (controllo, partecipazione rillevanti, conflitto di interessi, obblighi di comunicazione alle autorità di vigilanza, regole antitrust) e la sua applicabilità al sogetto beneficiario di un'opzione di acquisto di azioni (...)*" (E. PANZARINI, *Il contratto di opzione*, cit., p. XXXVI).

OPÇÃO DE COMPRA OU VENDA DE AÇÕES

verificada acima, é inegável a possibilidade de existência de uma influência direta do beneficiário sobre o outorgante e sobre a própria sociedade, podendo, a depender das circunstâncias, acarretar a incidência de normas que visem coibir o exercício de poder (*lato sensu*) de controle de forma abusiva.

10. Tutela Jurisdicional

Inicia-se o presente capítulo com as lições de L. Vidigal no sentido de que o valor do **direito** (enquanto conjunto de normas) reside na possibilidade de sua efetiva realização[1047].

Com base nessa ideia finalista, serve o presente capítulo para analisar as formas de tutela jurisdicional dos contratos de opção no ordenamento pátrio. Assim, de tudo o que foi exposto, interessa agora o exame da **execução forçada** (em sentido lato) dos contratos de opção de compra ou venda de ações.

Este capítulo encontra-se intimamente ligado aos capítulos anteriores em que foram explorados os requisitos de referido negócio em relação aos aspectos formais de validade e eficácia, visto que a tutela judicial apenas será possível se tais requisitos estiverem em perfeita ordem[1048].

Vale a pena consignar que a escolha do contrato de opção de compra ou venda de ações nesta obra não foi por acaso e encontra grande relação com a forma de sua proteção judicial. Isto porque a natureza jurídica da ação

---

[1047] L. E. Vidigal, *Da execução...*, cit., p. 9 (*"O direito existe para se realizar. Todo o seu valor reside na possibilidade prática de sua realização"*). De forma semelhante, passando pelo direito processual, vide: J. R. Bedaque, *Direito e Processo: influência do direito material sobre o processo*, 2ª ed., São Paulo, Malheiros, 2001, pp. 129-130; e A. C. Cintra – A. P. Grinover – C. R. Dinamarco, *Teoria...*, cit., p. 45.

[1048] Cabe advertir que o presente capítulo não tem a pretensão de esgotar os aspectos processuais da execução forçada dos contratos, mas apenas trazer as linhas gerais quanto aos remédios legais existentes.

OPÇÃO DE COMPRA OU VENDA DE AÇÕES

estimula o aprofundamento do exame de sua patologia e eventuais remédios existentes[1049].

A análise a ser feita neste capítulo é de suma importância, tanto sob um aspecto econômico quanto jurídico, pois representa a análise da realização prática do **direito formativo gerador** oriundo do contrato de opção[1050].

Para os empresários e agentes do mercado, em sentido amplo, interessa observar a efetividade da contratação e a confiabilidade dos remédios judiciais aplicáveis, caso uma das partes venha a descumprir as obrigações assumidas, pois implica em uma valoração de risco para a tomada de decisão quanto à utilização (ou não) de referido contrato como instrumento para satisfação de seus interesses patrimoniais[1051].

Do ponto de vista jurídico, a garantia ou proteção assegurada pela ordem jurídica da satisfação de qualquer direito (em sentido) subjetivo violado é o único elemento dos negócios jurídicos que ainda não havia sido objeto de exame na presente obra[1052].

[1049] *"La caratteristica natura delle azioni e quote di società, per le quali è ricorrente la definizione di beni di 'secondo grado', è di particolare sollecitazione per l'approfondimento della'indagine sulle patologie del contratto di opzione e sui rimedi applicabili."* (E. Panzarini, *Il contratto di opzione*, cit., p. XXXV).

[1050] Como tem sido dito na doutrina *"a luta pelo direito constitui um dever moral; é um dever jurídico aquele que é inerente ao exercício do poder jurídico em sentido estrito."* (L. E. Vidigal, *Da execução...*, cit., p. 25).

[1051] E. Berglöf – S. Claessens, *Enforcement and Good Corporate Governance in Developing Countries and Transition Economies (2006)*, Vol. 21, The World Bank Research Observer, 2006, abstract disponível in http://ssrn.com/abstract=916924 [02.01.2011] (*"More than regulations, laws on the books, or voluntary codes, enforcement is key to creating an effective business environment and good corporate governance, at least in developing countries and transition economies"*); e V. Prado, *Reflexões sobre enforcement de normas societárias* in A. Sarno Neto et al., *Poder Judiciário e desenvolvimento do mercado de valores mobiliários brasileiro*, São Paulo, Saraiva, 2007, p. 113.

[1052] E. Espínola, *Os direitos reais no direito civil brasileiro*, Rio de Janeiro, Conquista, 1958, p. 188; J. M. Antunes Varela, *Das obrigações...*, vol. I, cit., p. 129; e M. A. Andrade, *Teoria da relação jurídica...*, cit., pp. 22-23 (*"São tais providências que constituem a garantia da relação jurídica. Providências que, nas relações jurídicas do direito privado mais típicas e frequentes (maxime nas obrigações em sentido técnico), consistem essencialmente no seguinte: se o sujeito passivo não cumpre o dever jurídico, o Estado, por intermédio dos tribunais, procede contra os seus bens, em ordem a obter à custa deles a satisfação devida ao sujeito activo ou outra quanto possível equivalente."*).

TUTELA JURISDICIONAL

Os contratos – em sua função de harmonização de conflitos, em busca do bem-estar individual[1053] e de previsão de sanções para o futuro[1054] – têm o escopo de conferir benefícios, vantagens e/ou utilidades patrimoniais para as partes. Não obstante, dado ser o instrumento apto a disciplinar interesses e relações entre elas, é evidente a existência de um interesse social que permeia o seu regramento, sendo de suma importância que haja tutela judicial adequada em caso de inadimplemento ou violação[1055].

Há, contudo, determinadas relações que são de tal forma específicas e importantes para os particulares, que, como política pública, impõe-se ao Estado interferir na esfera particular[1056] para que se possa obter o cumprimento da prestação prometida.

Em outras palavras, é dizer que os remédios processuais devem proporcionar ao titular de um direito o seu cumprimento na exata extensão e forma que lhe tenha sido atribuído[1057], cabendo ao Estado, em tais hipóteses, colocar à disposição dos particulares os mecanismos para obter a satisfação do direito violado.

É nesse contexto que se insere a análise dos contratos e da possibilidade de sua "tutela específica" por parte do beneficiário, caso haja violação

---

[1053] Não se ingressará nas discussões acerca das novas teorias acerca da função dos contratos, sobretudo daquela corrente que enxerga um viés de solidariedade no direito contratual (cf. P. MALINVAUD, *Droit...*, cit., p. 54).

[1054] Cf. E. BETTI, *Teoria genereal...*, cit., 1959, p. 135.

[1055] Não obstante, ao longo deste capítulo, a fim de evitar a repetição demasiada do termo "inadimplemento", utilizaremos indistintamente os vocábulos inadimplemento, descumprimento, quebra e outros assemelhados como sendo sinônimos e aplicáveis não só às obrigações (de dar, fazer, ou não fazer), como também dos direitos formativos geradores.

[1056] Importante notar que a interferência do Estado nas relações patrimoniais circunscreve-se tão somente ao patrimônio dos sujeitos, não podendo, como já fora outrora permitido na Antiguidade e nas sociedades medievais, qualquer interferência na vida, liberdade ou integridade dos sujeitos. Vide: C. R. DINAMARCO, *Instituições de Direito Processual Civil. Execução Forçada*, volume IV, São Paulo, Malheiros, 2004, pp. 37-38 ("*O modelo brasileiro de execução civil associa funcionalmente medidas de sub-rogação, consistentes na produção dos resultados desejados independentemente de qualquer colaboração ou participação do obrigado, e medidas de coerção psicológica, como multas periódicas e outras, mediante cuja imposição se procura motivar o devedor a cumprir a obrigação (...) A tutela executiva, como a tutela jurisdicional em geral, é sujeita a certas limitações ditadas pela natureza das coisas ou por opções políticas do constituinte e do legislador.*").

[1057] Cf. C. R. DINAMARCO, *Instituições...*, cit., pp. 442.

OPÇÃO DE COMPRA OU VENDA DE AÇÕES

do vínculo de sujeição que liga o outorgante ao direito formativo do beneficiário[1058].

Será objeto deste capítulo a análise da relação entre (a) o grau de acessibilidade e intensidade dos meios proporcionados por um ordenamento jurídico quanto à tutela específica de obrigações inadimplidas e (b) a respectiva política legislativa e os valores morais ligados à irrevogabilidade das propostas e ao cumprimento dos contratos[1059].

[1058] Convém explicitar que não serão abordadas as hipóteses de inadimplemento das obrigações assumidas no contrato de opção por parte do beneficiário, a fim de não alargar demasiadamente o escopo do presente capítulo, bem como porque parece não residir grande debate em torno de tal situação. Na hipótese de não pagamento do prêmio pelo beneficiário, o outorgante poderá simplesmente resolver o contrato e se liberar da situação de sujeição imposta pelo contrato de opção com base na regra da "exceção do contrato não cumprido" prevista no artigo 476 do Código Civil pátrio.

[1059] A presente obra não trata dos contratos de opção firmados apenas por acionistas e que, de alguma forma, pudessem ser considerados como acordo de acionistas, tal como previsto na legislação societária. Assim, não se entrará, de forma detalhada, na discussão acerca do enquadramento de um acordo *entre* acionistas, que verse somente sobre opção de compra ou venda das ações detidas por cada um deles, na descrição dos chamados acordos de acionistas previstos no *caput* do artigo 118 da Lei de Sociedades Anônimas, que restringe a amplitude das matérias sujeitas à observância e interferência diretamente na esfera da sociedade, se nela arquivado ou averbado (quando se tratar de acordo de compra ou preferência), apenas às seguintes hipóteses: (a) compra e venda de ações, (b) preferência para adquiri-las, ou (c) exercício do (c.1.) direito a voto ou (c.2) do poder de controle. Para todos os fins, com base na doutrina majoritária, assumindo que não haja quaisquer outras matérias disciplinadas, parece razoável concluir que um acordo *entre* acionistas que preveja uma cláusula de opção de compra ou venda de ações possa ser enquadrado nas hipóteses legalmente descritas como um "acordo acerca da compra e venda das ações" (cf. M. Bertoldi, *Acordo de acionistas*, São Paulo, Revista dos Tribunais, 2006, p. 95; e I. Muniz – A. C. Branco, *Fusões e aquisições: aspectos fiscais e societários*, São Paulo, Quartier Latin, 2007, p. 277) ou, de forma não técnica, uma preferência para sua aquisição, sujeitando a sociedade à sua observância. Assim, na hipótese de ser considerado como acordo de acionistas, se houver cláusula de opção de compra e quaisquer das partes venha a solicitar a transferência das ações objeto do acordo, caberá à sociedade recusar a implementação do registro da transferência solicitada (cf. M. Bertoldi, *Acordo de acionistas*, cit., pp. 108-112). A grande diferença em relação aos contratos de opção que não sejam acordos de acionistas seria a divergência de tratamento atribuída ao negócio em questão quanto à eficácia extrajudicial representada pela participação e vinculatividade da sociedade no cumprimento das obrigações previstas quando houver inadimplemento por quaisquer das partes (cf. M. Bertoldi, *Acordo de acionistas*, cit., pp. 110-112), com reflexos no regime da tutela específica, pois, nestes casos, a parte lesada poderia, como exceção ao princípio da relatividade dos contratos, também, envolver a sociedade (que não é parte no acordo de acionistas) no polo passivo de eventual demanda judicial, visando à tutela específica de seu direito (em sentido)

Dessa forma, o presente capítulo destina-se a analisar a efetividade prática dos contratos de opção, sobretudo no que tange à possibilidade (ou não) de tutela específica em caso de violação dos direitos subjetivos (em sentido amplo) de cada uma das partes no contrato de opção e no contrato optativo de compra e venda de ações.

Por fim, apresentar-se-ão algumas considerações, à luz do ordenamento jurídico pátrio, acerca da eventual aplicação da teoria da quebra eficiente aos contratos de opção aqui analisados.

subjetivo previsto no acordo em questão. Eventual não caracterização do contrato de opção aqui estudado no escopo de abrangência do *caput* do artigo 118, embora, em teoria, não permita essa *eficácia extrajudicial* com o envolvimento da sociedade, não significa que as partes ficarão desprovidas da possibilidade de tutela específica prevista na legislação processual, podendo-se utilizar o mesmo racional que se emprega para as situações em que não se tenha previsto expressamente a possibilidade de execução específica nos acordos de acionistas, na forma do § 3º do artigo 118 da Lei de Sociedades por Ações (a expressão execução específica utilizada pelo legislador foi objeto de críticas pela doutrina, mas pode-se entendê-la como referência ao cumprimento por meio de ato judicial e não ao procedimento de execução em si, conforme lições de M. CARVALHOSA (cf. *Comentários...*, vol. II, cit., 2008, pp. 533-535)). De forma semelhante, no sentido de ser lícito às partes buscar a tutela específica independentemente do disposto na legislação societária, já escreveu J. A. TAVARES GUERREIRO que *"[...] o legislador não produziu nenhuma regra a propósito da execução específica, fazendo simples remissão à lei processual, aliás dispensável, não fora o antigo debate sobre a validade dos acordos de acionistas e sobre os limites de sua execução"* (cf. *Execução...*, cit., p. 50); o que foi endossado por diversos autores nacionais, como I. MUNIZ e A. BRANCO (cf. *Fusões...*, cit., p. 284). Além disso, pode haver responsabilização da sociedade, caso ela venha a promover a transferência de ações em desacordo com eventual contrato de opção de compra ou venda das ações, não equiparável ao acordo de acionistas, que tenha sido averbado nos livros sociais, sob o argumento de eventual culpa da sociedade (cf. T. M. VALVERDE, *Sociedades...*, vol. I, cit., p. 207). A diferença seria o grau de envolvimento e vinculação da sociedade no que tange aos termos do acordo e no regime judicial colocado à disposição do beneficiário, tendo em vista que nos acordos de acionistas a sociedade passa a ter efetivamente uma obrigação, legalmente constituída, de observar os termos do acordo (ou seja, não praticar quaisquer atos que estejam em desacordo com os termos previstos), ao passo que na segunda hipótese há apenas responsabilização da sociedade decorrente da prática de um ato ilícito (arts. 186 e 927 do Código Civil) por violar, por meio de sua negligência, o direito de opção do beneficiário. Além disso, justifica-se a exclusão do acordo de acionistas regido pelo art. 118 da Lei das Sociedades do tema da presente obra, haja vista que, muitas vezes, trata de diversas matérias, existindo apenas uma cláusula de opção de compra ou venda de ações. Dessa feita, em virtude dessas peculiaridades, bem como do fato de que tais acordos de acionistas, em último caso, também estariam sujeitos à tutela específica, preferiu-se tratar nesta obra dos contratos de opção que não sejam acordos de acionistas e que, de partida, dependem dos remédios previstos na legislação processual (não necessariamente a tutela específica) para satisfação dos interesses quanto à compra ou venda de ações.

10.1 Breves Notas sobre a Tutela Específica

Antes de adentrar ao exame do presente subitem, convém esclarecer o conceito de tutela específica para os fins da presente obra[1060]. Para tanto, será

[1060] Ressaltamos, de início, que cada ordenamento jurídico, no que tange ao grau de acessibilidade dos particulares à tutela específica, foi influenciado historicamente de forma distinta, o que pode justificar as diferenças quanto ao regime aplicável em cada um deles. Nesse particular, a ideia de insuficiência do remédio de perdas e danos nos países anglo-saxões foi sabidamente influenciada pela separação entre as *courts of law* e *coutrs of equity* (S. SHAVEL, *Specific Performance versus damages for breach of contract*, Harvard John M. Olin Discussion Paper Series, n. 532, s.l., 2005, p. 22). Em referidos países, a regra é a reparação das perdas e danos, sendo a tutela específica remédio excepcional (cf. A. W. KATZ, *The Option...*, cit., pp. 2201). Já os países continentais, como França, Espanha e Itália, foram influenciados por ideais de direito romano que há séculos segregam os tipos de obrigações (dar, fazer e não fazer) em virtude de variados motivos, incluindo a diferença no regime de sua tutela jurisdicional executiva. A título ilustrativo, pode-se também ressaltar que os ideais políticos e sociológicos historicamente verificados na China têm influenciado o regime jurídico do direito das obrigações e o acesso à sua execução forçada. Como dito alhures, desde 1999, com a edição da lei uniforme sobre contratos, pôde-se verificar uma tendência à maior proteção da liberdade contratual, embora alguns resquícios evidentes de controle de tal liberdade tenham sido mantidos. Seguramente, a forma da execução das obrigações também é clara evidência de referidos ideais, haja vista que, como decorrência direta das regras rígidas quanto à contratação, concebe-se em referido país um conceito de rigidez quase absoluto quanto à execução das obrigações, exigindo completo adimplemento pela parte obrigada, excetuadas específicas hipóteses legalmente previstas. Vide nesse sentido: *"Restrictions on freedom of contract are further reflected in the requirements for contract performance. All the pre-1999 Chinese contract laws emphasized actual performance. Thus parties to a contract were required to fully discharge their obligations as stipulated in the contract (...) Further, in the case of a breach by one party, the injured party might require the party in breach to continue performance" of the contract after compensation for such breach"* (cf. J. CHEN, *Chinese law...*, cit., p. 457). Referido autor, ao comentar sobre o avanço da legislação chinesa em contratos, mostra que, apesar de alguma influência dos princípios da UNIDROIT, as regras ainda são muito inclinadas para exigir a execução completa dos contratos, de acordo com o princípio da boa-fé. Cita, como exemplo, que a novel regra chinesa permite às partes alterar o contrato mediante mútuo consentimento, o que representa uma flexibilização ao rígido princípio do cumprimento total dos contratos e, de certa forma, um restabelecimento do princípio da liberdade contratual (J. CHEN, *Chinese law...*, cit., p. 457). Nesse contexto, admitindo-se que a obrigação é uma relação de direitos-deveres entre duas partes criada pela lei ou contratualmente (*"an obligation is defined as a particular relationship involving rights and duties created between the parties in accordance with the stipulations of a contract or provisions of the law"*), pode-se inferir, sobretudo dos métodos de execução cabíveis no direito chinês, todos eles voltados ao pleno cumprimento das obrigações, que o remédio da execução específica das obrigações é a regra em referido país, o qual independe de já ter havido ou não a compensação por perdas e danos (cf. J. CHEN, *Chinese law: towards an understanding of chinese law, its nature and development,*

TUTELA JURISDICIONAL

adotado o conceito trazido por abalizada doutrina no sentido de tutela própria a satisfazer, tanto quanto possível, a pretensão de seu titular[1061] ou a restauração direta e específica de eventual direito sacrificado de forma tão eficiente quanto possível[1062].

A tutela específica (em sentido amplo)[1063] é tida como gênero de que é espécie o conceito de resultado prático equivalente, de modo que as demandas

---

Alphen aan den Rijn (Holanda), Kluwer law international, 1999, pp. 243 e 245). No Brasil, o histórico de desenvolvimento da *tutela específica* já foi bem delineado por abalizada doutrina: A. TOMASETTI JR., *Execução do contrato...*, cit., pp. 95-127; Ovídio BAPTISTA SILVA, *Curso...*, cit., p. 44; e S. SANCHES, *Execução Específica (das obrigações de contratar e de prestar declaração de vontade)*, São Paulo, Revista dos Tribunais, 1978, pp. 3-15.

[1061] Ovídio BAPTISTA SILVA da, *Curso...*, cit., p. 44.

[1062] Cf. C. R. DINAMARCO, *Instituições...*, cit., pp. 442-444.

[1063] Utiliza-se o termo *tutela específica* para representar uma modalidade de *tutela jurisdicional*. Esta é tida como o conjunto de medidas determinado pelo legislador para conferir efetividade a uma situação social amparada pelo direito substancial (J. R. BEDAQUE, *Direito e Processo...*, cit., p. 31), de forma que aquela significa o conjunto de medidas que visem satisfazer *in natura* o direito do beneficiário não tivesse o inadimplemento ocorrido (L. E. VIDIGAL, *Da execução...*, cit., p. 118; J. R. BEDAQUE, *Direito e Processo...*, cit., p. 53; L. FUX, *O novo processo de execução: o cumprimento da sentença e a execução extrajudicial*, Rio de Janeiro, Forense, 2008, p. 279; E. V. SOUZA, *Execução específica da obrigação de emitir declaração de vontade* in *Revista de Direito Civil, Imobiliário, Agrário e Empresarial*, n. 9, São Paulo, Revista dos Tribunais, jul.-set. 1979, p. 79; J. E. CARREIRA ALVIM, *Tutela específica e tutela assecuratória das obrigações de fazer e não fazer na reforma processual* in Revista de Julgados do Tribunal de Alçada de Minas Gerais, vol. 54-55, p. 84; G. F. GARCIA, *Execução imediata da tutela específica* in Revista de Processo, n. 108, São Paulo: Revista dos Tribunais, out.-dez. 2002, p. 45; e M. A. IYUSUKA, *Cumprimento de sentença e das obrigações de fazer e não-fazer através da multa diária* in *Execução Civil e Cumprimento de sentença*, vol. 3, coord. por Sérgio Shimura e Glberto G. Bruschi, São Paulo, Método, 2009, p. 511). Embora seja frequente a utilização do termo execução específica, representando todas as formas de cumprimento específico das obrigações, preferiu-se, ao lado de grande parte da doutrina, a expressão tutela específica, haja vista ter sido empregada pelo novo Código de Processo Civil (art. 536), que estabeleceu que o cumprimento, em forma específica, das obrigações é uma fase de cumprimento de sentença e não um próprio procedimento de execução, reforçando ainda mais a nomenclatura aqui utilizada (embora se deva reconhecer que ainda seja possível utilizar o termo execução específica para representar, de forma ampla, o cumprimento de uma obrigação por meio de ato judicial, sem qualquer referência ao procedimento de execução em si, conforme lições da doutrina: G. F. GARCIA, *Execução...*, cit., p. 47; e M. CARVALHOSA, *Comentários...*, vol. II, cit., 2008, p. 535). Por fugir ao tema desta obra, não entraremos nas discussões doutrinárias, de cunho processual, que digam respeito à natureza da demanda e da sentença que venha impor à parte inadimplente a obrigação de promover os atos necessários ao cumprimento das obrigações pactuadas no contrato optativo (mandamental, constitutiva ou executiva), reservando-se a utilização, indistintamente, dos

OPÇÃO DE COMPRA OU VENDA DE AÇÕES

judiciais que busquem a tutela específica em primeiro lugar devem impor ao próprio obrigado o cumprimento da obrigação de fazer ou não fazer e, não sendo possível, restará ao juiz determinar medidas que visem alcançar o resultado prático equivalente[1064]. Este, por assim dizer, pode, além de outras formas, ser obtido através de uma ordem do juiz a terceiros, que, à custa do devedor inadimplente, possam praticar atos que visem satisfazer a pretensão do credor.

No ramo do Direito das Obrigações estrangeiro, defende-se haver uma relação direta entre a amplitude de acesso ao remédio da tutela específica e o regime de vinculatividade das propostas e da aceitação[1065], de forma que

termos execução e tutela específica para designar a forma *in natura* de satisfação do direito subjetivo obtido pelas partes. Vide, especificamente, nesse sentido: M. A. IYUSUKA, *Cumprimento...*, cit., p. 511; e G. F. GARCIA, *Execução...*, cit, p. 47.

[1064] F. C. PONTES DE MIRANDA, *Comentários ao Código de Processo Civil*, tomo V, 3. ed. rev., aum. e atual. por Sergio Bermudes, Rio de Janeiro, Forense, 1997, p. 77.

[1065] O tratamento pelos diversos regramentos estrangeiros quanto à matéria não goza de homogeneidade, haja vista que, em grande parte, encontra-se relacionado ao grau de vinculatividade e de força que se atribui às obrigações e às promessas em cada ordenamento. O tratamento previsto em um determinado ordenamento quanto à irrevogabilidade das ofertas e o grau de sua vinculação às partes está diretamente relacionado ao tratamento da execução específica das obrigações nos variados países. Nos Estados Unidos da América, por exemplo, em que a regra é da revogabilidade das ofertas, salvo existência de contraprestação (*consideration*) ou uma formalidade específica (*under seal*), de acordo com o *Restatement of Contracts*, a execução específica (*specific performance*) significa a satisfação da execução do contrato da forma mais próxima possível do seu efeito almejado, sendo usualmente admitido implicitamente que a parte inadimplente seja diretamente obrigada a executar a obrigação. Em referido país, a regra é a resolução por perdas e danos, mas se admite excepcionalmente o remédio da execução específica em algumas hipóteses, sobretudo naquelas em que a verificação dos danos é difícil na prática (S. SHAVEL, *Specific...*, cit., p. 22; O. LANDO, *Some features...*, cit. p. 388). Na França, em que a oferta é revogável, salvo determinadas especificações legais, a regra é de perdas e danos, assemelhando-se ao sistema anglo-saxão. Em referido país, o *Code Civil* é claro ao mencionar, em seu artigo 1.126, que os contratos objetivam criar obrigações de dar (*s'oblige à donner*), de fazer (*s'oblige à faire*) ou não fazer (*s'oblige à ne pas faire*). Nesse sentido, o próprio direito material (art. 1.142 do *Code Civil*) determina que toda quebra de obrigações de fazer ou não fazer resolve-se automaticamente por perdas e danos (*"toute obligation de faire ou de ne pas faire se résout en dommages et intérêts en cas d'inexécution de la part du débiteur"*), bem como que este mesmo remédio aplica-se ordinariamente para o descumprimento de obrigações de dar, na forma do art. 1.136 do *Code Civil* (*"l'obligation de donner emporte celle de livrer la chose et de la conserver jusqu'à la livraison, à peine de dommages et intérêts envers le créancier"*). Na Alemanha, onde reside o princípio da irrevogabilidade da oferta e das obrigações contratuais, em clara oposição ao sistema norte-americano, a execução específica foi considerada pela legislação e

338

TUTELA JURISDICIONAL

quanto maior for a proteção de direito material à irrevogabilidade das propostas, maior amplitude haverá para os interessados buscarem a tutela específica judicialmente. Tal percepção foi tirada da análise comparativa dos sistemas legais europeus quando das discussões para estabelecimento de princípios gerais de direito contratual europeu[1066].

A grande discussão quanto à tutela específica está centrada na divisão dos elementos promissórios presentes, de um lado, nos contratos de opção e, de outro, no contrato optativo de compra e venda. Isso porque, antecipando as conclusões, não parece ser possível que se obtenha a tutela específica para satisfação do efeito típico do contrato de opção em si.

A execução específica em sentido amplo, se possível, vai apenas recair sobre as obrigações – elementos promissórios – da relação jurídica de compra e venda que se formará com o exercício da opção.

Neste ponto, cabe fazer um paralelo com os contratos preliminares. Nestes há obrigação de uma ou ambas as partes de concluir o contrato definitivo já acordado em todos os elementos essenciais, de forma que, em caso de recusa por qualquer delas, a demanda judicial vai compeli-la a fazê-lo ou a promover o efeito prático equivalente, ao passo que no contrato de opção, uma vez

---

doutrina como regra (*remédio primário*), sendo que as perdas e danos constituem meramente um remédio secundário exigível nas hipóteses em que aquele não seja possível ou permitido de acordo com a legislação (cf. O. LANDO, *Some features...*, cit., p. 388). Apenas para trazer elementos de ordenamentos pouco comentados pela doutrina pátria, a fim de ressaltar a relação descrita acima, a despeito de os diplomas legais dos países escandinavos quanto à matéria contratual serem datados de 1915 e 1918, à exceção da Finlândia, cuja edição data de 1929 em razão de sua submissão à legislação russa (J. MUNUKKA, *Harmonisation of Contract Law: In search of a good solution to the good faith problem* in *Scandinavian Studies in Law*, Stockholm Institute, vol. 48, 2005, p. 236; e C. RAMBERG, *The hidden secrets of scandinavian contract law* in *Scandinavian Studies in Law*, Stockholm Institute, vol. 50, 2007, p. 250), julga-se relevante mencionar que especificamente no tocante à legislação da Suécia, relativa à venda de bens (*sale of goods*), a execução específica foi tida como o remédio primário disponível às partes em uma compra e venda descumprida, o que está de acordo com o princípio vigente em referido país da irrevogabilidade da oferta a partir do momento que a mesma chega ao conhecimento do destinatário (J. HELLNER, *Specific performance in Swedish contract law* in *Scandinavian Studies in Law*, Stockholm Institute, vol. 38, 1999, p. 16; e O. LANDO, *Some features...*, cit., pp. 383 e 388).
[1066] A corroborar tal assertiva, podemos mencionar as lições de O. LANDO, que apontam, dentre as matérias que foram objeto de discordância entre os delegados de cada uma das nações, aquelas hipóteses relativas à irrevogabilidade das ofertas e ao grau de acesso ao regime da execução específica (cf. *Some features...*, cit., pp. 384 e 388).

exercido o direito formativo gerador, nasce a pretensão quanto ao adimplemento das obrigações do contrato de compra e venda optado[1067].

Como alguns contratos de compra e venda ainda exigem atos ulteriores para efetiva transferência da propriedade, como é o presente caso envolvendo ações de sociedades, o beneficiário ainda pode exigir que sejam tomados todos os atos necessários para tal finalidade[1068]. Em outras palavras, o contrato de compra e venda forma-se pelo acordo das partes, mas a transferência da propriedade no Direito brasileiro depende do acordo de transmissão[1069] e de atos registrários posteriores.

Isso não significa que ambas as situações sejam equivalentes. Pelo contrário, embora se reconheça grande semelhança, visto que ambas consistem em uma obrigação genérica de fazer, mais especificamente considerada como obrigação de prestar declaração de vontade[1070], pode-se identificar, com clareza, o conteúdo diferente de cada uma delas.

Na primeira – contratos preliminares –, a obrigação de prestar declaração de vontade visa concluir um novo contrato, podendo ser chamada, ao lado de certa doutrina[1071], como obrigação de contratar. No segundo caso, se está diante de uma obrigação de prestar declaração de vontade para permitir que a transferência da propriedade se aperfeiçoe, não existindo qualquer obrigação de celebrar um novo contrato.

[1067] *"Lo que el beneficiario exige judicialmente, no es la mera celebración del contrato final, sino su exacto cumplimiento"* (J. T. CHARLES, *El contrato de opción*, cit., p. 290).

[1068] *"Il arrive cependant que le transfert de propriété ne soit pas aussi immédiat par example parce que la promesse a prévu que le transfert de propriété se produirat au jour de la réitération de la vente en sa forme authentique comme c'est très souvent le cas en matière immobilière. Dans cette hypothèse, le promettant devenu vendeur s'est obligé à signer l'acte authentique. L'exécution forcée est encore possible : mieux, le jugement rendu vaudra constat authentique de la vente, comme en matière de promesses synallagmatiques."* (M. MOUSSERON – M. GUIBAL – D. MAINGUY, *L'avant...*, cit., p. 350).

[1069] Geralmente, o acordo de transmissão encontra-se previsto no próprio contrato de compra e venda, o que normalmente implica em maior dificuldade na sua verificação. Dada a prática atual, a análise que será feita adiante assume que o *acordo de transmissão* esteja, de fato, embutido no contrato de compra e venda diretamente, restando pendente somente os atos ulteriores de averbação nos livros sociais para a consecução da efetiva transferência das ações.

[1070] Pode-se dizer que se trata de declaração em vez de simples manifestação (*stricto sensu*) de vontade.

[1071] S. SANCHES, *Execução...*, cit., pp. 3-15.

TUTELA JURISDICIONAL

Prosseguindo na análise, pode-se dizer que o contrato de opção, por ser instrumental, preparatório e neutro não comporta a tutela específica do seu efeito principal, que é criar um direito formativo gerador quanto ao contrato optativo predisposto em todos os seus termos[1072].

Esse posicionamento, que tem sido endossado por grande parte da doutrina nacional e estrangeira[1073], está intimamente ligado à natureza do direito formativo gerador, posto inexistir, tipicamente, uma prestação por parte do outorgante, o qual remanesce apenas sujeito aos efeitos do exercício daquele pelo beneficiário. Falta, assim, prestação a ser objeto de tutela específica[1074].

[1072] Deixamos, de lado, por ora, as obrigações secundárias que decorrem do estado de sujeição imposto ao outorgante que, como será visto, poderão ser objeto de *tutela específica*.

[1073] Na Itália: E. CESÀRO, *Il contrato e L'opzione*, cit., p. 88; R. FAVALE, *Opzione...*, cit., p. 91 (referido autor expressamente menciona não caber a execução específica prevista no art. 2932 do *Codice Civile* aos contratos de opção); e E. GABRIELLI, *Trattato...*, cit., p. 192 (como, neste país, o contrato, inclusive de transferência da propriedade, aperfeiçoa-se apenas com o consentimento, o autor nega a possibilidade de execução específica do contrato de opção, sem se manifestar sobre aquelas obrigações posteriores emanadas do contrato optativo). Na Espanha: J. T. CHARLES, *El contrato de opción*, cit., p. 290 (*"Vemos como la función dinámica de la opción permite afirmar que la ejecución forzosa en forma específica está referida, no tanto a la etapa preparatoria del negocio, sino más bien se concreta en el cumplimiento in natura del denominado contrato final."*). Na França: I. NAJJAR, *Le droit d'option...*, cit., p. 170 (*"Les droits réels ou de créance sont susceptibles soit d'inexécution (d'un contrat générateur d'obligations) soit de violation (planter sur le terrain qui appartient à autrui) (...) Elle [en relation au droit potestatif] ne peut ni violer son droit ni inexécuter une obligation. Elle est dans une position de sujétion, car dans le droit potestatif toute violation du droit ou toute inexécution sont purement et simplement inconcevables"*); M. MOUSSERON – M. GUIBAL – D. MAINGUY, *L'avant...*, cit., p. 350 (referido autor declara ser possível a *exécution forcée en nature* do contrato de compra e venda formado); P. MALAURIE – L. AYNÈS – P. GAUTIER, *Droit Civil...*, cit., p. 76; e F. BÉNAC-SCHMIDT, *Le contrat de promesse...*, cit., p. 47. Em Portugal: T. S. FONSECA, *Do contrato de opção...*, cit., p. 85 (*"Dadas as semelhanças existentes entre o contrato-promessa e o contrato de opção é legítimo perguntar se também o incumprimento do contrato de opção é passível de execução específica. A resposta, porém, só pode ser negativa. No contrato de opção não se pode exigir judicialmente sentença que substitua a declaração faltosa, porque a opção cria por si mesma o contrato principal. Logo, se este nasce com o exercício do direito de opção, não existe declaração faltosa para substituir."*); F. G. MORAIS, *Contrato-Promessa...*, cit., p. 72 (*"Deve ainda destacar-se que o mecanismo de execução específica é inaplicável ao pacto de opção. Sendo a mesma a conclusão quanto ao regime do sinal, em sede de incumprimento definitivo"*). No Brasil: O. GOMES, *Promessa...*, cit., p. 381 (*"Necessário não é, na opção, cogitar-se de execução específica, como no compromisso de cumprir um contrato, porque, na opção, basta para o contrato se tornar perfeito, a declaração de vontade da outra parte"*).

[1074] Como será visto adiante, trata-se apenas do efeito típico do contrato de opção (direito formativo gerador), dado que existem deveres negativos secundários que, a depender do caso concreto, podem estar sujeitos à tutela inibitória.

OPÇÃO DE COMPRA OU VENDA DE AÇÕES

A obrigação de transferência das ações está prevista no contrato optativo de compra e venda, de forma que sua eventual frustração representa inadimplemento da obrigação emanada do contrato de compra e venda que surge com o exercício do direito formativo gerador pelo beneficiário.

Não se pode falar que a necessária averbação da transferência das ações nos livros sociais seja uma obrigação de celebrar outro contrato. Pelo contrário, tendo em vista a peculiaridade do regime de titularidade das ações, os atos necessários para que se possa realizar a averbação nos livros sociais configuram o próprio adimplemento da obrigação do contrato de compra e venda das ações[1075].

Nesse particular, tendo em vista que o contrato de opção se exaure em si mesmo e visa preparar o contrato optativo, não se vislumbra como poderia haver a execução específica do estado de sujeição do outorgante correspectivo ao direito formativo gerador do beneficiário[1076].

[1075] Nesse sentido, sem adentrar na discussão quanto à sua natureza jurídica, pode-se fazer analogia com a *tradição* de bens móveis em contratos de compra e venda, a qual é tida pela doutrina como o próprio adimplemento da prestação a cargo do vendedor no âmbito do contrato (cf. O. GOMES, *Contratos*, cit., p. 279).

[1076] Não obstante, a maior parte da doutrina enfrenta a questão apenas sob o prisma do direito formativo gerador criado no âmbito do contrato de opção, negando-lhe, como não poderia deixar de ser, seu acesso à execução específica. Entretanto, levando-se em consideração os deveres secundários que emanam do contrato de opção, entende-se que remédios cautelares, inclusive com recurso à execução específica, estejam disponíveis ao beneficiário. Ao lado do estado de sujeição, implicitamente, o outorgante assume obrigações secundárias (deveres de comportamento) que visam, principalmente, permitir que o beneficiário possa exercer seu direito formativo gerador. Esses deveres são de maior intensidade do que aqueles deveres acessórios que decorrem tão somente dos ditames da boa-fé exigidos de todos os contratantes, os quais, em princípio, não comportam a *acção autónoma de cumprimento* prevista nos arts. 817 e seguintes do Código Civil lusitano (J. M. ANTUNES VARELA, *Das obrigações...*, vol. I, cit., p. 123). No que tange aos deveres secundários, conforme analisados nesta obra, identificou-se no contrato de opção aqueles de conservação das ações (não presentes naquelas hipóteses de contratos de opção a descoberto), bem como de não praticar quaisquer atos incompatíveis com a possibilidade de exercício do direito formativo gerador por parte do beneficiário. Nesse particular, é cabível o recurso à tutela específica na forma do Código de Processo Civil pelo beneficiário para exigir a prática ou abstenção de determinada conduta que viole os deveres secundários de conservação ou de permitir o exercício do direito formativo pelo beneficiário (Ovídio BAPTISTA SILVA da, *Curso...*, cit., pp. 26-28). Quando se trata de ações de sociedades anônimas, esses atos de conservação são de difícil verificação na prática. Por exemplo, tomando o beneficiário conhecimento de que o outorgante não participará de importante assembleia de acionistas que tratará de matérias relevantes para a manutenção das ações, em teoria,

TUTELA JURISDICIONAL

Aliás, a grande maioria dos processualistas defende a posição de que os direitos formativos geradores, individualmente considerados, não podem dar azo à tutela específica em favor do seu beneficiário[1077], a qual se encontra restrita às obrigações em sentido lato (dar, fazer e não fazer). Por isso, não parece que ao titular do direito formativo gerador oriundo do contrato de opção seja possível buscar individualmente sua tutela específica, posto inexistir

parece cabível o ajuizamento de demanda judicial para exigir não só o comparecimento, como também exercício do direito de voto pelo outorgante. Nesse particular, resta grande incerteza quanto aos limites práticos do exercício do direito de voto pelo outorgante, na forma analisada no subitem 9.3 acima, parecendo aceitável o posicionamento que confere ampla liberdade ao outorgante para votar as matérias na assembleia geral, limitada apenas àquelas que possam implicar na impossibilidade de exercício do direito formativo gerador por parte do beneficiário. Outras hipóteses, não menos controvertidas, podem ser aventadas, como aquelas relativas à subscrição de aumento de capital (a fim de evitar a diluição da participação das ações sujeitas ao contrato de opção), o ajuizamento de demanda contra os administradores na forma do art. 246 da Lei de Sociedades por Ações, entre outras. Salvo se de outra forma pactuada ou em casos de ações livremente disponíveis no mercado, a alienação das ações sujeitas ao contrato de opção geralmente pode ser tida como descumprimento dos deveres secundários, pois pode inviabilizar o exercício do direito formativo gerador pelo beneficiário. Por essa razão, tomando o beneficiário conhecimento prévio de uma iminente transferência das ações por parte do outorgante, pode ser pleiteada a tutela específica ao juiz para que determine ao outorgante a abstenção da transferência das ações, bem como seja ordenado à sociedade que deixe de levar a cabo os atos (registros e averbações) que impliquem no aperfeiçoamento de referida transferência e, por conseguinte, a frustração do direito formativo gerador do beneficiário. Nesse particular, no entanto, deve-se reconhecer a existência daquela "zona de penumbra" de conceitos, existindo uma colisão de interesses, dado que, de um lado, tem-se o direito formativo gerador do beneficiário que deve ser juridicamente protegido e, de outro, o interesse do outorgante na manutenção e administração (*lato sensu*) das ações enquanto perdurar a situação de incerteza, em razão da possibilidade de não exercício da opção pelo beneficiário. A solução para tais casos está na verificação *in concreto* da seriedade da intenção do beneficiário quanto ao contrato optativo, citando-se, como exemplo, a situação em que restar comprovado, a partir do contexto e dos elementos fáticos, a inexistência de um legítimo interesse por parte do beneficiário nas ações, quando o outorgante pode ter maior amplitude na liberdade de exercer os direitos e poderes inerentes às ações, tendo, consequentemente, deveres secundários de menor intensidade em face do beneficiário.

[1077] Ovídio Baptista Silva, *Curso...*, cit., pp. 31-32 (referido autor expressamente declarava que a tutela específica prevista nos arts. 461 e 466 do antigo Código de Processo Civil não se aplicava a direitos potestativos, os quais, para referido autor, dependiam de uma sentença puramente constitutiva e não executiva); e F. C. Pontes de Miranda, *Comentários...*, V, cit., p. 77 (os atualizadores da obra ressaltavam que o artigo 461 do Código de Processo Civil de 1973 tratava especificamente de prestações e obrigações em sentido estrito).

OPÇÃO DE COMPRA OU VENDA DE AÇÕES

prestação, tipicamente considerada, assumida pelo outorgante enquanto não formado o contrato optativo.

Não obstante, entende-se que o beneficiário tem acesso à tutela específica quanto à transferência das ações oriundas dos contratos de compra e venda optativos a partir do momento em que haja o exercício do direito formativo gerador no âmbito do contrato de opção[1078].

Chega-se à conclusão acima assumindo que (a) não tenha havido alienação das ações a terceiros pelo outorgante, o que será objeto de análise específica no subitem 10.3, e (b) não se trata de contrato de opção a descoberto, pois, nessa hipótese, caberia ao beneficiário apenas uma execução direta – inespecífica[1079] – sobre o patrimônio do outorgante para reparação dos danos sofridos pelo inadimplemento do contrato de compra e venda optativo[1080].

[1078] Assume-se que o contrato de opção não careça de forma específica e todos os elementos do contrato optativo, incluindo aqueles particulares, tenham sido determinados (ou determináveis) pelas partes contratantes, tendo em vista que, como dito, em tais situações, poder-se-ia, à luz do princípio da conservação dos contratos, equipará-los a "contratos de opção de contratos preliminares de compra e venda de ações", o que faria com que o regime de execução específica seguisse exatamente àquele previsto para os contratos preliminares com contornos certamente distintos daqueles aqui estabelecidos. Nesse cenário, outras questões deveriam ser colocadas em discussão, tais como a possibilidade de eficácia forte ou fraca da execução específica dos contratos preliminares em virtude da completude do conteúdo do contrato definitivo, o que depende, em grande medida, da análise casuística dos instrumentos contratuais em questão. O conceito de eficácia concreta e prática da execução de contratos preliminares de compra e venda de ações (presentes em acordos de acionistas) também foi trazido por J. A. TAVARES GUERREIRO (cf. *Execução...*, cit., pp. 48-49). Pouco tempo mais tarde, A. TOMASETTI, na mesma linha, reforçou a ideia mediante a análise da completude do conteúdo dos contratos preliminares, determinando três diferentes estágios: completo, médio e mínimo (o instrumento que contivesse previsão do conteúdo do contrato definitivo abaixo do mínimo, não se configurava como contrato preliminar, mas, sim, negócio imperfeito), o que definia o grau de eficácia de uma prestação jurisdicional executiva (cf. *Execução do contrato...*, cit., pp. 22-24 e 259). No mesmo sentido, manifestou-se recentemente A. JUNQUEIRA DE AZEVEDO que, endossando as lições acima, ressalta a existência de gradação na eficácia da execução dos contratos preliminares (chamada de "execução forte", quando plenamente possível a execução específica, e "fraca", nas situações em que a mesma não seja possível), a depender da análise casuística do conteúdo do contrato definitivo (cf. *Contrato Preliminar...*, cit., pp. 258-259). Por escapar, entretanto, ao escopo da presente obra, deixar-se-á de abordar em detalhes o regime de tutela específica dos contratos preliminares de compra e venda de ações que se formariam naquelas situações abordadas acima.

[1079] Cf. C. R. DINAMARCO, *Instituições...*, cit., p. 443.

[1080] Como normalmente esses contratos são "diferenciais", desde que cumpram os requisitos legais para não serem equiparados aos jogos, a execução em caso de inadimplemento

TUTELA JURISDICIONAL

Para corroborar o que foi dito, torna-se de suma importância analisar a forma estabelecida na legislação nacional para a transferência das ações de sociedades anônimas, uma vez que a análise das obrigações ali descritas será de crucial importância para o fechamento do tópico em comento. Nesse particular, a análise das obrigações assumidas pelas duas partes individualmente é importante para determinar o grau de intensidade das medidas executivas disponíveis.

Assim, assumindo que seja possível a tutela específica da obrigação de alienação prevista no contrato de compra e venda optativo, há diferença no regime aplicável para as opções de compra *vis-à-vis* às opções de venda, sobretudo em razão da divisão dos elementos promissórios em cada uma das hipóteses: na opção de compra a obrigação assumida – e a ser executada – pelo outorgante é de fazer, ao passo que, na opção de venda, é de dar (entregar recursos para adquirir a ação respectiva).

Diante de tal diferenciação, conforme já salientado por J. A. Tavares Guerreiro[1081], existe diferença no grau de eficácia da execução de tais obrigações[1082].

Na mesma linha, apenas para se traçar um paralelo com o Direito estrangeiro, a doutrina francesa, ao comentar algumas decisões controvertidas acerca da forma de execução da chamada *promesse unilatérale de vente*, manifesta-se dizendo que a impossibilidade de sua execução específica (*exécution forcée*) confere-lhe uma força obrigatória atenuada[1083].

Isso mostra, em grande medida, que a possibilidade de execução específica das obrigações oriundas do contrato de compra e venda optativo é matéria de grande relevância para conferir maior ou menor intensidade obrigatória ao negócio outorgativo de opção como um todo[1084].

---

será simplesmente do tipo expropriatória, em virtude da diferença apurada na data de liquidação.

[1081] Cf. *Execução...*, cit., p. 42 (*"Ainda que se tome como premissa que tais obrigações comportam execução específica, segundo o ordenamento positivo, restará, sempre, na cogitação dos interessados, o problema da eficácia prática dessa execução. Mesmo que se proclame que a satisfação coativa e em espécie dos direitos criados pelo acordo é apta para afastar qualquer supedâneo reparatório (indenização por perdas e danos), a segurança jurídica dos acordos de acionistas reclama verificação dos efeitos positivos da execução específica a eles atribuída pela Lei."*).

[1082] L. E. Vidigal, *Da execução...*, cit., p. 60.

[1083] C. Grimaldi, *Quasi-engagement...*, cit., p. 381.

[1084] Alguns autores têm sustentado a mesma ideia, porém referindo-se à suposta proteção do direito formativo gerador – chamado de direito de opção – oriundo do contrato de opção. Como exemplo, pode-se citar: F. Bénac-Schmidt, *Le contrat de promesse...*, cit., p. 8.

OPÇÃO DE COMPRA OU VENDA DE AÇÕES

No Brasil, o contrato de compra e venda de ações é puramente consensual, sendo necessária a averbação nos livros competentes para que haja transferência efetiva de sua titularidade.

Assim, no contrato de opção, mesmo após o exercício do direito formativo gerador por parte do beneficiário, quando se reputa formado o contrato de compra e venda, assumindo que o acordo de transmissão esteja nele embutido, as partes têm de agir – obrigação de fazer – no sentido de lavrar o termo de transferência (das ações nominativas) ou de enviar a ordem de transferência (das ações escriturais), sendo certo que, à sua falta, pode a parte-compradora do contrato optativo ajuizar uma ação visando à tutela específica do seu direito[1085].

Embora existam algumas particularidades em sede de Direito Comparado, em essência, exige-se um ato ulterior para a transferência efetiva das ações, o qual pode ser necessário tanto para aperfeiçoar o efeito translativo da titularidade quanto para conferir publicidade ao ato de transferência já aperfeiçoado com o simples consentimento das partes contratantes.

Em Portugal, por exemplo, aplica-se o mesmo procedimento para transferência das ações, com a diferença de que não se exige uma ordem do alienante, bastando, em se tratando de ações nominativas ou escriturais, a devida averbação da transferência nos livros sociais ou registros do banco escriturador[1086]. Ou seja, uma vez formado o contrato de compra e venda de ações, ambas as partes podem, isoladamente, sem necessidade de qualquer conduta positiva da outra, requerer a averbação do negócio jurídico para aperfeiçoar a transferência das ações, o que acaba conferindo maior segurança ao comprador.

Na França, aplica-se a mesma lógica quanto ao contrato de compra e venda de ações. Atualmente, em razão de novel jurisprudência, não endossada pela maior parte da doutrina, antes do exercício do direito de opção, o outorgante mantém o direito de retratação, não cabendo, portanto, qualquer espécie de

---

[1085] O. MILHAC, *La notion...*, cit., p. 117. Referido autor cita decisões corroborando a possibilidade de *exécution forcée* quando o outorgante-vendedor se recusa cumprir e assinar os chamados *actes réitératifs*, o que, segundo o autor, acabou propiciando maior tranquilidade ao beneficiário em caso de má-fé do outorgante.

[1086] L. B. CORREIA, *Direito Comercial. Sociedades Comerciais*, vol. II, 4ª tiragem, Lisboa, AAFDL, 2000, p. 375 (*"Na verdade o que é essencial ao regime das acções nominativas e ao portador é o regime da transmissão (pelo pertence e averbamento ou por tradição, respectivamente)"*).

TUTELA JURISDICIONAL

tutela específica em favor do beneficiário até que haja o exercício do *droit potestatif* pelo beneficiário.

Após o exercício da opção, se houver necessidade de atos posteriores de transferência, a doutrina e a jurisprudência têm considerado possível a execução específica[1087]. Tal entendimento, em tese, parece conflitar com o disposto no art. 1.142 do *Code Civil* francês, que prescreve apenas perdas e danos em caso de inadimplemento de obrigação de fazer ou não fazer. Entretanto, a doutrina tem considerado esse entendimento mais adequado à realidade, encarando o ato necessário à transferência da propriedade como uma obrigação de dar em vez de uma obrigação de fazer propriamente dita[1088].

Com base nesse entendimento, os tribunais franceses têm fixado *astreintes* para os casos de recusa do outorgante em praticar os atos exigidos, podendo, inclusive, os tribunais, à semelhança do que ocorre no Brasil, suprir sua vontade e ordenar a prática do ato por terceiros, tais como notários[1089].

Assim, tal como ocorre no Brasil, naquele país, embora a transferência de ações não seja um negócio jurídico solene, requer-se, para seu aperfeiçoamento, o cumprimento de uma formalidade mínima, representada pela alteração dos registros de titularidade das ações que se opera por meio do

---

[1087] Cf. F. BÉNAC-SCHMIDT, *Le contrat de promesse...*, cit., p. 39 (*"La jurisprudence admet l'exécution forcée dans tous les cas où elle est possible."*).

[1088] Cf. O. MILHAC, *La notion...*, cit., pp. 117-123. Referido autor, ainda, faz uma digressão no que tange à diferença entre as condições puramente potestativas (que seriam nulas de acordo com o artigo 1.174 do Código Civil francês) e simplesmente potestativas (permitidas pelo artigo 1.170 do diploma civil francês) a fim de justificar que aquelas vendas em que uma das partes tenha o poder de determinar sua eficácia (ou não), desde que não acarrete um desequilíbrio, seriam válidas. Quando houvesse tal desequilíbrio, estar-se-ia diante de uma condição potestativa que poderia ser declarada nula. Em linhas gerais, a fim de não se estender em tema acessório à presente obra, referido autor conclui que os contratos de compra e venda que dependem da vontade de uma das partes – mesmo que do devedor – para sua eficácia não são nulos por configurarem um direito potestativo, em oposição à condição potestativa que seria verificada toda vez que aquela situação representasse um desequilíbrio que permitisse, de alguma forma, o empobrecimento ou enriquecimento ilegítimo por uma das partes (O. MILHAC, *La notion...*, cit., pp. 55 e 306).

[1089] Vide nesse sentido: *"Malgré l'article 1142, les tribunaux condamnent le promettant, sous astreinte, à concourir à l'établissement de l'acte authentique et peuvent même décider que, passé un certain délai, leur jugement vaudra acte de vente et pourra être publié; ce qui est rare, car un jugement reproduit difficilement toutes les mentions et indications d'un acte notarié."* (P. MALAURIE – L. AYNÈS – P. GAUTIER, *Droit Civil...*, cit., p. 76). Da mesma forma: F. BÉNAC-SCHMIDT, *Le contrat de promesse...*, cit., p. 39.

OPÇÃO DE COMPRA OU VENDA DE AÇÕES

envio de uma ordem de movimentação – *ordre de mouvement ou virement* – por parte do alienante[1090].

No Brasil, parece não residir dúvidas de que o contrato de compra e venda, isoladamente, não é suficiente para promover a transferência das ações[1091], o que tem sido também a regra no Direito estrangeiro[1092].

As providências ulteriores a serem tomadas variam de acordo com a forma das ações, ou seja, se nominativas (*stricto sensu*) ou escriturais[1093]. No que tange à transferência das ações nominativas, não há consenso absoluto na doutrina quanto ao modo de transferência efetivo[1094], a qual depende de algumas circunstâncias concretas[1095].

[1090] Na França também são admitidas a transferência e circulação das ações por meio de registros na sociedade emissora ou nas contas de entidades intermediárias registradas na Euroclear France (antiga SICOVAM), mediante a assinatura de ordem de movimentação a ser emitida pelo cedente. Vide: *"Quant à la cession des droits, elle ne pouvait s'effectuer que par un transfert sur registres sociaux (...) Les titres des valeurs mobilières ne sont plus matérialisés que par une inscription en compte prise chez l'emmetteur (titres nominatifs) ou chez un intermédiaire affilié à la SICOVAM (...) La transmission de l'action se fait par virement de compte à compte. Elle s'opère à la suite d'un ordre de mouvement signé par le cédant."* (P. Merle, *Droit commercial. Sociétés commerciales*, 11. ed., Paris, Dalloz, 2007, pp. 300 e 331). No mesmo sentido: M. Cozian; A. Viandier e F. Deboissy, *Droit des sociétés*, 20. ed., Paris, Litec, 2007, p. 325).

[1091] J. W. Lucena, *Das sociedades anônimas: comentários à Lei (arts. 1º a 120)*, vol. I, Rio de Janeiro, Renovar, 2009, p. 351.

[1092] Cf. J. A. Tavares Guerreiro, *Execução...*, cit., pp. 55-56.

[1093] H. M. D. Verçosa, *Curso...*, vol. 3, cit., p. 156 (referido autor utiliza a expressão nominativas *stricto sensu*). Para fins metodológicos, seguindo este posicionamento, utilizar-se-á ao longo da presente obra a expressão nominativa como referência às ações nominativas *stricto sensu*.

[1094] Há autores que entendem que o comprador e o vendedor devem comparecer à sede da sociedade para que o termo de transferência de ações possa ser lavrado e, assim, a companhia possa promover o lançamento no Livro de Transferência de Ações Nominativas e a averbação da transferência no livro de Registro de Ações Nominativas (M. Carvalhosa, *Comentários...*, vol. I, cit., 2007, p. 329). Esse posicionamento tem sido discutido na doutrina, sobretudo quando há recusa de qualquer das partes em lavrar o termo perante a sociedade. Além disso, como ciência social, não se deve descuidar da prática social, quando são examinadas as regras jurídicas. Sem ingressar nos diversos aspectos jurídicos que podem ser suscitados (responsabilidade dos administradores, simulação etc.), atualmente na prática comercial muitas vezes não se exige que as partes compareçam efetivamente na sede da companhia, pois se tornou procedimento comum nas operações que as partes assinem o termo junto ao livro de transferência de ações fora da sede social (e muitas vezes separadamente), o que coloca em cheque a atualidade do posicionamento de referida teoria, embora, mais uma vez, se deva reconhecer a existência de grande debate quanto à validade de referido expediente. Além disso, deve-se considerar que, nas hipóteses em que a companhia tenha contratado a escrituração e guarda

TUTELA JURISDICIONAL

No entanto, os procedimentos adotados na prática e que têm sido sustentados pela doutrina seriam os seguintes: (a) lavratura de termo no Livro de Transferência de Ações assinado pelas partes, seguido da averbação da transferência no Livro de Registro de Ações, na forma do § 1º do art. 31 da Lei de Sociedades por Ações[1096] ou (b) a simples averbação no Livro de Registro de Ações Nominativas, à vista de documento hábil que ficará em poder da companhia, na forma do § 2º do art. 31 da Lei de Sociedades por Ações[1097].

Não se tem muita clareza no texto legal e na doutrina se a lavratura do termo de transferência seria dispensável, à vista de documento hábil, ou se, contrariamente, seria estritamente necessária, mesmo em caso de resistência de qualquer das partes, a fim de se promover a transferência da titularidade das ações[1098]. Por esse motivo, serão analisadas ambas as situações separadamente à luz da possibilidade de tutela específica em favor do beneficiário do contrato de opção.

de alguns dos livros sociais, na forma do art. 27 em conjunto com art. 101 da Lei de Sociedades por Ações, permite-se expressamente a lavratura de termos de transferência em folhas soltas, tornando-se dispensável a presença na sede da sociedade, conforme previsto nos §§ 1º e 2º do artigo 101 do diploma societário: "[...] Art. 101. (...) § 1º Os termos de transferência de ações nominativas perante o agente emissor poderão ser lavrados em folhas soltas, à vista do certificado da ação, no qual serão averbados a transferência e o nome e qualificação do adquirente. / § 2º Os termos de transferência em folhas soltas serão encadernados em ordem cronológica, em livros autenticados no registro do comércio e arquivados no agente emissor.". Certa parte da doutrina, ressalvadas as hipóteses de compra e venda (sujeitas ao termo de transferência ou provimento jurisdicional substitutivo), no que respeita a outras formas de transferência, tais como doação, permuta e a troca, entende ser anacrônico o entendimento de que se deva comparecer à sociedade para lavratura do termo de transferência (J. W. LUCENA, Das sociedades..., cit., p. 353).

[1095] A. LAMY FILHO – J. L. BULHÕES PEDREIRA, Direito das Companhias, vol. I, org. por Alfredo Lamy Filho e José Luiz Bulhões Pedreira, Rio de Janeiro, Forense, 2009, p. 524 (os autores da atual Lei de Sociedades por Ações mencionam que a exposição de motivos demonstra que a inclusão da expressão "outros títulos" foi para deixar mais livre e evitar a discussão que existia no passado quanto à necessidade de ordem judicial ou ato extrajudicial que, para alguns, tornava o modo de transferência mais formal do que o próprio registro de imóveis).

[1096] "[...] Art. 31. (...) § 1º A transferência das ações nominativas opera-se por termo lavrado no livro de 'Transferência de Ações Nominativas', datado e assinado pelo cedente e pelo cessionário, ou seus legítimos representantes."

[1097] "Art. 31. (...) § 2º A transferência das ações nominativas em virtude de transmissão por sucessão universal ou legado, de arrematação, adjudicação ou outro ato judicial, ou por qualquer outro título, somente se fará mediante averbação no livro de 'Registro de Ações Nominativas', à vista de documento hábil, que ficará em poder da companhia."

[1098] J. W. LUCENA, Das sociedades..., cit., p. 352.

OPÇÃO DE COMPRA OU VENDA DE AÇÕES

A análise iniciar-se-á seguindo a ordem inversa àquela apresentada acima, de forma que se verificará, em primeiro lugar, a corrente que entende ser dispensável a lavratura do termo, bastando a existência de instrumento particular ou público idôneo, a ser mantido pela sociedade, que seja suficiente para permitir que a sociedade promova a averbação da transferência no livro de registro de ações nominativas[1099].

Com base em referido entendimento, bastaria que a própria companhia[1100] promovesse diretamente a averbação no livro de registro de ações, com base no instrumento idôneo, sem necessidade de lavratura de termo de transferências de ações específico.

Referida corrente entende que o ato de aperfeiçoamento da transferência das ações, uma vez concluído o contrato de compra e venda e realizado o pagamento pelo comprador, depende tão somente de um ato a ser executado pela sociedade – averbação no livro de registro de ações[1101].

Com isso, não se exigiria da parte vendedora qualquer ato posterior ao aperfeiçoamento do contrato optativo, bastando à parte interessada[1102] reque-

---

[1099] H. M. D. Verçosa, Curso..., vol. 3, cit., p. 156.

[1100] Importa notar, entretanto, que os serviços de escrituração e guarda de parte dos livros sociais podem ser contratados pela companhia junto a qualquer instituição financeira autorizada pela Comissão de Valores Mobiliários a prestar tal serviço, na forma do art. 27 em conjunto com o art. 101 da Lei de Sociedades por Ações. O agente emissor de certificados contratado assume, dessa forma, as mesmas obrigações e responsabilidades inerentes à sociedade quanto à escrituração de eventuais transferências e/ou ônus referentes às ações, razão pela qual as referências à sociedade no tocante à prática dos atos de registro (em sentido *lato*) necessários à transferência ou formalização dos ônus sobre as ações devem ser aplicadas *mutatis mutandi* a tais instituições financeiras escrituradoras quando contratadas pela sociedade.

[1101] O livro respectivo consta no artigo 100, I, (e) da Lei de Sociedades por Ações.

[1102] Embora não represente a situação mais comum, é possível que a exigência da averbação seja solicitada pela parte vendedora, a fim de lhe permitir tomar as medidas cabíveis para cobrar o preço pactuado pela transferência das ações, em vez de buscar unicamente perdas e danos eventualmente incorridas, uma vez que lhe cabe exigir o cumprimento da obrigação de pagamento do preço após a efetiva transferência das ações, a fim de afastar a "exceção de contrato não cumprido". Essa hipótese, embora pareça acadêmica, pode se mostrar frequente na prática, sobretudo nas opções de venda em que o beneficiário, que figura como parte vendedora no contrato optativo, não possua qualquer interesse (ou esteja sob proibição expressa) em manter a titularidade das ações. Apenas a título de exemplo, podemos citar os casos em que a manutenção da posição acionária possa representar uma violação a aspectos regulatórios ou naqueles em que exista um risco iminente de "desconsideração da personalidade jurídica" e consequente assunção de responsabilidade dos acionistas por dívidas

rer à sociedade que levasse a cabo referida averbação para a transferência da titularidade das ações.

Nesse cenário, em caso de recusa injustificada por parte da sociedade, além da possível responsabilização por eventuais perdas e danos causados[1103], ainda caberia ao comprador a tutela específica de seu direito, pois ao juiz seria lícito ordenar à sociedade a implementação da averbação respectiva nos livros societários[1104].

Por carecer da necessidade de uma atuação da contraparte do contrato optativo, uma demanda de tal natureza apresentaria grau elevado de eficácia prática em comparação a outras situações similares que serão analisadas abaixo.

Passar-se-á, então, à análise da segunda alternativa, ou seja, aquela em que parte da doutrina entende haver efetiva necessidade de lavratura do termo no livro de transferência de ações pelas partes, rejeitando o entendimento exposto acima.

Ao contrário da primeira alternativa, exige-se um ato positivo por parte de ambos os contratantes para lavrar o termo de transferência (obrigação de fazer), sendo que, se houver recusa por qualquer das partes obrigadas, parece possível o ajuizamento de demanda tendente a promover a tutela específica do direito violado, a fim de se obter o efeito prático equivalente.

Essa obrigação de fazer consiste na prestação de declaração de vontade que é juridicamente infungível, pois só pode ser emanada pelas próprias partes que figuram no contrato de compra e venda optativo.

Trata-se de obrigação que, embora juridicamente infungível, pode ter seus mesmos efeitos determinados por ato supletivo determinado pela autoridade judicial competente em sede de tutela específica[1105]. Isso porque, nesse par-

---

da sociedade. Utiliza-se a expressão "desconsideração da personalidade jurídica" tal como amplamente difundido pela doutrina mais abalizada no assunto, sem qualquer intenção de ingressar na análise dos seus fundamentos e contornos jurídicos (conforme J. Lamartine Côrrea Oliveira, *A dupla crise...*, cit., p. 263).

[1103] Os artigos 103 e 104 da Lei de Sociedade por Ações são cristalinos nesse sentido (cf. J. A. Tavares Guerreiro – E. L. Teixeira, *Das sociedades...*, cit., p. 232).

[1104] Não se entrará na discussão acerca da natureza (executiva, mandamental ou condenatória) e da via procedimental a ser escolhida pelas partes para tal finalidade, embora se deva reconhecer que, nesse caso, a demanda pode ter um caráter mandamental.

[1105] Parte da doutrina já se manifestou nesse sentido, determinando a existência de obrigações que, apesar de infungíveis, possam ter seus efeitos equivalentemente produzidos em favor do seu titular por ato a ser determinado ou obtido no bojo de um processo judicial,

OPÇÃO DE COMPRA OU VENDA DE AÇÕES

ticular, não importa ao interessado a conduta em si, mas o resultado prático dela derivado, a bem dizer, a efetiva transferência das ações[1106].

Assim, à luz do princípio da efetividade do processo e do que já se disse anteriormente, o Tribunal poderá, a requerimento da parte interessada, buscar, pelos meios coercitivos que julgar pertinentes, o cumprimento de tal obrigação. Em primeiro lugar, o Tribunal pode estabelecer um prazo para que a parte inadimplente compareça em juízo (ou na sede da sociedade) para lavrar o termo ou ordem de transferência, sob pena de incidência de multa periódica[1107] em caso de descumprimento. Segundo a boa doutrina, deve-se tentar, ao máximo, que o ato seja praticado pelo próprio obrigado[1108].

Caso ainda persista a recusa por parte do obrigado em efetivar os atos necessários à transferência da titularidade das ações, é possível que o juiz imponha medidas que visem o efeito prático equivalente, mediante um juízo substitutivo[1109], suprindo ou tornando dispensável a vontade do outorgante,

tal como ocorre naquelas de declaração de vontade. Vide, nesse sentido: L. E. VIDIGAL, *Da execução...*, cit., pp. 78-79 (referido autor divide a infungibilidade em natural e jurídica, a fim de concluir que nas obrigações juridicamente infungíveis o Estado pode criar uma situação equivalente àquela que nasceria se a parte-obrigada tivesse manifestado sua vontade); E. V. SOUZA, *Execução específica...*, cit., p. 82; e G. CRIBARI, *Execução Específica – Obrigações de fazer, de não de fazer e de prestar declaração de vontade: cominação e ação de preceito cominatório* in Revista de Processo, n. 10, São Paulo, Revista dos Tribunais, abr.-jun. 1978, p. 60 (*"No que diz respeito à execução de emitir declaração de vontade, que é, decerto, infungível, não decorre, daí, a impossibilidade de serem substituídas por uma sentença do poder jurisdicional."*).

[1106] C. R. DINAMARCO, *Instituições...*, cit., p. 485 (*"Consequentemente, o bem a ser obtido em via executiva é em princípio o mesmo que constituía objeto da obrigação descumprida; no caso das obrigações de fazer ou não-fazer, esse objeto consiste no resultado da conduta devida, não na conduta em si mesma."*).

[1107] Conforme grande parte da doutrina processualista nacional, a multa periódica (chamada de astreintes no diploma processual anterior) seria aquela imposta ao devedor para forçar o cumprimento de provimento jurisdicional para tutela específica do direito material de uma parte. Vide nesse sentido: C. R. DINAMARCO, *Instituições...*, cit., p. 469; Ovídio BAPTISTA SILVA, *Curso...*, cit., p. 38; L. FUX, *O novo processo...*, cit., pp. 278 e 291; F. C. PONTES DE MIRANDA, *Comentários...*, V, cit., p. 79; e M. A. IYUSUKA, *Cumprimento...*, cit... p. 513 (*"A multa diária ou astreintes é um meio de coerção para obtenção da tutela específica, sua natureza é forçar o cumprimento do provimento jurisdicional para tutela do direito substancial da parte interessada de modo específico"*).

[1108] Ovídio BAPTISTA SILVA, *Curso...*, cit., pp. 6-7 (referido autor chama o procedimento de "execução imprópria", uma vez que visa compelir o próprio obrigado a praticar o ato necessário à satisfação do direito inadimplido).

[1109] C. R. DINAMARCO, *Instituições...*, cit., p. 492 (referido autor fala, nesses casos, na existência de uma "sentença substitutiva").

TUTELA JURISDICIONAL

para o fim de permitir que seja lavrado o termo necessário para formalizar a transferência das ações.

Ambas as hipóteses parecem ser viáveis, mas, a fim de harmonizar a linguagem que consta nos §§ 1º e 2º do art. 31 da Lei de Sociedades por Ações, o mecanismo de lavratura do termo no Livro de Transferência de Ações Nominativas apenas se afigura necessário quando houver mútuo consentimento das partes, ao passo que, em havendo resistência de qualquer delas, caberá automaticamente ao Judiciário, mediante requerimento da parte interessada, determinar que a sociedade promova a averbação no Livro de Registro de Ações Nominativas. O provimento jurisdicional obtido pelo beneficiário seria enquadrado como o "título hábil" previsto no dispositivo legal, que, após averbação da transferência, ficaria arquivado na sociedade[1110].

Em outras palavras, o art. 31, § 1º, da Lei de Sociedades por Ações serviria tão somente para as hipóteses em que houvesse acordo entre as partes contratantes, ao passo que o § 2º do mesmo artigo seria utilizável todas as vezes em que houvesse resistência[1111] por qualquer das partes no cumprimento dos atos necessários ao adimplemento da obrigação de transferência. Com isso, afasta-se a necessidade de suprimento da vontade da parte resistente, pois basta que a sociedade realize a averbação da transferência no livro societário próprio, independente de qualquer manifestação ou atuação da parte obrigada[1112].

[1110] J. W. Lucena, *Das sociedades...*, cit., p. 351.

[1111] Utiliza-se a expressão na mesma forma trazida por abalizada doutrina (J. A. Tavares Guerreiro, *Execução...*, cit., p. 42).

[1112] Esse parece ser o entendimento de importante parcela da doutrina, conforme a seguir: H. M. D. Verçosa, *Curso...*, vol. 3, cit., p. 156; e J. A. Tavares Guerreiro, *Execução...*, cit., pp. 57-58 ("*Nessa hipótese, porém, a sentença não supre o ato do vendedor de firmar os competentes termos no Livro de Transferência de Ações Nominativas, como o que se aperfeiçoa a alienação das ações em questão (Lei 6.404, art. 31, § 1º). No caso, a transferência far-se-á por averbação no livro de Registro de Ações Nominativas apenas após entregues as ações, real ou simbolicamente, ao comprador, à vista de documento hábil (mandado judicial contendo a ordem de busca e apreensão), que ficará em poder da companhia (Lei 6.404, art. 31, § 2º) (...) a transferência efetiva das ações só pode resultar de entrega espontânea pelo vendedor, ao cabo do processo de execução específica [do contrato preliminar], ou de busca e apreensão das ações, judicialmente decretada, em execução para entrega de coisa certa.*" [grifos nossos]). De se notar que o artigo citado fora escrito anteriormente às recentes alterações da legislação societária e processual que, respectivamente, aboliram as ações ao portador e os certificados de ações e disponibilizaram aos juízes acesso a medidas mais efetivas destinadas à tutela específica das obrigações, o que justificava, naquele contexto, o recurso ao remédio da ação de busca e apreensão pelas partes interessadas.

OPÇÃO DE COMPRA OU VENDA DE AÇÕES

Mantém, assim, alto grau de eficácia prática do contrato optativo de compra e venda de ações nominativas e, consequentemente, do contrato de opção subjacente. O negócio de opção sobre as ações nominativas, representado pela conjunção entre contrato de opção, exercício do direito formativo gerador e contrato optativo, revela-se uma modalidade negocial de grande eficácia prática[1113] ao beneficiário, uma vez que independe, em grande medida, da vontade do outorgante.

Colocando as ideias de outra forma, tem-se o seguinte: (i) o beneficiário pode, ao mesmo tempo, dar vida ao contrato optativo simplesmente por meio do exercício do direito formativo gerador, sem que possa o outorgante se insurgir ou evitar as consequências de referido exercício; e (ii) uma vez formado o contrato optativo, quando o beneficiário figurar no polo comprador, basta que realize o pagamento do preço para que as ações sejam transferidas, seja por meio de ato voluntário do vendedor, seja mediante ato de averbação da sociedade ordenado judicialmente em sede de tutela específica inerente à demanda ajuizada pelo beneficiário.

Resta, agora, a análise da situação quando se tratar de ações escriturais, que pressupõem um mecanismo diverso para transferência das ações, dado que, nos termos do art. 35, § 1º da Lei de Sociedades Anônimas, dependem de lançamento efetuado pela instituição depositária das ações, à vista de ordem emitida pelo vendedor ou de autorização judicial, lastreada em documento hábil que fica em poder de referida instituição[1114].

A transferência das ações escriturais pelo banco escriturador será realizada após o recebimento de ordem escrita por parte do acionista vendedor[1115].

[1113] C. Couto e Silva, *A obrigação...*, cit. pp. 84-86 (o autor menciona a existência de "grau de intensidade" entre obrigações, pondo em destaque aquelas que, embora comportem um "fazer", ganham especial eficácia por conta da possibilidade de tutela específica).

[1114] *"[...] Art. 35. A propriedade da ação escritural presume-se pelo registro na conta de depósito das ações, aberta em nome do acionista nos livros da instituição depositária. / § 1º A transferência da ação escritural opera-se pelo lançamento efetuado pela instituição depositária em seus livros, a débito da conta de ações do alienante e a crédito da conta de ações do adquirente, à vista de ordem escrita do alienante, ou de autorização ou ordem judicial, em documento hábil que ficará em poder da instituição."* [grifos nossos]. A doutrina já se manifestou no mesmo sentido, conforme lições de H. M. D. Verçosa (cf. *Curso...*, vol. 3, cit., p. 158).

[1115] Cf. A. Lamy Filho – J. L. Bulhões Pedreira, *Direito...*, cit., p. 530.

TUTELA JURISDICIONAL

Não obstante a diferença procedimental para sua transferência, o que se disse com relação às ações nominativas deve ser aplicado às ações escriturais, de forma que duas interpretações do dispositivo legal seriam possíveis.

Melhor dizendo: seguindo-se a primeira linha de argumentação, em havendo recusa injustificada do outorgante em emitir a ordem de transferência à instituição depositária das ações escriturais, caberia ao Tribunal competente suprir sua vontade neste ato particular visando permitir que o banco escriturador pudesse proceder à transferência das ações[1116].

Por outro lado, seguindo-se a segunda linha de argumentação, caberia ao Tribunal, ainda, emitir uma ordem à instituição depositária para que procedesse ao lançamento nos livros respectivos, sem que houvesse substituição da autorização de transferência por parte do vendedor. Inexistiria, assim, efetivamente uma ordem escrita pelo vendedor, tal como previsto na norma acima analisada, na qual a vontade do outorgante seria suprida pelo provimento jurisdicional. Tratar-se-ia de uma ordem judicial autônoma com escopo de conferir o efeito prático equivalente àquela ordem que deveria ser emitida pelo vendedor, o que seria suficiente para permitir a transferência de titularidade das ações nos livros da instituição depositária.

Seja qual for o enfoque a ser dado ao provimento jurisdicional, em ambas as hipóteses acima, percebe-se que existe uma determinação judicial que prescinde de qualquer atuação da parte resistente quanto aos atos necessários para que possa ocorrer a efetiva transferência da titularidade das ações.

Evidentemente, o beneficiário deve cumprir com suas obrigações para que tenha o direito de pleitear a tutela específica das obrigações assumidas pelo outorgante no âmbito do contrato optativo[1117].

[1116] A doutrina ressalta que o juiz não emite a declaração de vontade em nome da parte inadimplente, mas, ao contrário, apenas toma as medidas que visem substitutivamente conferir o efeito prático equivalente, não tivesse o inadimplemento ocorrido, conforme exemplos a seguir: G. CRIBARI, *Execução...*, cit., p. 61; L. E. VIDIGAL, *Da execução...*, cit., p. 119; e C. COUTO E SILVA, *A obrigação...*, cit., pp. 132-133 (*"A obrigação de fazer ultimamente evolui no sentido de admitir execução específica [...] Hoje, porém, se admite que as obrigações consistentes em declaração de vontade podem ser executadas, e a sentença se substituirá à manifestação de vontade do vendedor"*).

[1117] Embora se esteja tratando das hipóteses (mais comuns) em que a parte inadimplente do contrato optativo confunde-se com o outorgante do contrato de opção, nada obsta que, uma vez formado o contrato optativo, a própria parte beneficiária venha a inadimplir as obrigações previstas no contrato optado, fazendo surgir a pretensão por parte do outorgante. Imagine-se a hipótese, por exemplo, de uma opção de venda exercida pelo beneficiário em que o

OPÇÃO DE COMPRA OU VENDA DE AÇÕES

Pode-se, dessa maneira, com base no exposto, reafirmar o grau elevado de efetividade prática do negócio de opção de compra, pois, praticamente, independe de qualquer colaboração ou medida por parte do outorgante[1118] para que as ações sejam efetivamente transferidas.

As lições acima valem para demonstrar a tutela específica posta à disposição da parte compradora, que não necessariamente se confunde com o beneficiário do contrato de opção, quando há inadimplemento pela parte vendedora das obrigações assumidas no contrato optativo.

Quando se está tratando de inadimplemento das obrigações assumidas pela parte compradora, há diminuição no grau de efetividade prática dos remédios judiciais. Nesse sentido, em razão da natureza do contrato de opção, no qual o direito formativo gerador tende a ser exercido se favorável ao beneficiário, parece natural concluir que será mais frequente a verificação de eventual inadimplemento da parte compradora no contrato optativo quando este coincidir com o outorgante do contrato de opção, ou seja, nos contratos de opção de venda.

Isso porque, como sabido, a obrigação de pagamento a cargo do comprador no contrato optativo configura-se como obrigação de dar que é sujeita à chamada "execução inespecífica"[1119], que visa obter, através do patrimônio do executado, a satisfação financeira dos prejuízos causados.

Trata-se, assim, de regime de execução que visa à satisfação do valor devido pela parte compradora no âmbito do contrato optativo, assumindo que a parte vendedora tenha escolhido a efetivação da transferência das ações[1120] em detrimento do recurso a perdas e danos[1121].

---

outorgante-comprador tenha depositado o preço, sem que o beneficiário-vendedor tenha praticado os atos necessários para efetiva transferência das ações.

[1118] Cf. J. E. CARREIRA ALVIM, *Tutela específica...*, cit., p. 84.

[1119] C. R. DINAMARCO, *Instituições...*, cit., p. 443.

[1120] Por não ser o escopo da presente obra, não serão analisados os aspectos processuais referentes à execução judicial nestas hipóteses de "execução inespecífica", a qual estará submetida às regras aplicáveis à execução de contratos de compra e venda em que haja inadimplemento da obrigação de pagamento do preço pela parte-compradora. Interessante mencionar o caso julgado pelo Superior Tribunal de Justiça acerca de um contrato de compra e venda de ações que continha uma "cláusula de recompra" pela parte vendedora nas hipóteses contratualmente previstas (RESP nº 856826-DF, Min. Rel. Nancy Andrighi, Rel. para acórdão Min. Ari Pargendler, Terceira Turma, julgado em 19.02.2008, d.j.e 05.11.2008, disponível *in* https://ww2.stj.jus.br [20.12.2010]). Além das questões processuais debatidas, sobretudo quanto à

TUTELA JURISDICIONAL

Do que restou consignado até aqui, embora em um primeiro momento pareça contraintuitivo[1122], na maioria das vezes, a execução do contrato de compra e venda optativo oriundo de um contrato de opção de venda possui menor grau de eficácia prática do que em relação à hipótese em que o inadimplemento seja verificado em um contrato optativo surgido de um contrato de opção de compra, pois o provimento jurisdicional a ser obtido resultará, em última instância, em uma prestação pecuniária em favor do beneficiário (parte vendedora), seja a título de pagamento do preço estipulado, multa periódica ou

via procedimental eleita pelo autor, chama a atenção a discussão quanto à forma em que a parte vendedora deveria cumprir sua obrigação (ou seja, transferir as ações) para fazer jus ao pleito executivo do preço não pago pela parte compradora, haja vista que se exige a lavratura de termo de transferência assinado pelas duas partes. No caso específico, a parte compradora da relação de recompra (muito similar à opção de venda) não adimpliu sua obrigação de fazer de emitir sua declaração para, aperfeiçoando a transferência, permitir a cobrança do preço pela parte vendedora. Apesar da divergência, os Ministros da 3ª Turma do Superior Tribunal de Justiça decidiram por maioria, com voto vencido da Min. Relatora, que caberia execução específica pela parte vendedora para obter o resultado prático equivalente (transferência das ações) em razão da recusa da parte compradora em lavrar o termo de transferência, a fim de permitir o início da cobrança do preço pactuado na compra e venda. Restou o acórdão ementado da seguinte forma: *"Processo Civil. Execução de contrato de compra e venda de ações, com cláusula de recompra, inadimplido nesta parte. Possibilidade de execução específica do compromisso de recompra de ações que, suprindo a declaração de vontade do adquirente (obrigação de fazer), autorize a cobrança do preço (obrigação de dar); arts. 632 e 633 do Código de Processo Civil. Recurso especial não conhecido."*. Importante mencionar que seria desnecessária a demanda de tutela específica se se tratasse de ações escriturais, haja vista que, de acordo com o art. 35, § 2º, da Lei de Sociedades por Ações, bastaria o envio da ordem de transferência pela parte vendedora das ações para que ocorresse a transferência de sua titularidade, sendo, ao contrário do que sucede com as ações nominativas, desnecessária a participação do comprador. Essa conclusão, entretanto, parte da premissa de que a parte compradora inadimplente já possua conta nominativa aberta na instituição depositária ou, de outra forma, não se exija qualquer ato subsequente de sua parte para tal abertura (a esse respeito, vide lições de H. M. D. Verçosa (cf. *Curso...*, vol. 3, cit., p. 157)).

[1121] Cabe ao titular do direito lesado a escolha entre reparação por perdas e danos ou o modo de tutela específica das obrigações inadimplidas (S. Sanches, *Execução...*, cit., p. 53). Nesse particular, no que toca ao negócio aqui analisado, cabe ao titular do direito violado (a) realizar a transferência das ações (seja unilateralmente, no caso das ações escriturais, seja por meio de demanda judicial no caso das ações nominativas) e pleitear o pagamento do preço, acrescido de eventuais perdas e danos decorrentes do inadimplemento ou (b) manter a titularidade das ações, dando-se por resolvido o contrato optativo, recorrendo à reparação por perdas e danos.

[1122] Nesse sentido: L. E. Vidigal, *Da execução...*, cit., p. 60 (*"Salientamos, na introdução, que a execução das obrigações de dar é mais eficaz do que a das obrigações de fazer (...) Resulta essa desigualdade de obstáculos de e não de ordem jurídica."*).

OPÇÃO DE COMPRA OU VENDA DE AÇÕES

perdas e danos, o que vai sujeitá-lo a riscos diversos, incluindo a existência de patrimônio livre do outorgante (parte compradora inadimplente) que possa ser constrito para satisfação do *quantum debeatur* em favor da parte beneficiária.

Com relação à obrigação incidente sobre a parte compradora (geralmente o outorgante de contrato de opção de compra), tendo em vista a possibilidade de irradiação de efeitos no plano da sociedade emissora das ações (ou do agente emissor de certificados), a execução específica tende a ser mais eficiente na prática, pois o juiz pode, em sede de tutela específica, ordenar a prática dos atos necessários para promover a efetiva transferência da titularidade das ações ao beneficiário, independentemente da cooperação do outorgante inadimplente. Assim, em termos práticos, nesse caso, a tutela específica de obrigação de fazer a cargo do outorgante vendedor é mais efetiva e eficiente do que a execução da obrigação de dar assumida pelo outorgante comprador, uma vez que o beneficiário fica exposto a uma gama menor de riscos e incertezas quanto à satisfação de sua pretensão.

À guisa de conclusão, com base no exposto, resta inequívoco que: (a) o contrato de opção em si, no que tange ao seu direito formativo gerador, não pode ser sujeito à tutela específica e (b) uma vez formado o contrato optativo de compra e venda, em caso de inadimplemento, cabe ao beneficiário a tutela específica da obrigação transferência das ações ali disposta pela parte vendedora.

10.2 Teoria da Quebra Eficiente dos Contratos

Nessa esteira, não se pode furtar à análise econômica das soluções possíveis quanto à execução das obrigações assumidas no âmbito dos contratos de opção de compra ou venda de ações.

Em especial, antes de considerar que seja possível a execução da obrigação assumida pelo outorgante – no âmbito do contrato de optativo de compra e venda formado após o exercício da opção pelo seu beneficiário –, deve-se avaliar, sob o ponto de vista econômico, se o outorgante poderia se desvincular do contrato de forma mais eficiente – ou menos prejudicial – em relação ao provimento jurisdicional da execução específica.

Em outras palavras, a discussão quanto à possibilidade de o outorgante simplesmente se desligar da amarra contratual, pagando ao beneficiário

TUTELA JURISDICIONAL

eventuais perdas e danos que este tenha sofrido, ficando, em contrapartida, com as ações – sejam quais forem os motivos –, interessa não só ao campo da economia quanto do Direito.

Aliás, a análise quanto à alocação mais eficiente dos recursos impõe aos agentes de mercado a realização desse raciocínio quando estiverem por decidir inadimplir (ou não) uma obrigação contratualmente estipulada[1123].

Assim, na forma sustentada por R. POSNER, sob um prisma puramente econômico, dado que os agentes de mercado almejam sempre o lucro, poder-se-ia admitir que sempre que as consequências do inadimplemento de um contrato fossem mais benéficas do que simplesmente cumpri-lo, eles seriam automaticamente encorajados ao descumprimento[1124].

Tais comportamentos foram objeto de estudo por parte de diversos autores – sobretudo norte-americanos – que acabaram por desenvolver a chamada "teoria da quebra eficiente dos contratos"[1125], que, em linhas gerais, traz razões de cunho econômico-jurídico para sustentar que as partes de um contrato podem decidir por inadimplir as obrigações avençadas – assumindo todas as consequências decorrentes – nas hipóteses em que economicamente lhes for mais vantajoso[1126].

Referida teoria, segundo seus adeptos, isenta de qualquer valoração negativa a parte que decida não cumprir uma determinada avença, extirpando a existência de uma suposta imoralidade, sobretudo sob o argumento de que

---

[1123] Tem-se como exemplo a hipótese em que determinado indivíduo ou sociedade tenha outorgado opção de compra de ações para seu exercício a um determinado valor, sob pena de pagamento de penalidade por seu descumprimento (excluindo expressamente a possibilidade de execução específica). Se, antes de findo o prazo para exercício, o preço das ações elevar-se a um patamar em que seja mais vantajoso (do ponto de vista econômico) ao outorgante descumprir sua obrigação de alienar as ações àquele preço determinado, pagando a penalidade prevista na avença entre as partes, estar-se-ia diante da chamada "quebra eficiente dos contratos".

[1124] R. POSNER, *Economic Analysis of law*, 6a. ed., New York, Aspen, 2003, p. 131.

[1125] Vide nesse sentido: S. SHAVELL, *Is Breach of a contract Immoral?*, Harvard John M. Olin Discussion Paper Series, n. 531, p. 24: "*Many economically-oriented writers on breach of contracts have focused on what is called the theory of efficient breach. An efficient breach is a breach that fosters a utilitarian, aggregate measure of social welfare, because the breach would lead to avoidance of unduly costly performance or would allow sale of good to a third party willing to pay more than the promise*"

[1126] "*Consequently, the theory holds that the party who will benefit from the breach should breach.*" (J. M. PERILLO, *Misreading Oliver Wendell Homes on Efficient Breach and Tortious Interference in Fordham Law Review*, vol. 68, 2000, p. 10).

OPÇÃO DE COMPRA OU VENDA DE AÇÕES

tal conduta seria desejável para permitir a alocação eficiente dos recursos e, sob a perspectiva jurídica, o ordenamento não só não veda como encoraja as partes a descumprirem os contratos nessas situações[1127].

Referida teoria, apesar de contar com diversos autores adeptos à influência de fatores econômicos na formação e interpretação do Direito, tem sido objeto de críticas[1128]. As críticas, basicamente, além de aspectos puramente de economia[1129], giram em torno da existência de outros valores tutelados pelo Direito. Estas críticas, como esperado, entendem que não se pode privilegiar a interpretação puramente econômica em detrimento do aspecto valorativo[1130] inerente a qualquer obrigação no âmbito do sistema jurídico[1131].

Em síntese, os autores que têm criticado a validade desta teoria no campo jurídico sustentam sê-la contrária ao espírito do ordenamento jurídico, não só porque a possibilidade de quebra dos contratos gera frustração de expectativas e abala a confiança na sociedade em geral, o que confronta com a mencionada função harmonizadora do Direito[1132], como também porque a inexistência de vedação específica não pode ser entendida como estímulo a tal conduta[1133]. Além disso, sustentam que, ao contrário da Economia, que, em tese, não

---

[1127] R. POSNER, *Economic...*, cit., p. 131; e J. M. PERILLO, *Misreading...*, cit., p. 11.

[1128] J. M. PERILLO, *Misreading...*, cit., p. 22.

[1129] Por fugir ao tema, não se entrará em detalhes nas críticas sob a perspectiva econômica. Entretanto, apenas a título ilustrativo, pode-se mencionar o fato de que a teoria não leva em consideração os efeitos na reputação da parte que descumpre o contrato e os eventuais custos adicionais futuros que possam advir desta conduta (cf. J. M. PERILLO, *Misreading...*, cit., p. 20).

[1130] *"This ideal moral system, note, is consistent with the spirit of traditional commentator's advice, and is inconsistent with the spirit of efficient breach theory, in that morality has a useful role to play"* (S. SHAVELL, *Is Breach...*, cit., p. 26).

[1131] Com relação às opções outorgadas pelas sociedades para compra de ações detidas em sua tesouraria, podem existir outros instrumentos importantes para compeli-las a cumprir a obrigação de entregar suas ações, como, por exemplo, pode ser prevista no estatuto a obrigação de adquirir ações no mercado, mesmo que em preço superior àquele previsto na opção, para disponibilizá-las ao beneficiário da opção. Claro que neste caso não estão apenas envolvidos os aspectos patrimoniais referentes à perda em eventual variação do valor das ações, mas também eventuais danos à imagem e à reputação da companhia, por eventual perda de "crédito" com os demais detentores de opções.

[1132] *"While it is true that the legal system is an adjunct to the economy; it is also much more. First and foremost, the legal system's primary goal in enforcing contracts is to keep the public peace."* (cf. J. M. PERILLO, *Misreading...*, cit., p. 28).

[1133] Idem, ibidem, pp. 11 e 15.

TUTELA JURISDICIONAL

deve ser influenciada por valores (*"value-free science"*), o Direito (incluindo o Direito das Obrigações) é composto e altamente influenciado por valores sociais[1134].

Ressaltam, ainda, que a moralidade está embutida no Direito das Obrigações[1135], principalmente quanto aos contratos, pois grande parte das normas e princípios visa permitir o próprio adimplemento das obrigações[1136].

Trazendo tal pensamento extraído do sistema de *common law* para o sistema romano-germânico, pode-se dizer que através do conceito de boa-fé chega--se ao mesmo resultado, pois parece ser contrário, notadamente sob a óptica de Direito brasileiro, que uma parte tenha plena liberdade para inadimplir a obrigação entabulada em um contrato. Isso abalaria a seriedade e a segurança jurídica das relações jurídicas, o que não seria admissível[1137]. A mesma solução, inclusive, tem sido apresentada – embora de maneira ainda não sistemática e amplamente difundida – nos países europeus continentais[1138].

Diga-se que não só a moralidade como também a própria eficiência estão intimamente ligadas à determinação pela legislação das hipóteses em que

---

[1134] Idem, ibidem, p. 12; e Tercio SAMPAIO FERRAZ JR., *Introdução...*, cit., p. 354. Nesse sentido, também podem ser trazidas as lições de J. A. TAVARES GUERREIRO que, ao comentar sobre a execução específica dos acordos de acionistas, lembrando os dizeres de C. BEVILAQUA, ressalta a força ético-jurídica nos contratos e obrigações em geral, bem como a possibilidade, sobretudo naqueles de trato sucessivo, de mutação no *animus* dos contratantes e inconveniência do seu cumprimento, o que, entretanto, não parece autorizar uma suposta "quebra eficiente" do contrato justamente em virtude do acesso à "execução forçada" em determinados casos (cf. *Execução...*, cit., pp. 42-41).

[1135] S. SHAVEL, *Specific...*, cit., pp. 4 e 28.

[1136] *"There are other values that contract Law serves other than promoting the efficiency of the economic system and preserving the public peace. Many have the strong belief that morality requires the honoring of promises."* (J. M. PERILLO, *Misreading...*, cit., p. 29). No direito pátrio, R. PORTO MACEDO sustenta que o direito contratual não deve se restringir ao prisma utilitarista (que leva em conta os custos de transação), sendo de suma importância levar em consideração os valores e motivações sociais como elementos formadores e informadores da racionalidade reflexionante que caracteriza a experiência jurídica pós-moderna (chamada de Direito Social) (cf. *Contratos Relacionais...*, cit., p. 58).

[1137] Seguindo na mesma linha, os autores norte-americanos parecem justificar tal assertiva com base no conceito da confiança (*trust*) que, em última instância, poderia ser equiparado à boa-fé no direito nacional (J. M. PERILLO, *Misreading...*, cit., p. 29).

[1138] Na França: *"Si ont comprend que l'analyse économique peut conduire à des résultats différents de ceux que nous préconisons, on reprochera à cette théorie de ne pas pendre en compte d'autres éléments que leur valeur pécuniaire."* (cf. C. GRIMALDI, *Quasi-engagement...*, cit., p. 382).

OPÇÃO DE COMPRA OU VENDA DE AÇÕES

as partes podem buscar a tutela específica das obrigações[1139], bem como as sanções aplicáveis em tais situações[1140].

[1139] Não se pode deixar de ressaltar que o conceito de moralidade e a acessibilidade à execução específica estão intimamente associados à existência de contratos completos ou incompletos. Por fugir ao tema desta obra, deixar-se-á de abordar o tópico acerca da incompletude dos contratos, o que tem sido objeto de análise tanto de estudiosos do campo do direito como da economia. Fato é que apesar de divergência doutrinária, tem-se largamente admitido que contratos incompletos são aqueles em que não só as obrigações das partes não tenham sido devidamente estabelecidas, mas também não tenham previsto sua adaptação às diferentes situações exteriores que lhes podem impactar (G. BELLANTUONO, *I contratti incompleti nel diritto e nell'economia*, Padova, CEDAM, 2000, p. 250). Tomando-se tal qualificação como correta, pode-se concluir que quanto maior o grau de incompletude de um contrato e desde que o mesmo não preveja sanções específicas para uma determinada contingência ou evento inesperado pelas partes, maior é a tolerância no âmbito doutrinário para a possibilidade de aplicação da quebra eficiente dos contratos. Assim, alguns autores, com base na ideia de incompletude contratual, associada ao conceito de racionalidade limitada (conforme já explicitado nesta obra), passaram a encarar o "componente moral" das obrigações tão somente naquelas oriundas de contratos que tenham previsto os termos aplicáveis de forma completa (cf. S. SHAVEL, *Specific...*, cit., p. 9). Entretanto, acredita-se que, no direito pátrio, a moralidade na manutenção das obrigações não se encontra ligada à concepção de completude dos contratos, mas, sim, ao conceito de boa-fé que permeia todas as relações obrigacionais.

[1140] Vide lições de C. COUTO E SILVA que dizia que antigamente a responsabilidade pelo inadimplemento poderia recair sobre o corpo (e liberdade) dos obrigados, o que acabou alterado na atualidade: *"No princípio existia só a responsabilidade que recaía sobre o próprio corpo do responsável. Mais tarde surge a possibilidade de liberação pelo pagamento, e o dever passa a ser concebido como algo que se dirige à satisfação de um crédito, o qual, via de regra, tem valor econômico."* (cf. *A obrigação...*, cit., p. 81). Atualmente, a cogência do direito não permite que se invada a esfera da pessoa e da liberdade (Idem, ibidem, pp. 132-133), prevalecendo o conceito dado pelo brocardo de que ninguém pode ser obrigado a praticar um ato (*nemo praecise cogi potest ad factum*) (cf. R. B. ANDRADE, *Oferta...*, cit., p. 84). Não obstante, o direito evoluiu a fim de conferir maior efetividade ao processo judicial, outorgando maior amplitude de medidas disponíveis aos juízes para, tanto quanto possível, dar ao tutelado precisamente aquilo a que faz jus, incluindo mediante sentenças que substituem a vontade das partes (cf. L. FUX, *O novo processo...*, cit., p. 295). Ilustrativo mencionar, nesse passo, apenas com o objetivo de traçar um quadro comparativo, sem qualquer pretensão de realizar um exame aprofundado de direito comparado, as regras de direito islâmico aplicáveis aos contratos, pois denotam uma relação muito acentuada entre direito, religião e moral, que determina o regime de vinculação e exequibilidade das promessas e contratos. De forma bem resumida, os autores que se destinaram ao estudo dos princípios e regras aplicáveis mostram que, dentro de um sistema em que inexiste ampla liberdade de contratar, figuras como "promessas unilaterais de compra" são vinculantes e exequíveis, desde que respeitadas determinadas condições rígida e previamente estabelecidas. Se ditas rígidas condições exigidas não vierem a ser preenchidas, ainda que as promessas deixem der ser exequíveis e exigíveis juridicamente perante os tribunais, os

TUTELA JURISDICIONAL

Valores de cunho moral quanto à possibilidade de as partes inadimplirem as obrigações assumidas estão naturalmente associados aos aspectos de segurança jurídica das relações e exercem forte influência na orientação legislativa relativa ao cabimento da execução específica das obrigações, o que permite concluir que quanto maior sua abrangência, maior é o sentimento de imoralidade na hipótese de descumprimento das obrigações experimentado em referido ordenamento jurídico[1141].

Na prática empresarial, as partes, quando negociam um determinado contrato, buscam o resultado oriundo do seu adimplemento, e não eventuais perdas e danos em uma eventual ação judicial decorrente do inadimplemento da parte contrária. A expectativa gira em torno do objeto – no sentido de prestação – do contrato[1142].

Os autores, nessa linha, afirmam que não foi demonstrado na teoria da quebra eficiente dos contratos que a reparação dos danos sofridos em decorrência

---

autores mencionam o "componente ético-moral" que impõe aos contratantes o dever moral de seu cumprimento (cf. M. T. Usmani, *An Introduction to Islamic Finance*, Haia, Kluwer Law International, 2002, pp. 49-51). A limitação na liberdade contratual (exemplificada na existência de contratos nominados que devem ser respeitados pelas partes), bem como a estrita relação entre direito, religião e moralidade, também foi objeto de análise por outros autores (F. Vogel – S. Hayes, *Islamic, law and finance: religion, risk and return*, Haia, Kluwer Law International, 1998, p. 68). Referidos autores analisam, especificamente, uma potencial admissibilidade dos contratos de opção no âmbito do direito contratual islâmico, concluindo, após realizar paralelo com outras figuras típicas, que dificilmente aqueles seriam válidos e aceitos, pois existem princípios que seriam aparentemente intransponíveis, tais como aqueles que repudiam o jogo, as operações que visam transferir riscos entre as partes (que é uma das funções dos contratos de opção) e a possibilidade de apenas uma parte auferir benefícios, sem assunção da responsabilidade pelas perdas decorrentes (Idem, ibidem, pp. 87 e 164--165).

[1141] *"Closely related to their moral advice to contracting parties is commentators' advice about Law, namely, that the moral desirability of satisfying contractual promises argues for legal policy that fosters performance. Some have said, for example, that the scope of specific performance should be expanded for moral reasons among others (...) In any event, the belief that there is a clear and overarching moral reason to alter contract law to enhance the keeping of contracts appears to me to be the product of an over simple view of the moral sentiments and of a related failure to take into account the importance of incompleteness of contracts."* (cf. S. Shavell, *Is Breach...*, cit., p. 27).

[1142] I. Muniz e A. Branco, *Fusões...*, cit., p. 284 (referidos autores sustentam ser "lugar comum" entre os advogados a ideia de que a resolução de um conflito pela via de reparação de perdas e danos não se mostra, no mais das vezes, remédio suficiente para satisfazer os interesses e anseios das partes).

OPÇÃO DE COMPRA OU VENDA DE AÇÕES

do inadimplemento deliberado por qualquer das partes é, de fato, mais eficiente do que o resultado da execução específica das obrigações[1143].

A discussão revela maior amplitude e contornos no que tange à possibilidade de execução específica das obrigações de fazer, pois, quanto às obrigações de dar, sobretudo de bens infungíveis, a própria teoria desenvolvida por R. POSNER parece admitir sua aplicação[1144].

A razão é simples. Todas as vezes em que for de difícil determinação a estimativa do valor para um terceiro de um dado bem que não seja substituível por outro livremente disponível no mercado e dotado das mesmas atribuições individuais e qualitativas[1145], justifica-se o remédio da execução específica para satisfação do interesse lesado pelo inadimplemento da parte obrigada.

Aliás, essa parece ser a regra no Direito norte-americano, no qual a execução específica é tida como remédio excepcional aplicado tão somente em tais contratos de transmissão de propriedade de bens dotados de aspectos peculiares e de difícil valoração (*contracts to convey property with unique or hard-to-evaluate aspects*)[1146]. No ordenamento pátrio, contudo, embora haja certa flexibilização, a regra em essência é similar, admitindo-se para alguns casos a possibilidade de execução específica de obrigações de fazer, com a atribuição de multa periódica para a demora no cumprimento, destacando-se aquela de lavrar escritura pública em compromissos de compra e venda de imóveis[1147].

[1143] *"Moreover, he argues, that it is not demonstrable that a damages rule produces greater efficiency than a specific performance default rule"* (J. M. PERILLO, *Misreading...*, cit., p. 21).

[1144] Cf. *Economic...*, cit., p. 131 (*"Moreover, the market price may be difficult to determine because homes and other buildings are not fungible product; the sale price of one house is not a definite indication of the market value of another. Although the problem of valuation is avoided by decreeing specific performance, another problem is created."*).

[1145] Essa é a premissa utilizada pelos principais autores que trataram da matéria (cf. S. SHAVEL, *Specific...*, cit., p. 5).

[1146] Idem, ibidem, p. 3.

[1147] Por elucidativo e ter sido objeto de debate acadêmico com frequência, convém citar a decisão da 3ª Turma do Superior Tribunal de Justiça no Recurso Especial n. 598-233 – RS (2003/0051143-0), sobretudo no que tange ao voto-vista da Ministra Nancy Andrighi. Em relação à fixação de multa periódica, tal mecanismo também é previsto em ordenamentos estrangeiros. Destacam-se, nesse sentido, sem pretensão de esgotar o assunto, as astreintes no direito francês e os chamados *contempt of court* no direito anglo-americano (Ovídio BAPTISTA SILVA, *Curso...*, cit., p. 35). A título meramente ilustrativo, mais uma vez, é importante realçar que, a despeito de uma necessária análise mais profunda de referido ordenamento, a doutrina

TUTELA JURISDICIONAL

Percebe-se, assim, que a fungibilidade do bem[1148] e a existência de obrigação de dar, em tese, são os pilares, até para a teoria que propugna pela permissibilidade da quebra eficiente dos contratos, para o acesso efetivo à execução específica.

Analisar-se-á, assim, a presença de tais requisitos nos contratos de opção de compra ou venda de ações.

Como dito, tendo em vista a peculiaridade do sistema de transferência de ações no Direito brasileiro, o ato de averbação nos livros sociais ou nos registros das instituições depositárias de ações escriturais não é tecnicamente uma obrigação de fazer infungível por parte do outorgante-vendedor[1149]. De acordo com o sistema brasileiro, este ato é de responsabilidade da própria sociedade emissora, no caso de ações nominativas, ou da instituição depositária, no caso de ações escriturais.

Não obstante, como restou consignado, para a doutrina clássica, a sociedade poderá promover a averbação no livro de registro nominativo de ações tão somente com base no contrato de compra e venda firmado. Exige-se uma ordem específica ou a lavratura do termo de transferência para tal finalidade. Neste particular, essa "obrigação de fazer" é de responsabilidade do vendedor.

Por essa razão, no Brasil, poder-se-ia admitir, como regra, a tutela específica contra o vendedor[1150], a fim de compeli-lo a realizar os atos formais de transferência, em caso de resistência, podendo, inclusive, o juiz expedir ordem

---

examinada demonstra que dito remédio também encontra-se disponível no ordenamento sueco (J. HELLNER, *Specific...*, cit., p. 16).

[1148] Referida doutrina parece também admitir a chamada execução específica equivalente (*equivalent specific performance*), quando o devedor é compelido a entregar uma mesma quantidade de bens fungíveis previstos em determinado contrato. Vide nesse sentido: S. SHAVEL, *Specific...*, cit., p. 7 (referido autor trata do exemplo de entrega de sacas de trigo como bens fungíveis).

[1149] Não se entrará na discussão quanto à existência de deveres de cooperação impostos ao outorgante, como corolário do princípio da boa-fé, de maneira que assumiremos de forma específica e isolada o ato de transferência das ações.

[1150] Importante mencionar que as partes podem estabelecer uma cláusula penal compensatória com o intuito de impedir a execução específica pela parte lesada. Interessante notar que, naqueles países em que a regra é a da reparação por perdas e danos (como os Estados Unidos da América), referida cláusula seria no sentido oposto, ou seja, de permitir que a parte tenha acesso ao regime da tutela específica (cf. A. W. KATZ, *The Option...*, cit., p. 2202).

à sociedade emissora ou à instituição depositária das ações escriturais para que promova a averbação da transferência.

Como já manifestou parte da doutrina francesa, a obrigação de fazer, neste caso, é equiparável, estritamente para os fins da teoria da quebra eficiente dos contratos, a uma obrigação de dar.

Para corroborar esse entendimento, poder-se-ia imaginar, por conseguinte, a situação de um contrato de opção que estivesse relacionado a ações ao portador[1151]. Nesse caso, uma vez exercido o direito formativo gerador, a obrigação do vendedor, oriunda da relação de compra e venda optativa, seria entregar (tradição) as ações ao portador, o que justificaria o ajuizamento de uma ação de busca e apreensão por parte do beneficiário.

Nesse sentido, é possível a equiparação, para os fins de tal teoria da quebra eficiente dos contratos, da obrigação de lavrar o termo de transferência ou de envio da ordem à instituição depositária a uma "obrigação de dar", o que levaria à conclusão de que, invariavelmente, deve-se impor o regime da execução específica ao contrato optativo de compra e venda de ações.

Importando tais conceitos ao contrato de opção e assumindo que o outorgante não tenha alienado as ações para terceiros, em caso de eventual recusa na execução das formalidades para a transferência efetiva ao beneficiário-adquirente, caberá a tutela específica em seu favor. Em outras palavras, significa dizer que, à resistência do outorgante-vendedor em promover os atos necessários para a transferência das ações, o juiz poderá, à luz das medidas previstas no Código de Processo Civil[1152], ordenar a realização da averbação da transferência nos livros ou alterações nos lançamentos dos livros das instituições depositárias.

Tal solução pode ter contornos diferentes, caso o outorgante tenha alienado as ações a terceiros anteriormente ao exercício do direito formativo gerador pelo beneficiário, ganhando especial relevo a existência ou não de

---

[1151] Embora referida modalidade de ações tenha sido abolida do ordenamento brasileiro, o exemplo é ilustrativo para evidenciar o motivo pelo qual, neste caso, equipara-se a obrigação de emitir uma ordem de transferência à obrigação de dar para os fins da teoria da quebra eficiente dos contratos.

[1152] Vide rol, não taxativo, contido no art. 536, § 1º do Código de Processo Civil: "[...] § 1º Para atender ao disposto no caput, o juiz poderá determinar, entre outras medidas, a imposição de multa, a busca e apreensão, a remoção de pessoas e coisas, o desfazimento de obras e impedimento de atividade nociva, podendo, caso necessário, requisitar auxílio de força policial."

averbação do contrato de opção previamente e a presença de má-fé do terceiro adquirente, o que será objeto de análise a seguir.

10.3 Deveres Secundários e Alienação das Ações a Terceiros

Diante do exposto nos itens acima, cabe tecer breves comentários acerca da medida em que os deveres secundários inerentes à situação de sujeição derivada do contrato de opção podem ser objeto de execução específica. Em particular, dada a abrangência do assunto, serão analisadas as hipóteses em que o outorgante venha a alienar as ações para terceiros em violação ao contrato de opção de compra[1153] e, consequentemente, ao direito formativo gerador conferido ao beneficiário.

Para que se possa avançar, dividiremos a análise em dois momentos distintos, a saber: o primeiro previamente ao exercício do direito formativo gerador e o segundo posteriormente a tal exercício pelo beneficiário.

Além disso, devem ser divididos os cenários, de acordo com a verificação dos seguintes aspectos concretos: boa-fé ou má-fé do terceiro adquirente[1154] e existência ou não de averbação do contrato de opção na forma da legislação societária em vigor.

Nesse particular, ao contrário do que sustenta parte da doutrina estrangeira[1155], a averbação do contrato de opção e, eventualmente, outros ônus sobre as ações geram efeitos *erga omnes*[1156]. A discussão gira em torno de saber como

---

[1153] Este item não tem como foco as opções de venda, pois parecem improváveis as hipóteses em que o beneficiário possa ser responsabilizado, de qualquer forma, pela alienação das ações a terceiros. Antes, esse ato poderia representar uma rejeição do direito formativo gerador, mas certamente se trata de situação que deve ser analisada diante das circunstâncias concretas de cada caso. Seja como for, o que importa, nesse passo, é a análise dos casos mais frequentes, que envolvem uma violação dos contratos de opção de compra.

[1154] *"Sin embargo creemos que el elemento determinante a la hora de resolver toda esta problemática en un sentido o en otro, va a ser la buena o mala fe del tercer adquirente que contrata con el concedente (incumplidor) de la opción"* (cf. J. T. CHARLES, *El contrato de opción*, cit., p. 279).

[1155] Cf. O. MILHAC, *La notion...*, cit., p. 448 (referido autor demonstra, com base em jurisprudência do fim da década de 1980, que o registro facultativo das *promesses unilatérales de vente* e do direito de preferência sobre ações não gera efeitos perante terceiros, inclusive nas hipóteses em que o outorgante venha a alienar as ações para terceiros que não estejam em conluio fraudulento).

[1156] Conforme analisado no capítulo oitavo acima.

OPÇÃO DE COMPRA OU VENDA DE AÇÕES

ocorrerão tais efeitos, caso o outorgante, em violação ao contrato de opção, venha a alienar as ações a um terceiro.

Ao se avançar na análise das hipóteses cabíveis, entende-se que se existir averbação do contrato de opção nos livros sociais, presumir-se-á, em havendo a alienação das ações, que o terceiro (a) esteja de má-fé[1157] ou (b) tenha agido sem a diligência esperada em negócios dessa natureza[1158], o que seria suficiente para lhe impor um tratamento diferenciado.

Combinando as hipóteses acima, vislumbram-se três situações distintas que ensejam maior atenção: (i) falta de averbação do contrato de opção e terceiro de boa-fé; (ii) falta de averbação do contrato de opção e terceiro de má-fé; ou (iii) averbação do contrato de opção e terceiro presumivelmente de má-fé.

Importa notar que referidas hipóteses serão analisadas assumindo que a alienação das ações pelo outorgante ao terceiro já tenha sido realizada, não sendo objeto de análise a possibilidade de tutela inibitória em favor do beneficiário quando a alienação ainda não tiver sido levada a cabo[1159].

[1157] Cf. J. A. Tavares Guerreiro, *Execução...*, cit., p. 59. Aliás, essa ideia de conhecimento da existência de obrigação como presunção de má-fé do terceiro já vinha estampada, de alguma forma, no projeto de Código Civil desenvolvido por A. J. Teixeira de Freitas na metade do século XIX, tal como a oponibilidade contra terceiros de obrigações (em geral) sobre imóveis que fossem transcritas no "Registro Conservatorio" (A. J. Teixeira de Freitas, *Código Civil (esboço)*, arts. 547-548, Rio de Janeiro, Typographia Universal de Lammert, 1860, p. 321).

[1158] Dada a complexidade das relações atuais, sobretudo de negócios envolvendo a compra e venda de ações, parece correto presumir, para os efeitos desta obra, faltar diligência ao terceiro que venha a adquirir as ações sem verificar os lançamentos e apontamentos existentes nos livros sociais respectivos. Não obstante, deve-se reconhecer que essa análise deve ser feita em cada caso concreto à luz dos elementos subjetivos e objetivos que permeiam a situação específica, a fim de estabelecer o padrão de diligência que se espera dos contratantes individualmente considerados. Por ora, devemos reconhecer que esse padrão não pode ser, certamente, o mesmo para as relações eminentemente empresariais (como aquelas analisadas nesta obra) e relações que sejam majoritariamente regidas por outro ramo do direito, tais como de família.

[1159] A legislação processual, preocupada com a efetividade dos processos, colocou à disposição dos juízes medidas que visam conferir ao titular de eventual direito (em sentido) subjetivo violado o efeito prático equivalente não tivesse dita violação ocorrido. Nessa linha, existem situações em que a tutela jurisdicional precisa ser adequada para lhe conferir efetividade protetiva, haja vista que um provimento *ex post facto* pode não ser suficiente para revertê-las ou fazê-las retornar ao *status quo ante*. Por essa razão, conforme mostra a doutrina, a legislação processual admite, à luz do princípio da efetividade, a chamada "tutela inibitória" que

TUTELA JURISDICIONAL

Quanto à primeira hipótese, independentemente de ter havido ou não o exercício do direito de opção pelo beneficiário, entende-se que se o terceiro adquirente estiver de boa-fé[1160], tal como tem sido sustentado na doutrina

permite ao juiz, através de medidas coercitivas, liminarmente (ou não), impedir a ocorrência ou continuidade de um determinado ilícito (cf. L. Fux, *O novo processo...*, cit., 2008, pp. 297-299; e C. R. Dinamarco, *Instituições...*, cit., pp. 487 e 493-494). Ao lado do estado de sujeição, o outorgante do contrato de opção assume obrigações (em sentido estrito) secundárias, dentre as quais se destaca aquela de não frustrar o exercício do direito formativo pelo beneficiário. Nesse sentido, tomando conhecimento de iminente alienação das ações pelo outorgante a terceiro, seja de boa-fé ou não, em violação ao disposto no contrato de opção, o beneficiário pode ajuizar demanda judicial a fim de impedir a consumação da venda, cabendo ao juiz tomar as medidas coercitivas, de caráter inibitório, que julgar pertinentes. Embora se reconheça a sutileza na distinção verificada, o que se acaba de dizer não está em desacordo com o exposto, haja vista que o direito formativo gerador, individualmente considerado, continua não sendo passível de tutela específica, dado que seu exercício (e a consequente modificação na relação jurídica de outrem) depende exclusivamente da vontade do beneficiário, sendo desnecessário qualquer provimento jurisdicional ou cooperação do outorgante. Difere-se, assim, da situação aqui descrita, em que a tutela inibitória visa garantir que o beneficiário obtenha exatamente o resultado prático almejado com o contrato optativo, se exercido o direito formativo gerador. A tutela inibitória, assim, visa permitir a plenitude dos efeitos do contrato optativo (e não do contrato de opção) que venha a se formar com o exercício do direito formativo gerador, o qual remanesce intacto e carece de qualquer tutela específica, pois depende tão somente da vontade do beneficiário. Em outras palavras, mesmo assumindo que o outorgante tenha alienado as ações a terceiros, o beneficiário continuará com o poder formativo de consumar o contrato optativo de compra e venda, o qual, contudo, restará frustrado em seus efeitos típicos (transferência de domínio contra a entrega do preço), pois o outorgante-vendedor não terá mais o domínio das ações a ser transferido ao beneficiário. Não se pode dizer que o direito formativo gerador restou violado, haja vista que foi exercido em sua plenitude e cumpriu exatamente a função a que se destinava, qual seja, a conclusão do contrato de compra e venda das ações. Não obstante, foi o contrato optativo que deixou de gerar os efeitos típicos almejados inicialmente pelas partes por conta da conduta do outorgante, enquanto perdurava o contrato de opção, sendo que a tutela inibitória visa, portanto, evitar a prática de qualquer ato que possa impedir a plena eficácia típica do contrato optativo. Embora não seja objeto de análise deste capítulo, eventuais atos do outorgante que possam reduzir o valor das ações ou afetar sua própria existência e substância também podem ser, em tese, sujeitos à tutela inibitória, restando, no entanto, em virtude da natureza das ações, certa dificuldade na concretização das medidas práticas protetivas.

[1160] A má-fé do terceiro é questão delicada e de difícil aferição na prática. Certa parte da doutrina, sobretudo francesa, tem entendido que o simples conhecimento da existência do contrato de opção já seria suficiente para caracterizar a má-fé: M. Mousseron – M. Guibal – D. Mainguy, *L'avant...*, cit., p. 343; e C. Grimaldi, *Quasi-engagement...*, cit., p. 381 (referido autor, trazendo à colação uma decisão de 2006 relacionada a uma violação de direito de preferência, sustentou que o fato de o terceiro ter conhecimento prévio do direito de

OPÇÃO DE COMPRA OU VENDA DE AÇÕES

estrangeira, caberá ao beneficiário tão somente pleitear perdas e danos ao outorgante[1161], privilegiando-se o interesse daquele.

Inegável existir um conflito entre dois interesses legítimos[1162] causado pelo inadimplemento das obrigações secundárias do contrato de opção por parte do outorgante. Nesse conflito, assumindo que a transferência já tenha sido averbada nos livros sociais e não tenha sido implementada mediante fraude[1163], a solução que parece mais justa é privilegiar o adquirente de boa-fé[1164], a fim de evitar que situações já consolidadas sejam anuladas, o que representaria uma ameaça à segurança jurídica.

Havendo má-fé do terceiro adquirente, a solução será distinta, recaindo na segunda situação acima (má-fé do terceiro adquirente e contrato de opção não averbado nos livros sociais ou da instituição depositária das ações escriturais).

preferência era evidência suficiente para determinar a sua má-fé). Na França, o registro do contrato, por ser meramente informativo, não representava presunção de que o terceiro tinha conhecimento do mesmo (M. MOUSSERON – M. GUIBAL – D. MAINGUY, *L'avant...*, cit., p. 344). Defende-se, nesta obra, que o contrato de opção de ações devidamente averbado nos livros sociais pode ser tido como evidência da má-fé do adquirente, haja vista que a transferência das mesmas apenas opera-se mediante o registro, o que conduz à conclusão de que se exige um padrão de diligência mínimo do terceiro em checar os livros para aferir a inexistência de gravames ou quaisquer ônus sobre as ações. Em linha semelhante – porém não relativa às ações – manifestou-se T. J. CHARLES: *"A mayor abundamiento, el principio de la relatividad de los contratos no impide su oponibilidad a los terceros que tienen el deber, si los conocen, de respetar la situación jurídica anterior para no inmiscuirse en ella frustrando su eficaz desenvolvimiento."* (cf. *El contrato de opción*, cit., p. 312).

[1161] Por fugir ao tema aqui proposto, não se entrará com grande profundidade no conceito e na extensão das perdas e danos cabíveis nos casos de descumprimento do contrato de opção por parte do outorgante, pois a discussão é amplamente subjetiva, haja vista que na prática seria difícil aferir com objetividade se o beneficiário de fato exerceria (ou não) a opção (Idem, ibidem, pp. 301-302).

[1162] Utiliza-se a expressão "colisão de direitos" quando dois atos (*lato sensu*) e *inter vivos* determinam a impossibilidade prática de direitos coexistentes se realizarem (C. COUTO E SILVA, *Negócios jurídicos e negócios jurídicos de disposição* in *O direito privado brasileiro na visão de Clóvis do Couto e Silva*, org. por Vera Maria Jacob Fradera, Porto Alegre, Livraria do Advogado, 1997, p. 86).

[1163] Em qualquer das modalidades presentes no direito pátrio, tais como fraude a credores (art. 159 do Código Civil), fraude à execução (art. 792 do Código de Processo Civil e art. 179 do Código Penal) ou fraude no sentido de direito tributário (art. 185 do Código Tributário Nacional).

[1164] Nesse sentido: F. BÉNAC-SCHMIDT, *Le contrat de promesse...*, cit., p. 38; e T. B. PERES, *O direito de opção...*, cit., p. 173.

TUTELA JURISDICIONAL

Nessa hipótese, é possível também o recurso à execução inespecífica[1165] para pleitear perdas e danos contra o outorgante, ou seja, busca-se, através de atos expropriatórios sobre o patrimônio daquele, a reparação, em pecúnia, dos danos sofridos pelo beneficiário[1166].

Dada a situação, parece haver necessidade de imposição de proteção especial – um "algo a mais" – para tutelar o interesse do beneficiário lesado frente ao terceiro de má-fé. Baseado no ordenamento nacional, duas alternativas se afiguram possíveis: (a) anulabilidade da transferência, protegendo-se o direito do beneficiário do contrato de opção, utilizando-se analogicamente a solução dada para os casos de fraude a credores[1167] ou negócios cujo motivo determinante de ambas as partes seja ilícito[1168]; ou (b) responsabilidade solidária entre o outorgante e o terceiro de má-fé por perdas e danos[1169].

Ambas as hipóteses independem do momento em que se verifique a transferência ao terceiro de má-fé, ou seja, antes ou depois do exercício do direito formativo gerador pelo beneficiário[1170].

Claramente, tivesse o contrato de opção sido regrado especificamente pelo ordenamento pátrio, tratar-se-ia de decisão político-legislativa a cargo dos legisladores, conforme intensidade de proteção a ser dada ao negócio em questão, assim como de "incentivo" aos beneficiários quanto à averbação dos negócios nos livros sociais.

Em razão de certa proximidade entre os pactos de preferência e os contratos de opção, a segunda alternativa parece ter mais fundamentos para ser

---

[1165] Conforme expressão utilizada por ilustres processualistas nacionais.

[1166] C. R. DINAMARCO, *Instituições...*, cit., p. 495.

[1167] Conforme regras previstas nos artigos 158 e 159 do Código Civil.

[1168] Art. 166, III do Código Civil: "*É nulo o negócio jurídico quando: (...) III – o motivo determinante, comum a ambas as partes, for ilícito*".

[1169] Essa é a regra aplicável aos pactos de preferência nos contratos de compra e venda, conforme artigo 518 do Código Civil pátrio. Parte da doutrina e jurisprudência italiana também tem endossado tal teoria (cf. E. GABRIELLI, *Trattato...*, cit., p. 195).

[1170] Discorda-se de parcela da doutrina que entende ser necessário aguardar o efetivo exercício do direito formativo no contrato de opção para que a tutela lhe seja deferida (A. MENEZES CORDEIRO, *Tratado...*, Tomo II, vol. II, cit., p. 546; e T. F. FONSECA, *Do contrato de opção...*, cit., p. 66 ("*Com efeito, será precisamente no momento em que a incerteza sobre a definitiva titularidade da propriedade for afastada, ou seja quando for aceite ou rejeitada a proposta contratual ou quando esta caducar, que os interesses dos contratantes terão de ser conjugados com terceiros adquirentes e valorados acima destes (...) até lá não se sabe quem é prejudicado pelas diversas alienações.*").

OPÇÃO DE COMPRA OU VENDA DE AÇÕES

aplicada no ordenamento brasileiro, implicando na responsabilidade solidária do outorgante e do terceiro em face do beneficiário[1171].

Certamente, este posicionamento encontra respaldo tão somente na legislação atual, devendo reconhecer alguns de seus inconvenientes, seja no que tange à dificuldade de produção de provas dos danos incorridos por parte do beneficiário (o que pode inviabilizar a reparação da parte lesada), seja no que tange a uma suposta atenuação das regras incidentes sobre negócios realizados contra os princípios da boa-fé e da função social dos contratos[1172].

À luz do arcabouço jurídico atual, parece haver uma preferência do legislador brasileiro ao não acolhimento da primeira alternativa (anulabilidade da transferência ao terceiro má-fé), embora se reconheça que, de acordo com princípios orientadores do Código Civil pátrio, tal solução seria possível e, ademais, adequada para tutelar os interesses das partes envolvidas, de modo a não privilegiar a violação dos ditames da boa-fé[1173].

[1171] Aplicação analógica do art. 518 do Código Civil.

[1172] A solução que parece mais adequada aos anseios da sociedade e de eficácia prática dos contratos de opção é, sem dúvidas, a imediata nulidade da alienação, retornando-se ao *status quo ante* para permitir o livre exercício do direito formativo gerador pelo beneficiário. O legislador pátrio, ao conferir a solução da responsabilidade solidária para as hipóteses de violação do direito de preferência, manifestou seu posicionamento quanto à situação análoga. Ou seja, ocorrendo a violação do dever secundário de não frustração do exercício do direito (em sentido) subjetivo pessoal conferido às partes no pacto de preferência, por meio de alienação do bem à terceiro de má-fé, o legislador nacional entendeu ser preferível a solução da responsabilização solidária em vez da possibilidade de nulidade do negócio em questão. Preferiu-se, assim, na legislação civil, uma proteção jurídica atenuada a tais situações, o que foi objeto de críticas por parte da doutrina (C. M. Pereira da Silva, *Instituições...*, cit., 2009, p. 167). Assim, tendo em vista certa semelhança entre direito de preferência e direito de opção, entende-se que, a despeito de não parecer a solução mais adequada, deva prevalecer a responsabilização solidária do terceiro adquirente de má-fé para os casos de alienação do bem objeto (mediato) do contrato de opção em violação aos deveres secundários ali previstos.

[1173] Sob a égide do Código de Processo Civil de 1939, havia norma específica que conferia o direito ao preferente de exigir do terceiro adquirente o bem alienado ("*Art. 313. Alienada a coisa, terá o preferente ação para exigi-la do terceiro que a houver adquirido, ou para reclamar a indenização correspondente.*"). Referido dispositivo foi suprimido tanto do Código de Processo Civil de 1973 quanto do Código de Processo Civil atual, restando ao Código Civil disciplinar a matéria. Tanto o Código Civil anterior (art. 1156) quanto o atual (art. 518) resolveram a questão por meio da imposição de perdas e danos em favor do preferente que tiver seu direito de preferência violado. A inovação da codificação atual, entretanto, diz respeito à criação de solidariedade entre o concedente do direito de preferência e o terceiro de má-fé que vier a adquirir o bem.

TUTELA JURISDICIONAL

Passar-se-á, agora, à análise da terceira e última alternativa, a bem dizer, de que tenha havido averbação do contrato de opção, presumindo má-fé ou falta de diligência do terceiro adquirente.

Nessa hipótese, tendo havido ou não o exercício do direito formativo gerador, há três alternativas possíveis para o equacionamento da questão. Acresce--se às duas alternativas igualmente mencionadas, quanto aos terceiros de má-fé em contratos de opção não averbadas[1174], a possibilidade de equiparação legal do contrato de opção ao conceito de ônus real (como gravame), que permaneceria gravando as ações, sem implicar a anulabilidade da alienação ao terceiro, até o exercício da opção pelo beneficiário[1175].

Novamente, deve-se consignar que, não obstante a grande importância do assunto, o exercício aqui realizado é puramente teórico, inexistindo na legislação ou mesmo na jurisprudência um posicionamento claro firmado nesse sentido. A matéria, portanto, até que venha a ser regulada, deve ser resolvida pela jurisprudência pátria, através da aplicação de princípios jurídicos, bem como um balanceamento dos valores atribuídos ao negócio em questão, especialmente no tocante ao grau de proteção e diligência que se espera do terceiro adquirente[1176].

[1174] Cf. J. T. CHARLES, *El contrato de opción*, cit., pp. 274 e 277: *"Creemos que tampoco supone incumplimiento del concedente la transmisión inter vivos de la cosa, cuando la opción ha sido inscrita en el Registro (...) El concedente podrá, con absoluta libertad, gravar o enajenar la cosa prometida; pendientes estos actos de su resolución si se produce el ejercicio de la opción. En definitiva, se puede afirmar que la opción inscrita no cierra el registro y es eficaz erga omnes."*.

[1175] No direito inglês, no que tange ao registro imobiliário, o contrato de opção apenas pode ser registrado a título de encargo (*charge*), o que estaria de acordo com o posicionamento acima (cf. S. H. GOO, *Sourcebook...*, cit., pp. 260-267; e A. CHIANALE, *Opzione...*, cit., pp. 142-143). Ressalvadas as inúmeras distinções, apenas a título ilustrativo, poder-se-ia fazer uma equiparação ao mecanismo atualmente existente na Lei de Locações (arts. 8º e 33) quando trata do direito de preferência e da cláusula de vigência da locação, oponíveis perante terceiros, mesmo quando ocorre a alienação do imóvel a terceiros.

[1176] Importante mencionar, nesse passo, a solução que vem sendo proposta pelos doutrinadores franceses encarregados da redação e discussão do projeto de reforma do direito das obrigações (*Avant Projet de Reforme du Droit des Obligations et de la Prescription (Projet Catala)*) que adotou a posição mais similar àquela que privilegia a manutenção do contrato de opção e inoponibilidade de negócios realizados pelo outorgante com terceiros sobre os bens sujeitos àquele, independentemente de publicidade (declarativa), respeitadas as regras destinadas à proteção de terceiros de boa-fé, conforme texto a seguir: *"Art. 1106. (...) Le contrat conclu avec un tiers est inopposable au bénéficiaire de la promesse, sous réserve des effets attachés aux règles assurant la protection des tiers de bonne foi."* (P. CATALA (coord.) in *Rapport à Monsieur...*, cit., p. 69).

OPÇÃO DE COMPRA OU VENDA DE AÇÕES

Em outras palavras, ao se privilegiarem as hipóteses já examinadas – anulabilidade da transferência ou responsabilidade solidária do terceiro de má-fé – haveria um enfraquecimento natural e automático à força vinculante dos contratos de opção averbados, pois, embora possa ser oposto ao terceiro adquirente, sujeitariam o beneficiário às vicissitudes de provimento judicial anulatório[1177] ou indenizatório-expropriatório.

Por outro lado, se a terceira alternativa fosse escolhida, confer-se-ia maior proteção ao beneficiário do contrato de opção, haja vista que este teria o conforto de poder exercer seu direito contra o efetivo titular formal das ações no momento de sua decisão.

Assumindo a importância do contrato de opção de ações na atualidade, em razão dos motivos prático-econômicos mencionados no capítulo introdutório desta obra, bem como da interpretação literal da legislação[1178] e o atual contexto jurídico-processual[1179], a segunda opção (possibilidade de equiparação legal do contrato de opção ao conceito de ônus real) parece mais adequada aos princípios do ordenamento jurídico nacional, a fim de permitir que o negócio em questão possa cumprir, em sua plenitude, a sua função econômico-social.

Embora essa alternativa seja a mais simples e adequada para manter a efetividade dos negócios, independentemente da conduta faltosa do outorgante e do beneficiário, acarretando maior intensidade ao direito formativo gerador criado pelo contrato de opção, não se deve deixar de consignar que sua

---

[1177] Outras questões também surgiriam quanto à aplicação de tal alternativa, tais como a legitimidade para o beneficiário pleitear a aplicação da primeira solução anteriormente ao exercício da opção, pois inexiste ainda relação jurídica de compra e venda e, portanto, obrigação exigível do outorgante de alienar as ações. Nessas hipóteses de alienação das ações anteriormente ao exercício do direito formativo gerador, poder-se-ia pensar no ajuizamento de execução específica em face da iminente ou consumada violação à obrigação secundária de não fazer inerente ao estado de sujeição do outorgante criado no contrato de opção.

[1178] Como visto, a Lei nº 6.404/76 trata das hipóteses de averbação de "ônus" (ou "direitos obrigacionais" com efeitos reais), o que pode corroborar este entendimento.

[1179] Sabe-se que, atualmente, por variados motivos que não valem ser trazidos à baila neste momento, o prazo médio de duração dos processos tem representado um fator de preocupação, com marca acentuada no ramo empresarial, em que, desde muito tempo, há uma patente necessidade de celeridade e dinamismo. Nesse sentido, tendo em vista que o contrato (outorgativo) de opção é majoritariamente utilizado no ramo empresarial, bem como a exigência de segurança jurídica pelas partes ao escolher tal categoria, defende-se que a segunda opção é mais apropriada para o contexto econômico e jurídico-processual da atualidade.

TUTELA JURISDICIONAL

admissibilidade dependeria de uma análise mais aprofundada acerca da eventual ampliação *de lege ferenda* dos efeitos reais atribuídos aos contratos de opção[1180].

À guisa de conclusão, tendo em vista a falta de regramento atual no Direito brasileiro, deve-se considerar que a forma de tutela jurisdicional dos contratos de opção será determinada, em grande medida, pela atuação da jurisprudência pátria na interpretação e na solução das lides.

As considerações acima partem da verificação de princípios e de interpretações analógica e teleológica dos dispositivos legais existentes, aplicáveis a outros instrumentos contratuais, para se tentar chegar ao possível tratamento que seria dado às situações apontadas no âmbito judicial.

Os tribunais do país terão, assim, a árdua tarefa de, auxiliados pelos advogados[1181] e amparados por lições doutrinárias, determinar o grau de proteção efetiva que se almeja conferir aos contratos de opção de compra ou venda ações, o que, a depender dos resultados[1182], poderá trazer consequências positivas (ou não) para seu desenvolvimento e consolidação, enquanto instrumento contratual típico, em âmbito nacional[1183], bem como ao valor a ser atribuído pelos agentes de mercado que deles se utilizam com grande frequência.

[1180] Tendo em vista que este item foge ao escopo da presente obra, deixar-se-á a sua análise para um momento posterior.

[1181] Ressalta-se que a advocacia é tida como um indispensável serviço público, tendo em vista sua função, constitucionalmente prevista (art. 133), no tocante à administração da justiça (cf. A. C. Cintra – A. P. Grinover – C. R. Dinamarco, *Teoria...*, cit., p. 223).

[1182] L. G. Cunha, *Segurança jurídica: performance das instituições e desenvolvimento* in Sarno Neto, Andrea di et al., *Poder Judiciário e desenvolvimento do mercado de valores mobiliários brasileiro*, São Paulo, Saraiva, 2007, pp. 133-134 (referida autora nos mostra que a ausência de regras claras e de previsibilidade quanto às soluções dadas pela jurisprudência, bem como o suposto "viés anticredor" dos Tribunais nacionais, podem aumentar os riscos assumidos pelos agentes econômicos e, consequentemente, os custos das transações, acarretando a redução de investimentos e, por conseguinte, podendo trazer impactos ao desenvolvimento do país).

[1183] Como exemplo, pode-se citar os comentários de parte da doutrina norte-americana que entende que os tribunais em referido país possuem uma tendência de proteção da parte devedora (cf. M. Cozzillio, *The Option...*, cit., p. 533).

11. Conclusão

A presente obra teve como escopo principal trazer considerações acerca da natureza e regime jurídico da opção de compra ou venda de ações, enquanto instrumento de notável relevância prática, sobretudo no campo empresarial e financeiro.

Para tal mister, dividiu-se a análise em duas partes: na primeira foram analisados os aspectos gerais das opções de compra e venda e na segunda foram abordados especificamente os negócios que tenham por objeto as ações de sociedades anônimas.

Na parte introdutória, fruto de seu caráter preparatório e instrumental (subitem 2.1.2[1184]), restou evidenciado que a opção pode satisfazer variados interesses das partes, capaz de gerar efeitos práticos que não seriam atingidos por meio de outras figuras dispostas no ordenamento pátrio, com especial destaque para a prevenção de riscos e possível especulação em torno do valor do bem subjacente (subitem 2.1.2).

A despeito de sua grande utilidade prática e penetrabilidade no campo social, a exemplo da maioria dos países de origem romano-germânica, ressalvados os casos de Itália, Guatemala e Peru, tais negócios acabaram não sendo tipificados e regulados de modo específico no ordenamento brasileiro (subitem 1.4.2).

[1184] As referências aos capítulos, itens e subitens têm a intenção de evidenciar exatamente em que parte da obra encontra-se a fundamentação das conclusões aqui alcançadas.

OPÇÃO DE COMPRA OU VENDA DE AÇÕES

Na esteira do que ocorre com outras figuras, sobretudo no campo empresarial, que surgem e se desenvolvem à míngua de previsão normativa[1185], a atuação doutrinária e jurisprudencial na sua interpretação, em processo infindavelmente dinâmico, revela-se de suma importância para determinar seu tratamento jurídico à luz das regras existentes.

Nessa linha, buscou-se delimitar os elementos fundamentais que permitem sua identificação como figura autônoma diante do ordenamento nacional.

A primeira tarefa que se afigurou relevante foi a uniformização da terminologia a ser empregada quando do exame do tema (subitem 1.3.). Variadas são as expressões utilizadas pela doutrina, o que contribui para a divergência de opinião quanto à sua natureza jurídica.

Após o exame das principais definições utilizadas no âmbito nacional e em sede de Direito Comparado, mostrou-se mais adequada a utilização das seguintes (subitem 1.3.2): (a) outorgante e beneficiário-outorgado, para designação dos sujeitos envolvidos; (b) contrato optativo, para referência ao contrato de compra e venda projetado; (c) opção de compra ou opção de venda, para refletir os negócios jurídicos em que o beneficiário esteja, respectivamente, no polo comprador ou vendedor do contrato optativo (item 1.1); (d) direito formativo gerador ou direito de opção, no tocante ao direito (em sentido) subjetivo auferido pele beneficiário (subitem 1.3.1.); e (e) prêmio, como referência ao valor eventualmente pago pelo beneficiário ao outorgante como contrapartida ao direito de opção (subitem 1.3.2.).

Estabelecida a nomenclatura utilizada, avançando na investigação de sua natureza jurídica, foram identificados diversos posicionamentos existentes na doutrina nacional e estrangeira acerca da matéria (subitem 4.1).

Nesse particular, pode-se dizer que existem basicamente duas grandes correntes: (a) a primeira que considera as opções como manifestações unilaterais de vontade (subitem 4.2.1) e (b) a segunda que defende seu enquadramento dentro da categoria dos contratos (subitem 4.2.2).

Dentro da primeira corrente, uma vertente de autores defende sua equiparação às propostas irrevogáveis (subitem 4.2.1.1). Entretanto, respeitados os argumentos trazidos pelos autores, em sua maioria italianos, tanto

---

[1185] I. Guyon, *Droit des Affaires: Droit Commercial général et Sociétés*, Tomo I, 12ª ed., Paris, Economica, 2003, p. 26; e R. Favale, *Opzione...*, cit., p. 4.

CONCLUSÃO

do ponto de vista estrutural quanto funcional, as figuras não podem ser confundidas.

Isso porque as opções dependem invariavelmente de manifestação de vontade do beneficiário quanto à extensão do direito de formativo gerador e à predisposição dos termos do contrato optativo, bem como desempenham função mais ampla, com maior grau de intensidade vinculativa no *iter* formativo do contrato optativo, em relação àquela, essencialmente procedimental, desempenhada pelas propostas irrevogáveis (item 4.2.1.1).

Ainda na primeira corrente, um grupo de importantes juristas nacionais propugna pela equiparação das opções às promessas unilaterais de contratar (subitem 4.2.1.2). Ao cabo da análise dos fundamentos trazidos à tona, entendeu-se que não devem ser aplicados exatamente à modalidade de negócio aqui analisada, pelas mesmas razões estruturais e funcionais levantadas no exame da primeira vertente, acrescidas do fato de que inexiste, no ordenamento pátrio, ampla aceitação quanto à possibilidade de criação de negócios jurídicos unilaterais que não tenham sido expressamente previstos em lei (subitem 4.2.1.2).

No que tange à segunda corrente, foram encontradas quatro vertentes doutrinárias que defendem o caráter contratual das opções (subitem 4.2.2).

A primeira delas associa a opção a um contrato de compra e venda sujeito à condição suspensiva (subitem 4.2.2.1). A argumentação foi rechaçada por inúmeros juristas, escoados principalmente na constatação de que o elemento particular – também chamado de acessório ou acidental – não justifica a mutação da natureza do negócio subjacente, bem como a inexistência de suspensividade dos efeitos do negócio de opção até que haja o exercício pelo beneficiário, tal como ocorre nos negócios condicionados (subitem 4.2.1.2).

A segunda vertente equipara as opções aos contratos preliminares (subitem 4.2.2.2). Não obstante a existência de algumas semelhanças, o conteúdo obrigacional de ambos os negócios mostra-se distinto. Nos contratos preliminares, o efeito principal é a criação de obrigação (*stricto sensu*) de aperfeiçoar, mediante renovação da declaração de vontade de ambas as partes, o contrato definitivo, acordado apenas em seus elementos essenciais. Já nas opções, o efeito típico é a criação do estado de sujeição do outorgante (não há obrigação propriamente dita) frente ao direito formativo gerador do beneficiário quanto

OPÇÃO DE COMPRA OU VENDA DE AÇÕES

à formação do contrato optativo, já predisposto em todos os seus elementos (categoriais e particulares) (subitem 4.2.2.2).

A terceira vertente, compartilhada por importantes juristas nacionais, propugna pela existência de um contrato definitivo semicompleto. A tese, embora correta sob o ponto de vista exclusivamente do contrato optativo, parece não ser suficiente para retratar a figura sob exame, pois, embora estejam ligados funcionalmente, o negócio outorgativo de opção é figura autônoma em relação ao contrato optativo (subitem 4.2.2.3).

Na quarta e última vertente, os autores encaram as opções como contratos *sui generis* não equiparáveis a qualquer outra figura do ordenamento nacional (subitem 4.2.2.4). Defendida por renomados autores nacionais e estrangeiros, tal corrente tem ganhado bastante espaço na doutrina contemporânea.

Assim, como resultado da análise comparativa intrassistêmica e com supedâneo em importante doutrina nacional e estrangeira – embora seja forçoso reconhecer o mérito das demais teorias analisadas –, a última corrente (contrato *sui generis*) apresenta-se como a mais adequada para a definição da natureza jurídica do negócio outorgativo de opção no ordenamento pátrio (subitem 4.4).

Definida a natureza jurídica das opções de compra ou venda em geral, na segunda parte da obra almejou-se explorar as principais características do contrato de opção de compra ou venda de ações.

Do exame das principais características, à luz da classificação dos contratos trazida por abalizada doutrina (subitem 5.1), ganhou relevo a situação de sujeição, de uma das partes frente ao direito formativo gerador da outra (beneficiário), integrante do cerne do conteúdo da relação jurídica contratual, cujo exercício unilateral por parte do beneficiário – diferido e limitado temporalmente, juntamente com o próprio contrato de opção – passa a fazer parte do *iter* formativo da relação contratual optativa, já predisposta em todos os seus elementos categoriais e particulares (subitem 5.1.5).

De acordo com tais características, o contrato de opção e o exercício do direito formativo gerador passam a figurar como efetivos elementos de formação do contrato optativo, o que decisivamente permite seu afastamento em relação às demais figuras existentes no ordenamento pátrio como figura autônoma (subitem 5.1.5).

CONCLUSÃO

Tendo finalizado a análise das principais características do negócio em tela, mostrou-se relevante a abordagem dos seus requisitos, a fim de determinar o regime jurídico aplicável.

Quanto aos requisitos subjetivos (capítulo 6), ao final do exame da capacidade e legitimidade das partes em cada uma das fases do *iter* formativo do contrato optativo, restou confirmado, à luz da teoria segregacionista defendida nesta obra, que o contrato de opção e o contrato optativo remanescem como figuras autônomas e independentes (item 6.3).

Em relação aos requisitos objetivos (capítulo 7), à luz das diversas teorias existentes, mostrou-se mais adequada para o exame dos contratos de opção aquela vertente que define a ação como participação social, representando o complexo unitário de direitos, poderes, deveres e ônus derivado da posição jurídica subjetiva no âmbito do contrato (associativo) de sociedade (item 7.6).

No que tange aos requisitos formais, duas questões principais mostram-se relevantes: a exigência de paralelismo de forma entre o contrato de opção e o contrato optativo (item 8.1) e a possibilidade de sua averbação nos livros sociais (item 8.2).

Nesse particular, não obstante a autonomia jurídica de ambos os negócios, revela-se mais adequado o posicionamento doutrinário majoritário que defende a necessidade de observância das mesmas formalidades impostas ao contrato optativo, sob pena de invalidade do contrato de opção (item 8.2).

Contudo, com base no princípio da manutenção dos contratos e nas regras aplicáveis aos contratos preliminares, em alguns casos, entende-se que pode haver a conversão do contrato de compra e venda optativo em contrato preliminar de compra e venda optativo, naquelas hipóteses em que o contrato de opção não se revestir das solenidades exigidas, a fim de manter, tanto quanto possível, o máximo da sua validade e eficácia entre as partes (item 8.1).

No que pertine à segunda questão, revela-se importante interpretar o escopo do dispositivo contido no art. 40 da Lei de Sociedades por Ações, de forma a determinar se os contratos de opção poderiam ser equiparados aos "outros ônus" ou à "promessa de cessão" para fins de averbação nos livros sociais.

A conclusão, com base na interpretação sistemática e teleológica de referido dispositivo, à vista do contexto histórico e jurídico da época, bem como da prática corrente, justifica o posicionamento favorável à possibilidade de sua averbação, com cunho meramente declarativo, cujo escopo primordial é conferir oponibilidade do negócio frente a terceiros (item 8.1).

Ao lado do tema da oponibilidade frente a terceiros, revela-se de grande interesse a análise dos efeitos decorrentes do contrato de opção de compra ou venda de ações sob um enfoque puramente societário, com o objetivo de estabelecer em que medida o beneficiário poderia assumir alguns dos direitos e poderes inerentes ao *status socii* previamente ao exercício do direito formativo gerador.

De forma conexa, foi dada ênfase à investigação da extensão da liberdade do outorgante, na fase anterior ao exercício do direito formativo gerador pelo beneficiário, para o gozo e exercício (a) dos direitos patrimoniais; (b) dos direitos de participação, com especial atenção ao exercício do direito de voto em matérias que possam alterar a substância das ações e da sociedade; e (c) do direito de retirada oriundos do contrato de sociedade.

A conclusão aponta para a manutenção de ampla liberdade do outorgante para o gozo e exercício dos primeiros direitos, sobretudo no que se refere ao recebimento de dividendos e outros valores que lhe possam ser distribuídos pela sociedade.

No entanto, no que se refere aos dois últimos grupos de direitos, embora a conclusão tenha se revelado problemática por conta da dificuldade de estabelecimento de um critério rígido para a atuação do outorgante, julga-se mais adequado defender que, no âmbito externo (legitimidade), o outorgante permanece com ampla liberdade para a fruição dos direitos e poderes, ao passo que, no plano interno (frente ao beneficiário), tal liberdade sofre restrições derivadas dos deveres secundários e acessórios, cujo exame invariavelmente deve ser feito de forma casuística (item 9.3).

Ainda no que respeita ao plano da eficácia, o tema da tutela jurisdicional dos contratos de opção, em caso de descumprimento pelas partes, sobretudo à luz das obrigações (em sentido amplo) assumidas no âmbito do contrato de opção e do contrato optativo, possui contornos peculiares, especialmente porque, ressalvada eventual tutela preventiva ou inibitória, não se afigura possível a tutela específica do direito formativo gerador por parte do beneficiário (item 10.1).

Não obstante, uma vez formado o contrato optativo, em caso de descumprimento das obrigações (de fazer) ali previstas, a parte lesada poderá pleitear sua

CONCLUSÃO

tutela específica visando obter os efeitos práticos equivalentes (transferência das ações) (item 10.1).

Nesse particular, incorporando as lições trazidas por autores da escola da análise econômica do Direito, revelou-se inaplicável a "teoria da quebra eficiente dos contratos", seja por conta dos valores ético-morais que permeiam o ordenamento jurídico brasileiro, seja pelo não preenchimento dos seus pressupostos de incidência (item 10.1).

Por fim, tendo em vista representar tema de grande relevância prática, a possibilidade de descumprimento dos deveres secundários e acessórios no contrato de opção também foi objeto de análise, com enfoque na eventual alienação das ações pelo outorgante em distintos cenários (item 10.3).

Por conta da ausência de regramento específico, concluiu-se que a grande maioria das questões deverá ser definida no campo doutrinário e jurisprudencial, com base nos princípios que norteiam o ordenamento nacional e grau de proteção a ser conferido aos diferentes interesses que entram em colisão nas situações descritas (item 10.3).

Grande parte das conclusões acima aponta invariavelmente para o reconhecimento de que o regramento conferido aos contratos de opção de compra ou venda de ações no ordenamento – sobretudo no que tange à eficácia prática nas hipóteses de descumprimento – exerce influência direta e marcante sobre o cálculo de seu valor pelos agentes de mercado.

O tratamento a ser conferido pelo ordenamento nacional a questões de suma importância, tais como o reconhecimento de sua autonomia frente ao contrato optativo, sua aleatoriedade, possibilidade de vinculação unilateral e independente de contrapartida (prêmio) do beneficiário, fixação do prazo de exercício do direito de opção, sua resolubilidade por excessiva onerosidade superveniente, grau de intensidade de vinculação das partes durante suas fases de formação, sua oponibilidade frente a terceiros, tratamento e proteção das partes no âmbito judicial em caso de colisão de direitos e seus efeitos práticos decorrentes, afetará sua percepção no ambiente socioeconômico, acarretando consequências diretas na sua valoração e na sua capacidade de satisfazer os anseios de parcela importante de agentes de mercados no âmbito nacional.

Com efeito, o esforço doutrinário e o posicionamento jurisprudencial, já tão relevantes para a construção de nosso Direito, ganham especial destaque no exame dos contratos de opção.

OPÇÃO DE COMPRA OU VENDA DE AÇÕES

As questões acima, parafraseando C. COUTO E SILVA, reproduzem, em apertada síntese, as ideias gerais que nortearam a presente obra, de forma que a argumentação e as conclusões específicas podem ser encontradas no contexto de cada respectivo capítulo[1186].

[1186] Cf. *A obrigação...*, cit., p. 169.

REFERÊNCIAS

ABBUD, André de Albuquerque Cavalcanti, **Execução Específica dos Acordos de acionistas**, São Paulo, Quartier Latin, 2006.

ALMEIDA COSTA, Mário Julio de, **Direito das Obrigações**, 9ª ed. rev. e aum., Coimbra, Almedina, 2001.

ALONSO, Félix Ruiz, **Ações**. In: **Comentários à Lei das Sociedades por Ações**, vol. II, coord. por Geraldo de Camargo Vidigal e Ives Gandra da Silva Martins, São Paulo, Senha Universitária, 1978.

ALVES, Jones Figueirêdo, **Do adimplemento substancial como fator obstativo do direito à resolução do contrato**. In: **Revista do Advogado**, n. 98, São Paulo, AASP, 2008, pp. 124-131.

ALVIM, José Eduardo Carreira, **Tutela específica e tutela assecuratória das obrigações de fazer e não fazer na reforma processual**. In: **Revista de Julgados do Tribunal de Alçada de Minas Gerais**, vol. 54-55, Belo Horizonte, pp. 83-91.

AMARAL NETO, Francisco dos Santos, **Direito Civil – Introdução**, 5ª ed., Rio de Janeiro, Renovar, 2003.

ANDRADE, Manuel Antonio Domingues de, **Teoria da relação jurídica: Sujeitos e Objecto**, vol. I, 6ª reimp., Coimbra, Almedina, 1983.

_____, **Teoria da relação jurídica: Facto Jurídico, em especial Negócio Jurídico**, vol. II, 6ª reimpressão, Coimbra, Almedina, 1983.

ANDRADE, Roberto Braga de, **Oferta contratual ao público e integração publicitária do contrato**, Tese (Doutorado), Faculdade de Direito da USP, São Paulo, 2006.

ANTUNES VARELA, João de Matos, **Das obrigações em geral**, vol. I, 10ª ed. rev. e atual., Coimbra, Almedina, 2009.

ASCARELLI, Tullio, **A atividade do empresário**, trad. port. de Erasmo Valladão Novaes França, *Corso di Diritto Commerciale*, 3ª ed., cap. VII, Milão, Giuffrè, 1962, pp. 161-185. In: **Revista de Direito Mercantil, Industrial, Econômico e Financeiro**, São Paulo, Malheiros, ano XLII, v. 42, n. 132, out.-dez. 2003, pp. 203-215.

_____, **Problemas das Sociedades Anônimas e Direito Comparado**, São Paulo, Saraiva, 1945.

_____, **Problemas das Sociedades Anônimas e Direito Comparado**, Campinas, Bookseller, 2001.

ASQUINI, Alberto, *Usufrutto di quote sociale e di azioni*. In: *Rivista del Diritto Commerciale*, parte prima, anno XLV, Milano, Casa Editrice Dottor Francesco Vallardi, 1947.

ASSIS, Araken de; ANDRADE, Ronaldo Alves de; e ALVES, Francisco Glauber Pessoa, **Do Direito das Obrigações (arts. 421 a 578)**. In: **Comentários ao Código Civil Brasileiro**, vol. V, coord. por Arruda Alvim e Thereza Alvim, Rio de Janeiro, Forense, 2007.

ASURMENDI, Camino Sanciñena, *La opción de compra*, 2ª ed., Madrid, Dykinson, 2007.

ATKINSON, Solomon, *The law on the contract of sale*, London, Davis and Amer, Law Booksellers, 1853.

ATIYAH, Patrick Selim, *An introduction to the law of contract*, 5th ed., New York, Oxford Press University, 1995.

AZEVEDO, Álvaro Villaça, **Teoria da imprevisão e revisão judicial dos contratos**. In: **Revista dos Tribunais**, ano 85, v. 733, São Paulo, nov/1996, pp. 109--119.

AZEVEDO, Antonio Junqueira de, **Contrato de opção de venda de participações societárias. Variação imprevisível do valor da coisa prometida em relação ao valor de mercado. Possibilidade de revisão com base nos arts. 478 a 480 do Código Civil em contrato unilateral**. In: **Novos ensaios e pareceres de Direito Privado**, São Paulo, Saraiva, 2009, pp. 199-218.

_____, **Contrato de opção de venda de ações com preço determinável. Análise dualista (*Schuld e Haftung*) da obrigação de comprar. Interpretação contextual do ônus de notificação prévia para exercício da obrigação de comprar pagando o menor preço.** In: **Novos ensaios e pareceres de Di-**reito Privado, São Paulo, Saraiva, 2009, pp. 235-249.

_____, **Contrato Preliminar. Distinção entre eficácia forte e fraca para fins de execução específica da obrigação de celebrar o contrato definitivo. Estipulação de multa penitencial que confirma a impossibilidade de execução específica.** In: **Novos ensaios e pareceres de Direito Privado**, São Paulo, Saraiva, 2009, pp. 250-269.

_____, **Contrato de opção de venda (*put option*) de ações. Conflito entre o critério de determinação do valor das ações e o piso mínimo estipulado para transferência. Interpretação do conceito de preço justo. A boa-fé e os usos, visando evitar o enriquecimento sem causa.** In: **Novos ensaios e pareceres de Direito Privado**, São Paulo, Saraiva, 2009, pp. 273-286

_____, **Negócio Jurídico: Existência, Validade e Eficácia**, 4ª ed., São Paulo, Saraiva, 2002.

_____, **Negócio Jurídico e declaração negocial: Noções gerais e formação da declaração negocial**, tese não publicada, Faculdade de Direito da Universidade de São Paulo, 1986.

BAINBRIDGE, Stephen M., *Mergers and Acquisitions*, New York, Foundation Press, 2003.

BARBERO, Domenico, *L'usufrutto e i diritti affini*, Milano, Giuffrè, 1952.

BARRETO FILHO, Oscar, **As operações a termo sobre mercadorias**. In: **Revista de Direito Mercantil**, n. 29, ano XVII, jan./mar. 1978, pp. 11-17.

BATALHA, Wilson de Souza Campos, **Sociedades Anônimas e Mercado de Capitais**, vol. I, Rio de Janeiro, Forense, 1973.

BEALE, Hugh G.; CHITTY, Joseph, *Chitty on contracts*, vol. I, 29th ed., London, Sweet & Maxwell, 2004.

REFERÊNCIAS

BEATSON, Jack, *Anson's law of contracts*, 27th ed., Oxford, Oxford University Press, 1998.

BEDAQUE, José Roberto dos Santos, **Direito e Processo: influência do direito material sobre o processo**, 2ª ed., São Paulo, Malheiros, 2001.

BELLANTUONO, Giuseppe, *I contratti incompleti nel diritto e nell'economia*, Padova, CEDAM, 2000.

BENAC-SCHMIDT, Françoise, *Le contrat de promesse unilatérale de vente*, *thèse pour le doctorat D'état*, *Université de Paris I*, 1982.

BERGLÖF, Erik; CLAESSENS, Stijn, *Enforcement and Good Corporate Governance in Developing Countries and Transition Economies (2006)*, Vol. 21, **The World Bank Research Observer**, 2006, pp. 123-150. Disponível em: http://ssrn.com/abstract=916924. Acesso em 02.01.2011.

BERNARDES DE MELLO, Marcos, **Teoria do Fato Jurídico, plano da eficácia**, 1ª Parte 4ª ed. rev., São Paulo, Saraiva, 2008.

_____, **Teoria do Fato Jurídico, plano da existência**, 15ª ed. rev., São Paulo, Saraiva, 2008.

_____, **Teoria do Fato Jurídico, plano da validade**, 8ª ed. rev. e atual., São Paulo, Saraiva, 2008.

BERTOLDI, Marcelo Marcos, **Acordo de acionistas**, São Paulo, RT, 2006.

BESSONE, Darcy, **Da Compra e Venda. Promessa & reserva de domínio**, 3ª ed. rev. e ampl., São Paulo, Saraiva, 1988.

BETTI, Emilio, *Teoria generale del negozio giuridico*, trad. esp. de A. Martin Perez, *Teoria General del negocio juridico*, 2ª ed., Madrid, Revista de Derecho Privado, 1959.

_____, *Teoria generale del negozio giuridico*, trad. port. de Ricardo Gama, **Teoria Geral do Negócio Jurídico**, Tomo I, Campinas, LZN, 2003.

BEVILAQUA, Achilles, **Sociedades Anônimas e em comandita por ações**, Rio de Janeiro, Freitas Bastos, 1942.

BOBBIO, Norberto, *Dalla struttura alla funzione – nuovi studi di teoria del diritto*, trad. port. de Daniela Beccaria Versiani, **Da estrutura à função: Novos estudos de teoria do direito**, rev. de Orlando S. Bechara e Renata Nagamine, São Paulo, Manole, 2007.

BOLLEFER, Stuart F., *Shareholders' agreements: A tax and legal guide*, 3ª ed., Toronto, CCH Canadian Limited, 2009.

BORBA, José Edwaldo Tavares, **Direito Societário**, 8ª ed., São Paulo, Renovar, 2003.

BULGARELLI, Waldirio, **Contratos Mercantis**, 13ª ed., São Paulo, Atlas, 2000.

_____, **Manual das Sociedades Anônimas**, 13ª ed., São Paulo, Atlas, 2001.

_____, **Títulos de Crédito**, 17ª ed. atual., São Paulo, Atlas, 2001.

BULHÕES PEDREIRA, José Luis, **Natureza de Título de Crédito da Ação Escritural**. In: **A Lei das S.A.**, Rio de Janeiro, Renovar, 1992.

CABANELLAS, Guilhermo, *Diccionario Enciclopédico de Derecho usual*, *verbete* "*opción*", Tomo V, 15ª ed. rev. ampl. e atual. por Luiz Alcalã e Zamora y Castillo, Buenos Aires, Editorial Heliasta, p. 676-677.

CABALLERO, Juan Ignácio Sanz, *Derivados Financieros*, Madrid, Marcial Pons, 2000.

CALAMARI, John D.; PERILLO, Joseph M., *The Law of Contracts*, St. Paul, West Publishing Co., 1977.

CARBONE, Paolo, *I tanti volti della cd. condizione unilaterale*. In: *Contratto e impresa: dialoghi con la giurisprudenza civile e commerciale* diretti da Francesco

Galgano, 18° ano, vol. I, Padova, CEDAM, 2002, pp. 240-284.

CARIOTA FERRARA, Luigi, *Il negozio giuridico nel diritto privato italiano*, Napoli, Morano Editore, [s. d.].

CARVALHO DE MENDONÇA, José Xavier, **Tratado de Direito Comercial Brasileiro**, vol. III, Livro II, parte II, 4ª ed., Rio de Janeiro, Freitas Bastos, 1945.

CARVALHOSA, Modesto, **Comentários à Lei de Sociedades Anônimas**, vol. II e III, 3ª ed., São Paulo, Saraiva, 2003.

_____, **Comentários à Lei de Sociedades Anônimas**, vol. I, São Paulo, Saraiva, 1997.

_____, **Comentários à Lei de Sociedades Anônimas**, vol. I, 5ª ed. rev. e atual., São Paulo, Saraiva, 2007.

_____, **Comentários à Lei de Sociedades Anônimas**, vol. II, 4ª ed. rev. e atual., São Paulo, Saraiva, 2008.

CASPER, Mathias, *Der optionsvertrag*, Tübingen, Mohr Siebeck, 2005.

CASTRO, Torquato, **Teoria da situação jurídica em direito privado nacional**, São Paulo, Saraiva, 1985.

CATALA, Pierre (coord.) et al., *Rapport à Monsieur Pascal Clément Garde des Sceaux, Ministre de la Justice*, [s.l.], 2005. Disponível em http://www.justice.gouv.fr. Acesso em 03.01.2011.

CESÀRO, Ernesto, *Il contrato e L'opzione*, Napoli, Casa Editrice Dott. Eugenio Jovene, 1969.

CHARLES, Javier Talma, *El contrato de opción*, Barcelona, Bosh, 1996.

CHESHIRE, Geoffrey C., FIFOOT, Cecil H.; FURMSTON, Michael P., *Cheshire, Fifoot and Furmston's Law of Contract*, 13th ed., London, Butterworths, 1996.

CHEN, Jianfu, *Chinese law: context and transformation*, Leinden, Martinus Nijhoff Publishers, 2008.

_____, *Chinese law: towards an understanding of Chinese law, its nature and development*, Alphen aan den Rijn (Holanda), Kluwer law international, 1999.

CHIANALE, Angelo, *Opzione in Digesto delle Discipline Privatistiche*, Sezione Civile, vol. XIII, UTET, 1986.

CHULIÁ, Francisco Vicent, *Introducción al Derecho Mercantil*, 18ª ed., Valencia, Tirant Lo Blanch, 2005.

CINTRA, Antônio Carlos de Araújo; GRINOVER, Ada Pellegrini; DINAMARCO, Cândido Rangel, **Teoria Geral do Processo**, 19ª ed. rev. e atual., São Paulo, Malheiros, 2003.

COMPARATO, Fábio Konder, **Ensaios e Pareceres de Direito Empresarial**, São Paulo, Forense, 1978.

_____, *Essai d'analyse dualiste de l'obligation en droit privé*, Paris, Dalloz, 1964.

_____, **Novos ensaios e pareceres de direito empresarial**, Rio de Janeiro, Forense, 1981.

_____, **O poder de controle na sociedade anônima**, atual. por Calixto Salomão Filho, 4ª ed., Rio de Janeiro, Forense, 2005.

CORNELL, Bradford, *Warren Buffett, Black-Scholes and Long Dated Options*, *California Institute of Technology*, June 2009. Disponível em: http://ssrn.com/abstract=1433622. Acesso em: 21.12. 2010.

CORRÊA-LIMA, Osmar Brina, **Sociedade Anônima**, 2ª ed. rev., atual. e ampl., Belo Horizonte, Del Rey, 2003.

CORREIA, Luís Brito, **Direito Comercial. Sociedades Comerciais**, vol. II, 4ª tiragem, Lisboa, AAFDL, 2000.

COUTO E SILVA, Clovis do, **A obrigação como processo**, São Paulo, Bushastsky, 1976

REFERÊNCIAS

_____, A obrigação como processo, 3ª reimpressão, Rio de Janeiro, Editora FGV, 2009

_____, O direito privado brasileiro na visão de Clóvis do Couto e Silva, org. por Vera Maria Jacob Fradera, Porto Alegre, Livraria do Advogado, 1997.

COZIAN, Maurice; VIANDIER, Alain; DEBOISSY, Florence, *Droit des sociétés*, 20.ed., Paris, Litec, 2007.

COZZILLIO, Michael J., *The Option Contract: Irrevocable Not Irrejectable*. In: **Catholic University Law Review** n. 39, 1990. Disponível em: http://works.bepress.com/michael_cozzillio/6. Acesso em 03.01.2011.

CRIBARI, Giovani, **Execução Específica – Obrigações de fazer, de não de fazer e de prestar declaração de vontade: cominação e ação de preceito cominatório**. In: Revista de Processo, n. 10, São Paulo, RT, abr-jun. 1978, pp. 47--91.

_____, **Um ângulo das relações contratuais (proposta, contrato preliminar e opção)**. In: Revista Trimestral de Jurisprudência dos Estados, São Paulo, v.8, n.28, jul./set. 1984, pp. 3-19.

DELEBECQUE, Philippe; MAZEAUD, Denis, *Rapport à Monsieur Pascal Clément Garde des Sceaux, Ministre de la Justice*, coord. por Pierre Catala, pp. 16-18. Disponível em: <http://www.justice.gouv.fr>. Acesso em 03 de janeiro de 2011.

DELGADO, Abel Pereira, **Do contrato--promessa**, Lisboa, Livraria Petrony, 1978.

DELL'UTRI, Marco, *Patto di Opzione, risoluzione del contratto e responsabilità precontrattuale* in *Rivista di Diritto Civile*, Padova, Ano XLIII, n.5, pp.729-69,1997.

DINAMARCO, Candido Rangel, **A reforma do Código de Processo Civil**, São Paulo, Malheiros, 1995.

_____, **Instituições de Direito Processual Civil. Execução Forçada**, volume IV, São Paulo, Malheiros, 2004.

DONNINI, Rogério Ferraz, **Responsabilidade Civil Pós-contratual: no direito civil, no direito do consumidor, no direito do trabalho e no direito ambiental**, 2ª ed. rev. e atual., São Paulo, Saraiva, 2007.

_____, **Revisão Contratual sem imprevisão**. In: **Revista do Advogado**, coordenador Carlos Alberto Dabus Maluf, ano XXVIII, n. 98, jul. 2008.

EIZIRIK, Nelson, **Os valores mobiliários na Nova Lei das S/A**. In: **Revista de Direito Mercantil, Industrial, Econômico e Financeiro**, n. 124, São Paulo, Malheiros, 2001.

_____, **GAAL, Ariádna B.; PARENTE**, Flávia; HENRIQUES, Marcus de Freitas, **Mercado de capitais: regime jurídico**, Rio de Janeiro, Renovar, 2008.

ENEI, José Virgilio Lopes, **Project Finance: Financiamento com foco em empreendimentos (parcerias público--privadas, leveraged buy-outs e outras figuras afins)**, São Paulo, Saraiva, 2007.

ESPÍNOLA, Eduardo, **Dos contratos nominados no direito civil brasileiro**, atual. por Ricardo Rodrigues Gama, Campinas, Bookseller, 2002.

_____, **Os direitos reais no direito civil brasileiro**, Rio de Janeiro, Conquista, 1958.

ESTRELLA, Hernani, **Dualidade das Obrigações no direito privado unificado**. In: **Revista de Direito Mercantil**, n. 30, São Paulo, Malheiros, 1978, pp. 11-28.

FARINA, Elizabeth Maria Mercier Querido; AZEVEDO, Paulo Furquim de; SAES, Maria Sylvia Macchione,

Competitividade: mercado, Estado e organizações, São Paulo, Editora Singular, 1997.

FAVALE, Rocco, *Opzione. Art. 1331.* In: *Il Codice Civile, Commentario*, org. por D. Busnelli, Milano, Giuffrè, 2009.

FERRARA, Mauricio Rodrigues, *Acerca de la naturaleza jurídica del contrato de opción.* In: *Anuario de la Facultad de Ciencias Jurídicas y Políticas de la Universidad de Los Andes*, Mérida, Venezuela, 1995, pp. 47-62.

FERRAZ JÚNIOR, Tercio Sampaio, **Introdução ao estudo do direito: técnica, decisão, dominação**, 3ª ed., São Paulo, Atlas, 2001.

FERREIRA, Waldemar, **Tratado de Direito Comercial, O Estatuto da Sociedade por ações**, vol. IV, São Paulo, Saraiva, 1961.

FERRO-LUZI, Paolo, *I contratti associativi*, Milano, Giuffrè, 1976.

FONSECA, Tiago Soares, **Do contrato de opção. Esboço de uma teoria geral**, Lisboa, Lex Editora, 2001.

FORBES, Luiz F., **Mercados futuros: uma introdução**, São Paulo, Bolsa de Mercadorias & Futuros, 1994.

FORGIONI, Paula A., **A evolução do direito comercial brasileiro: da mercancia ao mercado**, São Paulo, Revista dos Tribunais, 2009, p. 141.

FRANÇA, Erasmo Valladão Azevedo e Novaes, **Conflito de interesses nas assembléias de S.A.**, São Paulo, Malheiros, 1973.

FRANCO, Vera Helena de Mello; SZTAJN, Rachel, **Manual de direito comercial – sociedade anônima, mercado de valores mobiliários**, vol. 2, org. por Raquel Sztajn e Vera Helena de Mello Franco, São Paulo, Revista dos Tribunais, 2005.

FRANTZ, Laura Coradini, **Revisão dos Contratos – Elementos para sua construção dogmática**, São Paulo, Saraiva, 2007.

FRIER, Bruce W.; MCGINN, Thomas A., *A case book on Roman Family law*, New York, Oxford University Press, 2004.

FUX, Luiz, **O novo processo de execução: o cumprimento da sentença e a execução extrajudicial**, Rio de Janeiro, Forense, 2008.

GABRIELLI, Enrico, *Trattato dei contratti, I contratti in generale*, Tomo Primo, 1ª ed., Milano, UTET, 1999.

GALGANO, Francesco, *Contratti in generale*, diretto da G. Alpa e M. Bessone. In: *Giurisprudenza sistematica di diritto civile e commerciale* (**W. Bigiavi**), Torino, UTET, 1991.

GARBER, Peter M., *Famous first bubbles. Fundamentals of early manias*, 1ª ed., Cambridge, MIT Press, 2001.

GARCIA, Gustavo Filipe Barbosa, **Execução imediata da tutela específica**. In: **Revista de Processo**, n. 108, São Paulo, RT, out.-dez. 2002, pp. 45-59.

GASPERONI, Nicola, *Le Azioni di Societa*, trad. esp. de Francisco Javier Osset, *Las acciones de las sociedades mercantiles*, Madrid, Editorial Revista de Derecho Privado, 1950.

GAUDEMET, Antoine, *Contribution à l'étude juridique des dérivés*, thèse pour le Doctorat en Droit, Université Panthéon-Assas (Paris II), 2008.

GEORGIADES, Apostolos, *Optionsvertrag und Optionsrecht*. In: *Festschrift für Karl Larenz zum 70. Geburtstag*, Herausgegeben von Gotthard Paulus et al., München, C.H. Beck'sche Verlagsbuchhandlung, 1973, pp. 409-434.

GIL, Fabio Coutinho de Alcântara, **A onerosidade excessiva em contratos de** *engineering*, Tese (doutorado), Faculdade de Direito da Universidade de São Paulo, 2007.

REFERÊNCIAS

GOLDBERG, Daniel Krepel, **Lei 10.303, de 2001, e a inclusão dos derivativos no rol dos valores mobiliários**. In: Revista de Direito Mercantil, Industrial, Econômico e Financeiro, n. 129, Malheiros, jan.-mar. 2003, pp. 73-95.

GOLDGAR, Anne, **Tulipmania: money, honor, and knowledge in the Ducth golden age**, Chicago, Chicago Press, 2007.

GOMES, Orlando, **Contratos**, 26ª ed. rev. atual. e aum. de acordo com o Código Civil de 2002 por A. Junqueira de Azevedo e Francisco Paulo de Crescenzo Marino, coord. por Edvaldo Brito, Rio de Janeiro, Forense, 2007.

_____, **Introdução ao Direito Civil**, Rio de Janeiro, Forense, 1957.

_____, **Promessa unilateral, opção e acordo preparatório**. In: Questões de direito civil, 5ª ed., São Paulo, Saraiva, 1988.

GOO, Say H., *Sourcebook on Land Law (Sourcebook Series)*, 3th ed., London, Cavendish publishing, 2002.

GONÇALVES, Carlos Roberto, **Direito Civil Brasileiro: Teoria Geral das Obrigações**, vol. II, 2ª ed., São Paulo, Saraiva, 2008.

GORGA, Érica Cristina Rocha, **A importância dos contratos a futuro para a economia de mercado**. In: Revista de Direito Mercantil, Industrial, Econômico e Financeiro, n. 112, São Paulo, Malheiros, 1998, pp. 157-248.

GOUBEAUX, Gilles; VOIRIN, Pierre, *Droit Civil*, Tome 1, 31ª ed., Paris, L.G.D.J, 2007.

GRECO FILHO, Vicente, **Direito processual civil brasileiro**, vol. II, São Paulo, Saraiva, 2003.

GRIMALDI, Cyril, *Quasi-engagement et engagement en droit privé, Recherches sur les sources de l'obligation*. In: *Collection de Thèses*, org. por Bernard Beignier, Tome 23, Paris, Defrénois, 2007.

GUERREIRO, José Alexandre Tavares, **A boa-fé nas negociações preliminares**. In: Revista de Direito Civil Imobiliário, Agrário e Empresarial, n. 16, São Paulo, RT, abr.-jun. 1981, pp. 48-52.

_____, **A função registrária das sociedades anônimas**. In: Direito na Década de 80: Estudos em homenagem a Hely Lopes Meirelles, coord. Arnoldo Wald, São Paulo, Revista dos Tribunais, 1985.

_____, **Execução específica do acordo de acionistas**. In: Revista de Direito Mercantil, Industrial, Econômico e Financeiro, n. 41, ano XX, p. 41-69, 1981.

_____, **O usufruto das ações ao portador e a posição da companhia emissora**. In: Revista de Direito Mercantil, n. 39, ano XIX, p. 84-90, 1980.

_____, **Regime jurídico do capital autorizado**, São Paulo, Saraiva, 1984.

_____, **Sobre a Opção de compra de ações**. In: Revista de Direito Mercantil, Industrial, Econômico e Financeiro, n. 39, ano XIX, p. 226-229, 1980.

GUERREIRO, José Alexandre Tavares; TEIXEIRA, Egberto Lacerda, **Das sociedades anônimas no direito brasileiro**, vol. I, São Paulo, Bushatsky, 1979.

GUIDUGLI, João Henrique, **Controle externo contratual**, São Paulo, Quartier Latin, 2006.

GUIMARÃES, Rui Carneiro, **Sociedades por Ações**, vol. I, Rio de Janeiro, Forense, 1960.

GULATI, G. Mitu; KLEIN, William A.; ZOLT, Eric M., *Connected Contracts*. In: *UCLA Law Review*, Vol. 47, p. 887, 2000. Disponível em: <http://ssrn.com/abstract=217590>. Acesso em 19 dezembro de 2010.

GUYON, Ives, *Droit des Affaires, Droit Commercial général et Sociétés*, Tome I, 12a. ed., Paris, Economica, 2003.

HEINRICH, Dieter. *Vorvertrag, Optionsvertrag und Vorrechtsvertrag – Eine dogmatisch-systematische Untersuchung der vertraglichen Bindungen vor und zu einem Vertragsschluß*, Tübingen, J. C. B. Mohr, 1965.

HELLNER, Jan, *Specific performance in Swedish contract law*. In: *Scandinavian Studies in Law*, Stockholm Institute, vol. 38, 1999, pp. 13-24.

HEWITT, Ian, *Joint ventures*, 3ª ed., London, Sweet Maxwell, 2005.

HISSA, Mauricio, **Investindo em opções. Como aumentar seu capital operando com segurança**, Coleção Expo Money, coord. Gustavo Cebasi, 2ª ed., Rio de Janeiro, Elsevier, 2007.

HOHFELD, Wesley Newcomb, *Fundamental Legal Conceptions as applied in judicial reasoning and other legal essays*, ed. por Walter Wheeler Cook, New Haven, Yale University Press, 1923.

HOUAISS, Antonio; VILLAR, Mauro de Salles; MELLO FRANCO, Francisco Manoel de, **Dicionário Houaiss da língua portuguesa**, 1ª ed., Rio de Janeiro, Objetiva, 2009, p. 1390

HUANG, Yao Liangan; CHEN, Yi-Xin, *International Ecyclopaedia of Laws: Contracts*, org. por R. Blanpain e J. Herbots, Alphen aan den Rijn (Holanda), Kluwer Law International, 1994.

HULL, John C., *Options, Futures and Other Derivatives*, trad. port. da Bolsa de Mercadorias & Futuros, *Opções, Futuros e outros derivativos*, 3ª ed., São Paulo, Bolsa de Mercadorias & Futuros, 1998.

IBRAHIM, Marco Antonio, *Leasing: a diferença entre VRG (Valor Residual de Garantia) e preço da opção de compra no contrato; descaracterização do leasing pela antecipação do valor residual*. In: **Revista da EMERJ**, Rio de Janeiro, v.4, n.15, 2001, pp.180-188.

IRRERA, Maurizio, *Options e futures*. In: *Digesto delle Discipline Privatistiche*, Sezione Commerciale, vol. X, Torino, UTET, 1999, pp. 365-369.

IYUSUKA, Mayke Akihyto, **Cumprimento de sentença e das obrigações de fazer e não-fazer através da multa diária**. In: **Execução Civil e Cumprimento de sentença**, vol. 3, coord. por Sérgio Shimura e Glberto G. Bruschi, São Paulo, Método, 2009, pp. 507-532.

JORDANA, Joaquín de Dalmases, *El usufructo de derechos (inclusive de titulos-valores)*, Madrid, Revista de Derecho Privado, 1932.

KATZ, Avery Wiener, *The Option Element in Contracting*. In: **Virginia Law Review**, n. 90, Dez-2004, pp. 2187-2244. Disponível em: <http://www.virginialawreview.org>. Acesso em: 05 jan. 2011.

KNAPTON, John; MIDWINTER, D.; WARD, A. et al., *A new institute of the imperial or civil law with notes*, London, [s.e.], 1730.

KRAAKMAN, Reinier et al., *The anatomy of corporate law: a comparative and functional approach*, 1ª ed., Oxford, Oxford University Press, 2004.

LAMY FILHO, Alfredo; BULHÕES PEDREIRA, José Luiz, **A nova Lei das S.A. (texto do projeto de lei e explicações sobre as modificações)**, Rio de Janeiro, Sindicato dos Bancos do Estado do Rio de Janeiro, 1976.

_____, **Direito das Companhias**, vol. I, org. por Alfredo Lamy Filho e José Luiz Bulhões Pedreira, Rio de Janeiro, Forense, 2009.

_____, **Acordo de acionistas sobre exercício do direito e voto**. In: A Lei das S.A., Rio de Janeiro, Renovar, 1992.

REFERÊNCIAS

LANDO, Ole, *Some features of the law of contract in the third millennium*. In: *Scandinavian Studies in Law*, Stockholm Institute, vol. 40, 2000, pp. 343-402.

LARENZ, Karl, *Lehrbuch des Schuldrechts*, Tomo II, trad. esp. anot. de Jaime Santos Briz, *Derecho de Obligaciones*, Madrid, Revista de Derecho Privado, 1959.

LAZAREV, Nikolai, *Hohfeld's Analysis of Rights: An Essential Approach to a Conceptual & Practical Understanding of the Nature of Rights*. In: *Murdoch University Electronic Journal of Law*, vol. 12, n. I e II, 2005. Disponível em: <http://www.murdoch.edu.au/elaw/issues/v12n1_2/Lavarev12_2.html>. Acesso em: 19 nov. 2010.

LAZZARESCHI NETO, Alfredo Sérgio, **Lei das Sociedades por Ações Anotada**, São Paulo, Saraiva, 2006.

LEÃES, Luiz Gastão Paes de Barros, **Lesão Enorme em Contrato Comutativo e *Put Option Agreement***. In: Pareceres, vol. 1, São Paulo, Renovar, 2004, pp. 509-518.

_____, **Acordo de Acionistas e Opção de Venda ("Put")**. In: Pareceres, vol. 2, São Paulo, Renovar, 2004, pp. 1381-1401.

_____, **Pacto de Opção de Compra (*Call*) de ações em acordo de acionistas**. In: Pareceres, vol. 2, São Paulo, Renovar, 2004, pp. 1131-1141.

_____, **Efeitos sobre terceiros dos acordos de acionistas**. In: Pareceres, vol. 1, São Paulo, Renovar, 2004, pp. 123-135.

_____, **O conceito de *security* no Direito norte-americano e o conceito análogo no Direito Brasileiro**. In: Revista de Direito Mercantil, Industrial, Econômico e Financeiro, vol. 14, 1974, pp. 41-60.

_____, **Doação e regime de transferência da propriedade acionária**. In: Pareceres, vol. I, São Paulo, Singular, 2004, pp. 221-233.

_____, **Usucapião de ações escriturais**. In: Pareceres, vol. I, São Paulo, Singular, 2004, pp. 549-563.

LEAL, Arthur da Silva, **Ordenações e Leis do Reino de Portugal recompiladas por mandado D'Elrei D. Fillippe o Primeiro**, Tomo III, 12ª ed., Coimbra, Imprensa da Universidade, 1858.

LEMOS FILHO, Flavio Pimentel, **Direito potestativo**, Rio de Janeiro, Lúmen Juris, 1999.

LOSS, Louis, *Securities Regulation*, Boston, Little Brown and Company, 1961.

LECOMPTE, André, *De la nature juridique des ventes à option*, Paris, Recueil Sirey, 1931.

LÔBO, Paulo Luiz Netto, **Comentários ao Código Civil (arts. 481 a 564)**, vol. VI, São Paulo, Saraiva, 2003.

LOPES, Mauro Brandão, **S.A.: títulos e contratos novos**, São Paulo, Revista dos Tribunais, 1978.

LUCCA, Newton de, **Da ética geral à ética empresarial**, São Paulo, Quartier Latin, 2009.

LUCENA, José Waldecy, **Das sociedades anônimas: comentários à Lei (arts. 1º a 120)**, vol. I, Rio de Janeiro, Renovar, 2009.

LUMIA, Giuseppe, *Lineamenti di teoria e ideologia del diritto*, trad. port. Denise Agostinetti, **Elementos de teoria e ideologia do direito**, São Paulo, Martins Fontes, 2003.

_____, *Lineamenti di teoria e ideologia del diritto*, 3ª ed., Milano, Giuffrè, 1981, pp. 102-23, trad. port. de Alcides Tomasetti Jr., **Elementos de teoria e ideologia do direito**, [s.e.l], 1999.

MACEDO JÚNIOR, Ronaldo Porto, **Contratos relacionais e defesa do consumidor**, 2ª ed. rev., atual. e ampl.,

São Paulo, Revista dos Tribunais, 2007.

MALAURIE, Phillipe; AYNÈS, Laurent; GAUTIER, Pierre-Yves, *Droit Civil. Les contrats spéciaux*, 3ª ed., Paris, Defrénois, 2007.

MALINVAUD, Phillipe, *Droit des Obligations*, 10ª ed., Paris, Litec, 2007.

MARCONDES MACHADO, Sylvio, **Problemas de Direito Mercantil**, São Paulo, Max Limonad, 1970.

MARTINS, Fran, **Comentários à Lei das Sociedades Anônimas**, vol. I, Rio de Janeiro, Forense, 1977.

MARTINS-COSTA, Judith, **Comentários ao novo Código Civil**, vol. V, Rio de Janeiro, Forense, 2003.

MARTINS, Sergio Pinto, **Direito do Trabalho**, 19ª ed., São Paulo, Atlas, 2004.

MATHER, Henry, *Firm Offers under the UCC and CISG*, Pace Institute of International Commercial Law, 2000. Disponível em: <http://www.jus.uio.no/pace>. Acesso em: 16 set. 2010.

MENEZES DE CORDEIRO, Antonio, **Da boa-fé no direito civil**, Coimbra, Almedina, 2001.

_____, **Manual de Direito das Sociedades. Das sociedades em geral**, Volume I, 2ª ed., Lisboa, Almedina, Coimbra, Almedina, 2007.

_____, **Tratado de Direito Civil Português**, Parte Geral, Tomo I, 3ª ed., Lisboa, Almedina, 2005.

_____, **Tratado de Direito Civil Português**, vol. II, Direito das Obrigações. Contratos e Negócios Unilaterais, Tomo II, 3ª ed., Lisboa, Almedina, 2010.

MERLE, Philippe, *Droit commercial. Sociétés commerciales*, 11ᵉ ed., Paris, Dalloz, 2007.

MESSINEO, Francesco, *Dottrina generale del contratto*, trad. esp. de R. O. Fontanarrosa, S. Sentis Melendo e M. Volterra, *Doctrina general del contrato*, Tomo I, Buenos Aires, Ediciones Jurídicas Europa-America, 1952.

MIDIRI, Rosario, *Opzione*. In: *Dizionario Pratico del Diritto Privato*, vol. IV, Milano, Casa Editrice Dottor Francesco Vallardi, [s.d.], pp. 488-489.

MILHAC, Olivier, *La notion de condition dans la vente*, thèse pour le Doctorat en Droit, Université de Paris-I Panthéon-Sorbonne, 1996.

MIRANDA JR., Darcy Arruda, **Breves Comentários à Lei de sociedades por ações**, São Paulo, Saraiva, 1977.

MONTEIRO, Washington de Barros, **Curso de Direito Civil, Direito das obrigações**, 2ª parte, vol. 5, atualizado por Carlos Alberto Dabus Maluf, São Paulo, Saraiva, 2007.

MORAIS, Fernando de Gravato, **Contrato-Promessa em geral. Contratos-promessa em especial**, Coimbra, Almedina, 2009.

MOREIRA ALVES, José Carlos, **A retrovenda**, 1ª ed., Rio de Janeiro, Borsoi, 1967

_____, **Da alienação fiduciária em garantia**, Rio de Janeiro, Forense, 1973

_____, **Da alienação fiduciária em garantia**, 2ª ed. rev., atual. e aum., Rio de Janeiro, Forense, 1979

MOTA, Rita de Cássia Luz Teixeira, **O conceito de valor mobiliário no Direito Brasileiro**, Tese (mestrado), na Faculdade de Direito da USP, 2002.

MOUSSERON, Marc; GUIBAL, Michel; MAINGUY, Daniel, **L'avant contrat**, Levallois, Éditions Francis Lefebvre, 2001.

MUNHOZ, Eduardo Secchi, **Empresa contemporânea e direito societário: poder de controle e grupos de sociedades**, São Paulo, Juarez de Oliveira, 2002.

REFERÊNCIAS

MUNIZ, Ian; BRANCO, Adriano Castello, **Fusões e aquisições: aspectos fiscais e societários**, São Paulo, Quartier Latin, 2007, p. 284.

MUNUKKA, Jori, *Harmonization of Contract Law: In search of a good solution to the good faith problem*. In: *Scandinavian Studies in Law*, Stockholm Institute, vol. 48, 2005, pp. 229-250.

NAJJAR, Ibrahim, *Le droit d'option. Contribution a l'étude du droit potestatif et de l'acte unilatéral, thèse pour le Doctorat d'état, Université de Paris*, 1966.

NEGRÃO, Ricardo, **Manual de Direito Comercial e de empresa**, vol. I, 3ª ed., São Paulo, Saraiva, 2003.

NEGREIROS, Teresa, **Teoria do contrato: novos paradigmas**, 2ª ed, São Paulo, Renovar, 2006.

OLIVEIRA, Ary Brandão de, **Regime das ações escriturais no direito brasileiro**, Tese (Doutorado), Faculdade de Direito da Universidade de São Paulo, 1989.

OLIVEIRA, José Lamartine Corrêa, **A dupla crise da pessoa jurídica**, São Paulo, Saraiva, 1979.

OLIVEIRA, Marcelo Leal de Lima, **A aurora na formação dos contratos: a oferta e a aceitação do clássico ao pós-moderno**. In: **Revista de Direito Privado**, n. 15, São Paulo, Revista dos Tribunais, 2003.

OSSORIO, Angel, **El contrato de opción**, Buenos Aires, UTEHA, 1939.

_____, *El contrato de opción (boceto de una monografia jurídica)*, Madrid, Imprenta de Ricardo F. Rojas, 1915.

PANZARINI, Elisabetta, *Il contratto di opzione, I. Struttura e funzioni*, Milano, Dott. A Giuffrè, 2007.

PASQUALOTO, Adalberto, *A boa-fé nas obrigações civis*. In: **O ensino jurídico no limiar do novo século**, org. por Antonio Paulo Cachapuz, Porto Alegre, Editora da PUC-RS, 1997, pp. 109-137.

PENTEADO, Luciano de Camargo, **Doação com encargo e causa contratual**, Campinas, Millennium, 2004.

PENTEADO, Mauro Bardawil, **O penhor de ações no direito brasileiro**, São Paulo, Malheiros, 2008.

PERES, Tatiana Bonatti, **O direito de opção de compra e dificuldades concretas para a proteção do interesse do titular, especialmente na esfera do Direito Imobiliário**, Tese (mestrado), Pontifícia Universidade Católica de São Paulo, 2010.

PERILLO, Joseph M., *Misreading Oliver Wendell Homes on Efficient Breach and Tortious Interference*. In: *Fordham Law Review*, vol. 68, 2000. Disponível em <*http://www.papers.ssrn.com/paper. taf?abstract_id=241263*>. Acesso em: 10 jan. 2010.

PIRES, Gudesteu, **Manual das Sociedades Anônimas**, Rio de Janeiro, Freitas Bastos, 1942.

PONTES, Aloysio Lopes, **Sociedades Anônimas**, vol. I, 3ª ed., Rio de Janeiro, Forense, 1954.

PONTES, Evandro Fernandes de, **O conselho fiscal nas companhias abertas brasileiras**, Tese (Mestrado), Faculdade de Direito da USP, São Paulo, 2009, p. 35.

PONTES DE MIRANDA, Francisco Cavalcanti, **Comentários ao Código de Processo Civil**, tomo V, 3ª ed. rev., aum. e atual. por Sergio Bermudes, Rio de Janeiro, Forense, 1997.

_____, **Tratado de Direito Privado**, tomos I, II, III, IV, V, XXXI, XXXVIII, 3ª ed., Rio de Janeiro, Editor Borsoi, 1971.

_____, **Tratado de Direito Privado**, tomo XXXIX, 3ª ed. reimpr., Rio de Janeiro, Editor Borsoi, 1972.

_____, **Tratado de Direito Privado**, tomo XXXVIII, 3ª ed. 2ª reimpr., Rio de Janeiro, Editor Borsoi, 1984.

POOLE, Jill, *Casebook on contract law*, 8th ed., New York, Oxford University Press, 2006.

POSNER, Richard A., *Economic Analysis of law*, 6ª ed., New York, Aspen, 2003.

PRAK, Maarten, *The Dutch Republic in the seventeenth century*, Cambridge, Cambridge Press, 2005.

PRATA, Ana Maria Correia Rodrigues, **O contrato-promessa e o seu regime civil**, Coimbra, Almedina, 1995.

RAMBERG, Christina, *The hidden secrets of scandinavian contract law*. In: *Scandinavian Studies in Law*, Stockholm Institute, vol. 50, 2007, pp. 249-256.

REALE, Miguel, **O novo código civil: Para novas estruturas, novos paradigmas (palestra ministrada em 13.06.2002 no Conselho de Economia, Sociologia e Política da Federação do Comércio do Estado de São Paulo). In: Revista Problemas Brasileiros**, n. 353, set/out 2002. Disponível em: <http://www.sescsp.net/sesc/revistas>. Acesso em 08 jan. 2011.

REBOUR, Georges, *De la clause d'option dans les contrats et de son application spécialment en matière commerciale*, Paris, Les Presses Modernes, 1927.

REGOLI, Fabio Alberto, *Brevi osservazioni in tema di efficacia reale del contratto a favore di terzo nei suoi rapporti con il patto d'opzione*. In: *Rivista Trimestrale di Diritto e Procedura Civile*, v. 50, n. 2, Milano, Giuffrè, pp. 463-475.

REQUIÃO, Rubens, **Curso de Direito Comercial**, vol. II, 23ª ed. atual. por Rubens Edmundo Requião, São Paulo, Saraiva, 2003.

RIBEIRO, Paulo Dias de Moura, **Compromisso de Compra e Venda**, São Paulo, Juarez de Oliveira, 2002.

RIVAROLA, Mario Andres, **Sociedades Anónimas**, Buenos Aires, Editorial Argentina de Ciencias Políticas, 1924.

RODRIGUES, Silvio, **Direito civil. Dos contratos e das declarações unilaterais de vontade**, vol. 3, 29ª ed. rev. e atual. de acordo com o Novo Código Civil, São Paulo, Saraiva, 2003.

_____, **Direito civil. Responsabilidade Civil**, vol. 4, 20ª ed. rev. e atual. de acordo com o Novo Código Civil, São Paulo, Saraiva, 2003.

ROJAS JÚNIOR, Luis Manuel, *El derecho de voto en la sociedad anónima*, México, Editorial Jus, 1945.

ROPPO, Enzo, *Il contratto*, trad. port. de Ana Coimbra e M. Januário C. Gomes, **O contrato**, Coimbra, Almedina, 2009.

ROPPO, Vincenzo, *Il contratto*, Milano, Giuffrè, 2001.

ROSAPEPE, Roberto, *Opzione (Diritto di)*. In: *Digesto delle Discipline Privatistiche*, Sezione Commerciale, vol. X, Torino, UTET, 1999, pp. 369-390.

ROUSSEAU, Jean Jaques, *Du contrat social*, trad e anot. port. de Edson Bini, **Do Contrato Social**, Bauru, Edipro, 2000.

RUBINO, Domenico, *La compravendita*, 2ª ed., Milano, Giuffrè, 1971.

SACCO, Rodolfo, *Obligazioni e Contratti*. In: *Tratatto di Diritto Privato* diretto Pietro Rescigno, tomo II, vol. 10, Torino, UTET, 1982.

_____; DE NOVA, Giorgio, *Il contratto*, Tomo Secondo, Milano, UTET, 2000.

SALLES, Marcos Paulo de Almeida, **O contrato futuro**, São Paulo, Cultura, 2000.

SANCHES, Sidney, **Execução Específica (das obrigações de contratar e de prestar declaração de vontade)**, São Paulo, RT, 1978.

SANSEVERINO, Paulo de Tarso Vieira, **Estrutura clássica e moderna da obrigação**. In: **O ensino jurídico no limiar**

REFERÊNCIAS

do novo século, org. por Antonio Paulo Cachapuz, Porto Alegre, Editora da PUC-RS, 1997, pp. 285-315.

SANTOS, Elieber Mateus dos; PAMPLONA, Edson de Oliveira, **Teoria das Opções Reais: uma atraente opção no processo de análise de investimentos.** In: **Revista de Administração da Faculdade de Economia, Administração e Contabilidade da USP**, vol. 40, n. 3, 2005, pp. 235-252.

SANTOS, Francisco Cláudio de Almeida, **Direito do Promitente Comprador e Direitos Reais de Garantia (penhor – hipoteca – anticrese)**, vol. 5, coord. por Miguel Reale e Judith Martins-Costa São Paulo, Revista dos Tribunais, 2006.

SANTOS, Teófilo de Azeredo, **Natureza Jurídica das Ações das Sociedades**. In: **Revista Forense** n. 169, Rio de Janeiro, 1957.

SARNO NETO, Andrea di et al., **Poder Judiciário e desenvolvimento do mercado de valores mobiliários brasileiro**, São Paulo, Saraiva, 2007.

SERPA LOPES, Miguel, **Tratado de Registros Públicos**, vol. 1, 3ª edição, Rio de Janeiro, Freitas Bastos S.A., 1957.

SHAVELL, Steven, *Economic analysis of contract law*, *National Bureau of Economic Research*, Working Paper 9696, s.l., 2003. Disponível em: <www.nber.org/papers/w9696> e <http://ssrn.com/abstract=382040>. Acesso em: 12 jan. 2010.

_____, *Is Breach of a contract Immoral?*, Harvard John M. Olin Discussion Paper Series, n. 531, s.l., 2005. Disponível em: <http://www.law.harvard.edu/programs/olin_center/papers/pdf/Shavell_531.pdf>. Acesso em: 12 jan. 2010.

_____, *Specific Performance versus damages for breach of contract*, Harvard John M. Olin Discussion Paper Series, n. 532, s.l., 2005. Disponível em: <http://www.

law.harvard.edu/programs/olin_center/papers/pdf/Shavell_532.pdf>. Acesso em 28 out. 2010.

SHAYER, Fernando, **Governança Corporativa e ações preferenciais – Dilema do legislador brasileiro.** In: **Revista de Direito Mercantil** n. 126, pp. 75-85.

SIMON, Herbert A., *Reason in Human Affairs*, Stanford, Stanford University Press, 1983.

SILVA, Caio Mário Pereira da, **Instituições de Direito Civil. Contratos. Declaração Unilateral de Vontade. Responsabilidade Civil**, volume III, 11ª ed., Rio de Janeiro, Editora Forense, 2003.

_____, **Instituições de Direito Civil. Contratos. Declaração Unilateral de Vontade. Resposabilidade Civil**, vol. III, 13ª ed. rev. e atual. por Regis Fichtner, Rio de Janeiro, Forense, 2009.

SILVA, Ovídio Araujo Baptista da, **Curso de Processo Civil**, vol. 1, tomo II, 6ª ed. rev. e atual., Rio de Janeiro, Forense, 2008.

SOUZA, Ernani Vieira de, **Execução específica da obrigação de emitir declaração de vontade.** In: **Revista de Direito Civil, Imobiliário, Agrário e Empresarial**, n. 9, São Paulo, RT, jul.-set. 1979, pp. 79-88.

SOUZA JÚNIOR, Francisco Satiro de, **Regime jurídico das opções negociadas em bolsas de valores**, Tese (Doutorado), Faculdade de Direito da Universidade de São Paulo, 2002.

_____, **Comentários à Lei de Recuperação de Empresas e Falência: Lei 11.101/2005 – Artigo por artigo**, coord. por Francisco Satiro de Souza Jr. e Antônio Sérgio A. de Moraes Pitombo, São Paulo, RT, 2007, pp. 357-376.

STAZJN, Raquel, **Sobre a natureza jurídica das opções negociadas em bolsas.** In: **Revista de Direito Mercantil,**

Industrial, Econômico e Financeiro, n. 105, 1997, pp. 53-69.

_____, Contrato e Inovação Financeira. Ensaio sobre contratos futuros e Swaps, tese apresentada para Professor Titular do Departamento de Direito Civil da Faculdade de Direito da Universidade de São Paulo, 1996.

_____, Regulação e o mercado de valores mobiliários. In: Revista de Direito Mercantil, Industrial, Econômico e Financeiro, n. 135, São Paulo, Malheiros, jul.-set. de 2004.

TADEU, Silney Alves, **Reflexões em torno do contrato de opção dinâmica e operação**, Boletim de Doutrina AD-COAS, Rio de Janeiro, v.8, n. 10, 2005, pp. 198-199.

TALLON, Denis; BEALE, Hugh; KÖTZ, Hein; HARTKAMP, Arthur, *Casebooks on the common law of Europe: Contract Law*, Oregon, Hart Publishing, Oxford, 2002.

TAMBURRINO, Giuseppe, *I vincoli unilaterali nella formazione progressiva del contratto*, Milano, Giuffrè, 1954.

TEIXEIRA DE FREITAS, Augusto José, **Código Civil (esboço)**, Rio de Janeiro, Typographia Universal de Lammert, 1860.

TOMASETTI JÚNIOR, Alcides, **Execução do contrato preliminar**, Tese (doutoramento), Faculdade de Direito da Universidade de São Paulo, 1982.

_____, **Oferta contratual em mensagem publicitária – regime do direito comum e do Código de Proteção do Consumidor.** In: Revista de Direito do Consumidor, v. 4, pp. 241-253, 1992.

_____, **Comentários à Lei de locação de imóveis urbanos. Arts. 1º a 13.**, Juarez de Oliveira. (Org.), São Paulo: Saraiva, 1992, pp. 2-172.

TORRES-RIVERO, Arturo Luis, *Arrendamiento y opcion de compraventa de bien común matrimonial verificados sin consentimiento de uno de los cónyuges.* In: *Revista de la Facultad de Ciências Jurídicas e Políticas*, n. 77, Caracas, Universidad Central de Venezuela, 1990.

TREITEL, Guenter H., *The law of contract*, 11th ed., London, Sweet & Maxwell, 2003.

TUHR, Andreas von, *Der Allgemeine teil des deutschen bürgerlinchen rechts*, trad. esp. de Tito Ravà, *Teoria General del derecho civil aleman*, Buenos Aires, Depalma, 1946.

TUPINAMBÁ, Miguel Castro do Nascimento, *Usufruto*, 2ª ed., Rio de janeiro, Aide, 1986.

USMANI, Muhammad Taqi, *An Introduction to Islamic Finance*, The Hague, Kluwer Law International, 2002.

VAMPRÉ, Spencer, **Das sociedades anonymas**, São Paulo, Pocai-Weiss & C., 1914.

VALVERDE, Trajano de Miranda, **Sociedades por ações**, vol. I, 3ª ed. rev. e atual., Rio de Janeiro, 1959.

VENOSA, Silvio de Salvo, **Direito Civil – Teoria Geral das Obrigações e Teoria Geral dos Contratos**, São Paulo, Atlas, 2008.

VERÇOSA, Haroldo Malheiros Duclerc, **Curso de Direito Comercial, vol.3: A Sociedade por Ações. A Sociedade Anônima. A Sociedade em Comandita por ações**, São Paulo, Malheiros, 2008.

_____, **Negócios com opções – A opção flexível.** In: Revista de Direito Mercantil Industrial, Econômico e Financeiro, São Paulo, v. 114, 1999, pp. 63-67.

_____, **Notas sobre o regime jurídico das ofertas ao público de produtos, serviços, e valores mobiliários no Direito Brasileiro – Uma questão**

REFERÊNCIAS

de complementação da proteção dos consumidores e de investidores. In: **Revista de Direito Mercantil, Econômico e Financeiro, São Paulo**, n. 105, 1977, pp. 241-253.

VIDIGAL, Luis Eulálio de Bueno, **Da execução direta das obrigações de prestar declaração de vontade**, São Paulo, Revista dos Tribunais, 1940.

VISENTINI, Bruno, *"Azione di Società"*, *Enciclopedia del Diritto*, vol. IV, 3° ed., Milano, Francesco Vallardi, s.d.

VOGEL, Frank E.; HAYES, Samuel L., **Islamic, law and finance: religion, risk and return**, The Hague, Kluwer Law International, 1998.

WEBER, Martin, *Der Optionsvertrag*. In: *Juristische Schulung – Zeitschift für Studium und Ausbildung*, n. 4, 1990, pp. 249-256.

WIEDEMANN, Herbert, *Gesellschaftsrecht I – Grundlagen*, trad. port. de Erasmo Valladão A. e N. França, **Excerto do direito societário I – fundamentos**. In: **Revista de Direito Mercantil, Industrial, Econômico e Financeiro**, n. 143, jul.-set. 2006, pp. 66-75.

YAZBEK, Otavio, **Regulação do Mercado Financeiro e de Capitais**, Rio de Janeiro, Elsevier, 2007.

YOUNG, William Franklin; FARNSWORTH, Edward Allan, *Contracts – Cases and Materials*, New York, Foundation Press, 1980.

ZANETTI, Cristiano de Sousa, **Responsabilidade pela Ruptura das Negociações**, São Paulo, Juarez de Oliveira, 2005.